D1687148

John P. Birkelund
Gustav Stresemann

EUROPA
VERLAG

Aus dem amerikanischen Englisch
von Martin Ruf

John P. Birkelund

Gustav Stresemann
Patriot und Staatsmann

Eine Biografie

Europa Verlag
Hamburg · Wien

In Erinnerung an Edmund Stinnes

Originalausgabe:
© Europa Verlag GmbH Hamburg, Februar 2003
Titel des amerikanischen Manuskripts: »Biography of Gustav Stresemann«
© John P. Birkelund 2003
Umschlaggestaltung: Frauke Weise, Hamburg
Satz: Fanslau Communication/EDV, Düsseldorf
Druck und Bindung: GGP Media, Pößneck
ISBN 3-203-75511-4

Informationen über unser Programm erhalten Sie beim
Europa Verlag, Neuer Wall 10, 20354 Hamburg
oder unter www.europaverlag.de

Inhalt

Vorwort 7

1. Köpenicker Straße 13
2. Lobbyist und Politiker. 35
3. Im Reichstag 52
4. Politisches Exil 82
5. Der Weltkrieg. 98
6. Niederlage und Revolution 134
7. Die Nationalversammlung. 162
8. Politischer Wiederaufstieg. 201
9. Bemühungen um ein Mandat 217
10. Der Vernunftrepublikaner. 241
11. Zuschauer beim Zusammenbruch. 267
12. Reichskanzler Stresemann 281
13. Das Reich am Abgrund 317
14. Der Weg aus der Sackgasse. 351

Inhalt

15. Locarno 385

16. Die letzten Jahre 421

Nachwort 454

Anmerkungen 461

Bibliographie 506

Personenregister 522

Vorwort

Das Leben Gustav Stresemanns, des Reichskanzlers und späteren Außenministers während der entscheidenden Jahre der Weimarer Republik, endete abrupt im Oktober 1929, als Europa von der Weltwirtschaftskrise und extremistischen Tendenzen heimgesucht wurde. Sein Begräbnis besaß wahrhaft europäische Dimensionen, und vorübergehend war Berlin in einem Zustand allgemeiner Trauer wie gelähmt. Unter den zahllosen Nachrufen findet sich der bewegende Tribut Albert Einsteins:

> Wir dürfen Stresemann jetzt als einen glücklichen Menschen betrachten, denn es war ihm gegeben, erfolgreich im Dienst einer großen Idee zu leben und in diesem Dienst zu sterben ... Er unterschied sich von Politikern gewöhnlichen Schlags ebensosehr wie ein Genie von einem Fachmann. Hierin lag der Zauber und die Stärke seiner Persönlichkeit.

Gustav Stresemann war der erste deutsche Staatsmann, der den Friedensnobelpreis erhielt. Sein brennender Ehrgeiz ließ ihn gravierende Fehler begehen, und ähnlich Winston Churchill machten ihm seine entschiedene Politik, seine außerordentliche Energie und seine Vorliebe für unverblümte Zeitungsartikel und freimütige Reden viele Feinde und nur wenige bleibende, politisch loyale Freunde. Und doch überragten seine grundlegende liberale Einstellung und sein Engagement für wirtschaftlichen Wohlstand und für ein demokratisches Deutschland als unabhängiger und zugleich integraler Bestandteil Europas seine Fehler und die gescheiterte Republik, der er so leidenschaftlich diente.

Von seiner Herkunft und seinem Temperament her war Gustav Stresemann ein deutscher Liberaler, der als Volkswirt um die Bedeutung der Weltwirtschaft wußte. Nach dem Ersten Weltkrieg unterstützte er zunächst eine konstitutionelle Monarchie als einigende Kraft nach britischem Vorbild. Schließlich jedoch akzeptierte er die Republik, denn er war nicht gewillt, die Pläne der Konservativen zu unterstützen, die eine gewaltsame Wiedererrichtung der Hohenzollern anstrebten.

Sein Weg als Außenpolitiker innerhalb einer starren, abweisenden Gesellschaft, die er reformieren wollte, war geprägt von der Einsicht, daß nicht mehr militärische Stärke sondern wirtschaftliche Macht die treibende Kraft darstellte, die die Beziehungen zwischen den Nationen bestimmte. Vor und während des Krieges sah er den größten Gegner Deutschlands in Großbritannien, während er die Engländer gleichzeitig wegen ihrer politischen und wirtschaftlichen Leistungen bewunderte. Später, als das Reich in Trümmern lag, baute er auf Amerika, die zögerliche, im Aufstieg begriffene Nachkriegsmacht, um dessen Einfluß und die Ressourcen zu mobilisieren, die für den Wiederaufbau Deutschlands erforderlich waren.

Obwohl der neue Verlauf der Ostgrenze des Reichs und die Lage der deutschen Minderheiten im Ausland zu einem nationalen Trauma führten, war Stresemann nicht gewillt, den Einsatz militärischer Mittel zu unterstützen, noch erlag er der Versuchung, sich zur Lösung dieser Probleme an Rußland zu wenden.

Zwei Themen durchziehen daher die folgenden Kapitel: das wirtschaftliche und das verfassungspolitische. Soweit es die Wirtschaft betraf, stand nicht Rußland, Frankreich oder England im Mittelpunkt seiner Überlegungen, sondern Amerika. Es war das Land, das ihn, den promovierten Volkswirt, schon vor 1914 sehr interessierte, das er im Ersten Weltkrieg dann sträflich unterschätzte und auf das er nach 1918 baute. Allerdings stieß die Wiederaufbaustrategie, die er mit den USA verfolgte, in seiner Partei und auf der politischen Rechten überhaupt auf großen Widerstand. Diese innenpolitischen Kämpfe kosteten ihn viel Energie und rieben ihn gesundheitlich auf. Sie nehmen in ihrer Verflechtung mit seiner Außenpolitik daher erheblichen Raum in späteren Kapiteln ein.

Damit verbunden ist das zweite – das verfassungspolitische – Thema dieser Studie. Denn die Kämpfe in seiner Partei, der Deutschen Volkspartei (DVP), betrafen nicht nur Wirtschaft und Außenpolitik, darunter vor allem die dornige und nur mit Amerika zu lösende Frage der Reparationen, sondern auch den Verfassungsrahmen, in dem Stresemanns Politik ebenfalls zu sehen ist. Er ist zu seiner Zeit und auch später als Monarchist verschrien worden. Doch war er spätestens seit seinem Kontakt mit Friedrich Naumann ein *konstitutioneller* Monarchist, dem das britische politische System und nicht das preußisch-deutsche Vorbild war. Dies erleichterte ihm in den zwanziger Jahren dann seine graduelle Akzeptanz der republikanischen Verfassung.

Seine bescheidene bürgerliche Herkunft bereitete ihn kaum auf seine spätere Karriere vor. Ebensowenig ließ sie seine beachtliche Kraft zur persönlichen Entwicklung und zur Erweiterung seines Horizonts erahnen. Tatsächlich sollte sein ungehemmter Patriotismus, der ihn während des Kriegs und des nachfolgenden Kampfes um das Überleben der Nation angesichts des drohenden politischen und finanziellen Chaos angetrieben hatte, sich infolge seiner Erfahrungen wandeln und ihn zur Einsicht führen, daß sich die Zukunft Deutschlands nur durch die Einbindung in die internationale Staatengemeinschaft und Weltwirtschaft erfüllen konnte. Dadurch wurde Gustav Stresemann zu einem Staatsmann, der ein Europa und ein Handelssystem vorausahnte, wie es erst nach dem Zweiten Weltkrieg entstand.

Als ich an meine eigenen Erlebnisse im vom Krieg zerstörten und geteilten Berlin der Jahre 1953 bis 1956 und an die fortwährende Teilung der Nation zurückdachte, wurde mir beim Schreiben dieses Buchs klar, daß Stresemanns Kampf um die Einheit und die Identität der Weimarer Republik und Europas von besonderer Bedeutung war. Inzwischen ist die Mauer gefallen, Berlin ist wieder zur Hauptstadt geworden und Deutschland ist Teil der internationalen Staatengemeinschaft und der Weltwirtschaft. Trotzdem bleibt die Herausforderung auch weiterhin bestehen, innerhalb eines vereinten Europa eine nationale Identität zu schaffen und die Bürde der Vergangenheit mit der demokratischen Gegenwart in Einklang zu bringen. In diesem Zusammenhang sind politische Liberalität und die Einsicht, daß wirtschaftliche Macht ein Schlüsselfaktor internationaler Beziehungen ist, die Stresemann schließlich im eigenen Land wie in Europa vertrat, sein bleibendes Erbe.

Seit nunmehr über fünfzehn Jahren beschäftige ich mich mit Gustav Stresemann. Während dieser Zeit hatte ich das Glück, großzügige Ermutigung zu erfahren. Professor Gordon A. Craig, bei dem ich vor langer Zeit studierte, drängte mich trotz der bereits existierenden Biographien über Stresemann, meine Arbeit fortzusetzen, da seiner Ansicht nach damals viele dieser Werke zu sentimental oder bereits veraltet waren. Sein Rat brachte mich in Kontakt mit Professor Henry A. Turner, dem renommierten Historiker in Yale, der aufgrund seiner klugen Einschätzung Stresemanns innerhalb der Weimarer Politik hohes Ansehen gewann. Ihm verdanke ich Anregungen und Ratschläge, sowie den Zugang zur Bibliothek von Yale und die Unterstützung von Helmut Smith und Lee Blackwood, zweier seiner Doktoranden, bei der Recherche und der Aufarbeitung des Materials. Später fand ich Ermutigung und Hilfestellung bei meinem Freund Professor Volker Berghahn, einem ebenfalls führenden deutschen Historiker, der heute an der Columbia University lehrt und der die undankbare Aufgabe übernahm, mein nur langsam entstehendes Manuskript zu lesen und ihm gelegentlich eine klarere Richtung zu geben. Sein Doktorand Samuel Baurkat war mir ebenfalls ein große Hilfe bei der Zusammenstellung des umfangreichen Materials zu Stresemann. Dank gebührt auch Serena Kim, die so viel Zeit darauf verwandt hat, meine oftmals unzusammenhängenden Entwürfe abzutippen.

Eine der unvorhersehbaren angenehmen Erfahrungen dieser Arbeit war die Gelegenheit, Wolfgang und Joachim

Stresemann kennenzulernen. Beide inzwischen verstorbenen Männer gaben mir außerordentlich bereitwillig Auskunft. Kaum ein Staatsmann ist je mit intelligenteren und loyaleren Söhnen gesegnet gewesen, die über so viele Jahre hinweg in ihrer eigenen Lebensführung von der Persönlichkeit ihres Vaters und dessen menschlicher Größe Zeugnis ablegten.

Nicht zuletzt danke ich meinen kompetenten Übersetzern Ilse Utz und Martin Ruf und dem Europa Verlag, insbesondere Peter Hahn, der über Jahre an meinem Projekt festhielt und das Buch nun als Erstausgabe erscheinen läßt.

Kapitel 1
Köpenicker Straße

10. Mai 1878. Vom Stadtzentrum Berlins mit dem Schloß, der Universität, den Theatern und Museen verläuft die Köpenicker Straße in südöstlicher Richtung und führt parallel zur Spree bis zum Schlesischen Tor. Hinter dem Stadttor lag der Treptower Park und weit dahinter Schlesien und Königgrätz, wo Preußen zwölf Jahre zuvor einen großen militärischen Sieg über Österreich errungen hatte. Die Straße war in der Stadt von rußbedeckten, grauen Reihenhäusern gesäumt, in denen sich Wohnungen und Geschäfte befanden. Eine von Pferden gezogene Straßenbahn, deren laut klappernde Wagen eine Atmosphäre lebhafter Geschäftigkeit erzeugten, fuhr in der Mitte der Straße. Die Menschen, die hier wohnten, gehörten, von ein paar Arbeiterhaushalten abgesehen, zum unteren Mittelstand – Ladenbesitzer, Handwerker und kleine Beamte.

Fast genau in der Mitte zwischen dem Schloß und dem Stadttor stand, eingezwängt zwischen höhere Häuser, das bescheidene Geschäftshaus des 1833 geborenen Ernst Stresemann, der ein einfacher, hart arbeitender Mann und fürsorglicher Familienvater war. Hier füllte er das beliebte Berliner Weißbier aus Fässern, die von ortsansässigen Brauereien geliefert wurden, in Flaschen ab und brachte sie dann mit einem Pferdewagen zu benachbarten Baustellen und Geschäften. Über den Geschäftsräumen befand sich die kleine Fünf-Zimmer-Wohnung der Familie Stresemann, während der zweite Stock vermietet war.[1]

Gustav wurde am 10. Mai 1878 geboren und war das jüngste von acht Kindern, vier Söhnen und vier Töchtern. Richard, der Älteste, war schon fünfzehn, als Gustav das

Licht der Welt erblickte. Ein Sohn war 1872 gestorben, und als Gustav zehn war, waren drei weitere Geschwister nicht mehr am Leben. Zusammen mit der Mutter arbeiteten die Kinder im Geschäft mit. Es war ein eher freudloses Leben, dessen harte Arbeit und Eintönigkeit wiederholt von Krankheit und Tod unterbrochen wurde.

Wie er später schrieb, gab es unter diesen Umständen kaum ein richtiges Familienleben. Mit seinem Vater kam er zwar im Laufe der Zeit einigermaßen gut aus, doch bestand »zwischen uns nicht der Seelenkontakt wie einst zwischen mir und meiner lieben guten Mutter«.[2] Die Wärme, die es in dieser Familie gab, wurde in der Tat von seiner feinfühligen und liebevollen Mutter ausgestrahlt, die ihm bis zu ihrem frühen Tod im Jahre 1895 eine wichtige Stütze war. Ihr Tod war ein schwerer Schlag für den siebzehn Jahre alten Sohn. Danach lösten sich die ohnehin schwachen Bindungen zwischen Stresemann und seiner Familie allmählich auf. Im Laufe der Jahre besuchte er häufig das Grab seiner Mutter auf dem Luisenstädtischen Friedhof, auf dem er eines Tages selbst beigesetzt werden sollte. Ein Jahr später, 1896, verfaßte er ein Gedicht zum Gedenken an seine Mutter, das er 1920 privat als Teil einer Sammlung von Gedichten drucken ließ, in denen der junge Stresemann viele melancholische Empfindungen zum Ausdruck gebracht hatte:

> Doch wenn man schmückt mich mit des Ruhmes Kranz,
> Dann will ich Dir ihn weihen voll und ganz,
> Und Dir ihn geben, die mir alles gab,
> Von der ich alles doch empfangen hab.[3]

Später ließ er in ihren Grabstein ein Zitat von Jean Paul eingravieren:

> »Die Erinnerung ist das einzige Paradies, aus dem wir nicht vertrieben werden können.«[4]

Was Stresemann von seinem bedächtigen und aufrechten Vater allerdings mitbekam, war eine bleibende Achtung vor

1. Köpenicker Straße

den liberalen Traditionen, die der Revolution von 1848 zugrunde lagen, und vor Eugen Richter, einem der wenigen liberalen Führer, die an der Revolution teilnahmen und sich später weigerten, sich für Bismarcks unliberale Pläne einspannen zu lassen. Die Ereignisse von 1848 waren für die meisten liberal eingestellten Deutschen ebenso bedeutsam wie die Revolutionen von 1776 für die Amerikaner und von 1789 für die Franzosen. Doch im Gegensatz zu deren Ausgang scheiterte die Revolution von 1848 in Deutschland, und ihr Scheitern hinterließ enttäuschte Hoffnungen und Uneinigkeit.

Ermutigt durch die Revolution in Paris, waren auch die Deutschen und die Österreicher im März 1848 auf die Straße gegangen, um nicht nur verfassungsmäßige Rechte, sondern auch die nationale Einheit ihrer noch absolutistischen Monarchien und Fürstentümer zu fordern. Am 18. Mai 1848 trat die erste gewählte deutsche Nationalversammlung in der Frankfurter Paulskirche zusammen. Die Debatten zogen sich viele Monate hin. Nach dem Ausscheiden der österreichischen Abgeordneten boten die deutschen Abgeordneten dem preußischen König die Krone im Rahmen einer parlamentarischen Verfassung an. Dieser weigerte sich, ein »Hundehalsband« anzunehmen, das ihn zu einem »Leibeigenen der Revolution« machen würde.[5] Die Revolution schlug fehl. Es folgte die Zeit der Reaktion und erneuter autoritärer Herrschaft.

Erst einige Jahre später sollten Bismarck, Moltke und das preußische Heer durch eine Reihe von militärischen Siegen über Dänemark, Österreich und Frankreich die deutsche Einheit von oben herstellen. Nach dem Sieg über Frankreich schrieb der bekannte Schriftsteller Gustav Freytag 1871: »Es gab nie einen Kampf mit größerem idealen Inhalt ... Vielleicht niemals hatte ein Heer so viel Wärme, Begeisterung und tief poetische Empfindung dafür, daß die grause Arbeit der Schlachtfelder einem hohen sittlichen Zweck diente.«[6] Diese Siege wurden als eine Bestätigung der preußischen Werte von Treue, Disziplin, Mut und Glaube gewertet. Hiernach gaben viele Liberale von 1848 die demokratischen

Ideale auf und stellten sich auf den Boden der bismarckischen Verfassung.

Der Mittelpunkt des Reichs war Berlin, und der Kaiser war zugleich preußischer König, der im Rahmen einer Verfassung regierte, die 1871 durch Verträge der Bundesstaaten zustande gekommen war und in der wenig von den parlamentarischen Machtbefugnissen und Bürgerrechten zu finden war, für die die Liberalen 1848 gekämpft hatten. In diesem System hatte die Armee eine weitgehend unabhängige Stellung, und ihr Generalstab, der sich meist aus der preußischen Junkerklasse rekrutierte, war direkt dem Kaiser unterstellt. Der Kanzler und andere Regierungsmitglieder wurden vom Kaiser ernannt und konnten nur von diesem entlassen werden.

Für viele Liberale, zu denen auch Stresemanns Vater gehörte, war dies eine tragische Deformierung ihrer einst hochfliegenden Pläne. Doch immerhin hatte Deutschland die nationale Einheit erlangt. Dieses Dilemma – die Erfüllung des Traums von der nationalen Einheit einerseits und das Fehlen parlamentarischer Grundrechte andererseits – frustrierte und verunsicherte die deutschen Liberalen, die zumeist aus der Mittelschicht kamen. In dieser Atmosphäre erblickte Gustav Stresemann das Licht der Welt. Erschwert wurde diese Situation durch die rasch zunehmenden Widersprüche der Industrialisierung, die auch Auswirkungen auf die einflußreichen Agrarier, das Militär und die Bürokratie hatte. Stresemann, der als Mitglied des Kleinbürgertums nur begrenzte Mobilitätschancen hatte, sollte sein Leben lang versuchen, eine nostalgische Bindung an sein väterliches liberales Erbe mit den Möglichkeiten der wirtschaftlichen Modernisierung des Landes zu vereinen.

1878, nur sieben Jahre nach der Reichsgründung, fand der von Bismarck einberufene Berliner Kongreß statt, an dem nahezu alle europäischen Staatsoberhäupter teilnahmen und der den Status Deutschlands als europäische Großmacht bestätigte. Zugleich war es zwischen 1871 und 1873 zu einem gewaltigen Wirtschaftsaufschwung gekommen. Die Reichsgründung förderte den Ausbau des Eisenbahnnetzes, das

1. Köpenicker Straße

sich schnell über das gesamte Reich ausbreitete. Auf der Basis des Eisenerzes aus Lothringen und der Kohle von der Ruhr entwickelte sich die Schwerindustrie und führte zu steigendem Wohlstand und einem rasanten kommerziellen und technischen Fortschritt. Zwar folgte von 1874 bis 1895 eine Periode langsameren Wachstums. Gleichwohl wurde innerhalb weniger Jahrzehnte das rückständige Deutschland zu einer wirtschaftlichen Weltmacht und zu einem gefürchteten Konkurrenten auf den internationalen Märkten. 1913 war Deutschlands jährliche Kohleproduktion fast fünfmal so hoch wie die Frankreichs, die Stahlproduktion lag über der Großbritanniens, und das Reich gehörte zu den führenden Handelsnationen der Welt. 1896 wunderte sich der junge Stresemann, der inzwischen als Berlin-Korrespondent für eine Dresdener Zeitung tätig war, über die internationale Anerkennung für die erste große Berliner Industriemesse im Treptower Park und vermerkte, daß Delegationen aus aller Welt angereist waren.[7] Dieser rasche Aufstieg führte dazu, daß die politischen Strukturen, die Bismarck der neuen Nation 1871 weitgehend aufgezwungen hatte, einem starken sozialen und kulturellen Druck von unten ausgesetzt waren. Mit der Nichterneuerung der sogenannten Sozialistengesetze im Jahre 1890 wurde der sozialdemokratischen Agitation und Aktionen der Gewerkschaften eine Tür geöffnet. Da die Machteliten darin eine Bedrohung der inneren Ordnung sahen und weder fähig noch bereit waren, die Institutionen so umzugestalten, daß sie den Anforderungen einer modernen Industriegesellschaft gewachsen waren, setzten sie einer politischen Reform erbitterten Widerstand entgegen. Daraus folgte eine ängstliche und häufig eskapistische Suche nach einer reinen deutschen Identität, von der eine Art vergeistigender Wirkung erhofft wurde.[8] Somit war Deutschland an der Jahrhundertwende in einem Dilemma gefangen, aus dem es kein Entrinnen zu geben schien.

Das Berlin, in dem Stresemann seine Jugend verbrachte, war das Zentrum dieses Konflikts zwischen Altem und Neuem. Im 18. Jahrhundert waren London und Paris bereits zu Metropolen geworden, während Berlin kaum mehr war als eine Garnisonsstadt, deren Bedeutung darin lag, daß sie die Residenz der Hohenzollern und die Hauptstadt des Königreichs Preußen war. Noch 1875 schrieb Theodor Fontane betrübt: »Oh, Berlin, wie weit ab bist du von einer wirklichen Hauptstadt des Deutschen Reichs! Du bist durch politische Verhältnisse über Nacht dazu geworden, aber nicht durch dich selbst.«[9]

Als 1740 Friedrich der Große König wurde, waren über zehn Prozent der 80 000 Einwohner Berlins Soldaten. Und obwohl die Stadt unter Friedrich II. an Ansehen gewann und auch in kultureller Hinsicht einen Aufstieg erlebte – dazu gehörte der Bau eines Opernhauses und die Erweiterung des gewaltigen Hohenzollern-Schlosses –, hatte sie vor allem militärische Bedeutung. Erst mit den Napoleonischen Kriegen wurde Berlin zum Zentrum eines sich entwickelnden deutschen Nationalbewußtseins, das 1810 seinen symbolischen Ausdruck in der Gründung der ersten Universität der Stadt durch Wilhelm von Humboldt fand, die in dem ehemaligen Palais des Prinzen Heinrich direkt gegenüber der Oper untergebracht war. Hier lehrten im Laufe der Jahre so bekannte Philosophen und Wissenschaftler wie Hegel, Ranke, Planck, Einstein, Friedrich Meinecke und Max Weber.

Berlin kam der nach der Reichsgründung einsetzende Wirtschaftsaufschwung sehr zugute. Aufgrund der Industrialisierung und der Einwanderung aus den östlichen Agrarstaaten nach 1865 stieg die Bevölkerung von 660 000 auf fast eine Million. Bis 1900 hatte sich die Zahl erneut nahezu verdoppelt. Dieser Zustrom von Menschen stellte gewaltige Anforderungen an den Wohnungsbau, das Verkehrssystem und das Gesundheitswesen. In den überfüllten Arbeitervierteln im Norden und Osten herrschten Armut und elende Wohnverhältnisse, während im Westen hinter dem Brandenburger Tor und dem Tiergarten Stadthäuser für die Neureichen entstanden. So wurde Berlin quasi von einem Tag auf den anderen von einer beschaulichen Garnisonsstadt zu *dem* Industriestandort.

Doch trotz der zunehmenden Forderung nach Machtteilhabe blieb die Verfassungsstruktur unverändert. Ausländische Diplomaten sahen den königlichen Hof als »eine Art Museum, in dem die Möbel, das Dekor und das Hofzeremoniell erstarrt waren«.[10] Nirgends in Westeuropa herrschte eine größere Kluft zwischen den Klassen, wobei die Oberschicht mit der Dynastie und dem Hof verbunden war und vom Adel der östlichen Provinzen dominiert wurde, der in der Armee, im diplomatischen Korps oder im Verwaltungsdienst tätig war. Darunter gab es – über der großen Masse der Land- und Industriearbeiter – den Mittelstand, der Professoren, Juristen und Industrielle umfaßte und bis ins Kleinbürgertum hineinreichte, das aus Ladenbesitzern und Handwerkern bestand und aus dem Stresemann stammte. Diese Schicht akzeptierte in ihrer Mehrheit die Monarchie, die nationale Einheit und Wohlstand geschaffen hatte, und war sehr darauf bedacht, das Fortkommen ihrer Kinder durch eine gute Schulbildung zu fördern.

In diesem Sinne handelte auch Ernst Stresemann, als er, ermutigt durch den Aufschwung seines kleinen Geschäfts, beschloß, seinen jüngsten Sohn auf das Andreas-Realgymnasium statt auf die Volksschule zu schicken, die seine älteren Kinder besucht hatten. Die Realgymnasien waren eine relativ neue Einrichtung, die sich von dem traditionellen deutschen Gymnasium dadurch unterschieden, daß der Lehrplan praktischer ausgerichtet war, kein Griechisch unterrichtet wurde und es eine Einführung in Mathematik, Natur- und Geisteswissenschaften gab, die auf Berufe in der Wirtschaft oder auf die Beamtenlaufbahn vorbereitete.

Der Träger dieser neuen, 1859 gegründeten Schulen war nicht der Staat, sondern die Stadt. Ihre Absolventen erhielten erst nach langen und erbitterten Auseinandersetzungen das Recht, eine Universität zu besuchen, und erst 1900 war eine Immatrikulation in den Fächern Medizin, Jura und Theologie möglich.[11] Bis es soweit war, waren die Realgymnasien heftigen Angriffen von standesbewußten Gelehrten ausgesetzt; sie »vermischen zu viele Dinge und sind in ihrer inneren Struktur unfertig... sie vermitteln eine gefährliche Halbbildung, der es an geistiger Disziplin mangelt... sie machen die Schüler nicht mit den Klassikern bekannt, was eine notwendige Voraussetzung für das Universitätsstudium ist.«[12]

Nur ein kleiner Teil der Schüler, die hauptsächlich aus dem Mittelstand kamen, schloß das Realgymnasium ab, das nur begrenzte Karriereaussichten bot, und noch weniger unter ihnen gingen später auf eine Universität. Der junge Stresemann kam in der Unterstufe in eine Klasse von etwa fünfzig Schülern, von denen bei seinem Schulabgang dreizehn Jahre später, im Mai 1897, nur mehr sieben übrig waren.

Wie sich einer seiner Lehrer erinnerte, war er ein blonder, helläugiger und etwas schüchterner Junge, dessen Leistungen im Mittelfeld lagen und der seine Hausaufgaben gewissenhaft erledigte.[13] Der Schultag war lang, und zu Hause ließ ihm der Familienbetrieb nur wenig Zeit für Studien, Sport oder die Beschäftigung mit dem kulturellen Leben der Stadt.

Unser Wissen über diese Jahre stammt aus den Erinnerungen ehemaliger Klassenkameraden und Lehrer, aus autobiographischen Fragmenten, die zwischen 1923 und 1924 geschrieben wurden, und einem Lebenslauf, den jeder Abiturient verfassen mußte und in dem er seine Leistungen und Interessen darstellte. Nachdem sich Stresemann anfangs für Mathematik interessiert hatte, und zwar in erster Linie seinem Vater zuliebe, der sich für Gustav eine Ingenieurslaufbahn wünschte, entwickelte er eine Leidenschaft für deutsche Literatur und Geschichte, insbesondere für die Helden der Geschichte, die ihn sein Leben lang begleiten sollte. In seinem Lebenslauf schrieb er, als wäre er ein Schüler Carlyles: »Daneben berauschte ich mich an großen Persönlichkeiten, die, aus der Fülle der Gestalten einer Zeit herausragend, die Anschauungen ganzer Zeitalter in sich verkörpern und durch ihren Namen eine ganze Welt vor unseren Augen erstehen lassen.«[14] Friedrich der Große und Napoleon wurden häufig erwähnt, und im Laufe der Jahre schmückten immer mehr Büsten und Bilder der beiden Männer sein Heim. Weder Bismarck noch Moltke gehörten zu diesem Helden-Pantheon, was sicherlich auf den Einfluß seines Vaters und seine frühe Verbundenheit mit dem liberalen Geist von 1848 zurückzuführen war.

In den ersten Jahren im Realgymnasium entwickelte Stresemann eine Vorliebe für die melancholisch-romantischen sowie für die politisch-liberalen Schriften von damals beliebten Dichtern und Schriftstellern wie Lenau, Uhland und insbesondere Friedrich Spielhagen, deren Arbeiten heute fast vergessen sind, die damals jedoch eine Neigung der Deutschen zu weltfernen Idealen in einer sich rasch modernisierenden Welt zum Ausdruck brachten. Diese Themen sollten Stresemanns Persönlichkeit prägen und später Eingang in seine politischen Auffassungen finden. In der Oberstufe lernte er schließlich im Unterricht des von ihm bewunderten Direktors Dr. Adolf Hamann Goethe kennen, der, wie er bei vielen Gelegenheiten bekannte, den größten Einfluß auf seine geistige Entwicklung hatte. Fast alle seine Reden und politischen Artikel enthielten zahlreiche Zitate von und Hinweise auf Goethe. Um Fontane zu paraphrasieren: Ein Band von Goethe war während seiner gesamten Laufbahn seine beste Wehr und Waffe.[15]

Im Lehrplan nahm der Religionsunterricht einen großen Raum ein, der ebenfalls von Dr. Hamann erteilt wurde und der in der lutherischen Konfirmation seinen Höhepunkt fand. Stresemann entwickelte eine starke Abneigung gegen die dogmatische protestantische Lehre; das Eintreten für Toleranz wurde zu einem prägenden Merkmal seines politischen Wirkens, als in der Wilhelminischen und später in der Weimarer Gesellschaft rassistische Tendenzen zunahmen.

Es liegt eine gewisse Ironie darin, daß Stresemann als zukünftiger Außenminister nicht gerade sprachbegabt war. Wie er selbst zugab, war er in Latein ein Versager. Nach seiner Wahl in den Reichstag 1906 gratulierte ihm sein ehemaliger Lateinlehrer auf Lateinisch, woraufhin Stresemann sich verpflichtet fühlte, auf Lateinisch zu antworten. Während es um sein Französisch kaum besser bestellt war, war er in Englisch einigermaßen versiert. Doch führte er später selten ohne Dolmetscher ein ernsthaftes Gespräch in englischer Sprache. In einem Brief, den er anläßlich des 25. Jahrestags seines Schulabschlusses an seinen ehemaligen Englischlehrer und damaligen Direktor Fritz Johannesson schrieb, erinner-

te er sich an seine Zeit in der Andreas-Schule und insbesondere an die Beschäftigung mit den großen Reden Macaulays, die in ihm Bewunderung für die parlamentarische Praxis in Großbritannien geweckt hatte.[16]
Stresemann beendete seinen Abitur-Lebenslauf mit Gedanken über die Zukunft, die seiner Vorstellung nach weitere Studien in Geschichte und Literatur an der Universität bringen würde, denen vielleicht eine Tätigkeit als Privatlehrer oder Journalist folgen würde. Johannesson schrieb damals in sein Tagebuch: »Zum Literaten oder Pädagogen geeignet«, denn er glaubte, daß dies Stresemann aufgrund seiner sozialen Stellung, seiner begrenzten Schulausbildung und seinen romantischen Neigungen entsprechen würde.

Der Journalismus lag ihm ganz offensichtlich, was sich in dreizehn anonymen Artikeln zeigte, die 1896 unter dem Titel »Berliner Briefe« in der *Dresdener Volkszeitung* erschienen.[17] Da er zu jenem Zeitpunkt noch zu jung war, um als Journalist arbeiten zu dürfen, standen unter diesen Artikeln nur die Initialen »ST«. Er stellte sich als ein liberaler Beobachter der gesellschaftlichen Verhältnisse in der Tradition seiner Idole Eugen Richter und Friedrich Naumann dar, die damals führende Persönlichkeiten in der deutschen fortschrittlichen Politik waren. Seine Themen umfaßten ein breites Spektrum, doch spiegelten sie durchgängig seine kritische Auseinandersetzung mit der konservativen Politik und Kultur des von Bismarck geschaffenen preußisch-deutschen Staats. Was in seinen Artikeln deutlich zutage tritt, ist ein leidenschaftliches Eintreten für liberale Verfassungsprinzipien, die Ablehnung des undemokratischen preußischen Dreiklassenwahlsystems und eine Verachtung für die agrarischen Junker; außerdem griff er das kaiserliche Flottenbauprogramm und die kolonialen Zielsetzungen Wilhelms II. scharf an, die er später mit Entschiedenheit befürworten sollte. Seine Kritik richtete sich auch gegen Adolf Stoecker, den evangelischen Hofprediger in Berlin, dessen fanatischer Antisemitismus zu einem Leitmotiv der Konservativen wurde. Während seiner gesamten Karriere sollte Stresemann immer wieder – und mitunter vehement – antisemitischen Ein-

1. Köpenicker Straße

stellungen entgegentreten, die zunehmend den Diskurs der Konservativen auch in Deutschland beherrschten. In diesen Artikeln verfaßte er nicht nur pointierte Kommentare zu politischen und sozialen Fragen, sondern schrieb auch eine weniger gelungene Kritik an den naturalistischen Tendenzen im Theater und in der Literatur. Obwohl der Herausgeber der Zeitung es gerne gesehen hätte, wenn Stresemann weiterhin geschrieben hätte, brach er Ende 1896 seine Tätigkeit ab, um sich auf das Abitur vorzubereiten. Doch er hatte entdeckt, daß der Journalismus ihm lag und daß er ein lebhaftes Interesse für Politik besaß. Am 20. Mai 1897 hielt Stresemann die Abschiedsrede vor seiner kleinen Abschlußklasse.

Im Laufe seines Lebens wandte er sich oft um, um auf seine Zeit in der Schule und Universität zurückzublicken und alte Bekanntschaften aufzufrischen. Abgesehen von den Klassenkameraden in der Realschule, hatte Stresemann nur wenige enge Freunde. Er schien dazu bestimmt, ein Außenseiter zu sein, der zwischen zwei Welten stand: der einen, die er hinter sich lassen wollte, und der anderen, die ihn nicht ohne weiteres akzeptierte bzw. die er selbst nie voll und ganz akzeptierte. Es schien, als wollte er die ihn umgebende Einsamkeit dadurch lindern, daß er seiner Vergangenheit verhaftet blieb, während sein Leben durch das rastlose Streben nach vorn und nach Anerkennung gekennzeichnet war.

So fand er trotz der chaotischen politischen Umstände im März 1922 Zeit, sich mit drei ehemaligen Klassenkameraden in einem Gasthaus in Berlin zu treffen, um den 25. Jahrestag ihres Schulabschlusses zu feiern und ein Telegramm an Johannesson zu schicken. Ihm folgte ein Brief, mit dem Stresemann 10 000 Mark für die Schulbücherei spendete.[18] Er bat ihn, Dr. Hamann von ihm zu grüßen, erinnerte an seine Lehrer und seine Schulerfahrungen und äußerte abschließend seine Bestürzung über das Leid und die Not, die seitdem über Deutschland gekommen waren.[19] Ein Jahr später stiftete Stresemann einen Preis für die Rudermannschaft der Schule. Ein weiteres Treffen mit den sieben Schulkameraden seiner Abschlußklasse organisierte er im Frühjahr 1927 in den Räumen des Außenministeriums.[20] Und in einem letzten Brief an Johannesson im Juni 1928, in dem er sich für die Glückwünsche zu seinem 50. Geburtstag bedankte, brachte Stresemann noch einmal seine Dankbarkeit für das am Andreas-Realgymnasium Gelernte zum Ausdruck, dem er seinen späteren Erfolg zuschrieb. Kurz nach seinem Tod im Jahre 1929 wurde eine der feineren Realschulen Berlins nach Stresemann benannt.

Im April 1897 begann Stresemann ein Studium an der Friedrich-Wilhelms-Universität in Berlin mit dem Schwerpunkt Geschichte und deutsche Literatur. Er wäre lieber auf die Universität in Jena gegangen, die für den hohen Stand ihrer Goethe-Forschung berühmt war, doch das blieb ein Traum, da seine finanziellen Mittel begrenzt waren und er seinem Vater im Geschäft helfen mußte. So wohnte er weiterhin im Elternhaus, wo er jetzt mit seinem vierundsechzigjährigen Vater allein war. Nur selten besuchte er seinen Bruder und seine beiden Schwestern, die geheiratet hatten und in anderen Stadtteilen lebten. In diesen ersten Studienjahren brachte der wachsende Druck der Brauereien auf die kleinen Abfüller und Händler das Geschäft in der Köpenicker Straße in Bedrängnis, so daß es Vater und Sohn kaum noch ernähren konnte.

Um die Jahrhundertwende war die Berliner Universität mit etwa 12 000 Studenten zur größten in Deutschland geworden. 1810 mit nur 256 Studenten eröffnet, hatte sie hinsichtlich Größe und geistiger Vitalität – wie Berlin selbst – die altehrwürdigen Institutionen in Städten wie Jena, Dresden und Heidelberg überflügelt. Und wie in den sie umgebenden Straßen herrschte im Inneren der Universität eine hektische und aggressive Atmosphäre. Die von Wilhelm von Humboldt, Hegel und Ranke in der Anfangszeit begründete geistige Tradition war bis 1890 durch einen militanten Nationalismus und Antisemitismus zurückgedrängt worden, den u. a. ein Heinrich von Treitschke vertrat, der seit 1874 Professor für Geschichte war.[21]

Treitschkes Auffassungen wurden von einflußreichen Kollegen wie Theodor Mommsen, Lujo Brentano und Hans

1. Köpenicker Straße

Delbrück kritisiert. Dennoch sollten diese mit großem Nachdruck vertretenen und häufig wiederkehrenden Themen – Deutschland müsse militärisch stark sein und habe eine besondere Berufung – einen tiefgreifenden Einfluß nicht nur auf Angehörige der Universität, sondern darüber hinaus auf die Staatsbürger haben. Diese Propaganda beeinflußte so mächtige Männer wie Alfred von Tirpitz, der die Kriegsmarine aufbaute, und Heinrich Claß, den Führer des Alldeutschen Verbands.

Golo Mann schrieb viele Jahre später: »Mir schaudert, wenn ich an die Unkenntnis der weiten Welt denke, in welcher wir in Deutschland damals lebten ... Was sogar für das Studium der Geschichte galt. Auch dieses war germano-zentrisch über alle Beschreibung ... Das übrige war, wenn nicht Feindesland, so doch fremdes, mehr oder weniger feindliches Land, mit der linken Hand abzutun ... Nationalismus verstand sich so von selber, daß er eigentlich gar nicht unterschied, nur eine geringe Zahl von Lehrern zu verachteten Außenseitern machte.«[22]

1898 wurde die Unabhängigkeit der Universität weiter eingeschränkt, denn die preußische Regierung brachte ein Gesetz durch den Reichstag, das das Eintreten für sozialdemokratische Ziele verbot, und die wenigen liberalen Gelehrten wie Brentano und Mommsen, die gegen die massive »Degradierung«[23] der akademischen Welt protestierten, wurden scharf angegriffen. August J. Langbehn, einer der entschiedensten Gegner aller liberaler Tendenzen erwiderte darauf, Mommsen und seinesgleichen seien die »deutsche Nationalkrankheit« und die deutsche Jugend werde einer »Art von bethlehemistischem Kindermord ausgesetzt.[24]

In dieser illiberalen Atmosphäre begann Stresemann sein Universitätsstudium. Und während dieses neue auftrumpfende nationale Selbstbewußtsein ihn durchaus faszinierte, hielt er an seiner Ablehnung der erzkonservativen Machteliten fest.

Auch das Studentenleben war von reaktionären Tendenzen durchdrungen. Die deutschen Studentenverbindungen waren aus dem Widerstand gegen die napoleonischen Kriege hervorgegangen. Um die Jahrhundertwende war mit dem Anwachsen der Studentenschaft auch die Zahl dieser Verbindungen gestiegen, die praktisch das gesamte Spektrum der sozialen und politischen Eliten Deutschlands reflektierten. Zu den ältesten gehörten die Corps, die sich der aristokratischen und konservativen Tradition verpflichtet fühlten und deren Mitglieder nach ihrer sozialen Stellung ausgewählt wurden. Die Mitgliedschaft in diesen Verbindungen war faktisch eine Voraussetzung für eine erfolgreiche Laufbahn in der wilhelminischen Bürokratie und Armee. Zwar war das Duellieren 1883 offiziell verboten worden, doch eine ritualisierte Version des Säbelfechtens, mit der Mut bewiesen und die Ehre verteidigt werden sollte, bestand auch weiterhin – ebenso wie der Zwang zu exzessivem Trinken.[25]

Die Burschenschaften waren 1815 von liberal eingestellten Studenten ins Leben gerufen worden, die zumeist der Mittelschicht angehörten. In ihnen waren erstmals die Prinzipien der nationalen Einheit und eines parlamentarischen Verfassungsliberalismus eine Verbindung eingegangen. Dreißig Jahre später hatten sie als erste auf den Barrikaden in Berlin gegen die alte Ordnung gekämpft. Liberale Geschichtsprofessoren wurden nie müde zu berichten, wie tapfer diese dem Mittelstand entstammenden Studenten in den Freiheitskriegen gegen Napoleon gekämpft und wie sich die Burschenschaftler gegen die Restauration zur Wehr gesetzt hatten, wie mutig sie sich den europäischen Mächten während der Revolution von 1848 widersetzt hatten.[26]

Doch 1897 war die liberale Tradition sowohl der Studentenverbindungen als auch der Universitäten durch die Verherrlichung der Nation und die Verheißungen des Wilhelminischen Reichs zurückgedrängt worden. Die elitären Corps und die ehemals freigeistigen Burschenschaften unterschieden sich nur noch in bezug auf den sozialen Status und waren zu Vereinigungen verkommen, in denen chauvinistische und antisemitische Einstellungen dominierten.[27] Und bezeichnenderweise bestand ein Großteil ihrer Bedeutung darin, daß sie die spätere berufliche Karriere ihrer Mitglieder durch Beziehungen, Einfluß und finanzielle Unterstützung aus den eigenen Reihen der »alten Herren« förderten. Karl Liebknecht meinte später zugespitzt, daß diese Studentenverbindungen zu Ausbildungslagern des materialistischen Junker-Kapitalismus geworden waren.[28]

Als ehrgeiziger Sohn aus dem Kleinbürgertum wurde Stresemann Mitglied in einer Studentenverbindung. Da er aber die in den Verbindungen herrschende Kultur zum großen Teil ablehnte, entschied er sich für die Burschenschaft »Neo Germania«, die zu der 1883 von Konrad Küster gegründeten Burschenschaftsreformbewegung gehörte und das Ziel hatte, das Eintreten für Toleranz und ein liberales Staatsverständnis wieder im Studentenleben zu verankern. Ein weiterer Grundsatz dieser Burschenschaft war der Verzicht auf das Schlagen und die Aufnahme von Mitgliedern ungeachtet ihrer Herkunft und ihrer religiösen oder politischen Zugehörigkeit. Die Berliner Sektion der Verbindung war klein und wurde von den älteren Verbindungen marginalisiert und in regelmäßigen Abständen schikaniert. Über seine neue Verbindung schrieb Stresemann: »An die Stelle des vielfach herrschenden Chauvinismus setzen wir die alte, gute Vaterlandsliebe ... so fassen wir Freiheit, Ehre, Vaterland auf, in diesem Sinne stehen wir zu den schwarz-rot-goldenen Farben unserer Wahl.«[29]

Hier fand er die Gemeinschaft und Geselligkeit, die seinem Leben bislang weitgehend gefehlt hatten, und hier wurden die Begabungen gefördert, die sich später so kraftvoll entfalten sollten, nämlich seine Führungsstärke und sein rednerisches Talent. Binnen eines Jahres wurde Stresemann zum Leiter der kleinen Berliner Gruppe und zum Delegierten für den Gesamtverband gewählt, der damals nur sieben Gruppen und nicht mehr als hundert Studenten umfaßte. Dr. Küster vertraute ihm die Herausgabe der vierzehntägig erscheinenden *Allgemeinen Deutschen Universitäts-Zeitung* an, die er gegründet hatte, um die neue Bewegung intellektuell zu unterstützen. Wie im Fall seiner »Berliner Briefe« erschien Stresemanns Name nicht, um nicht mit dem Reichspressegesetz in Konflikt zu geraten, das ein Mindestalter von 21 Jahren für eine publizistische Verantwortung vorsah. In seinen Reden und Artikeln griff Stresemann häufig die Themen der »Berliner Briefe« auf und attackierte die Intoleranz, die seiner Ansicht nach auch das Universitätsleben vergiftete. Bezeichnend für diese kritische Einstellung ist ein ihm zugeschriebener Brief, der an die Herausgeber der führenden Zeitung der traditionellen Verbindungen, *Burschenschaftliche Blätter*, gerichtet war:

> Seitdem in dem letzten Vierteljahrhundert der Chauvinismus so herrliche Blüten gezeigt hat, sind auch die meisten Burschenschaften mit fliegenden Fahnen zur rechten Seite übergegangen und haben ihren Beruf fortan nur in Mensurfechterei und Hurrapatriotismus gefunden, ihre ganze herrliche Vergangenheit mit Füßen tretend. Die alte Burschenschaft wollte die studentischen Mißbräuche – vor allem das Mensurunwesen – abschaffen, die moderne deutsche Burschenschaft ficht Bestimmungsmensuren, die alte Burschenschaft war demokratisch, die heutige ist patriotisch, d. h. regierungsfromm bis auf die Knochen.[30]

Regelmäßig machte sich diese Zeitung dafür stark, gegen »undeutsches Wesen« zu kämpfen, wo immer es sich zeige, und an den großen alldeutschen Aufgaben im In- und Ausland mitzuwirken.[31] Dagegen entwickelte der junge, in der Tradition von Richter und Naumann stehende Stresemann eine Position, die ihn als kritisches Mitglied der schrumpfenden liberalen und demokratischen Minderheit auswies, welche die Erinnerung an den Idealismus von 1848 ins Wilhelminische Reich hinüberzuretten suchte.

Zum fünfzehnjährigen Bestehen seiner Studentenverbindung verfaßte Stresemann 1901 einen ausführlichen Aufsatz mit dem Titel »Frei ist der Bursch«, in dem er auf die liberalen Traditionen der Burschenschaften zurückblickte und von der Herausforderung sprach, diese Traditionen zu bewahren, sie jedoch an die neuen Verhältnisse anzupassen.[32] Konrad Küster blieb sein Leben lang ein Freund und Briefpartner, und Stresemann schrieb weiterhin gelegentlich Artikel für die Zeitung der Verbindung, in denen er dazu aufrief,

1. Köpenicker Straße

die Prinzipien der religiösen Toleranz und des politischen Liberalismus hochzuhalten. Im August 1923, als er sein Amt als Reichskanzler antrat, sowie zu seinem 50. Geburtstag 1928 erreichte ihn eine Flut von Gratulationen seiner ehemaligen Bundesbrüder, und in seinen Erwiderungen drückten sich Dankbarkeit und Wehmut aus.

Das Wilhelminische Deutschland war geradezu versessen auf Symbole, die seine Würde, Einheit und Legitimität darstellen sollten. Daher waren Insignien wie Nationalhymne, Denkmäler, Nationalfeiertage und – vor allem – die Reichsflagge von eminenter Bedeutung. Das Deutsche Reich erhielt eine Reichsflagge in Schwarz-Weiß-Rot, eine Verschmelzung des Schwarz-Weiß Preußens und dem Rot-Weiß der deutschen Städte. So verdrängte ein neues Reichssymbol die schwarz-rot-goldene Flagge der Liberalen von 1848, die 1813 die Fahne der studentischen Freikorps gewesen war, die gegen Napoleon gekämpft hatten.

Am 50. Jahrestag des Berliner Aufstands legten Stresemann und vierzehn andere Mitglieder seiner Verbindung trotz erheblicher Kritik einen Kranz mit den Farben Schwarz-Rot-Gold und mit der Inschrift »Den Kämpfern für Freiheit, Ehre und Vaterland. Fünfzehn deutsche Burschenschaftler« auf die Gräber der Gefallenen vom März 1848.[33] Nach der Gründung der Republik, die die schwarz-rot-goldene Flagge übernahm, widersetzte er sich den wiederholten Versuchen konservativer Elemente in seiner Partei, die Farben des Reichs wiederzuleben, die auf den Versammlungen und Parteitagen der rechten Parteien – und einmal auch in seiner eigenen Partei – als Symbol für die Ordnung gezeigt wurden, die sie wiederherstellen wollte. In Erwartung der Rückgewinnung des Rheinlands kündigte er 1929 an, daß die Feier im Zeichen der schwarz-rot-goldenen Fahne stattfinden werde.[34] Und einige Monate später sollte eine Flagge in den Farben der Republik seinen Sarg bedecken.

Da die von einem Realgymnasium vermittelte höhere Schulbildung dem weiteren Ausbildungsweg Grenzen setzte und Stresemann schwach in Mathematik und in den Naturwissenschaften war, besaß er nicht die notwendige Eignung für Studiengänge, die ihn für das Lehramt oder für eine Laufbahn im juristischen oder ingenieurtechnischen Bereich qualifiziert hätten. So folgte er, ohne ein festes und gesellschaftlich angesehenes Berufsziel vor Augen zu haben, seiner Neigung und studierte Geschichte und Literatur. Im Fach Geschichte war das Erbe Treitschkes allgegenwärtig, denn hier lehrten Professoren, die durchweg die Leistungen der Hohenzollern-Dynastie priesen und verkündeten, Deutschland sei dazu berufen, eine imperialistische Großmacht zu werden. Im Lehrplan seines ersten Semesters war auch eine Einführung in die Nationalökonomie vorgesehen, die als wissenschaftliche Disziplin noch nicht voll anerkannt war. Doch Stresemann erkannte, daß sich ihm hier Tätigkeitsfelder und Aufstiegschancen eröffneten.

In seinem zweiten und dritten Semester besuchte er Seminare von Adolph Wagner und Karl Reinhold, die beide entschiedene Gegner sowohl des Manchester-Kapitalismus als auch des Sozialismus waren und statt dessen eine eher merkantilistische Politik befürworteten und für Deutschland den Platz forderten, »den es unter den Völkern dieser Erde verdient«.[35] In diesen drei Semestern an der Berliner Universität fand Stresemann kaum Gleichgesinnte, und es ist bemerkenswert, mit welcher Festigkeit er dem Ansturm reaktionärer Ideen widerstand. Aufsätze, die seine Standhaftigkeit bestätigten, erschienen in einer Reihe von studentischen Publikationen unter solchen Überschriften wie »Thomas Morus und seine Utopie« und »Maurertum und Menschheitsbau«. Im letztgenannten Artikel hieß es, jeder »soll in jedem Momente seines Denkens und Handelns von der Überzeugung sich tragen lassen, daß er eine Mission auf Erden zu erfüllen habe, daß ihm wie jedem, auch dem Geringsten, die Kraft gegeben sei, zur Veredelung, zur Vollendung des Menschheitsbaues« beizutragen, woraus sich aber auch »für jeden die Pflicht dieser Mitarbeit« ergebe.[36]

Der vielleicht einflußreichste Lehrer in Berlin war Martin Kriele, ein Wirtschaftsprofessor und ehemaliges Mitglied der »Neo Germania«, der Stresemann in seiner Auffassung bestärkte, das Studium der Nationalökonomie könnte ihm

1. Köpenicker Straße

den Weg zu einer Karriere in der Privatwirtschaft ebnen. Folglich gab Stresemann den Gedanken an den Journalismus auf und lenkte seine Energien in eine vielversprechendere Richtung. So faßte er den Entschluß, zur Universität Leipzig zu wechseln, die für ihre wirtschaftswissenschaftliche Fakultät bekannt war. Im Frühjahr 1898 setzte Stresemann hier sein Studium fort.

Die Universität Leipzig gehörte zu den ältesten in Deutschland. Sie war 1409 von 400 Studenten gegründet worden, die die Karls-Universität in Prag verlassen hatten und nach Leipzig gezogen waren. Neben den traditionell hoch anerkannten Fakultäten Jura und Philosophie hatten die Wirtschaftswissenschaften großes Ansehen gewonnen. Die Stadt selbst war wie Berlin und Hamburg ein wichtiges Handelszentrum und bot eine lebendige Mischung von kulturellem und wirtschaftlichem Leben. Da Leipzig der führende Verlagsstandort Deutschlands, wenn nicht gar der Welt war und eine große Musiktradition besaß, herrschte hier ein reger kosmopolitischer Geist. Groß war auch die kommerzielle Bedeutung der Stadt, denn die weltweit beachtete Leipziger Messe förderte Handel und Wandel.

In Leipzig sorgte Friedrich List 1837 dafür, daß die erste größere Eisenbahnlinie gebaut wurde, und hier setzte er einen Schlußpunkt unter einen langen Kampf, der drei Jahre zuvor den Deutschen Zollverein hervorgebracht hatte, ein Gebiet ohne Binnenzölle, das die nationale Einheit vorwegnahm. Seine 1840 veröffentlichte Abhandlung über politische Ökonomie, in der er sich entschieden für die nationale Einheit als Voraussetzung für wirtschaftlichen Fortschritt aussprach, wurde Pflichtlektüre für Generationen von Studenten der Wirtschaftswissenschaft. Stresemann wurde zu einem Bewunderer Lists, und etliche Jahre später, nämlich 1912, hielt er anläßlich des 75. Bestehens der deutschen Eisenbahn eine zündende Rede, in der er Lists Beitrag zur Förderung der deutschen Einheit und des sächsischen Wirtschaftslebens lobte.

Im Gegensatz zu Berlin, wo sich alles um Fragen der nationalen Machtentfaltung drehte, ging es in Leipzig mehr um die Entwicklung von Handel und Gewerbe. Dies bot Stresemann neue praktische Perspektiven. Zwar engagierte er sich weiterhin in der Burschenschaftsreformbewegung und übernahm die Leitung der örtlichen Verbindung »Suevia«, doch jetzt galt sein vordringliches Interesse der Suche nach einer beruflichen Laufbahn in einer sich rasch modernisierenden Wirtschaft, die einem Sohn aus dem Mittelstand in einer sozial kaum durchlässigen Gesellschaft neue, vielversprechende Möglichkeiten zu eröffnen schien.

In dieser Situation kam ihm insbesondere der Unterricht von Professor Karl Bücher zu Hilfe, der zu seinem Mentor wurde. Bücher war zwar mit Professor Adolph Wagner in Berlin befreundet, teilte aber dessen extreme Überzeugungen und aggressives Gebaren nicht. Bücher war einer der wenigen Liberalen unter den führenden Wissenschaftlern des 19. Jahrhunderts, der sich zum individuellen Unternehmertum, zum Freihandel und zu einem gemäßigten Kurs in der Politik wie im Verhältnis zwischen Arbeitgebern und Arbeitnehmern bekannte. Seine praxisnahe Lehre regte Stresemann an, eine Dissertation über das Berliner Flaschenbiergeschäft zu schreiben, in der er darlegte, wie schwer es die kleinen Bierverleger, zu denen ja auch sein Vater gehörte, auf einem Markt hatten, der immer mehr von großen Brauereien beherrscht wurde. In Berlin hätte man den fehlenden theoretischen Gehalt dieser Arbeit wahrscheinlich kritisiert, aber an der Universität Leipzig genügte sie für einen Doktor in Philosophie. In späteren Jahren sollten Stresemanns akademischen Leistungen ihm Hohn und Spott von seiten seiner politischen Gegner und seiner aristokratischen Beamten im Außenministerium einbringen, von denen viele ein abgeschlossenes Jurastudium vorwiesen und die seine Eignung für einen Ministerposten in Frage stellten. Der am wenigsten ehrenhafte dieser Kritiker war Joseph Goebbels, der ihn als »Flaschenbierdoktor« diffamierte.[37]

Zu einem ähnlichen Thema schrieb Stresemann einen Aufsatz für eine der führenden deutschen Wirtschaftszeitungen, in dem er die Auswirkungen der aufkommenden Kaufhäuser auf die kleinen Ladenbesitzer und Handwerker ana-

1. Köpenicker Straße

lysierte. Obwohl klar war, wem Stresemanns Sympathie gehörte, räumte er widerstrebend ein, daß der Prozeß des wirtschaftlichen Wandels nicht durch Schutzmaßnahmen behindert werden dürfe.

Im Herbst 1900 schloß Stresemann sein Universitätsstudium ab und verfügte damit über eine akademische Grundlage für seine geplante Karriere in der Wirtschaft. Aufgrund seiner Herkunft und seiner Ausbildung in Leipzig war er geradezu prädestiniert, zu einem Verfechter des Freihandels und des unabhängigen Unternehmertums zu werden, das sich in einem ungleichen Wettbewerb mit einem protektionistischen Staat und einer wachsenden Zahl von Industriekartellen befand. 1908 gab es im Deutschen Reich über 500 Kartelle, die Preise und Produktionsquoten festlegten, im ganzen Land Verkaufsorganisationen gründeten und ganze Industriezweige kontrollierten. Sie übten zunehmend Druck auf die kleinen Betriebe und Handwerker aus, die, wie Ernst Stresemann, das Rückgrat der Wirtschaft gebildet hatten.

Sachsen mit seinen verstreuten Kleinbetrieben, die von ihren Besitzern geleitet wurden, war zweifellos ein geeigneter Ort, um den Kampf gegen die Konzentrations- und Kartellbewegung aufzunehmen. Auf einer großen fruchtbaren Ebene an der Elbe, zwischen Prag und Hamburg gelegen, war es seit dem Mittelalter der am dichtesten besiedelte Staat in Europa, in dem die protestantische und bürgerliche Gesinnung besonders stark ausgeprägt war. Da Sachsen nicht wie das Ruhrgebiet oder Schlesien über Bodenschätze verfügte, hatte es sich seit der Mitte des Jahrhunderts zum Zentrum der deutschen verarbeitenden Industrie entwickelt. Abgesehen von einigen großen Konzernen in Chemnitz und Leipzig war es von mittelständischen Textilfabriken und Unternehmen übersät, die Güter produzierten, die von Kameras bis zu Porzellan reichten, und im Durchschnitt nicht mehr als 50 Arbeiter beschäftigten. Die Sächsische Schweiz, die bald zu Stresemanns Wahlkreis werden sollte, gehörte zu den Bastionen der Baumwollindustrie. All diese Faktoren führten zu einer entschiedenen Befürwortung des Freihandels und niedriger Zölle sowie zur Ablehnung der

Kartelle, also zur Opposition gegen die protektionistische Politik des Reichs.

Da Stresemann eine Gelegenheit sah, diese Anliegen miteinander zu verbinden, und sich ihm keine anderweitigen klaren Perspektiven boten, nahm er 1901 seine erste Stelle als stellvertretender Geschäftsführer des Verbands der deutschen Schokoladenhersteller an, wobei sein Arbeitszimmer ein ungeheizter Raum in Dresden war. Sein Jahresgehalt betrug magere 1000 Mark. Dieses Einkommen reichte zwar kaum zum Leben, aber die Tätigkeit bot Stresemann Gelegenheit, seine Tatkraft und seine Führungsqualitäten zur Geltung zu bringen, und dies in einer Zeit, in der seine Herkunft und sein Bildungsweg ihm den Zugang zu traditionelleren Berufen versperrt hätten. Er übte seine Arbeit sehr engagiert aus und ging einer Vielzahl von Aktivitäten im Bereich Organisation und Verkaufsförderung nach.

Kapitel 2
Lobbyist und Politiker

Die Schokoladenindustrie, mit der Stresemann schnell vertraut wurde, war von Kakaoimporten und dem heimischen Zuckerkartell abhängig und in Sachsen sehr zersplittert. Der Kostendruck, der von Importzöllen, hohen Verbrauchssteuern auf die heimische Zuckerproduktion und Monopolpreisen ausging, hatte, verschlimmert durch die anhaltende Wirtschaftsflaute, seiner Region schwer zu schaffen gemacht. Als Reaktion auf diese prekäre Situation beschlossen die Schokoladenfabrikanten auf dem ersten Jahrestreffen, an dem Stresemann im April 1901 teilnahm, eine Zuckerfabrik zu bauen, um in der Rohstoffbeschaffung vom Kartell unabhängig zu sein. Stresemann behauptete später, er sei es gewesen, der die Unternehmer dazu gebracht hätte, Selbsthilfe zu organisieren. 1904 wurde die Fabrik mit einem Kostenaufwand von einer Million Mark fertiggestellt. In der Zwischenzeit war die Verbrauchssteuer abgeschafft und das Kartell durch ein internationales Übereinkommen aufgelöst worden. Dieses Experiment hatte Stresemann zu der Überzeugung gebracht, daß gemeinsame Initiativen gegen fest etablierte und mächtige industrielle Interessen notwendig waren. Er sollte fast zwanzig Jahre lang Aktionär dieser Fabrik sein und ihrem Aufsichtsrat angehören, und zu guter Letzt brachte ihm seine kleine Investition auch einen Gewinn ein.[1]

Im Januar 1902, weniger als ein Jahr nach seinem Eintritt in die Schokoladenindustrie, bekam Stresemann eine Stelle als Leiter des Dresdener Bezirksvereins des »Bundes der Industriellen« mit einem Gehalt von gleichfalls 1000 Mark im Jahr. In fünf Wochen gelang es ihm, daß sich dieser kleine

Verband mit dem Bezirksverein von Leipzig-Chemnitz zum »Verband Sächsischer Industrieller« zusammenschloß, dessen Geschäftsführer er wurde. Der Vorsitzende des daniederliegenden Leipziger Vereins soll ausgerufen haben: »Wenn die Dresdner so dumm sind, diese Geschichte auf sich zu nehmen, dann wollen wir sie in Gottes Namen nicht daran hindern.«[2] Die beiden fusionierten Vereine hatten nur 180 Mitglieder, von denen lediglich 37 an der Versammlung teilnahmen, auf dem das erste Jahresbudget von 3600 Mark verabschiedet wurde.

Stresemann blieb bis 1919 in Dresden Leiter des sächsischen Verbands. Im Laufe der Jahre nahm der Einfluß des Verbands zu, und die Zahl der Mitglieder wuchs auf über 5000 sächsische Betriebe mit zusammen mehr als 500 000 Arbeitern. Er sollte zum größten regionalen Verband dieser Art und zu einem Vorbild für Unternehmensverbände in Süddeutschland werden. Bald übernahm Stresemann auch die Verantwortung für die Verbandszeitung *Sächsische Industrie* und spielte eine wichtigere Rolle im »Bund der Industriellen«, der die Dachorganisation seines Verbands bildete und dessen geschäftsführender Vorsitzender er wurde.

Der »Bund der Industriellen« wurde 1895 als Gegengewicht zu dem fest etablierten und mächtigen »Centralverband der deutschen Industrie« gegründet, der 1876 von Henry Axel Bueck ins Leben gerufen worden war, um die Interessen der Großindustrie zu vertreten. 1905 gehörten zu dieser Organisation 500 der größten deutschen Unternehmen und mehr als 150 angeschlossene Organisationen, die etwa 30 000 Betriebe umfaßten und 70 Prozent des nationalen Industriepotentials repräsentierten. Diese gewaltige Macht war in den Händen weniger Vorstandsmitglieder konzentriert, und der Kopf dieser Organisation war Henry Axel Bueck.[3] Konservativ ausgerichtet, ging der »Centralverband« 1893 mit dem Verband der ostelbischen Großgrundbesitzer zusammen, und beide befürworteten hohe Zölle, die Einrichtung von Kartellen und andere protektionistische Maßnahmen, erhoben also Forderungen, die den Interessen von Stresemanns sächsischem Verband diametral entgegengesetzt waren. Diese

2. Lobbyist oder Politiker

vereinten finanzstarken und gesellschaftlich bestimmenden Kräfte aus Industrie und Landwirtschaft übten bis zum Ausbruch des Kriegs einen starken Einfluß auf die deutsche Politik aus. Auf ihrer mit zunehmender Schärfe formulierten politischen Agenda standen Protektionismus, Antisozialismus, Kolonialismus, der Ausbau der Flotte sowie ein »alldeutscher« und antisemitisch gefärbter Imperialismus. Ernst Bassermann, der in der Nationalliberalen Partei zu Stresemanns Mentor und politischem Mitstreiter werden sollte, bemerkte später, Buecks Rezept für den Umgang mit sozialen Unruhen sei »die Aufhebung des allgemeinen Wahlrechts, je eher, desto besser« gewesen.[4]

Bueck gehörte mit zu den ersten, die die Vorteile erkannten, die sich in dem nach Bismarcks Rücktritt entstandenen politischen Vakuum aus einer gut organisierten Industrielobby ergaben. Da es weder im Reich noch in Sachsen ein machtvolles Parlamentssystem gab, versuchten alle erdenklichen Interessengruppen, Buecks Erfolg nachzueifern und einen Apparat zu entwickeln, der an der geeigneten Stelle Druck auf die Regierungsbürokratie ausüben konnte. So ging die industrielle Expansion Deutschlands einher mit der Entstehung aller möglichen Verbände, die wie Pilze aus dem Boden schossen und für das politische, wirtschaftliche und gesellschaftliche Leben im Wilhelminischen Deutschland stark prägend wurden.

Der vermögenslose Stresemann, der sich hochgearbeitet hatte, stand mit Bueck und der Schwerindustrie bis nach Buecks Tod im Jahre 1916 in einem ungleichen Wettbewerb. Als Außenseiter, dem es an politischem Einfluß und finanziellem Rückhalt fehlte, der jedoch ein ausgeprägtes Gespür für Rhetorik und Journalismus hatte, reagierte Stresemann auf diese Herausforderung, indem er eine für die damalige Zeit neuartige, dynamische öffentliche Kampagne in seiner unterrepräsentierten Region führte, in deren Verlauf er die Presse mobilisierte, Versammlungen veranstaltete, Reden hielt und eigene Artikel verfaßte.

1920, anläßlich des 25. Bestehens des sächsischen Verbands, zollte ihm eine seiner führenden Persönlichkeiten für

Stresemanns Pionierarbeit, durch die die kleinen und mittleren Unternehmen, die sich im Konflikt mit der Schwerindustrie befanden, mobilisiert worden waren, folgendes Lob:

> Er führt einen neuen Stil, eine neue Arbeitsmethode ein. Man würde ihn heute als »Lobbyisten«, als einen Meister der »public relations« bezeichnen, die damals mehr oder weniger verpönt waren. Er baut die Beziehungen zu Presse und Parlament aus, beeinflußt bewußt die öffentliche Meinung ... und vertritt in unzähligen Reden die Interessen des Verbands.[5]

Diese Vorgehensweise stand im Kontrast zu den konventionellen Methoden der etablierten Lobbys der Agrarier und der Schwerindustrie, die – im Gegenteil – die Öffentlichkeit scheuten und bestrebt waren, privaten Einfluß und finanziellen Druck auf einzelne Regierungsstellen auszuüben.

Der »Verband Sächsischer Industrieller« bot Stresemann viele Jahre lang eine Existenzgrundlage und stellte eine solide Basis dar für seinen Aufstieg in Wirtschaftskreisen und seinen späteren Eintritt in die Politik. Sein Wohlstand nahm zu, und er wurde – wenn auch widerstrebend – in eine Gesellschaft aufgenommen, die von konservativen Machteliten dominiert wurde.

Im Gegensatz zu Leipzig oder gar Berlin herrschte in Dresden eine geradezu beschauliche Atmosphäre. Das politische und soziale Leben wurde von reichen Grundbesitzern zumeist adliger Herkunft und dem Großbürgertum bestimmt. Wie zutreffend war doch die Bemerkung eines Zeitgenossen: »Wenn die Welt untergeht, geht Dresden dreißig Jahre später unter.«[6]

Doch unter der Oberfläche des behaglichen »Biedermeier«-Dresden war das Rumoren einer wachsenden Unterklasse spürbar, die kein Wahlrecht besaß und durch die aktuelle Industrialisierung Sachsens entstanden war. Wie in England 50 Jahre zuvor hatte sich eine neue Schicht von ungelernten Arbeitern in der immer urbaner werdenden Gesellschaft entwickelt, die diesen Menschen nur Mühsal, niedrige Löhne

2. Lobbyist oder Politiker

und einen langen Arbeitstag bot – eine Situation, die durch die kurze Rezession in den Jahren nach der Jahrhundertwende noch verschlimmert wurde. Die verstreuten kleinen Betriebe, Textilfabriken und Werkstätten Sachsens waren entweder nicht bereit oder nicht fähig, den Arbeitern einen auskömmlichen Lebensunterhalt und Sicherheit zu bieten, und die Arbeiter waren zu zersplittert und auch an das Elend gewohnt, um sich ohne weiteres gewerkschaftlich organisieren zu lassen. Aber dies war ein fruchtbarer Boden für August Bebel und die SPD, die er geduldig aufgebaut hatte und die zuerst im Untergrund wirkte und nach der Nichterneuerung des sog. Sozialistengesetzes 1890 zu einer ernstzunehmenden politischen und wirtschaftlichen Kraft wurde.

Wie groß die Unzufriedenheit in Sachsen war, zeigte sich an den Reichstagswahlen im Juni 1903, bei denen es einen Erdrutschsieg der sozialdemokratischen Kandidaten gab. Vielleicht durch diesen Beweis der Stärke der Sozialdemokraten ermutigt, traten die Arbeiter der Textilbetriebe von Crimmitschau, 75 Kilometer von Dresden entfernt, in einen Streik und forderten eine Verkürzung der Arbeitszeit, die damals elf Stunden betrug, und eine zehnprozentige Lohnerhöhung.[7] Dies führte zur Aussperrung von über 7000 Arbeitern und zur ersten längeren Lahmlegung der Industrie in Sachsen. Obwohl er nicht direkt darin verwickelt war, unterstützte Stresemann diese Aussperrrung, die schnell zu einem nationalen Problem wurde und die eine Welle der Sympathie für die noch jungen Gewerkschaften auslöste. Erst nach einem Appell Buecks und des mächtigen »Centralverbands« konnte der Streik beendet werden. Für Stresemann und seinen sächsischen Verband war die Intervention durch seinen Erzrivalen eine bittere Medizin, die ihn zu der Überzeugung brachte, daß sich seine der Industrie nahestehenden Unterstützer für weitere Arbeitskämpfe besser würden wappnen müssen.

Nach dem Streik in Crimmitschau ging er daran, einen Arbeitgeberverband zu gründen, dessen Mitglieder sich bei einem Streik gegenseitig unterstützten. Zwei Jahre später schuf er zusätzlich einen Streikfonds. In beiden Verbänden durften Mitglieder des »Centralverbands« nicht mitarbeiten, der im Gegensatz zu den sächsischen Unternehmern weiterhin auf den Einsatz roher Gewalt bei Arbeitskonflikten setzte. Der Streik und seine Folgen überzeugten Stresemann davon, daß es ohne aufgeklärte politische Führer keine Verständigung zwischen Industrie und Arbeitnehmern geben konnte. Gleichzeitig stieg in ihm die Furcht vor der wachsenden politischen Macht der SPD und der ihr nahestehenden Gewerkschaften.

Während dieser politischen und sozialen Unruhen in Sachsen heiratete Stresemann im Oktober 1903 Käte Kleefeld, der er einige Jahre zuvor von ihrem Bruder Kurt vorgestellt worden war. Dieser war Mitglied der Leipziger Studentenverbindung »Suevia«. Zuvor hatte er erfolglos Charlotte Pannecke den Hof gemacht, die er seit der Tanzstunde kannte und bewunderte und mit der er während seines Studiums in Leipzig eifrig korrespondierte. Als er seinen Doktor und eine sichere Stelle hatte, hielt er in Berlin um ihre Hand an. Ihre verwitwete Mutter lehnte, wahrscheinlich im Einverständnis mit ihrer Tochter, den Antrag ab, da er zu wenig verdiene und seine wirtschaftlichen Aussichten eingestandenermaßen nicht vielversprechend seien. Wie er später in einer autobiographischen Skizze gestand, war dies ein herber Schlag für ihn.

Stresemanns Heirat mit Käte war vielleicht die glücklichste Entscheidung seines Lebens. Sie bot ihm die stete und wirksame Unterstützung, die Familie und Haushalt zusammenhielt, während er rastlos nach politischem Aufstieg strebte. Das Paar wurde in Berlin in der Kaiser-Wilhelm-Gedächtniskirche getraut, einem monumentalen Gebäude im neoromanischen Stil, das erst acht Jahre zuvor Kaiser Wilhelm I. gewidmet worden war. Wie Stresemanns Jugendfreund Georg Schwidetzky berichtete, gab es eine prächtige Hochzeitsfeier in den Privaträumen des »Englischen Hauses«, auf der ein Orchester spielte, getanzt wurde und die Schwestern und Freunde der Braut Sketche darboten.[8]

Käte Kleefeld, am 15. Juli 1883 geboren und fünf Jahre jünger als ihr Mann, hatte eine unbeschwerte Jugend in einer

2. Lobbyist oder Politiker

intakten Familie verbracht, deren Mitglieder sich eng miteinander verbunden fühlten. Ihre zwei jüngeren Schwestern waren ihr zugleich Freundinnen und Vertraute. Ihr verstorbener Vater, der jüdischer Herkunft und zum Protestantismus übergetreten war, hatte sich eine angesehene Stellung im gehobenen Berliner Bürgertum erarbeitet. Seine Witwe, Söhne und Töchter nahmen Stresemann in ihre Familie auf, der seit dem Tod seiner Mutter kein richtiges Familienleben mehr gekannt hatte. Das letzte Band zu seiner eigenen Familie endete mit dem Tod seines Vaters im Jahre 1905; zu seinem wesentlich älteren Bruder und seinen beiden Schwestern hatte er nur sporadischen Kontakt, der im wesentlichen auf die Abwicklung des Familienbetriebs und den Verkauf der kleinen Immobilie beschränkt war.

Käte Stresemann war in jeder Hinsicht eine bemerkenswerte Ehefrau und Mutter. Sie war eine gutaussehende, anziehende Frau und bei besonderen Anlässen sogar mondäne Erscheinung, die einerseits den Haushalt sparsam und umsichtig führte, Gustav bei seinen häufigen Krankheiten versorgte und andererseits viele Empfänge und Diners gab, als ihr Mann später Reichskanzler und Außenminister war. Abgesehen von den Abenden, die er mit Bekannten in Gasthäusern oder im »Deutschen Bühnenclub« verbrachte und die ihm sehr wichtig waren, war sie der Mittelpunkt seines Lebens. Während seiner Amtszeit als Außenminister hatte sie immer ein offenes Ohr für junge Beamte, und sie pflegte enge Freundschaft mit vielen Persönlichkeiten, die sie in den Berliner diplomatischen Kreisen kennenlernte, in denen es im allgemeinen sehr steif zuging. Unter vielen anderen äußerten sich der britische Botschafter Lord D'Abernon, von dem noch die Rede sein wird, und sein amerikanischer Kollege Alanson Houghton überaus positiv über ihre warmherzige und sympathische Art. Während Stresemann kleine, informelle Treffen zu Hause oder in oftmals lauten Bierstuben bevorzugte, bewegte sie sich bei Empfängen und offiziellen Diners sehr gewandt und erleichterte ihm den Weg durch das Labyrinth diplomatischer und politischer Verpflichtungen, denen er sich immer weniger entziehen konnte und bei denen er sich aufgrund seiner Herkunft nie wirklich wohlfühlte.

Obwohl Kolporteure Stresemann eine Affäre mit seiner frühen Biographin und Bewunderin Antonina Vallentin andichteten, deutet vieles darauf hin, daß er trotz seines starken politischen Ehrgeizes und der berauschenden Aura der Macht, die ihn umgab, ein überraschend naiver Sohn aus dem Kleinbürgertum blieb, der, soweit es ihm seine Zeit erlaubte, ganz für die Familie da war. Katharina von Kardorff-Oheimb, eine attraktive und gebildete Dame und spätere Anhängerin von Stresemanns Partei, der DVP, erinnert sich in ihren Memoiren an eine Begegnung mit ihm während des Krieges, bei der er General Ludendorff wortreich und bedingungslos verteidigte. Nach diesem Gespräch sagte sie zu einem Freund: »Ein komischer Kauz. Er war zwei Stunden bei mir und hat nur von Politik gesprochen.«[9]

1904 und 1908 wurden die beiden Söhne Wolfgang und Joachim geboren, die sich zu erfolgreichen und nachdenklichen Menschen entwickelten. Wolfgang sollte seinem Vater in dessen Ministerjahren als Vertrauter und inoffizieller Privatsekretär zur Seite stehen. Danach widmete er sich seinen musikalischen Talenten und wurde Intendant des Berliner Philharmonischen Orchesters in dessen glanzvollsten Nachkriegsjahren. Seine wohlwollende Biographie über seinen Vater gehört ebenso wie seine Autobiographie, die erst 1994 veröffentlicht wurde, als er 94 Jahre alt war, zu den wichtigsten Quellen über das Leben Stresemanns.[10] Der jüngere Bruder Joachim studierte in Cambridge und ging dann nach New York, wo er Karriere bei der späteren Chase Manhattan Bank machte. Beide Söhne wuchsen weitgehend unter der Obhut ihrer fürsorglichen Mutter auf, an der sie sehr hingen. Als Witwe emigrierte Käte 1939 nach New York, wo sie bis zu ihrem Tod 1970 bei Joachim wohnte.

Das Dresden, in das Stresemann seine junge Frau brachte, war damals vielleicht eine der reizvollsten Städte Deutschlands. An der Elbe und in einer großen, fruchtbaren Ebene vor den Ausläufern des Erzgebirges gelegen, war es mehr als vierhundert Jahre lang Sitz der sächsischen Monarchie gewe-

2. Lobbyist oder Politiker

sen. Im 18. Jahrhundert hatte es sich zu einem Zentrum von Macht und Wohlstand entwickelt und bildete eine kulturell lebendige, urbane Brücke zwischen Österreich und Preußen, zwei Staaten mit machtpolitischen Ambitionen. Sein Wohlstand ermöglichte ein Aufblühen des künstlerischen Schaffens, das seinen Ausdruck in einer Vielzahl von Kirchen, Palästen und Theatern und in einer nahezu unübertroffenen Sammlung von Gemälden und anderen Kunstgegenständen fand. »Elbflorenz«, wie es im Volksmund genannt wurde, bot mit seinen Brücken, Kuppeln, Türmen und kupfergrünen Dächern einen Anblick von pittoresker Schönheit. Das junge Paar sollte während der nächsten sieben Jahre dort leben und eifrig am kulturellen Leben der Stadt teilnehmen.

Nach seiner Ankunft in Dresden hatte Stresemann seine jugendliche Begeisterung für Eugen Richter aufgegeben, der sich 1900 aufgrund seines kompromißlosen linksliberalen Widerstands zunehmend isoliert hatte. In Friedrich Naumann fand der nach wie vor liberal gesonnene Stresemann jetzt seinen Mentor. Naumann, ein sächsischer Pastor, war damals wohl der herausragendste christliche Sozialreformer. 1896 hatte er den »Nationalsozialen Verein« gegründet, der sich das Ziel gesetzt hatte, die unteren Schichten durch eine aufgeklärte Sozialpolitik in die Gesellschaft zu integrieren, und der zur unverbrüchlichen Treue zu Nation und Reich aufforderte. Naumanns Zeitung *Die Hilfe* und sein 1900 veröffentlichtes Buch *Demokratie und Kaisertum* fanden eine große Leserschaft und stellten einen Versuch dar, die Polarisierung von Sozialdemokraten und Konservativen zu überwinden, unter der die deutsche Gesellschaft zunehmend litt. Er verkündete, daß das neue Zeitalter imperialistisch und demokratisch sein würde und daß nur durch gemeinsame Zielsetzungen von Arbeitgebern und Arbeitern und einen deutschen Herrschaftsanspruch gegenüber den etablierten Weltmächten die gesellschaftliche Integration aller Deutschen erreicht werden könne.[11] Der Appell an den Nationalismus fand schnell Gehör, während die Politik der sozialen Versöhnung nur begrenzt Anklang fand.

Von beiden Themen Naumanns fühlte sich Stresemann sehr angesprochen, der 1901 zum Mitglied des Dresdener Wahlausschusses der neuen Partei und zum Delegierten des Parteitags gewählt wurde. Doch bei den Reichstagswahlen von 1903 erlitt diese neue, schlecht organisierte Bewegung eine schwere Niederlage. Darauf wechselten die meisten seiner Mitstreiter zur Fortschrittspartei oder zur SPD über. Stresemann wandte sich jedoch den pragmatischeren und konservativeren Nationalliberalen zu, in der Hoffnung, von innen einen mäßigenden Einfluß auf ihre Politik ausüben zu können.

Trotz seines Wechsels zu den Nationalliberalen bewunderte und respektierte Stresemann auch weiterhin Naumanns Liberalismus und seine Integrität. Anläßlich Naumanns Beerdigung 1919 hielt Stresemann eine Ansprache, in der er an das humanitäre Anliegen und die Visionen erinnerte, die seine frühe politische Entwicklung so stark beeinflußt hatten und die von einem »großen, anregenden und erhebenden Geist« getragen gewesen seien:

> Wie haben wir jungen Studenten ihm damals zugejubelt in seinem Kampf gegen die Enge und Verbohrtheit der deutschen parteipolitischen Verhältnisse. Zur Sozialdemokratie konnten wir nicht gehen. Alles in uns sträubte sich gegen ihre Negierung des Nationalen und ihren Sozialismus marxistischer Färbung. Der Liberalismus hatte jede werbende Kraft verloren, war versteinertes Manchestertum bei Eugen Richter und Kampf der verschiedensten Richtungen untereinander... Da kam Friedrich Naumann und warf in diese gärende Zeit, die nach neuen Ideen suchte, den großen Gedanken der Vereinigung des Kaisertums mit der deutschen Arbeiterschaft. Er gab seinen Vorschlägen den sozialen Inhalt, der dem Liberalismus der damaligen Zeit fehlte.[12]

In einem Brief, den Stresemann 1922 an ein ehemaliges Mitglied von Naumanns kurzlebigem »Nationalsozialem Verein« schrieb, drückte er noch einmal seine Sympathie für

2. Lobbyist oder Politiker

Naumanns Ideale aus. Besonders anerkannte er Naumann als Verfechter der konstitutionellen Monarchie und als Politiker, der die nationale Loyalität der Arbeiterklasse wiedererrang.[13] Doch Naumanns leidenschaftlichem patriotischem Engagement, das mit sozialem Bewußtsein und sozialer Verantwortung einherging, war kein Erfolg beschieden.

Stresemann war dieses Scheitern ein Schlüsselerlebnis. Seine sich schnell entwickelnden politischen Ambitionen waren fortan an das ungewisse Schicksal der Nationalliberalen gebunden, bis diese Partei in der Novemberrevolution von 1918 unterging. Nachdem er die politischen Realitäten akzeptiert und erkannt hatte, daß das politische Überleben von Kompromissen abhing, verfolgte Stresemann mancherlei politische Ziele, die in keiner Weise mehr seinem liberalen »1848«-Erbe entsprachen.

Die von Rudolf von Bennigsen 1866 gegründete Nationalliberale Partei betrachtete sich als die Erbin der politischen Bewegungen, die in den vorausgegangenen fünfzig Jahren entstanden waren und die für die deutsche Einheit und eine konstitutionelle Regierung eintraten. Diese Partei, die die Rolle der Gewalt bei der Herstellung der nationalen Einheit akzeptierte, hatte zögernd der neuen Bismarckschen Verfassung zugestimmt und das preußische Dreiklassenwahlrecht als vorübergehend in Kauf genommen, das den preußischen Staat bis zu seinem Zusammenbruch 1918 lähmen sollte. Wie ein liberaler Delegierter 1871 feststellte: »Wir dürfen Niemanden tadeln, wenn er jetzt die Frage der Macht in den Vordergrund stellt und meint, daß die Fragen der Freiheit warten können.« Er schloß seine Bemerkung mit der unrealistischen Hoffnung: »Wenn nur nichts geschieht, was ihnen dauernd präjudizieren könnte.«[14]

Die Nationalliberalen wurden für ihr beharrliches Eintreten für die Reichsgründung mit einer prominenten Stellung bei den ersten Reichstagswahlen unter der neuen Verfassung von 1871 belohnt. Da sie jedoch zunehmend von fortschrittlichen Parteien und den Sozialdemokraten auf der Linken und den verbündeten Konservativen auf der Rechten bedrängt wurden, erlitten sie in den folgenden dreißig Jahren einen fortgesetzten Bedeutungsverlust, und die Zahl ihrer Sitze im Reichstag ging von 155 auf weniger als 60 Sitze zurück. Obwohl sie immer wieder Angriffen von Kaiser und Kanzlern ausgesetzt waren, blieben sie im Interesse der deutschen Einheit loyal mit Kaiser und Reich verbunden. In bezug auf die Prinzipien der liberalen Wirtschaft, des Freihandels und einer konstitutionellen Regierung, die zu ihrem Entstehen geführt hatten, ließen sie sich immer wieder auf Kompromisse ein.

Dies hatte zur Konsequenz, daß die Partei, in die Stresemann 1903 eintrat, durch Flügelkämpfe zwischen den Liberalen im Süden und den eher konservativen Mitgliedern in Preußen geschwächt war, wobei letztere von den mächtigen Industriellen an der Ruhr und in Schlesien beeinflußt und finanziert wurden. Wenn es überhaupt ein einigendes Band gab, dann bestand es darin, daß man sich dem »nationalen Geist« verpflichtet fühlte, der immer stärker durch imperialistische Zielsetzungen und eine entschiedene Gegnerschaft zur Linken definiert wurde. Doch im Gegensatz zu Naumanns Bewegung gab es eine politische Organisation auf nationaler Ebene und einen beträchtlichen Handlungsspielraum im Rahmen eines breiten ideologischen Spektrums. Stresemann identifizierte sich bezeichnenderweise mit den sogenannten Jungliberalen in Sachsen und Süddeutschland.

Aufgrund seiner wachsenden Verbindungen zu sächsischen Wirtschaftskreisen, seiner Tatkraft und seinen offenkundigen rhetorischen Fähigkeiten avancierte Stresemann zu einem Hoffnungsträger in der örtlichen Parteiorganisation. Er trat weiterhin entschieden gegen die drastische Erhöhung der Zölle auf, die 1902 von den Konservativen und Agrariern durchgesetzt worden war, und die seine Partei im Reichstag widerwillig unterstützt hatte. Zusammen mit den Jungliberalen in der Partei setzte er sich für eine Reform des preußischen Dreiklassenwahlrechts ein, das in Sachsen ebenso wie in Preußen die Besitzenden begünstigte und die Vertretung der sich schnell ausbreitenden Arbeiterschaft stark einschränkte.

2. Lobbyist oder Politiker

Trotz des restriktiven Wahlsystems gelang es den Liberalen 1905, vier Abgeordnete in die Zweite Kammer des sächsischen Landtags zu entsenden. In einem begeisterten Brief führt einer der erfolgreichen Kandidaten seine Wahl auf Stresemanns wirksames Eingreifen in den Wahlkampf zurück.[15] Im darauffolgenden Jahr wurde Stresemann in den Dresdener Stadtrat und einige Monate später zum Delegierten für den neunten Parteitag der Nationalliberalen Partei gewählt.

Der nationalliberale Parteitag in Goslar im Jahre 1906 sollte einen wichtigen Einschnitt bilden. Auf diesem Parteitag, auf dem viele hochtönende Reden gehalten wurden, erhob sich der noch relativ unbekannte Stresemann, der erst am Anfang seiner politischen Karriere stand, und verlas eine gemäßigte Resolution, die von seiner sächsischen Delegation gebilligt worden war. Danach übte er allerdings scharfe Kritik an der Parteiführung, weil sie nichts gegen die Schwächung der Partei unternehme, die ihr seit ihrer Gründung der Regierung, die zunehmend von konservativen Parteiinteressen dominiert werde, lammfromm gefolgt sei.

Er verurteilte die bedingungslose Unterstützung des Reichskanzlers Bernhard von Bülow sowie die Tatsache, daß man die Regierung nicht für die beklagenswerten Bedingungen in der Armee, in der Beamtenschaft und für eine ineffektive, wenn nicht skandalös schlechte Kolonialverwaltung zur Rechenschaft ziehe. Er wies auf den Erfolg seines sächsischen Verbands hin, der die konservativen Agrarier auf Landesebene offen angreife, ohne den Sozialdemokraten in die Hände zu arbeiten. Die Partei müsse ein eigenes Machtstreben entwickeln, anstatt weiterhin die vorsichtige Annäherung an die Konservativen zu praktizieren, die Resignation und Niedergang mit sich brächte. Er forderte die Partei auf, sich um neue Wähler zu bemühen, und verlangte eine positive Auseinandersetzung mit dem rasanten, durch die Industrialisierung entstandenen Wandel. Ganz im Sinne seines Vorbildes Naumann sagte er: »Wir dürfen keine Partei der Professoren und Kommerzienräte sein. Wir müssen mit allen Schichten, mit Handwerkern, mit den Arbeitern Fühlung suchen.«[16] Und am Ende seiner Rede bekannte er sich aus vollem Herzen zu den traditionellen liberalen politischen Prinzipien.

Daß er seiner Partei auf diese unerwartete Weise die Leviten las, löste dem offiziellen Protokoll zufolge Entrüstung, Zustimmung und Ablehnung aus, die lautstark geäußert wurden. Bassermann, der gerade zum Parteivorsitzenden gewählt worden war und der Stresemann bereits unterbrochen und sein unerhörtes Verhalten gerügt hatte, sagte nach diesem Auftritt: »Wie leicht ist es, mit ein paar Schlagworten Beifall zu erreichen.« Ungeachtet dieser Reaktion erzeugte Stresemanns metallische, weit tragende und leicht nasal klingende Stimme das gewünschte Ergebnis; er stand im Mittelpunkt der Aufmerksamkeit und hatte es geschafft, die Notwendigkeit einer umfassenden Überprüfung der Parteipolitik aufzuzeigen.

Unmittelbar nach dem Parteitag in Goslar nahm Stresemann das Angebot des Bürgermeisters von Buchholz an, einem kleinen sächsischen Dorf im Erzgebirge an der österreichischen Grenze, sich als nationalliberaler Kandidat für die Reichstagstagswahlen aufstellen zu lassen, die im Januar 1907 überraschend angesetzt worden waren. Der Wahlkreis Annaberg-Schwarzenberg war nicht gerade prädestiniert als Ausgangspunkt für eine politische Karriere auf nationaler Ebene. Seine Bevölkerung lebte verstreut in kleinen verarmten Bergdörfern. Das Zentrum der deutschen Borten- und Spitzenherstellung in Heimindustrien sowie der Schafzucht bot den meisten Bewohnern nur ein kärgliches Auskommen. Der Wahlkreis galt als ein »sicherer Sitz« für die Sozialdemokraten, die hier jahrelang die Mehrheit besessen hatten.

Es war ein Glücksfall für Stresemann, daß zum ersten Mal in der kurzen parlamentarischen Geschichte des Kaiserreichs außenpolitische Fragen innenpolitische Angelegenheiten völlig in den Hintergrund drängten. Diese Wahl wurde als »Hottentotten-Wahl« bezeichnet, da eine heftige politische Auseinandersetzung um die Kolonialpolitik und die Niederschlagung eines Aufstands der Herero in der kürzlich erworbenen Kolonie Südwestafrika geführt wurde. Reichskanzler Bülow

2. Lobbyist oder Politiker

weitete dieses Thema noch aus und versuchte, die Sozialdemokraten und das Zentrum zu isolieren, die Gegner seines immer populäreren Kolonial- und Flottenprogramms waren. Das Ergebnis dieses erbittert geführten Wahlkampfs war ein erfolgreiches Abschneiden derjenigen Parteien, die den sogenannten Bülow-Block bildeten; dieser Block errang 216 Sitze und umfaßte neben Konservativen, Nationalliberalen und Fortschrittlichen auch Antisemiten.

Trotz seiner Vorbehalte gegen Bülow spürte Stresemann, daß dieser Wahlkampf eine günstige Gelegenheit für ihn war, und so führte er mit großer Energie einen Wahlkampf, der wahrscheinlich von seiner sächsischen Industrielobby finanziert wurde und in dem er vorrangig an nationale Gefühle appellierte. In sechs Wochen besuchte er, ohne sich von Schneewehen und bitterer Kälte abhalten zu lassen, rund 65 Städte und Dörfer; er hielt – vor einem häufig apathischen Publikum – 52 Reden, von denen viele über zwei Stunden dauerten.[17] Er rief zur Unterstützung des Flottenprogramms und kolonialer Expansion auf und erklärte seinen Zuhörern, daß Deutschland ein Recht darauf habe, international als Wirtschaftsmacht anerkannt zu werden, die auf dem Weg sei, zu einer Weltmacht zu werden. Er wies auch darauf hin, daß der Sozialismus eine Bedrohung für die Verwirklichung einer großen nationalen Vision darstellte. Durch diese Themen wurde die Tatsache verdeckt, daß er ein führendes Mitglied der maßgeblichen sächsischen Wirtschaftskreise war.

Am 25. Januar kam es zu einer Stichwahl, bei der Stresemann, unterstützt von den Konservativen und den Fortschrittlichen, einen deutlichen Sieg über seinen sozialdemokratischen Gegenspieler davontrug. So wurde er mit 29 Jahren der jüngste Abgeordnete, der je in den deutschen Reichstag gewählt wurde. In diesem harten Wahlkampf erkannten Stresemann und seine Parteifreunde, daß der Weg zur Einheit und zum Erfolg in leidenschaftlichen Appellen an das Nationalgefühl lag. Diese Lektion sollte ihren politischen Kurs in den nächsten zehn Jahren bestimmen.

Zwar würde sein politisches Wirken fortan auf nationaler Ebene stattfinden, und 1910 zog er mit seiner Familie nach

Berlin, doch die persönlichen Beziehungen, die sich in Dresden entwickelt hatten, sowie der Einfluß und die Einnahmen, die sich aus seiner Eigenschaft als Gründer und Mitglied der Geschäftsführung des »Verbands Sächsischer Industrieller« ergaben, blieben für Stresemann eine wichtige Grundlage. Sein sächsischer Verband sollte das weitaus wichtigste Mitglied im »Bund der Industriellen« bleiben. Dies verlieh ihm automatisch eine führende Rolle in der nationalen Dachorganisation, die mit den konservativen Agrariern und Schwerindustriellen mit zunehmendem Erfolg konkurrierte.

In Sachsen kämpfte er nach der Wahl darum, den Einfluß dieser Argrarier und Konservativen auf das politische Leben zurückzudrängen. 1909 gelang es ihm schließlich, eine Reform des restriktiven Wahlsystems durchzusetzen. Während das neue Gesetz dem Bürgertum eine entscheidende Stellung verlieh, sollte die Ausweitung des Wahlrechts das lange gefürchtete Erstarken der Sozialdemokratie noch befördern.[18]

Stresemanns erfolgreiche Kampagne gegen die Agrarinteressen war von einer dezidierten Opposition gegen Bueck und den »Centralverband« begleitet, die regelmäßig von der Verbandszeitung *Sächsische Industrie* angegriffen wurden. Er ergriff auch jede sich bietende Gelegenheit, um Reden zu halten, die laut Theodor Heuss von einem Pathos getragen waren, das Bierhallen angemessen war, die aber dennoch, um nicht zu sagen: deshalb bei den Menschen gut ankamen.[19] Nachdrücklich setzte er sich für die kleinen mittelständischen Unternehmen ein, und bei einigen Gelegenheiten ging er, sein Mißtrauen überwindend, auch auf die Sozialdemokraten zu, denen gegenüber er erklärte, es müsse im Geiste Naumanns eine gemeinsame Basis zwischen Industrie und Arbeiterschaft gefunden werden.

Sechs Jahre, nachdem er als Dreiundzwanzigjähriger nach Dresden gekommen war und eine erste Anstellung im »Verband der Schokoladenfabrikanten« gefunden hatte, war Stresemann zu einer in Industrie und Politik renommierten Persönlichkeit aufgestiegen und nahm eine anerkannte Stellung in der Gesellschaft ein – ein Weg, der für den Sohn eines

2. Lobbyist oder Politiker

kleinen Bierverlegers durchaus nicht vorgezeichnet war. Angesichts der starren Gesellschaftsstruktur des Wilhelminischen Deutschlands waren diese Karriereschritte in der Tat bemerkenswert.

Kapitel 3

Im Reichstag

Stresemanns erste Reichstagssitzung fand am 10. Februar 1907 statt und wurde traditionsgemäß vom Kaiser im Weißen Saal des Berliner Schlosses eröffnet. Für den ehrgeizigen jungen Abgeordneten, dessen politische Erfahrungen auf die Belange Sachsens beschränkt gewesen waren, muß die Nähe zum Monarchen und ein aufregendes Erlebnis gewesen sein. Eugen Schiffer, ebenfalls ein Nationalliberaler, erinnerte sich später an eine ähnliche Zeremonie im Königspalast anläßlich der Eröffnung des preußischen Landtags im Schloß im Januar 1904.

Laut Schiffers Beschreibung standen zu beiden Seiten des Eingangs Kürassiere mit gezogenen Degen. Der Sitzungssaal mit seiner glänzenden silberweißen Fassade und seinen Kronleuchtern hatte imposante Ausmaße. All dies unterstrich den feierlichen Charakter des Ereignisses und die Macht des Staats. Die versammelten Abgeordneten, einige davon in ihren Regimentsuniformen, wurden von der Kaiserin auf dem Balkon empfangen, während Palastwachen, Adlige, Minister und hohe Beamte in einer feierlichen Prozession den Saal betraten, gefolgt vom Kaiser, der seine Paradeuniform trug. Als er die Versammlung von seinem Thron aus begrüßte, verbeugten sich alle tief. Er verlas eine kurze Botschaft, in der er Ehre und Pflichterfüllung betonte, und verließ dann mit seinem Gefolge den Saal. Diese steife und förmliche Zeremonie hinterließ bei vielen Delegierten eine Mischung von Ehrfurcht und Verblüffung, denn ihnen war die Diskrepanz zwischen den alten Idealen des preußischen Staats und den Erfordernissen der modernen Zeit bewußt.

Für Schiffer war das »alles Theater« mit einem wenig

3. Im Reichstag

überzeugenden Hauptdarsteller, ein kleiner Ausschnitt aus dem unwirklichen Leben am Hof, in dem die preußischen Landtagsabgeordneten als bloße Statisten fungierten. Doch natürlich, so vermerkte er, symbolisierte dieser Vorgang die zentrale Bedeutung des Kaisers, der der »Mittelpunkt« aller gegenwärtigen und künftigen Ereignisse in der aufstrebenden Nation war.[1]

Der Reichstag, in den Stresemann 1907 als Abgeordneter kam, war kaum mehr als ein häufig zerstrittener Debattierklub. Wenngleich er die Illusion hegte, er besäße Macht aufgrund des allgemeinen Wahlrechts und freier Wahlen, waren seine Befugnisse in Wirklichkeit durch die Krone, den Kanzler und den preußischen Staat begrenzt.

Die von Bismarck 1871 geschaffene Verfassung räumte dem Kaiser das uneingeschränkte Recht zur Gestaltung der Außenpolitik ein, wozu auch die Gewalt gehörte, einen Krieg zu erklären und Verträge auszuhandeln. Im Krieg oder in einem nationalen Ausnahmezustand konnte er das Kriegsrecht verhängen oder auf andere Weise in die inneren Angelegenheiten der einzelnen Staaten eingreifen. Er hatte die Macht, den Kanzler und die Minister zu ernennen und abzusetzen, den Reichstag einzuberufen und aufzulösen und persönlich verfassungspolitische Kontroversen zu schlichten. Am wichtigsten war jedoch die Tatsache, daß er der Oberbefehlshaber des Heeres war.[2]

Am anderen Ende des politischen Spektrums befanden sich die 22 Bundesstaaten und drei freien Städte, die allesamt eigene Gesetzgebungsorgane hatten und für die inneren Angelegenheiten sowie für alle Formen der direkten Besteuerung zuständig waren. Sie hatten auch das Recht auf ein eigenes Wahlsystem, das in den meisten Fällen, wie in Preußen, ein äußerst restriktives Dreiklassenwahlrecht war. Der Kaiser als erblicher König von Preußen herrschte nicht nur über das Reich, sondern auch über dessen mächtigsten und größten Bundesstaat, der neben den argrarischen Provinzen Ost- und Westpreußen und Brandenburg auch das Industriegebiet an der Ruhr umfaßte. Seine persönliche Macht wurde noch durch den bestimmenden Einfluß der preußischen Vertreter im Bundesrat vergrößert.

Der Reichstag wurde alle fünf Jahre in allgemeinen Wahlen gewählt. Obgleich seine Befugnisse begrenzt waren, hatte er die sehr wichtige Funktion, die indirekten Steuern mit zu bewilligen. Der Reichstag hatte immerhin so viel Mut und Rückhalt in der Bevölkerung, daß er hin und wieder die anscheinend willkürlichen Entscheidungen des Kanzlers und des Kaisers modifizieren konnte.

Während der Reichstag in steuerpolitischen Fragen Einfluß ausüben konnte, war er selten in der Lage, diese Macht nachhaltig auszuspielen. In ihm waren fünf große, aber sehr unterschiedliche Parteien vertreten, von denen seit der Niederlage der Nationalliberalen und der Fortschrittlichen im Jahre 1878 keine eine klare Mehrheit errungen hatte. Die daraus resultierende eingeschränkte Handlungsfähigkeit des Parlaments wurde noch dadurch verstärkt, daß man sich nicht mit der Krone anlegen wollte; außerdem mußte man zusammenstehen, um die wachsende Macht der Sozialdemokraten einzudämmen.

Der energische junge Abgeordnete, der 1907 als jüngstes Mitglied nun also an seiner ersten Reichstagseröffnung teilnahm, hatte seit seiner Studienzeit in Berlin und Leipzig neun Jahre zuvor eine beachtliche Entwicklung durchgemacht.

Er hatte die Nachteile seiner Herkunft und seiner begrenzten Schulbildung überwunden und war sich seiner Fähigkeiten als Redner, Führungsgestalt und Organisator bewußt, und es dauerte nicht lange, bis sie sogar in der anspruchsvollen Berliner Gesellschaft Eindruck machten. Hinzu kam ein unbändiger Optimismus, der ihm das Gefühl gab, daß ihm alles gelingen konnte, welche Sache er auch vertrat und welche Beziehung er auch anknüpfte.[3] Der damalige Kanzler Fürst von Bülow charakterisierte ihn in seinen Memoiren als besten Redner, den das deutsche Parlament seit der Revolution von 1918 erlebte.[4] Bereits in dieser frühen Phase seiner politischen Laufbahn zog Stresemann seine Zuhörer in seinen Bann, und seine untersetzte Gestalt, sein großer Schädel und sein volles Gesicht schienen sich zu ver-

3. Im Reichstag

wandeln. Er war, wie Wheeler-Bennett später bemerkte, »die personifizierte Karikatur eines Deutschen, was durch sein eindrucksvolles Auftreten im Parlament, seine Persönlichkeit und seinen raschen Verstand allerdings völlig in den Hintergrund gedrängt wurde.«[5]

Als er in den Reichstag gewählt wurde, war er von einem tiefen Glauben an die Monarchie durchdrungen und er war fest davon überzeugt, daß die junge deutsche Nation eine historische Mission habe. Diese ausgeprägt nationalistische Einstellung stand im Einklang mit den von seiner Partei vertretenen Überzeugungen und wurde, abgesehen von den Sozialdemokraten, von Deutschen nahezu jeder politischen Couleur geteilt. Jedoch unterschied er sich von vielen seiner Kollegen und von den Rechtsparteien durch die entschiedene Ablehnung der Politik der Schwerindustrie und durch sein Eintreten für die Interessen des aufstrebenden Mittelstands.

Er blieb ein Gegner der Politik, die der »Centralverband« und der »Bund der Landwirte« gegenüber der Arbeiterschaft verfolgten, und trat dafür ein, zwischen den Konfliktparteien zu vermitteln und die Arbeiter in die Gesellschaft zu integrieren, anstatt Aussperrungen durchzuführen und Streiks zu brechen. Und er war nach wie vor für religiöse Toleranz. Aufgrund all dieser Faktoren gehörte er zum linken Flügel seiner Partei. Bedauerlicherweise führten die Notwendigkeit, die Geschlossenheit der Partei zu erhalten, und seine persönliche Loyalität gegenüber dem Parteivorsitzenden Bassermann dazu, daß diese Ideale häufig hintangestellt wurden und daß er nach rechts rückte. Der Historiker Ludwig Richter schrieb: »Wie kaum ein anderer Politiker – vielleicht mit Ausnahme Erzbergers – verkörpert Stresemann einen neuen Typ des Parlamentariers. Relativ jung, taktisch denkend, ehrgeizig und von immenser Arbeitskraft, zeigte er Initiative, Risikobereitschaft und ein starkes Streben nach politischer Macht. Damit setzte er sich in deutlichen Gegensatz zu der alten parlamentarischen Führungsschicht, wie sie sich beispielhaft in seinem Mentor Bassermann zeigte.«[6]

Im Prozeß der Anpassung an die politischen Realitäten

gab Stresemann seine kritische Haltung gegenüber der nationalen Begeisterung für den Erwerb von Kolonien und den Ausbau der Flotte auf. Er akzeptierte sogar den extremen Nationalismus des Alldeutschen Verbands und arbeitete in mehreren politischen Organisationen mit, die Deutschland vom »Würgegriff« Großbritanniens befreien wollten, das seiner Ansicht nach der vollen wirtschaftlichen Entfaltung Deutschlands im Wege stand. Diese Entwicklung führte dazu, daß seine seit langem bestehende Bewunderung für Thomas Macauley und das englische parlamentarische System und mitunter sogar sein Eintreten für den Freihandel von der wachsenden Überzeugung verdrängt wurden, England müsse die spät auf den Plan getretene Industriemacht Deutschland zum Zuge kommen lassen und seine Flotte und sein Empire stünden den legitimen wirtschaftlichen Ambitionen des Deutschen Reichs im Weg.

Stresemann hatte nicht nur nationalistische Militanz entwickelt, sondern auch dem Parteivorsitzenden Bassermann zuliebe viele seiner liberalen Prinzipien zurückgestellt. In seiner Rede auf dem Parteitag in Goslar hatte er zwar gefordert, nicht mehr blind der Politik der Konservativen zu folgen, doch nach der Wahl von 1907 bildete Bassermann sogleich mit der Konservativen Partei ein Bündnis im Rahmen des sogenannten Bülow-Blocks.

Die ostelbischen Junker und die Industriellen an der Ruhr hatten die populäre »koloniale Frage« auf ihre Fahnen geschrieben, während der linke Flügel der Fortschrittspartei und die SPD viele liberale innenpolitische Forderungen aufgegriffen hatten. Das führte dazu, daß die Nationalliberale Partei, die einst beide Politikfelder besetzt hatte, hier wie da ihre führende Rolle verlor. So kam es in bezug auf die zukünftige Ausrichtung der Nationalliberalen Partei zu einer Spaltung zwischen den liberalen und den konservativen Elementen der Partei, die durch den erhöhten wirtschaftlichen und sozialen Druck, dem das Reich ausgesetzt war, noch verschärft wurde.

Zum rechten Flügel der Partei gehörten Robert Friedberg und Eugen Schiffer, die Führer der NLP-Fraktion im preu-

3. Im Reichstag

ßischen Landtag, die auf ein engeres Bündnis mit der Konservativen Partei, insbesondere mit der Schwerindustrie, drängten. Beiden Männern stand der Parteivorsitzende Bassermann mißtrauisch gegenüber, da er sie als engstirnige politische Opportunisten ansah. Es liegt eine gewisse Ironie darin, daß beide viele Jahre später einen Schwenk nach links vollzogen und Stresemann wegen seines nationalistischen Extremismus während des Kriegs angriffen.

Auf dem linken Flügel befanden sich die Jungliberalen, denen Stresemann und die meisten Abgeordneten der NLP aus Süddeutschland angehörten. Sie waren gegen das restriktive preußische Wahlsystem, Industriekartelle und hohe Zölle und traten für eine engere Zusammenarbeit mit den fortschrittlichen Parteien ein – bei bestimmten Gelegenheiten waren sie sogar bereit, auf die Sozialdemokraten zuzugehen.

Eine mittlere Position zwischen diesen Gruppierungen und ihren widerstreitenden Zielen nahm der kampferprobte Parteivorsitzende Bassermann ein, der um jeden Preis die Einheit der Partei erhalten wollte. Bassermann wurde erstmals 1893 in den Reichstag gewählt, und 1898 wurde er Vorsitzender der nationalliberalen Fraktion im Reichstag, die schon damals einen Großteil ihrer politischen Macht eingebüßt hatte. Sieben Jahre später übernahm er das Amt des Parteivorsitzenden. Er war ein Konservativer, der politisch vorsichtig agierte. Seine Rhetorik war präzise, aber alles andere als mitreißend, und die Führung der Partei war ihm hauptsächlich übertragen worden, weil seine menschliche Integrität und seine Bereitschaft, bei Meinungsverschiedenheiten zu vermitteln, allgemein geschätzt wurden. Kompromisse, ein unscharfes Profil der Partei und Enttäuschungen waren indes das vielleicht unvermeidliche Ergebnis seines beharrlichen Kampfes um die Einheit der Partei. Es war schwer, in der NLP zu einem einheitlichen Standpunkt in politischen Fragen zu gelangen, die über die Zustimmung zu der immer aggressiveren Politik des Reichs hinausgingen. Über Bassermann schrieb das *Berliner Tageblatt*: »Im Grunde genommen war er selbst wieder eine vermittelnde Mittelpartei innerhalb der NLP, die sich so gerne selber eine Mittelpartei genannt hat.«[7]

Bassermann besaß gegenüber seinem von ungestümem Ehrgeiz erfüllten wesentlich jüngeren Schützling aufgrund seiner Herkunft und seines Vermögens gesellschaftliches Ansehen, Reife und Stabilität. Mit Stresemann teilte er den hohen Respekt vor der Monarchie, mußte aber – als das Verhalten des Kaisers immer unberechenbarer wurde – widerstrebend zugestehen, daß die so gut wie unbegrenzte Macht der Krone über die Regierung, die Außenpolitik und das Militär beschnitten werden sollte. Zwischen beiden Männern etwickelte sich eine enge persönliche Beziehung, die Stresemanns Werdegang und das Schicksal der Nationalliberalen Partei bis zu Bassermanns Tod im Jahre 1917 maßgeblich beeinflußte. Im Laufe der Jahre entstand auch zwischen beiden Familien ein freundschaftliches Verhältnis. Nach Bassermanns Tod im Jahr 1917 wurde seine Tochter, Elisabeth von Roon, für Stresemann eine Vertrauensperson und eine wichtige moralische Stütze.

In einem Artikel in der *Münchener Allgemeinen Zeitung* beklagte Bassermann im Oktober 1908 die sprunghafte Zunahme und den Extremismus wirtschaftlicher und politischer Organisationen wie des »Centralverbands« auf der einen und linksgerichteter Sozialdemokraten auf der anderen Seite. Die Politik der NLP hingegen »wird und muß Kompromißpolitik sein; eine Politik, die viele nicht befriedigen wird.« Bassermann verwarf gewissermaßen das herausragendste Element in Stresemanns Wirken, als er feststellte, die NLP solle niemals zu einer »Klassenpartei« werden: »Sie kann weder Arbeitgeber- noch Arbeitnehmerpartei sein; sie kann sich keinem Berufsstand mit Haut und Haaren verschreiben.«[8]

Trotz der Mißstimmung, die bei ihrem ersten Treffen in Goslar geherrscht hatte, hatte Bassermann Stresemann zu seinem überraschenden Wahlsieg in Sachsen gratuliert. Und es dauerte nicht lange, bis der Parteivorsitzende feststellte, daß Stresemann ein durchsetzungsfähiger und engagierter Abgeordneter war, der der oft konzeptlos agierenden natio-

3. Im Reichstag

nalliberalen Fraktion Gewicht verlieh und sie in bestimmten Situationen einigen konnte. Aufgrund seiner rhetorischen und organisatorischen Fähigkeiten sollte Stresemann nach zwei Jahren der anerkannte »Kronprinz« der Partei werden, und das sehr zum Leidwesen von Eugen Schiffer und anderer Mitglieder des rechten Flügels, die sehr um Bassermanns Gunst bemüht waren.

Wie alle frischgebackenen Abgeordneten hat sich auch Stresemann auf ganz bestimmte Fragen konzentriert. Abgesehen vom Außenhandel, der Zollpolitik und den imperialistischen Ambitionen des Reichs, die alle seine Kollegen faszinierten, vertrat er vornehmlich innenpolitische Belange, die vor allem für den sächsischen Mittelstand von Bedeutung waren. Noch 1922, nur ein Jahr, bevor er Reichskanzler und Außenminister wurde, war sein Wunsch nach einem Posten im Kabinett auf das Innenministerium gerichtet, denn im innenpolitischen Bereich hatte er den Grundstein für seine Reputation gelegt.[9] Die Stellungnahme zu außenpolitischen Belangen war fast ausschließlich Bassermann vorbehalten. Daher war es naheliegend, daß Stresemann in seiner Jungfernrede am 12. April 1907 hauptsächlich auf innenpolitische Fragen einging, die seine sächsischen Wähler betrafen.

In dieser Ansprache wies er darauf hin, daß bessere Konfliktlösungsmechanismen bei Arbeitskämpfen gefunden werden müßten, wozu auch Arbeitgeberorganisationen gehören sollten, die ein Gegengewicht zur wachsenden Macht der Gewerkschaften bilden konnten, denn die Macht der Arbeiterschaft und der mit der Sozialdemokratischen Partei verbundenen Gewerkschaften stieg unaufhaltsam an. Er sprach auch von der dringenden Notwendigkeit, eine Renten- und Krankenversicherung für Angestellte und Heimarbeiter einzuführen, die nicht zuletzt für die Wirtschaft Sachsens und die politische Zukunft seiner Partei wichtig waren. Dieses Problem beschäftigte ihn auch in den nächsten Jahren, denn er hatte die Bedeutung der »zwischen Proletariat und Großkapital« schnell wachsenden Angestelltenschicht erkannt. Trotz seines beharrlichen Einsatzes wurde erst 1913, nachdem er den Reichstag verlassen hatte, ein gleicher Versicherungsschutz für Angestellte gesetzlich eingeführt.[10]

Stresemann äußerte sich bei dieser Gelegenheit auch kritisch zu den Ausführungen Naumanns, der tags zuvor vor dem Reichstag gesprochen hatte, und legte dar, daß die von Naumann geforderten Arbeiterräte und eine strenge Reglementierung der Industrie seiner Ansicht nach nicht die richtigen Mittel waren, um das weitere Anwachsen der SPD zu verhindern und den Arbeitsfrieden zu garantieren. Er sagte, wie er es schon oft in Sachsen getan hatte, daß »letzten Endes das Interesse des Arbeitgebers und des Arbeiters sich vereinen muß ... ich bin der Meinung, daß man diese Linie finden muß, welche diesem beiderseitigen Interesse entspricht.« Er wies auf den dramatischen Rückschlag für die SPD bei den letzten Wahlen hin und meinte, daran zeige sich der Fortschritt, den die staatliche Sozialpolitik bereits erzielt habe; auf diesem Gebiet habe Deutschland mehr geleistet als jedes andere europäische Land. Er forderte die Förderung der Exportindustrie durch günstigere Handelsabkommen und unterstützte Bassermanns Vorschlag, ein Reichsamt für den Außenhandel zu gründen.

Schließlich wandte Stresemann sich an August Bebel, den kämpferischen, pragmatischen, wesentlich älteren Fraktionsvorsitzenden der SPD. Er wies darauf hin, daß die deutschen Arbeiter politische und wirtschaftliche Vorteile erlangt hätten, die vielleicht nur von denen in Großbritannien übertroffen würden. Er bezeichnete die letzte Wahl als einen Wendepunkt und forderte die Sozialdemokraten auf, ihre Verweigerungshaltung aufzugeben, im Parlament konstruktiv an sozialreformerischen Programmen mitzuwirken und ihre Angriffe auf die politische Ordnung des Staats einzustellen. Die Sozialdemokraten wollten das politische System verändern »durch den von ihr geplanten Umsturz der bestehenden Ordnung, durch die Überführung des Gegenwartsstaates in den kollektivistischen Staat, den sie heute noch als das Ziel ihrer Wünsche ansieht.« Stresemann beendete seine Rede mit den Worten:

3. Im Reichstag

Ich glaube deshalb auch, daß die Sozialdemokratie weiter entfernt ist von der Erfüllung ihrer Zukunftshoffnungen als jemals. Es ist auch nicht anzunehmen, daß die Kartelle und die Begrenzung und Regelung der Produktion durch jene großen syndizierten Werke irgendwie eine Erfüllung der Träume der Sozialdemokratie von einer Ersetzung der Individualwirtschaft durch die staatliche Organisation seien; denn dazu ist diese Entwicklung noch nicht so weit ausgedehnt ... Je mehr das Wort der Thronrede wahr gemacht wird, daß wir nun erst recht Sozialpolitik treiben, desto mehr werden wir die Sozialdemokratie als solche überwinden.[11]

Die Auftritte von Stresemann und Naumann im Reichstag erhielten in der bürgerlichen Presse ein positives Echo. Die *Chemnitzer Allgemeine Zeitung* jubelte am 14. April 1907: »Die gehaltvollen Reden der drei liberalen Männer: Bassermann, Naumann, Stresemann ... haben an die schönsten Zeiten des Deutschen Reichstags in den 70er Jahren gemahnt.«[12]

Zu den Neulingen im Reichstag gehörten auch die Sozialdemokraten Carl Severing und Ludwig Frank. In seinen Memoiren schrieb Severing, in der Weimarer Republik preußischer Innenminister, vor dem Stresemann trotz unterschiedlicher politischer Ansichten große Achtung hatte, Bebel habe zu jungen Mitgliedern seiner Fraktion gesagt: »Na, ihr werdet noch zu tun haben, wenn ihr mit dem mitkommen wollt.« Frank erwiderte: »Nicht wir allein, auch Sie, Kollege Bebel!«[13]

Bei den Wahlen von 1907, für die Bülow geschickt die Weichen gestellt hatte, entsprachen den Zugewinnen der Nationalliberalen und der Fortschrittspartei dramatische Stimmenverluste für die SPD, deren Sitze von 81 im Jahre 1903 auf 43 zurückgingen. Die NLP sah in diesem Ergebnis die wachsende Popularität der »nationalen Frage« bestätigt und die Begeisterung für imperialistische Ziele, die das Land erfaßt hatte. Gestärkt wurden auch die mächtigen Industriellen, die vom »Centralverband« repräsentiert wurden, dessen

Programm seit dem Streik von Crimmitschau 1903/04 auf die Zerschlagung der Gewerkschaften ausgerichtet war. Somit geriet die SPD an ihren beiden wichtigsten ideologischen Fronten – Antimilitarismus und Solidarität mit den Gewerkschaften – stark unter Zugzwang.

Die Radikalen in der SPD hatten gefordert, durch Obstruktionspolitik im Parlament, Antimilitarismus und Massenstreiks einen Umsturz herbeizuführen. Ihre Sache erhielt Auftrieb durch die Russische Revolution von 1905, die als frischer Wind aus dem Osten begrüßt wurde.[14] Nach dem Streik in Crimmitschau hatten die Gewerkschaften große organisatorische Anstrengungen unternommen – mit dem Ergebnis, daß sie im Jahre 1904 über 1,8 Millionen Mitglieder zählten. An den in diesem Jahr durchgeführten Streiks beteiligten sich über eine halbe Million Arbeiter, mehr als in den vorausgegangenen fünf Jahren.[15] Dies war einerseits eine Situation, in der der politische Radikalismus angeheizt wurde, doch andererseits führten bei der Gewerkschaftsführung die hohen Kosten und die enttäuschend mageren Ergebnisse zu einer zurückhaltenderen Politik.

Damit waren die Voraussetzungen für eine Konfrontation innerhalb der Arbeiterbewegung gegeben. Die Gewerkschaftsführung und die gemäßigten »Revisionisten« drängten die Partei, nicht mehr zu Massenstreiks und zum Sturz der Regierung aufzurufen. Auf dem Mannheimer Parteitag im September 1905 revidierte Bebel seinen Standpunkt und erklärte sich bereit, den Weg des Kompromisses zu gehen, der zu gegebener Zeit zur politischen »Domestizierung« der SPD und schließlich zu ihrer vollen Einbindung in den parlamentarischen Prozeß führen sollte. Während Radikale wie Karl Liebknecht und Rosa Luxemburg unbeirrt an ihren sozialistischen Positionen festhielten und entschiedene Verfechter der Revolution blieben, war ihre Anhängerschaft geschrumpft, und ihre revolutionären Schlachtrufe dienten mehr dazu, den gemäßigten Mittelstand aufzuschrecken und die Konservativen in ihrer harten Opposition zu bestärken. 1913 war die Zahl der Gewerkschaftsmitglieder auf über 2,6 Millionen gestiegen, und die SPD stellte als größte politische

3. Im Reichstag

Partei mit 110 Abgeordneten die stärkste Fraktion im Reichstag. Weder die fortschrittlichen Parteien noch die gemäßigten Kräfte in der NLP nahmen die zunehmende Anpassungs- und Kompromißfähigkeit der SPD wahr und bemühten sich nicht mehr, die Sozialdemokraten in den politischen Prozeß einzubeziehen. Es gab Vorstöße in diese Richtung, die von Naumann und Mitgliedern der beiden anderen gemäßigten Parteien sowie von den Jungliberalen in der NLP ausgingen, zu denen Stresemann gehörte. Das Ziel war ein Bündnis zwischen NLP, Fortschrittspartei und SPD, und die angestrebte Front wurde mit der Formel »von Bassermann bis Bebel« bezeichnet.

Ermutigt durch Stresemann und den sächsischen Abgeordneten August Weber, liebäugelte Bassermann eine Zeitlang mit dem Gedanken einer Verständigung mit der SPD, wies aber 1909 schließlich doch die »kühnen Träume« zurück, da der Liberalismus nie dieses »todbringende Bündnis mit der Sozialdemokratie« eingehen dürfe.[16] Aufgrund seiner Loyalität und seiner politischen Ambitionen und um der Einheit der Partei willen akzeptierte Stresemann die Entscheidung des Parteivorsitzenden, und fortan gab er immer wieder liberale innenpolitische Positionen preis und distanzierte sich Stück für Stück von den Jungliberalen. Weder die NLP noch die Sozialdemokraten waren imstande, ihre radikaleren Elemente in Schach zu halten und zu einer Verständigung zu kommen, die vielleicht zu einer grundlegenden und konstruktiven Veränderung der politischen Machtverhältnisse geführt hätte. Naumann meinte, die NLP habe seine Bewegung nur deswegen nicht unterstützt, weil Bassermann seiner Partei nicht gestattete, für irgendeine Stellungnahme gegen den Kaiser oder für irgendwelche liberalen Forderungen zu stimmen, für die eventuell auch die SPD zu gewinnen wäre.[17]

Neben der Besorgnis über die wachsende Bedeutung der Schwerindustrie und der Gewerkschaften, verbunden mit der Sorge um das Überleben des deutschen Mittelstands, war England das Thema, das Stresemann am meisten umtrieb. 1907 war er zu der Überzeugung gelangt, die englische

Flotte und das britische Empire ließen Deutschland nur wenig Raum, sich in der Handels- und Kolonialpolitik angemessen zu entfalten. Am 12. Mai 1907 ergriff er erstmals die Gelegenheit, dieses Anliegen zu formulieren, nämlich in einer kraftvollen Rede vor dem »Deutschen Flottenverein«, der 1898 gegründet worden war und 1907 fast eine Million Mitglieder hatte. In dieser Zeit war er zur mächtigsten Lobby des Landes geworden und verstand seine Aufgabe darin, das deutsche Flottenbauprogramm zu unterstützen und die britische imperiale Hegemonie und die britische Vorherrschaft in der Nordsee zu brechen.[18]

Stresemann sagte, Deutschland sei berufen, gegen die Handelsmacht England zu kämpfen. Seine Argumentation bezog sich ausschließlich auf die ökonomischen Interessen Deutschlands. Deutschlands Wohlstand sei in hohem Maße von einem anhaltenden Wachstum der Exporte abhängig, und es komme in erster Linie auf diese rein wirtschaftliche Frage und nicht auf den Zugewinn politischer Macht an. Mit dem Hinweis auf seine Erfahrungen mit den sächsischen Industriellen erklärte er, Deutschland brauche, um sich im Welthandel mit England messen zu können, Kolonien für Rohstoffe, Exportmärkte und eine Flotte, die stark genug sein müsse, um beide zu schützen:

> Wir müssen Kolonien ... müssen eine Flotte haben. Was bedeutet aber die ganze Sozialpolitik, es ist dasjenige Ressort, über das wir im Reichstag immer acht bis zehn Tage debattieren. Was bedeutet aber die ganze Sozialpolitik, die Unfall- und die ganze andere Gesetzgebung gegenüber der Hauptfrage, daß wir stark genug bleiben, um dem Arbeiter Arbeitsgelegenheit zu geben ... Auch der größte Optimist wird nicht annehmen, daß alle Ententen, die ohne unser Zutun und ohne unsere Mitwirkung geschlossen werden, keine Gefahr für den Weltfrieden geben ... Bitter not ist uns eine starke Flotte.[19]

Hier steckte Stresemann die politische Position ab, die er in den folgenden fünf Jahren im Reichstag vertreten sollte.

3. Im Reichstag

Der Bülow-Block hielt nur etwas länger als zwei Jahre. Dieses fragile Bündnis, dessen Spektrum von unnachgiebigen Junkern bis zu für linke Ideen aufgeschlossenen süddeutschen Liberalen reichte, war von Bernhard von Bülow ins Leben gerufen worden, der seit 1900 Reichskanzler war. Bülow stammte aus einer vornehmen adligen Familie in Mecklenburg, war ein fähiger Diplomat, ein guter Redner und geschickter Schmeichler.[20] Vielen galt er als einer der letzten deutschen »Grandseigneurs«, den seit seiner Tätigkeit in Rom das Flair italienischer Lebensart umgab.[21] Er pflegte ein enges Verhältnis zu Bassermann und glaubte fest daran, daß ein Bündnis zwischen Konservativen und Liberalen geeignet sei, den von den Sozialdemokraten ausgeübten Druck zurückzudrängen. Trotz dieser Unterstützung gelang es Bülow nicht, auch nur ein bedeutsames Gesetz auf den Weg zu bringen, und es entbehrt nicht einer gewissen Tragik, daß sein Bündnis genau an der Frage der direkten Steuern zur Beseitigung des wachsenden Haushaltsdefizits scheiterte, die er als die Hauptaufgabe seiner Regierung betrachtet hatte.

Die Probleme, die dem Land und dem Bündnis zu schaffen machten, folgten rasch aufeinander. Zuerst kam die Initiative der Fortschrittspartei und der NLP zur Liberalisierung des restriktiven preußischen Wahlrechts, die Bülow und seine konservativen Freunde abbiegen konnten, obwohl die SPD Demonstrationen veranstaltete und gemäßigte Abgeordnete im Reichstag lautstark ihre Unzufriedenheit äußerten.

Dem folgte im Oktober 1908 die sogenannte »Daily-Telegraph-Affäre«, die durch ein Presseinterview mit dem Kaiser ausgelöst wurde. In diesem Gespräch behauptete der Kaiser, er habe den Kriegsplan ausgearbeitet, nach dem die Engländer im Burenkrieg vorgegangen seien, und seinem Einfluß sei es verdanken, daß Rußland nicht interveniert hätte. Diese falschen und unverantwortlichen Behauptungen lösten einen Sturm der Kritik aus, der in Deutschland größer war als in England. Während der Text offensichtlich vom Auswärtigen Amt geprüft worden war, behauptete Bülow, er sei seiner Aufmerksamkeit entgangen. Da der allgemeine

Unmut über das willkürliche Verhalten des Monarchen ohnehin ständig zunahm, führte dieser Vorfall zu einer Debatte im Reichstag und zur Forderung der SPD und der Fortschrittspartei nach Bülows Rücktritt sowie nach Begrenzung der Macht des Kaisers durch eine Verfassungsreform. Selbst die Konservativen schlossen sich kurzzeitig den Gemäßigteren an, die das Verhalten des Kaisers öffentlich tadelten. Vizekanzler Bethmann Hollweg räumte ein, daß sich jetzt mit aller Macht die Ablehnung der Herrschaftsweise des Kaisers Luft mache; dabei sei das Interview mit dem *Daily Telegraph* nur ein Symptom unter vielen.[22] In dem reaktionären politischen Klima Preußens gab es trotz des Aufbegehrens der Bevölkerung kaum Spielraum für irgendeine nennenswerte Reform.

Am 10. November 1908 hielt Bassermann im Reichstag seine vielleicht beste Rede. Er drückte sein Bedauern über das Verhalten des Kaisers aus, das Deutschland in eine peinliche Situation gebracht hatte, und forderte die Rechenschaftspflicht der Minister gegenüber dem Reichstag sowie eine gewichtigere Rolle des Reichstags bei allen Fragen von nationaler Bedeutung. An seine Frau schrieb er mit einer gewissen Verzweiflung, der Reichstag müsse retten, was noch zu retten sei.[23] Im folgenden übernahm er die Rolle eines Vermittlers, der helfen wollte, die Spannungen zwischen dem Kaiser, Bülow und den Reichstagsparteien abzubauen. Trotz anhaltender und häufig sehr scharfer Diskussionen verlief die Sache im Reichstag in der Geschäftsordnungskommission im Sande. Das Ergebnis: ein weiterer Ansehensverlust des Reichstags, wachsende Unzufriedenheit der Bevölkerung mit der Art und Weise, wie im Reich Politik gemacht wurde, und die verpaßte Gelegenheit, die dringend benötigten Reformen auf den Weg zu bringen.

Der stets optimistische Bassermann sprach in einem Artikel in einer Zeitschrift von einem »hervorragenden« Ergebnis, da es im Reichstag eine ernsthafte und fruchtbare Debatte gegeben habe.[24] Stresemann teilte Bassermanns Anliegen, und beide kamen zu dem Schluß, daß der Kaiser und die Monarchie, so unvollkommen sie auch waren, in Schutz genommen werden mußten, weil sie das wichtigste Bollwerk gegen die Anarchie darstellten. Nur knapp überstand der Bülow-Block diese Krise, aus der Bülow selbst geschwächt hervorging.

Der letzte Schlag folgte schon bald. Die quälende Frage einer Steuerreform stellte sich wieder, aktuell durch die steigenden Kosten des Flottenbauprogramms, das von Admiral von Tirpitz, dem Staatssekretär des Reichsmarineamts, vorangetrieben wurde. Da sich die Konservativen hartnäckig weigerten, eine Einkommens- oder Vermögenssteuer oder eine Erhöhung der Erbschaftssteuer zur Finanzierung der wachsenden Rüstungsausgaben zu akzeptieren, hatten sich die Schulden des Reichs seit der Jahrhundertwende verdoppelt, und das Haushaltsdefizit vergrößerte sich zusehends.[25] Bülow wollte mit Unterstützung der Fortschrittsparteien und der gemäßigten Kräfte innerhalb der NLP – darunter Stresemann – die steuerpolitischen Befugnisse des Reichs auf eine breitere Grundlage stellen und auf Reichsebene erstmals eine bescheidene Einkommenssteuer durchsetzen.

Die Konservativen wehrten sich heftig gegen diesen Vorschlag, der das Ende des ausschließlichen Rechts der Einzelstaaten auf die Erhebung einer direkten Steuer bedeutet hätte. Sie verließen daraufhin das Bündnis und gingen mit der Zentrumspartei zusammen, um Bülows Steuervorhaben zu Fall zu bringen. Bei der letzten Debatte im Reichstag im Juli 1909 war die Enttäuschung deutlich spürbar. Der Finanzminister begann seine Rede mit dem Satz: »Die Verbündeten der Regierung stehen auf dem Standpunkt...«, was ein solches Gelächter hervorrief, daß es nur durch den Hammer des Reichstagspräsidenten beendet werden konnte. Im stenographischen Bericht hieß es: »Glocke des Präsidenten. Der Klöpfel zerbricht. Der Präsident wirft die unbrauchbar gewordene Glocke fort.« So erhielt das Vertrauen in die Fähigkeit des Reichstags, diese oder irgendeine andere Frage zu lösen, einen weiteren Schlag.[26] Bülow, der nur noch wenig Unterstützung hatte, wurde der erste und einzige Kanzler, der sich dem Mehrheitswillen im Reichstag beugte und ohne Aufforderung durch den Kaiser freiwillig aus dem Amt schied.

Bei jeder dieser drei Fragen, mit denen der Bülow-Block während seiner kurzen Existenz konfrontiert war, war die NLP zwischen ihren konservativen und liberalen Flügeln heftigen Spannungen ausgesetzt gewesen. Stresemann hatte mit den Liberalen sympathisiert. Jetzt, da die Konservative Partei den Block verlassen hatte, war die NLP zum ersten Mal in ihrer langen parlamentarischen Geschichte von dem traditionellen Bündnis mit den Konservativen befreit, das Stresemann in seiner Rede in Goslar nachdrücklich kritisiert hatte. Nunmehr befanden sie sich – eine ungewohnte Situation – an der Seite der fortschrittlichen Parteien und der SPD, was dazu führte, daß Stresemann und der liberale Flügel seiner Partei ein neues Interesse für Naumanns Formel »von Bebel bis Bassermann« entwickelten. Dieses Interesse wurde von Bassermann allerdings rasch im Keim erstickt, da er ein Vordringen sozialistischer Ideen und deren Auswirkungen auf die Einheit der Partei befürchtete.

Bethmann Hollweg, der vom Kaiser im Juli 1909 zum Kanzler ernannt worden war, war ein zurückhaltender und farbloser Politiker, der weder den Kaiser noch den Reichstag richtig zu nehmen wußte.

Da Bülow Bethmann Hollwegs Talent erkannte und seine politischen Überzeugungen teilte, hatte er sich für seine Ernennung zum preußischen Innenminister und 1907 zum Vizekanzler eingesetzt. Bethmann war bei den meisten Fragen liberalen Einstellungen gegenüber aufgeschlossener als sein Förderer, bemühte sich um Verständnis für die Belange der Arbeiterschaft, stimmte in manchen Punkten mit Naumann überein und traf auch einmal mit Bebel zusammen. Er wurde von allen als ein vorbildlicher Staatsdiener betrachtet – freundlich, intelligent und ehrlich –, doch fehlten ihm Kreativität, Entschlossenheit und Führungsstärke.[27] Er war in außenpolitischen Dingen unerfahren und verstand wenig vom Militär – zwei Bereiche von immenser Wichtigkeit für Deutschlands Zukunft. Nach seiner Ernennung zum Vizekanzler vertraute er betrübt einem Freund an, er habe diese Last nicht gesucht und sich bis zum Schluß dagegen gewehrt, doch da sie ihm jetzt aufgebürdet worden sei, müsse er sie

3. Im Reichstag

tragen, so gut er könne.²⁸ Kurt Riezler, viele Jahre lang sein persönlicher Berater, beschrieb ihn in seinem Tagebuch als ein Kind der ersten Hälfte des 19. Jahrhunderts und Erbe einer idealistischeren Kultur.²⁹ Merkwürdigerweise besaß jedoch dieser etwas melancholisch wirkende Mann einen Machtinstinkt, der ihn die meisten seiner politischen Gegenspieler überleben ließ.³⁰

Von Anfang an wurde Bethmann weder von Bassermann noch von Stresemann wirklich akzeptiert. Beide Männer sahen in ihm einen blassen Nachfolger des dynamischen und gewandten Bülow. Er war ihnen zu gemäßigt in der Außenpolitik, zu bedachtsam im Umgang mit Minderheiten und zu sozial eingestellt. Sie lehnten seinen im Ganzen gemäßigten politischen Kurs ab. Sein 1910 gescheiterter Versuch, eine Wahlrechtsreform durchzusetzen, und seine Unfähigkeit, die außenpolitischen Ambitionen Deutschlands mit Vehemenz zu vertreten, waren zutiefst enttäuschend. Auch war nicht ganz von der Hand zu weisen, was die alldeutschen Extremisten später von ihm sagten, daß er nämlich ein »politischer Schlafwandler« und »der Totengräber Deutschlands« gewesen sei. Für Bassermann und Stresemann war er »ein Mann der Pflichten«, dessen sogenannte Politik der Diagonale »ein Drahtseilakt zwischen Vernunft und politischem Druck« bedeutete.³¹

Wenn Bethmann die Unterstützung der Liberalen suchte, verweigerten sich diese, was in Bassermanns grundsätzlicher und starker Ablehnung sowie in der Zerrissenheit seiner Partei seinen Grund hatte. Dadurch wurde Bethmann – durchaus gegen seinen Willen – zum Gefangenen der Konservativen. Bethmann schrieb an einen Freund und Kollegen, daß die unglaubliche Dummheit der Liberalen und die Unberechenbarkeit des Kaisers eine Linksorientierung letztlich unmöglich machten.³²

So kam es, daß die Nationalliberalen, die nunmehr unabhängig von der konservativen Partei waren, in den entscheidenden Jahren von 1909 bis 1912 nicht die Gelegenheit zu einer Öffnung nach links ergriffen, wie Naumann es mit seiner Formel »von Bassermann bis Bebel« gefordert hatte, und daß sie auch den Kanzler nicht in seinem gemäßigten Kurs bestärkten. Kurt Riezler schrieb in sein Tagebuch, daß sich die Epigonen der NLP überhaupt nicht um Macht und Einfluß kümmerten, sondern vielmehr um Reden auf Bezirksversammlungen; im Grunde fürchteten sie, ihre angestammte Oppositionsrolle aufzugeben. Und Bethmann fügte hinzu, sie seien aufgrund ihrer politischen Ignoranz, ihres parlamentarischen Ehrgeizes und ihrer Skrupellosigkeit jederzeit bereit, ernsthafte Fragen der Nation zugunsten ihrer Parteiinteressen hintanzustellen.[33]

In diesen enttäuschenden Jahren entwickelte sich zwischen Stresemann und seinem Mentor eine enge Partnerschaft. Schon im Sommer 1908 hatte Bassermann ihn eingeladen, ebenfalls auf Norderney Urlaub zu machen, und bald verbrachten die beiden Familien dort regelmäßig ihre Ferien. Es kam zu einem regen Austausch von Briefen und Memoranden, in denen politische, wirtschaftliche wie auch persönliche Fragen erörtert wurden und die ein wachsendes freundschaftliches Verhältnis zum Ausdruck brachten.

In einem Brief vom September 1908 ermahnte Bassermann seinen jungen Kollegen unter Hinweis auf dessen erbitterte Gegnerschaft zum »Centralverband«, sich seiner Angriffe auf die Ruhr-Industriellen zu enthalten: »Wir sind eine Mittelpartei...; aus diesem Grunde war es niemals für uns möglich, in irgendeiner der Klassenelemente die Führung zu bekommen oder die energischen führenden Klassenelemente zu befriedigen... Sie sind jung, energisch, kenntnisreich; aber wenn Sie einmal die Zügel nicht mehr halten, wird es dann so bleiben? Werden dann nicht Bueck, Menck, Forster triumphieren?«[34]

Sie unterstützten sich gegenseitig in parteiinternen Fragen sowie bei öffentlichen Auftritten zugunsten der Kandidaten ihrer Partei bei kommunalen und bei Reichstagswahlen. Stresemann versuchte, Bassermann für sein Projekt einer Rentenversicherung für Angestellte zu gewinnen. Und im September 1909 bat Stresemann Bassermann um Hilfe für den »Deutschen Bauernbund«, der kleine Grundbesitzer vertrat und den Stresemann als Gegengewicht zum reaktionären »Bund der Landwirte« unterstützte, dem machtvollen Instrument der ostelbischen Junker. Bassermann zeigte wenig Begeisterung und äußerte Zweifel an der finanziellen Überlebensfähigkeit des Bauernbunds. Dabei spielte sicherlich auch eine Rolle, daß er grundsätzlich gegen Interessengruppen war, während Stresemann engagiert die Interessen bestimmter Verbände vertrat.[35]

Aus ihrer Korrespondenz geht klar hervor, daß Stresemann in absoluter Loyalität zu Bassermann stand. Sie nahmen an Reichstagssitzungen teil, auf denen es sehr kontrovers zuging, führten im ganzen Land Kampagnen zur Unterstützung der Kandidaten der Partei durch und waren unentwegt bemüht, die Einheit der ideologisch tief gespaltenen Partei aufrechtzuerhalten. Nahezu jede Frage rief heftige Meinungsverschiedenheiten in einer Gruppe hervor, die die NLP oftmals nur als ein Forum zur Befriedigung des persönlichen Ehrgeizes betrachtete. In dem Maße, in dem die innenpolitischen Probleme und die außenpolitischen Spannungen zunahmen, traten die Interessengegensätze zwischen den konservativen Industriellen von der Ruhr und den süddeutschen liberalen Anhängern immer schärfer hervor.

Der bedrängte und häufig erschöpfte Bassermann stützte sich mehr und mehr auf seinen jungen Mitstreiter. In einem Brief vom 14. Juli 1910 schrieb er: »Sie sind ein Stück Zukunft der Partei, und zwar ein großes. Ich habe nur genügend Kenntnis der neuen Männer, und die bringt viele Enttäuschungen; Sie sind eine Hoffnung.« Sodann drückte er seine Geringschätzung der 1907 gewählten Abgeordneten aus: Rudolf Heinze (»zu weit rechts«); August Weber (»ein ehrlicher Schmerz ... aber so geht es nicht«), und Paul Fuhrmann (»macht [er] mich nervös«). In seiner Sorge über die Stärke der Sozialdemokraten revidierte er seine Auffassung, man müsse sich von wirtschaftlichen Interessengruppen fernhalten: »Ich denke wie Sie, unsere Front ist mit Hansa-Bund und Bauernbund ... deshalb braucht man noch lange nicht mit den Sozialdemokraten Arm in Arm zu marschieren ... und Weber muß mit uns gehen.« In einem späteren Brief, in dem er wieder seinem Ärger über die innerparteilichen

Querelen Luft machte, schrieb er an Stresemann: »Also mein verehrter Freund, nachdem der Hydra die Dessau-Köpfe abgehauen sind, wachsen ihr neue. Ich bin kein Herkules... ich lasse mich nicht andrängen. Aber ähnliche Zustände wie unter Heinz Fuhrmann werde ich auch nicht wieder ertragen.«[36]

Auf dem Parteitag in Kassel im Jahre 1910 entluden sich die in der Partei vorhandenen Meinungsverschiedenheiten in heftigen Angriffen auf Bassermann und Stresemann, weil diese Bülows Steuerreform und dem Vorschlag für eine begrenzte Ausdehnung des preußischen Wahlrechts zugestimmt hatten und angeblich mit den Sozialdemokraten sympathisierten. Fünfzehn Delegierte der Länder waren angewiesen worden, der Parteiführung nicht das Vertrauen auszusprechen. Bassermann konnte den Angriff mit einer aufrüttelnden Rede abwehren, in der er für eine mittlere Position und für Distanz sowohl zur Linken als auch zur Rechten plädierte. Den Sozialdemokraten warf er vor, Revolutionäre zu sein, die die Stabilität des Reichs zerstören wollten. Das Ergebnis dieses parteiinternen Konflikts war, daß die Liberalen rasch zu einer »Partei der Offiziere ohne Soldaten« wurden, und Bassermann nur noch eine kleine Schar von Anhängern hatte, die von Stresemann angeführt wurden.[37] Für Bassermann hatten Loyalität gegenüber der Monarchie, der Respekt vor dem Militär, die Abwehr der Sozialdemokraten und der Einsatz für die Einheit der Partei Vorrang vor allen anderen politischen Tugenden und Zielen. Privat äußerte sich niemand kritischer über die offenkundigen Unzulänglichkeiten des Kaisers als er, aber niemand war am Ende weniger bereit, für eine Verfassungsänderung zu kämpfen. Seine Tochter Elisabeth hat auf diese Diskrepanz von Handeln und Überzeugung hingewiesen, und von ihr wissen wir auch, daß Bassermann die bestehende Verfassungsordnung resigniert »Kadaverpolitik« nannte und behauptete, »der Kaiser richte Deutschland zugrunde«.[38]

Zugleich war Bassermann zutiefst enttäuscht darüber, daß er dem Kaiser nie vorgestellt worden war, was besonders bei der »Kieler Woche« deutlich wurde, als der Monarch ihn

3. Im Reichstag

regelrecht ignorierte. »Eine bittere Traube«, gestand er Stresemann später.[39] Während Stresemann sich mit den Auffassungen der Jungliberalen identifizierte und einer Zusammenarbeit mit den Fortschrittlern und sogar mit der SPD aufgeschlossen gegenüberstand, hatte er seine politische Zukunft an die Person Bassermanns geknüpft. So stimmte er trotz eigener Bedenken mehrfach den politischen Kompromissen seines Mentors zu und geriet in immer größere Distanz zu seinen ehemaligen liberalen Mitstreitern und ihren innenpolitischen Zielen.

Die Reichstagswahlen vom Januar 1912 brachten einen fulminanten Sieg für die Sozialdemokraten; sie gewannen 67 Sitze hinzu und wurden mit 110 Abgeordneten zur stärksten Fraktion. Alle konservativen und bürgerlichen Parteien mußten schwere Verluste hinnehmen, so auch die NLP, deren Fraktion auf 45 Mitglieder schrumpfte, was einen Verlust von immerhin 20 Prozent bedeutete. Trotz tatkräftiger Unterstützung von Bassermann gehörte auch Stresemann zu den Verlierern, da sein Wahlkreis Annaberg, wie schon früher, wieder links gewählt hatte. Er mußte seinem sozialdemokratischen Vorgänger Ernst Grenz weichen, der mit einem Vorsprung von 4000 Stimmen gewonnen hatte. In seinem Wahlkampf hatte Stresemann es nicht nur mit der erwarteten sozialdemokratischen Opposition zu tun, sondern er wurde auch scharf von der konservativen Partei und ihrem Dauerverbündeten, dem Bund der Landwirte, angegriffen. Sein Freund und Kollege August Weber gehörte ebenfalls zu denjenigen, die von den Sozialdemokraten überholt wurden. Eugen Schiffer, der mit ihm auf dem rechten Flügel um Einfluß in der Partei konkurrierte und Abgeordneter der NLP im preußischen Landtag war, wurde von seinem Ruhr-Wahlkreis zum ersten Mal in den Reichstag gewählt. Für Stresemann war diese Niederlage ein schwerer Schlag, denn in der kritischsten Phase des Reichs bekleidete er kein öffentliches Amt.

Das Wahlergebnis hatte verheerende Auswirkungen auf die NLP, deren ideologische Spaltung sich weiter vertiefte. Wie tief die Kluft zwischen Konservativen und Liberalen war, zeigte sich auf der Sitzung des Parteivorstands am 24. März 1912. Robert Friedman, Eugen Schiffer und Rudolf Heinze, die immer ein Bündnis mit der konservativen Partei gefordert hatten, standen an der Spitze des unzufriedenen rechten Flügels, der Bassermann erneut eine falsche Führung der Partei und Linkssympathien vorwarf. Da sie erkannten, daß sie Bassermann letztlich nichts anhaben konnten, hielten sie sich an Stresemann und verhinderten seine Wahl in den fünfzehnköpfigen geschäftsführenden Ausschuß der Partei, wodurch seine Stellung in der Partei außerdem erheblich geschwächt wurde. Dieser Angriff, der direkt auf seine Wahlniederlage folgte, spiegelte nicht allein die Unzufriedenheit der Rechten mit Bassermann, sondern auch eine Abneigung gegen Stresemanns kaum verhohlenen Ehrgeiz und sein aggressives Auftreten wider. Paul Breithaupt, der neugewählte rechtsgerichtete Generalsekretär der Partei, sagte, »seine Vielgeschäftigkeit und Eitelkeit« hätten ihm mehr Feinde verschafft, als er sich vorgestellt hätte.[40] Der Rechtsruck innerhalb der NLP zeigte sich auch daran, daß der Ausschuß Robert Friedberg zum stellvertretenden Vorsitzenden wählte und daß die Jungliberalen nicht mehr im Vorstand vertreten waren. Bassermann, der nur knapp wiedergewählt wurde, war über die Vorkommnisse so empört, daß er es ablehnte, an dem anschließenden Essen teilzunehmen.

Am folgenden Tag schrieb das *Berliner Tageblatt*: »Niederlage Bassermann und Dr. Stresemann ... Krach bei den Nationalliberalen. Friedberg gegen Bassermann.« Und weiter hieß es: »Man hat so lange klaffende Risse verkleidet und Widerstrebendes zusammengeleimt, daß der innerlich morsche Bau der nationalliberalen Einigkeit eines Tages mit weithin hörbarem Krach zusammenbrechen müßte.«[41] Diese Voraussage hätte sich höchstwahrscheinlich bewahrheitet, wäre der Krieg nicht dazwischengekommen. Es kam in der Tat zur Spaltung, doch dies geschah erst 1918, als alles in Trümmern lag. Und bis dahin hatten sich die Rollen fast aller Akteure umgekehrt.

Am 12. Mai 1912 bestätigte ein Parteitag die vom Vorstand im März getroffenen Entscheidungen. Dies sollte der

3. Im Reichstag

letzte Parteitag vor dem Krieg sein. Kurz danach schrieb der zwar geschwächte, aber nicht ganz entmutigte Stresemann an einen ihm nahestehenden liberalen Kollegen in Baden, Friedberg, Schiffer, Heinze und Schmieding verkörperten die Partei der Resignation und das satte, selbstzufriedene Bürgertum. Sie verstünden den Kampf um Gleichheit und Liberalismus nicht; unter diesem Gesichtspunkt aber müsse der Kampf in Baden gesehen werden.[42] Seiner Überzeugung nach hing das Überleben der Partei nach der Wahlniederlage von einer klaren Identifizierung mit liberalen Positionen in der Innenpolitik ab. Sein Freund August Weber versuchte, seinen Ärger über den rechten Flügel und den »Centralverband«, die jetzt die Partei beherrschen, zu dämpfen, indem er ihn darauf hinwies, daß ohne deren finanzielle Zuwendung die Partei nicht existieren könne. Ein Großteil der sächsischen Industrie, so Weber, würde Stresemann nicht folgen; das Vordringen der Sozialdemokraten habe eine Kraft entfesselt, die von Tag zu Tag wachse.[43]

Es war klar, daß aus Angst vor der SPD selbst der sächsische Mittelstand nach rechts rückte. Stresemann wetterte zwar weiterhin hin und wieder gegen die Elemente in der Partei, die mit der Schwerindustrie und den Agrariern paktierten, doch folgte er im großen und ganzen Webers Rat. Er vollzog des weiteren einen Schwenk nach rechts und konzentrierte sich wieder auf ein Thema, in dem sich die Partei einig war und das breite Wählerschichten ansprechen konnte – den Nationalismus.

Umittelbar nach der Reichstagswahl von 1912 reagierte Bassermann auf die Niederlage Stresemanns und sicherte ihm seine Unterstützung für die Nachwahlen zu. In einem späteren Brief schrieb er recht verzagt: »Wenn ich daran denke, was mir ohne Sie bevorsteht, dann soll das Gewitter hineinschlagen. Ich empfinde, was es bedeutet, einen der Besten missen zu müssen.«[44] Das enge Verhältnis zwischen den beiden Männern, das in der schwierigen Zeit zwischen 1907 und 1912 entstanden war, würde in den kommenden schrecklichen Jahren andauern und im Laufe der Jahre noch intensiver werden. Auch nach Bassermanns Tod im Jahre 1917 sollte die Erinnerung an den Freund und Mentor für Stresemann eine Kraftquelle sein.

Wie fast alle Männer mit politischen Ambitionen hatte Stresemann wenig Zeit für enge Freundschaften – die langjährige Verbundenheit mit Bassermann stellte eine Ausnahme dar. Darüber hinaus unterhielt er ein freundschaftliches Verhältnis zu seinem Neffen Franz Miethke und zu August Weber. Seine Welt war mehr durch die Kategorien Verbündete und Gegner bestimmt, und letztere waren wesentlich zahlreicher als erstere. Da er zwischen den beiden Extremen von Konservatismus und Sozialismus stand, konnte er als Liberaler kaum etwas tun, ohne sich mit einer Seite anzulegen. Diese Isolation wurde durch seinen Ehrgeiz und seine auftrumpfende Rhetorik noch verstärkt, an der sogar Gemäßigte wie Theodor Heuss und Theodor Wolff Anstoß nahmen, die ihn sonst vielleicht gestärkt hätten.

Stresemanns politisches Engagement auf nationaler Ebene war von seinem tatkräftigen Einsatz für Handel und Gewerbe begleitet. Die Verbindung zwischen diesen beiden Bereichen war wohl das hervorstechendste Merkmal seines Wirkens. Er gehörte zu den wenigen Menschen in Deutschland, denen klar war, daß wirtschaftliche Macht der Schlüssel zu politischer Macht im In- und Ausland darstellte. Und er erkannte auch die Uneinigkeit und Schwäche der bürgerlichen Kräfte, von denen das Geschick der NLP in hohem Maße abhängig war. Ein großer Teil des deutschen Mittelstands bestand aus Handwerkern und kleinen Familienunternehmen, die noch an einer Weltordnung hingen, die in Auflösung begriffen war. Nur bei aufstrebenden kleinen Betrieben, insbesondere bei exportorientierten Unternehmen, fand Stresemann Unterstützung, die durch die sprunghaft anwachsende Angestelltenschicht verstärkt wurde. Und diesen unterschiedlichen Gruppen galt seine volle Aufmerksamkeit. Im Gegensatz zu Großbritannien, wo Gladstone diese Kreise zu einer mächtigen liberalen politischen Basis zusammengeschmiedet hatte, war Deutschland in bezug auf die industrielle Revolution ein Nachzügler, und sein Mittelstand war zwischen der zu keinem Kompromiß bereiten

3. Im Reichstag

Reaktion und einer starken sozialistischen Bewegung gefangen, bevor er eine eigene Identität entwickeln konnte.

Dieses Dilemma erkannte Stresemann spätestens im November 1908. Nach den Verlusten der NLP bei der Landtagswahl schrieb er an Bassermann, daß die Partei sich keiner wichtigen wirtschaftlichen Interessengruppe sicher sein konnte – weder der Landwirtschaft, noch der Schwerindustrie, noch der Arbeiterschaft. Er war der Meinung, daß die traditionelle Konzentration auf verfassungspolitische und soziale Fragen im Laufe der Jahre dazu geführt habe, daß die Partei die wirtschaftlichen Veränderungen ignoriert habe, die das Land durchgemacht hatte, mit dem Ergebnis: »Die einzige Gruppe, bei der wir in der letzten Zeit Terrain gewonnen haben, sind die Privatbeamten.« Er unterstrich die Notwendigkeit, den »Centralverband« und den »Bund der Landwirte« anzugehen und zu versuchen, Anhänger der beiden Organisationen durch eine praktische Politik zu gewinnen, die das Schwergewicht auf wirtschaftliche Fragen wie Zölle, direkte Steuern und Exportförderung lege. Doch vor allem forderte er eine Partei des »nationalen Gewissens«, die die zunehmende Agitation für Kolonien, eine größere Flotte und eine imperialistische Außenpolitik tragen sollte. Zum Schluß meinte er, daß Deutschland eine reale Chance habe, seine wirtschaftlichen Interessen in der Welt zur Geltung zu bringen: »Die Erhaltung der weltwirtschaftlichen Stellung des deutschen Reiches ist eine von Zufallsstimmungen unabhängige, dauernde Parole, die uns begeisterte Anhänger sichern wird, während wir auf dem Gebiete der wirtschaftlichen Fragen als Mittelpartei auch für die Zukunft mit den größten Schwierigkeiten werden rechnen müssen.«[45]

Bei dieser Gelegenheit forderte er die Gründung eines industriellen Dachverbands, der mit der Partei verbunden, aber nicht ein Teil der Partei sein sollte; durch ihn könnte eine breitere Fürsprache der Industrie mobilisiert und dem protektionistischen Programm der Konservativen entgegengewirkt werden. Bassermann, der im allgemeinen nichts für Interessengruppen übrig hatte, die sich immer mehr in der deutschen Gesellschaft ausbreiteten, war für diesen Vorschlag nicht zu gewinnen.

Diese Themen, bei denen praktische Wirtschaftsfragen und die Frage der nationalen Selbstbehauptung eng miteinander verbunden waren, behandelte Stresemann im März 1910 auch in einer Rede vor dem Reichstag. Es war seine erste außenpolitische Rede, und in ihr drückte er das aus, was zum Leitmotiv seiner späteren politischen Laufbahn werden sollte: »Politik und Völkerpolitik ist heute in erster Linie Weltwirtschaftspolitik.« Dann schoß er eine Breitseite gegen das Auswärtige Amt ab, das in den Händen elitärer Adliger liege und nicht imstande sei, Deutschlands wirtschaftliche Interessen auf einem hart umkämpften Weltmarkt zur Geltung zu bringen, auf dem das Reich mangels Kolonien und aufgrund einer ineffektiven und fehlgeleiteten Handelspolitik im Nachteil sei. »Was wir fordern, das ist eine der staatlichen und wirtschaftlichen Entwicklung unseres Reichs entsprechende Politik des Schutzes unserer Interessen im In- und Auslande, eine Verwaltung, die vom kaufmännischen Geist erfüllt sein soll, und die unsere weltwirtschaftlichen Interessen und damit das Ansehen unseres Reichs vertritt.«[46]

Der »Verband Sächsischer Industrieller« blieb nicht nur die Plattform für seine politischen Ambitionen, sondern war auch weiterhin die Hauptquelle seiner privaten Einnahmen, und die Verbandszeitung *Sächsische Industrie* stand ihm jederzeit als Bühne für öffentliche Stellungnahmen zur Verfügung. Stresemann schrieb so oft wie möglich Artikel für die Presse, und 1910 veranlaßte er, daß eine Sammlung dieser Reden in einem kleinen Buch mit dem Titel *Wirtschaftliche Zeitfragen* erschien, das Ernst Bassermann gewidmet war. Daß es sich dabei um die vertrauten wirtschaftspolitischen Themen handelt, geht schon aus den Kapitelüberschriften hervor: »Pensionsversicherung der Privatangestellten«, »Sozialpolitik und Industriestaat«, »Zusammenschluß der deutschen Arbeitgeber« und, natürlich, »Weltausstellung und Industrie«. Seine Haltung war klar: »Daß wir vor einer Periode neudeutscher Wirtschaftspolitik stehen, die wesentlich

3. Im Reichstag

von der Entwicklung der Industrie und des Handels abhängen wird.«[47]

Immer mehr wirtschaftliche und politische Interessengruppen nahmen Stresemann für ihre Zwecke in Anspruch – und umgekehrt. Er gehörte nicht nur der Geschäftsführung des »Verbands Sächsischer Industrieller« und dem Vorstand des »Bundes der Industriellen« an, er war auch Gründungsmitglied des Bauernbunds.

Alle diese Organisationen befanden sich in einer Frontstellung gegen den von der westfälischen Schwerindustrie beherrschten »Centralverband« und den von ostelbischen Großgrundbesitzern dominierten »Bund der Landwirte«.

Nach dem Auseinanderbrechen des Bülow-Blocks im Jahre 1909 gründete Stresemann zusammen mit dem NLP-Mitglied Jakob Riesser den »Hansa-Bund«; dieser Bund war als umfassender Industrieverband gedacht, der politische Unterstützung für eine Steuerreform mobilisieren sollte, um das wachsende Haushaltsdefizit zu finanzieren. Stresemanns Schwager Kurt von Kleefeld war ebenfalls an diesem Projekt beteiligt. Riesser, Leiter der Darmstädter Bank und Präsident des »Zentralvereins des deutschen Bank- und Bankiergewerbes«, gelang es, daß etliche wichtige deutsche Industrielle, von denen einige sogar Mitglieder des »Centralverbands« waren, für kurze Zeit gemeinsam für die steuerpolitische Verantwortung des Reichs eintraten.

Stresemann setzte große Hoffnungen in diese neue Initiative. In einer Rede am 1. September 1909, die er anläßlich der Gründung der Dresdener Ortsgruppe des »Hansa-Bunds« hielt, sagte er: »Das haben wir noch nicht erlebt ... in einem gemeinsamen großen Akkord.« Er sah darin einen kühnen Versuch, die ständig wachsende Zahl von Industrieverbänden und Interessengruppen, die nur ihre je eigenen Ziele im Auge hatten, dazu zu bringen, sich für die internationale Anerkennung der seiner Meinung nach legitimen deutschen Ambitionen einzusetzen.

Wir reden heute vom Bunde der Landwirte, wir reden von der Mittelstandsvereinigung, von den christlichen Gewerkschaften, von den großen Handwerkervereinigungen, von den freien Gewerkschaften und Gewerkvereinen der Arbeiter als politischen Mächten, und wir sehen darin jene Entwicklung zum Ausdruck kommen, die mehr und mehr die politischen Fragen ... in den Hintergrund treten lassen gegenüber dem, was der einzelne zur Förderung seiner eigenen Interessen vom Staate fordert. Wir wollen ... nicht Sondervorteile für uns, aber [für Deutschland] einen Platz an der Sonne ... Der Kampf um die wirtschaftliche Entwicklung des deutschen Volkes ist es, den wir führen wollen ... Wir können heute nicht mehr die Frage entscheiden, ob wir ein Agrarstaat bleiben wollen. Diese Frage ist durch unsere Entwicklung entschieden. Wir können es nicht rückgängig machen.[48]

Trotz Stresemanns Hoffnung, die ostelbische Agrarlobby würde eines Tages verstehen, daß eine »gesunde Wirtschaftspolitik die beste vaterländische Politik ist«, konnte weder der »Hansa-Bund« noch der Bauernbund lange die anfänglich verkündete Geschlossenheit bewahren. Nach zwei Jahren brachen beide Organisationen zusammen, da der »Centralverband« und andere konservative Mitglieder ihre Unterstützung zurückzogen.

Die niederschmetternden Ergebnisse der Wahlen von 1912 brachten Stresemann zu der Überzeugung, daß das fundamentale Anliegen der Nationalliberalen Partei die Versöhnung dieser antagonistischen wirtschaftlichen und gesellschaftlichen Kräfte zu einem gemeinsamen Kampf gegen die sozialdemokratischen Programme sein müsse.

Daß Stresemann aufgrund dieser zahlreichen Aktivitäten und seiner ehrgeizigen Pläne häufig nicht in Dresden war, stellte zunehmend ein Problem für den sächsischen Verband und für seine Familie dar.

1910 zog er mit seiner Familie nach Berlin um. Während er bis 1919 zur Geschäftsführung des sächsischen Verbands gehörte, blieb sein Neffe und Assistent Franz Miethke als Sekretär des Verbands in Dresden.

Das neue Heim der Familie Stresemann war eine Acht-

3. Im Reichstag

Zimmer-Wohnung im vierten Stock eines soeben renovierten Hauses in der Tauentzienstraße Nr. 12a, ganz in der Nähe der Kaiser-Wilhelm-Gedächtniskirche gelegen, in der Stresemann und seine Frau vermählt worden waren. Diese Straße war eine feine Wohngegend im Zentrum der pulsierenden Stadt. Wolfgang Stresemann, der hier einen großen Teil seiner Jugend verbrachte, erinnert sich an eine sehr geräumige, helle Wohnung mit einem Balkon und großen Fenstern, aus denen man auf das geschäftige Treiben auf der Straße blicken konnte: »Zahlreiche Gefährte, Droschken, ›Bollerwagen‹, meistens noch mit ein oder zwei PS in Bewegung gehalten, Straßenbahnen zu beiden Seiten eines grünen Mittelstreifens, zahlreiche Geschäfte ... ein lebhaftes, besonderes Gepräge ... Tauentzienstraße 12a, Nachbarhaus dieses berühmten Sammelpunkts Berliner Künstler [das Romanische Café] wurde ebenfalls bald ein Mittelpunkt für Politiker, Journalisten und viele andere, die im öffentlichen Leben stehen.«[49]

Bemerkenswert an diesem Zuhause war für Wolfgang die Bibliothek, in der die Werke von Goethe und Biographien über Napoleon einen großen Raum einnahmen. Es gab einen mit schweren gründerzeitlichen Möbeln ausgestatteten Salon, ein Eßzimmer für zwanzig Personen, ein Musikzimmer, in dem er Klavierunterricht bekam und seine Mutter zu singen pflegte und in jeder Ecke Büsten von Napoleon und Goethe standen. Dies sollte für die nächsten dreizehn Jahre Stresemanns Heim sein; danach wurde er in ein öffentliches Amt berufen und residierte in der Wilhelmstraße.

Trotz der starren Struktur der Wilhelminischen Gesellschaft war Gustav Stresemann in weniger als zwölf Jahren der Aufstieg aus einfachen Verhältnissen zu einem der ersten deutschen »Berufspolitiker« im Sinne Max Webers gelungen.[50] Seine vorübergehende Niederlage änderte nichts daran, daß die sogenannte »nationale Frage« und die Wirtschaft für ihn und für das ganze Land zu einem beherrschenden Thema wurden.

Kapitel 4
Politisches Exil

In den drei wichtigen Jahren nach seiner Wahlniederlage 1912 bekleidete Stresemann kein politisches Amt und gehörte auch nicht mehr zum höchsten Parteigremium. Trotzdem widmete er sich mit aller Energie seinen verbandspolitischen Aufgaben und kümmerte sich um die daniederliegende sächsische Ortsgruppe der NLP. Der von ihm zehn Jahre zuvor gegründete »Verband Sächsischer Industrieller« und seine Präsidialmitgliedschaft beim Bund der Industriellen blieben der Schwerpunkt seiner Tätigkeit und ein wichtiges ökonomisches Standbein. Auch hatte er weiterhin den Vorsitz im »Deutsch-Kanadischen Wirtschaftsverband« und war im Wirtschaftlichen Beirat des »Hansa-Bundes«.

Der Historiker Hans P. Ullmann wies in seiner Untersuchung über den »Bund der Industriellen« darauf hin, daß Stresemann durch seine unablässigen Bemühungen die öffentliche und politische Position des gewerblichen Mittelstands, dessen Interessenvertreter er war, in unvergleichlicher Weise gestärkt habe.[1]

Wie immer in seiner kurzen politischen Laufbahn betrieb Stresemann diese Aktivitäten mit einer Zielstrebigkeit und Hartnäckigkeit, die ihm die Feindschaft derjenigen eintrug, gegen die er opponierte – das waren vor allem die mächtigen Industriellen von der Ruhr – und die ihm später noch das Leben schwer machen sollten. Sein Neffe, der zuverlässige Sekretär des Sächsischen Verbands, versuchte häufig, seinen Eifer zu dämpfen und ermahnte ihn einmal mit einem einfachen Vers:

4. Politsches Exil

Den Kopf halt kühl,
Die Füße warm,
Und überlaste nicht den Darm.
Halt auch die hintere Pforte offen,
Dann hat der Doktor nichts zu hoffen.²

Im September 1912 folgte Stresemann mit einer Gruppe von Repräsentanten der deutschen Wirtschaft einer Einladung der Bostoner Handelskammer, die einen internationalen Kongreß in Boston veranstaltete, an den sich eine Rundreise anschließen sollte. Dies war eine willkommene Abwechslung, die ihn von seiner politischen Isolation ablenkte und ihm die Gelegenheit bot, etwas von der »Weltmacht« zu sehen, von der er so viel gehört hatte und mit der er Mitte der zwanziger Jahre zusammenarbeiten sollte. Wie sein Sohn Wolfgang berichtet, sah die Familie in dieser ersten Auslandsreise »ein sehr besonderes, möglicherweise nicht ganz ungefährliches Unternehmen«. Als seine Frau Käte seinen Koffer packte, legte sie einen kleinen Zettel mit hinein: »Vergiß deine Frau und deine Kinder nicht.«³
Der Kongreß selbst, an dem 800 Wirtschaftsvertreter aus der ganzen Welt teilnahmen, war unspektakulär, ja, uninteressant und wurde von einem deutscher Vertreter so beschrieben: »Das sachliche Ergebnis der endlosen Erörterungen enttäuschte manche...« Wesentlich aufregender war die anschließende Rundreise, die Stresemann u. a. zu den Automobilwerken von Detroit, den Schlachthöfen von Chicago und den Seifenfabriken von Cincinnati führte; in weniger als drei Wochen wurden zehn Städte besucht. Dieses Erlebnis hinterließ bei Stresemann einen nachhaltigen Eindruck von der gewaltigen Größe des amerikanischen Markts und der amerikanischen Industrie. Nach seiner Rückkehr schrieb er in einem Artikel, was ihm an den Amerikanern besonders stark auffalle: die Begeisterung für das »Gigantische« und eine »Hochschätzung der Zahlen«. Weiter hieß es: »Der Amerikaner ist ein Ziffernmensch ... und hat die naive Freude eines Kindes an Superlativen ... daß jede Stadt sich hinstellte, als sei sie der Mittelpunkt der Vereinigten Staaten: das war immer die

größte Fabrik der Welt, der größte Dampfkessel der Welt, dasjenige, was ohnegleichen in der Welt dastehen soll.«⁴

Dieses überall anzutreffende Selbstbewußtsein führte er auf die Dimension des amerikanischen Marktes zurück, der die Massenproduktion ermöglichte. Als Sohn des deutschen Mittelstands stellte er fest, daß dieser Vorteil seinen Preis habe, nämlich Gleichförmigkeit und qualitative Mängel – und hohe Qualität der Waren war genau das, was Deutschland seiner Ansicht nach einen Vorteil auf den Exportmärkten sichern würde. Schon wegen der Größe des amerikanischen Markts hätten die USA kein großes Interesse am Außenhandel. So gelangte er zu der Annahme, daß trotz einer sehr leistungsfähigen Wirtschaft der »Außenhandel Amerikas gar nicht gefahrdrohend anwächst« und daß sich der Kampf um die Vorherrschaft auf dem Weltmarkt zwischen England und Deutschland abspielen werde, woraus sich auch seine späteren unterschiedlichen Haltungen zu beiden Nationen erklären. England war und blieb der Hauptgegner, Amerika ein potentieller Partner und Helfer gegen das britische Empire. Ein Punkt, der ihm allerdings Sorgen machte: So wie Amerika gerade dabei war, sich in Südamerika ein Rohstoff-Hinterland zu schaffen, mußte auch Deutschland eine gewisse Autarkie entwickeln, wenn nicht in Kolonien, dann auf dem Kontinent. Dieses Thema wurde während des Kriegs immer wieder aufgegriffen, als er Naumanns Konzept eines autarken Mitteleuropas propagierte, dessen Vorbild das gegen England gerichtete Kontinentalsystem seines Helden Napoleon war.

Stresemann bewunderte an der amerikanischen Gesellschaft zwar die Offenheit, die Aufstiegschancen und den Sinn für Fairneß, aber er konnte nicht umhin, sich mit typisch deutscher Arroganz über die »Überlegenheit der deutschen Kultur über das geschichtlich noch junge Amerika« zu äußern; auch wies er kritisch auf die im Vergleich zu Deutschland nur schwach entwickelte amerikanische Sozialpolitik hin.⁵

Den Höhepunkt seiner Reise bildete die unverhoffte Möglichkeit, in Washington und in New York Wahlkampfauftritte von Woodrow Wilson zu erleben. Wilson beeindruckte ihn als »ein persönlich sympathischer Kandidat«,

4. Politisches Exil

der unbedingt an eine Sache glaube, die er für richtig halte, und der seine Ideen mit unbeugsamer Energie verwirkliche.[6] Außerdem schätzte er an Wilson, daß dieser Kartelle und Trusts ablehnte und eine liberalere Handelspolitik in Aussicht stellte.

Diese kurze Reise machte zwar einen dauerhaften Eindruck auf Stresemann, aber ihm entgingen völlig jene Merkmale der amerikanischen Gesellschaft, die sie weniger als fünf Jahre später zum Kriegseintritt bewegen sollten. Seine häufigen Begegnungen mit der großen und sehr aktiven Gemeinschaft der Deutschamerikaner, zu der der mächtige »Deutsch-Amerikanische Nationalbund« und seine deutschsprachige Zeitung gehörten, ließen bei ihm eine falsche Vorstellung von der Bindung dieser Einwanderer an Deutschland entstehen.[7] So schrieb er nach seiner Rückkehr in einem Zeitungsartikel: »Mir scheint es, als wenn gerade die jüngere Generation sich mehr des Zusammenhangs mit dem Vaterlande bewußt wird als die ersten, die hinübergingen.« Im selben Artikel stellte er mit bemerkenswerter Naivität fest: »Ein mächtiger Faktor zur Stärkung der Stellung der Deutschen in Amerika ist die Person des deutschen Kaisers. Er ist für die Amerikaner eine Klasse für sich.«[8]

Die Tatsache, daß er seine sporadischen Erfahrungen mit Amerika falsch einschätzte, sollte für ihn tiefgreifende persönliche Folgen haben, denn er begriff 1917 nicht, daß der uneingeschränkte U-Boot-Krieg die USA veranlassen würde, Deutschland den Krieg zu erklären. Noch schlimmer war, daß er vor 1918 die Wirtschaftsmacht und Entschlossenheit Amerikas unterschätzte, Faktoren, die sich sogleich maßgeblich auf den Ausgang des Kriegs auswirkten.

Anfang November 1912 kehrte Stresemann nach Berlin zurück. Die Reise war eine aufregende Abwechslung in einem ansonsten entmutigenden Jahr gewesen. Er war in seiner Partei isoliert und mußte sich im »Verband Sächsischer Industrieller« mit organisatorischen Problemen herumschlagen; hinzu kamen aufreibende Meinungsverschiedenheiten mit seinem Schwager in der Geschäftsführung des »Hansa-Bundes«. Während ihm seine Verbandsarbeit ein erkleckliches Einkommen sicherte, schienen seine weiteren Aufstiegsmöglichkeiten begrenzt zu sein. Seine Freundschaft zu Bassermann, Weber und anderen linksgerichteten Mitgliedern der NLP waren sein einziger politischer Rückhalt – und selbst dieser geringe Einfluß wurde noch weiter zurückgedrängt, als Friedberg, Schiffer und Heinze sowie die rechtsgerichteten Ruhr-Industriellen, die sie unterstützten, innerhalb der Partei an Stellung gewannen.

Dennoch erreichte Bassermann, daß Stresemann bei den Nachwahlen zum Reichstag als Kandidat der NLP für den Wahlkreis Reuss-Greiz aufgestellt wurde, nachdem der Sozialdemokrat, der diesen Wahlkreis vertreten hatte, plötzlich gestorben war. Durch den Wahlkampf brachen in der Partei sämtliche latenten Spannungen und Differenzen auf, die durch einen Arbeitskampf und eine drohende Aussperrung in einem der Industriebetriebe des Wahlkreises noch zugespitzt wurden. Während Stresemann vom »Hansa-Bund« finanzielle Hilfeleistung erhielt, unterstützte die rechtsgerichtete Parteiführung seine Kandidatur nur widerwillig. Das Ergebnis waren Niederlage, Verschuldung und persönliche Kränkung. Das Angebot, in der konservativen Hochburg Ragnit zu kandidieren, lehnte Stresemann mit der Bemerkung ab: »Ich kann jetzt nur einen ganz aussichtsreichen Wahlkreis gebrauchen.«[9] Und doch verzichtete er bei einer dritten Nachwahl zugunsten seines bewunderten Konkurrenten und Freundes Naumann, der dank der Protektion durch die NLP die Wahl gewann. Erst im Dezember 1914 sollte es ihm gelingen, mit Bassermanns Hilfe erneut einen Sitz im Reichstag zu gewinnen.

Stresemann gehörte, zwar nicht mehr zum Geschäftsführenden Ausschuß der NLP, war aber weiterhin im Parteivorstand aktiv, der eine breitere Zusammensetzung aufwies. Hier wie im Reichstag wurden die anstehenden Fragen zunehmend unter dem Aspekt der Finanzierung der Rüstungsausgaben behandelt. Als 1912 die erwartete Flottenvorlage diskutiert wurde, verlangte Bethmann gleichzeitig eine Erhöhung der Ausgaben für die Landstreitkräfte, um den ehrgeizigen Plänen von Tirpitz einen Dämpfer zu versetzen. Bassermann und Stresemann, die mit der Aufrüstung einver-

4. Politsches Exil

standen waren, forderten – wie schon 1909 – die Partei auf, eine direkte Einkommens- und Erbschaftssteuer durchzusetzen, um diese Programme zu finanzieren. Da die NLP gespalten war und die Konservativen eine geschlossene Oppositionsfront bildeten, scheiterte die Steuervorlage im Reichstag, der das durch zu geringe Steuereinnahmen entstandene Loch notdürftig mit einer unzureichenden Heraufsetzung der Umsatzsteuer zu stopfen suchte. Diese steuerpolitisch gefährliche Sackgasse führte zum Rücktritt des Finanzministers Adolf Wermuth, der in einem Zeitungsartikel die vollständige Militarisierung der Finanzpolitik des Reichs scharf kritisierte, die seiner Ansicht nach für jeden Pfennig der erhöhten Ausgaben seit 1911 verantwortlich war.[10]

Im Februar 1913 war sich der Vorstand der NLP, in dem noch die innenpolitischen Meinungsverschiedenheiten der Vergangenheit nachwirkten, darin einig, daß eine massive Vergrößerung der Landstreitkräfte nötig sei. Bassermann eröffnete die Sitzung mit einer Beschreibung der prekären Stellung Deutschlands, wies auf die Einkreisungspolitik Englands hin und schloß mit den Worten:

> Dieser Gesichtspunkt beweist, wie notwendig es ist, unser Heer dahin auszubauen, daß uns die Möglichkeit einer raschen Mobilmachung und einer starken Offensive in den ersten Tagen gewährleistet ist, weil die ersten Entscheidungen unendlich wichtig sein werden.[11]

Wie fast jedermann auf beiden Seiten, war er überzeugt, daß der Krieg in kurzer Zeit beendet sein und der Angriff den entscheidenden Vorteil bieten würde. Matthias Erzberger, der Führer der Zentrumspartei, hatte schon früher bemerkt: »Herr Bassermann ist auf dem besten Weg, sich zu einem zivilen Moltke zu entwickeln.« Stresemann unterstützte im Vorstand die von Bassermann befürwortete Heeresvorlage, in der Deutschlands Recht auf Kolonien bekräftigt und noch einmal die Einführung einer Erbschaftssteuer gefordert wurde. Die Vorstandssitzung endete mit einer Resolution, in der es hieß: »Vor allem ist eine schleunige und gründliche Verstärkung unserer Wehr unumgänglich notwendig... und alle Maßregeln, die der Sicherung einer kraftvollen Offensive dienen, sollten durch eine Besitzsteuer finanziert werden.« Da diese Resolution auch die volle Unterstützung von Schiffer und Friedberg hatte, gab es zumindest dem Anschein nach eine einheitliche Linie der Partei – die allerdings nur durch die Angst vor einem Krieg zustandegekommen war. Wie er in einer Rede im April 1913 versicherte, konnten Probleme, die für eine Nation von entscheidender Bedeutung seien, nur durch das Schwert gelöst werden; bei solchen Themen seien internationale Konferenzen irrelevant.

Im Juli 1913 verabschiedete der Reichstag die Heeresvorlage und stimmte zum ersten Mal in der Geschichte des Reichs einer niedrigen direkten Vermögenssteuer zu. Da die Konservativen weiterhin entschieden gegen diese Steuer waren, konnte die Vorlage nur mit Zustimmung der Sozialdemokraten verabschiedet werden, die trotz ihrer antimilitaristischen Tradition erstmals für Steuern eintraten, die ihrer Ansicht nach für den Ausbau des militärischen Apparats notwendig waren. Dieser bemerkenswerte Kurswechsel gegenüber dem Militär war durch ihre gesteigerte Furcht bedingt, Deutschland sei eingekreist und müsse sich gegen seine Feinde verteidigen.

Der stets vorsichtige Bethmann Hollweg stimmte zwar der Heeres- und Steuervorlage zu, äußerte aber dennoch starke Vorbehalte: »Wegen der Flotte haben wir das Heer vernachlässigt – und unsere Flottenpolitik hat uns überall Feinde eingebracht.« Er verurteilte das Wettrüsten in Europa und die Kriegsvorbereitungen, und sein Pessimismus wurde noch durch die Unregierbarkeit des Reichs, das sprunghafte Verhalten des Kaisers und die erschreckende internationale Situation gesteigert. Bethmann dachte ernsthaft an Rücktritt. In einem Brief an einen Freund schrieb er, er habe Krieg, Kriegsgeschrei und die ewige Aufrüstung satt. Es sei höchste Zeit, daß sich die großen Nationen wieder beruhigten und sich friedlichen Aufgaben widmeten, denn sonst käme es zu einer Explosion, die niemand wolle und die allen schade.[12]

Während Stresemann auf der politischen Bühne nurmehr eine Randfigur abgab und sich, von seinem Hauptinteresse

4. Politsches Exil

für Deutschlands wirtschaftliche Belange abgesehen, selten mit außenpolitischen Fragen befaßt hatte, hatte sich seine Einstellung zu England verhärtet. Es ging nicht mehr allein um wirtschaftliche Rivalität. Er teilte nicht nur die weitverbreitete und zunehmende Angst vor einer »Einkreisung« durch feindliche Kräfte in Frankreich und Rußland, sondern jetzt argwöhnte er auch, daß England aktiv an Plänen zur Zerschlagung des Reichs mitwirkte. Dabei übersah er, daß der von Tirpitz 1898 begonnene Ausbau der Flotte dazu geführt hatte, daß England seit 1904 auf dem Kontinent nach Verbündeten Ausschau hielt.

Von Tirpitz hatte immer behauptet, England sei der gefährlichste Feind des Reichs.[13] Durch seine Forderung, Deutschland müsse als Weltmacht anerkannt werden, wurde die Flotte zum »liebsten Kind« des Kaisers. Für Kurt Riezler war Tirpitz die Hauptursache dafür, daß kein Versuch unternommen wurde, mit den Engländern zu einer Verständigung zu kommen. Der von Bethmanns Außenpolitik enttäuschte Stresemann, der auch seine Wahlniederlage noch nicht überwunden hatte, zeichnete im April 1912 ein dramatisches Bild von Deutschlands mißlicher Lage:

> Sobald sich das Deutsche Reich nicht auf andere verließ, sondern sich eine eigene Flotte schuf und sich den Frieden auf der Nordsee selber gewährleistete, da erscholl ein drohendes Geschrei in England. Wir müssen heute gegen eine Welt von Feinden gerüstet sein. Wohin wir sehen, wir haben wenig Freunde. Kommt es zum Waffengange, wir stehen fast allein. Algeciras hat es uns gelehrt, daß Weltwirtschaft nur möglich ist bei einem Volke, das auch in der Weltpolitik Fortschritte macht. Wenn ganze Länder und Erdteile verteilt werden, müssen auch wir unsere Rechte wahren, sonst stehen wir am Rande des Abgrunds... Durch die Phrase, wir dürften nicht in englische Interessensphären eingreifen, dürfen wir uns unter keinen Umständen beirren lassen: Wo ist noch ein Stück der Welt, wo England keine Interessen hat?[14]

England galt, wie von Tirpitz es ausgedrückt hatte, als der bedrohlichste Feind Deutschlands. Da Stresemann nichts von den 1912 gemachten Friedensvorschlägen von Richard Haldane und Winston Churchill hielt, begrüßte er Bassermanns konsequentes Eintreten für die Heeres- und Flottenvorlage.[15] Bei dem Ruf nach einer Stärkung der deutschen Verteidigungskraft und nach Anerkennung des Reichs als Weltmacht übersah Stresemann jedoch die Schwäche des einzigen Verbündeten Deutschlands, nämlich Österreich-Ungarns, die verhängnisvollen Auswirkungen der Balkan-Kriege von 1912/1913, die zunehmende Kriegsbereitschaft Englands und Deutschlands isolierte Stellung.

Stresemann hatte spät begonnen, sich mit Außenpolitik zu befassen und war für dieses Gebiet nicht gut gerüstet. Wie viele seiner ehemaligen Kollegen im Reichstag war er schlecht informiert und hatte »keine eigenständigen Ideen entwickelt, soweit es sich um die Außenpolitik handelte«.[16] Da er nicht mehr im Reichstag saß, waren seine einzigen Informationsquellen Zeitungsberichte und das Kriegsgerede seiner politischen Verbündeten. Zwar kann man Stresemann zu diesem Zeitpunkt nicht als Kriegstreiber bezeichnen, aber er war durchaus bereit, den Krieg als ein Mittel zu betrachten, mit dem Deutschland sich den seiner Ansicht nach ihm gebührenden Platz erkämpfen konnte. Seine Einstellung geht wohl am besten aus einer im März 1913 auf einer politischen Veranstaltung in Zwickau gehaltenen Rede hervor, in der er sagte: »Wir alle wollen den Frieden, aber fürchten den Krieg nicht.«[17] Es liegt eine gewisse Paradoxie darin, daß seine Feindschaft gegen das britische Empire einen Kontrapunkt in einer Bewunderung für den englischen politischen Liberalismus und die parlamentarischen Institutionen bildete, die auch durch den Krieg nicht verlorenging und für seine verfassungspolitischen Vorstellungen nach 1918 wichtig ist.

Nach seinem kurzen Aufenthalt in Amerika im Jahre 1912 ging Stresemann daran, seine neuen Beziehungen auszubauen, von denen er sich wirtschaftliche Möglichkeiten für die deutsche Industrie versprach. Dies führte im März 1914 zur Gründung des »Deutsch-Amerikanischen Wirt-

4. Politsches Exil

schaftsverbands«, dessen Geschäftsführendes Präsidialmitglied er wurde. Dieser neue Aufgabenbereich brachte ihm ein Büro in der Wilhelmstraße, einen eigenen Sekretär und ein stattliches Jahresgehalt von 15 000 Mark ein.[18] Während er weiterhin eine führende Position im »Verband Sächsischer Industrieller« bekleidete, wurde Berlin erneut zum Schwerpunkt seines Wirkens. Binnen eines Jahres fand die neue Organisation als die einflußreichste Einrichtung zur Förderung des Außenhandels Anerkennung. Bemerkenswerterweise überdauerte sie den Krieg und war eine wichtige Stelle, die in den Jahren nach 1918 – noch immer unter der Führung Stresemanns – sachkundige Auskünfte und Ratschläge in bezug auf den Überseehandel und die Beziehungen zu Amerika erteilte.

Im Zuge dieser neuen Tätigkeit hatte Stresemann engen Kontakt zu Albert Ballin, der mit ihm die Verhandlungen zur Gründung der Organisation geführt hatte und anfangs ihr Vorsitzender gewesen war. Die beiden Männer waren einander kurz vor Stresemanns Niederlage bei der Reichstagswahl durch Bassermann vorgestellt worden. Ballin gehörte zu den imposantesten Persönlichkeiten des Wilhelminischen Deutschland. In einem ungewöhnlich jungen Alter wurde er Generaldirektor der Hamburg-Amerika-Linie (HAPAG). Unter seiner Führung überflügelte die HAPAG schon bald den Norddeutschen Lloyd und reüssierte zur größten deutschen Reederei, die Großbritannien die Vorherrschaft auf den atlantischen Handelsrouten streitig machte. Am 31. Januar 1914 war im Londoner *Daily News Leader* zu lesen: »Ballin hat der Welt den Krieg erklärt ... und wenn unser Anspruch, auf dem Wasser zu herrschen, bedroht ist, dann nicht durch die deutschen Dreadnoughts, sondern durch Herrn Ballin.«[19] Welche ehrgeizigen Pläne Ballin für die HAPAG hatte, demonstrierte er durch das hanseatische Motto: »Mein Feld ist die Welt.«

Dieser durchsetzungsfähige, ehrenwerte und mitunter auch rücksichtslose Mann hatte einen Charme, der es ihm leicht machte, mit hochgestellten Persönlichkeiten zu verkehren und in einer Gesellschaft Respekt zu erlangen. Der Kaiser, der seine eloquente Art schätzte und mit ihm die

Begeisterung für die Flotte und für Kolonien teilte, wurde regelmäßiger Gast bei den üppigen Banketten, die die HAPAG anläßlich der alljährlichen Kieler Woche gab. Ballin wurde zu einem der engsten Berater des Kaisers, der häufiger Gast in seinem imposanten Kontor an der Alster war. Er war der einzige Jude und einer der wenigen Männer aus der Wirtschaft, die der Kaiser regelmäßig traf.

Trotz seiner Herkunft aus dem unteren Mittelstand war Ballin überzeugter Monarchist, der den Republikanern mißtrauisch gegenüberstand, den wachsenden Einfluß der Sozialdemokraten fürchtete und allen politischen Parteien und ihrem »Spielplatz« im Reichstag mit Skepsis begegnete. Diese konservativen Neigungen schlossen nicht aus, daß er resolut für niedrige Zölle, Freihandel und eine Steuerreform eintrat und daß er eine tiefgehende Abneigung gegen die geistlosen Reaktionäre aus den Kreisen der Schwerindustrie und der ostpreußischen Landwirtschaft hegte. In diesen Fragen war er sich mit Stresemann einig. Beiden war bewußt, daß die Presse und bestimmte Interessengruppen, wie der Flottenverein und der »Bund der Industriellen«, angesichts der Ineffektivität des parlamentarischen Prozesses eine wichtige Funktion übernahmen. Beide Männer waren über die Passivität der Bethmann-Regierung entsetzt, und beide verachteten das Auswärtige Amt, das Ballin als unverantwortlich und von Junkern bevölkert charakterisierte. Es sei, so meinte er, eine arrogante Enklave, ein Klub, zu dem man nur durch eine entsprechende Geburt Zugang bekomme.[20]

Ballin erkannte in seinem jungen Freund das gleiche Streben, den Unternehmergeist und die gleiche Weltanschauung, die die Antriebskräfte für seine eigene Karriere gewesen waren. Stresemann wurde sein Schützling, und zwischen ihnen entwickelte sich eine Beziehung, die für Stresemann fast an seine Freundschaft mit Bassermann heranreichte. 1914 entwarfen sie Pläne für die Gründung einer »Gesellschaft für Welthandel«, die als Dachorganisation die Interessen der verschiedenen deutschen Industrieverbände auf dem Gebiet des Außenhandels koordinieren sollte; außerdem sollte Deutschlands Nachrichtendienst und kulturelle Pro-

4. Politsches Exil

paganda[21] durch diese Gesellschaft die dringend benötigten neuen Impulse erhalten. Das Unternehmen scheiterte letztlich an der starken Opposition und den protektionistischen Interessen der Schwerindustrie. An der Spitze dieser Opposition stand Alfred Hugenberg, der mächtige Krupp-Direktor, der dadurch eine persönliche und ideologische Konfrontation einleitete, die Stresemann noch lange zu schaffen machen sollte.

Durch Ballin wurde Stresemann in norddeutsche Finanz- und Wirtschaftskreise eingeführt und lernte Organisationen kennen, in denen Männer wie Max Warburg, Carl Melchior und Walther Rathenau eine führende Rolle spielten. Ballin bot ihm den hochdotierten Posten eines Beraters bei der HAPAG an, den er auf Anraten Bassermanns zu seinem Bedauern jedoch ablehnte.[22] Nachdem Ballin ursprünglich das Flottenbauprogramm des von ihm bewunderten Tirpitz unterstützt hatte, hatte er lange vor 1914 erkannt, daß dieses aggressive Programm zu einem Krieg mit England führen konnte, der seiner Überzeugung nach Deutschlands Ruin bedeuten würde. Daher trat er sehr aktiv für eine Versöhnung mit England ein. Im Gegensatz zu Stresemann förderte er in den beiden kritischen Jahren vor dem Krieg die offiziellen und inoffiziellen Verhandlungen mit Großbritannien.

Ende Juni 1914, als gerade die »Kieler Woche« stattfand, kam dann die erschreckende Nachricht aus Sarajevo. Franz Ferdinand, der Thronfolger von Österreich-Ungarn, war ermordet worden. Stresemann, der von Ballin nach Kiel eingeladen worden war, stand zu diesem Zeitpunkt zusammen mit dem Gastgeber auf der Kommandobrücke des englischen Kriegsschiffs »Centurio«. Seiner Beschreibung nach war es ein strahlend schöner Sonntag im Juni, und überall lagen beflaggte deutsche und englische Schiffe vor Anker. Die Nachricht breitete sich wie ein Lauffeuer aus, und binnen weniger Minuten hatten die Flaggen aller Schiffe auf halbmast gesetzt. Stresemann erinnerte sich später:

… es lag eine gewitterschwüle Stimmung in der Luft, von der man nicht wußte, woher sie kam, die aber vorhanden war und bewirkte, daß man die Koffer packte in der Empfindung, man müsse nach Hause eilen, um zur Stelle zu sein, wenn der Strahl aus einer Wolke zuckte, den man erwartete, ohne eigentlich zu wissen, weshalb er kommen mußte.[23]

Innerhalb von 24 Stunden war die englische Flotte ausgelaufen. Wenige Wochen später stürzte der von Bethmann und Ballin gefürchtete und vom deutschen, österreichischen und russischen Militär bereitwillig akzeptierte Krieg, der nach allgemeiner Auffassung kurz und entscheidend sein würde, Europa in einen schrecklichen Abgrund. Wie die meisten seiner Landsleute glaubte Stresemann, der Krieg sei Deutschland aufgezwungen worden, sei also ein Verteidigungskrieg. Die allgemeine Mobilmachung in Rußland am 31. Juli sowie die Überzeugung, einem verzweifelten Österreich-Ungarn beizustehen und einer erdrückenden militärischen Einkreisung zuvorzukommen, einte die Deutschen. Stresemann sollte nie den Vorwurf der alleinigen Kriegsschuld akzeptieren, den die siegreichen Alliierten 1918 gegen Deutschland erhoben.[24] Als England im August 1914 in den Krieg eintrat, schlug sein lange angestauter Groll gegen das britische Empire in unverhohlene Wut um.

Vor dem Krieg hatte Bethmann gehofft, ein engeres Verhältnis zu England herstellen zu können, und von Zeit zu Zeit hatte er Verhandlungen zur Beendigung des maritimen Wettrüstens gefördert. Jetzt aber war er über die »Niedertracht« der Engländer empört, die an der französisch-russischen »Aggression« gegen Deutschland teilnahmen. Zu dem scheidenden englischen Botschafter Sir Edward Goschen sagte er, London habe es in der Hand, dem französischen Revanchismus und dem panslawischen Chauvinismus Einhalt zu gebieten, doch das sei nicht geschehen. Im Gegenteil, England habe beides forciert. Die Deutschen, der Kaiser und die Regierung liebten den Frieden. Das Deutsche Reich sei mit reinem Gewissen in den Krieg eingetreten, Englands Verantwortung indes sei gewaltig.[25]

Diese Vorwürfe bedeuteten nicht nur den Zusammenbruch von Bethmanns Hoffnungen, sondern auch das Ende seiner Freundschaft mit Sir Edward, der bei dieser Gelegenheit in Tränen ausbrach. Es gab nichts mehr zu sagen. Jetzt mußten die Waffen sprechen.

Die Deutschen reagierten auf den Kriegsbeginn mit patriotischer Begeisterung, die das Land seit 1871 mehr als vier Jahrzehnte zuvor nicht mehr erlebt hatte. Kurt Riezler schrieb aufgeregt in sein Tagebuch, der Jubelsturm, der im Volk entfesselt worden sei, habe allen Zweifel, alle Halbherzigkeit und alle Furcht beiseite gefegt. Die skeptischen Staatsmänner, so Riezler, waren von der Nation überrascht worden, Bethmann sei überlebensgroß in der Sicherheit seines guten Gewissens und angesichts der Größe der Aufgabe, die vor ihm liegt.[26]

Trotz der schockierenden Nachricht aus Sarajevo, die er im Juni in Kiel erhalten hatte, und trotz der dann folgenden Wochen voll ungewisser Spannung hatte Stresemann, wie viele andere in Europa, daran festgehalten, daß es nicht zum Krieg kommen würde. Er war mit seiner Familie nach Bansin auf der Insel Usedom gefahren, um dort Urlaub zu machen. Als er im Juli von dem österreichischen Ultimatum an Serbien hörte, schrieb er in sein Tagebuch, das sei die »schärfste Sprache, die je gehört«. Am 30. Juli kehrte die Familie nach Berlin zurück, und am 31. Juli fuhr Stresemann nach Dresden, denn er machte sich »Sorge um die finanzielle Kriegsbereitschaft« des »Verbands Sächsischer Industrieller« und die wachsenden Probleme der örtlichen Exportindustrie.[27] Im Juli hatte er zugleich die Vorbereitungen für eine Reise nach New York getroffen, wo er vor dem Deutsch-Amerikanischen Bund über Themen zu reden wünschte, die er in seinen »Wirtschaftspolitischen Zeitfragen« behandelt hatte, und wo er mehrere Handelsverbände besuchen wollte. Als seine Initiative durch den Krieg unterbrochen wurde, bat er Theodor Sutro, den Herausgeber des *Deutschen Journal*, sich bei den deutschamerikanischen Organisationen für »strengste Neutralität« einzusetzen.[28]

Nach Ausbruch des Kriegs wollte Stresemann in die Armee eintreten, aber wie schon 1901, als er wegen seiner schlechten gesundheitlichen Verfassung nicht Reserveoffizier in einem Leipziger Regiment werden konnte, wurde er als untauglich abgelehnt. 1914 litt er unter einer Erkrankung der Schilddrüse und einer chronischen Mandel- und Nierenentzündung; verschlimmert wurde sein Gesundheitszustand durch Streß und Workoholismus – wie man heute sagt.[29] Im weiteren Verlauf des Kriegs wurde er erneut für dienstunfähig und 1917 gar für »garnisonsverwendungsunfähig« erklärt.

Stresemann wurde erst am 9. Dezember 1914 wieder in den Reichstag gewählt und nahm daher nicht an der Sitzung am 4. August teil, die nach der Kriegserklärung stattfand und stark emotionsgeladen war. Beim üblichen Empfang des Kaisers im weißen Saal des Schlosses waren militärischer Pomp und Reichtum zur Schau gestellt worden. In seiner kurzen Rede wiederholte der Kaiser die Worte des Vortags: »Ich kenne keine Parteien mehr, ich kenne nur noch Deutsche.«[30] Auf der anschließenden Reichstagssitzung hielt Bethmann eine flammende Rede, in der er behauptete, Rußland habe die Fakkel an das deutsche Haus gelegt, und die Deutschen handelten aus reiner Selbstverteidigung: »Not kennt kein Gebot.« Er gab offen zu, daß der Einmarsch in Belgien gegen internationales Recht verstieß, meinte aber, er sei Deutschland aufgezwungen worden.[31] Die Abgeordneten, geradezu elektrisiert von dem Gefühl der Einheit und der Pflichterfüllung gegenüber dem Vaterland, stimmten ohne Diskussion dem Kaiser zu, der einen Burgfrieden ausrief, was bedeutete, daß alle parteipolitischen Differenzen für die Dauer des Kriegs ruhen sollten. Daraufhin bewilligte der Reichstag Kredite zur Finanzierung der Mobilmachung. Auch die Sozialdemokraten unterstützten den »Burgfrieden« und die Bewilligung der Kriegskredite, mit Ausnahme einer kleinen, sehr engagierten, von Karl Liebknecht angeführten Minderheit. Hugo Haase, der Fraktionsvorsitzende der SPD, erklärte die unerwartete Übernahme parlamentarischer Verantwortung mit den Worten:

4. Politsches Exil

Nicht für oder gegen den Krieg haben wir heute zu entscheiden, sondern über die Frage der für die Verteidigung des Landes erforderlichen Mittel ... Unsere heißen Wünsche begleiten unsere zu den Fahnen gerufenen Brüder ohne Unterschied der Partei.[32]

Die Entscheidung des Reichstags, den Krieg mit Kriegsanleihen anstatt mit Steuern zu finanzieren, beruhte auf der Annahme, es werde sich um ein kurzzeitiges, siegreiches Unternehmen handeln, dessen Kosten, wie 1871, durch spätere Reparationen gedeckt werden würden. Bethmann wußte, daß der Versuch, eine direkte Besteuerung durch die Reichsregierung einzuführen, selbst unter diesen Umständen die Konflikte wieder aufleben lassen konnte, die ähnliche Versuche in der Vergangenheit zum Scheitern gebracht hatten. Abgesehen von einer 1916 beschlossenen begrenzten Steuer auf Kriegsgewinne, die später geringfügig modifiziert wurde, wurden die enormen Kosten des militärischen Konflikts durch etwa 13 Kriegskredite aufgebracht, die, nachdem die finanziellen Möglichkeiten der deutschen Bevölkerung im Mai 1916 erschöpft waren, weitgehend von den Banken übernommen wurden. Damit war der Boden für die gigantische Inflation bereitet, die auf den Krieg folgte.

Der Reichstag ging auseinander, nachdem er seine Befugnisse v. a. auf den Bundesrat und die Regierung übertragen hatte. Die Ausrufung des Belagerungszustands ermächtigte das Kriegsministerium, Briefe, die Presse und alle für die Öffentlichkeit bestimmten Aussagen zu zensieren. Die Folge war eine drastische Begrenzung des Informationsflusses, wodurch auch eine offene Diskussion über militärische Operationen und die Kriegsziele der Regierung ausgeschlossen war. Der Reichstag trat erst wieder am 2. Dezember zusammen. Der vielgerühmte Sieg von Hindenburg und Ludendorff über die Russen in der Schlacht von Tannenberg Ende August 1914 verdrängte in der Öffentlichkeit die Tatsache, daß die deutsche Offensive an der Marne zusammengebrochen war und daß im Westen ein langer und opferreicher Grabenkrieg bevorstand.

Kapitel 5

Der Weltkrieg

Nach Kriegsbeginn sorgte Bassermann dafür, daß Stresemann wieder in den Reichstag gewählt wurde. Aufgrund des »Burgfriedens« fand kein offener Streit statt. So wurde das Mandat für den Wahlkreis Aurich-Wittmund beim Tod des zu den Nationalliberalen gehörenden Mandatsträgers für einen Nachfolger aus der NLP frei und Stresemann angeboten. Es handelte sich um einen von Genügsamkeit und Einfachheit geprägten Wahlkreis, der weit von Berlin und Stresemanns früherem Wirkungsfeld entfernt war. Den dort lebenden Bauern waren Stresemanns Rhetorik und energisches Auftreten sicherlich fremd. Obwohl es keine Gegenkandidaten gab, führte er in den Herbstmonaten des Jahres 1914 seinen Wahlkampf mit großem Einsatz und hielt etwa dreißig Reden in kleinen Dörfern seines zukünftigen Wahlkreises.[1] Der *Hannoversche Kurier* beschrieb eine dieser Reden mit dem Titel »Die Weltlage und die Zukunft von Volk und Vaterland« als »außerordentlich stark«. Im Laufe dieser Kampagne wurden seine Aussagen immer radikaler. Anfang Dezember, fünf Tage vor der Wahl, faßte Stresemann seine Position in einer ausführlichen Rede zusammen, die von ihm später unter dem Titel »Deutsches Ringen, deutsches Hoffen« veröffentlicht wurde. Er sprach Deutschland von jeder Verantwortung für den Krieg frei und griff Frankreich, Rußland und insbesondere England scharf an:

> Noch ein dritter Feind ist aufgestanden zur Vernichtung des Deutschen Reichs, England ... England war immer der Feind ... Nun richtet sich sein Kampf gegen Deutschland, nicht mit einem flammenden Aufruf an Volksideale, son-

5. Der Weltkrieg

dern mit echt englischem Zynismus in den Worten: An dem Tag, an dem die deutsche Flotte vernichtet ist, ist jeder Engländer um ein Pfund reicher ... Wir fühlen uns frei von der sittlichen Schuld an diesem Krieg. Wir hoffen wohl alle, daß nach dem Krieg wieder eine Ära der Versöhnung mit Frankreich und Rußland kommen wird ... Aber nicht eine Versöhnung mit England. Hier sitzt der Haß zu tief ... Das ist die Stimmung dieser Tage, die Stimmung dieses Kampfes, ein Hass, begründet auf tiefen ethischen Grundlagen.[2]

Er glaubte fest an den Erfolg der deutschen Waffen und einer bis dahin unbesiegten Flotte und sprach darüber hinaus zum ersten Mal von der Notwendigkeit und Legitimation einer Erweiterung der deutschen Grenzen: Nach

Libau ... Riga ... Belgien muß unsere Küste verlängert, England für die Zukunft in Schach gehalten werden. Haben wir nicht das Recht, auch ein deutsches Gibraltar zu schaffen, die Nordsee wieder zum deutschen Meer zu machen ... das größere Deutschland hierbei als Grundlage des künftigen Weltfriedens.

Damit stellte er sich auf den Standpunkt der Alldeutschen und vieler anderer, die ein »Großdeutschland« forderten. In einer späteren Reichstagsrede ging er so weit zu sagen, daß derjenige, der Belgien aufgeben würde, ohne Garantien für Deutschlands wirtschaftliche Freiheit zu geben, an den Galgen gehöre.[3] Diese militanten Äußerungen kehrten in vielen seiner Reden, Zeitungsartikeln und Broschüren wieder.

Sein Freund Ballin reagierte kritisch auf Stresemanns Chauvinismus. Im März 1915 entwarf er einen Brief, in dem er sich gegen dessen Behauptungen wandte und die Ansicht vertrat, England habe den Krieg weder geplant noch vom Zaun gebrochen. Er wisse aus seiner persönlichen Erfahrung, daß der englische Außenminister, Sir Edward Grey, »sich bis zum letzten Augenblick ehrlich bemüht hat, den Krieg zu vermeiden«.[4] Weder reagierte Stresemann auf Ballins Schreiben, noch änderte er seine Position.

Am 8. Dezember 1914 wurde Stresemann in den Reichstag gewählt. Er erhielt 8904 von 8923 abgegebenen Stimmen. Kurz vor seiner Wahl legten Stresemann und sein früherer Gegenspieler Max Roetger vom »Centralverband«, die sich jetzt in vielen Dingen einig waren, Bethmann Hollweg ihre ehrgeizigen Kriegsziele dar. Im Auftrag der deutschen Industrie forderten sie die Annexion der Nordseeküste bis Calais, die Annexion von Belgien, die Kohle- und Erzgruben von Longwy Briey, die Kolonie Französisch-Marokko sowie die Ausdehnung Deutschlands nach Osten, wobei das deutsche Herrschaftsgebiet Polen und die Ostseeküste umfassen und fast bis St. Petersburg reichen sollte.

Im März 1915 veröffentlichte Stresemann eine 31 Seiten umfassende Broschüre mit dem Titel *Englands Wirtschaftskrieg gegen Deutschland*, in der er noch schärfere Töne gegenüber England anschlug und die annexionistischen Kriegsziele, die er als Minimalvoraussetzungen für Deutschlands zukünftige Sicherheit und Wohlstand betrachtete, noch schamloser formulierte. Er behauptete, weder Serbien noch Rußland noch der französische Revanchismus wären die Auslöser für den Krieg gewesen, sondern Englands verzweifelter Versuch, Deutschland als wirtschaftlichen Konkurrenten auszuschalten, hätte diesen militärischen Konflikt hervorgerufen, der seiner Ansicht nach dem zwischen Rom und Karthago vergleichbar war:

> Der Gegensatz Rom-Karthago steht im 20. Jahrhundert erneut auf, und die Welt hält den Atem an, um zu sehen, wer in diesem Ringen Sieger bleiben wird ... Neid und Niedertracht haben diesen Krieg hervorgerufen, weil wir es in der Welt, in Handel, Schiffahrt und Industrie vorwärts gebracht haben. Mit allen Fasern unseres Herzens müssen wir danach trachten, England zu vernichten. Wenn je ein Haß berechtigt war, so ist es der gegen England.[5]

Bethmann war mit Stresemanns Ausfällen ganz und gar nicht einverstanden. Er räumte zwar ein, daß hochgesteckte Kriegsziele möglicherweise die Heimatfront stärkten, glaub-

5. Der Weltkrieg

te aber gleichzeitig, daß sie in Amerika und anderen neutralen Staaten Anstoß erregen und jede Hoffnung auf einen Verständigungsfrieden zunichte machen könnten. Er meinte, Stresemanns annexionistische Forderungen würden einen Defensiv- in einen Eroberungskrieg verwandeln und den »Burgfrieden« gefährden, da sie die SPD und viele liberale Kräfte alarmieren würden. Bis zu den bitteren letzten Tagen seiner Kanzlerschaft versuchte Bethmann – allerdings mit geringem Erfolg –, die öffentliche Diskussion über Kriegsziele zu unterdrücken. Die Tatsache, daß er nicht für eine aggressive Kriegspolitik zu haben war, verstärkte das Mißtrauen der Konservativen und Nationalliberalen, das ihn während des gesamten Kriegs verfolgen sollte.

Im Mai 1915 schlossen sich nach monatelangen Verhandlungen der »Centralverband«, der »Bund der Industriellen« und vier weitere wichtige wirtschaftliche Interessengruppen zu einem »Ständigen Ausschuß der deutschen Industrie« zusammen. Da dieser Ausschuß ebenfalls ein annexionistisches Programm vertrat, verbündete sich Stresemann mit seinen ehemaligen Gegnern unter der Bedingung, daß dieses Bündnis nicht über den Krieg hinaus bestehen sollte. Die Annexionsbestrebungen dieser Gruppe wurden von einer Eingabe flankiert, die von 1347 Hochschulprofessoren, Theologen, Künstlern und Intellektuellen unterzeichnet wurde. Diese Initiative rief eine Gegenbewegung hervor, die von Liberalen wie Hans Delbrück und Theodor Wolff organisiert wurde und die sich »Unabhängiger Ausschuß für einen deutschen Frieden« nannte, den defensiven Charakter der deutschen Position betonte und annexionistische Kriegsziele ablehnte. Obwohl dieses Sammelbecken Persönlichkeiten wie Lujo Brentano, Albert Einstein, Adolph von Harnack und Max Planck gewinnen konnte, wurde ihre Eingabe nur von 141 Personen unterschrieben und fand kaum öffentliche Beachtung.[6]

Es ist gewiß nicht übertrieben, wenn man sagt, daß die deutsche Gesellschaft von einem blinden Patriotismus durchdrungen war, der mit einem Gefühl vollständiger internationaler Isolation einherging. Der Kaiser, der Oberbefehlshaber des Heeres war, begab sich in das Hauptquartier in Spa, wo er – von einigen Unterbrechungen abgesehen – bis zum Ende des Kriegs blieb, wodurch Berlin das wichtigste Symbol des nationalen Willens verlor. Burgfrieden und Staatstreue wurden durch den Belagerungszustand und eine allgegenwärtige Zensur verstärkt, die der Bevölkerung wesentliche Informationen vorenthielt. Der Kanzler, der eine zwiespältige Einstellung zum Krieg und hatte und nach wie vor auf einen Verhandlungsfrieden hoffte, war weniger denn je bereit, Diskussionen im Reichstag zu führen, und wurde gleichzeitig wegen seiner Führungsschwäche angegriffen. Patriotismus und Mitleid mit denjenigen, die an der Front waren, ließen die SPD und die Gewerkschaften für eine gewisse Zeit schweigen. Die Militärs betrachteten ihrerseits den gesamten zivilen Apparat – Reichstag, Bundesrat und Kanzler – als eine überflüssige Einrichtung, der sie keine Rechenschaft schuldig waren und mit der sie bis zu den letzten Kriegstagen bloß gelegentlich durch den Kaiser zu kommunizieren geruhten.

Nach seiner Wahl in den Reichstag gewann Stresemann rasch die Stellung in der Parteiführung zurück, die er nach seiner Wahlniederlage im Jahre 1912 so plötzlich verloren hatte. Und im Gegensatz zu der damaligen Situation ließen der Krieg und die gemeinsame Abneigung gegen Bethmann eine seltene Geschlossenheit in der Partei entstehen, die erst 1916 abbröckelte, als auch der Burgfrieden nicht mehr hielt. Bassermann erlangte wieder größeren Einfluß. Seine kritische Einstellung zu Bethmann, der Art der Kriegführung sowie den Kriegszielen hatte sich in der Zwischenzeit verhärtet und war in einen unverhohlenen Chauvinismus umgeschlagen.

Die Ansichten Bassermanns und seines Schützlings sind in der umfangreichen, im Nachlaß Stresemanns enthaltenen Korrespondenz dokumentiert. Dort wird durchgängig sichtbar, wie sehr sich beide in der Förderung der Annexionspolitik aufeinander verließen; ebenso eindeutig sprachen sie sich später für den uneingeschränkten U-Boot-Krieg und die Ersetzung Bethmanns aus. Auffällig ist ebenfalls, daß

5. Der Weltkrieg

beide die Erweiterung des preußischen Wahlrechts befürworteten, wobei Bassermann nicht allzu gewillt war, Stresemanns Begeisterung für die Erweiterung der Macht des Parlaments gutzuheißen.[7]

Am 24. Dezember 1914 klagte Bassermann in einem Brief an Stresemann: »Der Kaiser hat eine unglückliche Hand. Durch sein Friedensgerede kamen wir nach und nach in den Krieg ... Hat man überhaupt einen festen Plan? Ich fürchte, Bethmann will nur den französisch-belgischen Kongo ... Ich habe oft rechte Sorge für die Zukunft.« Eine Woche später bat Stresemann Bassermann, nicht den Mut zu verlieren und in der Frage der Annexionen nicht nachzugeben, und wies darauf hin, daß er sich der Unterstützung nahezu aller Industrie- und Landwirtschaftsverbände sicher sein könne: »Die Industrie ist jedenfalls unbedingt für die Annexion von Belgien und auch für eine mitteleuropäische Zollgemeinschaft ... Jetzt ist der große Moment der Weltgeschichte gekommen, wir werden zum Weltmeer vorrücken, wir werden uns in Calais ein deutsches Gibraltar schaffen können.«[8]

Stresemann wurde von seinen vielen einstigen Gegnern in der Partei nur widerwillig akzeptiert, und dies hauptsächlich, weil sie Respekt vor seiner Beziehung zu Bassermann hatten und an ihm seine Fähigkeiten als Redner und Journalist schätzten. Zweifellos gehörte er zu den großen Rednern seiner Zeit; er war zwar schlecht informiert und oftmals leichtgläubig, glaubte aber fest an seine Botschaft.

Das Thema, mit dem er sich vor dem Krieg intensiv befaßt hatte, nämlich »Politik als in erster Linie Weltwirtschaft« wurde jetzt abgewandelt und in zahllosen aggressiven Varianten dargelegt: »Kampf gegen England«.[9] Neben einem ausgeprägten Verständnis für deutsche Geschichte und Literatur besaß Stresemann ein fabelhaftes Gedächtnis. In kaum einer Rede oder einem Artikel fehlten Zitate aus den Werken deutscher Dichter. Für ihn hatte die deutsche Geschichte zahlreiche Helden hervorgebracht, auf die er in seinen Reden und Schriften nach Belieben zurückgreifen konnte. Im Laufe des Krieges verglich er das Streben Deutschlands immer häufiger mit dem Napoleons, welcher der Hegemonie der Engländer ebenfalls den Kampf angesagt hatte.

Wenn Stresemann eine Rede hielt, hatte er selten einen geschriebenen Text vor sich, sondern nur Stichworte und einzelne Sätze. Abgesehen von diesen Reden, die später gedruckt wurden, sind diese Notizen der einzige überlieferte Hinweis auf seine häufigen Auftritte als Redner. Seine starke Wirkung erzielte Stresemann durch eine bildhafte Sprache und beschwörende Formulierungen. Ein Freund und Zeitzeuge sagte dazu, seine »Politik ist das Geschick, die Gunst des Augenblicks zu nutzen, der Mut, widrige Verhältnisse zu meistern, das Talent dem Zeitgeist der lebenden Generation dienstbar zu machen«.[10] Wie bei Churchill wurde Stresemanns rhetorisches Talent durch die Emphase und den Optimismus gesteigert, mit denen er sein Anliegen vertrat. Trotz der Zensur erreichten viele dieser deklamatorischen Vorträge die Presse, während sie sich die Kritik von liberalen Kräften in seiner eigenen Partei, den Fortschrittlichen und, natürlich, den Sozialdemokraten zuzogen. So wurde Stresemann quasi zum Blitzableiter und zur Zielscheibe.

Im Deutschen Reich gab es nur wenige Foren, auf denen relevante politische Debatten über den Krieg und innenpolitische Fragen geführt werden konnten. Zwischen den wenigen Reichstagssitzungen war der Haushaltsausschuß das höchste Organ; er war der Nachfolger der Haushaltskommission der Vorkriegszeit und war vom Reichstag geschaffen worden, um über Kredite und andere begrenzte kriegsrelevante Maßnahmen zu entscheiden, die der Zuständigkeit des Parlaments unterstanden. Der Ausschuß wurde schnell zur einzigen parlamentarischen Einrichtung, in der vertrauliche Diskussionen über Kriegskredite und – im Laufe der Zeit – andere wichtige innen- und außenpolitische Belange möglich waren. Später wurde der Ausschuß in »Hauptausschuß« umbenannt, worin seine wachsende Rolle als eine Art Miniatur-Reichstag zum Ausdruck kam. In den zwei Jahren vom 4. August 1914 bis zum November 1916 wurde der Reichstag nur achtmal einberufen, und dann nur für einen oder für

5. Der Weltkrieg

zwei Tage, um die Maßnahmen der Regierung und des Ausschusses zu billigen.[11] In diesem wichtigen Organ repräsentierte Stresemann die NLP, wodurch er seinen Einfluß vergrößerte und Zugang zu mehr Informationen bekam.

Dem Ausschuß, der zunächst 36, dann 28 Mitglieder umfaßte, gehörten führende Vertreter aller Parteien an. Bis August 1917 war sein Vorsitzender Peter Spahn, ein fähiges Mitglied der Fraktion der Zentrumspartei; der stellvertretende Vorsitzende war Albert Südekum von der SPD. Von den Konservativen, der NLP und der Fortschrittlichen Volkspartei saßen nur jeweils vier Vertreter im Ausschuß, während die SPD und die Zentrumspartei die größten Gruppen stellten. Die Sitzungen fanden in einem Obergeschoß des Reichstagsgebäudes statt.

Stresemann spielte eine dominante Rolle in seiner kleinen Gruppe, zu der solche langjährigen Kollegen wie Robert Friedmann, Eugen Schiffer, Jacob Riesser, der allgemein geachtete und liberale Prinz Schönaich-Carolath sowie Bassermann zählten. War Bassermann nicht anwesend, nahm sich Schönaich-Carolath als Ältester und angesehener außenpolitischer Sprecher der außenpolitischen Fragen an. Während Stresemann den liberalen Flügel seiner Partei in nahezu allen innenpolitischen Fragen unterstützte, worunter auch die Reform des preußischen Wahlrechts fiel, wurde er innerhalb seiner Partei schnell zum entschiedensten und auch umstrittensten Befürworter der Annexionspolitik und einer noch aggressiveren Kriegführung, womit er im allgemeinen auf der Linie des rechten Flügels seiner Partei lag. Weil der Ausschuß recht klein war und auf der Basis der Vertraulichkeit arbeitete, die nur selten verletzt wurde, übernahm er in kürzester Zeit Funktionen, die weit über seinen ursprünglichen Auftrag hinausgingen. Sein wachsender Einfluß und seine zunehmende Befugnis wurden im Oktober 1916 deutlich, als er vom Reichstag ermächtigt wurde, nicht nur über die Finanzierung des Kriegs, sondern auch über alle Aspekte der Außenpolitik und der Kriegführung zu debattieren. Dadurch wurde der Ausschuß zu einer Art Ersatzplenum.

Hier fanden bedeutsame Debatten über die Kriegsziele, den uneingeschränkten U-Boot-Krieg, die Ausrufung des Königreichs Polen und die verschiedenen Friedensinitiativen statt, die zu der Friedensresolution von 1917 führten. Und hier entwickelte Stresemann Verständnis – wenn auch keine Wertschätzung – für so prominente Parteiführer wie Philipp Scheidemann und Friedrich Ebert von der SPD, Matthias Erzberger von der Zentrumspartei, Friedrich von Payer von der Fortschrittspartei und Cuno Graf Westarp, den Führer der Konservativen, – allesamt Persönlichkeiten, die eine wichtige Rolle bei Stresemanns weiterer Karriere spielen sollten.

Während seiner dreijährigen Existenz beriet der Ausschuß über mehr als 800 Resolutionen, die Kredite, Steuern, die Kriegführung, die Lockerung der Zensur, Ernährungs- und kriegswirtschaftliche Fragen, den Belagerungszustand, die russischen Friedensbedingungen und schließlich die sogenannte Neuorientierung der verfassungsmäßigen Ordnung in Richtung einer Befugniserweiterung des Parlaments betrafen. Da der Kaiser abwesend und zunehmend handlungsunfähig war, der Kanzler wenig Präsenz und Kooperationsbereitschaft zeigte und die Anforderungen des Kriegs an die sogenannte Heimatfront stiegen, spielte der Hauptausschuß eine entscheidende Rolle gegenüber dem Reichstag und der Regierung, wenn es darum ging, die Öffentlichkeit für die weitere Unterstützung des Kriegs zu mobilisieren. Erst mit dem Machtzuwachs Hindenburgs, Ludendorffs und der Obersten Heeresleitung Ende 1917 verlor er an Bedeutung.

Ein weiteres politisches Diskussionsforum bildete die Parteiorganisation der Nationalliberalen. Unter dem Druck des Kriegs fand die Partei vorübergehend zu Geschlossenheit und übernahm sogar – wenn auch widerstrebend – Stresemanns Kriegsziele. Doch aufgrund von Moltkes Scheitern an der Marne, der Pattsituation im Westen und Falkenhayns Versagen vor Verdun 1916 traten die liberaleren Mitglieder der NLP zusammen mit den Fortschrittlichen und den Sozialdemokraten für sofortige Friedensverhandlungen ein. Dieses Abbröckeln der Einheit ging deutlich aus den Protokol-

5. Der Weltkrieg

len der vier Sitzungen des Zentralvorstands von 1915 bis 1917 und aus der Korrespondenz Stresemanns mit Bassermann hervor.[12]

Trotz seiner massiven Propaganda wurden also Stresemanns Kriegsziele von der Partei niemals für einen längeren Zeitraum vollständig akzeptiert. Geradezu starrköpfig äußerte Stresemann Widerstand gegenüber einem von den Sozialdemokraten, den Fortschrittlichen und einigen Mitgliedern des linken Flügels seiner eigenen Partei zunehmend befürworteten Verhandlungsfrieden.

Die wiederholten Angriffe Stresemanns und seiner Verbündeten im Reichstag und in der Industrie machten indes wenig Eindruck auf Bethmann, der zwischen dem Streben nach einem militärischen Sieg und der Aufnahme von Friedensverhandlungen hin und her gerissen war. Stresemanns Agitation wurde im Ausland sehr aufmerksam verfolgt, so zum Beispiel seine Ansprache in Köln im Juli 1915, die später in der *New York Tribune* als eine »scharfmacherische Rede« des Führers der »Tirpitz-Partei« deklariert wurde.[13] Vom *Berliner Tageblatt* und anderen liberalen Zeitungen wurde Stresemann als blindwütiger Verfechter »Großdeutschlands« und eingeschworener Gegner Bethmanns gebrandmarkt.

Im Januar 1916 sprach er in Abwesenheit Bassermanns vor dem Reichstag über die Frage der Zensur, und diese leidenschaftliche Rede wurde später unter dem Titel »Weltkrieg und öffentliche Meinung« publiziert. Er kritisierte die umfassenden und willkürlichen Beschränkungen, die Zeitungen, Broschüren, Büchern und sogar privaten Briefen auferlegt waren. Er beklagte die tiefgreifende Beschneidung der persönlichen Freiheit und verwies auf die Unterdrückung politischer Gruppen, seien sie »Anhänger der Friedensbewegung« oder »Anhänger der Annexionsbestrebungen«. Dann sagte er im Zusammenhang mit den Reglements, denen sogar der Reichstag unterlag:

> Wenn man alle die Fälle mitanhört, die wir im Haushaltsausschuß und heute von dieser Tribüne gehört haben, muß

man sagen, es ist wirklich schwer, keine Satire zu schreiben;
... das, was wir hier bekämpfen, sind doch nicht Ungeschicklichkeiten, sind doch nicht Entgleisungen, das ist schon ein ganzes System einer völlig irrigen Auffassung dessen, was mit dem Zweck der Zensur erreicht werden soll
... daß wir aufhören, ein achtenswertes Parlament zu sein, wenn diese Tribüne unter die Aufsicht eines stellvertretenden Generalkommandos gestellt werden könnte.[14]

In solcherlei kritischen Ausführungen war sein Unwille darüber spürbar, daß es keine öffentliche Diskussion über das Thema gab, das ihm vor allem am Herzen lag: »Lassen Sie uns auch in der Presse die großen Fragen erörtern ... daß die Entscheidung auch in diesem Weltkrieg nicht allein bei den Diplomaten liegen kann und darf, daß das deutsche Volk gehört werden muß.« Und in Anlehnung an seinen Mentor Naumann schloß er mit dem allgemeinen Appell: »Sichern Sie sich die öffentliche Meinung des Volkes!«

Der Höhepunkt der Kriegszielkontroverse war im Frühjahr 1916 erreicht. Mitte des Jahres war sie weitgehend durch Forderungen nach Wiederaufnahme des uneingeschränkten U-Boot-Kriegs, eine wachsende Oppositionsfront gegen den Kanzler und die um sich greifende Auffassung verdrängt worden, die anhaltenden Kriegsanstrengungen machten innenpolitische Reformen erforderlich. Stresemann engagierte sich in all diesen Bereichen. Mit dem Überdruß an einem anscheinend endlosen Krieg löste sich die durch den Burgfrieden und die Zensur erzwungene Disziplin allmählich auf, was damit einherging, daß kritische Stimmen sich öffentlich artikulierten.

Die Kontroverse um den U-Boot-Krieg begann schon im November 1914, als Großbritannien die Nordsee zum Kriegsgebiet erklärte und damit Deutschlands Zugang zu Überseemärkten blockierte. Als Reaktion darauf erfüllte Bethmann die Forderung von Tirpitz, umgekehrt alle Gewässer um Großbritannien zum Kriegsgebiet zu erklären und die Versenkung aller Handelsschiffe des Feindes anzudrohen. Diese Ankündigung war von einer Warnung an alle

5. Der Weltkrieg

neutralen Länder begleitet. Da die Hochseeflotte in der Ostsee festsaß, standen zur Verwirklichung dieser Drohung nur 21 U-Boote zur Verfügung, von denen mehr als die Hälfte die englische Küste nicht erreichen konnte.[15] Dennoch war von Tirpitz der Meinung, daß diese Drohung die öffentliche Unterstützung für das aggressive Flottenbauprogramm herausfordern und die Aufmerksamkeit von dem gescheiterten Hochseeflottenprogramm ablenken würde.

Schon in den ersten Monaten gelang es dieser kleinen U-Boot-Flotte, erstaunlich viele Schiffe zu versenken. Im Mai 1915 wurde das englische Passagierschiff »Lusitania« torpediert, wodurch 1198 Insassen, darunter 128 amerikanische Bürger, ums Leben kamen. Dieser Vorfall löste so vehemente Beschuldigungen von seiten Präsident Wilsons und des amerikanischen Kongresses aus, daß Bethmann sich gezwungen sah, alle großen Passagierschiffe feindlicher Länder von den Angriffen auszunehmen. Im August kam es zu einem Überfall auf das Handelsschiff »Arabic«, der zwei Amerikaner das Leben kostete. Daraufhin verbot die deutsche Regierung U-Boot-Angriffe ohne Vorwarnung auf alle Schiffe, die nicht mit Waffen ausgestattet waren und Passagiere an Bord hatten. Da Tirpitz gegen diese Einschränkung war, reichte er sein Rücktrittsgesuch ein, das vom Kaiser jedoch abgelehnt wurde.

Eine Zeitlang wurde der U-Boot-Krieg eingeschränkt. Das verhinderte allerdings nicht einen weiteren internationalen Entrüstungssturm im März 1916, nachdem das britische Passagier- und Handelsschiff »Sussex« versenkt worden war und dabei vier Amerikaner umgekommen waren. Als Reaktion auf diesen Vorfall war die Oberste Heeresleitung auf die Forderung Bethmanns hin bereit, ihren Befehl zu ändern und die Angriffe der U-Boote an den Regeln des Kreuzerkriegs auszurichten, denen zufolge sämtliche Schiffe mit Passagieren an Bord vor einem Angriff gewarnt werden mußten. Daraufhin bot Tirpitz erneut seinen Rücktritt an, den der Kaiser jetzt widerstrebend akzeptierte. An Tirpitz' Stelle trat im März 1916 Admiral Eduard von Capelle, der zum damaligen Zeitpunkt gemäßigtere Auffassungen als sein Vorgänger vertrat.

Stresemann war über diese Kapitulation des Kaisers empört und machte erneut eine Eingabe im Namen des »Verbands sächsischer Industrieller«, in der er den Schaden der englischen Blockade für die Wirtschaft und die Exportindustrie Deutschlands darlegte. Er forderte die Regierung auf, alle militärischen Mittel einzusetzen, um »unseren Hauptfeind England zu schädigen ... weil das Wichtigste ist, daß unser Hauptfeind niedergezwungen werden kann.« Außerdem behauptete er, die Vereinigten Staaten würden trotz der deutschen U-Boot-Angriffe nicht in den Krieg eintreten.[16] An einen Mitarbeiter von Ballin richtete er einen kurzen Brief, der in einem ähnlich bitteren Ton gehalten war und in dem er die Hoffnung ausdrückte, daß der U-Boot-Krieg ungeachtet der Folgen bald wieder in vollem Umfang aufgenommen werden könne.[17]

Schon im September 1915 hatte Stresemann eine persönliche Erklärung verfaßt, in der er die möglichen Konsequenzen eines erneuten U-Boot-Kriegs beschrieb und zu dem Schluß gelangte, daß die Reaktion der Amerikaner nicht allzu heftig ausfallen würde.[18] Zu dieser Einschätzung wurde er durch einen Briefwechsel mit Theodor Sutro und anderen Mitgliedern des »Deutsch-Amerikanischen Nationalbunds« ermutigt, die er bei seinem Besuch in den USA kennengelernt hatte und die nach wie vor im »Deutsch-Amerikanischen Wirtschaftsverband« aktiv waren. Diese nicht ganz unvoreingenommenen, gleichwohl einflußreichen Kreise vermittelten Stresemann den Eindruck, daß das amerikanische Volk unter keinen Umständen in den Krieg ziehen würde.[19] Kurz danach legte der deutsche Kriegsausschuß, dem alle wichtigen Industrie- und Landwirtschaftsverbände angehörten, der Regierung eine Petition vor, in der die Wiederaufnahme des uneingeschränkten U-Boot-Kriegs als entscheidende Waffe zur Durchbrechung der Blockade und zur Niederzwingung Englands gefordert wurde.

Als Reaktion auf die erzürnten Angriffe der rechtsgerichteten Presse nach der »Sussex«-Entscheidung bestand der Kanzler darauf, alle weiteren Diskussionen über den

5. Der Weltkrieg

U-Boot-Krieg auf den Hauptausschuß zu beschränken und die aufgrund des Belagerungszustands verordnete Zensur, gegen die Stresemann so energisch aufgetreten war, strikt anzuwenden. Nachdem der Rücktritt von Tirpitz bekannt geworden war, konnte Stresemann seinen sächsischen Verband bewegen, dem bewunderten Admiral ein Telegramm zu schicken, das ihn als den Vater der deutschen Marine rühmte. Danach hielt Stresemann eine Rede im Reichstag, in der er den Mann ehrte, der sein Leben der gerechten Sache der deutschen Seemacht gewidmet habe.[20]

Eine Debatte des Hauptausschusses folgte am 28. Mai 1916. Bethmann wies mit Nachdruck darauf hin, daß die Gefahr einer amerikanischen Intervention wesentlich schwerer wiege als jeder gegenüber England errungene Vorteil. Desungeachtet legten Stresemann und Bassermann eine Resolution vor, die die Wiederaufnahme des uneingeschränkten U-Boot-Kriegs forderte und sich sehr skeptisch in bezug auf die Bereitschaft des amerikanischen Volks äußerte, Wilson zu folgen und in den Krieg einzutreten. Stresemann hatte volles Vertrauen zur Lagebeurteilung der deutschen Marineführung, die der Ansicht war, daß »England in seiner Volkswirtschaft so entscheidend getroffen würde, daß die Neigung zu einem Frieden mit Deutschland in England eine unüberwindliche werden würde«. Die dreitägige Sitzung des Ausschusses endete damit, daß dem Kanzler mit Zustimmung der Sozialdemokraten, der Fortschrittlichen und der meisten Vertreter der Zentrumspartei halbherzig Unterstützung zugesprochen wurde.

Stresemann zweifelte erneut die sogenannte amerikanische Neutralität an, die ganz offensichtlich England begünstigte. Er sprach sich gegen den gemäßigten Kurs der SPD aus und forderte ein weiteres Mal die Wiederaufnahme des uneingeschränkten U-Boot-Kriegs. Bei der folgenden Abstimmung unterlag seine Resolution eindeutig. Eine getrennte Stimmabgabe bei den Liberalen machte deutlich, wie gespalten die Partei war, wobei Schiffer, Junck, Schönaich-Carolath und Richthofen die gemäßigte Opposition anführten.[21] In einem Tagebucheintrag vom 30. Mai vermerkte der sozialdemokratische Führer Eduard David über Stresemanns Ausfälle im Reichstag: »Rede zur Zensur, hervorgerufen durch den unglaublich scharfen Angriff Stresemanns gegen die Amerika-Politik der Regierung. Hinter den Kulissen offenbar schwerer Kampf gegen Bethmann ... Alles was Liebknecht geredet und getan, nicht so schädlich wie das Treiben der rücksichtslosen U-Boot-Taktiker und Annexionisten.«[22]

Im Laufe der Monate April und Mai verfaßte Stresemann zahlreiche Reden und Artikel, von denen viele später in einer Broschüre mit dem Titel *Michel horch, der Seewind pfeift,* veröffentlicht wurden. Mit einer Rhetorik, die die Zensoren provozieren mußte, forderte er Unterstützung für größere Kriegsanstrengungen und das Bekenntnis zum bedingungslosen Sieg. Die Energie, mit der er das Reich, den Kaiser, die Oberste Heeresleitung unterstützte und für einen Sieg mit Annexionen eintrat, fiel selbst in dem ihn umgebenden Klima eines hysterischen Patriotismus aus dem Rahmen. England war und blieb für ihn der größte Feind.

Am 21. Mai 1916 berief Bassermann eine Vorstandssitzung ein, um die Fragen zu klären, die die Parteidisziplin untergraben hatten.[23] Er begann mit einer ausführlichen Schilderung des Zustands der Nation und der Kriegslage, ging auf die immer dringlichere Frage der Lebensmittelrationierung ein und stellte fest, Deutschland sei nach zwei sehr verlustreichen Jahren und trotz der Hoffnung, bei Verdun doch noch militärisch erfolgreich zu sein, weit von einem Sieg entfernt. Zum Schluß sagte er, die U-Boote stellten die einzige Hoffnung auf eine baldige Lösung des Konflikts dar. Die darauf folgende Debatte verlief hitzig, denn der liberale Flügel der Partei bezweifelte die Effektivität der U-Boot-Flotte und wies auf die mögliche Reaktion Amerikas und auf die Gefahr einer Eskalation hin. Stresemann bezog sich in seiner Erwiderung auf informierte Marinekreise, die keinen Zweifel daran hatten, daß die U-Boote in der Lage seien, in sechs Monaten vier Millionen Tonnen Frachtgut zu versenken und so die Wirtschaft Großbritanniens lahmzulegen. Außerdem sagte er, nachdem er dem Kanzler und seinem

5. Der Weltkrieg

Sekretär Riezler Unentschlossenheit vorgeworfen hatte: »Ich bin der Überzeugung, daß es eine Kriegserklärung durch die Vereinigten Staaten nicht gibt ... Ich habe Ihnen schwerwiegende Gründe dafür [gegeben].«[24]

Am Ende teilte der Vorstand Stresemanns und Bassermanns Position und forderte die Regierung auf, den uneingeschränkten U-Boot-Krieg wiederaufzunehmen, falls die Amerikaner weiterhin die britische Blockade guthießen. Die Mehrheit war sich einig über »den hohen Wert der U-Boot-Waffe, die das geeignetste Mittel ist, England auf seinem ... Herrschaftsgebiet zur See zu schlagen und damit den Krieg zu einer schnelleren siegreichen Beendigung zu führen«. Starke Vorbehalte wurden allerdings vom linken Parteiflügel formuliert, an dessen Spitze Schönaich-Carolath und der stellvertretende Vorsitzende Robert Friedberg standen, die beide einen Kriegseintritt Amerikas durchaus für möglich hielten.

Die Kluft innerhalb der Partei vertiefte sich im Sommer 1916, als es zu erheblichen militärischen Rückschlägen vor dem Skagerrak, Verdun, an der Somme und in Rußland kam und Rumänien Deutschland am 27. August den Krieg erklärte. Die Deutschen waren jetzt an allen Fronten in der Defensive, und der ohnehin fragile Burgfrieden wurde noch weiter durch widerstreitende Kräfte ausgehöhlt, von denen die einen den uneingeschränkten U-Boot-Krieg und die anderen Friedensverhandlungen forderten.

Am 29. August 1916 gab der Kaiser schließlich der allgemeinen Forderung nach Absetzung des glücklosen Oberbefehlshabers Falkenhayn statt und übertrug die Führung des Heeres dem respekteinflößenden Gespann Hindenburg und Ludendorff. Diese Entscheidung war durch die Hoffnung motiviert, diese beiden Männer könnten die Westfront stabilisieren, die öffentliche Forderung nach einem unbeschränkten U-Boot-Krieg eindämmen und möglicherweise zu gegebener Zeit einen Verhandlungsfrieden erwirken.

Im August 1914 wurde Generalleutnant a. D. Hindenburg im Alter von 67 Jahren reaktiviert, und von Moltke betraute ihn mit dem Oberbefehl über die achte Armee in

Ostpreußen, deren Verteidigungsanstrengungen ins Stocken geraten waren. Die Wahl war auf ihn gefallen, weil dem zwar kompetenten, aber exzentrischen Erich Ludendorff eine ausgeglichene Persönlichkeit zur Seite gestellt werden sollte. Zwischen den beiden Männern entwickelte sich sofort eine sehr effektive Zusammenarbeit, und zusammen mit General Max Hoffmann gelang es ihnen, das Kriegsglück zugunsten der zahlenmäßig unterlegenen deutschen Armee zu wenden, was in dem Sieg über die Russen in der Schlacht von Tannenberg gipfelte.

In einem Telegramm an das Militärkabinett hatte Bethmann seine Entscheidung nun damit begründet, daß der Name Hindenburgs die Feinde Deutschlands mit Schrecken erfülle und Heer und Volk begeistere, die grenzloses Vertrauen zu ihm hätten. Die Deutschen würden sogar eine Niederlage in der Schlacht akzeptieren, würde diese von Hindenburg geschlagen – genauso, wie sie einen Frieden in seinem Namen akzeptieren würden.[25] Ludendorff, der als die treibende Kraft hinter Hindenburg stand, führte den Krieg bis zu seinem verheerenden Ende und befürwortete schon bald den uneingeschränkten U-Boot-Krieg.

Stresemann, der zum damaligen Zeitpunkt weder Hindenburg noch Ludendorff persönlich kennengelernt hatte, teilte die allgemeine Bewunderung für die Helden von Tannenberg und stand voll und ganz hinter ihrem Programm der totalen Kriegführung und des totalen Siegs. In einem späteren Artikel in den *Deutschen Stimmen* sollte er Hindenburg als Nachfolger des Wagnerschen Helden Siegfried feiern.

Die beiden Generäle übernahmen zügig die militärische Führung und gingen bald daran, das Vakuum auszufüllen, das in der innenpolitischen Führung entstanden war. In Übereinstimmung mit der militärischen Tradition und der Bismarckschen Verfassung weigerten sie sich, irgendeine zivile Gewalt anzuerkennen, verschärften die Zensur und ließen ihre Anordnungen und die spärlichen Informationen durch den Kaiser und gelegentlich auch durch den Kanzler verbreiten. Der Reichstag verkam alsbald zu einem »Panorama der Dummheit, Absurdität, Eitelkeit und Intrige«, so Riezler.[26]

5. Der Weltkrieg

Der Hoffnungsschimmer, der durch die Siege im Osten und die Besetzung von Bukarest aufgekeimt war, wurde in dem grausamen Winter von 1916/17 wieder zunichte gemacht. Der große Mangel an Lebensmitteln und Kohle führte zu weiteren Kürzungen der ohnehin mageren Rationen. Ein hilfloser Versuch Bethmanns, ausgerechnet die Amerikaner im Dezember 1916 als Vermittler einzuschalten, wurde von der Obersten Heeresleitung durchkreuzt, was zu einer Verhärtung der amerikanischen Position führte. Und an der Westfront war kein Fortschritt in Sicht.

In dieser angespannten Lage schickte Hindenburg am 8. Januar 1917 ein Telegramm an Bethmann, in dem er ihn bat, an einem geheimen Treffen des Kronrats in seinem Hauptquartier in Pleß teilzunehmen, um über den uneingeschränkten U-Boot-Krieg zu beraten, von dem schon lange die Rede war. Die Einladung selbst war eine Art Verfassungsrevolution und Bethmanns Anwesenheit reine Formsache.[27] Aufgrund der militärischen Pattsituation und der dramatisch verschlechterten Lebensbedingungen im eigenen Land forderte die militärische Führung in bezug auf den U-Boot-Krieg die Aufhebung jedweder Beschränkung. Der Kaiser gab seine Zustimmung, und der durch das Scheitern seiner Friedensinitiative geschwächte Kanzler erhob keine Einwände. Am 1. Februar sollte dieser Sprung ins Dunkle stattfinden. So wurde Stresemann für seine ausdauernde Agitation doch noch belohnt.

Die Zustimmung des Reichstags zu dieser fatalen Entscheidung war der Obersten Heeresleitung im Oktober 1916 erteilt worden, als eine Mehrheit eine Blankoresolution von Erzbergers Zentrumspartei gebilligt hatte, in der es hieß, der Kanzler müsse sich in allen Fragen der Kriegführung auf die Beschlüsse der militärischen Führer stützen. Auf diese Weise wurden Parlament und Regierung umgangen und eine Diskussion mit der SPD-Fraktion vermieden.

In eben dieser Reichstagssitzung äußerte sich Stresemann detailreich zu innenpolitischen Themen, zu denen er schon früher Stellung genommen hatte: Er plädierte für die Herstellung einer »öffentlichen Meinung« und eine »Stärkung der Rechte des Parlaments«, insbesondere auf dem Gebiet der Außenpolitik und der Diplomatie, denn er befürchtete, daß die Inkompetenz der Regierung die Moral der deutschen Bevölkerung und Deutschlands Stellung im Ausland ernsthaft geschwächt hatte. Unter Berufung auf Bismarck proklamierte er: »Ein Staat, der um seine Existenz kämpft, kann nicht immer in den gewohnten Gleisen bleiben.« Eine innenpolitische Neuorientierung sei vonnöten, die eine Ausweitung des preußischen Wahlrechts und eine substantielle »Stärkung der Reichstagsrechte« einschließen müsse.

In seiner neuerlichen Forderung nach politischen Reformen wurde Stresemann von den Sozialdemokraten, der Fortschrittspartei, einem großen Teil der Zentrumspartei und von Liberalen in seiner eigenen Partei wie Schönaich-Carolath und Richthofen unterstützt, die in derselben Sitzung in der U-Boot-Frage gegen ihn votiert hatten. So verknüpfte Stresemann seine extremen annexionistischen Pläne mit der dringenden Forderung nach innenpolitischen Reformen. Imperialismus und Parlamentarismus gingen bei ihm seit langem zusammen.

Im Januar 1917 hielt Stresemann vor dem preußischen Landtag eine Rede, die später in seiner Broschüre *Macht und Freiheit* unter dem Titel »Napoleon und Wir« abgedruckt wurde und in der er seine Bewunderung für seinen Helden zum Ausdruck brachte, der in einem ungleichen Kampf gegen England und Rußland gestanden hatte. Dessen Kontinentalsystem gegen England ähnelte sehr dem Konzept eines vom deutschen Reich dominierten, antibritischen Mitteleuropa, das Stresemann von Naumann übernommen hatte.

Ende Januar 1917 gab die Oberste Heeresleitung den Beginn des uneingeschränkten U-Boot-Kriegs bekannt. Als Stresemann davon hörte, schickte er einem Kollegen ein Telegramm, in dem er triumphierte: »Von Morgen ab beginnt eine neue Epoche in unserer großen Zeit.«[28] Er war überzeugt, daß England der Nachfolger Karthagos und Deutschland der Roms sein würde.

In seiner Begeisterung über die Fortsetzung des Kriegs wiederholte er in einer kraftvollen Rede seinen Appell nach innenpolitischen Reformen. Den Anlaß bildete der 50. Jahrestag der Gründung der Nationalliberalen Partei, der am 28. Februar in der Wandelhalle des Reichstags in Abwesenheit des schwerkranken Bassermann begangen wurde. Nach langen Reden von Schönaich-Carolath und Friedberg, die an die Geschichte der Partei erinnerten, konfrontierte Stresemann seine Kollegen mit der wenig erfreulichen Realität einer Partei, die den Kontakt zu ihrer Wählerschaft verloren hatte.

Obwohl Mieten, Preise und Löhne immer strenger kontrolliert wurden, hatten sich die Einzelhandelspreise seit 1914 fast verdoppelt, und die Mark war entwertet worden. Dieser Umstand sowie ein starker Rückgang der Getreideproduktion führten dazu, daß die SPD und die Gewerkschaften jetzt intensiv für einen Verhandlungsfrieden warben und Streiks androhten. Um dies zu verhindern, drängte Stresemann auf eine Ausdehnung des Wahlrechts auf alle Klassen. Er griff die »militärische Allgewalt« an, deren Vertreter er so sehr bewunderte. Auch kritisierte er die traditionelle und seiner Ansicht nach überholte Bindung seiner Partei an »Bildung und Besitz«; sie sollte sich auf einer möglichst breiten Grundlage reformieren und eine Gesellschaft anstreben, in der die Leistung zählen und jeder die Chance auf Bildung und Ausbildung haben sollte. Er schloß seine Rede mit den Worten: »Wir brauchen damit gar nicht zu warten bis zur Zeit nach dem Kriege.«[29] Die Linke begrüßte sein offenes Bekenntnis zu diesen Reformen, während sie seine Forderung nach dem »totalen Sieg« nach wie vor strikt ablehnte. Wie nicht anders zu erwarten gewesen war, wehrten sich die Nationlliberalen erbittert gegen Stresemanns innenpolitische Reformvorschläge, während sie weiterhin hinter seinen militärischen Ambitionen standen.

Mit Beginn des uneingeschränkten U-Boot-Kriegs am 1. Februar 1917 brachen die USA sofort die diplomatischen Beziehungen ab, was offene Feindseligkeiten wahrscheinlich werden ließ. Ungeachtet dieser Reaktion Amerikas stellte Stresemann am 1. März im Reichstag den voraussichtlichen Erfolg der U-Boot-Offensive dar. Und tatsächlich wurden im April 860 000 Tonnen Schiffsraum der Alliierten versenkt, womit die von Holtzendorff angegebene Zahl von 600 000 Tonnen monatlich, die dieser für nötig hielt, um England in die Knie zu zwingen, weit übertroffen wurde. Durch diese Ergebnisse ermutigt, prognostizierte Stresemann, daß London in sechs Monaten am Rand einer Katastrophe stehen werde. Mit Genugtuung wies er darauf hin, daß es Deutschland nach mehr als zwei Jahren gelungen sei, »endlich aus der Defensive in die Offensive zu treten«, und gab erneut seiner Zuversicht Ausdruck, daß Amerika neutral bleiben werde.[30] Diese Hoffnungen wurden nur fünf Wochen später zunichte gemacht, als die USA Deutschland am 6. April den Krieg erklärten. In einer emphatischen Rede auf einer Sondersitzung des Kongresses hatte Präsident Wilson zuvor gepredigt: »Die Welt muß für die Demokratie sicher gemacht werden.«

Binnen drei Monaten landete das erste Kontingent der amerikanischen Expeditionsstreitmacht in Frankreich. Im Laufe eines Jahres nahmen mehr als zwei Millionen amerikanische Soldaten an den Kriegshandlungen teil – eine Zahl, die weit über die Schätzungen der deutschen Obersten Heeresleitung hinausging. Parallel dazu wurde die deutsche U-Boot-Waffe durch die Einführung eines Geleitschutzsystems und anderer Gegenmaßnahmen faktisch unwirksam gemacht.

Unterdessen war der Optimismus, der aufgrund der Anfangserfolge des U-Boot-Kriegs und des Ausbruchs der russischen Revolution im März 1917 aufgekommen war, durch eine weitere Kürzung der Brotration, vereinzelte Streiks und eine allgemein steigende Unzufriedenheit der Bevölkerung gedämpft worden. Österreichs Kriegsanstrengungen ließen nach, und der öffentliche Druck, zu einem Verhandlungsfrieden zu kommen, wuchs. Trotz alledem hielt Stresemann an seiner Überzeugung fest, letztlich sei ein Sieg möglich. Auf einem Treffen von Industriellen sagte er: »Es komme letztlich darauf an, wer den längsten Atem hat.«[31] Und an seinen Freund Rudolf Schneider richtete er die Worte: »Jetzt muß man die Geschichte der Französischen Revolution lesen; es scheint, als wenn die Weltgeschichte sich wiederholt. Ich erhoffe bestimmt baldigen Frieden. Suche dir einen schönen Ort aus, wo wir im August die erste Friedensreise machen.«[32]

Am 29. März trat Stresemann wieder im Reichstag auf. Nachdem er dargelegt hatte, daß er vollstes Vertrauen in die militärische Führung habe und fest an den deutschen Sieg glaube, unterstrich er die Notwendigkeit einer sofortigen Parlaments- und Wahlrechtsreform, um den aufrührerischen Sozialdemokraten das Wasser abzugraben und die »diplomatischen Amateure« im Zaum zu halten, die die feindselige Reaktion der Amerikaner ausgelöst hatten.[33] Dies brachte ihm überraschenderweise den wenngleich zögerlichen Beistand von Theodor Wolff, seinem langjährigen Gegner und dem Herausgeber des liberalen *Berliner Tageblatts*, ein. Zur Zurückhaltung wurde er allerdings von Bassermann ermahnt.

Der Kaiser gab dem Druck nach und stimmte der Bildung eines interfraktionellen Ausschusses zu, der über eine Verfassungsreform beraten sollte. Einige Tage später folgte sein »Ostergeschenk« an die Nation, das in dem Versprechen bestand, nach Beendigung der Feindseligkeiten das Wahlrecht auszudehnen. Für die SPD kam diese Initiative etwas zu spät. Sie rang angesichts des Parteiaustritts vieler Mitglieder des linken Flügels um die Aufrechterhaltung ihrer Einheit und Führungsrolle und gab ein Manifest heraus, in dem sofortige Friedensverhandlungen ohne Annexionen und Entschädigungen gefordert wurden. Im April 1917 wurde in Berlin ein großer Streik durch kaiserliche Versprechungen zum einen und repressive Maßnahmen zum anderern beendet, und der für die Kriegsanstrengungen im Inneren verantwortliche General Groener zürnte: Jeder, der streike, während die Armee dem Feind gegenüberstünde, sei ein »dreckiger Hund«.[34] Die Konservativen, Stresemann und eine Mehrheit der Liberalen Partei teilten Groeners Meinung, und die erboste Oberste Heeresleitung bereitete sich auf ein Eingreifen vor.

Am 9. April 1917 schrieb Stresemann Bassermann einen

ausführlichen Brief, in dem er die vom Kaiser zugesagte Wahlrechtsreform begrüßte. Angesichts der großen Not und Bedrängnis, in die das Land geraten war, warnte er davor, daß mit steigender Unzufriedenheit der Bevölkerung zu rechnen sei, falls Reformen nicht zügig angepackt würden. Zur Isolation seiner Partei bemerkte er, »daß wir leider weder zur Linken noch zur Rechten stets ganz gehören« und beklagte, daß »von allen Seiten gefragt wurde, wie [wir] zu dieser Sache ständen«. Er schloß mit der Bitte um Rückendeckung gegen Paul Fuhrmann und die rechte Parteimehrheit.[35] Bassermann erwiderte, daß er Stresemanns Eintreten für eine »siegreiche Beendigung des Kriegs« mit Annexionen im Westen und im Osten teile, wandte sich jedoch gegen Stresemanns »graue Theorie programmatischer Ideale« und das Streben nach einer umfassenden »Neuorientierung« der Innenpolitik, die seiner Ansicht nach die Einheit der Partei bedrohen, Unruhe in der Bevölkerung wecken und die Aggressivität der Sozialdemokraten steigern würde.[36] Stresemann setzte sich desungeachtet weiter für eine Verfassungsreform ein und bewies damit zum ersten Mal Unabhängigkeit von seinem Mentor.

In den folgenden Monaten verschärfte sich das Dilemma, in dem Stresemann sich befand. Seine Loyalität Bassermann gegenüber und seine Opposition zum rechten Flügel der Partei standen im Widerstreit zu der von ihm erkannten dringenden Notwendigkeit politischer Reformen. Er wünschte verzweifelt einen militärischen Sieg herbei, doch seine annexionistischen Forderungen stießen diejenigen Kräfte in seiner Partei ab, die ihn in bezug auf seine Reformbestrebungen unterstützten. Doch wurde ihm klar, daß trotz der an den U-Boot-Krieg geknüpften Hoffnungen, der russischen Revolution und des Versprechens Ludendorffs, Deutschland werde schließlich doch siegen, ein baldiges Ende der Kriegshandlungen nicht in Sicht war. Stresemann glaubte, daß das soziale Gefüge Deutschlands für diesen »langen Weg« zusammengehalten werden müsse, und zeigte sich zunehmend beeindruckt von dem starken gesellschaftlichen Zusammenhalt, der in England durch die Krone und

5. Der Weltkrieg

das Parlament gefördert wurde; daher das verzweifelte Herbeisehnen des Sieges einerseits und die nachdrückliche Forderung nach politischen Reformen andererseits, die die Bevölkerung dazu bringen würden, die menschlichen Kosten des Kriegs zu akzeptieren. So gelangte er schließlich zu der Überzeugung, daß die von ihm und Bassermann seit langem abgelehnte politische Führung durch eine andere ersetzt werden mußte. Bethmann sollte gehen. Stresemann war klar, daß es dazu der Unterstützung der Zentrumspartei, der Neutralität der Sozialdemokraten und der Bereitschaft der Obersten Heeresleitung bedurfte, den unwilligen Kaiser zum Handeln zu zwingen.

Die Schlüsselfigur bei diesem Unterfangen sollte Matthias Erzberger, der betriebsame Führer der Zentrumspartei, sein. Er war in seiner Partei als Journalist und Gewerkschaftsagitator aufgestiegen und 1903 im Alter von nur 28 Jahren in den Reichstag gewählt worden. Dieser im Umgang schwierige Mann, der ein geschworener Gegner des Marxismus war, hatte eine fabelhaftes Gedächtnis, eine unerschöpfliche Energie und leistete im Parlament eine gute Arbeit. Im Unterschied zu Stresemann konnten er und seine Partei sich auf eine verläßliche Wählerschaft stützen, die nahezu das gesamte katholische Spektrum der Gesellschaft umfaßte. Außer den die Partei einigenden Themen der »kulturellen Rechte«, der Forderung nach Zulassung konfessionsgebundener Schulen und einer Abneigung gegen alles Preußische, war die Zentrumspartei keiner politischen Ideologie verpflichtet, was Erzberger in die Lage versetzte, je nach den Wahlergebnissen die politische Position auszurichten und im Reichstag eine je bedeutende Rolle zu spielen.

1909 hatte Erzberger am Sturz von Bülows mitgewirkt, hatte die Begeisterung für den Krieg geteilt, von dem er sich umfangreiche Annexionen versprach, und hatte sich zunächst für die Kanzlerschaft Bethmanns stark gemacht. Da er viele Kontakte zu Katholiken in Rom, Budapest, Konstantinopel und Wien unterhielt, gehörte er im Reichstag zu den Parteiführern, die über außenpolitische Fragen und den Verlauf des Kriegs mit am besten informiert waren. Im Gegensatz zu Stresemann stand er dem Militär mißtrauisch gegenüber und war schon im Winter 1915/16 ein ausgesprochener Gegner der Ausweitung des U-Boot-Kriegs aus der praktischen Überlegung heraus, daß er aufgrund des Mangels an U-Booten zum Scheitern verurteilt war. Durch seine österreichischen Freunde bestärkt, gab er im Frühjahr 1917 seine militante Einstellung auf und gelangte zum Schluß, daß ein militärischer Sieg unwahrscheinlich war und Deutschland Friedensverhandlungen anstreben sollte. Dabei war ihm klar geworden, daß die Bethmann-Regierung, die so sehr mit dem Krieg identifiziert wurde, für die Aushandlung einer Friedenslösung ungeeignet war. So kamen er und Stresemann aus diametral entgegengesetzten Gründen zur gleichen Zeit zum gleichen Schluß.[37]

Es war General Ludendorff, der als Generalstabschef des eher phlegmatischen Hindenburg schnell eine dominierende Rolle an der Front wie im Inneren übernahm, der maßgeblich am Wechsel in der politischen Führung mitwirkte. Anfang Juni 1917 überredete er Hindenburg, an den Kaiser zu schreiben und ihn zu fragen, ob Bethmann in der Lage sei, die Probleme an der Heimatfront zu lösen; er fügte hinzu: »Sie müssen gelöst werden, sonst sind wir verloren.«[38] Unmittelbar danach gab er Oberst Bauer, der sein Verbindungsmann zum Reichstag war, den Auftrag, in Kontakt mit Erzberger zu treten und auf eine Ablösung der Regierung zu drängen, denn nur so könne die Bevölkerung auf die kommenden Opfer vorbereitet werden. Zur gleichen Zeit traf Bauer mit Stresemann zusammen, der voll und ganz auf seiner Seite stand.

Diese Initiative erreichte Anfang Juli 1917, als die Regierung neue Kriegskredite forderte, auf einer Sitzung des Hauptausschusses ihren Höhepunkt. Bethmann erschien nicht. Friedrich Ebert kritisierte die Regierung wegen des mittlerweile offenkundig gewordenen Scheiterns der U-Boot-Offensive und der schwerwiegenden Lebensmittelknappheit. Anschließend forderte er eine sofortige Wahlrechtsreform und die Aufnahme von Friedensverhandlungen ohne Annexionsansprüche. Drei Tage später, am 6. Juli, griff Erzberger den Kanzler unverhohlen an und schloß sich Eberts Forderung

5. Der Weltkrieg

nach einem Verhandlungsfrieden an. Die Sache wurde dem Interfraktionellen Ausschuß übertragen, dem – bis auf die Konservativen – Vertreter aller Parteien angehörten.

Am 7. Juli 1917 erfuhr Bethmann, daß Hindenburg und Ludendorff ohne sein Wissen und ohne von ihm ermächtigt worden zu sein, nach Berlin gereist waren, um sich mit einigen Reichstagsabgeordneten zu treffen. Der Kaiser reagierte unverzüglich auf diesen Akt der Insubordination und befahl ihnen, in ihr Hauptquartier im Feld zurückzukehren. Daraufhin berief Stresemann eine Sitzung des Interfraktionellen Ausschusses ein, der rasch eine sofortige Wahlrechtsreform, die »Parlamentarisierung« des politischen Prozesses und die Ablösung des Kanzlers forderte. Stresemann und sein militärischer Kontaktmann Oberst Bauer suggerierten vage ihre Unterstützung für eine Friedensresolution, um Erzberger zur weiteren Distanzierung von Bethmann zu bewegen. Das Ziel war klar: Der Kanzler sollte gestürzt und durch einen Mann ersetzt werden – die Hoffnungen richteten sich auf von Bülow –, der ganz auf einen militärischen Sieg setzte und die Heimatfront für diesen Sieg durch Reformen mobilisieren würde.

Am nächsten Tag protestierte Erzberger öffentlich gegen die Einmischung der Regierung in die »legitime« Kommunikation zwischen dem Reichstag und der Obersten Heeresleitung. Am 9. Juli forderte Stresemann in einer kraftvollen Rede vor dem Interfraktionellen Ausschuß den Rücktritt Bethmanns. Seine Sätze gingen wie Granaten auf den Kanzler nieder: »Unsere Polenpolitik sei bankrott ... eine tropfenweise Neuordnung ... wenn ein König rede, solle er nicht versprechen, sondern geben ... Es gibt keinen vergewaltigten Reichskanzler ... Man müsse sich fragen, ob, wenn man zu einer Änderung der Kriegsziele komme, der Träger der heutigen Politik in der Lage sei, diese Wendung mitzumachen.«[39] Bethmanns Antwort war »sanft und nicht wirksam«. Dieser schonungslose parlamentarische Angriff auf Kanzler und Kaiser, der erste dieser Art in der Geschichte des Wilhelminischen Deutschland, entsprach bedauerlicherweise den Forderungen der Obersten Heeresleitung und diente damit kaum der weiteren Demokratisierung Deutschlands.

Stresemann hatte schon vor langer Zeit das Vertrauen zum Kanzler verloren und für dessen Ablösung votiert. Um dies zu erreichen, verbündete er sich nun mit der Obersten Heeresleitung und verhinderte dadurch genau die politischen Reformen, die er so dringend gewünscht hatte. Mitte Juni 1917 war er zum ersten Mal ins Hauptquartier eingeladen worden und schrieb nicht ohne Begeisterung an Bassermann:

> Im Hauptquartier habe ich die Freude gehabt, Ludendorff längere Zeit zu sprechen und auch mit Hindenburg eine Unterredung zu haben, die sich allerdings nicht auf das Politische bezog. Ludendorff, der Sie herzlich grüßen läßt, sähe anscheinend einen Kanzlerwechsel sehr gern, weiß aber auch kein rechtes Mittel, um ihn herbeizuführen. Wir haben die Kriegsziele im einzelnen durchgesprochen und eine völlige Übereinstimmung festgestellt: Kurland, Litauen, Longwy, Briey und ... Belgien.[40]

In dem Monat, der bis zum Sturz des Kanzlers verging, hatte Stresemann, der sich durch seine neue Beziehung zu Ludendorff sehr geehrt fühlte, durch die Vermittlung Bauers häufig mit der Obersten Heeresleitung kommuniziert. Die Verbindung mit Ludendorff wurde so bekannt, daß Stresemann von vielen als »der junge Mann Ludendorffs« bezeichnet wurde.[41]

Am 13. Juli 1917 wurde das Schicksal des Kanzlers besiegelt. Sein Rücktritt wurde vom Kaiser angenommen, der nachgab, als seine militärischen Führer ihrerseits mit Rücktritt drohten. Dadurch wurde die ohnehin geschwächte Macht des Kaisers, des Kanzlers und des Reichstags vollends ausgeschaltet. Hindenburg und Ludendorff sollten fortan bis zur verfassungspolitischen »Revolution« im Oktober 1918 eine Willkürherrschaft über das Reich ausüben.

Sogleich nach Bethmanns Sturz telefoniert Stresemann mit Frau Bassermann, damit sie ihrem im Sterben liegenden

5. Der Weltkrieg 125

Ehemann diese Nachricht mitteilen konnte. Später schrieb er: »Ich hoffe, Ihnen [Bassermann] damit eine Freude gemacht zu haben, denn im Laufe dieses Weltkrieges haben Sie mir wiederholt dargelegt, wie sehr Deutschland unter diesem Mann leidet. Deshalb glaube ich, in Ihrem Sinne gehandelt zu haben, wenn ich bei diesem Sturz eine aktive Rolle spielte.« Weiter schrieb er in bezug auf diese intensiven Verhandlungen: »Teilweise stand ich deshalb in der Fraktion ganz allein, nur unterstützt von dem weithin verhaßten [Wilhelm] Hirsch.«[42]

Der Wunschkandidat von Bülow wurde allerdings vom Kaiser abgelehnt. Der Kaiser ernannte den unbekannten und offenkundig ungeeigneten Unterstaatssekretär Georg Michaelis zum Kanzler. Eine von Schönaich-Carolath ausgearbeitete Friedensresolution, die die Fürsprache des liberalen Flügels der NLP hatte, wurde kurz danach dem Reichstag vorgelegt, und der neue Kanzler stimmte ihr mit der einschränkenden Bemerkung »wie ich sie auffasse« zu. Die liberalen Parteien nahmen diese Äußerung zwar hin, entdeckten aber schon bald, daß Michaelis alle ihre Erwartungen enttäuschte. Stresemann zog nun seine vorgebliche Unterstützung der Resolution, die er angeboten hatte, um Erzbergers Zustimmung zur Absetzung Bethmanns zu gewinnen, zurück und beteiligte sich nicht länger am Interfraktionellen Ausschuß.

Als sein engster Freund und Mentor Bassermann am 24. Juli 1917 starb, fühlte sich Stresemann noch isolierter. In einem später in den *Deutschen Stimmen* abgedruckten Nachruf zollte er dem Mann größte Anerkennung, der mehr als jeder andere ihm »ein Freund und guter Kamerad« gewesen war.[43] In der Endphase des Kriegs war seine Partei zersplittert und in gedrückter Stimmung, sein Verhältnis zu Ludendorff von einseitiger Bewunderung geprägt und ein militärischer Sieg nicht in Sicht. Aber auch ohne Bassermanns Mithilfe kämpfte Stresemann weiter.

Der Zentralvorstand der NLP trat im September 1917 zusammen und wählte Robert Friedberg zum Nachfolger Bassermanns und Stresemann zum stellvertretenden Vorsitzenden und zum Vorsitzenden der Reichstagsfraktion. Eigentlich wäre Stresemann die logische Wahl für den Posten des Parteivorsitzenden gewesen, doch zu viele seiner Kollegen mißtrauten ihm. Friedberg hingegen vereinte die Stimmen der Liberalen auf sich, da er erkannt hatte, daß der Krieg nicht zu gewinnen war, weswegen er sein vormals aggressives Eintreten für die deutschen Kriegsziele zugunsten sofortiger Friedensverhandlungen revidiert hatte. In seiner Rede nach der Wahl zum stellvertretenden Vorsitzenden kritisierte Stresemann die Entscheidung, Michaelis das Kanzleramt zu übertragen, griff alle Vorschläge zu einem Verhandlungsfrieden heftig an, sprach sich wie gehabt für seine annexionistischen Kriegsziele aus und bekundete, er habe nach wie vor Vertrauen in die Militärführung. Nach einer kontroversen Debatte beschloß der Vorstand mit knapper Mehrheit, die Reichstagsfraktion zu instruieren, den Widerstand gegen eine Friedenslösung fortzuführen, vermied es aber bezeichnenderweise, die Kriegsziele von 1915/16 zu wiederholen. Trotzdem rebellierte der moderate Flügel um Richthofen und Schönaich. Danach wurde dieser liberale Flügel bedeutungslos, und die Falken bestimmten von nun an die Tagesordnung der Partei. Der Kampf um eine politische Reform, die Stresemann so energisch angeführt hatte, verlor an Schwung.[44]

Im Oktober 1917, also nur wenige Monate nach seinem Amtsantritt, wurde der schwache Michaelis durch den schon recht betagten Georg Graf von Hertling ersetzt. Stresemann sollte später zu Staatssekretär von Kühlmann sagen: »Ist es nicht ein Wahnsinn, einen alten, verbrauchten Philosophieprofessor mit dem Kanzleramt zu belasten?«[45] Hertling, ein geachtetes Mitglied der Zentrumspartei, bemühte sich redlich um die Wiederherstellung der zivilen Autorität. Doch konnten der Kaiser und er sich nicht gegen Ludendorff durchsetzen, so daß sie schließlich kaum mehr als Übermittler der Anordnungen der Frontkommandeure waren. In seiner Partei weitgehend isoliert, tröstete sich Stresemann über seine neue »Beziehung« zur Obersten Heeresleitung (OHL), worüber er an einen

5. Der Weltkrieg

Freund schrieb: »Bei allen Schwierigkeiten, die mir der Fraktionsvorsitz bisher eingetragen hat, ist mein Lichtblick das gute Verhältnis, das ich zur Obersten Heeresleitung besitze, sowohl mit Hindenburg wie mit Ludendorff ... mit seinen Mitarbeitern kann ich täglich verkehren und sie schenken mir ihr volles Vertrauen.«[46] Einem anderen Kollegen vertraute er an, er würde die militärische Führung in der Fraktion in jeder Frage unterstützen.[47] Während der Kontakt zu Oberst Bauer weiterbestand, ist fraglich, ob Stresemanns Beziehung zur militärischen Führung, die im Kampf gegen Bethmann sehr wirksam gewesen war, irgendeinen Einfluß auf spätere Entwicklungen nahm. Stresemann und seine widerspenstige Partei waren faktisch bedeutungslos geworden.

In der von einer wachsenden Kluft zwischen Reich und Arm gespaltenen deutschen Gesellschaft kam es im Januar 1918 zu einem Streik, an dem allein in Berlin etwa 400 000 Arbeiter teilnahmen; im ganzen Reich waren es 1,5 Millionen. Der Rückzug der Russen aus dem Krieg brachte gerade zum richtigen Zeitpunkt eine Entspannung der Situation. Da jetzt beträchtliche militärische Ressourcen an der Westfront eingesetzt werden konnten, konnte Ludendorff der frustrierten Bevölkerung eine neue Offensive für das Frühjahr in Aussicht stellen, die, so versicherte er, bestimmt den Sieg bringen würde. Der tatsächlich wiedererwachte Glaube an die nationale Sache erhielt weiteren Auftrieb durch die von der rechtsgerichteten Deutschen Vaterlandspartei verbreitete patriotische Begeisterung. Diese Partei war 1917 von Tirpitz gegründet worden und hatte den kompromißlosen Sieg auf ihre Fahnen geschrieben. Im Juli 1918 hatte sie bereits mehr als eine Million Mitglieder, von denen viele dem rechten Flügel der geschrumpften NLP angehörten und deren Zahl die gesamte Mitgliedschaft der SPD überschritt. Stresemann trat dieser chauvinistischen Gruppierung zwar nicht bei, aber zum damaligen Zeitpunkt teilte er zweifellos die meisten ihrer Auffassungen.

Am 21. März 1918 fand die angekündigte Offensive Ludendorffs statt, die kriegsentscheidend sein sollte. Als sich die Deutschen jedoch den Stellungen näherten, die sie bereits im September 1914 eingenommen hatten, geriet der Angriff ins Stocken, da die Alliierten, unterstützt von den Amerikanern, heftigen Widerstand leisteten.

Im Laufe des Sommers sank die Moral an der Heimatfront, es kam wieder zu Streiks, und in der Bevölkerung wuchs die Erkenntnis, daß es keinen militärischen Sieg geben konnte. Dies räumte Außenminister Kühlmann am 24. Juni in einer Rede vor dem Landtag ein, in der er konstatierte, der Frieden könne ohne diplomatische Verhandlungen nicht erreicht werden. Dies rief den scharfen Protest der Vaterlandspartei sowie Ludendorffs hervor, der den Kaiser nötigte, Kühlmann zu entlassen. Stresemann schloß sich mit einer erregten Rede im Reichstag diesen Stimmen an: »Nicht diplomatische Verhandlungen, keine diplomatischen Noten, keine Reichstagsresolution, sondern Ludendorffs Hammer« habe den Frieden im Osten gebracht und werde ihn auch im Westen bringen. Im Anschluß ließ Ludendorff ihm durch Oberst Bauer Glückwünsche übermitteln. Doch seine liberalen Kollegen sollten ihm seine bedenkenlose Identifizierung mit der Obersten Heeresleitung nicht so bald verzeihen.[48]

Anfang August durchbrachen englische Streitkräfte mit etwa 500 Panzern die deutsche Linie bei einem Angriff östlich von Amiens. Ludendorff vermerkte, dies sei der dunkelste Tag der deutschen Armee. Er prophezeite, daß das Heer die Initiative nie wieder zurückgewinnen würde. Und am Ende des Monats war er tatsächlich bis zu den Außenbefestigungen der von Hindenburg errichteten Verteidigungslinie zurückgeschlagen worden, von der aus er seine Märzoffensive gestartet hatte. Jetzt gab es zum ersten Mal Desertionen, und der von Erzberger und den Sozialdemokraten ausgehende Druck, Frieden zu schließen, drohte erneut Unruhen auszulösen. Im Osten war die Lage noch schlimmer, denn Bulgarien, die Türkei und Österreich waren jetzt bereit, Frieden fast um jeden Preis zu schließen. Als die Alliierten am 28. September eine neue machtvolle Offensive durchführten, verlor Ludendorff die Nerven und ließ sich zu einem Wutanfall gegen den Kaiser, den Reichstag, die Marine und die Heimatfront hinreißen.[49] Als er sich wieder gefaßt hatte,

5. Der Weltkrieg

gestand er Hindenburg, die Regierung müsse sofort um Frieden nachsuchen, wenn das Heer gerettet werden solle.

Am nächsten Tag erklärte Hindenburg sich bereit, den widerstrebenden Kaiser aufzufordern, Kanzler von Hertling durch den loyalen, aber demokratisch gesonnenen Prinz Max von Baden zu ersetzen. Dieser hatte die Unterstützung der SPD, der DDP und des Zentrums und erhielt den Auftrag, »eine Revolution von oben« zu organisieren und durch das Ersuchen um sofortigen Frieden den linken Extremisten den Wind aus den Segeln zu nehmen. Danach gab Ludendorff seinen bestürzten Abschnittskommandeuren bekannt, er habe den Kaiser gebeten, diejenigen Männer an der Regierung zu beteiligen, die für den Verlauf der Ereignisse verantwortlich waren. Diese Herren sollten jetzt in den Ministerien den Frieden aushandeln, was inzwischen notwendig geworden war. Es sei an ihnen, die Suppe auszulöffeln, die sie der Militärführung eingebrockt hätten.[50]

So sollte die Verantwortung für die demütigende Niederlage der Armee der zivilen Regierung zugeschoben werden, die Ludendorff verachtete. Und die bei der Führung des Kriegs praktisch keine Rolle gespielt hatte.

Am Morgen des 2. Oktober wurden die Parteiführer zu einer Sitzung eingeladen, auf der die Demission Hertlings bekanntgegeben wurde und Major von dem Bussche von der OHL einen Bericht über die militärische Lage gab. Dieser schilderte die Perspektiven in den düstersten Farben und betonte die Notwendigkeit, sofortige Waffenstillstandsverhandlungen auf der Basis von Wilsons Vierzehn-Punkte-Programm vom Januar 1917 für einen ehrenhaften Frieden aufzunehmen. Die Abgeordneten, die über die Rückschläge an der Front kaum informiert worden waren, reagierten fassungslos – sie waren in keiner Weise auf eine plötzliche Kapitulation vorbereitet. Prinz von Baden berichtet in seinen Memoiren, Ebert sei totenblaß geworden und habe kein Wort herausbringen können; Stresemann habe ausgesehen, als hätte ihn der Schlag getroffen.[51]

Max von Baden war in liberalen Kreisen eine angesehene Persönlichkeit, die die Unterstützung der SPD und der Zentrumspartei genoß, ganz zu schweigen von der eigenen Fortschrittspartei. Da bekannt war, daß Stresemann den Alliierten ein Dorn im Auge war, wurde er beiseitegeschoben und spielte fortan keine Rolle bei der Parlamentarisierung, für die er so lange eingetreten war; auch war die NLP nicht in der neuen Regierung vertreten. Wie Prinz von Baden in seinen Erinnerungen schrieb, war Stresemann vollkommen konsterniert, als er ihm erklärte, er brauche ihn in der Opposition und nicht in der Regierung.[52] Angesichts der extremen Umstände der Niederlage konnte Stresemann das ganze Ausmaß seiner persönlichen Niederlage noch nicht begreifen. Scheidemann nannte ihn damals »politisch bankrott«.

Eugen Schiffer attestierte dem neuen Kanzler Integrität, wies allerdings darauf hin, daß dieser zwar gebildet und integer sei, daß es ihm aber leider an praktischer Erfahrung fehlte.[53] Man nahm jedoch an, daß Prinz von Baden als bekannter Liberaler und früher Befürworter von Friedensverhandlungen für Wilson und die Entente annehmbar sein würde, obwohl er ein überzeugter Monarchist und ein enger Verwandter des Kaisers war. In der Tat gab er den Forderungen des Militärs und der Bitte des Kaisers statt und schickte am 3. Oktober ein Telegramm an Wilson, in dem er diesen bat, auf der Grundlage des Vierzehn-Punkte-Programms, die Wiederherstellung des Friedens in die Hand zu nehmen. Damit stieß er auf den Widerstand von Nationalisten wie Westarp und Stresemann, die sich noch eine Woche lang hartnäckig an die Illusion klammerten, die Schlacht könne auf feindlichem Boden zum Stillstand gebracht werden.[54]

Innerhalb von drei Wochen beschloß der Reichstag die umfassenden politischen Reformen, die Stresemann so lange gefordert hatten. In der konstitutionellen Monarchie waren die Minister dem Parlament voll verantwortlich; dieser konnte den Kanzler und die Regierung ernennen und absetzen und war für die Streitkräfte und die Außenpolitik zuständig. Die Freude über diese seit Jahren anstehende Parlamentarisierung, die zu einem früheren Zeitpunkt große Begeisterung in der Bevölkerung ausgelöst

5. Der Weltkrieg

hätte, wurde jedoch durch die harten Realitäten überschattet, die sie nun gleichsam erzwungen hatten. Am 28. Oktober, als Prinz von Baden bekanntgab, daß der Kaiser die Gesetze zur Einführung eines parlamentarischen Systems unterzeichnet hatte, machte der SPD-Abgeordnete Adolph Hermann, der neben ihm auf der Tribüne saß, die teils prophetische, teils resignative Äußerung: »Zu spät, zu spät. Das hättet Ihr alles früher machen sollen; jetzt nutzt es Euch nicht mehr.«[55] Und tatsächlich sollte das wilhelminische Experiment einer parlamentarischen Regierung nur einige Tage dauern, dann wurde es von der Revolution hinweggefegt – von unten.

Die plötzliche und erschreckende Erkenntnis der Niederlage hatte die Kriegsanstrengungen nahezu zum Erliegen gebracht und die letzten Reste von Disziplin sowohl an der Front wie auch in der Heimat zunichte gemacht. Ende Oktober riefen die Linken zu Fahnenflucht und Streiks auf und forderten die Abdankung des Kaisers und die Ausrufung einer Republik. Die Verhandlungen über einen Waffenstillstand zogen sich den ganzen Monat hin, wobei vier Noten ausgetauscht wurden, deren Ton an Schärfe gewann, da Wilson der Regierung von Baden mit wachsender Skepsis gegenüberstand und von einem baldigen Zusammenbruch des deutschen Widerstands ausging.

Währenddessen setzte die deutsche Armee ihren Rückzug in Richtung der belgisch-deutschen Grenze fort, während hinter den Linien der Widerstand zusammenbrach. Und dann, am 3. November, so als sollte der Ungewißheit und dem Elend ein Ende gesetzt werden, brach unter den Matrosen in Kiel ein Aufruhr aus. Schon lange erbittert über unzureichende Essensrationen und unsinnige Befehle ihrer Offiziere, weigerten sie sich, dem Befehl von Admiral Reinhard Scheer zu folgen und gegen die Royal Navy auszulaufen, was ihrer Ansicht nach ein Selbstmordunternehmen gewesen wäre. Motiviert war dieser Befehl offensichtlich durch den Wunsch, die Ehre der Kriegsmarine wiederherzustellen, die seit der Schlacht vor dem Skagerrak 1916 nichts erreicht hatte. Trotz der Bemühungen der Regierung von Baden, eine friedliche Lösung herbeizuführen, breitete sich der Aufstand aus.

Am 5. November übernahm ein Matrosenrat die Kontrolle über den größten deutschen Marinestützpunkt in Wilhelmshaven, während Arbeiter das Hamburger Rathaus stürmten. Auch in Berlin wurden Streiks durchgeführt, Arbeiterräte gebildet und Forderungen nach der Abdankung des Kaisers erhoben; hier schien sich etwas zusammenzuballen, was der bolschewistischen Revolution glich. General Groener, der pragmatische Württemberger, der Ludendorff als Generalstabschef ersetzt hatte, äußerte die Meinung, die Armee ziehe sich geordnet bis zum Rhein zurück, doch die Waffenstillstandsforderungen und die Unruhen in der Bevölkerung bedrohten ihre Stabilität.

In dieser Situation erhielt die Regierung am Morgen des 6. November die vierte und letzte Note von Präsident Wilson. Sie hatte keine andere Wahl, als sie zu akzeptieren. Was als Gespräch über die Waffenstillstandsbedingungen begonnen hatte, war nunmehr in die Forderung nach bedingungsloser Kapitulation umgeschlagen. Eilig wurde eine Regierungsdelegation zusammengestellt, die von Matthias Erzberger angeführt wurde und am nächsten Tag die feindlichen Linien überschritt, um mit General Foch zusammenzutreffen.[56] In letzter Minute war es Prinz von Baden gelungen, in dieser zivilen Delegation wenigstens einen Offizier, nämlich Generalmajor von Winterfeldt, unterzubringen, der allein zu diesem Zweck aus dem Ruhestand gerufen wurde; er nahm zwar an den Waffenstillstandsverhandlungen nicht teil, gab dem Ereignis aber zumindest einen gewissen militärischen Anstrich.

Am 9. November fanden in Berlin Massendemonstrationen statt. Friedrich Ebert, der die zu einem bolschewistisch-spartakistischen Aufstand sich ausbreitende Bewegung eindämmen wollte, drängte Prinz von Baden, im Interesse des Friedens und der Ordnung als Kanzler im Amt zu bleiben. Da dieser jedoch nicht bereit war, die Führung einer linken Regierung zu übernehmen, trat er zurück, und beim Verlassen des Zimmers sagte er: »Herr Ebert, ich lege Ihnen das Deutsche Reich ans Herz.«[57] Direkt nach seinem Rücktritt verließ Prinz von Baden Berlin. Als Führer einer provisorischen Regierung teilte Ebert an jenem Tag General Groener

5. Der Weltkrieg

in Spa mit, daß der Druck der Verbündeten und Proteste in ganz Deutschland die Abdankung des Kaisers erforderlich machten. Groener, der erkannte, daß seine Armee und das Land ernstlich in Gefahr waren, konnte den uneinsichtigen Kaiser schließlich zum Rücktritt überreden; dieser fuhr am nächsten Tag in einem Zustand heilloser Verwirrung mit einem Zug nach Holland und kehrte nie wieder zurück. Wie Eugen Schiffer in seinen Memoiren berichtete, hatte der Kaiser an diesem Tag zum ersten Mal ganz Deutschland hinter sich.[58]

Und an jenem bedeutsamen 9. November trat der sozialdemokratische Führer Philipp Scheidemann um 13 Uhr auf den Balkon des Reichstags und verkündete einer riesigen Menschenmenge, daß der Kaiser abgedankt hatte und daß Deutschland jetzt eine Republik war. Nur wenige Stunden später kündigte Karl Liebknecht, der revolutionäre Führer, auf dem Balkon des Schlosses unter einer roten Fahne die Schaffung einer »freien sozialistischen Republik« an, die von Arbeiter- und Soldatenräten unter Führung des Spartakusbundes regiert werden sollte. Carl Severing stellte dazu später fest: »Damit war die Spaltung der deutschen Arbeiterschaft endgültig vollzogen.«[59]

Am 10. November wurden dem von Friedrich Ebert geführten Rat der Volksbeauftragten von Erzberger die Waffenstillstandsbedingungen übermittelt, und dieser gab »auf den Rat der Obersten Heeresleitung« hin telegraphisch seine Zustimmung. Gleichzeitig richtete der Außenminister der provisorischen Regierung, Wilhelm Solf, einen Appell an Präsident Wilson und erinnerte ihn an den großherzigen Geist seiner Reden, der wesentlich dazu beigetragen habe, daß Deutschland den Waffenstillstand akzeptiere. Er wies warnend darauf hin, daß einige Bedingungen, insbesondere die Fortsetzung der Blockade bis zum Abschluß eines Friedensvertrags, bei den Deutschen einen Eindruck hinterlassen mußten, der der Versicherung eines gerechten und dauerhaften Friedens widersprechen würde. So sollten viele Deutschen zu gegebener Zeit den US-Präsidenten für alle kommenden Ereignisse verantwortlich machen.[60]

Kapitel 6
Niederlage und Revolution

Anfang August 1918 hatte Stresemann mit seiner Familie einen kurzen Urlaub in Binz auf Rügen verbracht, der ihn erfrischte und zuversichtlich machte. Erst nach seiner Rückkehr nach Berlin erkannte er, wie ernst die Lage für Deutschland war, und zeigte Kompromißbereitschaft. An einen Kollegen schrieb er: »Wir haben hier die Empfindung, daß wir auf einem Pulverfaß sitzen... Die Stimmung ist hier in Berlin und in anderen Orten so defätistisch, daß ein Eintritt der Sozialdemokratie in die Regierung notwendig ist, damit nicht alles zusammenbricht.«[1] Weiter berichtete er, daß sogar Graf Westarp und die Konservativen zum gleichen Schluß gekommen waren; beide fürchteten nunmehr die Niederlage an der Front weniger als die Revolution auf der Straße. Angesichts der Zerrüttung der Gesellschaft im Oktober 1918 stellte Stresemann bedauernd fest: »Der fehlende Zusammenhang zwischen Regierung und Volk [war] letzten Endes der Kardinalfehler gewesen, an dem dieses System zusammenbrechen mußte.«[2] Aus dem Hintergrund begrüßte er bezeichnenderweise die späten Reformen der Regierung von Baden.

In Artikeln und Reden, die er in den Oktober-Tagen verfaßte und von denen er später viele in einer Broschüre mit dem Titel *Von der Revolution bis zum Frieden von Versailles* veröffentlichte, versuchte Stresemann, sich von der Niederlage zu distanzieren. Wie konnte es angehen, daß Deutschland nach der Ausschaltung der russischen Front und trotz der Vergrößerung der U-Boot-Flotte im Westen nicht siegen konnte? Er hatte Amerika unterschätzt, doch dazu würde es nicht noch einmal kommen, wenn man den Schwerpunkt

6. Niederlage und Revolution

seiner späteren Außenpolitik betrachtet. Am meisten beschäftigte ihn die Tatsache, daß es nicht gelungen war, rechtzeitig die politischen Reformen durchzuführen, die seiner Ansicht nach das Land geeint und es in die Lage versetzt hätten, die vom Krieg geforderten Opfer und Entbehrungen zu ertragen. In seiner letzten Reichstagsrede am 22. Oktober suchte er die Position all derer zu rechtfertigen, die bis zum Schluß an den Sieg geglaubt hatten.

Ihm ging es nicht um eine Entschuldigung; vielmehr kontrastierte er die großartigen Leistungen des deutschen Volkes mit der Unfähigkeit der politischen und diplomatischen Führung und sprach von einem »völligen Versagen der deutschen Außenpolitik vor und während des Krieges«. Das Unvermögen der zuständigen Stellen, genügend U-Boote, Panzer und Munition bereitzustellen, ließ er nicht unerwähnt. Auf den Mangel an aus dem Parlament hervorgegangenen Führern anspielend, meinte er, es habe ein deutscher Lloyd George gefehlt.[3] Zu den umstrittenen Kriegszielen, die Stresemann noch später so viel erbitterte Kritik einbrachten, sagte er zum Schluß ausweichend in Anlehnung an die Bibel: »Wer wirft den ersten Stein ... es werden nicht viel Steinwerfer vorhanden sein.«

In einer früheren Rede vor den Delegierten der nationalliberalen Provinzialverbände räumte er ein: »Verkennung der tatsächlichen Macht unserer Feinde war unser größter Fehler, auch der Obersten Heeresleitung. Über die Tanks hat man im Hauptquartier lange gelacht. Der größte Versager war das Reichsmarineamt«, das die Wirksamkeit des U-Boot-Einsatzes völlig unrealistisch eingeschätzt hatte, was den Kriegseintritt Amerikas ausgelöst hatte.[4] Später sagte er: »Wir brauchen dabei nicht einmal an das Wort des Staatssekretärs [des Reichsmarineamtes] von Capelle zu erinnern, der die militärische Hilfeleistung Amerikas mit Null bezeichnet hat.« Doch der eigentliche Grund für die Kapitulation war die Unentschlossenheit und Unfähigkeit der Regierung Bethmann Hollweg, die es seiner Ansicht nach nicht vermocht hatte, den Kampfwillen der Nation zu mobilisieren, und die die internationale Gemeinschaft ohne Not provoziert hatte. Jahre später sollte er öffentlich erklären: »Ein Volk, das in einen Krieg ziehen würde mit dem Bewußtsein, ihn doch zu verlieren, würde ihn psychologisch schon vor der ersten Schlacht verloren haben.«[5] Stresemann hat den Zusammenbruch von 1918 und seine eigene Fehleinschätzung nie wirklich eingestanden. In einem verbitterten Brief an Robert Friedberg zählte Stresemann die Verluste auf, die Versailles bringen würde: »Elsaß-Lothringen, Oberschlesien, Posen und Teile von Westpreußen und dazu eine nach oben gar nicht limitierte Summe von Entschädigungen ... so sind wir auf das nächste Jahrhundert gelähmt.« Er fügte hinzu, solch ein Frieden »während unsere Heere noch in Belgien und Frankreich stehen, würde das deutsche Volk für alle Zeiten zu einem Volke ehrloser Feiglinge brandmarken.«[6] Und so sollte es kommen.

Am 31. Oktober, als er auf Wilsons letzte Note wartete, verfaßte er einen langen Artikel, der später in die Broschüre *Von der Revolution bis zum Frieden von Versailles* aufgenommen wurde und in dem er den vorzeitigen Zusammenbruch verurteilte, der sich so verheerend auf die Waffenstillstandsverhandlungen ausgewirkt hatte.[7] »Ein England würde trotzdem bis zum letzten Moment vom Siege Englands sprechen; wir Deutschen brüllen unsere Niederlage in die Welt hinaus, ehe sie noch tatsächlich da ist.«[8]

Ungeachtet seines sprunghaften Verhaltens, das letztlich zu seiner plötzlichen Entlassung geführt hatte, blieb Ludendorff für Stresemann eine heldenhafte Gestalt, deren Name, wie auch der Hindenburgs, »durch die Jahrhunderte und Jahrtausende gehen wird als Persönlichkeitsbildung großer Männer, die das höchste geleistet haben ... Ich bin der Auffassung, daß unsere Heerführung eine glänzende gewesen ist und daß das deutsche Volk gar nicht dankbar genug dafür sein kann.«[9]

Trotz aller Fehlschläge bewahrte sich Stresemann also seinen unbegründeten Glauben an die deutsche Armee und insbesondere an das Offizierskorps. In Reden und Artikeln schloß er sich der Auffassung Ludendorffs und der uneinsichtigen Nationalisten an, die Deutschlands Niederlage und

6. Niederlage und Revolution

Demütigung auf den Zusammenbruch der Heimatfront zurückführten. In einem späteren Artikel hieß es: »Bei uns hat die Front im Felde bis zum letzten ... gekämpft ... Im Inneren aber brach die Heimat ruckweise zusammen.«[10]

Nicht der 2. Oktober, an dem Deutschland sich entschlossen hatte, um einen Waffenstillstand zu bitten, sei der Tag gewesen, an dem Deutschlands Größe in der Welt vernichtet worden sei, sondern der 9. November.[11] Die Heimatfront habe der Armee einen »Dolchstoß« versetzt, diesem Vorwurf, der von militärischen und nationalistischen Kreisen erhoben wurde und in der Zeit der Weimarer Republik immer wieder zu hören war, hing auch Stresemann zunächst an.

Es gibt eine Unzahl von Schilderungen der Ereignisse, die am 9. November das Ende des Reichs herbeiführten. Stresemann, dem offensichtlich nicht bewußt war, wie aufgeheizt die Stimmung in breiten Kreisen der Bevölkerung war, hatte sich früh zum Reichstag begeben, wo ihn sozialistisch eingestellte Soldaten nur widerstrebend passieren ließen. In seinem Büro im zweiten Stock wartete sein Kollege von Richthofen auf ihn, der ihm tief betroffen berichtete, daß Prinz Max von Baden zurückgetreten war und daß die Sozialdemokraten versuchten, den extremistischen Kräften durch die Bildung einer Koalition unter ihrer Führung zuvorzukommen. Später schrieb Stresemann: »Ein Blick aus dem Fenster ... nach dem Spreeufer an der Sommerstraße zeigte mir bereits die Bedeutung des Tages. Arbeiter, Männer, Frauen, Mädchen strömten aus den Arbeitsstätten in großen Massen heraus und ordneten sich zu Demonstrationszügen.«[12]

Die beiden Männer gingen zu der geplanten Sitzung des Interfraktionellen Ausschusses, um über die Bewilligung zusätzlicher Kriegskredite u. a. zu beraten. Die sozialdemokratischen Abgeordneten erschienen nicht. Auf Stresemanns Vorschlag hin begab sich die niedergeschlagene Gruppe zum Reichskanzlerpalais, um mit Prinz Max von Baden zu sprechen, der jedoch nicht aufzufinden war. Die wartenden Abgeordneten erfuhren dann zu ihrem großen Erstaunen durch ein Extrablatt, daß der Kaiser und der Kronprinz abgedankt hatten und daß der Kanzler, ohne irgend jemanden zu konsultieren, zurückgetreten war und die Führung des Landes Friedrich Ebert übertragen hatte.

»Mitten unter den Hurrarufen der Revolutionäre und den Ansprachen in der Umgebung des Reichstags« kehrten sie in ihre Reichstagsbüros zurück. Dort sagte Stresemann betrübt, »daß wir uns hier wohl zur letzten Sitzung der Nationalliberalen Fraktion im alten Reichstag versammelt hätten«. Einvernehmlich wiesen sie Eberts Angebot zurück, in seine Provisorische Regierung einzutreten, beschlossen aber, sie so lange zu unterstützen, wie sie die Gewißheit hatten, daß über die zukünftige Staatsform eine ordentlich gewählte Nationalversammlung entscheiden würde. Danach verließen die Parteiführer – Stresemann, Richthofen und Schönaich-Carolath – den Reichstag, der inzwischen von einer revolutionären Arbeiterwehr besetzt wurde.

Unterdessen war Scheidemann schon auf dem Balkon erschienen und verkündete der jubelnden Menge: »Das deutsche Volk hat auf der ganzen Linie gesiegt. Das Alte, Morsche ist zusammengebrochen; der Militarismus ist erledigt. Die Hohenzollern haben abgedankt! Es lebe die Republik! Der Abgeordnete Ebert ist zum Reichskanzler ausgerufen worden. Ebert ist damit beauftragt worden, eine neue Regierung zusammenzustellen. Dieser Regierung werden alle sozialistischen Parteien angehören ... Es lebe die deutsche Republik!« Ebert, der sich in seiner Position unbehaglich fühlte, meinte, Scheidemann habe kein Recht, die Republik auszurufen; dies sei einer verfassungsgebenden Nationalversmmlung vorbehalten. Scheidemann erwiderte, seine Aktion habe den Zweck, Liebknecht und die spartakistisch-bolschewistisch eingestellte Menge daran zu hindern, die Revolution voranzutreiben.

Hjalmar Schacht, ein aktives Mitglied der Jungliberalen und später Präsident der Reichsbank, berichtete in seinen Memoiren, daß er gegen Mittag aus dem Hotel Esplanade kam und sah, daß Lastwagen mit schwerbewaffneten roten

6. Niederlage und Revolution 139

Soldaten über den Potsdamer Platz fuhren.« Zwischen, vor und hinter ihnen schloß sich der übliche Mittagsverkehr des Potsdamer Platzes. Ein sehr merkwürdiges, sehr vielsagendes Bild. Es drückte die ganze Zerrissenheit der deutschen Situation aus. Revolutionäre auf den Lastwagen, Apathie in den Straßen. Angesichts dieses Vorfalles änderten wir unseren Weg und gingen zum Reichstag, um einen Parlamentarier zu suchen, der uns unterrichten sollte. Das große Gebäude war leer und wie ausgestorben. Unsere Schritte hallten in den langen Korridoren wider; es war ein gespenstischer Gang durch das ausgestorbene Regierungsgebäude. Endlich gelangten wir zu dem Zimmer der nationalliberalen Fraktion. Es war abgeschlossen, der Schlüssel steckte von innen. ›Jemand muß drinnen sein‹, sagte ich und klopfte an. Niemand antwortete. Ich klopfte nochmals. Eine zögernde Stimme in dem Zimmer fragte: ›Wer ist da?‹ Ich erkannte sie sofort – es war Stresemanns Stimme. Er war zu jener Zeit Führer der nationalliberalen Fraktion im Reichstag. ›Dr. Schacht!‹ sagte ich. Der Schlüssel wurde umgedreht, Stresemanns rundes Gesicht erschien im Türspalt. Er ließ uns eintreten. ›Wissen Sie etwas Neues?‹ fragte ich, mich im Raum umblickend. ›Revolution‹, sagte Stresemann lakonisch und machte eine müde Handbewegung. ›Und der Kaiser – unsere Armee – die Regierung – die Polizei...?‹ ›Ich weiß nichts‹, sagte Stresemann. ›Ich bin der letzte Mann im Reichstag.‹ Seine Stimme klang hohl in dem leeren Zimmer, das sonst von dem munteren Gerede der Parlamentarier erfüllt war und nicht halb so groß schien wie jetzt. Stresemanns Gesicht war grau, seine Augen müde, sein Mund gepreßt. Er trommelte mit den Fingern auf eine Tischplatte. ›Und was soll geschehen?‹ fragte ich. Er zuckte die Achseln. ›Ebert wird vermutlich etwas unternehmen‹, sagte er dann. ›Es ist seine Stunde. Seine Partei ist die stärkste. Wenn es ihm nicht gelingt...‹ Mir wurde klar, wie verfahren die deutsche Situation war. Und da ich es noch nie geliebt habe, tatenlos zu resignieren, sagte ich: ›Wir müssen etwas unternehmen, Herr Stresemann. Wenn die Linke jetzt zum Zuge kommt, dann schön. Aber wir müssen eine bürgerliche Linkspartei aufstellen, damit die Mehrheitssozialisten das Feld nicht allein einnehmen.‹ ›Eine linksgerichtete Bürgerpartei‹, sagte er. ›Ja, vielleicht ist das ein Ausweg.‹ Wir verließen ihn.«[12]

Zwar stimmt Schachts Bericht in manchen Punkten nicht mit anderen überlieferten Quellen überein, aber er beschreibt vielleicht am besten, wie benommen und verwirrt Stresemann an jenem Tag war, an dem er viele seiner Illusionen endgültig begraben mußte.

Den letzten Schlag erhielt Stresemann an jenem Abend, als er erfuhr, daß sich Albert Ballin das Leben genommen hatte. Als Mentor, Freund und Partner war Ballin für ihn eine große Stütze gewesen. Jetzt, da ein Großteil seiner Handelsflotte beschlagnahmt war, seine Mitarbeiter in den Händen meuternder Hamburger Matrosen und Arbeiter waren, der Krieg verloren und der lebenslange Traum von einem Imperium, das es mit Großbritannien aufnehmen konnte, zerstört war, wollte er sich der Zukunft nicht mehr stellen. Man würde ihn sehr vermissen, wie Stresemann am 17. November in *Deutsche Stimmen* schrieb:

> Er war ein großzügiger, weitsichtiger Mann von schnellem Entschluß, von durchdringendem Verstand, die Konjunktur einer Lage schnell erfassend, vieles wagend, darum vieles erringend ... Man hat in der Tagespresse erzählt, daß er dem Kaiser geraten habe, sich mit England zu verständigen ..., daß man sich direkt mit Wilson in Verbindung setzen müsse, um von dort aus mit der Entente in Fühlung und zum Frieden zu kommen ... Allerdings galt er ja auch in der Außenwelt als Vertreter des deutschen wirtschaftlichen Imperialismus.... Er war ein Mann, der in Weltteilen dachte ... In Albert Ballin geht ein Träger der alten Zeit zugrunde.[13]

Für Stresemann verkörperten sich in Ballins Leben die Hoffnungen auf Deutschlands Platz an der Sonne und in seinem Tod das Scheitern derselben.

Am 9. November hatten revolutionäre Matrosen, Soldaten und Arbeiter, ohne auf nennenswerten Widerstand zu

6. Niederlage und Revolution

treffen, das Schloß, den Reichstag und andere wichtige Gebäude in Berlin besetzt und auf dem Brandenburger Tor eine rote Fahne gehißt. Ansonsten herrschte »alles andere als eine echte Revolutionsbegeisterung ... Das Kaiserreich brach in sich zusammen wie eine hohle Eiche unter einem Windsturm«, stellte Eugen Schiffer fest. Als er am Abend zu seiner Frau nach Hause zurückkehrte, sagte er, er hätte sich eine Revolution anders vorgestellt.[14] Ähnlich beschrieb auch der Chronist Harry Kessler das Ende der bisherigen Gesellschaftsform:

> Eine große Unordnung, aber Ruhe ... In der Stadt ist heute alles ruhig; die Fabriken arbeiten wieder. Von Schießereien ist nichts bekanntgeworden. Bemerkenswert ist übrigens, daß während der Revolutionstage trotz der Straßengefechte die Elektrischen regelmäßig gefahren sind. Auch das elektrische Licht, Wasserleitung, Telephon haben keinen Augenblick ausgesetzt. Die Revolution hat nie mehr als kleine Strudel im gewöhnlichen Leben der Stadt gebildet ... Die ungeheure, welterschütternde Umwälzung ist durch das Alltagsleben Berlins kaum anders als im Detektivfilm hindurchgeflitzt.[15]

Dies war in der Tat keine Revolution, sondern ein »Zusammenbruch«.[16] Die Tatsache, daß der Kaiser und der Kanzler praktisch gleichzeitig zurücktraten, schuf ein Vakuum, das sogleich von Ebert und seinem Kollegen Scheidemann ausgefüllt wurde, die notgedrungen ein Bündnis mit Hugo Haase, dem Führer der Unabhängigen Sozialdemokraten, eingingen. Den ganzen Tag kämpfte Ebert mit den radikalen Genossen seiner Partei: Zuerst ging es um die Bewahrung der im Oktober geschaffenen konstitutionellen Monarchie, dann auch um die Einheit der SPD.

Zu denjenigen, die der Sozialdemokratischen Partei den Rücken kehrten, gehörte auch Rosa Luxemburg, die wohl scharfsinnigste Denkerin und geachteteste Persönlichkeit, die auf der extremen Linken eine Rolle spielte. Sie hoffte, den Aufstand so zu kanalisieren, daß er in eine sozialistische

Demokratie einmündete, und setzte ihr Vertrauen in »den spontanen Willen der Massen«, der sich frei vom Eingreifen dogmatischer Parteibürokraten entfalten sollte.[17]

Am Sonntag, dem 10. November, fand im Zirkus Busch eine stürmische Sitzung von etwa 3000 Mitgliedern der Arbeiter- und Soldatenräte statt, die höchst unterschiedliche Auffassungen vertraten. Die Versammlung erhielt ihre Legitimation von den örtlichen Räten, die im ganzen Land entstanden waren und die von Arbeitern gegründet worden waren, die die ersten großen Streiks im Sommer 1916 und die vom Januar 1918 organisiert hatten. Die eilig einberufene Versammlung stellte eine zusammengewürfelte Mischung von Personen und Interessen dar, die keine feste Führung und außer der Forderung nach Veränderung wenig gemein hatten. Das politische Spektrum reichte von vorsichtig agierenden sozialdemokratisch eingestellten Gewerkschaftlern und radikaleren Unabhängigen Sozialdemokraten bis zu gewaltbereiten Spartakisten, die das leninistische Modell nachahmen wollten. Am Ende erklärten sich Haase und seine USPD bereit, zusammen mit Ebert und den Mehrheitssozialdemokraten eine provisorische Regierung zu bilden, die einem von den Arbeiter- und Soldatenräten zu wählenden Vollzugsrat unterstellt sein sollte. Auf diese Weise kam eine Exekutive mit sechs Mitgliedern zustande, die gleichberechtigt jede Gruppe repräsentierten. Da Ebert jetzt legitimiert worden war, unterzeichnete er das Waffenstillstandsabkommen, das Erzberger und seinen Kollegen in Frankreich vorgelegt worden war.

Was sie nicht wußten, war die Tatsache, daß Ebert am Abend des 9. November einen Telefonanruf von General Groener erhalten hat, der Ludendorff als Hindenburgs Generalstabschef ersetzt hatte. Da Groener den Ausbruch der Anarchie befürchtete, hatte er sich bereit erklärt, der Regierung die Armee unter der Bedingung zur Verfügung zu stellen, daß Ebert mit ihm kooperieren würde, um einen ordentlichen Rückzug der Armee aus Frankreich und Belgien zu erleichtern, und daß er alles daransetzen würde, um die befürchtete bolschewistische Revolution abzuwenden. Ebert,

6. Niederlage und Revolution

dem der kritische Zustand seiner fragilen Regierung bewußt war, nahm das Angebot an.

So stoppten die SPD und USPD unter Führung von Ebert und Haase und in einem schicksalhaften Bündnis mit Groener und der Armee die Radikalisierung nach links. Die Revolution schwelte noch für einige Monate, aber der Pakt mit Groener stellte sicher, daß die Infrastruktur von Bürokraten, Richtern, Professoren, Lehrern und Politikern und sogar ihre politischen Parteien – sowie das Offizierskorps der Armee – im wesentlichen intakt blieben und bei der Stabilisierung der Lage mitarbeiteten.

Als sich am 11. November die Nachricht vom Waffenstillstand ausbreitete, brach die militärische Front völlig zusammen. Unzählige Soldaten legten einfach ihre Waffen nieder und eilten nach Hause. Wie sich Kurt Riezler erinnerte, stieß das erste Kontingent, das in Berlin ankam, auf »das Chaos, die Garnison aufgelöst«. Es war »nur noch die Frage, welcher Arbeiter- und Soldatenrat die Oberhand behält und ob Liebknecht mit einer Handvoll Fanatiker sich der kaum bewachten Centralen bemächtigt ... dagegen kommt die Welle der sich von West und Ost auflösenden Armee, die arbeitslos ohne Verpflegung sich zurückwälzt ... Die bürgerlichen Parteien scheinen verschwunden, der Reichstagspräsident und Reichstagsmitglieder sind nach Hause gefahren.«[18]

Im November und Dezember strömten 200 000 Soldaten und Flüchtlinge allein nach Berlin. Als sich die neun Berliner Infanteriedivisionen durch das Brandenburger Tor schleppten, brachten sie die Erinnerung an über zwei Millionen tote Kameraden und etwa vier Millionen Verwundete mit. Von den Soldaten, die aus Berlin gekommen waren, waren etwa 350 000 an der Front gefallen. Das war die Tragödie eines verlorenen Krieges. Die meisten Heimkehrer begriffen nicht, in welcher Lage sie jetzt waren. Desillusioniert und mittellos, schenkten diese ausgezehrten Veteranen denjenigen bereitwillig Gehör, die einen radikalen Wandel versprachen.[19]

Stresemann brachte sein eigenes Gefühl der Hilflosigkeit

in einem Artikel zum Ausdruck, den er am 12. November schrieb:

> Das deutsche Bürgertum außerhalb der Sozialdemokratie ... [ist] fast zur Einflußlosigkeit verurteilt ... Transportkrisis und Hungersnot vor der Tür! Das große Problem der Demobilisierung ungelöst. Straßenkämpfe in der Reichshauptstadt ... Ebert gibt sich gewiß alle Mühe, die Entwicklung vor einem sich überstürzenden Radikalismus zu bewahren.

Er schloß mit den Worten: »Unsere Aufgabe ist, alles zu tun, um Ruhe und Ordnung aufrechtzuerhalten und uns vor einem Chaos zu bewahren.«[20]

Am 16. November wurde General Groeners Bündnis mit Ebert in einer Weisung an seinen Stab bestätigt, die lautete, die Armee »rückhaltlos zur Verfügung der Regierung Ebert« zu stellen. Im letzten Abschnitt gibt es allerdings Hinweise auf Groeners wachsende Bedenken in bezug auf die Zuverlässigkeit seiner Armee, falls es dazu käme, daß sie die Waffen gegen Bürger und ehemalige Kameraden zu richten hätte. Am nächsten Abend schrieb er verzweifelt an seine Frau:

> Der Feldmarschall [Hindenburg] und ich wollen Ebert, den ich als geraden, ehrlichen und anständigen Charakter schätze, stützen, so lange es geht, damit der Karren nicht noch weiter nach links rutscht. Wo ist aber der bürgerliche Mut geblieben? ... Vier Jahre war das deutsche Volk ungebrochen gegen eine Welt von Feinden – nun läßt es sich wie eine Leiche umwerfen von einer Handvoll Matrosen.[21]

In den nächsten Wochen besetzten die Revolutionäre zwar das Schloß und Teile der Stadt, doch abgesehen von einigen Zusammenstößen herrschte im allgemeinen Ruhe, so als wollten die Beteiligten in Erwartung irgendeiner endgültigen Lösung erst einmal wieder zu Atem kommen. Anfang Dezember schrieb Hindenburg eine Note an Ebert (die wahrscheinlich von Groener entworfen worden war), in der

6. Niederlage und Revolution

er forderte, zum Zweck des Entwurfs einer Verfassung eine Nationalversammlung einzuberufen und den, wie er meinte, bedrohlichen Einfluß der Arbeiter- und Soldatenräte einzudämmen. Zuletzt versicherte er: »Ich bin bereit und mit mir das ganze Heer, Sie hierbei rückhaltlos zu unterstützen.«[22]

Dem Drängen der OHL nachgebend, berief Ebert einen »Nationalen Rätekongreß« aus allen Teilen des Landes ein, der vom 16. bis 20. Dezember noch einmal im Zirkus Busch tagte. Auf ihm waren Repräsentanten von 84 Soldatenräten und 416 Arbeiterräten vertreten, wobei sozialdemokratisch eingestellte Gewerkschaftsmitglieder eine führende Rolle spielten; hinzu kamen weniger als 100 Abgeordnete der USPD und noch weniger Mitglieder des Spartakusbundes. Nach viertägigen kontroversen Diskussionen wurde für den 19. Januar der Termin für die Wahl zu einer Nationalversammlung festgesetzt, die eine Verfassung für die neue Republik ausarbeiten sollte. Trotz der Drohungen der Spartakisten war die allgemeine Haltung klar – es würde kein Mandat für eine Räteregierung nach leninistischem Vorbild geben.

Erneut trugen die Spartakisten ihren Kampf auf die Straße. Die verunsicherten und desorientierten Unabhängigen Sozialdemokraten traten aus dem Rat der Volksbeauftragten aus und nahmen keinen nennenswerten Raum mehr in einer Regierung ein, die jetzt ausschließlich von Eberts Mehrheitssozialdemokraten gestellt wurde.

Angesichts eines drohenden bolschewistischen Putsches in Berlin und im ganzen Land gab Ebert General Groeners neuformierten Freikorpstruppen den Auftrag, die Ordnung wiederherzustellen. Am 10. Januar marschierten die Freikorps unter dem Befehl von General Walther von Lüttwitz, von dem noch zu sprechen sein wird, aus ihren verschiedenen Standorten in Potsdam, Spandau, Lichterfelde und Zehlendorf nach Berlin, schlugen den spartakistischen Aufstand schnell nieder und besetzten die Positionen, die die Spartakisten im Schloß, am Alexanderplatz und an anderen Stellen erobert hatten. Binnen fünf Tagen war der Aufstand vorbei, und die Wahlen zur Nationalversammlung fanden wie geplant am 19. Januar ohne ernsthafte Zwischenfälle statt.

So stand am Anfang der Weimarer Republik das Blutvergießen einer gescheiterten Revolution, und später war sie mit dem Erbe eines Bündnisses zwischen Sozialdemokraten und einer rasch wiedererstarkten Militärführung belastet, von der sie abhängig waren. General Hans von Seeckt, der später, 1920, Chef der Heeresleitung wurde, stellte damals fest, daß alles darauf ankäme, die Regierung zu festigen, ob dies der Reichswehrführung nun gefiele oder nicht.[23] Der Erhalt einer intakten Armee war sein oberstes Ziel, und darin konnte er jetzt nur von den einst gehaßten Sozialdemokraten unterstützt werden.

Während des Aufstands in Berlin waren Stresemann und seine Kollegen aus den bürgerlichen Parteien im wesentlichen passive Zuschauer. Von der Regierung ausgeschlossen und von der Armee ignoriert, gingen die ehemaligen Reichstagsabgeordneten, die der Mittelschicht angehörten, daran, ihre politischen Organisationen wiederaufzubauen. Sie hegten die Hoffnung, daß die Ordnung, die nur durch andere wiedergeschaffen werden konnte, eine demokratische Regierung und neue politische Wirkungsmöglichkeiten für sie selbst bringen würde.

Stresemann, dem Kaiser und der Obersten Heeresleitung bis zum Ende ergeben, begriff die Bedeutung der Revolution und der Errichtung der Republik letztlich nicht. Von allen Seiten wegen seiner Aktivitäten und Reden zur Zeit des Kriegs heftig angegriffen, beteuerte er immer wieder seine Unschuld und seinen Patriotismus und attackierte seinerseits diejenigen, die seiner Überzeugung nach den Staat ruiniert und die jahrhundertealte Institution der Monarchie untergraben hatten.[24] Damit befand er sich in politischer Isolation, die mindestens ebenso groß war wie die, die er nach seiner Wahlniederlage 1912 erlebt hatte.

Abgesehen von einem untrüglichen Instinkt für das politische Überleben, hatte Stresemann, wie Schacht am 9. November festgestellt hatte, den starken Wunsch, seine Partei als Bollwerk gegen die das Land bedrohende »Flut des Sozialismus« wiederaufzubauen. Nach dem Schock vom 2. Oktober hatte er begonnen, auf dieses Ziel hinzuarbeiten.

6. Niederlage und Revolution 147

Nachdem seine Partei von der Regierung ausgeschlossen worden war, zog er kurzzeitig eine Verschmelzung mit der Fortschrittspartei in Erwägung, die damals von Otto Fischbeck und seinem lange bewunderten politischen Konkurrenten und Freund Friedrich Naumann geführt wurde. Wie sein Kollege Jakob Riesser meinte, konnte man sich den »Luxus zweier Liberaler Parteien« nicht mehr leisten. Nachdem die NLP ihre annexionistischen Ambitionen aufgegeben hatte, hatten sich die Differenzen zwischen den beiden Parteien verringert, und hier wie da wurde für eine Versöhnung geworben.

Innerhalb weniger Tage verwarf Stresemann diese Möglichkeit jedoch mit der Begründung, der linke Flügel der Fortschrittlichen sei zu sehr geneigt, die Wirtschaftspolitik der Sozialdemokraten anzunehmen. Während sich beide Parteien hinter von Payers liberale Verfassung und die von ihr vorgesehene Parlaments- und Wahlrechtsreform gestellt hatten, stand Stresemann mit seinem Eintreten für das private Unternehmertum und mehr noch für einen freien und unabhängigen Mittelstand allein. Auch war er weiterhin ein Anhänger der konstitutionellen Monarchie, die seiner Ansicht nach für die Einheit einer von Anfang an von zentrifugalen Kräften bedrohten Nation sorgen könnte.

Gleichwohl setzten Riesser und viele führende Politiker der NLP die Diskussionen über ein Zusammengehen der beiden Parteien fort. Diese informellen Gespräche wurden im ganzen Land von den örtlichen Parteiorganisationen mitgetragen.[25] Spätestens als sich das ganze Ausmaß der sozialistischen Erhebung zeigte, sah Robert Friedberg, der konservativ eingestellte Vorsitzende der Partei, die Notwendigkeit einer Vereinigung ein. Am 13. November notierte Stresemann in sein Tagebuch: »Lebhafte Auseinandersetzungen über Verschmelzung mit der Fortschrittlichen Volkspartei.«[26] Ihm wurde klar, daß er die Situation nicht länger ignorieren konnte, und erklärte sich am 15. November – wenngleich nicht aus Überzeugung – bereit, an einem formellen Treffen der Vorsitzenden der beiden Parteien teilzunehmen. Nach zweitägigen Verhandlungen und trotz etlicher Meinungsverschiedenheiten, insbesondere in bezug auf die

Anerkennung der Republik, kam man überein, bei den Wahlen zur Nationalversammlung gemeinsam zu kandidieren und die Republik de facto anzuerkennen.

Stresemann ordnete sich schließlich dem Willen der Mehrheit seiner Partei unter. In einem Brief an einen befreundeten Kollegen schrieb er, »daß ich [diese Entscheidung] nur der Partei zuliebe bringe ... Deshalb bin ich an Bord unseres Schiffes geblieben, um, wenn die schwarz-weiß-rote Fahne niedergeht, wenigstens die schwarz-rot-goldene Fahne [!] zu hissen und nicht die Schande mitzumachen, daß schließlich auch von Bord der alten nationalliberalen Flotte das rote oder rötliche Banner einer internationalen Demokratie weht.« Er bemerkte auch, daß er, sollte er seine oppositionelle Haltung beibehalten, möglicherweise aus der Partei ausgeschlossen würde.[27]

Während diese Verhandlungen noch geführt wurden und in der Stadt immer noch Unruhe herrschte, erschien am 16. November im *Berliner Tageblatt* ein von 60 Liberalen, zumeist renommierten Akademikern, unterzeichneter Aufruf, der die Gründung einer neuen Partei vorsah. Er war offensichtlich einige Tage zuvor bei einem Treffen im Haus von Theodor Wolff, des Chefredakteurs des *Berliner Tageblatts*, konzipiert worden. Die Unterzeichner kritisierten die militärische und politische Führung, die ihrer Ansicht nach den Staat zerstört hatte. Wolff und seine einflußreiche Zeitung waren von Beginn des Kriegs an gegen annexionistische Bestrebungen gewesen. Er hatte 1915 zu den sogenannten »Delbrück-Petitionisten« gehört, die den Verzicht auf Annexionen verlangten und den defensiven Charakter des Krieges betonten, und 1917 zu den führenden Persönlichkeiten, die für einen Verhandlungsfrieden eingetreten waren. Während er Stresemanns Bemühungen um innenpolitische Reformen unterstützt hatte, hatte er sich für die Republik ausgesprochen und Stresemanns Verteidigung einer konstitutionellen Monarchie abgelehnt. Es muß Stresemann erheblich beunruhigt haben, daß zu den Unterzeichnern des Aufrufs im *Berliner Tageblatt* Richthofen, List und mehrere andere Kollegen von der NLP sowie zwei prominente Fortschrittliche,

6. Niederlage und Revolution

darunter ihr Vorsitzender Fischbeck, zählten.[28] Bevor sich die beiden Delegationen vertagten, nahmen sie Wolffs Initiative zur Kenntnis und signalisierten trotz der Vorbehalte von Stresemann, Friedberg und Naumann Bereitschaft, mit den Führern dieser neuen Partei zusammenzutreffen.[29]

Die Sitzung der drei Gruppen fand am 18. November statt. Es wurde anscheinend kein Protokoll geführt, und die Erinnerungen der Beteiligten weichen ziemlich voneinander ab. Die neue Partei nannte sich Deutsche Demokratische Partei (DDP) und bestand vorwiegend aus Intellektuellen, die über wenig politische Erfahrung verfügten. Neben Wolff war einer der Köpfe dieser Partei Alfred Weber, der Bruder des berühmten Soziologen Max Weber, der sich ebenfalls einen Namen als Universitätsprofessor gemacht hatte und für seine rigiden Auffassungen bekannt war. Zu den Teilnehmern von seiten der DDP gehörte zu Stresemanns Bestürzung auch sein Schwager und ehemaliger Kollege im »Hansa-Bund«, Kurt Kleefeld, sowie Hjalmar Schacht, die beide bei den Jungliberalen eine wichtige Rolle gespielt hatten.

Fischbeck, der die Diskussion leitete, erkannte die DDP als eine neue gleichberechtigte Partei neben der NLP und den Fortschrittlichen an. Hingegen griff Weber die beiden etablierten Parteien heftig an, indem er sie als »bankrott und des Vertrauens der Öffentlichkeit unwürdig« bezeichnete; er lehnte einen Zusammenschluß entschieden ab. Er sagte, die neue Partei solle nicht mit der Vergangenheit der NLP oder der Fortschrittspartei belastet werden, einen sauberen Schnitt machen und einzig Mitglieder aufnehmen, die die Republik und das liberale Programm der DDP, das am 16. November veröffentlicht worden war, voll und ganz vertraten. Die NLP sei eine die Partei der Machtpolitik, die aufgrund ihres Eintretens für Annexionen und den uneingeschränkten U-Boot-Krieg nicht regierungsfähig sei. Mit diesen Vorwürfen endete die Sitzung abrupt, und damit war die Möglichkeit einer Verschmelzung der drei Parteien ausgeschlossen.

Am nächsten Tag erklärte Robert Friedberg, er sei zwar bereit, mit den Fortschrittlichen zusammenzugehen, aber weitere Gespräche mit Wolff und Weber hielt er für sinnlos. Und Fischbeck faßte die Ansichten seiner Parteikollegen zusammen, als er zum Schluß sagte: »Wir können ohne die Demokratie nicht auskommen, unsere Leute laufen sowieso nach links ... Wenn sich außerhalb von uns noch eine demokratische Partei bildet, sind wir verloren.«[30] Aufgrund dieser Erkenntnis zogen die Führer der Fortschrittspartei ihren Vorschlag zurück, sich mit der NLP zu vereinigen.

Am 20. November, dem offiziellen Gründungstag der DDP, konnte sie sogleich die meisten Mitglieder der Fortschrittspartei sowie Richthofen, Junck, List und andere Prominente aus den Reihen der NLP gewinnen. Stresemann räsonierte angesichts des bevorstehenden Zusammenbruchs der Partei, der er einen großen Teil seines Lebens gewidmet hatte: »Spaltung nat. lib. Partei ... Tief deprimiert über Abfall früherer Freunde.«[31] Um weitere Übertritte zu verhindern und sich von der jetzt diskreditierten Vergangenheit ihrer Partei zu distanzieren, kündigten Friedberg und Stresemann schleunigst die »Sprengung der alten Parteiformen« an und forderten den »Zusammenschluß des deutschen Volkes auf neuer Grundlage ... auf nationaldemokratischer Grundlage«. So gründeten sie am 22. November die Deutsche Volkspartei (DVP) und forderten alle ehemaligen Mitglieder der NLP und der Fortschrittspartei auf, gemeinsam für »Freiheit, Ordnung und Gemeinwohl zu kämpfen«.[32] Gleichzeitig stellte Friedberg fest, daß er niemals eine Zusammenarbeit mit Weber akzeptieren würde.

Trotz gemeinschaftlicher Anstrengungen konnten Stresemann und Friedberg in den nächsten Tagen nur eine Handvoll NLP-Mitglieder und noch weniger Mitglieder der Fortschrittspartei für das neue Projekt erwärmen. Die meisten regionalen Parteiorganisationen der NLP ignorierten diese Initiative und blieben entweder der alten Partei treu oder traten in großer Zahl zur DDP über. Stresemann, Friedberg und die anderen Nationalliberalen, die die DVP gegründet hatten, befanden sich so in der anomalen Situation, daß sie an der Spitze von zwei politischen Parteien standen, von denen die eine nur dem Namen nach existierte und die andere am

6. Niederlage und Revolution

Rande der Auflösung stand, wie der amerikanische Historiker Henry A. Turner konstatierte.[33]

Als Reaktion auf die anhaltenden Angriffe Webers versicherte Stresemann, weder er noch Friedberg hätten die Zusammenlegung mit der DDP aus persönlichen Gründen verhindert. Wie schon in seinem Brief an einen Kollegen, wiederholte er, »daß an meiner Person die Einigung nicht scheitern sollte, da ich es vorziehen würde, einige Jahre aus dem politischen Leben auszuscheiden, daß ich es aber ablehnen müsse, mit dem Chefredakteur des *Berliner Tageblatts* zusammenzuarbeiten«. Mit Rekurs auf den »Dolchstoß« schloß Stresemann: »Ob wir uns in unserer Auffassung der Kriegspolitik geirrt haben, darüber ist das letzte Wort auch nicht gesprochen. Die Geschichte dieses Krieges wird geschrieben werden, und rückblickende Kritik wird eines feststellen, daß der Zusammenbruch der Heimat auch den Zusammenbruch der Front herbeigeführt hat, die sich so tapfer hielt. An dieser Zersetzung der Heimat hat niemand so eifrig mitgewirkt als das *Berliner Tageblatt*.«[34]

Bei seinen Behauptungen über das Versagen der Heimatfront übersah Stresemann geflissentlich die Tatsache, daß Ludendorff und die Oberste Heeresleitung darauf gedrängt hatten, am 2. Oktober einen sofortigen Waffenstillstand zu fordern, als die Frontlinie noch auf französischem Territorium gehalten wurde. Es war dieses Eingeständnis der militärischen Niederlage, das zur Auflösung der Disziplin in den Streitkräften führte und das Land in Chaos und Verwirrung stürzte. Und dennoch war es dieser irrige Vorwurf des Zusammenbruchs der Heimatfront, der von Offizieren sowie Nationalisten später zur »Dolchstoßlegende« gemacht wurde.

In einem Brief, den Stresemann am nächsten Tag an Schacht richtete, betonte er noch einmal, daß seine persönlichen Ambitionen nicht der Grund für das Scheitern der Verhandlungen mit den Führern der DDP gewesen seien, und meinte, »die Forderung, daß politisch belastete Persönlichkeiten in der neuen Partei nicht in führende Stellung kommen sollten, ist von nationalliberaler Seite nicht abgelehnt«.

Schacht, der zur DDP übergetreten war, schrieb am Ende seiner Erwiderung, er würde es »sehr bedauern, daß unsere politischen Wege fortan auseinandergehen, gebe mich aber der Hoffnung hin, daß unsere persönlichen Beziehungen davon nicht berührt werden«.[35]

Am 2. Dezember, als Stresemann zu einer Sitzung des »Verbands Sächsischer Industrieller« nach Dresden gefahren war, trafen Friedberg und sein Kollege Eugen Leidig, die sich Sorgen um die Lebensfähigkeit der neuen DVP machten, mit Fischbeck und Schacht von der DDP zusammen, um ein letztes Mal zu versuchen, eine Einigung zu erzielen. Friedberg hatte in der Vergangenheit in den meisten innenpolitischen Fragen rechts von Stresemann gestanden, wodurch die beiden Männer sich im Laufe der Zeit entzweiten. Sie hatten zwar die gleichen Auffassungen in bezug auf die Kriegsziele und das Versagen von Bethmann Hollweg, doch war Friedberg früher als sein aggressiverer Kollege für einen Verhandlungsfrieden eingetreten. Auch weil Friedberg nicht so sehr im Rampenlicht stand, war er seltener als Stresemann den Angriffen von Wolff und Weber ausgesetzt. Und so war, wie wir wissen, nicht Stresemann, sondern Friedberg 1917 zum Nachfolger Bassermanns als Parteivorsitzender gewählt worden.

Vor seiner Abfahrt nach Dresden hatte Stresemann Friedberg davon in Kenntnis gesetzt, welche Minimalvoraussetzungen seiner Ansicht nach für einen Zusammenschluß gegeben sein müßten. Dazu gehörte seine Bereitschaft, keine führende Rolle anzustreben, solange gewährleistet war, daß auch der rechte Flügel der NLP angemessen vertreten war. Das Treffen dauerte bis zum Nachmittag des 3. Dezember. Während Friedberg anfangs gefordert hatte, daß 22 Mitglieder der NLP im Vorstand vertreten sein sollten, kapitulierte er schließlich und erklärte sich mit höchstens vier Vertretern einverstanden, zu denen er, aber nicht Stresemann gehören sollte. Leidig, der diese Bedingungen zurückwies, bemerkte später: »[Friedberg] hatte zu der Zukunft der [DVP] kein Vertrauen.« Nicht zuletzt weil »kein Geld zur Führung des Wahlkampfs« zur Verfügung stand.[36]

6. Niederlage und Revolution

Am Spätnachmittag des 3. Dezember kehrte Stresemann nach Berlin zurück und erfuhr von dem für ihn unerfreulichen Ergebnis dieser Verhandlungen. Am selben Abend teilte Friedberg den örtlichen NLP-Mitgliedern mit, daß er mit der Verschmelzung von NLP und DDP einverstanden sei, nachdem er schon die Presse von dem Ergebnis unterrichtet hatte. Stresemann vermerkt in seinem Tagebuch: »Friedberg vollzieht Kapitulation vor demokratischer Partei.«[37] Da er über den Verrat, den Friedberg seiner Ansicht nach begangen hatte, empört war und da ihm klar war, daß die neue Partei in keiner Weise die traditionellen Prinzipien der NLP repräsentieren würde, focht Stresemann den Zusammenschluß an und schloß ein persönliches Engagement in der neuen Partei aus. Angesichts der zahlreichen Übertritte von NLP-Mitgliedern, des organisatorischen Durcheinanders und der offensichtlich schlechten Startbedingungen der DVP sah er keine andere Möglichkeit, als seine politische Karriere aufzugeben, die er über zehn Jahre lang so zielstrebig verfolgt hatte.

Wiederholt warfen Friedberg und andere Stresemann vor, er hätte den Zusammenschluß mit der DDP abgelehnt, weil er für sich selbst keine Gelegenheit sah, eine führende Rolle zu übernehmen. Es gibt jedoch allen Grund zu der Annahme, daß er im November tatsächlich bereit war, gegebenenfalls seine politischen Ambitionen zu opfern, wenn dies den Zusammenschluß mit der Fortschrittspartei erleichtert hätte, und den völligen Ausschluß von allen Parteigremien der DDP zu akzeptieren, wenn dadurch eine faire und tragfähige Lösung ermöglicht worden wäre.

In mehreren Briefen an Kollegen machte Stresemann seiner Enttäuschung und seinem Ärger Luft, während er zugleich die Notwendigkeit einsah, persönliche Überlegungen dem künftigen Wohlergehen der Partei nachzuordnen. In einem Brief vom 1. Dezember, vor Friedbergs »Kapitulation«, schrieb er:

> Ich nehme an, daß diese Verhandlungen zu einem Ergebnis führen werden und daß damit Ihr Wunsch erfüllt sein wird.

Ich habe sowohl bei den bisher geführten Verhandlungen, wie bei den neu eingeleiteten betont, daß die Einigung an Personenfragen nicht scheitern dürfe – alle entgegenstehenden Mitteilungen widersprechen den Tatsachen –, und ich werde in Konsequenz dieser Tatsache auch von einem Eintritt in irgendeinen der von der Demokratischen Partei gebildeten Ausschüsse absehen, da die Demokratische Partei selbst diese Forderung als Vorbedingung für eine Einigung stellt.[38]

Ähnlich äußerte er sich am 3. Dezember, als er auf seine Bereitschaft hinwies, denjenigen Vertretern des linken Flügels Platz zu machen, die nicht durch ihren Glauben an einen deutschen Sieg belastet seien.[39] Ja, um der Geschlossenheit der Partei willen war er bereit, einfaches Parteimitglied zu sein. Doch die Art und Weise, wie der Zusammenschluß zustande kam, die Ämterverteilung und der Programmentwurf der linksorientierten Führungsspitze der DDP waren mehr, als er hinnehmen konnte. Tief getroffen durch die Abkehr so vieler Freunde und die scharfen Angriffe seiner Gegner, flüchtete er sich in seine Verbandsarbeit und in die Tätigkeiten, die er in führender Stellung in der Industrie ausübte.

Binnen weniger Tage erhielt Stresemann jedoch wieder Auftrieb durch die unverhoffte Solidarität von Kollegen aus Hannover und mehreren anderen regionalen NLP-Organisationen, die erbost über die plötzliche »Kapitulation« ihrer Partei und die arrogante Behandlung Stresemanns, Leidigs, Riessers und anderer treuer NLP-Mitglieder waren. Während der süddeutsche liberale Flügel der Partei, darunter Stresemanns Freunde in Sachsen, die DDP unterstützten, kritisierten führende Gruppen aus Hannover, Bremen, Hamburg und Westfalen dies als einen Verrat an der Tradition der NLP. Der dadurch wieder ermutigte Stresemann beschloß, die wenigen Kräfte der DVP zu mobilisieren und den Kampf mit Friedberg um die durchaus noch lebensfähige bisherige Partei aufzunehmen.[40]

Am 5. Dezember fuhr Stresemann nach Hannover, wo die Provinzialorganisation ihm ihre Unterstützung zusicher-

6. Niederlage und Revolution

te und die Position des Parteivorsitzenden Friedberg ablehnte. Unterdessen hatte Friedberg für den 15. Dezember eine Sitzung des Parteivorstands einberufen, um die formelle Zustimmung zur Vereinigung zu bekommen und die Auflösung der daniederliegenden Partei zu erreichen, wodurch er die gesamte Organisation auf seine Seite zu ziehen gedachte. Doch drei Tage vor dieser Sitzung gerieten Stresemann und Friedberg heftig aneinander, und die Berliner Organisation billigte das Zusammengehen der NLP mit der jetzt aktivierten DVP. In dieser gestärkten Position setzte Stresemann zahlreiche Briefe auf und führte eine Reihe von Telefongesprächen, in denen er Friedberg Vorhaltungen machte und die regionalen Parteiorganisationen um Unterstützung bat.

Vor dem Hintergrund dieser Auseinandersetzungen trat der Parteivorstand in Berlin am 15. Dezember zum letzten Mal zusammen, und auf der Tagesordnung stand nur ein Punkt: Auflösung oder Zusammenschluß mit der DVP. Aufgrund revolutionärer Aktionen und damit verbundener Störungen des Eisenbahnverkehrs konnten nur 61 von den 229 Mitgliedern an der Sitzung teilnehmen. Als Reaktion auf die Angriffe Friedbergs und seiner Verbündeten beschwerte sich Stresemann über die persönlichen Beschimpfungen, das willkürliche Vorgehen und die wenig durchdachte politische Plattform, deretwegen er die DDP abgelehnt hatte; sodann verteidigte er abermals seine während des Kriegs vertretene Position. Danach standen zwei Vorschläge zur Abstimmung: Der von Weber forderte die sofortige Auflösung, der von Stresemanns altem Freund und Förderer vom linken Parteiflügel, Paul Vogel, eingebrachte sah vor, die Partei unter dem Dach der Deutschen Volkspartei weiterzuführen. Mit einer knappen Mehrheit von 33 zu 28 Stimmen wurde letzterer angenommen. Bei einem Treffen von Anhängern der DVP am Spätnachmittag im Hotel Savoy wurde offiziell die Gründung der DVP beschlossen.[41]

Damit war der Weg zur Bildung einer einheitlichen liberalen Partei versperrt, die eine große Bandbreite von Mittelschichtinteressen vertreten und möglicherweise einen mäßigenden Einfluß auf die wechselvolle politische Entwicklung der Weimarer Republik ausgeübt hätte. Die Konfrontation von Persönlichkeiten, die inmitten der Kriegswirren und der Revolution zu dieser bedauerlichen Spaltung führte, war später Gegenstand zahlreicher Debatten. Es liegt jedoch auf der Hand, daß die von Wolff, Weber und ihren Kollegen vertretenen Positionen von entscheidender Bedeutung für das Scheitern waren.

Georg Bernhard, der damalige Chefredakteur der *Vossischen Zeitung* und späteres Mitglied der DDP, stellte betrübt fest, daß der »engherzige Doktrinarismus« Wolffs und seiner Gruppe für den Ausschluß der »begabtesten aller verfügbaren Parlamentarier« verantwortlich war. Weiter schrieb er: »Was damals geschah, wurde deshalb schließlich so wichtig, weil diese Splitterrichterei politischer Phantasien verhinderte, daß eine einheitliche, entschlossen republikanische Partei in die Nationalversammlung einziehen konnte.«[42] Viele Jahre später dachte Wolff selbst über die Entscheidung nach, Stresemann aus seiner neuen Partei auszuschließen:

> Im November 1918 konnte man in keinem Zauberspiegel den Stresemann von 1925 sehen, sondern man sah nur den Stresemann, der während des Kriegs ein Annexionist und ein Anhänger von Tirpitz gewesen war ... und ich hätte nicht anders gehandelt, denn die Mehrzahl der Wähler, auf die man rechnete, hätte doch nur das Gegenwartsbild gelten lassen, und einer Partei, auf deren Liste ein mit solchen Irrtümern belasteter Kandidat stand, ihre Stimme nicht geben wollen ... und in der Periode, in der ich ihm dann politisch und menschlich nahe kam ... war es mir eine nicht angenehme Erinnerung.[43]

Sogar Professor Webers Feindseligkeit legte sich im Laufe der Zeit. Zehn Jahre später, 1928, verhalf er Stresemann zur Ehrendoktorwürde der Heidelberger Universität. Doch die Würfel waren gefallen, und trotz mehrerer Versöhnungsgesten sollten die beiden Parteien nie die persönlichen Gegensätze überwinden oder einen gemeinsamen Nenner finden.

6. Niederlage und Revolution

Einen Tag, nachdem Stresemann die Gründung der DVP bekanntgegeben hatte, fand der Kongreß der Arbeiter- und Soldatenräte statt. Eine überwältigende Mehrheit unterstützte Scheidemanns Vorschlag, am 19. Januar die Wahl zur Nationalversammlung abzuhalten. So würde Stresemann nur knapp einen Monat Zeit haben, um seine Partei zu sammeln und einen Wahlkampf zu organisieren. In diesem Zeitraum kam es immer wieder zu gewalttätigen Aktionen der Spartakisten, die die Gefahr eines Bürgerkriegs schürten und die Kommunikationssysteme unterbrachen.

Auf der dann folgenden »Tour de force« sammelte Stresemann diejenigen Anhänger der alten NLP, die aus diesem oder jenem Grund Friedbergs Angebot ablehnten. In diesem Sinne war die DVP gleichsam eine negative Schöpfung, denn es waren nicht gemeinsame Ziele, die ihre Mitglieder einten, sondern sie war vor allem eine Strategie zum politischen Überleben der Beteiligten.[44] Außer Leidig, Riesser, Rudolf Heinze und Paul Vogel, die von Anfang an auf seiner Seite gewesen waren, konnte Stresemann Mitstreiter aus fast allen politischen Strömungen der früheren NLP gewinnen. Doch ihre Zahl war insgesamt gering, und wie sich herausstellte, standen die meisten noch weiter rechts als er. Zudem war das durch die Übertritte geschaffene organisatorische Vakuum geographisch ungleich verteilt. Noch am 6. Januar war Stresemann nicht klar, auf welche regionalen Organisationen der NLP er zählen konnte. Hinzu kam, daß die finanziellen Mittel sehr knapp waren, es faktisch kein rhetorisches Talent gab, kaum eine Zeitung die neue Partei unterstützte und von den Führern der DDP ständig scharfe Angriffe ausgingen. Abgesehen von Albert Vögler und Hugo Stinnes, wurde die DVP nur von einigen rheinisch-westfälischen Industriellen unterstützt, denn die meisten Unternehmer hatten der DDP finanziell unter die Arme gegriffen, die sie für das vielversprechendste Bollwerk gegen die sozialistischen Parteien hielten. Erschwert wurde die Situation auf nationaler Ebene dadurch, daß Stresemann sich um seine eigene Wiederwahl in seinem entlegenen Wahlkreis Aurich bemühen mußte.

Das Parteiprogramm der DVP basierte weitgehend auf den Prinzipien, die Stresemann in der alten NLP verfochten hatte. In seiner Rede in Osnabrück am 19. Dezember, die später in *Deutsche Stimmen* und in seiner Broschüre *Von der Revolution bis zum Frieden von Versailles* abgedruckt wurde, sowie in den meisten seiner späteren Reden führte er diese Grundsätze aus: Er vertrat eine Ideologie der Mitte, die in ihrem Kern bürgerlich und antisozialistisch war, individuelle Freiheit und freies Unternehmertum forderte und für nationale Einheit und Nationalstolz eintrat. Ihm war bewußt, daß sein Programm sich von dem der DDP unterscheiden mußte, die er als Hauptkonkurrenten um die Wählergunst der Mittelschicht betrachtete. Folglich hielt er u. a. gegen das uneingeschränkte Bekenntnis der DDP zur Republik, ihr Bemühen um eine Annäherung an die Sozialdemokraten, ihre pazifistischen Tendenzen und gegen ihre offensichtliche Unterordnung unter das Diktat der Alliierten.

Die DVP hatte sich also die Wiederherstellung eines starken, geeinten und unabhängigen Deutschland zum Ziel gesetzt. Sie bekannte sich klar zu dem in der Verfassung von Payers vorgesehenen beschränkten Volkskaisertum und zur schwarz-weiß-roten Fahne, die für Stresemann die einstige Größe der Nation symbolisierte. In seiner Rede in Osnabrück appellierte er entsprechend: »Sorgen wir, daß der Weg dahin führt, Deutschland einmal wieder stolz und mächtig in der Welt zu machen, wie es war ... wollen wir festhalten an dem, was uns von den alten Idealen des vergangenen Deutschlands geblieben ist und es hinüberretten in eine neue Zeit.«[45]

Die republikanische Staatsform wurde zwar als gegebene Realität hingenommen, doch in ihr war die Massendemokratie angelegt, die nach Stresemanns Auffassung die individuellen Freiheiten bedrohte und der nationalen Einheit schaden konnte. Während er dieses Thema bei republikanisch eingestellten Zuhörern vermied, machte er bei anderen Gelegenheiten keinen Hehl daraus, daß er für die Wiederherstellung des Hohenzollern-Kaisertums im Rahmen einer konstitutionellen Monarchie war. Auf die Frage eines Kollegen antwortete er:

6. Niederlage und Revolution

Ich habe in fast jeder meiner Versammlungen betont, daß ich Monarchist war, Monarchist bin und bleiben werde. Etwas ganz anderes ist die Frage, ob jetzt die Möglichkeit besteht, die Monarchie wiederherzustellen. Wenn dies nur durch den Bürgerkrieg möglich sein sollte, wird man im Interesse dessen, daß unser Land nicht weiter zerfleischt werden darf, davon absehen müssen, denn erst kommt das Reich und dann die Monarchie. Aber ich bin mir noch gar nicht so klar darüber, ob nicht bald eine Zeit kommen wird, in der das Volk ... die Monarchie zurückrufen wird. Für mich war die Zeit des kaiserlichen Deutschland die Zeit höchster Erhebung und Freude, und ich bedaure auf das Tiefste den Niederbruch des Monarchischen.[46]

In einem späteren Brief wiederholte Stresemann seine Weigerung, »in einer Partei zu bleiben, die von mir etwa forderte, daß ich mich grundsätzlich als Republikaner bekennen soll«.[47] Der seinen Prinzipien treue Stresemann erregte in politischen Kreisen und in seiner eigenen Partei Unmut, als er dem ehemaligen Kaiser Wilhelm II. am 28. Januar im Namen der Partei ein Glückwunsch-Telegramm zum 60. Geburtstag schickte, in dem es unter anderem hieß:

Wir gedenken aber auch der Worte, die an der Spitze des alten Nationalliberalen Parteiprogramms standen: Für Kaiser und Reich, gedenken aber auch in liebevoller Erinnerung der großen Zeit.

Am meisten allerdings störte ihn, daß die sozialistischen Ideale immer mehr Zuspruch in der Bevölkerung fanden. Eine Annäherung an die Arbeiter- und Soldatenräte und ihre Programme war für Stresemann tabu: »Wir bekennen uns offen als bürgerliche Partei und als grundsätzliche Gegner der Sozialdemokratie«, obwohl es Kräfte in der DDP gab, die mit dieser liebäugelten. »Ich glaube, daß von rechts her gar keine Gefahren drohen, stehe aber auf dem Standpunkt, daß wir von einer sozialistischen Welle bedroht werden, die nach unserer Überzeugung jede persönliche Freiheit vollkommen unterdrückt.«[48] Für Stresemann war es fraglich, »ob man überhaupt noch Demokrat sein kann, ohne Sozialdemokrat zu werden.«[49] Mit anderen Worten: Die Republik und der Sozialismus waren für ihn praktisch dasselbe.

Vor dem Hintergrund anhaltender gewaltsamer Auseinandersetzungen – die sich insbesondere in den Tagen vor der Wahl steigerten – setzte die DVP mit relativ geringen finanziellen Mitteln ihren etwas übereilten Wahlkampf fort, der sich vor allem gegen die DDP richtete und die Konservativen weitgehend unbeachtet ließ, die sich, genau wie die Zentrumspartei und die SPD, neu konstituiert hatten und sich jetzt Deutschnationale Volkspartei (DNVP) nannten.

Nachdem auf den Straßen Berlins erst wenige Stunden zuvor Ruhe und Ordnung wiederhergestellt worden waren, fanden die Wahlen zur Nationalversammlung wie geplant am 19. Januar ohne schwerwiegende Zwischenfälle statt. Ihre Rechtsgrundlage bildete ein provisorisches Gesetz, das vom Kongress der Arbeiter- und Soldatenräte erlassen worden war und allgemeines Wahlrecht und Verhältniswahl vorsah. Obwohl in elf Bezirken keine DVP-Kandidaten aufgestellt worden waren und in 21 Bezirken der DVP-Kandidat sich nur unter seinem eigenen Namen zur Wahl gestellt hatte, erhielt die Partei ungefähr 1,4 Millionen Stimmen bzw. 4,4 % aller abgegebenen Stimmen, so daß in der Nationalversammlung, die 421 Mitglieder zählte, 22 Abgeordnete der DVP saßen. Die wesentlich besser organisierte und finanzkräftigere DDP erhielt etwa 18,6 % der Stimmen, die 75 Abgeordneten entsprachen, während die Sozialdemokraten und die Unabhängigen Sozialdemokraten mit nur 185 Sitzen unerwarteterweise keine Mehrheit erzielten. Dennoch stellte der Wahlerfolg der Sozialdemokraten, der DDP und der Zentrumspartei eine machtvolle Unterstützung der Parteien dar, die für die Republik geworben hatten.

Angesichts der früheren Wahlerfolge der NLP und des guten Abschneidens der neuen DDP konnte das Wahlergebnis nur entmutigend sein. Während Stresemann seinen Sitz mühelos gewonnen hatte, konnte seine Partei einzig in den nordwestlichen Teilen des Landes Fuß fassen – im Rhein-

6. Niederlage und Revolution

land, in Westfalen, Niedersachsen, Hessen und in der Pfalz. Anderswo trat sie kaum in Erscheinung. Schadenfroh nahm Stresemann zur Kenntnis, daß die Sozialdemokratie trotz »äußerst günstiger Bedingungen« keine Mehrheit und die DDP die vorausgesagten hundert Sitze nicht errungen hatte. Ihm dagegen war es sozusagen aus dem Stand gelungen, innerhalb einiger Wochen eine Partei ins Leben zu rufen, die sogleich Einfluß auf die Regierungspolitik ausüben konnte. Und im Gegensatz zu seinen Erfahrungen in der NLP war diese Partei seine Partei; auch wenn es im Laufe der Jahre zu heftigen Meinungsverschiedenheiten kommen sollte, sollte er die zentrale Gestalt bleiben und die politische Ausrichtung und öffentliche Darstellung der Partei maßgeblich bestimmen.

Kapitel 7

Die Nationalversammlung

Am 6. Februar 1919 trat die Nationalversammlung im Nationaltheater der Provinzstadt Weimar zusammen. Dieser abgelegene, beschauliche Ort wurde gewählt, um der in Berlin herrschenden Unruhe zu entgehen. Aber er hatte natürlich auch eine symbolische Bedeutung. Kessler, der der Sitzung beiwohnte, meinte ironisch: »Zu hohen Geistesflügen reizt es nicht an ... Danton oder Bismarck würden in diesem niedlichen Rahmen ungeheuerlich wirken ... Bisher ist der Eindruck der einer Sonntagnachmittagsvorstellung in einer kleinen Residenz.«[1]

Carl Severing, der gestandene Sozialdemokrat von der Ruhr, der später preußischer Innenminister werden sollte, zeichnete dagegen ein anderes Bild:

> Die schöne und sonst so stille Goethe-Stadt war in den Monaten der Parlamentsverhandlungen übervölkert. Der ständige Zustrom neuer Gäste raubte ihr ihre idyllische Ruhe ... Wenn nur die Nachrichten aus dem Lande erfreulicher gewesen wären ... Da verging nicht ein Tag, der nicht von neuen politischen Erschütterungen des Wirtschaftslebens, von neuen Zerklüftungen berichtet hätte. Generalstreik in Sachsen, Generalstreik in Thüringen, Generalstreik und Räterepublik in Bayern ... Verstärkte Agitation der Spartakisten.[2]

Nach mehreren Tagen, die von Reden und organisatorischen Manövern erfüllt waren, beschloß die Versammlung das Gesetz über die vorläufige Reichsgewalt. Am 11. Februar wurde Friedrich Ebert mit überwältigender Mehrheit zum

7. Die Nationalversammlung

Reichspräsidenten gewählt. Tags darauf erklärte sich Wolffs *Berliner Tageblatt* zur bedingten Anerkennung der Regierung bereit. Die deutschen Gewerkschaften, so schrieb die Zeitung, hätten zwar keine brillanten Persönlichkeiten hervorgebracht, wohl aber einen klaren und kritischen Geist.[3]

Scheidemann, Eberts redegewandter Partner, der am 13. Februar zum Kanzler gewählt wurde, bemerkte später, Stresemann habe Eberts Rede nach seinem Amtsantritt als armselige Anstrengung zugunsten der eigenen Partei abgetan.[4] Scheidemann verteidigte in seiner Rede energisch die Revolution und die Republik und forderte den raschen Abschluß eines Friedensvertrags auf der Basis von Wilsons 14 Punkten sowie eine geeinte Nation mit einer starken Zentralregierung, was sogar von den Unabhängigen Sozialdemokraten stillschweigend gutgeheißen wurde. Zum Schluß kündigte er die Bildung einer Regierung mit 13 Mitgliedern an, von denen sieben der SPD, drei der katholischen Zentrumspartei und drei der DDP angehören sollten. Stresemann und seine DVP blieben außen vor. Der SPD-Mann Gustav Noske wurde Reichswehrminister und war als solcher für die Freikorps und den wieder aufzubauenden Militärapparat zuständig. Erzberger vom Zentrum wurde Minister ohne Geschäftsbereich und Schiffer, Stresemanns alter Gegenspieler, wurde zum Finanzminister ernannt. Hugo Preuss von der DDP wurde Innenminister und sollte eine wichtige Rolle bei der Ausarbeitung der neuen republikanischen Verfassung spielen. Basis war die sogenannte Weimarer Koalition, die diejenigen Links- und Mittelparteien umfaßte, die für die Friedensresolution vom Juli 1917 eingetreten waren und sich danach beharrlich um eine demokratische Verfassungsreform bemüht hatten.

Es ist bemerkenswert, daß die politischen Parteien und Persönlichkeiten, die sich in Weimar versammelten, ihren wilhelminischen Vorgängern ähnelten, von einigen kleinen Veränderungen abgesehen. Ganz rechts stand, wie schon zuvor, das Bündnis von ostelbischen Großgrundbesitzern und den potenten Wirtschaftsführern von der Ruhr. Ihre ehemalige Konservative Partei, die sich in Deutschnationale

Volkspartei umbenannt hatte, wurde nur durch das unbeirrte Eintreten für die Wiedererrichtung einer autokratischen Monarchie, der Armee und all der anderen Institutionen geeint, die ihre Interessen vor dem Krieg geschützt hatten. Sie waren bis zum Schluß erbitterte Gegner des Versailler Vertrags und der republikanischen Verfassung, und da sie unrealistische Positionen vertraten, begriffen sie weder die Konsequenzen der totalen Niederlage noch die Bedeutung der sozialistischen Bewegung, die das Land erfaßt hatte. In ihrem Machthunger versuchten sie mehrfach, Stresemanns DVP für ein rechtsbürgerliches Bündnis zu vereinnahmen.

Die Zentrumspartei verfolgte weiterhin ihre beschränkten katholischen Interessen, die ihr eine stetige und verläßliche Wählerunterstützung garantierten und sie in die Lage versetzten, in fast jeder Regierung eine recht einflußreiche Stellung einzunehmen. Da sie zu den meisten Fragen, die über ihre Basis im katholischen Bayern und Rheinland hinausgingen, opportunistisch eingestellt war, konnte ihre Stimme nicht überhört werden. Und in den letzten Kriegsjahren war diese Stimme Matthias Erzberger, dessen führende Rolle beim Abschluß des Waffenstillstandsabkommens und bei den Friedensverhandlungen ihn in den Augen vieler für immer zum Verräter an seinem Land machte.

Der neu gebildeten DDP, die sich weitgehend aus ehemaligen Mitgliedern der Fortschrittspartei und des linken Flügels der NLP rekrutierte, fehlte es an Führungspersönlichkeiten mit praktischen Erfahrungen – eine Situation, die durch den frühen Tod von Friedrich Naumann noch verschlechtert wurde. Hugo Preuss wirkte noch an der Ausarbeitung der Verfassung mit, danach sollte die Partei im Laufe der Jahre in der Bedeutungslosigkeit versinken. Persönlicher Ehrgeiz, unrealistische Ziele und Differenzen unter den führenden Leuten verhinderten ein Zusammengehen mit der DVP und somit die Bildung einer geschlossenen und handlungsfähigen bürgerlichen Mittelpartei.

Und dann gab es natürlich noch das Sammelbecken der Sozialdemokratie. Fest in den Gewerkschaften verankert

7. Die Nationalversammlung

und nach dem Krieg in einem seltsamen Bündnis mit der Groener vereint, bemühte sich die SPD, die nur begrenzte Erfolge aufweisen konnte, um die Rückgewinnung der radikaleren Anhänger, die in der USPD organisiert waren. Die »Unabhängigen« vertraten höchst unterschiedliche linke Ideologien und unterstützten gelegentlich die Rätebewegung, die Spartakisten und später die Kommunisten. Nach einer Epoche fehlgelenkten revolutionären Eifers einer unfähigen Führungsspitze kehrten die meisten Mitglieder schließlich wieder in den Schoß der mehrheitssozialistischen Partei zurück, während der Rest sich den Kommunisten anschloß.

Die Spartakisten, die die Revolution ausgelöst hatten und in den meisten Teilen des Landes das leninistische Modell der Arbeiter- und Soldatenräte anstrebten, gingen in der Anfang Januar 1919 gegründeten Kommunistischen Partei (KPD) auf – die sich ihrerseits nach wenigen Wochen den Bolschewisten in Rußland unterordnete. Unter dem Einfluß von Karl Radek weigerten sie sich, 1919 an den Wahlen zur Nationalversammlung teilzunehmen, und obwohl sie sich bei den Wahlen von 1920 wieder am politischen Prozeß beteiligten, blieben sie auf Jahre eine politische Kraft, die die Republik bekämpfte.

Das Verhältniswahlrecht, das in der Weimarer Republik galt, stellte sicher, daß dieses breite, aber in sich starre Spektrum von Parteien, die an den extremen Rändern die Republik beseitigen wollten, im Parlament vertreten war. Bei den vier Wahlen zum Reichstag, die zwischen 1920 und 1928 stattfanden, sollte sich keine Mehrheitspartei bilden. Infolgedessen waren Koalitionen unvermeidlich, wobei es manchmal sogar zu Minderheitskoalitionen kam, die eine kurze, passive, aber beschränkte Rückendeckung von außen bekamen. Diese prekäre Situation stachelte den Ehrgeiz einzelner Politiker an und reduzierte die öffentliche Diskussion allzu häufig auf persönliche Beschuldigungen. Die DVP-Fraktion, die in Weimar ankam, war bunt zusammengewürfelt, und viele Mitglieder kannten einander kaum. Die Partei, die 22 Abgeordnete entsandte, von denen einige als Unabhängige gewählt worden waren, stellte neben der USPD die kleinste Fraktion in der Nationalversammlung dar.[5] Sie war zwar nur halb so groß, wie die NLP im letzten Reichstag gewesen war, aber sie trat – zumindest für eine kurze Zeit – wesentlich geschlossener auf als ihre Vorgängerin, ganz zu schweigen von der DDP. Ihr gehörten Pastoren, Lehrer, Professoren, Geschäftsleute und Landwirte an. 18 Mitglieder hatten die Universität besucht, und 13 trugen einen Doktortitel. Nur drei Abgeordnete – Heinze, Riesser und Stresemann – waren schon Mitglieder des alten Reichstags gewesen.[6] Aufgrund der geringen Zahl, der knappen Geldmittel und der mangelnden Erfahrung stellte diese Fraktion keineswegs eine vielversprechende politische Basis dar, sie war ganz und gar auf die Person Stresemann ausgerichtet, und dieser war entschlossen, sie in nächster Zukunft zu einer Partei zu formen, die seinen politischen Tatendrang und seinen ideologischen Kurs würde befriedigen können.

Weder die Partei noch Stresemann wurden aufgefordert, in Scheidemanns Koalitionsregierung einzutreten, und sie hätten das gar nicht gewollt. Sie blieben bis zum Sommer 1920 scharfe Gegner der Regierung. Gleichzeitig standen sie auch den Absichten der rechtsgerichteten DNVP mißtrauisch gegenüber. Ihre Position läßt sich am besten als eine halb loyale Opposition beschreiben: Sie standen zwar auf dem Boden der von Ebert und Noske errichteten Ordnung, hingen aber noch sehr den traditionellen Überzeugungen der NLP an. Da viele ehemalige, links eingestellte Mitglieder zur DDP übergewechselt waren, war die neue Partei noch konservativer als ihre Vorgängerin. In der NLP hatte Stresemann ständig Probleme mit dem vollmundig auftretenden rechten Flügel gehabt. Als seine neue Partei wuchs und an Bedeutung gewann, machte ihm der rechte Flügel noch mehr zu schaffen. Die DVP war ursprünglich als die Partei von Besitz und Bildung konzipiert worden, doch der erstgenannte Aspekt trat immer mehr in den Vordergrund, da Stresemann allmählich Sympathie und Mittel der Schwerindustrie gewann.[7]

Stresemann ließ sich zum ersten Vorsitzenden wählen,

7. Die Nationalversammlung

während Heinze Fraktionsvorsitzender wurde, »damit ich nicht während der nächsten Monate dauernd an Weimar gefesselt bin«.[8] Diese Entscheidung wurde auch durch seinen Gesundheitszustand beeinflußt, der unter den Strapazen des kürzlichen Wahlkampfs gelitten hatte. Infolgedessen wohnte er den Sitzungen der Nationalversammlung nur gelegentlich bei und hielt dort nur ungern Reden; wenn er das Wort ergriff, dann zu den großen Themen des Versailler Vertrags und der Verfassung.

Heinze hatte mit Stresemann als neu gewählter Abgeordneter aus Dresden von 1907 bis 1912 im Reichstag gesessen, danach war er zum sächsischen Ministerpräsidenten gewählt worden. Er war zwar ein fähiger Jurist und verstand etwas von Verwaltungsfragen, doch fehlte es ihm an Einfühlungsvermögen und Phantasie, und trotz seiner großen politischen Erfahrung war er ein mäßiger Redner und ein farbloser Parlamentarier. Sein Verhältnis zu Stresemann kühlte in den späteren Phasen des Kriegs ab, als er, genau wie Friedberg, in innenpolitischen Fragen nach rechts rückte. Bassermann hatte ihm nie ganz vertraut, und innerhalb der DVP hatte er schnell eine »gewisse Distanz von Stresemann«, die noch dadurch vergrößert wurde, daß er im Sommer auf intrigante Weise das Zusammengehen der Partei mit der DNVP betrieb und 1923 die »halbbolschewistische« Regierung in Sachsen absetzte.[9] Das geradezu feindselige Verhältnis, das schließlich zwischen den beiden Männern entstand, brachte Heinze 1927 in einem Brief an seinen ehemaligen Parteifreund Wilhelm von Kardorff zum Ausdruck, in dem er sich auf die gerade erschienenen *Reden und Schriften* Stresemanns bezog: »Daß Sie mir das Gustav-Buch nicht geschenkt haben, ist sehr gut. Ich hätte wirklich nicht gewußt, wohin damit; denn eine Abteilung für Schund habe ich in meiner Bibliothek nicht eingerichtet.«[10]

Ein anderes schwieriges Mitglied der kleinen DVP-Fraktion war Albert Vögler, ein enger Mitarbeiter des immer mächtiger werdenden Industriellen Hugo Stinnes. Trotz seiner konservativen Neigungen und einem Mangel an politischer Sensibilität sollten Vöglers Verbindungen zur Elite der

Ruhr-Industriellen für die Partei zu einer wichtigen Finanzquelle werden. Da Stresemann wußte, daß diese Gelder von existentieller Bedeutung für die Partei waren, sorgte er dafür, daß Vögler zum Schatzmeister der DVP berufen wurde. Vöglers Jungfernrede vor der Nationalversammlung im Februar 1919 löste indes einen Proteststurm in der Partei aus, da sie ein unverhohlenes Plädoyer für nationalistische und monarchistische Zielsetzungen enthielt und die Liberalen desavourierte. Diese Kontroverse nahm an Vehemenz zu, als er Generaldirektor der mächtigen Vereinigten Stahlwerke und zum Exponenten ultrakonservativer Interessen wurde.

Nicht zuletzt unter dem Druck organisatorischer und finanzieller Erfordernisse rückte die Partei somit in den rechten Bereich des politischen Spektrums, und dies umso mehr, als Stresemanns engste und liberalere Kollegen von der NLP zur DDP gegangen waren, darunter auch sein langjähriger Freund August Weber. Glücklicherweise wurde Stresemann Ermutigung von seinen Freunden in Hannover, vor allem von dem Oberpräsidenten Ernst von Richter, sowie von einigen neu gewählten Abgeordneten zuteil, die ein selbständiges Urteilsvermögen besaßen und ausgleichend wirkten. Zu ihnen gehörte insbesondere Wilhelm Kahl, ein Berliner Universitätsprofessor, der eine wichtige Rolle im Verfassungsausschuß spielte und darum bemüht war, den harten ideologischen Widerstand der Partei gegen die Republik aufzubrechen. Im Laufe der Zeit sollte er zu einem der engsten Mitarbeiter Stresemanns werden.[11] Und dann war da noch sein alter Weggefährte Jakob Riesser.

Zu den von dem »Industriellen Wahlfonds« diktierten Kandidaten gehörten Reinhold Quaatz, der Vorsitzende der Handelskammer von Essen-Mühlheim, der enge Kontakte zu Stinnes unterhielt, und Oskar Maretzky, der rechtsgerichtete Bürgermeister von Chemnitz; beide Männer sollten zu gegebener Zeit in den Reichstag gewählt werden, woraufhin sie zu der ihnen genehmeren DNVP übertraten.

In dieser Aufbauphase gab es sogar die Bereitschaft, so diskreditierte Persönlichkeiten wie Ludendorff und Oberst

7. Die Nationalversammlung

Max Bauer aufzunehmen, die später durch ihre Beteiligung am Kapp-Putsch vollends ins politische Abseits gerieten.[12] Der Parteiausschuß war allerdings gezwungen, Hugo Stinnes zu akzeptieren, dessen Kandidatur zwar von seiner Düsseldorfer Parteiorganisation abgelehnt wurde, der aber dennoch auf die Reichsliste gesetzt wurde. 1920 gewählt, blieb er bis zu seinem Tod im Jahre 1924 ein Parteimitglied, das immer wieder Unmut und Befremden auslöste.[13] Zwar ergriff er – sogar auf Fraktionssitzungen – selten das Wort, aber wenn er es tat, hörte jeder aufmerksam zu, »um nur ja keines der Goldkörner zu verlieren, die er flüsternd verstreute«.[14]

Flathmann und die Verwaltung der »Industriellen Wahlfonds« drängten die DVP 1919 und Anfang 1920, als Gegenleistung für die finanzielle Unterstützung die Anliegen der Industrie angemessen zu vertreten. Quaatz, der ihr Repräsentant in der Partei war, forderte wiederholt eine weitere Öffnung nach rechts und eine stärkere Beteiligung an den Parteigremien, was er »vor allem mit der ungenügenden Berücksichtigung der Wünsche der rheinisch-westfälischen Industrie als dem Rückgrat des deutschen Wirtschaftslebens« begründete. Dieser Forderung schlossen sich Maretzky, Hans von Raumer und etliche andere Vertreter des wachsenden rechten Flügels der Partei an.[15]

Diese heterogenen Persönlichkeiten und Interessen würde Stresemann für den Rest seines politischen Wirkens austarieren müssen. Das war nicht leicht. Nach dem Wahlerfolg seiner Partei 1924 stellte er etwas selbstmitleidig fest: »Ich habe unter niemandem mehr gelitten als unter meiner eigenen Fraktion.«[16] Daß Stresemann ein hervorragender Parteivorsitzender war, lag auch in hohem Maße an seiner organisatorischen und leitenden Tätigkeit in den Industrieverbänden, wo er es mit sehr unterschiedlichen Leuten zu tun hatte. Theodor Eschenburg schrieb in seiner Studie *Die improvisierte Demokratie*: »Er war ganz das Kind einer modernen Welt, die das bloße Honoratorium hinter sich gelassen hatte. Es gehörte also auch im organisatorischen Bereich zur Eigenart und zur Stärke Stresemanns, daß er das Alte mit dem Neuen in wirkungsvoller Weise zu verbinden wußte.«[17]

Doch es dauerte nicht lange, da wurde seine Führungsrolle in Frage gestellt. Das Geburtstagstelegramm, das Stresemann am 28. Januar im Namen der Partei an den abgedankten Kaiser geschickt hatte und das sogleich in der Presse veröffentlicht worden war, rief stürmische Kritik bei den neu gewählten liberal-republikanischen Abgeordneten der Partei hervor. Auf diese Kritik reagierte Stresemann u. a. mit einem ausführlichen offenen Brief an die gesamte Partei. Darin räumte er ein, daß die Partei in der Frage von »Kaisertum oder Republik« gespalten sei und daß sein eigenmächtiges Vorgehen unnötigen inneren Zwist provoziert habe. Sodann äußerte er Überlegungen, die seiner Ansicht nach den Willen der Mehrheit widerspiegelten:

> Niemand denkt von uns daran, irgendeine Revolutionsgegenbewegung zu entfachen. Ebenso möchte ich aber auch bemerken, daß die Mitglieder der Fraktion, mit Ausnahme des Herrn Witthoeft, auf dem Boden monarchischer Grundauffassung stehen, und daß ich für meine Person es ablehnen würde ... daß ich mich grundsätzlich als Republikaner bekennen solle ... Würde von denjenigen, die die Partei vertreten, ein anderer Standpunkt eingenommen, so würde ich lieber für alle Zeiten aus dem öffentlichen Leben ausscheiden.[18]

Somit wollte er die Partei auf ein einheitliches Bekenntnis zu einer konstitutionellen Monarchie als idealer Staatsform verpflichten, während die Republik als Faktum anerkannt werden sollte. Zugleich versicherte er einem alten Freund und Kollegen in Leipzig, daß der »Einfluß der rheinisch-westfälischen Industrie« auf einen Mann in der DVP-Fraktion beschränkt sei, nämlich auf »Vögler, ein ganz moderner Mann, der dem linken Flügel der alten NLP zuzurechnen sein würde«. Weiter hieß es: »Ich bin sonst im Leben immer Optimist gewesen, sehe aber die Entwicklung, die wir in Deutschland jetzt politisch und wirtschaftlich erleben, sehr pessimistisch an, da ich absolut nicht zu erkennen vermag, wie wir, namentlich aus dem wirtschaftlichen Disastre her-

7. Die Nationalversammlung

auskommen sollen ... Vielleicht müssen wir noch viel tiefer in das Chaos hinein, um uns endlich wieder zu erheben.«[19] Gleichzeitig versicherte er Vögler, daß er entgegen den von der DNVP ausgestreuten Gerüchten nicht die Absicht habe, in die SPD-geführte Koalitionsregierung einzutreten oder mit der DDP zusammenzugehen.

Stresemann war ständig dem Druck von Vögler und Heinze ausgesetzt, die auf eine Vereinigung mit der DNVP drängten. Beide Männer sahen damals die Zukunft der DVP mit großer Skepsis und fürchteten nichts so sehr wie die Sozialdemokraten, die ihrer Meinung nach nur durch eine geeinte und entschlossene Rechtspartei in Schach gehalten werden konnten. Stresemann war selbstverständlich gegen jeden Zusammenschluß. Im März schrieb er an einen ihm nahestehenden Kollegen, daß er damit rechne, Verstärkung aus den Reihen der DDP zu erhalten und daß er seine DVP zu gegebener Zeit als die »Partei des Nationalismus [definieren werde]. Das können wir aber nicht, wenn wir mit den Deutschnationalen in einer Sammelpartei verbunden sind und dadurch jedes unterscheidende Merkmal ihnen gegenüber vermissen lassen.«[20]

Um einen Rechtsruck der Partei auszuschließen, machte er am 12. April 1919, einen Tag vor dem ersten Parteitag, dem verunsicherten Vorstand klar, daß die Partei im politischen Spektrum einen besonderen Platz einnehme: »Wir haben unsere Existenzberechtigung in uns, in der Abgrenzung gegen links und gegen rechts.« Dann legte er dar, daß die DNVP aufgrund der schwer zu ertragenden Mischung von in die Jahre gekommenen Reaktionären, ehemaligen NLP-Mitgliedern und Christlich-Sozialen ein ungeeigneter Partner sei und daß durch eine Verschmelzung die Gelegenheit verspielt würde, die DDP durch die Gewinnung derjenigen Mitglieder zu schwächen, die in gar keinem Fall der DNVP zuneigten. Zum Schluß sagte er, es würde mindestens noch zehn Jahre dauern, bis die politischen Umstände eine Koalition unter Einschluß der DNVP sinnvoll machen könnten, wohingegen sich für eine gestärkte und gemäßigte DVP schon bald Koalitionsmöglichkeiten ergeben würden.

Der erste Parteitag der DVP fand am nächsten Tag in Jena statt. Als Parteivorsitzender eröffnete Stresemann die Sitzung mit einem ausführlichen Überblick über die politischen Perspektiven der Partei und wies im weiteren auf ein neues Moment hin, das es zu erwägen gelte: Es zeichne sich die Möglichkeit einer Vereinigung mit Österreich ab. Stresemann hatte die überraschende Initiative der Österreicher für einen Anschluß mit Begeisterung aufgenommen und war bereit, seine monarchistischen Ambitionen der Tatsache unterzuordnen, daß die Wiederherstellung der preußischen Dynastie für die Österreicher inakzeptabel sein würde. Es handelte sich allerdings nur um einen kurzen Vorstoß, der abrupt von den Alliierten abgeblockt wurde, die dezidiert gegen den österreichischen Vorschlag waren.

Nach Darlegung seiner obligaten Themen und seiner vertrauten Positionen griff er zum Schluß abermals diejenigen an, die für eine Vereinigung mit der DNVP waren: »Wir haben nicht die Absicht, irgend etwas von unserer Selbständigkeit aufzugeben.«[21]

Offensichtlich tolerierten die anwesenden Parteimitglieder Stresemanns plötzliche Bereitschaft, die Monarchie zugunsten des lange ersehnten Anschlusses Österreichs preiszugeben. Als diese Illusion jedoch zerplatzte, gelang es Stresemann allerdings, sie erneut für die Forderung nach einer parlamentarischen Monarchie zurückzugewinnen. Gleichwohl blieb die Frage der Staatsform in der Partei umstritten.

In dem kleinen Theater der Stadt Weimar stand die Nationalversammlung vor Problemen, die vermutlich zu den denkbar schwersten gehörten, mit denen sich je ein politisches Organ auseinanderzusetzen hatte: die Formulierung einer neuen Verfassung, Beratungen über den Friedensvertrag der Alliierten und die Aufrechterhaltung der inneren Ordnung angesichts materieller Entbehrungen und weitverbreiteter Unruhen. Da der Friedensvertrag noch nicht geschlossen worden war, wurden die Befugnisse des Waffenstillstandsausschusses viermal verlängert, und jedesmal wurden die Bedingungen härter: Es gab Drohungen, Kriegsgefangene nicht freizulassen, deutsche Staatsbürger aus dem

7. Die Nationalversammlung

Elsaß zu vertreiben und das linke Rheinufer abzuriegeln. Die Blockade wurde fortgesetzt, und deutsche Schiffe blieben beschlagnahmt, denn mit diesen drastischen Maßnahmen sollte Deutschland dazu gebracht werden, die Friedensbedingungen endlich zu akzeptieren. Alle diese Probleme mußten von einer unerfahrenen, eilig gebildeten provisorischen Regierung gelöst werden, deren Legitimität nach wie vor in Frage gestellt wurde.

Die Versammlung in Weimar verfolgte aufmerksam die Entwicklung auf der Friedenskonferenz, von der die Deutschen ausgeschlossen waren. Erst nach einer dreimonatigen Debatte, in der es harte Auseinandersetzungen gab, waren die Vereinbarungen so weit gediehen, daß die Deutschen eingeladen wurden, um die ausgehandelten Friedensbedingungen entgegenzunehmen. Zu dem Zeitpunkt war klar, daß sich die Franzosen durchgesetzt hatten. Wilsons Prinzipien der Selbstbestimmung, der Abschaffung der Geheimdiplomatie sowie das Versprechen, Freunden und Feinden gleichermaßen Gerechtigkeit widerfahren zu lassen, waren eines nach dem anderen revidiert worden, bis faktisch nur noch sein Völkerbund übrig war, dem Deutschland nicht angehören würde.[22]

Abgesehen von Wilsons ursprünglicher Forderung der Räumung Belgiens und Frankreichs, eines unabhängigen polnischen Staats mit Zugang zum Meer und der Rückgabe von Elsaß-Lothringen, beschloß die Konferenz:

- Besetzung des Rheinlands und von Brückenköpfen wie Mainz und Köln für 15 Jahre; Demilitarisierung der linksrheinischen Gebiete und eines 50 Kilometer breiten Streifens rechts des Rheins.
- Verringerung des deutschen Heeres auf 100 000 Mann.
- Das Saarland wird 15 Jahre lang unter Völkerbundsverwaltung gestellt, danach soll es eine Volksabstimmung geben.
- In Oberschlesien soll eine Volksabstimmung stattfinden. Diese Konzession hatte Lloyd George in letzter Minute gegen den Widerstand der Franzosen erreicht, die es Polen zuschlagen wollten.

- Uneingeschränkte Wiedergutmachungsverpflichtung Deutschlands, wobei die Reparationen von einer Reparationskommission festzulegen sind (Artikel 231 und 253), und das Recht auf militärische und wirtschaftliche Sanktionen, um die Erfüllung der Forderungen zu erzwingen.
- Feststellung der Verantwortung Deutschlands für den Krieg, auch bekannt als der berühmt-berüchtigte Kriegsschuld-Artikel 231, mit der die Reparationen gerechtfertigt wurden.
- Beschlagnahmung der deutschen Flotte.
- Deutschland verliert alle Kolonien.

Die deutsche Delegation wurde ernannt und erhielt am 21. April ihre Instruktionen. Der neue Außenminister Ulrich Graf von Brockdorff-Rantzau war Leiter der Gruppe, die sich aus Vertretern der SPD, der DDP und des Zentrums zusammensetzte. Dr. Carl Melchior, ein Hamburger Bankier, gehörte als Wirtschaftsexperte zur Delegation und war überdies stellvertretender Leiter der Delegation.[23]

Außenminister Rantzau galt als vollendeter Diplomat und war mit den Worten Eugen Schiffers »ein überaus eleganter Mann ... von beinahe überhöflichen Formen und höfischer Gewandtheit«.[24] Als überzeugter, wenn auch nicht leidenschaftlicher Patriot erkannte er zwar die Republik an, machte aber kaum einen Hehl aus seiner Verachtung für die Politiker, die diese Republik regierten.

Als die deutsche Delegation den kleinen Konferenzsaal im Petit Trianon von Versailles am 7. Mai betrat, »war die Spannung in dem Raum geradezu elektrisch aufgeladen ... in der Person von Brockdorff-Rantzau hatten Clemenceau und seine Kollegen einen Sprecher vor sich, der auch ein guter Repräsentant des alten Deutschland gewesen wäre ... ein dünner, glatzköpfiger, bebrillter Logiker mit scharf blickenden Augen und einer harten, metallischen Stimme«. Wilson gab später zu, er würde lieber diesen »alten Haufen« von preußischen Militaristen treffen als die »unscheinbaren« Vertreter des neuen Deutschland.[25]

7. Die Nationalversammlung

Rantzau, der sich weigerte, sich von seinem Platz zu erheben, verlas eine kurze Rede, die nicht geeignet war, seine Zuhörer zu beruhigen: Er protestierte gegen die Kriegsschuldklausel, wies darauf hin, daß Wilsons »Prinzipien«, die zum Waffenstillstand geführt hatten, unvereinbar mit dem Vertragsentwurf seien, und warnte vor den Folgen eines ungerechten Friedens. Wilson und die anderen Anwesenden waren über seinen Ton empört.

In den folgenden Wochen bereiteten die Deutschen eine umfangreiche Note vor, in der sie unter anderem gegen die Reparationsbestimmungen, die Abtretung von deutschem Gebiet an Polen, die einseitige Abrüstung und, vor allem, gegen die Kriegsschuldklausel und die damit einhergehende Drohung protestierten, Kriegsverbrecher zu verfolgen, zu denen auch der Kaiser gezählt wurde. Sie konnten jedoch nur wenige Konzessionen erreichen; dazu gehörten eine Volksabstimmung über Oberschlesien, das nicht direkt Polen eingegliedert wurde, und die Bereitschaft, die Mitgliedschaft der Deutschen Republik im Völkerbund in Betracht zu ziehen, falls das Land Wohlverhalten zeigte. Darüber hinaus hielten die Alliierten an ihren Bedingungen fest. Am 16. Juni wurde die deutsche Delegation mit der Weisung nach Hause geschickt, binnen fünf Tagen die volle Zustimmung der Nationalversammlung zum Vertragswerk zu erwirken. Anderenfalls könnten sie einer Invasion der Alliierten gewärtig sein.

Carl Melchior eiferte sich in einem Memorandum, der geplante Vertrag sei gleichbedeutend mit einem Todesurteil für Millionen deutscher Männer, Frauen und Kinder.[26] Man schätzte, daß der Verlust von 13 % deutschen Territoriums im Elsaß, im Saarland, in Schlesien und Pommern einen Rückgang der nationalen Eisenproduktion um 75 % und der Kohleproduktion um 26 % bedeuten würde, während der Verlust der Kolonien und die Beschlagnahme des größten Teils der Handelsflotte in Verbindung mit hohen Zöllen den Handel zum Erliegen bringen würde. Aufgrund des Vertrags würden etwa 9,5 Millionen Deutsche zu Angehörigen der neuentstandenen Staaten Tschechoslowakei und Polen sowie des Elsaß und des Saarlands werden.

Die deutsche Öffentlichkeit war auf die plötzlich bekanntgewordenen Friedensbedingungen kaum vorbereitet worden, und den Menschen war auch nicht klar, was ein verlorener Krieg wirklich bedeutete. Opfer hatte es gegeben, ja, aber keine Besetzung durch eine fremde Macht und keine größeren Zerstörungen im eigenen Land. Vielmehr ging man allgemein davon aus, daß der Frieden auf den von Wilson verkündeten Prinzipien basieren werde. Ein Gefühl von Verrat, Demütigung und Wut ergriff nun das Land; auf der Linken herrschte Fassungslosigkeit, auf der Rechten und im Zentrum Verbitterung und Empörung. Sogar die Unabhängigen und die Pazifisten waren über die Preisgabe der im Waffenstillstandsvertrag gegebenen Versprechen entsetzt. Ein Historiker bemerkte:

> Das deutsche Volk hat diese Friedensbedingungen nicht erwartet... Der Schock ist umso schrecklicher für sie, da sie ständig zu dem Gedanken ermutigt worden waren, daß der Friede auf der Grundlage der Prinzipien Präsident Wilsons erreicht und nicht Deutschlands Kriegsschuld und die Notwendigkeit von Sühne und Reparationen festgestellt werden würde.[27]

Am 12. Mai, einige Tage nach Bekanntwerden des Entwurfs des Friedensvertrags, trat die Nationalversammlung in der Aula der Berliner Universität zusammen. Ebert und sein Kabinett hatten eine Erklärung herausgegeben, in der es hieß, die Friedensbedingungen seien unerträglich, nicht zu verwirklichen und verstießen gegen die Abmachungen, die vor dem Waffenstillstandsabkommen getroffen worden waren. Scheidemann schloß sich diesem Angriff mit der Drohung an, die »Hand möge lieber verdorren, die diesen Friedensvertrag unterzeichnet«. Stresemann hingegen, der schon im Oktober 1918 mit dieser Katastrophe gerechnet hatte, gab sich keiner Illusion hin: Dies war das folgerichtige Ergebnis des fehlenden deutschen Kampfwillens und Englands Entschlossenheit, Deutschland völlig zu vernichten. Er hatte dieses Angebot zuvor schon als eine Mischung

7. Die Nationalversammlung

aus französischer Rache und englischer Brutalität bezeichnet.[28]

Die Nationalversammlung wies den Vertrag einmütig zurück. Die einzigen, die eine abweichende Auffassung vertraten, waren die Unabhängigen Sozialdemokraten, die zwar auch gegen die Friedensbedingungen waren, aber einsahen, Deutschland habe keine Alternative, als sie zu akzeptieren; gleichzeitig drückten sie die Hoffnung aus, daß der Friedensvertrag bald die Weltrevolution auslösen würde. Erzberger pflichtete der Mehrheit bei, doch aufgrund seiner bitteren Erfahrungen als Leiter der Waffenstillstandskommission wußte er, genau wie die USPD, daß es letztlich kaum eine andere Wahl gab. Er ließ einige Tage lang seine Verbindungen spielen, um die alliierten Forderungen abzumildern, stieß bei den Alliierten jedoch sofort auf strikte Ablehnung. Daraufhin wurde er von Brockdorff-Rantzau wegen seines eigenmächtigen Vorgehens gerügt.

Zwischen der Bekanntgabe der Friedensbedingungen und dem Ultimatum der Alliierten vom 6. Juni begann die Einigkeit des Kabinetts abzubröckeln, was nicht zuletzt durch eine Denkschrift von Erzberger bedingt war, in der er die möglichen Konsequenzen einer Ablehnung darlegte. Für diesen Fall sah er einen Einmarsch der Alliierten, die Zerschlagung des deutschen Staats, weitverbreitete Hungersnot sowie Aufstände der extremen Linken voraus. Dieses erschreckende Szenario gab dem Kabinett zwar zu denken, änderte aber nichts an seiner Ablehnung des Vertrags.

Der Widerstand der Regierung gegen die Friedensbedingungen wurde dadurch aufgeweicht, daß unter dem Einfluß Erzbergers die Ministerpräsidenten vieler deutscher Staaten auf Annahme des Vertrags drängten. Angesichts dieses Drucks konnte keine der Koalitionsparteien die ablehnende Haltung aufrechterhalten. Scheidemann drückte seine Empörung am 19. Juni durch seinen Rücktritt als Ministerpräsident aus. Daraufhin wurde eine neue Regierung gebildet, an deren Spitze Gustav Bauer trat, ein ehemaliger Arbeitsminister und angesehener Gewerkschaftler. Der unnachgiebige Brockdorff-Rantzau wurde als Außenminister durch

Hermann Müller ersetzt, der zwar ein einflußreiches Mitglied der SPD, jedoch in außenpolitischen Dingen unerfahren war. Erzberger wurde ungeachtet der heftigen Proteste seines Vorgängers Eugen Schiffer Finanzminister. Am 22. Juni, einen Tag vor Ablauf des alliierten Ultimatums, ließ die Regierung die Nationalversammlung über den Friedensvertrag abstimmen, wobei die SPD, das Zentrum und die DDP eine Mehrheit bildeten, die die Annahme des Vertrags befürwortete, allerdings mit dem Vorbehalt, daß die ihrer Meinung nach unehrenhaften und inakzeptablen Klauseln über die deutsche Kriegsschuld gestrichen würden und daß es keine Verfolgung von »Kriegsverbrechern« geben sollte.

Unterdessen war die beschlagnahmte deutsche Flotte bei Scapa Flow versenkt worden, was bei den Alliierten Zorn und Entrüstung ausgelöst hatte. Sie reagierten auf die bedingte deutsche Annahme des Friedensvertrags mit der Ankündigung, es werde keine weiteren Verlängerungen des Waffenstillstands und keinerlei Veränderungen des Vertragstextes geben. Folglich hatte die Weimarer Nationalversammlung weniger als 24 Stunden Zeit, um dem Vertrag zuzustimmen oder die Konsequenzen zu tragen. Angesichts heftiger interner Meinungsverschiedenheiten, Drohungen von einigen Militärs, die Kampfhandlungen wieder aufzunehmen, und des Meinungsumschwungs von Erzberger und der Zentrumspartei suchte Ebert den Rat des Oberbefehlshabers in Kolberg. General Groener, der für Hindenburg sprach, der vorsorglich den Raum verlassen hatte, teilte ihm mit, daß es keine Möglichkeit gab, einem Angriff der Alliierten zu widerstehen, daß es auf jeden Fall zu einem Aufstand und zur Zerstörung der Republik kommen würde – daß man, kurzum, keine andere Möglichkeit habe, als den Vertrag anzunehmen.

Da die DNVP und Stresemanns DVP an ihrer Ablehnung festhielten und Erzberger zur Opposition übergegangen war, konnte die Ebert-Bauer-Regierung kein positives Votum abgeben. Nur der Findigkeit Rudolf Heinzes von der DVP war es zu verdanken, daß dann doch eine Lösung gefunden wurde, die die drohende Katastrophe abwenden

7. Die Nationalversammlung

konnte: die Abstimmung des Vortags würde von allen Parteien als die endgültige Ermächtigung der Regierung zum Abschluß des Vertrags ohne Vorbehalte und Einschränkungen anerkannt werden. So konnten die rechten Abgeordneten »im Prinzip« weiterhin gegen den Vertrag sein. Man kam außerdem überein, diejenigen nicht zu attackieren, die am 22. Juni für die bedingte Annahme gestimmt hatten. Durch diesen Schachzug wurde die Krise vermieden und der Vertrag am 28. Juni von Hermann Müller in Versailles unterzeichnet. Diese Konstruktion erlaubte es den rechten Parteien, darunter Stresemanns DVP und Abweichlern von der DDP, weiterhin gegen den Vertrag zu opponieren, während das weitgehend unverdiente Ansehen General Hindenburgs einmal mehr durch das rechtzeitige Eingreifen Groeners gewahrt worden war.

Diese ganzen Vorgänge hatte Stresemann in entschlossener Oppositionshaltung aus dem Hintergrund verfolgt. Er nahm an den Friedensverhandlungen nicht teil, empörte sich über die schändliche Kapitulation und weigerte sich auf das entschiedenste, die deutsche Kriegsschuld zu akzeptieren. In der Nationalversammlung wiederholte er nur die Worte »aushalten, aushalten, aushalten« und griff die sozialistischen und liberalen Elemente der deutschen Gesellschaft an, die eine Revolution entfacht und sich mit der Kapitulation abgefunden hatten, als deutsche Soldaten noch die Front auf fremdem Boden hielten. Bis ans Ende seiner politischen Laufbahn war er der Überzeugung, ein gerechter Waffenstillstand und ein ehrenvoller Frieden hätten erreicht werden können, wenn die Heimatfront 1918 nicht zusammengebrochen wäre.[29] Ab Oktober 1918 hatte er die drohende Katastrophe vorausgesagt und die Umstände heftig kritisiert, die er für ihre Ursache hielt, während er zugleich den »Verrat« Woodrow Wilsons geißelte. Viele dieser Aussagen sind in seiner Broschüre *Von der Revolution bis zum Frieden von Versailles* enthalten, wobei in einem Artikel mit dem Titel »Zum Jahrestag der Revolution« ein besonders deutlicher Ton angeschlagen wurde:

Der Sieg im Weltkrieg war nicht mehr zu gewinnen, es ging nur noch um einen ehrenvollen Frieden. Hier aber ist sie [die Heimatfront] mit dem ungeheuren Schuldkonto belastet, die Zersetzung im Heere durch die Agenten der Revolution vorbereitet und durch die Regierung der Revolution nicht verhindert zu haben ... wir konnten und mußten um Frieden bitten, aber wir mußten ... es tun mit dem Schwert in der Hand.[30]

Diese Auffassung hatte Stresemann schon auf der ersten Sitzung des von der Nationalversammlung eingesetzten Friedensausschusses im Mai 1919 geäußert: »Es ist wahr, was ein englischer General sagte, die tapfere, uns gegenüberstehende deutsche Armee ist von hinten, von ihrer Heimat aus erdolcht worden.«[31]

Selbst viele derjenigen, die den Vertrag von Versailles mit ausgearbeitet hatten, sahen verheerende Folgen voraus – zu ihnen gehörten so bekannte Persönlichkeiten wie John Maynard Keynes, General Jan Smuts, Harold Nicholson und sogar Lloyd George. Kessler vertraute seinem Tagebuch an: »Eine furchtbare Zeit beginnt für Europa, eine Vorgewitterschwüle, die in einer wahrscheinlich noch furchtbareren Explosion als der Weltkrieg enden wird.«[32] Derweil hielt Stresemann an seinem schon während des Krieges geäußerten Vorwurf fest, »England will uns zerstören«.[33]

Als die Alliierten nach dem Zweiten Weltkrieg wieder über das weitere Schicksal Deutschlands berieten, sprach George Ball, amerikanischer Bankier und Diplomat, die Mahnung aus, die Lehre von der Erbsünde habe in internationalen Beziehungen keinen Platz. Man sollte, so meinte er, die Deutschen in ihrem Groll und dem Gefühl der Diskriminierung nicht im Stich lassen – gleichgültig, ob sie nun zu Recht oder zu Unrecht so empfänden. Solche Gefühle könnten in jedem Land zu einer Gefahr werden. Im Falle Deutschlands könnten sie besonders gefährlich werden.[34]

Die Revision des Vertrags sollte zu einem Schwerpunkt von Stresemanns politischem Wirken werden. In den ihm noch verbleibenden Jahren sollte er alles daransetzen,

7. Die Nationalversammlung

Deutschlands Würde wiederherzustellen und dem Land eine seiner politischen und wirtschaftlichen Macht angemessene Stellung in der Welt zu verschaffen.

Die Konservativen fanden sich vermehrt in der DNVP zusammen, die zu einem regelrechten Hort für alle rechtsgerichteten Feinde der Republik geworden war. Sie forderten – ohne Rücksicht auf die Konsequenzen – hartnäckig die Zurückweisung des Vertrags und führten Hetzkampagnen gegen alle, die die Forderungen der Alliierten akzeptiert hatten. Stresemann verfolgte zwar, genau wie sie, das Ziel, die Monarchie und das Reich wiederherzustellen, hatte aber in bezug auf den Zeitpunkt, die Mittel und die endgültige Struktur des Reichs andere Vorstellungen. Das Auftreten der DNVP lehnte er als kontraproduktiv und gefährlich ab. Mit Unterstützung Jakob Riessers konnte Stresemann sich erneut gegen einen Zusammenschluß mit der DNVP durchsetzen, indem er deutlich machte, daß die Partei, »eine breite Basis ... für alle diejenigen [bot], die nicht zur DDP gehören wollen«; außerdem sagte er, »die DNVP sei gar keine einheitliche Partei«.[35]

Kurz danach begab sich Stresemann in einen längeren Urlaub in der Schweiz, da seine Gesundheit schwer angeschlagen war. Die fünf Wochen, in denen er eine Partei gegründet hatte, der Wahlkampf, die Arbeit in der Partei und in der Nationalversammlung hatten seine geringe körperliche Widerstandskraft stark angegriffen. Mehrere Monate nach seiner Rückkehr aus der Schweiz gestand er Vögler nach einer besonders anstrengenden Fraktionssitzung, er habe »mit starken Herzaffektionen zu kämpfen«.[36] Im Februar des darauffolgenden Jahres erlitt er einen Rückfall. Der Urlaub in St. Gallen hatte offensichtlich nicht ausgereicht, um seine Kräfte vollständig wiederherzustellen. Als er im August wieder ins politische Leben zurückkehrte, drängten ihn seine Kollegen – mit begrenztem Erfolg –, Maß zu halten mit seiner einst grenzenlos scheinenden Energie.

Während Stresemann seinen Genesungsurlaub in der Schweiz verbrachte, setzte die Nationalversammlung die Beratungen über die Verfassung und die Staatsform fort, die noch vor den Januar-Wahlen von einem kleinen Ausschuß unter der Führung des Juristen Hugo Preuss initiiert worden waren. Obwohl Preuss keinen Sitz in der Nationalversammlung errungen hatte, wurde er am 14. Februar aufgefordert, mit einem vergrößerten Ausschuß weiter an dem Verfassungsprojekt zu arbeiten. Bei den Verfassungsdebatten und in der Nationalversammlung schlugen die Wogen hoch. Die Hauptfragen betrafen die Machtbefugnisse des vom Volk gewählten Präsidenten, der als Integrationsfigur gleichsam an die Stelle des Kaisers getreten war, und die Aufrechterhaltung der seit 1871 bestehenden Bundesstaaten. Preuss befürwortete einen starken Präsidenten als Garanten für Stabilität und Einheit. Er plädierte auch für eine Neugestaltung der föderalen Struktur, in der Preußen weniger Gewicht hätte und neu geordnete Staaten gleichberechtigt wären; zugleich sollte die Reichsregierung wesentlich mehr Macht erhalten.

Stresemann erklärte sich vorübergehend mit dem Konzept eines starken Präsidenten einverstanden, trat aber vehement für das Fortbestehen des preußischen Staats ein. Dem lag wohl die Hoffnung zugrunde, daß ein wiedererstarktes Preußen die Rückkehr der Hohenzollern erwirken würde. Im Februar 1919 sagte er im Zusammenhang mit Naumanns spätem Bekenntnis zur republikanischen Staatsform, nachdem dieser die längste Zeit Monarchist gewesen war:

> ... daß selbst für Reichspräsident Ebert Revolution unnötig gewesen sei ... daß man mit der alten Monarchie hätte weiterarbeiten können, daß es nach Aufnahme des parlamentarischen Systems in die deutsche Verfassung [im Oktober 1918] durchaus die Möglichkeit einer Verbindung von Kaisertum und Volksherrschaft gegeben hätte. Die Deutsche Volkspartei hat ihre Stellung zu der Frage Monarchie und Republik ... festgelegt ... Die Frage der Staatsform ist für die Gegenwart ... im Sinne der Republik entschieden. Wir können uns daher der Mitarbeit an dieser Republik nicht entziehen und wir wollen es nicht. Aber

7. Die Nationalversammlung

daraus wollen wir keinen Hehl machen, daß wir einmal Gegner der Revolution sind und bleiben werden ... Wir lassen uns das, was geschichtlich Großes für alle Zeiten mit der preußischen und deutschen Monarchie und mit dem Hohenzollerntum verbunden ist, nicht aus dem Herzen reißen.[37]

Er forderte ein politisch unabhängiges Beamtentum und eine Berufsarmee. Er war also in jedem Sinne Gegner der Republik und ihrer sozialdemokratischen Führung.

Die Weimarer Verfassung wurde schließlich am 31. Juli von der Nationalversammlung angenommen und am 11. August 1919 vom Reichspräsidenten unterzeichnet. Die DNVP und die meisten Abgeordneten der DVP, darunter auch Stresemann, stimmten dagegen. Er nannte sie später ein Provisorium, denn er war sicher, daß sie zu einem späteren Zeitpunkt revidiert werden würde.[38] Die Verfassung stellte selbst für ihre Befürworter einen Kompromiß dar, mit dem eigentlich niemand so recht zufrieden war. Der jetzt zur DDP gehörende Eugen Schiffer nannte sie ein »blutarmes anfälliges Wesen«. Am 21. August wurde der Sozialdemokrat Friedrich Ebert als erster Präsident der neuen Republik in sein Amt eingeführt, und alsbald sollten Reichstagswahlen stattfinden.

Friedrich Ebert, der von Beruf Sattler war, hatte kurz vor Ausbruch des Kriegs als Nachfolger von August Bebel den Vorsitz der Sozialdemokratischen Partei übernommen, und unter seiner Führung hatte die Partei im Gegensatz zu Liebknecht und seinem radikalen Flügel im August 1914 für die Kriegskredite gestimmt. Danach gehörte er zusammen mit Scheidemann der sozialdemokratischen Fraktion des Reichstags an. Ebert vertrat die gemäßigten Ansichten der großen Mehrheit der sozialdemokratischen Wähler. Für seinen Kollegen Severing lag seine Stärke »in der überlegenen Ruhe, mit der er an die Lösung der ihm anvertrauten Aufgaben ging«. Da sein oberstes Ziel die Verhinderung einer bolschewistischen Revolution war, wie sie in Rußland stattgefunden hatte, versuchte er mit allen Mitteln, die Konflikte zu beenden, die einen Umsturz in Deutschland herbeizuführen drohten. Eberst ruhige Art, seine Integrität und der stetige Charakter seiner Amtsführung trugen ihm den Respekt sogar einiger seiner entschiedendsten Gegner ein; Heuss sollte ihn rückblickend den »deutschen Abraham Lincoln« nennen, da er die Einheit der deutschen Nation gewahrt hatte. Er war die Persönlichkeit, um die sich entgegen allen Erwartungen die führungslosen Kräfte des Neuanfangs schließlich scharten. Als Präsident der Republik, deren Entstehung er maßgeblich beeinflußte, errang er im Laufe der Zeit sogar Stresemanns große Achtung.

Abgesehen von seiner Ablehnung der republikanischen Staatsform hatte Stresemann am Endergebnis wenig auszusetzen. Die Verfassung sah einen starken Präsidenten vor, der vom Volk gewählt wurde, den Reichstag auflösen, Neuwahlen festlegen und den Gesetzgebungsprozeß unterbrechen konnte, um eine Volksabstimmung durchführen zu lassen. Am wichtigsten war wohl der berühmte Artikel 48, demzufolge der Präsident den »Notstand« verkünden und, ausgestattet mit außerordentlichen Vollmachten, »die öffentliche Ordnung und die Sicherheit« – gegebenenfalls auch durch den Einsatz des Militärs – wiederherstellen konnte. Während die USPD gegen diesen Artikel starke Einwände erhob, wurde er von keiner der Koalitionsparteien in Frage gestellt. Da die Aufstände der extremen Linken in den vergangenen neun Monaten noch in frischer Erinnerung waren, sahen sogar die Sozialdemokraten und die Mitglieder der DDP die Notwendigkeit ein, dem Präsidenten außerordentliche Machtbefugnisse zu geben, die über diejenigen hinausgingen, die die Verfassung von Payers im Oktober 1918 dem Kaiser eingeräumt hatte.

Alle Gesetzgebung oblag dem Reichstag, der nach dem Verhältniswahlrecht gewählt wurde, was bedeutete, daß es weiterhin die Vielzahl von politischen Parteien gab, deren Verfolgung partikularer Interessen die wilhelminischen Regierungen gelähmt hatte. Es sollte keine Partei mit absoluter Mehrheit der Reichstagssitze geben. Es mußten Koaliti-

7. Die Nationalversammlung

onsregierungen gebildet werden, und der politische Prozeß wurde von antirepublikanischen Splittergruppen an beiden Enden des politischen Spektrums begleitet.

Zu Stresemanns Genugtuung wurde nichts an der von Bismarck geschaffenen föderalen Struktur geändert, die von einem zwar etwas geschwächten, aber noch immer mächtigen Preußen dominiert wurde. Die früheren Bundesstaaten hießen jetzt Länder. Die neu formierte Reichswehr war der Regierung unterstellt, die auch für die Außenpolitik zuständig war. Dennoch gab es in nahezu allen anderen rechtlichen Bereichen Unklarheiten, die den neuen Ländern mancherlei Möglichkeiten boten, Berlins Autorität in Frage zu stellen – was sich besonders deutlich zeigte, als die Republik 1923 von separatistischen Tendenzen bedroht wurde. Entgegen Stresemanns Hoffnung hatte der neu gebildete Reichsrat, der die Länder repräsentierte und den ehemaligen Bundesrat ersetzt hatte, nur begrenzte Funktionen.

Diejenigen, die die Verfassung ausarbeiteten, standen dem Volkswillen mit einem gewissen Mißtrauen gegenüber und wollten ihm nicht allzuviel Raum geben; sie strebten ein Gleichgewicht zwischen autoritärer Ordnung und Demokratie, nationaler Einheit und föderaler Struktur an. In der politisch angespannten Lage der Republik, die auf dieser Verfassung basierte, erwiesen sich gewisse Mängel – insbesondere das Verhältniswahlrecht und der Artikel 48 – als ebenso verhängnisvoll wie das faktisch unveränderte Fortbestehen etlicher wilhelminischer Institutionen. Zu ihnen gehörte die Reichswehr unter der Führung von General Hans von Seeckt, dem Chef der Heeresleitung, die sich bald zum Staat im Staate entwickelte.

Obwohl Stresemann überzeugt war, daß die Verfassung grundlegende Schwächen aufwies, war er bereit, seine politische Tätigkeit im Rahmen dieser Verfassung auszuüben, wie er am 8. Oktober 1919 in einer Rede vor der Nationalversammlung darlegte. Kurz darauf sprach er vor den nunmehr 500 Delegierten des zweiten Parteitags der DVP, der am 18. Oktober in Leipzig stattfand. Er wies mit Genugtuung darauf hin, daß sich die Zahl der Mitglieder der Partei seit den Wahlen im Januar verdreifacht hatte, wobei es vor allem zahlreiche Übertritte von der DDP gegeben hatte. Die DVP war jetzt auf dem Vormarsch; ihre organisatorische Grundlage war gestärkt und verbreitert worden, sie war fast überall im Land vertreten und verfügte zwar nicht über üppige, aber doch ausreichende Finanzmittel. Er ging nicht auf die aufreibenden internen Meinungsverschiedenheiten ein, die sich an der möglichen Aufnahme von Mitgliedern wie Ludendorff, Stinnes und Quaatz entzündet hatten, und ließ auch den Rechtsruck der Partei unerwähnt.

Trotz des wachsenden Einflusses der Wahlfonds, hinter denen Industrielle von der Ruhr standen, bekräftigte Stresemann seinen Entschluß, unabhängig von der DNVP zu bleiben. Im Wahlkampf sollte zwar eine gelegentliche Zusammenarbeit mit der DNVP nicht ausgeschlossen sein, aber eine Vereinigung der beiden Parteien lehnte er kategorisch ab, da sie seiner Ansicht nach die Fähigkeit der DVP beeinträchtigen würde, als einzige wahre und existenzfähige Partei der Mitte weiterhin unzufriedene Mitglieder von der DDP und sogar von der SPD abzuziehen.[39]

Die entscheidende Herausforderung für die Partei lag in den bevorstehenden Wahlen, mit denen in den folgenden Monaten zu rechnen war. Wie er später an ein führendes Mitglied der DNVP schrieb, mußte als Hauptaufgabe der bürgerlichen Parteien die Zurückdrängung des Einflusses der Sozialdemokraten begriffen werden, während er gleichzeitig einräumte, »eine Regierung ohne Sozialdemokraten erscheint mir ... während der nächsten zwei bis drei Jahre überhaupt nicht möglich zu sein, da wir sonst von Generalstreik zu Generalstreik taumeln würden«.

Am 24. August, nur einige Tage nach seiner Wahl zum Vorsitzenden der DDP, starb Friedrich Naumann. Seit Stresemanns kurzem Debüt beim Nationalsozialen Verein im Jahre 1900 war Naumann sein Freund und Mentor gewesen. In einer bewegten Grabrede zeichnete Stresemann Naumanns vergeblichen Versuch nach, »das Kaisertum mit der deutschen Arbeiterschaft« zu verbinden, während er gleichzeitig für einen selbstbewußten Nationalismus eintrat – eine

7. Die Nationalversammlung

Orientierung, die in vielerlei Hinsicht den Prinzipien ähnelte, von denen Stresemann sich zu Beginn seiner politischen Laufbahn hatte leiten lassen. Beide Männer erkannten, daß in der deutschen Gesellschaft der Radikalismus rasch an Boden gewann, und versuchten, sich dieser Entwicklung entgegenzustemmen. Für Stresemann war Naumann ein legitimer Nachfolger des schon von seinem Vater verehrten Eugen Richter – »ein großer geistiger Anreger und Erwecker« – und wie Richter war Naumann zwar ein mitreißender Redner und leidenschaftlicher Autor, bedauerlicherweise jedoch ein »schwacher Politiker«, der nicht die Fähigkeit besaß, eine politische Bewegung aufzubauen und zu führen.[40] Unmittelbar nach dem Krieg hatte Naumann sein bisheriges Eintreten für die Monarchie aufgegeben und die Revolution und die Republik akzeptiert. Zwar war er anfangs gegen die Gründung von Theodor Wolffs bürgerlicher Partei gewesen, doch es dauerte nicht lange, bis er ihr beitrat. Hätte Naumann länger gelebt, wäre es ihm als Vorsitzendem dieser zunehmend unlenkbaren Partei vielleicht gelungen, diverse Gegensätze zwischen der DVP und der DDP zu beseitigen und die beiden Parteien schließlich doch einander näherzubringen.

Anfang 1919 hatte Stresemann sich von der Geschäftsführung des »Verbands Sächsischer Industrieller« zurückgezogen. Er war jedoch im »Bund der Industriellen« geblieben, und trotz seiner anstrengenden politischen Tätigkeit und seiner angegriffenen Gesundheit übte er noch ähnliche Funktionen in anderen deutschen Industrieverbänden aus. Es war ein herber Schlag für ihn, daß er weder wegen des geplanten Zusammenschlusses des »Bundes der Industriellen« mit dem lange verachteten »Centralverband Deutscher Industrieller« konsultiert, noch in den Zentralvorstand des neuen Verbands gewählt wurde. Dieser »Reichsverband der Deutschen Industrie« sollte eine Dachorganisation für etwa 500 Industriegruppen sein, die im Laufe der Jahre in ganz Deutschland entstanden waren. So schmerzhaft diese Ablehnung für Stresemann auch war, so war sie doch verständlich angesichts seiner langjährigen Auseinandersetzungen mit Bueck und den Ruhr-Industriellen, die den

»Centralverband« organisiert und unterstützt hatten und jetzt den neuen Reichsverband beherrschten. Stresemann hatte nur wenige Kontakte und viele Meinungsverschiedenheiten mit den mächtigen Führern der deutschen Schwerindustrie, die jetzt im Präsidium des Reichsverbands saßen – Männer wie Duisberg, Borsig, Bosch und Hugenberg. Zwar hatte er einige wenige, wie Vögler und Stinnes, für seine Partei gewinnen können, doch galt er für die meisten von ihnen als Außenseiter – als ein opportunistischer Politiker und Syndikus.

Im März 1919 schrieb Stresemann von Weimar aus einen offenen Brief an seine Kollegen im »Bund«, in dem er die Notwendigkeit eines Zusammenschlusses angesichts der erschreckenden wirtschaftlichen Bedingungen anerkannte, aber heftig gegen seine Kaltstellung protestierte. Er gehörte schließlich zu denjenigen, deren Pionierarbeit es zu verdanken war, daß es in Deutschland gut funktionierende Industrieverbände – insbesondere in der Leichtindustrie und im Handel – gab. 15 Jahre lang hatte er eine leitende Stellung im »Bund« innegehabt; weiter heißt es: »Unsere Mitglieder werden auch nicht ganz leicht daran zu gewöhnen sein, die Führung des Reichsverbandes plötzlich in den Händen der Leiter deutscher Riesenbetriebe zu sehen.« Am Ende drohte er mit der Gründung einer Gegenorganisation zur Wahrnehmung ihrer Interessen.[41] Es half nichts.

Am 12. April 1919 wurde Stresemann von einem sächsischen Kollegen mitgeteilt, daß er endgültig abgelehnt worden war und daß diesem Beschluß »außerordentlich schwere Kämpfe um Ihre Person« vorausgegangen waren. Obwohl sich August Weber und andere Freunde aus Sachsen beherzt für ihn eingesetzt hatten, »habe man darauf hingewiesen, daß es vermieden werden müsse, einen Berufspolitiker in die führenden Organe des Reichsverbandes zu wählen und habe außerdem betont, daß Sie selbst nie Industrieller gewesen seien«.[42]

Im November wurde Stresemann zu einer Feier eingeladen, die sein Freund Max Hoffmann, Generalsekretär des »Bundes der Industriellen«, zu seinen Ehren organisiert hat-

7. Die Nationalversammlung

te. Er lehnte die Einladung verbittert ab. In einem Brief schrieb er abschließend:

> Der Komödie einer Ehrung meiner Person ... werde ich durch meine Zustimmung nicht irgendeinen Untergrund geben ... In meinem Leben schließe ich die Periode meiner Tätigkeit für den Bund ab mit dem Bewußtsein erfüllter Pflicht, und dieses Bewußtsein, das mir niemand nehmen kann, genügt mir.[43]

Damit war das Kapitel seiner Tätigkeit als Syndikus für die Industrie weitgehend abgeschlossen. Fortan sollte er sein Leben ganz der Politik und der Deutschen Volkspartei widmen. Er sollte ein Außenseiter, ein einsamer Mensch bleiben, der in einer häufig zerstrittenen kleineren Partei wirkte und dessen politischer Erfolg sich aus einer »treffenden Feder« und der »unheimlichen Beherrschung des Wortes« speiste. Für Eugen Schiffer, der im allgemeinen keine großen Sympathien für Stresemann hegte, war er doch »einer der größten Taktiker, die die moderne deutsche Geschichte überhaupt besitzt«.[44] Obwohl er den Ruf hatte, opportunistisch und überehrgeizig zu sein, hielt er letztlich an den Überzeugungen seiner Jugendzeit fest, die einer durchaus wechselhaften Laufbahn eine Richtung gaben – das Eintreten für parlamentarische Monarchie, Patriotismus, der Glaube an die Bestimmung Deutschlands und das Eintreten für freies Unternehmertum und freien Welthandel. Diese Ziele verfolgte er trotz beträchtlicher Hindernisse und gesundheitlicher Beeinträchtigungen mit praktischer Erfahrung, Optimismus und Willensstärke. So sollte er zum vielleicht größten Staatsmann seiner Zeit werden.

Nach der Annahme der Verfassung im August 1919 kehrte Stresemann ins aktive politische Leben zurück und bemühte sich, seine Partei auf eine stabilere und breitere Basis zu stellen. Seine Bemühungen zeitigten schnell positive Ergebnisse. Ein kleiner Rückschlag erfolgte Ende August, als Stresemann und Oskar Hergt, der damalige Vorsitzende der DNVP, Hindenburg dafür gewinnen wollten, sich als parteiloser Kandidat für eine baldige Präsidentschaftswahl zur Verfügung zu stellen. Beide Männer waren überzeugt, daß der alte Feldmarschall in das Amt gewählt werden würde, was unter Umständen zur Wiedereinführung der Monarchie führen könnte. Die von Hindenburg ermutigte Initiative wurde allerdings von der linksgerichteten Mehrheit in der Nationalversammlung zunichte gemacht, die nach der neuen Verfassung den Zeitpunkt und die Bedingungen für Parlaments- und Präsidentschaftswahlen festlegen konnte.

Plötzlich machte Stresemann den völlig unerwarteten Versuch, die DVP an der sozialdemokratisch dominierten Bauer-Regierung zu beteiligen. Zunächst stieß er in seiner Partei auf den vehementen Widerstand Vöglers, Heinzes und ihrer rechtsgerichteten Verbündeten, die nach wie vor für eine Einheitsfront mit der DNVP eintraten und gegen jede Verständigung mit den Sozialdemokraten waren. Zwar konnte Stresemann diesen parteiinternen Widerstand überwinden, aber sein Vorstoß wurde von der mißtrauischen SPD-Regierung zurückgewiesen. Somit scheiterte sein Vorhaben, eine Brücke zur Linken zu bauen, wodurch die reaktionären Elemente in seiner eigenen Partei gestärkt wurden und er abermals als politischer Opportunist galt.

Er tröstete sich jedoch mit dem Gedanken an die für Anfang 1920 zu erwartenden Reichstagswahlen, bei denen er aus der weitverbreiteten Unzufriedenheit über Versailles und die schlechte wirtschaftliche Lage politisches Kapital schlagen wollte. Genau aus diesen Gründen schreckte die Regierung Bauer, die vor kurzem eine Koalition mit der DDP eingegangen war, davor zurück, sich zu einem frühen Zeitpunkt Wahlen zu stellen. Doch es war klar, daß die Machtausübung durch die provisorische Regierung erhebliche Ablehnung in der Bevölkerung, vor allem im machthungrigen rechtsgerichteten Lager, hervorrief. Indem Stresemann einerseits auf frühzeitige Wahlen drängte, andererseits die Teilnahme an der Regierung anstrebte, versuchte er, dieses Risiko abzuwenden. Im Februar 1920 schrieb er an einen Kollegen: »Wer sich auf den Standpunkt stellt, daß er

7. Die Nationalversammlung

unter keinen Umständen mit denen [der SPD] an einem Tisch sitzen will, der hat meiner Meinung nach die Probleme der heutigen Zeit doch nur sehr oberflächlich erfaßt.«[45]

Unterdessen war der Versailler Vertrag Realität geworden. Die Franzosen hatten das Rheinland besetzt, und die Alliierten forderten baldige Reparationen. Über diese Lage und die harten Entbehrungen empörten sich am meisten ehemalige Soldaten, die sich jetzt vielfach in den Freikorps gesammelt hatten. Schon Anfang Juni 1919 hatten die Alliierten auf die Auflösung dieser Einheiten gedrängt. Diese bunt zusammengewürfelten Brigaden, die fernab vom Oberkommando der Reichswehr in Deutschland sowie an der polnischen Grenze agierten, hatten sich faktisch zu einer antirepublikanischen Armee entwickelt. Ihr ziviles Gegenstück, die »Nationale Vereinigung«, war ein Sammelbecken für die verschiedenen reaktionären zivilen Kräfte der deutschen Gesellschaft, das auch Männer wie General Ludendorff und Oberst Bauer anzog – die beide einmal von der DVP als Kandidaten in Betracht gezogen worden waren. Im Juli 1919 hatte eine Brigade unter dem Kommando von Oberst Waldemar Pabst einen Marsch auf Berlin unternommen, der scheiterte und zu Pabsts Entlassung und zur Auflösung seiner Kavalleriebrigade führte. Doch er und andere verfassungsfeindliche Gruppen planten weiterhin den Sturz der Regierung.

Anfang 1920, als die Alliierten zunehmend darauf drängten, die Freikorps aufzulösen und die Reichswehr umzuorganisieren und auf 100 000 Mann zu reduzieren, wie es der Versailler Vertrag vorsah, herrschte in großen Teilen der Bevölkerung Unmut über Bauers Weigerung, die von der neuen Verfassung vorgesehenen Wahlen durchzuführen. Diese Unzufriedenheit wurde von der »Nationalen Vereinigung« und ihrem Führer Wolfgang Kapp aufgegriffen, einem ostpreußischen Reaktionär, der 1917 die Vaterlandspartei mitgegründet, gegen den Friedensvertrag agitiert und Freikorpseinheiten in Ostpreußen und an der polnischen Grenze zu ihren Aktionen angeheizt hatte. Sein Putschplan wurde von General von Lüttwitz unterstützt, der im Januar 1919 unter Groener den Marsch auf Berlin angeführt hatte und jetzt ein gut ausgerüstetes, schlagkräftiges Freikorps befehligte.

Am 4. März 1920 arrangierte Lüttwitz ein Treffen mit Heinze von der DVP und Hergt von der DNVP und drängte die beiden Parteien, zusammen mit Kapp und oppositionellen Offizieren der Regierung Bauer ein Ultimatum zu stellen.[46] Darin wurden baldige Wahlen und für die Interimszeit die Einsetzung einer provisorischen Regierung, bestehend aus parteilosen »Fachministern«, gefordert. Verlangt wurde auch die Revision der von Ebert angeordneten Demobilisierung von zwei Freikorpseinheiten – der baltischen Brigade, die gerade Riga erobert hatte, und der Marinebrigade von Hauptmann Hermann Ehrhardt, die eine Schlüsselrolle bei der Niederschlagung des Aufstands in Berlin im Januar 1919 gespielt hatte. Heinze und Hergt weigerten sich, ein solches Ultimatum mitzutragen, kamen nach einem Treffen mit ihren Fraktionskollegen allerdings überein, in der Nationalversammlung eine Resolution einzubringen, in der ganz ähnliche Forderungen gestellt wurden. Einige Tage später, am 9. März, wurde dem Parlament der Antrag der DVP/DNVP, die Versammlung aufzulösen und Neuwahlen durchzuführen, vorgelegt – und mit großer Mehrheit abgelehnt.

Obwohl Lüttwitz offenkundig wenig politische Unterstützung hatte, legte er sein Ultimatum Präsident Ebert und Verteidigungsminister Noske vor. Diese ordneten daraufhin die Festnahme Kapps an und enthoben Lüttwitz sofort seines Kommandos.[47] Kapp entzog sich der Inhaftierung, und Lüttwitz schloß sich der Brigade Ehrhardt an, die eigentlich aufgelöst werden sollte und jetzt auf Berlin marschieren wollte. Noskes Abwehrmaßnahmen wurden von General Hans von Seeckt, dem Chef der Heeresleitung, konterkariert, der auf dem Standpunkt stand, »Reichswehr schießt nicht auf Reichswehr«.[48] So konnten Lüttwitz und seine Brigade am 13. März in Berlin einmarschieren, ohne dort auf Widerstand zu stoßen. Der Reichspräsident und das Kabinett flohen sich am selben Abend nach Dresden und kurz darauf nach Stuttgart. Nur der damalige Justizminister Eugen blieb in Berlin.

Stresemann während der Haager Konferenz, August 1929.

Deutschlands Aufnahme in den Völkerbund. Stresemann bei seiner großen Antrittsrede am 10. September 1926.

Stresemann mit Sir Austen Chamberlain, Aristide Briand und dem deutschen Staatssekretär Carl von Schubert (v. l. n. r.)

Schlußsitzung für den Locarno-Pakt vom 16. Oktober 1925. Die deutsche Delegation (Luther, Stresemann, von Schubert) im Vordergrund.

Mit der Sowjetischen Delegation nach der Unterzeichnung des Berliner Vertrags, 24. April 1926. V. l. n. r.: Schubert und Friedrich Gaus, und an Stresemanns linker Seite sitzt der sowjetische Botschafter Nicolai Krestinski.

Ernstes Gespräch bei der Ratstagung in Lugano, Dezember 1928. Chamberlain, Briand und Stresemann noch einmal bei gemeinsamer Arbeit.

Rede zur Lage der Nation, 9. September 1929.

Die Dienstvilla des Reichsaußenministers.

Ruhrbesetzung 1923. Französische Posten auf dem Gelände der Zeche »Monopol«.

Der Trauerzug mit dem Sarg Stresemanns am Brandenburger Tor, unter außerordentlicher Anteilnahme der Bevölkerung, 1929.

Aristide Briand zusammen mit dem französischen Botschafter, Henri Francoise-Poncet, am Grabe Stresemanns, 1931.

7. Die Nationalversammlung

In Berlin ging alles drunter und drüber. Keiner dieser geschworenen Feinde der Republik, einschließlich Ludendorff, war auch nur im geringsten zum Regieren befähigt und hatte irgendeine Vorstellung von dem, was zu tun sei. Sie fanden einige Sympathisanten im Berliner Bürgertum, während vor allem die Arbeiter offenen Widerstand leisteten. Obwohl Stresemann und die Berliner Führer der DVP an dem Unternehmen nicht beteiligt waren, sahen sie in ihm eine Gelegenheit, die Regierung abzusetzen und Neuwahlen zu erzwingen, durch die die Partei vielleicht wieder eine einflußreiche Rolle in einer bürgerlichen Koalitionsregierung würde spielen können. Deshalb war Stresemann, wie sein Sohn Wolfgang schrieb, durchaus nicht unglücklich über Kapps Aktion. Für Stresemann war dies die letzte Offensive, die Republik zu beseitigen, die er zwar nie voll akzeptiert hatte, die er aber im Gegensatz zu vielen Nationalisten in der DNVP nie durch einen Gewaltstreich hatte abschaffen wollen. Indem er diesen Einsatz von Gewalt jedoch hinnahm, setzte er sich über die Tatsache hinweg, daß er sich in seiner Rede am 8. Oktober vor der Nationalversammlung verpflichtet hatte, die Republik anzuerkennen und im Rahmen der Verfassung mitzuarbeiten.

Die vier Tage vom 13. bis zum 17. März bedeuteten für Stresemann freudiges Hoffen, sodann tiefe Bestürzung und schließlich den unbeholfenen Versuch, sich von dem gescheiterten Umsturz zu distanzieren.

Am Morgen des 13. März berief Stresemann ein Treffen der in Berlin verbliebenen DVP-Abgeordneten ein. Sie beschlossen, eine dreiköpfige Delegation zu Kapp zu schikken, um sich über dessen Pläne zu informieren. Alle Anwesenden »waren der Meinung, daß die Aufrechterhaltung der Ruhe und Ordnung das erste Gebot der Stunde sei [und man] alles daran setzen müsse, die neuen Gewalthaber zu bewegen, durch sofortige Ausschreibung von Neuwahlen die baldmöglichste Wiederherstellung verfassungsmäßiger Zustände in Deutschland zu gewährleisten«.[49]

Am Nachmittag kehrten Garnich, Kempkes und Maretzky zu ihren Kollegen in der Wohnung Garnichs zurück. Sie berichteten, sie hätten einen positiven Eindruck von Kapp gewonnen, und sein Programm sei weder »reaktionär noch monarchistisch«; er habe die Absicht, rasch Wahlen im Rahmen der Verfassung anzusetzen. Sie berichteten, daß Noske und Bauer zum Generalstreik aufgerufen hatten, daß die Armee anscheinend für die neue Regierung war und die Frage sei, welche Haltung General Maerker in Dresden einnehmen würde. Offen war auch, ob Heinze und die Dresdener Abgeordneten der DVP die Sache unterstützten. Maretzky sagte abschließend: »Wir begrüßen den Sturz der alten Regierung« und »wir haben uns der neuen Regierung gegenüber nicht feindlich gestellt«.

Stresemann warf ein, er hätte das Wort »begrüßen« nicht gewählt, und es sei vielleicht besser, eine vorsichtigere Haltung einzunehmen, was Riesser und mehrere andere richtig fanden. Nach einer ausführlichen Diskussion kam die Gruppe überein, der erwartungsvollen Presse eine Erklärung zu überreichen, in der die neue Regierung de facto anerkannt wurde; die mangelnde Bereitschaft der Regierung Bauer, Wahlen zu veranstalten, habe zwangsläufig zu diesem Ergebnis geführt. An diese Anerkennung wurde jedoch die Bedingung geknüpft, daß die provisorische Regierung Kapp sofort die Ordnung wiederherstellte, die Freiheit des Einzelnen und das Eigentum schützte und »auf der Grundlage des bisherigen freiheitlichen Wahlrechts« Wahlen ansetzte.[50] Diese öffentliche, wenngleich nicht bedingungslose Anerkennung des Putsches sollte Stresemann und seiner Partei noch über Jahre hinweg zum Vorwurf gemacht werden.

Am nächsten Morgen war klar, daß nicht nur die Regierung Kapp, sondern auch die Regierung Bauer im Exil überlebt hatte. Der gefürchtete Generalstreik war tatsächlich ausgerufen worden, und er fand eine so breite Zustimmung, daß er die Lebens- und Arbeitsbedingungen in Berlin stark beeinträchtigte; zum ersten und letzten Mal in der deutschen Geschichte hatten die Gewerkschaften die Macht, das ganze Land lahmzulegen. Öffentliche Einrichtungen und Industriebetriebe wurden einfach geschlossen, die Straßenbahnen fuhren nicht mehr, der Strom war abgestellt, die Zeitungen

7. Die Nationalversammlung

erschienen nicht, der Müll häufte sich, und die Bevölkerung schien den Streik zu akzeptieren und mit der exilierten Regierung zu sympathisieren. Und wie befürchtet, war es Heinze gelungen, auf seine Kollegen und General Maerker, dessen Armeeeinheiten in Dresden stationiert waren, dahingehend einzuwirken, daß sie sich jeder Unterstützung für Lüttwitz und Kapp enthielten.

Am 14. März traf sich von neuem ein größerer Kreis von DVP-Abgeordneten. Stresemann nahm verschiedene Berichte aus den Bezirksbüros entgegen, aus denen hervorging, daß die Unzufriedenheit der Partei über die von der Berliner Fraktion eingenommene Position zunahm. Gleichzeitig wurde von Unruhen an der Ruhr und andernorts berichtet, und es wurde gemeldet, »militärisch sei dort die Situation für die neue Regierung nicht günstig«. Stresemann schlug sofortige Gespräche mit den anderen Parteien vor; gleichzeitig sollte Kapp aufgefordert werden, sein Kabinett zu erweitern und die Vorbereitung von Neuwahlen anzukündigen.[51]

Am nächsten Tag stellte sich heraus, daß die neue Regierung stark gefährdet war. Kapp hatte sich geweigert, ein Datum für Wahlen zu nennen, solange die Ordnung nicht wiederhergestellt sei, und war anscheinend wenig geneigt, sein Kabinett aufzustocken. Heinze, der inzwischen in Berlin angekommen war und an dem Treffen teilnahm, warnte: »Das Reich sei in Auflösung. Der Süden und Westen machen nicht mit. Schon sei Blut geflossen. Ein Chaos stehe bevor.« Stresemann antwortete: »Unsere sächsischen Parteifreunde haben zweifellos von ihrem Standpunkt aus richtig gehandelt ... Hier lag die Sache anders.« Dann verteidigte er sein Handeln und das seiner Berliner Kollegen und schlug vor, beide Regierungen sollten zurücktreten und durch eine neutrale Koalitionsregierung ersetzt werden; außerdem sollte eine Klarstellung der Erklärung der Partei vom 13. März an die Presse gegeben werden, in der die Behauptung zurückgewiesen wurde, »daß die DVP hinter Kapp stehe«. Ein Teilnehmer stellte besorgt fest, daß sich »fast die ganze Presse gegen die neue Regierung wende«.[52]

Spätestens nachdem es nicht gelungen war, General Maerker dafür zu gewinnen, zwischen der Regierung Kapp und der Regierung Bauer eine Einigung auszuhandeln, erkannte Stresemann, daß Kapp zum Scheitern verurteilt war. Daraufhin bot er sich selbst als Vermittler an. Sein Angebot wurde von der Regierung Bauer, die nach Stuttgart gegangen war, schroff zurückgewiesen. Es würde weder Verhandlungen noch eine Amnestie geben. Kapp und Lüttwitz flohen aus Deutschland, und Stresemann und seine isolierten Berliner Kollegen versuchten mit allen Mitteln, ihre anfängliche Zustimmung als eine patriotische Tat erscheinen zu lassen, die dem Schutz der Verfassung und dem Erzwingen baldiger Wahlen gedient hätte.

Ein Memorandum dieses Inhalts wurde am 18. März an die Bezirksorganisationen der DVP gerichtet. Darin wurde das Vorgehen Stresemanns und seiner Berliner Kollegen zu rechtfertigen und der irreführende Eindruck zu erwecken versucht, sie seien von Anfang an gegen den Putsch gewesen. In bezug auf die Erklärung vom 13. März hieß es: »Dr. Stresemann legte auch entscheidendes Gewicht darauf, daß die beschlossene Kundgebung nicht als solche der DVP, sondern als solche von in Berlin am 13. März anwesenden Mitgliedern ... bezeichnet werde.«[53] Später vertiefte Stresemann diese Gedanken in einem ausführlichen Artikel mit dem Titel *Die Märzereignisse und die Deutschen Stimmen.*

Nicht erwähnt wurde darin, was er damals gegenüber Parteimitgliedern äußerte: Angeblich hatte er sie davor gewarnt, die Weimarer Verfassung als heilig zu betrachten und gemeint, sollten Gott und das Schicksal einen Mann schicken, der Deutschland wieder groß mache, ohne sich an alle Weimarer Paragraphen zu halten, dann hoffe er, daß ihm die DVP diejenige Wiedergutmachung anböte, die die Väter der Nationalliberalen Partei Bismarck geboten hätten.[54] Trotz aller späteren Erklärungen war Stresemann nach wie vor ein Gegner der Weimarer Verfassung. Die Ereignisse vom März 1920 bestätigten seinen Ruf als Monarchist und opportunistischer Nationalist und belasteten sein Verhältnis zu Heinze und wichtigen Parteimitgliedern schwer.

Die oppositionelle Presse übte scharfe Kritik an Strese-

7. Die Nationalversammlung

mann und behauptete, er habe von dem Putschvorhaben gewußt und sogar mit einigen Beteiligten Kontakt gehabt. Zweifellos legte sein enges Verhältnis zu Ludendorff, Bauer und auch Lüttwitz einen solchen Verdacht nahe. Umgekehrt warfen ihm Kapp und Lüttwitz in späteren Briefen vor, er hätte sie und ihre Sache nicht entschieden genug verteidigt und keine Amnestie erwirkt, die er damals anscheinend für möglich gehalten hatte.[55] Die meisten Putschisten waren aus dem Land geflohen. Nur drei Teilnehmern wurde der Prozeß gemacht, und bloß einer, nämlich von Jagow, wurde wegen Landesverrats verurteilt, doch schon sehr bald aus dem Gefängnis entlassen. Ludendorff, der ebenfalls seine Hand im Spiel gehabt hatte, konnte sich einem Prozeß völlig entziehen.[56]

Der überwältigende Erfolg des Generalstreiks ermunterte die radikaleren Gewerkschaften, nicht nur Wahlen, sondern auch ein Mitspracherecht bei der Bildung künftiger Regierungen zu verlangen. Abermals wurde die Verstaatlichung der Industrie und eine Wiederbelebung der Arbeiterräte gefordert. Angesichts dieses wachsenden Drucks stimmte die Regierung Bauer der Abhaltung von Wahlen zu. Gleichwohl sahen die Kommunisten und andere radikale Kräfte eine Chance, die Regierung mit Gewalt zu stürzen. Ihre Bewegung war besonders aktiv an der Ruhr, wo es einer »roten Armee« von 50 000 Arbeitern gelang, viele wichtige Industriezentren zu besetzen. Wieder einmal rief Präsident Ebert die Reichswehr zu Hilfe. General von Seeckt und die Armee, die nicht bereit gewesen waren, gegen den Putsch in Berlin vorzugehen, schlugen jetzt schnell und hart zu. Severing, der vergeblich versucht hatte, die Gewerkschaften zu Ruhe und Besonnenheit zu bewegen, beobachtete die brutale Niederschlagung des Aufstands und meinte, die terroristischen Maßnahmen, zu denen die Soldaten gegenüber der friedlichen Bevölkerung gegriffen hätten – die willkürlichen Erschießungen ohne Prozeß und Urteil, die Massenverhaftungen, die Mißhandlungen von Gefangenen – stünden den Anschlägen der Roten in nichts nach.[57]

Ähnliche, aber weniger traumatische Ereignisse fanden in

Bayern statt, wo der sozialdemokratische Ministerpräsident und seine Regierung von Gustav von Kahr vertrieben wurden, einem ehrgeizigen Monarchisten, der einst eng mit der alldeutschen Bewegung verbunden gewesen war.

So spaltete der Putsch in Berlin die Gesellschaft tiefer denn je. Während sogar die Sozialdemokraten glaubten, die Reichswehr sei wichtig für die Aufrechterhaltung der Ordnung, gelangten deutsche Republikaner aller Schattierungen zu der Auffassung, daß man der Armee nie wieder würde voll vertrauen können. Die Märzereignisse erzwangen auch den Rücktritt des umstrittenen, aber erfolgreichen Reichswehrministers Noske. Ihn ersetzte Otto Geßler, der in verschiedenen Regierungen fast bis zum tragischen Ende der Republik in diesem Amt bleiben sollte. Gleichzeitig wurde Hans von Seeckt, ein Mann, dessen Loyalität mehr der Armee als der Regierung galt, zum Chef der Heeresleitung ernannt, was von erheblicher Bedeutung für Stresemanns Zukunft sein sollte. Nach Wiederherstellung der Ordnung beglückwünschten die meisten Vertreter der Alliierten Präsident Ebert und die Regierung Bauer. Die Franzosen indes besetzten die Häfen von Frankfurt und Duisburg wegen der »beunruhigenden« deutschen Truppenbewegungen, die jedoch das Ziel hatten, die bolschewistische Bewegung zu unterdrücken.

Überraschenderweise führten der Kapp-Putsch, Stresemanns Forderung nach baldigen Wahlen und die Besorgnis der Bevölkerung über die von den Kommunisten angezettelten Aufstände zu einem Popularitätszuwachs der DVP und der DNVP. Die wiedererwachte Angst vor dem Bolschewismus drängte die Ereignisse zwischen dem 13. und dem 17. März in den Hintergrund und überlagerte die zwiespältige Haltung der Rechtsparteien. Durch Stresemanns tatkräftigen Einsatz wurden Organisation und Finanzen der DVP entscheidend gestärkt.

Am 26. März trat die Regierung Bauer zurück. Bauers Nachfolger war sein Außenminister Hermann Müller, der umgehend eine neue Koalitionsregierung bildete, der dieselben Parteien und viele der alten Minister angehörten, und

7. Die Nationalversammlung

Wahlen für den 6. Juni ansetzte. Gleich darauf begann der Wahlkampf. Stresemann gelang es schnell, in seiner Partei die Zügel wieder fest in die Hand zu nehmen, und er reiste durchs Land, um die Kandidaten der DVP zu unterstützen und alle diejenigen für die Wahl zu gewinnen, die empört über den Versailler Vertrag und unzufrieden mit der schlechten wirtschaftlichen Lage und der Inflation waren – keine kleine Klientel. Er trat für das freie Unternehmertum ein und warnte vor Verstaatlichungen, er bekräftigte das liberale und nationalistische Programm der Partei und griff die Sozialdemokraten scharf an, während er paradoxerweise seine Bereitschaft zu erkennen gab, mit ihnen zusammen am Wiederaufbau des Landes zu arbeiten. Dank seines tatkräftigen Einsatzes und seines rednerischen Talents wurde die DVP in kürzester Zeit wieder Stresemanns Partei. Er gab sein Mandat für den Wahlkreis Osnabrück auf und kandidierte für einen »sicheren« Bezirk im Westen Berlins, wodurch es ihm möglich war, überall dort seine Energien einzusetzen, wo sie am dringendsten gebraucht wurden. Stresemann vermied nunmehr Hinweise auf die Monarchie sowie direkte Angriffe auf die Verfassung. Die Partei hatte angesichts ihrer zwiespältigen Einstellung zum Kapp-Putsch nur wenige Mitglieder verloren, und diese Verluste wurden durch Gewinne auf Kosten der DNVP und der DDP mehr als wettgemacht. Das Ansehen der DNVP war durch die Mitgliedschaft Kapps nämlich beschädigt worden, während die DDP mit den Nachwirkungen des Generalstreiks identifiziert wurde, den sie flankiert hatte.

Bei den Wahlen gewann die DVP 43 Sitze, und ihr Anteil an den Wählerstimmen stieg von 4,4 % auf 13,9 %. Zu Stresemanns großer Genugtuung war der größte Teil dieses Zugewinns auf Kosten der drei Koalitionsparteien errungen worden – sprich: der Sozialdemokraten, der DDP und des Zentrums.

Die Sitzverteilung im Reichstag

	SPD	USPD/KPD	DDP	Zentrum	DVP	DNVP
Januar 1919	163	22	75	91	22	44
Juni 1920	102	88	39	85	65	71
Gewinne/Verluste	61	66	36	6	43	33

Seine rigide Ablehnung einer sozialistischen Ordnung, seine Attacken gegen diejenigen, die dem Versailler Vertrag zugestimmt hatten, und seine oftmals leidenschaftliche Rhetorik machten Stresemann zu einem populären Politiker der Weimarer Republik. Dennoch sollten sich viele an seine extremen Positionen während des Kriegs, seine anhaltende Loyalität gegenüber der diskreditierten Hohenzollern-Dynastie, seine opportunistische Haltung zum Kapp-Putsch und seine sture Weigerung erinnern, die im Versailler Vertrag niedergelegten Forderungen zu akzeptieren. So hatte er auf der einen Seite zwar einen bemerkenswerten Wahlsieg errungen, sich auf der anderen Seite aber bei vielen unbeliebt gemacht.

Während die bürgerlichen Parteien von dem Putsch, der Forderung nach frühzeitigen Wahlen und der Desillusionierung profitiert hatten, die die Unterzeichnung des Versailler Vertrags ausgelöst hatte, konnten die Unabhängigen Sozialdemokraten und die Kommunistische Partei verstärkt Zulauf von frustrierten Arbeitern verbuchen. Deren Gewinne entsprachen fast genau den Verlusten der Sozialdemokratischen Partei, was Stresemanns Hoffnung auf die Bildung einer funktionsfähigen Koalitionsregierung für die nächsten Jahre weitgehend zunichte machte.

Kapitel 8
Der politische Wiederaufstieg

Für viele war es ein Schock, daß der Politiker, der sich in der gerade beendeten Kapp-Affäre so ambivalent verhalten hatte, schon wieder auf der politischen Bühne stand und überdies eine so große Popularität besaß. Stresemann selbst dürfte der Wahlerfolg kaum überrascht haben. Er hatte seit Januar 1919 nahezu jede Bezirksorganisation besucht und und mobilisiert. Und jetzt erfreute er sich auch der finanziellen Unterstützung vieler Wahlfonds der Ruhr-Industriellen, nachdem deren Forderung nach angemessener Vertretung in der Partei erfüllt worden war und Stresemann seine Kritik an bestimmten Aspekten ihrer Industriepolitik abgeschwächt hatte. Sogar einige rechtsgerichtete führende Agrarier akzeptierten ihn inzwischen halbwegs. Die vergrößerte Reichstagsfraktion umfaßte folglich Vertreter fast aller bürgerlichen Interessengruppen, die es bereits vor dem Krieg gegeben hatte; zu ihr gehörten ebenfalls so treue Freunde wie Rudolf Schneider vom »Bund der Industriellen«, Jakob Riesser vom »Hansa-Bund«, zwei bekannte protestantische Theologen, drei ehemalige Diplomaten, einige Vertreter der Beamtenschaft, die Stresemann zu Beginn seiner politischen Laufbahn hartnäckig verteidigt hatte, und sogar ein paar Offiziere im Ruhestand.

Mehr als jeder andere Faktor war es vielleicht der kommunistische Aufstand nach dem Kapp-Putsch, der der DVP am 6. Juni einen so großen Zulauf bescherte, denn die Erinnerung an einen gescheiterten Umsturz rechtsgerichteter Kräfte war der Angst vor einer bolschewistischen Revolution gewichen. Geschickt hatte Stresemann diese Angst zum zentralen Thema des Wahlkampfs seiner Partei gemacht und in dem Slogan zusammengefaßt: »Von roten Ketten macht euch frei allein die Deutsche Volkspartei!«

Die gleiche Furcht sowie der starke Wunsch nach Ordnung und nach Wiederherstellung des alten Systems brachten auch der DNVP mehr Wählerstimmen ein, während am entgegengesetzten Pol die SPD Anhänger an die Linke verlor. Die Unzufriedenheit mit dem bestehenden System manifestierte sich deutlich im Dezember 1920, als sich ein Viertel der 82 Fraktionsmitglieder der USPD der KPD anschloß; die restlichen Mitglieder kehrten 1922 zur SPD zurück. So wurde die Mitte des politischen Spektrums geschwächt. Die Parteien, die gegen die Republik und ihre Verfassung waren, umfaßten mehr als ein Drittel der 452 Abgeordneten des Reichstags; zu diesem Drittel gehörten zwar nicht die 65 Abgeordneten der DVP; deren zwiespältige politische Einstellung trat jedoch immer offener zutage.

Die Spannungen in Stresemanns heterogener Partei sollten künftig ihre innere Geschlossenheit zunehmend gefährden und auch seine Führungsrolle in Frage stellen. Paul Moldenhauer, ein langjähriger politischer Mitstreiter Stresemanns, schrieb in seinen unveröffentlichten Memoiren über diese Situation innerhalb der DVP: »Von der Fraktion im allgemeinen gilt, was mir der alte Trimborn einmal sagte: sie hatte zu viel geistigen Großgrundbesitz. Es waren zu viele tüchtige Köpfe da, zu viele Männer, die auf wichtigsten Gebieten des Lebens gründlich Bescheid wußten, zu viele selbständige Persönlichkeiten.«[1]

Stresemanns Sohn und späterer Privatsekretär erwähnt in seiner Biographie über seinen Vater den permanenten Druck, den Männer wie Albert Vögler, Reinhold Quaatz und Hugo Stinnes ausübten, die Stresemann als Preis für die finanzielle Unterstützung durch die Wahlfonds in die Partei hatte aufnehmen müssen.[2] Stinnes war zwar schwierig und unzugänglich und brachte die Partei manchmal in Verlegenheit, aber er war im allgemeinen kooperativ, wohingegen Quaatz »parlamentarisch nicht zuverlässig [war] ... mit ihm hatte mein Vater nur Ärger«.[3] Quaatz, der an allem Kritik übte, sollte schließlich der ihm genehmeren DNVP beitre-

8. Der politische Wiederaufstieg

ten. Dann war da noch Kurt Sorge, Mitglied des Krupp-Direktoriums und Präsident des »Reichsverbands der deutschen Industrie«, der ironischerweise zu denjenigen gehört hatte, die ein Jahr zuvor Stresemann als mögliches Vorstandsmitglied abgelehnt hatten. Und Karl Hepp, ein bekannter Gutsbesitzer und Präsident des ostelbischen »Deutschen Landbundes« sollte sich bei seinem Austritt aus der Partei 1925 gegenüber Wolfgang Stresemann bitter beklagen: »Sie können Ihrem Vater mitteilen, er hat uns bisher immer wieder auf seine Seite gezwungen; dies wird ihm nicht noch einmal gelingen.«[4]

In der Freude über seinen Wahlsieg übersah Stresemann zunächst die Kompromisse, die seine Partei eingehen mußte. In den *Deutschen Stimmen*, die jetzt sein persönliches politisches Sprachrohr waren, schrieb er am 20. Juni:

> Wir haben das uns anvertraute Erbe der alten Nationalliberalen Partei gut gewahrt, wir werden das, was unvergänglich ist an ihren Ideen, hinüberführen in die Gegenwart, werden die Zeichen der Zeit beachten und uns neuen Ideen nicht verschließen, sondern uns bemühen, führend zu sein gerade auf dem Gebiet der sozialen Fragen ... und so versuchen, die Deutsche Volkspartei zum Kern einer großen bürgerlich-freiheitlichen Partei zu machen, derer wir bedürfen und ohne die in Zukunft deutsche Politik nicht gemacht werden kann.[5]

Stresemann befand sich zweifellos in Hochstimmung. Einige Tage später speiste er mit Graf Kessler im Café Hiller's. »Stresemann, der um zwei eine Fraktionssitzung hatte, blieb bis drei viertel drei, trotz des ungestümen Drängens von Rheinbabens; er meinte, es sei viel besser, die Leute sich erst austoben zu lassen und dann eine Viertelstunde vor der Reichstagssitzung und Präsidentenwahl zu erscheinen und einzugreifen. Souveräne Verachtung seiner Fraktions-Untertanen.«[6]

Am 8. Juni trat die Koalitionsregierung Hermann Müllers zurück. Da es Müller nicht gelungen war, die Unabhängigen Sozialdemokraten zu gewinnen, und da er nicht bereit war, mit der DVP kooperieren, machte er keinen Versuch, eine neue Regierung zu bilden. So endete die letzte Mehrheitskoalition, bis die wiedervereinigten Sozialdemokraten 1923 für kurze Zeit in Stresemanns Regierung eintraten. Es sollte erst wieder einen sozialdemokratischen Kanzler geben, als Müller 1928 zum zweiten Mal an die Macht kam. Reichspräsident Ebert bot der DVP das Kanzleramt an. Doch er wählte nicht Stresemann, sondern den Vorsitzenden der Reichstagsfraktion Rudolf Heinze. Ebert mißtraute Stresemann wegen dessen extremer Positionen während des Kriegs, seiner antirepublikanischen Einstellung und seiner Rolle beim Kapp-Putsch. Heinze hatte dagegen die Regierung während ihres kurzen Exils eindeutig unterstützt und wurde von Ebert als ein verläßlicher Republikaner betrachtet. Doch Heinze brachte es nicht fertig, ein Kabinett zu bilden, da die SPD nicht bereit war, die DVP als Koalitionspartner zu akzeptieren.

Sodann wurde Konstantin Fehrenbach das Kanzleramt angetragen. Er war ein langjähriges und geachtetes Mitglied der Zentrumspartei und hatte als Präsident der Nationalversammlung einiges Ansehen erworben. Ihm gelang schließlich die Bildung einer bürgerlichen Minderheitskoalition, der die Zentrumspartei, die DDP und die DVP angehörten. Mit Duldung der SPD wurde er zum ersten bürgerlichen Kanzler der jungen Republik. Die Weigerung der rechtsgerichteten DVP-Abgeordneten, die Republik anzuerkennen und sich an der Regierung zu beteiligen, wurde durch einen wohlausgewogenen Kompromiß mit dem Zentrum und der DDP überwunden; die Parteien einigten sich darauf, beim Wiederaufbau des Landes zusammenzuarbeiten und die existierende Verfassung zu respektieren.[7] Reichswehrminister Otto Geßler gab ein besonnenes Urteil über Fehrenbach ab: »Er war kein Staatsmann in einem anspruchsvollen Sinn ... Seine südbadische Behäbigkeit, die freilich nicht recht ins Berliner Milieu paßte, bewährte sich auch im neuen Amt als Faktor der Ruhe. Er war, ähnlich wie später Marx, der gegebene Mann zur Füh-

8. Der politische Wideraufstieg

rung eines Kabinetts, das an sich nur auf einer parlamentarischen Minderheit basierte.« Abschließend brachte er zum Ausdruck, was viele empfanden: »Fehrenbach war ein verehrungswürdiger Mann.«[8]

Zur Regierung Fehrenbach gehörten zwei Mitglieder der DVP: Ernst Scholz, ein langjähriger Kollege Stresemanns und ehemaliger Bürgermeister von Charlottenburg, der zwar der Partei treu ergeben war, aber weder über parlamentarische noch über finanzpolitische Erfahrung verfügte, wurde Wirtschaftsminister; Heinze wurde Vizekanzler und Justizminister. Joseph Wirth von der Zentrumspartei, der später selbst Kanzler wurde, blieb Finanzminister. Dr. Walter Simons, ein parteiloser Diplomat, der der deutschen Delegation in Versailles angehört hatte, übernahm das Amt des Außenministers. Stresemann hielt viel von Simons, dessen Sympathie der DVP zu gelten schien, dessen Auftreten auf der internationalen Konferenz in Spa ihm jedoch Angriffe von links und rechts einbrachte. Geßler stellte fest: »Für sie war er von nun an der naive Anfänger, ein ewiger Fremdling in der Politik.«[9] Das änderte sich, als Simons Reichsgerichtspräsident wurde.

Von den anderen Mitgliedern der neuen Regierung ist besonders Otto Geßler hervorzuheben. Als er Minister für Wiederbau in der provisorischen Regierung war, hatte sich zwischen ihm und Ebert ein enges Verhältnis entwickelt, das durch seine Loyalität in den schweren Tagen des Kapp-Putsches noch intensiviert wurde. Während des Kriegs war er Oberbürgermeister von Nürnberg gewesen und hatte sich durch seine »Wachsamkeit und Verwaltungskunst und auch für unbürokratische Aushilfen und Improvisationen« großes Ansehen erworben. Die Sozialdemokraten hatten so großes Vertrauen zu ihm, daß er bei Ausbruch der Revolution der »rote Bürgermeister« tituliert wurde.[10] Er war der DDP gleich nach ihrer Gründung im Dezember 1918 beigetreten, und obwohl er – wie es auch bei Ebert der Fall gewesen war – im Grunde ein konstitutioneller Monarchist war, akzeptierte er die Realität der Republik und diente ihr engagiert und loyal acht Jahre lang in acht verschiedenen Regierungen als

Reichswehrminister. Es gelang ihm, sechs Jahre lang ein einigermaßen gutes Verhältnis zu General von Seeckt zu pflegen, der erneut militärische Ambitionen hatte, und zugleich das Mißtrauen der Alliierten zu mildern. Geßler sah sich als »Kugelfang zwischen Parlament und Wehrmacht mit mehr oder minder Druck von oben, [um] aus den Offizieren Demokraten und Republikaner zu machen ... und die Reichswehr zur Staatstreue zu erziehen [und dabei] auf den guten moralischen Traditionen der alten Armee aufzubauen«.[11] Der Umstand, daß von Seeckt zielstrebig auf den Wiederaufbau einer »preußischen« Armee hinarbeitete, die nur sich selbst verpflichtet war, machte Geßlers Position, wie er selbst sagte, »in der Tat peinlich«. Dadurch, daß er das Vertrauen der Alliierten gewann und die Duldung seiner Regierung durch die Linken im Reichstag erreichte, war er tatsächlich eine Art Puffer, was Seeckt die erfolgreiche Neuorganisation der Reichswehr ermöglichte. Dies brachte ihm die Kritik der Sozialdemokraten ein.[12]

Geßler hielt sich jedoch länger als von Seeckt, der 1926 zum Rücktritt gezwungen wurde. Im schwierigen Jahr 1923 stand er Stresemann zur Seite, gewann sogar Hindenburgs Respekt und wurde 1925 als möglicher Nachfolger Eberts gehandelt. In der gesamten wechselvollen Geschichte der Weimarer Republik blieb er ein bescheidener, unerschrockener Politiker, der Führungsstärke besaß und den Geist der Kontinuität verkörperte. Nach dem Urteil seines Biographen Kurt Sendtner gehörte Geßler »zu den besten deutschen Männern dieser Epoche«.[13]

Wie aus einem unsignierten Zettel in Stresemanns Nachlaß hervorgeht, hatte er gehofft, anstelle von Heinze den Auftrag zur Bildung einer Regierung zu erhalten.[14] Offenbar war ihm nicht klar, daß Ebert ihn nach wie vor ablehnte. Auf dieser Notiz stand außerdem, daß er Simons für einen geeigneten Kandidaten für das Amt des Außenministers hielt. Er war bereit, in die Regierung Fehrenbach einzutreten, »aber ihm gegenüber war der Widerstand der Linken, insbesondere der Sozialdemokratie und auch des Reichspräsidenten noch zu groß«.[15] Stresemann wurde anstelle von Heinze

8. Der politische Wiederaufstieg

Fraktionsvorsitzender und, was ebenfalls sehr wichtig war, er übernahm den Vorsitz des Auswärtigen Ausschusses des Reichstags. Dadurch wurde er zum ersten Mal mit dem Tätigkeitsbereich konfrontiert, dem er den restlichen Teil seiner politischen Laufbahn widmen sollte.

Da Stresemann jetzt die drei wichtigsten Ämter in der Partei innehatte und zudem Vorsitzender des Auswärtigen Ausschusses des Reichstags war, hatte er bald den politischen Einfluß wiedererlangt, den er 1919 verloren hatte. Gleichzeitig knüpfte er Beziehungen zu den diplomatischen Kreisen in Berlin an, die noch eine wichtige Rolle spielen würden, als er darum kämpfte, die sich aus dem Versailler Vertrag ergebenden Belastungen für Deutschland zu verringern. Dabei sollte das vertrauensvolle und freundschaftliche Verhältnis zu dem neuen englischen Botschafter Lord D'Abernon, dessen Memoiren Stresemanns Entwicklung als Diplomat und Staatsmann beschreiben, besonders bedeutsam sein.[16]

Der Eifer, mit dem Stresemann für sich selbst und für seine Partei eine Regierungsbeteiligung anstrebte, und seine Bereitschaft, trotz seiner Abneigung gegen die republikanische Staatsform Sozialdemokraten als Koalitionspartner zu akzeptieren, lassen sich nur mit seiner Angst vor der sich weiter radikalisierenden Linken erklären. Im Laufe der vorausgegangenen Monate, insbesondere im Anschluß an die gewalttätigen Ausschreitungen nach dem Kapp-Putsch, hatte er den von Präsident Ebert und Noske repräsentierten »Mainstream«-Sozialismus als Ordnungsfaktor und Bollwerk gegen den Bolschewismus zu akzeptieren gelernt. Seine Besorgnis wurde noch durch die Wahlergebnisse gesteigert, die deutlich gemacht hatten, wie gefährdet die Position der SPD war. Aus ähnlichen Gründen war Stresemann immer gegen diejenigen Parteimitglieder gewesen, die ein Bündnis oder sogar den Zusammenschluß mit der reaktionären DNVP anstrebten, denn er befürchtete, daß die Sozialdemokraten und womöglich selbst die DDP dadurch noch mehr nach links rückten. Diese Politik, die den heftigen Widerstand von konservativen Kollegen wie Quaatz hervorrief, sollte mit der Zeit das Mißtrauen der Sozialdemokraten zerstreuen und eine tragfähige Basis für die Zusammenarbeit zwischen den Parteien schaffen. Auf diese Weise hoffte Stresemann, seine bürgerliche Mitte zu stärken: Er wollte unzufriedene liberale Mitglieder der DNVP und rechtsgerichtete Wähler der DDP sowie der SPD seiner Partei zuführen. Dies konnte nur gelingen, wenn die Republik und ihre Verfassung anerkannt wurden.

Die Botschaft war klar: Die DVP mußte in der Koalition bleiben und bereit sein, mit der Sozialdemokratischen Partei zusammenzuarbeiten, die vielleicht irgendwann wieder der Regierung angehören würde. Sein entschiedenes Engagement für eine Koalition der gemäßigten Mitte, zu der auch SPD-Minister gehörten, war vielleicht sein größter Beitrag zum Überleben der Republik. Im Gegensatz zu seiner Haltung im Krieg erwies er sich mittlerweile als geduldiger, obschon hartnäckiger Vermittler zwischen den häufig zerstrittenen Parteien.

Nur drei Tage nach Bestätigung der bürgerlichen Minderheitskoalition auf einer stürmischen Reichstagssitzung stand die unerfahrene Regierung vor ihrer ersten außenpolitischen Herausforderung. Die Konferenz in Spa wurde von den alliierten Mächten für den 5. Juli 1920 anberaumt. Etwa 18 Monate nach dem Waffenstillstand und ein volles Jahr nach der Ratifizierung des Vertrags von Versailles waren die meisten Bedingungen der Alliierten erfüllt worden: Das Elsaß, das Saarland, das Rheinland und einige Ruhr-Häfen waren besetzt worden, und Deutschland hatte seine Kolonien und den größten Teil seiner Handelsmarine aufgegeben. Die Alliierten hatten Ausschüsse gebildet, die sich mit der Besetzung des Rheinlands und Fragen der Entmilitarisierung und der Reparationen befaßten. Über die beiden letztgenannten Punkte hatte es in den vorausgegangenen Monaten beträchtliche Auseinandersetzungen zwischen den Alliierten gegeben. Um zu einer Einigung zu gelangen, beschlossen die Alliierten, Vertreter der deutschen Regierung nach Spa einzuladen, was in Berlin die Hoffnung auf eine Verhandlungslösung weckte.

Diese Hoffnung hatte Stresemann bereits im Juni 1919, kurz vor der Unterzeichnung des Versailler Vertrags, in

8. Der politische Wideraufstieg

einem Brief formuliert: »Unsere Feinde wollen, wie Sie gehört haben, unsere Unterschrift, um nachher über Abänderung des Vertrags mit uns zu unterhandeln, wobei ich an sich nicht daran zweifele, daß England beispielsweise geneigt wäre ... später tatsächlich große Erleichterungen für uns eintreten zu lassen ... denn ich bin mit Ihnen vollkommen der Meinung, daß die Welt in 2-3 Jahren ein ganz anderes Gesicht haben wird.«[17] Ein Jahr später, als Stresemann bei einem Treffen der sog. »Mittwochsgesellschaft« direkt nach der Wahl als »Triumphator« gefeiert wurde, hatte er seinem Freund Rheinbaben gegenüber erklärt, daß »jetzt alles auf die Haltung von England ankomme«.[18]

Lloyd George, der Großbritannien im Krieg zum Sieg geführt hatte und im Dezember 1918 mit überwältigender Mehrheit wiedergewählt worden war, war auf der Konferenz in Spa der dominierende Politiker, an dem sich der Optimismus der Deutschen festmachte. In Versailles hatte er auf die starken antideutschen Gefühle in seinem Land Rücksicht genommen und die französische revanchistische Politik akzeptiert, ja sogar gefördert. Doch wie Stresemann und seine Kollegen erkannten, hatte er im Grunde genommen eine moderate Einstellung. Dieser Eindruck verstärkte sich, als das sogenannte Fontainebleau-Memorandum über ein Treffen von Lloyd George und den Mitgliedern seines Stabs im März 1918 bekannt wurde, bei dem er seinen Mitarbeitern die Bedeutung eines gerechten Friedens mit den folgenden Worten klarzumachen versuchte: »Ungerechtigkeit und Arroganz in der Stunde des Triumphs werden niemals vergessen und vergeben werden.«[19]

In der Zwischenzeit hatte sich die antideutsche Stimmung in England etwas gelegt; was jetzt die Öffentlichkeit beschäftigte, waren eine daniederliegende Wirtschaft, grassierende Arbeitslosigkeit und eine beispiellose Streikwelle. Unter diesen Umständen erschienen die Wiederbelebung des Welthandels und der Wiederaufbau Deutschlands als Handelspartner dringend notwendig. Da überdies Belgien geräumt worden war, Deutschland seine Kolonien verloren hatte und Englands Vorherrschaft zur See unangefochten war, waren seine Kriegsziele weitgehend erreicht worden. Folglich schienen die Hoffnungen der Deutschen auf eine ausgewogenere Position der Engländer und damit auf die Eröffnung einer gewissen Zukunftsperspektive durchaus begründet zu sein.

Die Haltung der französischen Delegation unter der Führung des neuen Ministerpräsidenten Alexandre Millerand spiegelte jedoch die Ablehung von und die Angst der französischen Bevölkerung vor allem, was deutsch war, wider. Es stand außer Frage, daß die Franzosen darauf bestehen würden, daß der Friedensvertrag Punkt für Punkt erfüllt und daß Deutschlands militärische und wirtschaftliche Macht völlig zerschlagen würde. Es war nicht unbemerkt geblieben, daß Millerand in Spa in der Villa Fraineuse wohnte, die der Kaiser im letzten Kriegsjahr zum Hauptquartier der Obersten Heeresleitung gemacht hatte. Hier war Wilhelm II. überredet worden, abzudanken und sich ins Exil nach Holland zu begeben. Millerand drückte seine Genugtuung darüber aus, in dem Bett zu schlafen, in dem der Kaiser geschlafen hatte.[20]

Nur drei Punkte standen auf der Tagesordnung in Spa: Entmilitarisierung, Kohlelieferungen gemäß den noch zu vereinbarenden Reparationsleistungen und die Verfolgung von Kriegsverbrechern. Die große deutsche Delegation, der Stresemann nicht angehörte, wurde mit der öffentlichen Mahnung verabschiedet, in bezug auf die Erfüllung des Vertrags keinen Fußbreit zu weichen. Der Delegation, die von dem siebzigjährigen Fehrenbach geleitet wurde, gehörten Außenminister Simons, Reichswehrminister Geßler, der neue Chef der Heeresleitung, General von Seeckt und – für die DVP – Heinze und Stinnes an.

Stinnes, der 1890 im Alter von 20 Jahren die Kohlebergwerke und Schiffahrtsunternehmen seines Vaters geerbt hatte, war durch aggressive Übernahmen zum führenden Ruhr-Industriellen avanciert, der durch ein Netz von Kartellen und Syndikaten faktisch die deutsche Schwerindustrie beherrschte und dessen Einflußbereich durch die Kontrolle über Zeitungen und Industrieverbände noch vergrößert

8. Der politische Wideraufstieg

wurde. Er gehörte zu denjenigen, die sich die schnell wachsende Inflation zunutze machten, indem er mit den durch Exporte verdienten Devisen Sachwerte zu Schleuderpreisen erwarb. Es diente natürlich seinen Interessen, Stresemann gegen die Sozialdemokraten und Kommunisten zu unterstützen, die sein Wirtschaftsimperium bedrohten. Und Stresemann schien froh darüber zu sein, ihn an seiner Seite zu haben.[21]

Die Hoffnungen der Deutschen, die Differenzen zwischen den Alliierten ausnutzen zu können, wurden schon am ersten Konferenztag durch eine »Schimpfkanonade« von Lloyd George getrübt, der sich darüber beschwerte, daß die Abrüstung in Deutschland so schleppend voranging, und der doch die Meinung vertrat, daß den englischen Interessen am besten gedient sei, wenn es mit Frankreich an einem Strang zog. In den nächsten zwei Jahren sollte er Stresemanns Hoffnungen auf Fürsprache denn auch immer wieder enttäuschen. Die Atmosphäre in Spa war außerdem dadurch belastet, daß keine informellen Gespräche zwischen den Alliierten und der deutschen Delegation gestattet waren, deren Wohnquartiere praktisch isoliert von denen der anderen Delegationen waren. Die Konferenz nahm schnell den Charakter eines Tribunals an und endete mit einem Ultimatum, das Geßlers negative Erwartung bestätigte: »Ich wußte daher sehr wohl, daß wir für eine aussichtslose Sache zu kämpfen hatten.«

Obwohl die Deutschen den Standpunkt vertraten, eine Armee von mindestens 200 000 Mann sei notwendig, um die Bolschewisten in Schach zu halten und die innere Ordnung zu gewährleisten, bestanden die Alliierten auf den 100 000 Soldaten, die der Vertrag vorsah. Sie beendeten eine scharfe Auseinandersetzung mit der Erklärung, daß sie, falls diese Forderung nicht bis zum Januar 1921 erfüllt sei, das Ruhrgebiet besetzen würden. Deutschland hatte keine andere Wahl, als dem nachzugeben.

Die Franzosen legten das Schwergewicht auf die monatlichen Kohlenlieferungen, die unter die im Vertrag vorgesehene Menge gesunken waren, was offensichtlich an den Unruhen im Ruhrgebiet und in Schlesien lag. An dieser Stelle erhob sich Stinnes, der sich selbst als »Kaufmann von Mülheim« bezeichnete und der glaubte, seine Kollegen hätten die deutschen Interessen nicht angemessen verteidigt, und attakkierte »den Wahnsinn der Sieger«.[22] Die Delegierten der Alliierten wurden blaß vor Wut, und einer von ihnen meinte: »Was wäre mit uns geschehen, wenn ein solcher Mann die Möglichkeit gehabt hätte, als Sieger aufzutreten.«[23] Während just diese Bemerkung von Stinnes ihn in Deutschland sogleich zu einem Nationalhelden machte, verschlechterte sie die deutsche Verhandlungsposition erheblich und war für die Briten und die Franzosen ein Anlaß, die Generäle Foch und Wilson aufzufordern, die sofortige Besetzung des Ruhrgebiets vorzubereiten. Dank der Bemühungen von Lloyd George und Simons erklärten sich die Deutschen trotz der Einwände von Stinnes bereit, ein von den Alliierten vorbereitetes Protokoll zu unterzeichnen, das die Kohlenlieferungen für die nächsten sechs Monate festsetzte; bis dahin sollte der Reparationsausschuß seine endgültigen Empfehlungen geben.

Die noch ausstehende Frage der Kriegsverbrechen wurde schnell zur Behandlung an das Reichsgericht weitergeleitet, wo sie trotz wiederholter Bemühungen, sie einer Klärung zuzuführen, schließlich im Sande verlief. Für die Deutschen war dieser erste Austausch mit den Alliierten ein Fiasko. Das Auftreten von Seeckt und seinem Stab in ihren mit Auszeichnungen geschmückten Uniformen, die empörende Äußerung von Stinnes, die vorab an die Presse gegebene Mitteilung, Deutschland sei absolut nicht in der Lage, seine Streitkräfte zu reduzieren oder mehr Kohle zu liefern – all dies führte dazu, daß die Konferenz sehr spannungsreich verlief. Spätestens jetzt erkannten die Deutschen die volle Bedeutung und Tragweite des Friedensvertrags. Wie der Staatssekretär der Reichskanzlei später bemerkte: »Was wir in Spa erlebt haben, war nur eine Fortsetzung des Versailler Diktats.«[24]

Berlin reagierte heftig auf die in Spa erlebte »Schmach« und den Mißerfolg der deutschen Delegation. Stinnes spitzte

8. Der politische Wideraufstieg

die Sache durch antisemitische Äußerungen noch weiter zu, indem er von »unterwürfigen« Teilnehmern wie Melchior und Rathenau sprach, die den Widerstand gegen die beschämenden Forderungen kompromittiert hätten.[25] Simons und Fehrenbach wurden sowohl von der Rechten als auch von der Linken angegriffen, und sogar Seeckt mußte wegen seiner vorgeblichen Zustimmung Kritik von seinen Kollegen in der Armee einstecken. Stresemann teilte diese Ansichten, durfte ihnen als Vorsitzender einer Regierungspartei jedoch nur mit Vorsicht Ausdruck verleihen.

Auf einer Sitzung des Geschäftsführenden Ausschusses nach der Konferenz am 21. Juli betonte Stresemann zu Beginn seine Enttäuschung; dann schnitt er die Frage an, ob die Partei in der Koalitionsregierung bleiben sollte. Die drei Delegierten stimmten schließlich mit Stresemann darin überein, daß die Partei trotz ihrer ernsthaften Bedenken keine andere Wahl habe, als in der Koalition zu bleiben, die schließlich erst seit 14 Tagen existierte. Hinter dieser Entscheidung stand der Gedanke, daß der Rückzug der DVP höchstwahrscheinlich wieder eine sozialdemokratische Regierung an die Macht bringen und die Bolschewisten ermutigen würde, ihre Pläne in bezug auf Ostpreußen voranzutreiben. Die Partei sollte allerdings eine größere Rolle in der Regierung anstereben, »damit wir die Sicherheit haben, daß kein zweites Spa komme«.[26]

Eine Woche später, am 28. Juli, hielt Stresemann als Vorsitzender des Auswärtigen Ausschusses im Reichstag eine Rede, in der er mit den Alliierten hart ins Gericht ging. Daß Lloyd George sich den französischen Forderungen unterworfen hatte, sei überraschend und bedauerlich und deute darauf hin, daß auch bei den Oberschlesien und die Reparationen betreffenden Fragen mit Unnachgiebigkeit zu rechnen sei. Stresemann protestierte erneut gegen den Vorwurf der Kriegsschuld Deutschlands, verteidigte Stinnes nachdrücklich und meinte, daß man »sich nicht zu entschuldigen hat für sein Auftreten, sondern ihm zu danken hat für seine Mitarbeit, die er in Spa geleistet hat«. Über Frankreich und die wirtschaftlichen Abhängigkeiten stellte er fest: »Es handelt sich gar nicht darum, ob man diese wirtschaftliche Annäherung wünscht oder nicht, und welche politischen Folgen sie haben wird. Es liegt doch so – und ich verstehe nicht, daß diese Auffassung in Frankreich sich nicht mehr durchsetzt – sein Schicksal ist unser Schicksal und unser Schicksal ist sein Schicksal.«[27] Stresemann ließ darüber hinaus durchblicken, daß die Zusammenarbeit sowohl mit der Regierung Fehrenbach als auch mit den Alliierten eine pragmatische Notwendigkeit sei, um zwei Übel abzuwenden: den Bolschewismus und den Revanchismus der Alliierten.

Damit war die Episode der Spa-Konferenz abgeschlossen. Für Stresemann bedeutete sie in vielerlei Hinsicht einen Wendepunkt. Er hatte an ihr zwar gar nicht teilgenommen, aber sie bot ihm die erste Gelegenheit, sich im Reichstag als außenpolitischer Sprecher zu profilieren.

In den Sommermonaten des Jahres 1920 brach die sowjetische Offensive vor Warschau zusammen, was nicht nur bei den Kommunisten Enttäuschung hervorrief, sondern auch bei vielen Mitgliedern der deutschen Regierung, die eine Annäherung an Rußland als ein Gegengewicht zur Entente betrachteten oder die, wie Stresemann und sogar Seeckt, die bolschewistische Bedrohung für nützlich hielten, um die Auflagen des Friedensvertrags womöglich abzuschwächen. Die Deutschen näherten sich den Sowjets an, indem sie sie diplomatisch anerkannten und eine Reihe von Vereinbarungen mit ihnen schlossen, von denen einige Passagen viele Jahre lang geheim blieben. Zu dieser Zeit wurde Berlin infolge der Russischen Revolution und des polnisch-sowjetischen Krieges von einer Flüchtlingswelle erfaßt, während Polen sich in bezug auf seine gegen das Reich gerichteten territorialen Ambitionen in Ostpreußen und Oberschlesien keinerlei Zurückhaltung mehr auferlegte.

All dies spitzte die Konflikte in der DVP zu. Auf einer Sitzung im August forderte Flathmann von der industriellen Wahlkommission, daß Quaatz in die Geschäftsführung der Partei gewählt werden sollte, weil die Ruhr-Industriellen in den Parteigremien nicht hinreichend vertreten seien. Diese Forderung ging mit der Drohung einher, die finanzielle

8. Der politische Wiederaufstieg 215

Unterstützung einzustellen. Stresemann lehnte diese Forderung rundweg ab. Die Partei müsse unter allen Umständen vermeiden, den Eindruck zu erwecken, sie sei, wie die DNVP, eine Gefangene der Ruhr-Interessen. Trotz Drohungen und Vorbehalten konnte Stresemann sich mit dieser Position durchsetzen; er erklärte sich bereit, sich mit Quaatz und anderen Industriellen von der Ruhr zu beraten, wollte sich von ihnen jedoch keine strafferen Zügel anlegen lassen.[28] So sollte Stresemann einen endlosen Kampf führen, um seine Partei in der bürgerlichen Mitte zu halten.

Am 3. Dezember fand in Nürnberg der dritte Parteitag der DVP statt. Stresemann sah in ihm »den Höhepunkt der bisherigen Tagungen der Deutschen Volkspartei«. Seine Partei hatte dahingehend Einfluß ausgeübt, daß sie wesentliche sozialistische Bestrebungen verhinderte. Es würde keine Verstaatlichung der Industrie geben, die Arbeiterräte waren ausgeschaltet worden, Bürokratie und Armee waren vor politischer Einmischung und Bevormundung sicher, Preis- und Gewinnkontrollen waren abgeschafft und die Eisenbahn reorganisiert worden. Die Sozialdemokratische Partei war »zerrissen von inneren Widersprüchen ... [und] verloren gegangen ist die sieghafte Kraft der Idee des Sozialismus ... uns trennt von dem sozialdemokratischen Gedanken eine ganze Weltanschauung, und dieser Weltanschauungskampf ist auszukämpfen. Die Grundlage unseres Denkens ist der nationale, der freiheitliche, der christliche und der soziale Staat.«

Unter all diesen Aspekten betrachtet, hielt er seine Entscheidung für gerechtfertigt, die DVP an der Regierung Fehrenbach zu beteiligen. Im übrigen ließ er wissen: »Es schien mir wünschenswert, in der Öffentlichkeit den Streit um die Staatsform ruhen zu lassen.« Ein pragmatischer Realitätssinn schien jetzt an die Stelle seines ideologischen Widerstands gegen den Versailler Vertrag und die Republik getreten zu sein. Er appellierte an »eine etwas stärkere Initiative der deutschen Reichsregierung ... daß diejenigen Fragen, die reif sind, gelöst werden und nicht im bürokratischen Schneckentempo stecken bleiben«. Dabei verwies er auf den

Geist von Stein und Hardenberg, die »gleichzeitig wußten, Realpolitik zu treiben und die Zeit abzuwarten, die reif war zur Revision der Verhältnisse«. Stresemann schloß mit Pathos: »Wir glauben an diese Zukunft. Lassen Sie uns hoffen, daß einstmals der Tag der Deutschen wiederkommt.«[29]

Kapitel 9
Bemühungen um ein Mandat

Die Pariser Friedenskonferenz hatte zwei wichtige Fragen offen gelassen, die die Delegierten zur abschließenden Behandlung an Arbeitsausschüsse weitergeleitet hatten. Die erste betraf die Reparationen, die zweite die Zukunft Oberschlesiens. Aufgrund der Tatsache, daß diese beiden Punkte noch ungeklärt waren, war die deutsche Nationalversammlung überhaupt bereit gewesen, den Versailler Vertrag zu ratifizieren. Und jetzt, im Jahre 1921, standen beide auf der Tagesordnung.

Zwar waren laut Vertrag vorläufige Reparationszahlungen vorgesehen, doch die Reparationskommission hatte den Auftrag erhalten, dem Obersten Rat der Alliierten bis zum Januar 1921 Empfehlungen in bezug auf die gesamte Summe und den Zahlungsmodus vorzulegen. In Paris hatte es darüber heftige Auseinandersetzungen gegeben: Während die Engländer für maßvolle Reparationen plädierten, die die deutsche Zahlungsfähigkeit berücksichtigten, sahen die Franzosen in den Reparationen eher ein Mittel, Deutschlands Fähigkeit zur Wiedergewinnung wirtschaftlicher und militärischer Macht einzuschränken, wenn nicht ganz zu beschneiden. Die Amerikaner wiederum bestanden auf der vollständigen Zurückzahlung der Kriegsschulden, die die Alliierten bei ihnen hatten, und hatten die Frage der deutschen Reparationen an ihre europäischen Verbündeten delegiert, wobei sie jedwede Verknüpfung der beiden Fragenkomplexe ausschlossen. Daher waren sowohl Frankreich als auch England gezwungen, sich an Deutschland zu halten, um ihre Schulden den USA gegenüber bezahlen zu können.[1] Erschwert wurde das Ganze noch durch die Forderung Englands, daß die Reparationen nicht allein die kriegsbedingten Zerstörungen abdecken sollten, die in ihrem Fall vergleichsweise gering waren, sondern daß mit ihnen auch die Pensionsansprüche von Angehörigen des Militärs finanziert werden sollten. So sahen die Deutschen dem Januar 1921 mit einem an Panik grenzenden Bangen entgegen.

Harold Nicolson, der als britischer Diplomat an der Pariser Konferenz teilgenommen hatte, stellte die unheilvolle Prognose auf, daß die ins Auge gefaßte Höhe der Reparationen in Deutschland zu Verzweiflung, Bankrott, Inflation und dem völligen Ruin der Mittelklasse führen würde.[2] Diese Auffassung teilte auch John Maynard Keynes, der aufgrund seiner Besorgnis letztlich sogar aus der britischen Friedensdelegation ausschied. In einer populären Schrift gab er später eine kritische Darstellung der Ereignisse, beklagte Wilsons persönliches Versagen und forderte sowohl den Erlaß der Schulden, die die Alliierten untereinander hatten, als auch eine deutliche Verringerung der geplanten Reparationen.[3]

Auf Konferenzen, die nacheinander in San Remo, Hythe, Boulogne, Spa und Brüssel stattfanden, versuchten die Alliierten, eine Lösung für die Reparationsfrage zu finden. Als dem Obersten Rat schließlich ein neuer Bericht der Reparationskommission vorlag, einigten sich seine Mitglieder bei ihrem Treffen in Paris im Januar 1921 darauf, daß die vorgesehenen Beschlüsse am 21. Mai in Kraft treten sollten. Über einen Zeitraum von 42 Jahren sollte Deutschland insgesamt 226 Milliarden Goldmark plus 12 Prozent seiner Exportgewinne zahlen. Dies wurde den Deutschen am 28. Januar in einer förmlich abgefaßten Note mitgeteilt, während zugleich auf Versäumnisse und Verzögerungen bei der Abrüstung hingewiesen wurde.

Gegen Reparationen war an sich nichts einzuwenden. Die Deutschen hatten ihre Kriegsanstrengungen mit Anleihen finanziert, die sie aus den Erträgen zurückzuzahlen gedachten, die ihnen der für sicher gehaltene Sieg einbringen würde – so wie sie nach dem Krieg von 1871 Reparationen von den Franzosen erhalten hatten. Doch die Höhe und die Bedingungen der alliierten Forderungen erzürnten sie, zumal die deutsche Wirtschaft einige ihrer produktivsten Industrieregionen verloren hatte und mit gewaltigen Kriegsschulden belastet war. Stresemann, seine Partei und die deutsche Öffentlichkeit reagierten nicht nur mit einhelliger Empörung und Ablehnung auf die Beschlüsse der Alliierten, sondern wehrten sich immer noch vehement gegen den Vorwurf der alleinigen Kriegsschuld. Die Regierung Fehrenbach, mit der sich die DVP als Koalitionspartner immer schwerer tat, brachte auf einer Konferenz mit den Alliierten zu diesem Thema große Vorbehalte in bezug auf die Zahlungsfähigkeit Deutschlands vor. Genau in dieser Phase fielen die deutschen Finanzmärkte einer Spekulationswelle und einer erneut angeheizten Inflation zum Opfer.

In einem am 15. Januar 1921 veröffentlichten Artikel beschrieb Stresemann die sich zusammenbrauende Katastrophe, die, so befürchtete er, die bereits geschwächte Weltwirtschaft in ihren Strudel ziehen konnte:

> Eine dauernde deutsche Wirtschaftskrise würde eine Weltwirtschaftskrise nach sich ziehen... Deutsches wirtschaftliches Chaos ist französisches wirtschaftliches Chaos... Die Revision des Vertrages von Versailles kommt. Sie kommt nicht durch die Gewalt der Waffen, aber durch die Gewalt der weltwirtschaftlichen Interessengemeinschaft der Völker.[4]

In diesen Worten zeigt sich erneut, daß Stresemann nicht nur politisch, sondern immer auch weltwirtschaftlich dachte. Ungeachtet des französischen Revanchismus würde sich seiner Meinung nach mit der zunehmenden wirtschaftlichen Rezession in England und Frankreich die elementare Logik der ökonomischen Realitäten durchsetzen. Die Revision von Versailles würde letztlich nicht durch militärische oder rein politische Erwägungen zustande kommen, sondern durch die wechselseitige wirtschaftliche Abhängigkeit und die Tatsache, daß Deutschland für die Alliierten ein unverzichtbarer Handelspartner war. Diese Überzeugung, die in den langen Jahren gereift war, in denen Stresemann sich intensiv mit Fragen von Industrie und Handel beschäftigt hatte, sollte ein zentrales Moment seiner Politik bleiben, durch das er sich von den Nationalisten in der DNVP und von denjenigen Mitgliedern seiner eigenen Partei unterschied, die ausschließlich auf Ablehnung und Konfrontation eingestellt waren.

Im Februar 1921, als Verhandlungen mit den Alliierten unmittelbar bevorstanden, versuchte Stresemann, die Fehrenbach-Regierung auf eine breitere Grundlage zu stellen, um ihre Verhandlungsposition zu stärken und um besser gerüstet zu sein, um die Anschuldigungen der unversöhnlichen Nationalisten abzuwehren. Doch seine Bemühungen scheiterten an der SPD, die sich nach wie vor weigerte, die Macht mit der DVP zu teilen. Folglich war es die Minderheitsregierung Fehrenbach, bestehend aus der DDP, der Zentrumspartei und der DVP, die am 2. März der Einladung des Obersten Rats folgte und sich nach London begab.

Außenminister Simons machte den Gegenvorschlag, lediglich 30 Milliarden Goldmark zu zahlen, wobei er auf die bereits geleisteten deutschen Zahlungen, den Verlust der Bergwerke im Saarland, die drastisch verkleinerte Handelsflotte und die in der Rezession befindliche, inflationsgeschüttelte Wirtschaft verwies. Erbost über die von Simons vorgebrachten Ausflüchte, die schleppende Abrüstung und die Verzögerung der Kriegsverbrecherprozesse, schlug selbst der sonst so moderate Lloyd George am nächsten Tag einen schärferen Ton an. Er bekräftigte Deutschlands Verantwortung für den Krieg und schloß sich dem Ultimatum seines französischen Verbündeten an, am 7. März die Rheinhäfen zu besetzen, falls Deutschland nicht bis dahin die Bedingungen des Pariser Abkommens akzeptiert oder einen vernünftigen Gegenvorschlag gemacht hätte. Die deutsche Delegation protestierte und reiste sofort ab.

Da die Alliierten am 8. März keine positive Antwort hatten, besetzten sie Düsseldorf, Duisburg und Ruhrort. Das war der Beginn einer zehn Jahre währenden Machtprobe.

9. Bemühungen um ein Mandat

Die Fragen der Kriegsschuld, der Reparationen und der von den Alliierten verhängten Sanktionen sollten Stresemanns Themen bleiben und das politische Leben der jungen Republik vergiften.⁵

Am 5. März, während Simons noch in London war, hatte Stresemann sich nicht gescheut, in einer Reichstagsrede die Entente anzugreifen und die deutsche Position zu zementieren:

> Die gesamte Stellung Deutschlands gegenüber der Frage der Entschädigung ist die Frage der Leistungsfähigkeit der deutschen Wirtschaft [Es ist offensichtlich,] daß Deutschland überhaupt nicht in der Lage sei, das zu leisten, was in diesen Gegenvorschlägen zum Ausdruck gekommen ist. Es ist unmöglich, diese Lasten auf die Schultern eines einzigen Volkes zu legen. Schließlich war es aber Lloyd George selbst, der am 22. Dezember vom Weltkrieg sagte: »In ihn sind sie hingeschliddert oder vielmehr gestolpert.« Gibt es eine Schuld an einer solchen Weltkatastrophe? Dazu war die Katastrophe zu groß, dazu waren die Ereignisse zu gewaltig ... ich hoffe, daß Lloyd George zu dieser großen Tatsache und Auffassung zurückfinden [wird]. Der Tag der Verständigung wird kommen müssen.⁶

In einem Entwurf für einen Artikel in der *Vossischen Zeitung* vom 17. Dezember 1920 hatte Stresemann zwar Probleme mit England vorausgesehen, jedoch mit dem für ihn typischen Optimismus den Standpunkt vertreten, daß die Briten Deutschland rechtzeitig unterstützen würden, und sei es auch nur aus dem einen Grund, daß sie Deutschland als Wall gegen den bolschewistischen Expansionsdrang und die, so wörtlich, ostasiatische Flut brauchten: »Wenn es nicht durch wirtschaftlichen Kräfteverfall selbst den bolschewistischen Geist züchtet.« Die Welt mußte irgendwann allein aus ökonomischen Gründen erkennen, daß »der Frieden von Versailles nicht der Grundstein einer friedlichen Entwicklung für die nächste Zukunft sein kann, sondern einer grundsätzlichen Revision bedarf«.⁷ Trotz der Enttäuschung über Spa und über London, und speziell Lloyd George, glaubte Stresemann, daß England diese Realitäten irgendwann anerkennen mußte. Und trotz aller Rückschläge sollte sich seine politische Strategie an dieser Überzeugung weiter ausrichten.

Während Simons in Berlin mit Lob überhäuft wurde, weil er dem Druck der Alliierten getrotzt hatte, stand außer Zweifel, daß die Regierung Fehrenbach jetzt einen gravierenden diplomatischen Fehlschlag erlitten hatte – der Verlust von drei wichtigen Rheinhäfen und noch immer keine Einigung über die Reparationen. In den *Deutschen Stimmen* vom 27. März gab Stresemann seiner Besorgnis in einer kritischen Beurteilung von Außenminister Simons Ausdruck: »Ihm ist die leidenschaftliche, fortreißende Rede nicht gegeben; seine Ausführungen sind nüchtern und trocken und meist auf das Juristische abgestellt.«[8] Stresemann war natürlich überzeugt, daß er mehr erreicht hätte und daß es ihm vielleicht gelungen wäre, die Engländer zu einer maßvolleren Haltung gegenüber Deutschland zu bewegen.

Trotz seiner persönlichen Bedenken und der ungebrochenen Opposition einiger Parteimitglieder sollte die DVP nach Stresemanns Willen in der angeschlagenen Regierung Fehrenbach bleiben. Es war klar, daß ein Ausscheiden entweder Neuwahlen notwendig machen oder, noch schlimmer, die Rückkehr zu einer SPD-geführten Regierung bedeuten würde. Die preußischen Landtagswahlen im Februar hatten gezeigt, daß die Wählerstimmen für die DVP zurückgegangen waren, während der Übertritt von immerhin einem Viertel der USPD-Fraktion zu den Kommunisten die Möglichkeit einer wiedervereinigten und gestärkten SPD eröffnete. Daher schien es das beste, daß alles beim alten blieb.

Am 12. März 1921, nach einer Debatte, in der auch Mitglieder der SPD, der USPD und der Kommunisten ihre Ablehnung artikulierten, sprach sich der Reichstag für die Zurückweisung des Londoner Ultimatums aus und schloß sich dem von Simons vorgebrachten Gegenvorschlag von 30 Milliarden Goldmark an, wobei selbst dieser Vorschlag an eine befriedigende Lösung der noch offenen Frage gekoppelt

9. Bemühungen um ein Mandat

wurde, was mit Oberschlesien geschehen würde, wo das Ergebnis eines Volksentscheids erwartet wurde. Unterdessen war nach einer kurzzeitigen Beruhigung der Lage zwischen Frühjahr 1920 und Sommer 1921 die Inflation wieder hochgeschnellt, wodurch die beginnende wirtschaftliche Erholung Deutschlands bedroht war. Die Bevölkerung reagierte auf diese Situation mit einer Protestwelle, die von den Kommunisten geschürt wurde. Präsident Ebert erklärte in Sachsen sogar den »nicht-militärischen« Ausnahmezustand, und der preußische Innenminister Severing wurde erneut beauftragt, den Brandherd in Preußen auszutreten. Gleichzeitig stellte sich die rechtsgerichtete Regierung Kahr in Bayern gegen das Ultimatum der Alliierten, indem sie sich weigerte, ihre 320 000 Mann starke Einwohnerwehr aufzulösen, die gegründet worden war, um gewaltsame Übergriffe von Kommunisten abzuwehren, jedoch gegen die Bestimmungen des Versailler Vertrags verstieß und ein besonderes Ärgernis für Lloyd George darstellte. In dieser bedrängten Lage geriet das Land in eine soziale, politische und wirtschaftliche Abwärtsspirale, die ihren Tiefpunkt erst im November 1923 erreichen sollte.

Ende April 1921 wandte sich die in die Enge getriebene Regierung Fehrenbach direkt an den amerikanischen Präsidenten Harding und bat ihn um Vermittlung. Dieser war nicht bereit, als Vermittler zu fungieren, und nach einem kurzen Austausch von Noten machte US-Außenminister Hughes jede Hoffnung auf eine konstruktive Intervention zunichte. Er teilte der deutschen Regierung mit, Washington sei mit seinen Verbündeten der Auffassung, daß »Deutschland für den Krieg verantwortlich sei und daher in der Pflicht stehe, so weit wie möglich Reparationen zu zahlen«. Gleichzeitig forderte er die Alliierten auf, Deutschland nicht zur Verzweiflung zu treiben, und schlug vor, Deutschlands Zahlungsfähigkeit von Experten prüfen zu lassen – ein Gedanke, den Paris und London weit von sich wiesen.[9] Die deutsche Rechte, darunter auch Mitglieder der DVP, kritisierte diesen unterwürfigen Appell und die demütigende Antwort heftig und griff die Fehrenbach-Regierung aufs schärfste an.

Am Abend des 28. April wurde Stresemann von vier führenden Industriellen – Vögler, Stinnes, von Raumer und Johannes Becker – zu einem Treffen im Hotel Adlon eingeladen, wo sie ihn drängten, aus der Regierung Fehrenbach auszuscheiden. Sie hofften, Präsident Ebert würde die DVP auffordern, unter einem Kanzler Stresemann eine neue Minderheitsregierung aus DDP, Zentrumspartei und DVP zu bilden. Stresemann war mit diesem Vorschlag grundsätzlich einverstanden, wollte aber erst die endgültige Antwort der Amerikaner auf die Bitte der deutschen Regierung abwarten, sich in die Auseinandersetzungen um die Reparationen einzuschalten. Ihm schwebte offenbar vor, das Kabinett im wesentlichen unverändert zu lassen und lediglich Simons durch Brockdorff-Rantzau zu ersetzen, der nach seinem Auftreten in Versailles und seiner rigorosen Ablehnung des Friedensvertrags zu einem wahren Nationalhelden geworden war. Stresemann war überzeugt, daß er mit Brockdorff-Rantzau den Alliierten härter würde entgegentreten können, während zugleich die rechtsgerichteten Anhänger in seiner Partei und in der DNVP beschwichtigt würden, von denen Unruhen auszugehen drohten.[10]

Am 4. Mai schied Stresemanns Partei tatsächlich aus der Regierung aus, und der zermürbte Fehrenbach legte sein Amt nieder und zog sich mit offenkundiger Erleichterung in sein heimatliches Baden zurück. Am folgenden Tag überreichte Lloyd George dem deutschen Botschafter in London ein Ultimatum des Obersten Rats, in dem die Höhe der gesamten Reparationen auf 132 Milliarden Goldmark festgelegt waren; hinzu kam ein Viertel der jährlichen Exporteinnahmen Deutschlands und die sofortige Zahlung von zwölf Milliarden Mark, um noch bestehenden Verpflichtungen nachzukommen. Überdies wurde die unverzügliche Auflösung der bayerischen Einwohnerwehr und die Einleitung der seit langem hinausgezögerten Kriegsverbrecherprozesse gefordert.

Das Ultimatum traf eine führungslose Regierung wie ein Blitzschlag. Für Stresemann und die DVP war es gänzlich ausgeschlossen, die von Lloyd George vermittelten Bedin-

9. Bemühungen um ein Mandat

gungen zu akzeptieren – aber die Alternative hatte schreckliche Konsequenzen. Auf einer Sitzung des Interfraktionellen Ausschusses am 8. Mai schlug Stresemann einige Konzessionen vor, die das Ultimatum annehmbarer machen könnten, und bot an, sich zur britischen Botschaft zu begeben, um eine offizielle Reaktion zu bekommen. Ihn ermutigte die Bereitschaft seiner Kollegen, ein entschärftes Ultimatum zu akzeptieren und auf dieser Basis in die neue Regierung einzutreten. Am nächsten Tag traf Stresemann sich in den Räumen der britischen Botschaft mit Lord Kilmarnock – Lord D'Abernon war nicht zugegen – und präsentierte ihm die Bedingungen seiner Partei, die in einem detaillierten Telegramm dem Außenministerium in London mitgeteilt wurden. Die ersten beiden Punkte sollten der Klärung mancher Bestimmungen des Reparationsabkommens dienen. Darüber hinaus gab es jedoch zwei wichtige Fragen: Würden die Alliierten nach der Annahme des Ultimatums die Besetzung der Rheinhäfen aufgeben, und würde die britische Regierung die positive Einstellung beibehalten, die sie dem Hörensagen nach in bezug auf den Volksentscheid in Schlesien eingenommen hatte, der jetzt auf den erbitterten Widerstand der Franzosen und Polen stieß? Kilmarnocks Telegramm nach London endete mit den Worten: »Stresemann sprach mit großem Ernst, ganz sachlich und gemessen, und ich bin überzeugt, daß, falls er über die obigen Punkte beruhigende Zusicherungen erhält, er die Annahme unserer Bedingungen durchsetzen können würde.«[11]

Als D'Abernon am Morgen des 9. Mai in sein Berliner Büro zurückkehrte, fand er das Telegramm von Kilmarnock vor, das anscheinend nur wenige Augenblicke vor seiner Ankunft abgeschickt worden war. Er telegraphierte sogleich, daß er mit Stresemanns Vorschlag einverstanden sei, gestand jedoch, daß er »nicht sehr viel Hoffnung auf eine schnelle oder definitive Erwiderung hatte, die Stresemann erlaubt hätte, die Bildung der Regierung auf einer genügend festen Basis zu unternehmen.« Er wies darauf hin, daß sich Stresemann und Schiffer am nächsten Tag treffen wollten und meinte: »Eine beruhigende Erklärung der Regierung Seiner

Majestät in bezug auf Oberschlesien würde für die Entscheidung ausschlaggebend sein.«

Doch am 10. Mai bildete Joseph Wirth im Auftrag des besorgten Reichspräsidenten Ebert eine neue Regierung aus SPD, Zentrum und DDP, die entschlossen war, das Londoner Ultimatum bedingungslos anzunehmen. Zwei Tage später, am 12. Juni, ließ D'Abernon Stresemann wissen, daß die Briten seinen Fragen grundsätzlich positiv gegenüberstünden. D'Abernon schrieb in seinen Memoiren: »Noch nie hat die Übermittlung eines diplomatischen Dokuments größere Erregung hervorgerufen ... Ich glaubte, Stresemanns Gedanken zu lesen, daß, wenn das Telegramm mit der so unerwartet günstigen Antwort 48 Stunden früher gekommen wäre, wir jetzt ein Stresemann-Kabinett an Stelle der Wirth-Regierung hätten.« Weiter vermerkte er, daß »die Volkspartei den glühenden Wunsch hat, sich an der Regierung zu beteiligen«, zweifelte aber daran, ob dies wirklich wünschenswert sei: »Einerseits vertritt sie die stärkste und fähigste Gruppe der Kapitalisten, andererseits sind ihre Mitglieder im Grunde ihres Herzens monarchistisch.«[12]

In Wirklichkeit war die telegraphische Antwort D'Abernons weitaus ambivalenter, als es für viele Kollegen Stresemanns akzeptabel gewesen wäre; angeboten wurde lediglich die bedingte Unterstützung Stresemanns in der Frage der Rheinhäfen und Schlesiens, und zum Schluß hieß es: »Die deutsche Regierung kann sich darauf verlassen, daß wir die wichtigen deutschen Interessen, die hier im Spiel sind, angemessen berücksichtigen und daß wir nach einer gerechten Lösung auf der Basis der strikten und unparteilichen Erfüllung des Versailler Vertrags streben.« Die Engländer sollten, wie schon in der Vergangenheit, ein wachsames Auge auf die Absichten der Deutschen haben und häufig nur widerstrebend zu ihren französischen Verbündeten halten. Nach vielen Monaten setzte sich in bezug auf Oberschlesien die von den Franzosen und Polen gewünschte Lösung durch, und es dauerte noch eine geraume Weile, bis die Besatzung in den Rheinhäfen wieder abzog.

Am 11. Mai legte die Regierung Wirth, die eine Erfül-

9. Bemühungen um ein Mandat

lungspolitik betrieb, dem Reichstag das Ultimatum der Alliierten vor, der es mit 220 zu 172 Stimmen annahm. Die DVP befand sich zusammen mit der DNVP und Teilen der DDP in der Opposition. Stresemann war gezwungen, mit der Mehrheit seiner Fraktion zu stimmen, wodurch jede Möglichkeit ausgeschlossen wurde, seinen ehrgeizigen Drang nach einem Ministeramt zu befriedigen. Indem Präsident Ebert Wirth für die Bildung einer neuen Regierung ausgewählt hatte, hatte er ein weiteres Mal zu erkennen gegeben, daß er Stresemann mißtraute. Am 10. Mai gab dieser im Reichstag die Position der DVP bekannt, die er später seinem Sohn Wolfgang folgendermaßen erklärte:

> Die Versuche, eine Zusicherung darüber zu erlangen, daß im Fall der Annahme des Ultimatums neben anderen Forderungen vor allem der Besitz Oberschlesiens gewährleistet werde, [haben] leider bis zur Stunde zu keinem uns beruhigenden Ergebnis geführt.[13]

An jenem Abend kehrte Stresemann in seine Wohnung in der Tauentzienstraße zurück, wo er von einer kleinen Gruppe alter Freunde begrüßt wurde, die mit ihm seinen 38. Geburtstag feiern wollten. Einigen gegenüber äußerte Stresemann seine Erleichterung darüber, daß Präsident Ebert ihm unter diesen Bedingungen nicht das Kanzleramt übertragen habe. Und doch war er ganz offensichtlich von dem Ergebnis enttäuscht. Am 13. Mai notierte er in sein Tagebuch: »Wilde Tage hinter mir. Meine Kandidatur als Reichskanzler verhältnismäßig freundliche Aufnahme in der Presse. Kabinett scheitert am Nein der Deutschen Volkspartei zum Ultimatum. Höhepunkt Krisis 9. und 10. Mai ... Parteispaltung oder Hinzutritt zur Regierung.«[14]

Für die nächsten 15 Monate sollte er in der Opposition wirken, wobei er das nicht unbescheidene Ziel verfolgte, eine verantwortungsbewußte und effektive Regierung auf die Beine zu stellen, die in der Lage sein würde, den von der Linken ausgeübten Druck aufzufangen, während er weiterhin das Mißtrauen Eberts, der SPD und sogar wichtiger Mitglieder seiner eigenen Partei zu ertragen hatte. In einem Brief vom 17. Mai 1921 an seinen Hamburger Freund Gustav Siess schrieb er: »Die Zeit für Persönlichkeiten meiner Anschauungen ist wohl noch nicht gekommen. Ich hoffe aber, daß sie kommen wird, wenn das Nationalgefühl wieder einmal zum Allgemeingut aller Teile unseres Volkes geworden ist.«[15]

Joseph Wirth war ein Mitglied des linken Flügels der Zentrumspartei. Nach der Revolution war er Finanzminister in Baden gewesen, danach Erzbergers Nachfolger in der Regierung Fehrenbach, wo er das undankbare Amt des Reichsfinanzministers innegehabt hatte. Geßler sagte über ihn: »Sein stürmisches Temperament führte ihn allerdings gelegentlich über die Grenzen hinweg, die zwischen einem parlamentarischen und einem ministeriellen Reden gesetzt sind.«[16] Im übrigen hielt Geßler ihn für einen echten Patrioten. Stresemann dagegen hegte eine tiefe Abneigung gegen ihn, da er in ihm einen inkompetenten Protégé Erzbergers mit sozialistischen Tendenzen sah.

In einem Artikel in den *Deutschen Stimmen* vom 5. Juni 1921 wetterte er: »Das Mißtrauen der Deutschen Volkspartei richtet sich ausschließlich gegen die Person des Reichskanzlers Wirth als ein Vertreter des katholischen Sozialismus und des Systems Erzberger.«[17] Notgedrungen hatte Stresemann sich im allgemeinen um gute Beziehungen zur Zentrumspartei bemüht und mit Fehrenbach und später mit Wilhelm Marx zusammengearbeitet; aber er konnte weder Erzberger noch Wirth ertragen, und beide Männer hegten umgekehrt die gleiche Aversion gegen ihn.

Für D'Abernon dagegen war die Wirthsche Politik der Revision des Friedensvertrags durch Erfüllung sinnvoll in einer Zeit, in der Deutschland praktisch keine andere Wahl hatte. Über Wirth schrieb D'Abernon: »Er hat fortschrittliche demokratische Ideen und macht einen günstigen Eindruck durch seine Offenheit und Ehrlichkeit.« Und: »Ich halte ihn für einen sehr ehrlichen Menschen mit großem Mut, der vor eine fast unlösbare Aufgabe gestellt wird, bei der er eine Unterstützung braucht und verdient.«[18] Strese-

9. Bemühungen um ein Mandat

mann, dem diese Einschätzung völlig gegen den Strich ging und der von der Notwendigkeit einer härteren politischen Gangart überzeugt war, versuchte mehrfach, ihn aus seinem Amt zu entfernen, zuerst im Juni, dann im September.

Mit Ausnahme von drei angesehenen und erfahrenen Mitgliedern der DDP (Schiffer, Geßler und Rathenau) handelte es sich bei Wirths Kabinett um eine nicht sonderlich engagierte Regierungsmannschaft. Überdies hegte Stresemann eine Antipathie gegen Friedrich Rosen, den neuen Außenminister, der als ein Diplomat der alten Schule die deutschen Interessen weder verbal überzeugend vertreten konnte noch zu einem energischen Handeln fähig war.

Trotz seines gescheiterten Versuchs, eine Regierung zu bilden, war Stresemann im Mai 1921 nicht nur eine starke politische Kraft, die eine große Reichstagsfraktion führte, der in manchen Situationen eine Schlüsselrolle zufiel, sondern er unterhielt er auch gute Beziehungen zu etlichen Diplomaten in Berlin, die ihn respektierten und – wie Lord D'Abernon – zunehmend seinen Rat suchten. Besonders dieser Umstand sollte Rosen, Wirth und später auch Rathenau irritieren.

Das Programm, das Wirth vom Mai 1921 bis zum Ende seiner Amtszeit im November 1922 vertrat, war darauf abgestellt, die Alliierten zu beschwichtigen und die Bedingungen des Londoner Ultimatums zu mildern; es wurde ein konsequenter Versuch gemacht, die fälligen Reparationsraten pünktlich zu bezahlen, Abrüstungsmaßnahmen durchzuführen und eine Finanzreform auf den Weg zu bringen. Am 31. Mai zahlte die Regierung tatsächlich die erste Rate von einer Milliarde Goldmark und leitete die Entwaffnung der bayerischen Einwohnerwehr ein. Botschafter D'Abernon war von diesem Bemühen beeindruckt. »Das Ergebnis ihrer Monatsarbeit ist wirklich beträchtlich«, meinte er.[19] Während diese Zahlung praktisch die Gold- und Devisenvorräte der Reichsbank aufzehrte, brachte sie eine vorübergehende und irreführende Beruhigung der Wirtschaft und der Finanzmärkte mit sich. Keynes, der es gut und richtig gefunden hatte, daß Deutschland das Londoner Ultimatum angenommen hatte, hegte dennoch die Befürchtung, daß es immer schwerer und schließlich unmöglich sein würde, weitere Zahlungen zu leisten, und daß die gerade erreichte Stabilität der deutschen Währung nur von kurzer Dauer sein würde.[20]

Und tatsächlich brach Wirths Erfüllungspolitik unter der zweifachen Belastung einer zerrütteten Wirtschaft und politischer Handlungsunfähigkeit zusammen. Die von Erzberger als Finanzminister 1919/20 eingeleitete Steuerreform war durch Schlupflöcher, Kapitalflucht, Reparationen, eine grundlegende Störung der öffentlichen Ordnung und die Entwertung der Mark faktisch zunichte gemacht worden. Sein Rezept für die wirtschaftliche Erholung, das da lautete »arbeiten, arbeiten und nochmals arbeiten«, hatte nichts als Hohn und Spott, Streiks und einen florierenden Schwarzmarkt hervorgerufen.[21] Angesichts der Reparationszahlung würde es kaum Spielraum für eine durchgreifende Steuerreform geben, und tatsächlich fielen die Steuereinnahmen in der zweiten Hälfte des Jahres 1921 und stiegen 1922 nur leicht wieder an. Diese Steuerdefizite, die Kapitalflucht und die fehlende Ausgabendisziplin im zivilen Bereich heizten die Inflation wieder an und förderten den Währungsverfall. Das Ergebnis war eine massive Entwertung der Mark von etwa 80 Mark für einen Dollar im Sommer 1921 auf über 7000 Mark für einen Dollar 15 Monate später, als die Regierung Wirth zusammenbrach.

Nachdem Wirth sein Amt angetreten hatte, hatte Stresemann seine Abneigung gegen den Kanzler und dessen Erfüllungspolitik so weit überwunden, daß er ihn wissen ließ, daß er um der nationalen Einheit willen bereit sei, seine Partei zur Teilnahme an der Koalitionsregierung aufzufordern. Dieses im Juni 1921 unterbreitete Angebot war von Wirth begrüßt worden, der jedoch nur Heinze als Kabinettsmitglied akzeptieren wollte. Diese Annäherung wurde von seinen SPD-Partnern sowie von der Mehrheit der DVP rundweg abgelehnt, da diese ihm nur eine »Alibifunktion« zuschrieben.

In einem Artikel in den *Deutschen Stimmen* vom 3. Juli

9. Bemühungen um ein Mandat

1921 schrieb Stresemann, daß die DVP dem Kanzler als einem »der am weitesten links gerichteten Politiker des Zentrums« mißtraute; dieser führe seine eigene Partei auf einen Weg, an dessen Ende die sozialistische Politik Erzbergers stehe. Er schloß mit einem Zitat aus der *Kölnischen Zeitung*: »Der Wiedereintritt Erzbergers in das politische Leben Deutschlands würde den politischen Bürgerkrieg in Deutschland bringen.« Da Stresemann klar war, daß im Fall des Scheiterns der Regierung Neuwahlen der gestärkten SPD große Stimmengewinne bescheren würden, unterstützte die DVP trotz all seiner Bedenken und Vorbehalte die Regierung Wirth im Reichstag.

Die Möglichkeit einer großen Koalition von DVP, DDP, Zentrumspartei und SPD bei den Landtagswahlen in Preußen im Februar 1921 bestärkte Stresemann in seiner Überzeugung, daß die DVP irgendeinen Modus finden müsse, mit dem gemäßigten Flügel der Sozialdemokratischen Partei zusammenzuarbeiten und bereit sein müsse, mit ihnen – genau wie in Preußen – im Reichstag eine Koalition zu bilden.[22] Seines Erachtens bestand die Notwendigkeit, einen gemäßigten bürgerlichen Einfluß in einer Regierung zur Geltung zu bringen, die, wie er befürchtete, jederzeit in den Sog eines wiederauflebenden Radikalismus oder – das wäre die Alternative – des »atavististischen« Flügels der DNVP geraten könnte. In einem Brief an den Herausgeber der *Kölnischen Zeitung* beschrieb Stresemann sein Ideal einer großen Koalition, die eine echte Mehrheitsregierung darstelle:

> Die große Volksgemeinschaft, die nicht rückwärts sieht ... sondern den Blick in die Zukunft lenkt. Diese Volksgemeinschaft bedeutet, parlamentarisch gesprochen, die große Koalition. Ich bin für diesen Gedanken seit über Jahr und Tag eingetreten und habe allmählich die große Mehrheit der Partei auf meine Seite gebracht ... Der Kampf um die Staatsform muß zurückgestellt werden, um des größeren Gedankens des Wiederaufbaus willen.[23]

Doch wie in der Vergangenheit stieß er auf den entschlossenen Widerstand des rechtsgerichteten Flügels seiner eigenen Partei, der jetzt unter dem Einfluß des zu einem Bündnis mit der DNVP neigenden Reinhold Quaatz stand, sowie auf das quasi traditionelle Mißtrauen der SPD

Mitte Juni, nach einem Treffen mit seinen Parteifreunden in Köln, begab sich Stresemann auf Anraten seines Arztes für sechs Wochen zur Erholung nach Norderney. Er war völlig erschöpft, wie er später an seine Kollegin, Frau Oheimb, schrieb, und hatte »mehr eine Art von Niederbruch«[24] erlitten. Obwohl er sich zurückgezogen hatte, blieb er von Anrufen, Briefen und parteiinternen Angelegenheiten nicht verschont, so daß seine Gesundheit und seine gewohnte Tatkraft Ende November noch keineswegs wiederhergestellt waren. In den relativ ereignislosen Sommermonaten blieb allerdings die drückende Frage der Reparationen und der Zukunft Schlesiens weiterhin ungelöst. Ungeachtet aller bisherigen Enttäuschungen wünschte Stresemann sich verzweifelt, die Rettung möge aus London kommen, und schrieb am 24. Juli an einen Kollegen: »Wir müssen uns in der nächsten Zeit unzweifelhaft mit England zu einer Kooperation zusammenfinden.«[25]

Am 26. August 1921 erhielt Stresemann die schockierende Nachricht von der Ermordung Matthias Erzbergers in der Nähe seines Ferienhauses im Schwarzwald. Die Mörder waren zwei ehemalige Offiziere der Freikorpsbrigade Ehrhardt.

Leider verdeckten Erzbergers Eitelkeit und sein Talent, sich Feinde zu machen und Mißtrauen zu wecken, manchmal seine tatsächlichen Fähigkeiten. Während er den rechtsgerichteten Extremisten, Stresemann und den meisten Angehörigen der bürgerlichen Mitte ein Greuel war, sahen republikanisch eingestellte Politiker in ihm die Kapazität, die von 1919 bis 1920 Deutschlands Finanzen erfolgreich neugeordnet hatte. Dadurch hatte er eine kurze Phase der Stabilität und sogar des Wachstums geschaffen. Der amerikanische Historiker Gerald Feldman meinte, neben der eigentlichen Schaffung der Republik sei diese Reform der revolutionärste Akt der Weimarer Zeit gewesen.[26] Lord D'Abernon

9. Bemühungen um ein Mandat

schrieb: »Erzberger war in gewissem Sinne ein Genie.« Er kritisierte jedoch, daß trotz seines wahren demokratischen Geistes und seiner ehrlichen Sorge für die Menschen, Erzbergers Pläne gelegentlich unausgegoren waren.[27] Die im rechten Lager herrschende Verbitterung veranlaßte Kessler gar zu der Äußerung: »Ich fürchte sehr, daß Erzberger Liebknechts Schicksal teilen wird.«[28]

Stresemanns Verhältnis zu Erzberger war lange von einer Feindseligkeit geprägt gewesen, die vielleicht nur von der Helfferichs übertroffen wurde. Zwar hatte Erzberger 1917 Stresemann schließlich bereitwillig unterstützt, als es um den Sturz Bethmann Hollwegs ging, und hatte zuvor Stresemanns annexionistischen Forderungen durchaus wohlwollend gegenübergestanden. Aber Stresemann war der Überzeugung, daß sein späteres hartnäckiges Eintreten für die Friedensresolution Deutschlands Durchhaltewillen im Krieg in verhängnisvoller Weise geschwächt hatte. Außerdem hatte Erzberger die Waffenstillstandskommission geleitet, das Abkommen unterzeichnet und danach mit großem Nachdruck für die Annahme des Versailler Vertrags plädiert und die Beschlagnahme der deutschen Handelsflotte durch die Alliierten hingenommen. Kurzum, Stresemann machte ihn für alles Ungemach verantwortlich, das Deutschland widerfahren war.[29]

Erzbergers Tod und die durch ihn drohende Spaltung des Landes veranlaßten Stresemann jedoch, der Republik zu Hilfe zu eilen. In den *Deutschen Stimmen* schrieb er am 11. September, es sei »klar und entschieden zu betonen, wie die Deutsche Volkspartei zu dem Versuche des gewaltsamen Umsturzes der Verfassung stand«, und »daß die Frage der Staatsform sich der Frage der Erhaltung des Reiches und der Bewahrung von Volk und Vaterland vor dem Bürgerkrieg unterzuordnen habe«.

Stresemann und seine Partei verurteilten den Mord öffentlich und stellten sich hinter eine Proklamation des Reichspräsidenten, die sich auf den berühmten Artikel 48 berief: Gefordert wurde die Aufrechterhaltung des öffentlichen Friedens, hetzerische Presseartikel wurden verboten, und die Rede- und Versammlungsfreiheit wurde vorübergehend eingeschränkt. Am 31. August traf Stresemann mit Präsident Ebert zusammen, um ihm seine persönliche Unterstützung anzubieten; bei dieser Gelegenheit wurde klargestellt, daß der Schutz der Verfassung darauf abzielte, die Ausnutzung der Situation durch die Kommunisten sowie durch die Rechten zu verhindern.[30]

Die DNVP weigerte sich auf ihrem Parteitag in München, die Proklamation, die Erfüllungspolitik und selbst die republikanische Fahne anzuerkennen; dieselbe Haltung nahm die rechtsgerichtete Regierung Kahr in Bayern ein. Allmählich klangen die durch die Ermordung Erzbergers aufgewühlten Emotionen ab, und es entstand ein Gleichgewichtszustand, unter dessen Oberfläche allerdings die grundlegenden Spaltungen der Gesellschaft sowie die ungelösten Fragen und Probleme schwelten.

Für Stresemann war die Sache klar: Die DVP mußte eine Partei der Mitte bleiben und als solche in die regierende Koalitionsregierung eintreten, mit dem Ziel, das Land zu stabilisieren. Seine Partei konnte entweder mit den nationalistisch eingestellten Monarchisten marschieren und »gegen links ... schießen«, oder »man stellt sich in die Mitte und bläst zum Sammeln.«[31] Als Stresemann seinen Kollegen diese nicht besonders attraktive Position aufzwang, suchte er sie schönzureden: »Die Politik der Mitte ist nicht Improvisation, ist nicht ein parlamentarischer Notausgang, sondern sie ist die Erneuerung nationaler Politik für die Gesamtheit des deutschen Volkes.«[32]

Auf einem SPD-Parteitag Mitte September wurde der Beschluß gefaßt, die DVP zur Zusammenarbeit im Kabinett aufzufordern. Gleichzeitig konnte Stresemann seine DVP-Fraktion dafür gewinnen, in das Kabinett einzutreten und – wie in Preußen – eine Koalitionsregierung zu bilden, die von der DVP bis zur SPD reichte. Wie zu erwarten war, opponierten Vögler, Quaatz und seine Freunde aus der Industrie. Über diese Zeit schreibt D'Abernon in seinen Memoiren: »Ich höre, daß Stresemann selbst kein Amt übernehmen will, sondern nur zwei oder drei Mitglieder seiner Partei ins Kabinett zu bringen beabsichtigt. Es heißt, daß sein wildes, nicht

9. Bemühungen um ein Mandat

zu bändigendes Wesen für die Fesseln des offiziellen Lebens nicht geeignet ist... Der wirkliche Grund ist jedoch der, daß er sich mit keiner geringeren Stellung als der des Reichskanzlers begnügen würde. Er ist zweifellos eine große Persönlichkeit und ist sich dessen auch bewußt.«[33]

Daß es zu diesen gemeinsamen Anstrengungen nicht kam, lag daran, daß sich die oberschlesische Frage Anfang Oktober dramatisch zuspitzte.

Am 28. August, zwei Tage nach der Ermordung Erzbergers, reiste Stresemann mit einem Gefühl der Erleichterung und voller Vorahnung nach Weimar, um zum ersten Mal an dem jährlichen Fest zu Ehren von Goethes Geburtstag teilzunehmen. In sein *Weimarer Tagebuch*, das er bei dieser Gelegenheit ehrfurchtsvoll anlegte, schrieb er, der Geist von Weimar sei für ihn »innerlich ein deutscher Geist«[34] – was auch immer er damit gemeint haben mag.

Stresemann sah in Goethe und in den Helden des »befreiten« Deutschland der postnapoleonischen Ära romantisch verklärte Vorbilder. Goethes Werk brachte ihm vor allem, wie er in seinem *Weimarer Tagebuch* schrieb, »in der heutigen Zeit den Glauben, Deutschlands Führerschaft neu zu kräftigen«.

Manche Wissenschaftler haben Zweifel an seinem Interesse für Goethe geäußert; sie meinen, sein Verständnis sei oberflächlich gewesen, und ihm sei es vor allem darum gegangen, Deutschlands größten Dichter und Denker politisch zu verwerten.[35] Wiewohl an diesen Behauptungen durchaus etwas Wahres sein kann, steht außer Frage, daß viele von Goethes Gedichten und vor allem der *Faust* große Bedeutung für Stresemann hatten. Seine Reden enthielten Zitate des großen Dichters, und seine Kollegen staunten häufig über seine Fähigkeit, lange Passagen aus dem *Faust* frei zu rezitieren; dieses Werk begleitete ihn laut seinem Sohn Wolfgang nahezu auf all seinen Reisen. In Goethe fand Stresemann die Elemente, aus denen sich seine Vorstellung vom Schicksal Deutschlands formte – nationale Einheit, eine herausgehobene Stellung in der Welt, ein historischer Auftrag, kulturelle und geistige Einzigartigkeit – mithin alles, was er unter den »Geist von Weimar« subsumierte.

Stresemann hatte einen wachen Verstand, war ein eifriger Leser, fühlte sich stark mit dem Berliner Theaterleben verbunden und nahm gerne an leidenschaftlichen politischen und intellektuellen Diskussionen teil, die abends im »Bühnen-Klub« und in dem berühmten »Romanischen Café« nebenan stattfanden.

Obwohl Stresemann bis zur körperlichen Erschöpfung arbeitete, blieb sein Geist wach und wißbegierig, was – ähnlich wie bei Churchill – besonders in der Zeit deutlich wurde, in der er kein politisches Mandat hatte. Auf die Frage eines Freundes: »Wie kann man die Geschicke Deutschlands leiten und noch Zeit finden, um aus den Quellen geschöpfte Vorträge über Goethe und Napoleon zu halten?« erwiderte Stresemann: »Könnte man jenes, wenn man dieses nicht könnte?«[36]

Am 20. Oktober 1921 fand die Debatte über die Volksabstimmung in Oberschlesien, die ein Jahr lang geführt worden war, ein bitteres Ende: Der Oberste Rat der Alliierten akzeptierte definitiv die Entscheidung eines Sonderausschusses des Völkerbunds, dem die Lösung dieses Problems von den Alliierten übertragen worden war. Der Ausschuß, dem auch Vertreter aus China, Brasilien und anderen Ländern angehörten, faßte den Beschluß, die wichtigsten Industriegebiete den Polen zu überlassen, obgleich sich auch viele Mitglieder des Ausschusses dafür aussprachen, Oberschlesien bei Deutschland zu belassen.

Die Deutschen waren über diese Entscheidung empört und verbittert; für sie schien das der Beweis für eine von den Engländern unterstützte französisch-polnische Einkreisung. Wie die meisten Deutschen stand Stresemann den Polen mit Abneigung, wenn nicht Verachtung gegenüber. Nach dem Waffenstillstand war für ihn die Revision dieser von den Alliierten durchgesetzten Grenzregelung bis zum Ende seiner politischen Karriere ein unverrückbares außenpolitisches Ziel. Doch im Gegensatz zu anderen, insbesondere zu General von Seeckt und dessen Kollegen im Militär,

9. Bemühungen um ein Mandat

hatte er sich bei allem Groll über die oberschlesische Lösung seinen Realitätssinn bewahrt. Waffengewalt kam für Stresemann nicht in Betracht. Er war vielmehr der Überzeugung, daß ein Verhältnis zur Sowjetunion notwendig war, das den Alliierten Angst machen und sie damit zur Zurückhaltung bewegen könnte. Vermutlich aus dieser Überlegung heraus begrüßte er im Frühjahr 1922 den Vertrag von Rapallo, der die Anerkennung der Sowjetunion bedeutete und eine offizielle diplomatische Beziehungen herstellte.[37] Das änderte allerdings nichts an Stresemanns antikommunistischer Haltung. 1920 schrieb er an Vögler: »Glauben Sie wirklich, daß Lenin, der die Weltrevolution gepredigt hat, an dieser [deutschen] Grenze haltmachen wird?«[38] Dieser Balanceakt zwischen Ost und West, begleitet von der Entschlossenheit, Schlesien und den polnischen Korridor zurückzugewinnen, sollte ein zentrales Moment von Stresemanns Politik sein.

Aus Wut und Empörung über die Entscheidung in bezug auf Schlesien verließen Schiffer und die DDP das Kabinett, wodurch sich die Regierung Wirth zum Rücktritt gezwungen sah. Mangels jedweder Alternative überredete Präsident Ebert den Kanzler, am 25. Oktober eine Minderheitsregierung zu bilden, die lediglich aus der SPD und der Zentrumspartei bestand, der allerdings Geßler von der DDP als sogenannter Fachminister angehörte. Diese hastig zusammengestellte Koalition schaffte es erstaunlicherweise, die Republik in den nächsten 13 Monaten zu regieren; sie versuchte weiterhin, die Erfüllungspolitik durchzuhalten, während sie inständig hoffte, die Alliierten würden ihren Druck spürbar mildern.

Die Reichstagsfraktion der DVP weigerte sich strikt, nochmals eine große Koalition ins Auge zu fassen, und beschloß, in der Opposition zu bleiben; sie war nicht einmal bereit, einen deutschen Vertreter in den neugebildeten Ausschuß zu entsenden, der sich mit der Schlesien-Frage befaßte.[39] Professor Kahl forderte, daß die Weigerung, die Grenze anzuerkennen, in einer offenen und dramatischen Aktion klar und unmißverständlich vor dem Gericht der Geschichte zum Ausdruck gebracht werden müsse.[40]

Stresemann versuchte nun erst recht, seine Kollegen zur Zurückhaltung zu bewegen, indem er u. a. auf das erfolgreiche Wirken der großen Koalition im preußischen Landtag hinwies, zu der auch die DVP gehörte. Botschafter D'Abernon, dem die Kapitulation seiner Regierung in der Schlesien-Frage peinlich war, schrieb in sein Tagebuch:

> Ich habe in den letzten Tagen fast jedes – gesetzlich zulässige und unzulässige – Mittel der Pharmazeutik angewandt, um die deutsche Regierung am Selbstmord zu hindern ... Heute hat das Kabinett seinen Mut und seine Beherrschung bis zu einem gewissen Grade wiedergewonnen und ist bereit, die Schlacht durchzukämpfen, hauptsächlich nachdem es entdeckt hat, daß der Feind – in Gestalt der Volkspartei – keine Lust zeigte, den Feuerangriff zu eröffnen. Stresemann hat sich sehr anständig benommen und es vermieden, die Nervosität der Regierung auszunutzen.[41]

Dagegen betrachtete der preußische Innenminister Severing, der der SPD angehörte, die Duldung der Regierung Wirth durch die DVP und deren aktive Mitarbeit im preußischen Landtag mit erheblicher Skepsis. In seinen Memoiren beklagte er, daß die Erhaltung der Republik Monarchisten und Militaristen oder anderen Männern anvertraut werden müsse, die sie nur halbherzig verträten.[42]

Trotz aller Bemühungen Stresemanns war die relative Ruhe, die zu Beginn des Jahres in der DVP eingekehrt war, dahin, als die Entscheidung über Schlesien getroffen und publiziert worden war. Anfang November drückte Stresemann in einem Brief an einen Kollegen seine Sorge darüber aus, daß seine rechtsgerichteten Kollegen die Partei wieder drängten, die Duldung der Regierung aufzugeben und zusammen mit der DNVP offen Opposition zu betreiben und dadurch Neuwahlen zu erzwingen, die seiner Ansicht nach die Kräfte schwächen würden, die sich einem gewissen Linksruck entgegenstemmten.[43] In einem Leitartikel vom 27. November verglich er in den *Deutschen Stimmen* das undisziplinierte Verhalten der DVP mit den Querelen

9. Bemühungen um ein Mandat

in der alten Nationalliberalen Partei: »Wenn die Führung einmal gewählt ist, dann muß sie das Recht haben, den Weg zu bestimmen, den die Partei geht.« Und der Weg, den er für richtig hielt, bestand darin, die Regierung Wirth trotz ihrer verfehlten Politik zu decken, in der Koalition in Preußen zu bleiben und um jeden Preis die Gleichsetzung mit den isolierten Reaktionären der DNVP zu vermeiden.

Vier Tage später trug Stresemann in Stuttgart auf dem Parteitag der DVP seine Argumente einem verdrossenen rechten Flügel vor, dessen Anführer Reinhold Quaatz sich merkwürdigerweise sehr zurückhielt. Mit dem Hinweis auf eine »Volksgemeinschaft, die höher steht als irgendein Berufsinteresse« forderte Stresemann die Partei auf, zusammen mit der SPD, der Zentrumspartei und der DDP eine Koalition zu bilden, falls alle Parteien sich darin einig seien, den Forderungen der Alliierten stärkeren Widerstand entgegenzusetzen. Wie einstmals Bassermann, gelang es jetzt auch ihm, so etwas wie eine Solidarität unter den Parteimitgliedern herzustellen, die anscheinend erkannten, daß eine kleine Mittelpartei keine andere Wahl hatte, als Kompromisse einzugehen.[44] Stresemann suchte systematisch seinen Einflußbereich zu erweitern und zu stärken.

Gegen Ende Dezember 1921 ging bei Stresemann die Anfrage ein, ob er im Kabinett den Posten des Wirtschaftsministers übernehmen würde. Angesichts der bedrängten Lage des Landes und aufgrund seiner Gewißheit, daß er das Steuer würde herumreißen können, antwortete er, daß er bereit sei, Verantwortung in einer unabhängigen Regierung zu übernehmen, daß er als Wirtschaftsminister jedoch mit zu vielen Interessenkonflikten konfrontiert sei, die sich aus seiner Tätigkeit in den diversen Verbänden und aus seinen Beziehungen zu Wirtschaftskreisen ergäben. Er gab allerdings zu bedenken, »ob es nicht möglich wäre, ein anderes Ministerium neben dem Reichsfinanzministerium für uns zu erstreben, sei es als Vizekanzler ohne Portefeuille, sei es der Reichsminister des Innern, falls für das Äußere ein Fachmann vorhanden sein sollte«.[45] Somit konnte Stresemann zwar seine Partei nicht dazu bringen, in die Regierung einzutreten, war aber bereit, diesen Schritt alleine zu tun, wobei er vor allem an das Auswärtige Amt dachte. Aufgrund des Widerstands von Reichspräsident Ebert und der drohenden Uneinigkeit in seiner eigenen Partei ist es kaum verwunderlich, daß er auf seinen Vorschlag nie eine Antwort bekam. Es sollte noch 18 Monate dauern, bis sich Ebert endlich an Stresemann wandte.

Kapitel 10
Der Vernunftrepublikaner

Nach dem Rücktritt Fehrenbachs im Mai 1921 gab es mehrere Gelegenheiten, bei denen Stresemann beinahe die Führungsposition innerhalb einer Regierung erlangt hätte, die er für sich selbst und seine heterogene Partei so hartnäckig zu gewinnen versuchte. Dies scheiterte jedoch jedes Mal am Mißtrauen Reichspräsident Eberts und der SPD, einem Mißtrauen, das aus dem Widerwillen gegen seine Rolle im Krieg und beim Kapp-Putsch herrührte; es wurde verstärkt durch die grundsätzlichen Zweifel an seiner Loyalität gegenüber der Republik sowie an der Loyalität seiner Partner aus der Industrie. Beide, Ebert und seine Partei, kannten seinen politischen Opportunismus und seinen persönlichen Ehrgeiz, wodurch ihr Mißtrauen weiter wuchs. Stresemanns Kritik an Erzberger und seine offensichtliche Abneigung gegenüber Reichskanzler Wirth machten die Situation nicht einfacher. Nachdem im September 1922 die Abgeordneten des rechten Flügels der USPD wieder zur SPD zurückgekehrt waren, verstärkte sich der Widerstand der Sozialdemokraten gegen eine Einigung mit Stresemann und der DVP. Als sei das noch nicht genug, belasteten ihn die wiederkehrenden ideologischen Fraktionskämpfe innerhalb seiner eigenen Partei, in der viele ein Bündnis mit der DNVP und die »Wildnis« der rechtsgerichteten Reaktion vorzogen. Stresemann blieb vorläufig noch ein abseits stehender Zuschauer, der sehen sollte, wie die Nation in den Abgrund stürzte.

Gewiß, er war auch weiterhin Vorsitzender des Auswärtigen Ausschusses im Reichstag, gewann wachsenden politischen Einfluß in parlamentarischen Angelegenheiten und hatte bewußt seine Beziehungen zu den Berliner Diplomaten gepflegt. Am bedeutendsten war hierbei, daß er das Vertrauen des britischen Botschafters Lord D'Abernon gewinnen konnte, wie später auch das des amerikanischen Botschafters Alanson Houghton, der nach der Ratifizierung des amerikanischen Friedensvertrags im Herbst 1921 in Berlin eingetroffen war. Stresemann verschaffte sich auch weiterhin Gehör in den *Deutschen Stimmen* und veröffentlichte häufig Artikel in anderen, ihm wohlgesonnenen Zeitungen und Zeitschriften, während er gleichzeitig vielfache Kontakte zur Berliner Presse unterhielt, die in ihm eine zuverlässige und unterhaltsame Quelle an Kommentaren und Informationen gefunden hat.[1]

Stresemann war einer der ersten deutschen Politiker – und sicherlich der wichtigste –, der wirklich begriff, wie bedeutend die Öffentlichkeitsarbeit und die Presse für die Verfolgung seiner außen- und innenpolitischen Ziele war. Auch wenn Stresemann kein Regierungsamt besaß und es ihm nicht gelungen war, die loyale Unterstützung einer landesweit verbreiteten Zeitung zu gewinnen, um seine Stimme in den *Deutschen Stimmen* zu verstärken, stellte er 1922 eine Kraft dar, mit der man in jeder Hinsicht rechnen mußte.

Die DVP – davon war Stresemann überzeugt – benötigte eine landesweit verbreitete Zeitung von einiger Auflage, um mit Publikationen wie der *Kreuzzeitung*, die der DNVP nahe stand, oder mit dem *Vorwärts* zu konkurrieren, der von den Sozialdemokraten herausgegeben wurde. Auch bei den populären Blättern, die der Zentrumspartei und der DDP nahestanden und von denen Theodor Wolffs *Berliner Tageblatt* ihm besonders ein Dorn im Auge war, fand er nicht allzuviel Unterstützung. Bis September 1921 war Stresemanns Partei ein gutes Verhältnis zur Redaktion der *Täglichen Rundschau* sicher; diese Berliner Zeitung hatte zwar nur eine geringe Auflage, dennoch war sie recht einflußreich. Die Verbindung kühlte jedoch ab, als der Herausgeber wechselte und die Redaktion die DNVP zu bevorzugen begann. Nachdem es in der Hauptstadtpresse niemanden mehr gab, der ihn »engagiert« dargestellt hätte, glückte es Stresemann

10. Der Vernunftrepublikaner

Ende 1921, eine kleine Gruppe von Investoren zusammenzubringen, die ihn bei der Gründung der *Zeit* unterstützten, bei der er die allgemeine Leitung übernahm und die als Organ der DVP dienen sollte. Diese Initiative gewann einiges Ansehen, doch die Auflage kränkelte dahin und erreichte nie eine stabile finanzielle Grundlage. Sie verschwand 1925 praktisch unbemerkt. Danach hatte die DVP wiederum kein Sprachrohr mehr.[2]

Die DVP setzte ihre passive Unterstützung der Regierung Wirth fort und ignorierte die Vorbehalte des rechten Parteiflügels, in Sonderheit der Ruhr-Industriellen. Hans von Raumer war einer der führenden Vertreter der deutschen elektrotechnischen Industrie und in der Regel eine verläßliche Stütze Stresemanns innerhalb der Fraktion. Gegen Ende 1921 jedoch entwickelte er zusammen mit anderen in der Partei schwerwiegende Bedenken hinsichtlich einer weiteren Duldung der Politik Wirths. In einem Brief vom 14. Dezember lehnte er Stresemanns Ehrgeiz, eine große Koalition zu bilden, entschieden ab. Obwohl es notwendig war, bei den Reparationsverhandlungen gegenüber den Alliierten nationale Einigkeit zu demonstrieren, bezweifelte er, daß seine Partei die Verantwortung für eine Innenpolitik mittragen sollte, der es nicht gelang, die innerstaatlichen Maßnahmen zu ergreifen, die er zur Stabilisierung der Wirtschaft für nötig hielt. Blieben diese Maßnahmen aus, dann wäre es seiner Meinung nach unmöglich, die Alliierten davon zu überzeugen, daß es die Deutschen ernst meinten mit den Reparationsverpflichtungen, die Wirth im Mai angeblich so leichtfertig akzeptiert hatte. Er wandte sich gegen eine Regierung, der es nicht gelungen war, den Haushalt durch Steuererhöhungen und Subventionsabbau zu konsolidieren, die Industrieproduktion mit Hilfe verlängerter Arbeitszeiten zu steigern und die unverantwortliche Ausgabe von Banknoten zu beenden, die das Geldvolumen und die Inflation forcierten. Von Raumer und andere einflußreiche deutsche Großindustrielle machten Wirth zum Sündenbock aufgrund seiner Erfüllungspolitik gegenüber den Alliierten.[3]

Stresemann verstand das Argument seines Parteifreundes von Raumer sehr gut, das zuvor schon von Stinnes, Quaatz und anderen seiner Kollegen aus dem Ruhrgebiet vertreten worden war. Im Oktober hatten Walther Rathenau und Louis Loucher, der französische Minister für die befreiten Gebiete, versucht, die in eine Sackgasse geratene Innenpolitik zu umgehen, indem sie vorschlugen, daß sich die deutsche Industrie direkt am Wiederaufbau in Nordfrankreich beteiligen sollte. Dieses sogenannte Wiesbadener Abkommen wurde jedoch sofort durch das französische Mißtrauen gegenüber einer möglichen deutschen Konkurrenz und durch Einwände der Engländer gegen Reparationszahlungen, die direkt an Frankreich gehen sollten, vereitelt. Später sollte Stinnes für eine ähnliche Maßnahme eintreten, bei der die Reparationen »privatisiert« werden sollten, was für seine Industrieunternehmen von Vorteil wäre.

Diese Vorstöße und andere deflationäre Maßnahmen wurden von den Sozialisten und den Gewerkschaften natürlich entschieden bekämpft. Der Achtstundentag, den von Raumer im Interesse der Produktivität bzw. des Profits ohne Ausgleich verlängern wollte, war eine der wichtigsten Errungenschaften der »Revolution« von 1918 mit hohem Symbolwert; er würde nicht ohne Blutvergießen aufgegeben werden. Die Sozialdemokraten akzeptierten zwar, daß es notwendig war, die Steuern zu erhöhen, aber sie bestanden darauf, daß es sich dabei um die Lohn- und Vermögenssteuer handeln müsse – was die DNVP und andere Rechte ihrerseits ablehnten. Erzbergers Stabilisierungsformel von 1920, die aus höheren Steuern und »arbeiten, arbeiten, arbeiten« bestanden hatte, war jetzt nach dem Londoner Ultimatum politisch einfach nicht mehr zulässig. Kurzum, der politische Handlungsspielraum war denkbar gering.

Deshalb sah Stresemann keine andere Alternative, als der SPD entgegenzukommen und einen Kanzler zu akzeptieren, zu dem er nur wenig Vertrauen hatte, in der Hoffnung, beide Schritt für Schritt in Richtung der Mitte des politischen Spektrums zu drängen – in der Hoffnung, daß die Alliierten schließlich einsehen würden, daß verringerte Reparationen, eine Stabilitäts-Anleihe und der Wiedereintritt Deutschlands in die Weltwirtschaft in ihrem eigenen Interesse lagen. In gewissem Sinne verfolgte er damit die Politik von Bassermann und Bebel, die der liberale Flügel der alten NLP in den Jahren vor Ausbruch des Weltkriegs übernommen hatte, wobei die Weimarer Sozialdemokraten – wie man am Beispiel von so moderaten Parteiführern wie Ebert, Severing, Wilhelm Sollmann, Gustav Radbruch und anderen sehen kann – vernünftigere Partner als ihre Vorgänger waren; sie waren Vernunftgründen sogar zugänglicher als viele Mitglieder der DVP. Als Reaktion auf die Befürchtung, daß Vögler, Stinnes und Quaatz Stresemann am Ende doch zu einem Bündnis mit der DNVP zwingen würden, bemerkte ein aufmerksamer Beobachter, Stresemann sei »doch ein viel zu gerissener Taktiker, als daß er sich so leicht aus dem Sattel heben ließe«.[4] Und so hielt Stresemann durch, klopfte gelegentlich an die Tür der Regierungskoalition und versuchte, seine Partei mitzuziehen.

Gegen Ende 1921 gab es einige ermutigende Zeichen. Die wachsende Inflation in Deutschland, die absehbare Unfähigkeit, die Raten der Reparationszahlungen zu begleichen, die im Januar und Februar fällig werden würden, und die Drohung Frankreichs, das Ruhrgebiet zu besetzen, brachten Lloyd George dazu, ein Treffen des Obersten Alliierten Rats einzuberufen, das am 4. Januar 1922 in Cannes beginnen sollte. Sein Ziel war es, eine internationale Konferenz zu organisieren, die ihrerseits einen umfangreichen Plan zum Wiederaufbau in Europa übernehmen, die Märkte in Mittel- und Osteuropa öffnen und allgemein den Handel, die wirtschaftliche Erholung und die internationale Sicherheit fördern sollte.[5] Die Russen und die Deutschen wurden eingeladen, daran teilzunehmen.

Im Verlauf dieser Diskussionen stimmten der Oberste Rat und die Reparationskommission einem vorläufigen, teilweisen Aufschub der nächsten beiden Raten zu, verlangten jedoch, daß Deutschland einen verantwortlichen Haushaltsplan und einen Plan zur Stabilisierung der Währung vorlegte. Die Franzosen insistierten darauf, daß in der bevorstehenden Konferenz eine Revision der Reparationen, der Kriegsschulden der Alliierten gegenüber den USA und letztlich aller anderen Aspekte des Versailler Vertrags von einer Diskussion dezidiert ausgeschlossen sein mußten. Die Konferenz war für März geplant, verzögerte sich bis April. Trotz des hartnäckigen Widerstands der Franzosen, die Reparationen zu diskutieren, wurde die Aussicht auf diese Konferenz in Deutschland mit einer Begeisterung aufgenommen, die an Jubel grenzte. Jetzt gäbe es eine Möglichkeit, die »deutsche Sache« noch einmal vorzutragen.

Um die Forderungen des Obersten Rats zu erfüllen, legte die Regierung Wirth am 27. Januar ihren Stabilisierungsplan vor. Dazu gehörten Steuererhöhungen, Staatsanleihen, die Abschaffung einer Reihe von Subventionen, die Autonomie der Reichsbank und Maßnahmen zur Erhöhung der Produktivität und zur Verhinderung von Kapitalflucht. Das Gesetz, das all diese Schritte ermöglichen würde, sollte jedoch erst im Sommer im Reichstag eingebracht werden – zu einem Zeitpunkt, an dem aufgrund der festgefahrenen politischen Situation und sozialer Unruhen bereits etliche dieser Maßnahmen wieder zurückgenommen worden waren. Tatsächlich sollten zwar einige Gesetze zu direkten und indirekten Steuern ratifiziert werden, zusammen mit einer gestaffelten Zwangsanleihe und einer geringen Kapitalsteuer, die auf all diejenigen zielte, die am meisten von der Inflation profitierten. Doch als diese Steuern dann tatsächlich veranlagt und eingezogen wurden, hatte die Inflation die Wirkung größtenteils wieder zunichte gemacht. Und die Chance, daß die Sozialdemokraten ein Programm hinnehmen würden, zu dem Überstunden, Lohnkontrollen und eine weitergehende Reduzierung der Subventionen gehörten, war gleich null.

Angesichts all dieser Belastungen schien es, als würde Stresemanns Mittelstand ganz besonders im Stich gelassen. Die kleinen Einzel- und Großhändler, Handwerksbetriebe, die kleinere Fertigwarenindustrie und praktisch alle selbständig Berufstätigen litten beträchtlich. Von Raumer bekannte im Februar überraschend, daß er die vorgeschlagene Kapitalsteuer unterstützen wolle, denn er hatte erkannt, wie populär sie unter den mittelständischen Wählern der DVP war. Der Mittelstand, so betonte er, gehöre der DVP, und dem ginge es schlecht; die mittelständischen Wähler bestanden auf einem sichtbaren Opfer der Wohlhabenden.[6] Zu diesem Zeitpunkt stand der Dollar bei über 200 Mark. Als der Reichstag im Juli die eingeschränkten Steuergesetze schließlich verabschiedete, war der Kurs gegenüber dem Dollar auf fast 500 Mark geklettert, und die Inflationspreise waren kaum geringer. Während der größte Teil der Nation zu verarmen drohte, profitierten die besitzenden Schichten – die Großagrarier und die Industriellen, die in der Lage waren zu exportieren und für die beispielhaft ein Mann wie Hugo Stinnes stand.

Für Stresemann, dessen Partei zwischen den Gewinnern und Verlierern gespalten war, gab es keinen anderen gangbaren politischen Weg, als um eine Erleichterung in Form einer internationalen Anleihe und abermals um eine vernünftige Begrenzung der Reparationen zu bitten. Im Gegensatz dazu bestanden seine Kollegen von der Industrie auch weiterhin auf radikale deflationäre Reformen, die nur in der DNVP Unterstützung finden konnten und die fast mit Sicherheit zu gewalttätigen Auseinandersetzungen führen würden.

Tatsächlich kam es unmittelbar nach der Ankündigung von Wirths Reformprogramm Ende Januar 1922 zu öffentlichen Protesten. Als Karl von Stockhausen in Berlin ankam, um seinen Posten in der Reichskanzlei anzutreten, beobachtete er, daß die Stadt durch den ersten Generalstreik des öffentlichen Dienstes in der deutschen Geschichte vollkommen lahmgelegt worden war.[7] Die Gewerkschaften hatten es geschafft, den Widerstand flächendeckend zu organisieren. Die Eisenbahn, die Versorgungsbetriebe einschließlich der Wasser- und Elektrizitätswerke, die Behörden und selbst die Taxis hatten den Betrieb eingestellt. Innenminister Severing warnte vor gewalttätigen Auseinandersetzungen und einem von den Bolschewisten angezettelten offenen Bürgerkrieg.[8] Innerhalb eines einzigen hektischen Tages reagierte der Kanzler auf seinen Appell mit einer Vereinbarung, zu der eine signifikante Lohnerhöhung, eine Zurücknahme der vorgeschlagenen Arbeitszeitverlängerung und die Zustimmung gehörten, über eine zukünftige Bindung der Löhne an die Inflation zu diskutieren. Und genau damit gab die Regierung den größten Teil des Stabilisierungsprogramms auf, das sie den Alliierten zugesagt hatte.

Unterdessen wurden die Hoffnungen auf eine moderatere Politik der Alliierten bei der Konferenz in Cannes durch den plötzlichen Rücktritt des französischen Premierministers Aristide Briand zunichtegemacht. Briand war von der französischen Presse als »frivoles Pfand« Lloyd Georges unverhohlen angegriffen worden, was u. a. durch ein Foto illustriert werden sollte, auf dem ihm der britische Premierminister Golfunterricht gab.[9] Briand war ein Mann vom Format eines Ebert, ein langjähriger und respektierter Sozialist, der zusammen mit Jean Jaurès *L'Humanité* gegründet hatte und der zwischen 1906 und 1932 Frankreich elfmal als Premier dienen sollte. Da er nicht gewillt war, sich einer Vertrauensabstimmung zu stellen, schied er am 12. Januar praktisch über Nacht aus dem Amt. Seine anständige und freimütige Haltung sollte auf der folgenden Konferenz in Genua überaus vermißt werden. Glücklicherweise kehrte Briand noch einmal zurück und spielte eine entscheidende Rolle bei der Annäherung zwischen Deutschland und Frankreich 1925 in Locarno, und in seinen letzten Jahren erwies er sich als engagierter Befürworter des Völkerbunds.

Raymond Poincaré, sein Nachfolger als französischer Premier, traf unmittelbar vor der Unterbrechung der Konferenz in Cannes ein. Poincaré war ein unnachgiebiger Verhandlungspartner. Augenblicklich kehrte er den Verlauf der Diskussion um. Das Genfer Projekt, das Lloyd George vorgeschlagen hatte, nannte er ein »projet théâtral«, und er bestand auf einem zusammengestrichenen Programm; jeglicher Bezug auf die Reparationen oder anderer Rechte, die sich aus dem Versailler Vertrag ergaben, sollte kategorisch ausgeschlossen bleiben. Hartnäckig verwarf er jeden Gedanken an einen Zahlungsaufschub bei den Reparationen, und er bestand darauf, daß alle zehn Tage eine Rate von zehn Millionen Goldmark bezahlt wurde, solange noch keine endgülti-

10. Der Vernunftrepublikaner 249

ge Entscheidung über die Zahlungen für das Jahr 1922 erreicht worden war. Er war nicht gewillt, eine Verringerung der Gesamtsumme in Erwägung zu ziehen, die im Jahr zuvor durch das Londoner Ultimatum festgelegt worden war.

So zerschlugen sich die Hoffnungen, man könne ein vernünftiges Schlußabkommen bezüglich der Reparationen diskutieren. Die Konferenz von Genua, die so vielversprechend angekündigt worden war, verlor dadurch als mögliches Forum für den allgemeinen Wiederaufbau nach dem Krieg schnell an Bedeutung. Ein enttäuschter und politisch bloßgestellter Lloyd George nannte seinen neuen französischen Amtskollegen jemanden, der »alles weiß und nichts versteht«.[10] Da England und Frankreich jedoch über den Nahen Osten weiterverhandelten, kam es nicht zum Bruch der Entente. Und für Poincaré verkörperten nicht Männer wie Wirth und Rathenau das wirkliche Deutschland, sondern Extremisten vom rechten Flügel wie Stinnes und Helfferich, die sich im Hintergrund bereithielten und für die sich die Erfüllungspolitik als selbstmörderischer Wahnsinn darstellte. Seine Mission bestand darin, die wirtschaftliche und militärische Macht Deutschlands nachhaltig zu zerstören, und sein wichtigstes Instrument sollte der Versailler Vertrag sein.

Nach der Enttäuschung von Cannes und angesichts möglicher gewalttätiger Ausschreitungen in Deutschland ernannte Wirth Walther Rathenau zum Außenminister; dieses Amt hatte er selbst nach der Entlassung von Friedrich Rosen im Oktober innegehabt. Rathenau hatte der Regierung Wirth von Anfang an als Wiederaufbauminister angehört und sich im allgemeinen recht erfolgreich an den endlosen Reparationsverhandlungen beteiligt. Nach dem Tod seines Vaters hatte er das Präsidium der Allgemeinen Elektrizitäts-Gesellschaft (AEG) übernommen, und für einen kurzen Augenblick sollte er auf der Bühne der deutschen Außenpolitik eine entscheidende Rolle spielen. Rathenau war ein Einzelgänger, ein scharfer Denker und brillanter Autor, doch mit seiner Unabhängigkeit und seiner Arroganz machte er sich erheblich mehr Feinde als Freunde. Als er Mitglied des Kabinetts wurde, notierte Lord D'Abernon in seinem Tagebuch:

Wirth hält es für einen besonders günstigen Schachzug, da er Rathenau als den besten Redner Deutschlands und ein Genie der industriellen Organisation bewundert. Von anderer Seite hört man jedoch, daß Rathenau dem Kabinett keine politische Unterstützung mitbringt und als Mensch so rein theoretisch und so launenhaft ist, daß seine Beteiligung an der Regierung in kürzester Zeit zu heftigen Konflikten und zu geringen praktischen Ergebnissen führen wird...[11]

Max Warburg, der Rathenaus AEG durch wichtige Bankgeschäfte verbunden war, betrachete seinen Kunden zwar als einen hochgebildeten Redner, doch zugleich als jemanden, der in seinen visionären ökonomischen Überlegungen häufig Komplexität mit Gründlichkeit verwechselte.[12]

Trotz seines ausgeprägten Nationalstolzes wurde Rathenau von der radikalen Rechten als »Erfüllungspolitiker« und »hinterhältiger Jude« denunziert, der den Haß der zahlreichen deutschen Antisemiten auf sich zog. Während des Kriegs hatte er mit bewundernswerter Effizienz die Kriegsrohstoffabteilung organisiert, und er war Mitbegründer der erstaunlich lange bestehenden »Mittwochsgesellschaft«, die für Stresemann so große Bedeutung hatte. Seine Kollegen in der DDP waren empört darüber, daß er den Posten des Außenministers annahm, obwohl sich die Partei wegen der Auseinandersetzungen um Oberschlesien im Oktober zuvor offiziell aus der Regierung zurückgezogen hatte.

Für Wirth, der sich im wesentlichen von seinen politischen Instinkten leiten ließ, schien Rathenau genau der Richtige.[13] Beide waren sich einig darin, daß die Inflation nur mit ausländischer Hilfe gestoppt werden konnte – und daß die Erfüllung des Friedensvertrags Deutschlands einzige Möglichkeit war, diese Hilfe zu ermutigen und die Alliierten zu überzeugen, daß Deutschland die Reparationslast unmöglich tragen konnte. Beide ignorierten die Drohungen der Rechten, die diesen Kurs radikal ablehnten, wie auch Drohungen von Männern wie Stinnes, die auf eine Annäherung

10. Der Vernunftrepublikaner

an Frankreich drangen und die die innere Stabilität durch verlängerte Arbeitszeiten und deflationäre Maßnahmen in der Finanz- und Geldvolumenpolitik herbeiführen wollten; sie richteten den Blick auf England und die USA und baten um Entlastungen bei den Reparationen. Dabei übersahen sie jedoch die Unnachgiebigkeit Poincarés und das angespannte englisch-französische Verhältnis im Nahen Osten, das die Engländer dazu brachte, Poincaré als peinlichem Ärgernis entgegenzukommen und ihm widerwillig die fast uneingeschränkte Herrschaft auf dem Kontinent zu überlassen.[14]

Stresemann schätzte die Ernennung Rathenaus höchst ambivalent ein. Sicher, Rathenau steigerte das Ansehen und die Effizienz des Kabinetts. Doch obwohl sich die beiden über viele Jahre hinweg oft begegnet waren, verhinderten ihre divergierenden politischen Ansichten eine persönliche Beziehung. Stresemann hatte Rathenaus »Staatskorporatismus« während des Kriegs und seine »überragende Persönlichkeit« kritisiert. Außerdem fürchtete er, daß Rathenaus Auftritt auf der nationalen Bühne dem bereits weitverbreiteten Antisemitismus, auf den Stresemann besonders empfindlich reagierte, neue Nahrung geben würde.[15] Nicht zuletzt war Stresemann verstimmt, weil er doch selbst die logische Wahl für diesen Posten hätte sein müssen. Laut Kessler hielt Stresemann Rathenau kaum geeignet für dieses Amt.[16]

Von Raumer verurteilte diese Entscheidung als bloße Laune von Wirth und als einen Affront gegenüber der DVP, die zu diesem Zeitpunkt mit Wirth über einen Beitritt zur Koalition verhandelte und dabei Stresemann als Kandidaten für das Außenministerium vorgeschlagen hatte. So setzte die DVP zwar auch weiterhin ihre passive Unterstützung der Regierung fort, doch die etwas überstürzte Ernennung Rathenaus beendete die weitere Diskussion einer großen Koalition unter Beteiligung der DVP.[17]

Am 10. April begann schließlich die Konferenz in Genua. Zuvor, am 21. März, war die Reparationskommission darüber informiert worden, daß Deutschland keine weiteren Raten mehr bezahlen könne. Drei Tage später teilte Ebert dem Kabinett mit, daß man Poincarés Einfluß unterschätzt habe. Er ermahnte die Minister, von der bevorstehenden Konferenz nur wenig Verständnis oder Fortschritte zu erwarten. Diese war inzwischen erweitert worden, so daß Vertreter aus etwa dreißig Nationen daran teilnahmen.

Am 28. und 29. März sprachen Wirth, Rathenau und Stresemann im Reichstag. Sie alle verurteilten die Forderungen der Alliierten nach höheren Steuern, der Wiederaufnahme der Reparationszahlungen und die Drohung, die Reichsbank unter ihre Kontrolle zu stellen, sollte Deutschland bis zum 31. Mai nicht alle Bedingungen erfüllt haben. Und alle drei griffen die offensichtliche Entschlossenheit Frankreichs an, das Ruhrgebiet zu besetzen, sollte Deutschland keine weiteren Zahlungen leisten.[18] Stresemann kritisierte in seiner Rede die ausgebliebene Unterstützung Londons scharf:

> Die Politik Frankreichs wollte und will bis heute trotz der Warnungen Lloyd Georges und seines Memorandums Deutschland verstümmeln und es gleichzeitig zwingen, unerträgliche Lasten auf sich zu nehmen. Dieser Weg ist bisher stets siegreich gewesen. Bei diesem Weg sind den englischen Worten die englischen Taten niemals gefolgt. Dieser Weg hat vom Londoner Ultimatum zur Abtrennung Oberschlesiens, zur Politik der Sanktionen ... geführt. England ist ihn mitgegangen, trotzdem seine Propaganda die Gefahren dieses Weges fortgesetzt aufgezeigt hat.[19]

Die Reichstagsdebatte endete mit der dezidierten Weigerung, die Forderungen der Alliierten zu akzeptieren. In einer Note an die Reparationskommission wiesen die Deutschen die Drohung der Alliierten, die Reichsbank unter ihre Kontrolle zu stellen, zurück und verlangten unter Berufung auf Artikel 234 des Versailler Vertrags eine unabhängige Prüfung der deutschen Zahlungsfähigkeit. Stresemann und die DVP begrüßten die neue, harte Linie von Wirth und Rathenau und einigten sich darauf, die Regierung auch weiterhin passiv zu unterstützen.

Wie schon bei den Konferenzen in Spa und Cannes

10. Der Vernunftrepublikaner 253

beschloß Stresemann, auch an der Konferenz in Genua nicht teilzunehmen. Die DVP wurde durch Hans von Raumer vertreten. Von Raumer war zwar Industrieller, doch so gut wie alle Mitglieder der DVP und ein großer Teil der bürgerlichen Fraktionen der Zentrumspartei und der DDP vertrauten ihm – und sogar einige gemäßigte Sozialdemokraten. Stinnes, Stresemanns »Held« von Spa, der Wirth und Rathenau wortreich und hemmungslos kritisierte, nahm nicht daran teil. Wirth selbst war Leiter der deutschen Delegation; sein neu ernannter Außenminister Rathenau und der damalige Ministerialdirigent und spätere Staatssekretär Ago von Maltzan begleiteten ihn.

Lloyd George, der von Poincaré quasi matt gesetzt worden und sich bewußt war, daß er im eigenen Land kaum Fürsprache hatte, versuchte verzweifelt, der Zusammenkunft in Genua, die er selbst angeregt hatte, Bedeutung zu verleihen. Sein erster Versuch, einen »freiwilligen« Nichtangriffspakt zu diskutieren, scheiterte an der Ablehnung fast sämtlicher Teilnehmer. Danach wandte sich die Aufmerksamkeit rasch Fragen zu, die Handel, Kredite und die wirtschaftliche Erholung betrafen; besonders ging es um die Wiederaufnahme von Handelsbeziehungen zu Rußland.

Wie Kessler bemerkte, war der Konferenzsaal »gruftartig dunkel«, was gut zu den feierlichen, »etwas akademischen« Eröffnungsreden paßte, wobei »am akademischsten die von Wirth« war, die »peinlich starken Applaus« bekam.[20] Alles in allem war der Auftritt der deutschen Delegation bestenfalls mittelmäßig. Sie war gespalten zwischen Finanzexperten wie Melchior, der sich um Kredite bemühte, und anderen, wie von Maltzan und von Raumer, die sich ausschließlich auf die Möglichkeiten konzentrierten, die sich gegenüber den Russen ergeben konnten.[21] Die Deutschen erkannten schnell, daß ihre inständigen Bitten bei Lloyd George kaum Gehör fanden und daß Poincaré, der sich geweigert hatte teilzunehmen, entschlossen war, sie zu isolieren. Der sowjetische Außenminister Tschitscherin stahl bei seinem ersten internationalen Auftreten allen die Schau. Bei den Deutschen weckte er die Befürchtung, die Sowjets könnten sich mit den Alliierten einigen, was möglicherweise zu russischen Reparationsansprüchen führen würde. Rathenau ließ sich deshalb am Ostersonntag, nur sechs Tage nach den Eröffnungsreden von Genua, dazu überreden, sich mit der russischen Delegation im nahe gelegenen Ferienort Rapallo zu treffen, um über eine offizielle Wiederaufnahme der diplomatischen Beziehungen und den gegenseitigen Verzicht auf finanzielle Ansprüche zu sprechen. In Berlin hatte es relativ viele Befürworter einer solchen Annäherung gegeben, die damit ein Gegengewicht zur Feindseligkeit der Franzosen schaffen und die gemeinsame Front des Westens aufbrechen wollten. Besonders General von Seeckt hielt dies für ein Mittel, Polen zu neutralisieren und möglicherweise das alliierte Diktat der Demilitarisierung zu umgehen. In einem kurzen Memorandum verstieg er sich zu Äußerungen wie: »Polens Existenz ist unerträglich... Es muß verschwinden und wird verschwinden durch eigene, innere Schwäche und durch Rußland – mit unserer Hilfe.«[22]

Im Mai 1921 war mit den Russen dann ein Handelsvertrag ausgearbeitet worden, und anschließend war es zu sporadischen Kontakten des Militärs und des Außenministeriums gekommen. Bereits auf dem Weg nach Genua hatte Tschitscherin bei einem Treffen in Berlin einen Entwurf der Vereinbarung von Rapallo gebilligt. Damals war Rathenau nicht bereit gewesen zuzustimmen, denn er fürchtete die Reaktion der Westmächte. Nach den ersten Erfahrungen in Genua folgte er jedoch schlecht gelaunt von Maltzans mitternächtlicher Bitte, ihn nach Rapallo zu begleiten, um die Gespräche fortzusetzen.

Ago von Malzan war vielleicht der geschickteste Diplomat im Außenministerium; nach dem Krieg war er Leiter der Ostabteilung im Auswärtigen Amt. Er galt allgemein als pro-russisch, und Botschafter D'Abernon mochte ihn, doch vertraute er diesem Aristokraten nicht. Später behauptete D'Abernon, der Vertrag von Locarno wäre nie zustandegekommen, wäre von Maltzan im Amt geblieben, denn: »Er war allzu eng mit den Russen verheiratet.«[23]

1924 sorgte Stresemann dafür, daß von Maltzan deutscher

10. Der Vernunftrepublikaner

Botschafter in Washington wurde, wo er drei Jahre später bei einem Unfall starb. Daraufhin widmete ihm Stresemann zwar eine ausführliche Eloge, doch man darf sich fragen, ob diese posthume Lobrede wirklich Zeichen eines großen persönlichen Verlusts war.[24]

Die in Rapallo mit Tschitscherin getroffene Vereinbarung wurde den sprachlosen Delegierten am Nachmittag darauf in Genua mitgeteilt. Präsident Ebert, der zuvor nicht zu Rate gezogen worden war, war außer sich, als er in Berlin die Nachricht erhielt, und das galt auch für die meisten seiner Kollegen aus der SPD, die sein Mißtrauen gegenüber den Bolschewisten teilten und geheime militärische Absprachen befürchteten. Die DNVP und Vertreter des rechten Flügels der DVP begrüßten hingegen diese Offensive als längst überfälliges Zeichen deutscher Unabhängigkeit und bemühten sich um eine rasche Ratifizierung im Reichstag. Auch Stresemann war zwar völlig überrascht, doch reagierte er zustimmend, was u. a. sein Schreiben an Geheimrat Bücher belegt, der damals an der Konferenz teilnahm:

> Ich bin mit Ihnen der Meinung, daß dieser Schritt getan werden mußte, und ich bin überzeugt, daß trotz der Stürme, die er zunächst hervorgerufen hat, letzten Endes er sowohl für unsere wirtschaftlichen Verhältnisse wie für die Weiterentwicklung der politischen Dinge von guter Wirkung sein wird.[25]

Es dauerte jedoch nicht lange, da kamen Stresemann Bedenken, als ihm die negativen Auswirkungen auf das Verhältnis zu den Westmächten voll bewußt wurden. Während sich die Konferenz von Genua noch einen weiteren Monat hinzog, zeigte sich, daß Poincarés Mißtrauen gegenüber Deutschland gerechtfertigt war, und Lloyd George mußte verlegen und fast mit leeren Händen nach England zurückkehren. Für Deutschland und den britischen Premierminister war es ein diplomatischer Rückschlag, für Frankreich ein klarer Sieg. Am 24. April hielt Poincaré eine triumphierende Rede in seinem Geburtsort Bar-le-Duc.

Weil Lloyd George politisch bloßgestellt worden war, wurde es immer unwahrscheinlicher, daß er für die deutschen Interessen eintreten würde. Als der 31. Mai heranrückte, der von der Reparationskommission als letzte Frist gesetzt worden war, soll der britische Premierminister angeblich gesagt haben: »Deutschland muß zugrunde gehen, bevor es sich wieder erheben kann.«[26] In einem Artikel im *Manchester Guardian* vom 10. Juni 1921 fällte John Maynard Keynes das abschließende Urteil über die Genua-Episode: »Ich denke, noch nie war das intellektuelle Niveau der offiziellen Politik bei irgendeiner Konferenz so gering. Die Diskussionen hatten kaum einen Bezug zur Realität.«[27]

In Deutschland hielten Chaos und Inflation unvermindert an. Nach vielen Verzögerungen und unter heftigem Widerspruch fanden im Mai 1922 vor dem Obersten Gericht in Leipzig doch noch die Prozesse wegen Kriegsverbrechen statt. Es wurde nur über zwölf Fälle verhandelt; vier kamen zur Anklage, in drei Fällen gab es milde Strafen. Die Alliierten – besonders die Briten – beschwerten sich, doch inzwischen galt ihre Aufmerksamkeit anderen Dingen. Irgendwie war es der Regierung Wirth gelungen, die Reparationskommission mit dem Versprechen zufriedenzustellen, zusätzliche Steuern zu erheben, und trotz des Einspruchs der Franzosen einen teilweisen Zahlungsaufschub bei den in diesem Jahr fälligen Reparationen zu erreichen; doch blieb die Drohung einer französichen Okkupation auch weiterhin bestehen.

Im Mai beriet ein Komitee von Privatbankiers, dem auch J. P. Morgan angehörte, trotz französischer Kritik die Durchführbarkeit einer internationalen Anleihe. Das Gremuim kam zum Schluß, daß internationale Kredite unmöglich waren, solange die Bedingungen des Londoner Ultimatums nicht grundlegend revidiert wurden. Auch wenn sich die Franzosen weigerten, diesem Komitee beizutreten, war die Teilnahme Morgans ein erster kleiner Schritt, das Interesse der amerikanischen Regierung zu wecken. Dieses Interesse sollte noch dadurch gefördert werden, daß Otto Wiedfeldt, ein prominenter Industrieller, als deutscher Botschafter nach Washington berufen wurde. Wiedfeldt hatte sich stets für die deutsch-britischen Beziehungen eingesetzt und Rathenaus Auftritt in Rapallo lautstark kritisiert, denn seiner Meinung nach wurde dadurch die sich entwickelnde Beziehung zu England nachhaltig unterminiert. Er verließ Berlin mit der Anweisung, alles nur Erdenkliche zu tun, um Deutschland eine Atempause zu verschaffen. Wie Stresemann, von Raumer und Stinnes war er jedoch gegen Teillösungen. Für sie war eine internationale Anleihe entscheidend, um die Reparationsansprüche zu erfüllen und die Mark zu stabilisieren. Diese Anleihe mußte jedoch groß genug sein, um sämtliche Reparationsverpflichtungen abzudecken, und diese mußten ihrerseits auf ein erträgliches Maß gesenkt werden.[28]

Mittlerweile schienen die Druckerpressen die einzige Verteidigung gegen die Ansprüche der Alliierten. Mitte Juni stand fest, daß man der Inflation nicht entkam und daß Deutschland auf den wirtschaftlichen Ruin zusteuerte. Angesichts dieser verzweifelten Lage bat Wirth die DVP erneut, sich seiner erschöpften Koalition anzuschließen, doch Stresemann und seine Kollegen lehnten in Anbetracht der desaströsen Lage diese Verantwortung ab.

Die von Seeckt und von Maltzan aggressiv betriebene Annäherung an Rußland machte rasche Fortschritte. Brockdorff-Rantzau wurde als erster Botschafter Deutschlands nach Moskau entsandt, wo er allerdings sofort in endlose Streitereien über die Organisation der wachsenden deutsch-sowjetischen militärischen Zusammenarbeit verwickelt wurde, da er die Kontakte angriff, die von Seeckt in Moskau außerhalb der diplomatischen Kanäle unterhielt. Damals kannte Stresemann die Einzelheiten nicht und verteidigte öffentlich auch weiterhin seine ursprüngliche Unterstützung des Rapallo-Vertrags, doch sein anfänglicher Optimismus hatte eindeutig nachgelassen.[29] Als Kanzler und Außenminister war er später offensichtlich vertraut mit dieser Verschwörung, die Rüstungskontrolle durch die Alliierten zu umgehen. Trotzdem wahrte er in der Regel Distanz zum Wiederbewaffnungsprogramm Rußlands und der Reichswehr, weil er sein Ziel einer Verständigung mit dem Westen nicht gefährden wollte.[30]

Am 24. Juni wurde die deutsche Öffentlichkeit durch die Ermordung Walther Rathenaus erschüttert. Einen Tag zuvor hatte Karl Helfferich, einer der Führer der DNVP, im Reichstag eine wüste Hetzrede gegen Rathenau gehalten, den er als schwaches Werkzeug der Alliierten angriff. Er behauptete, Rathenau habe den deutschen Mittelstand vernichtet und sei verantwortlich für den anhaltenden Verfall der Währung und das nationale Elend; anscheinend mache er sich größere Sorgen über eine Verstimmung der Franzosen als über das Leid der Menschen im besetzten Saargebiet.[31] Das war eine eindeutige Parallele zu den demagogischen Angriffen gegen Erzberger in den Monaten vor dessen Ermordung im Jahr zuvor; und beide Male war das Opfer ein Befürworter der friedlichen Erfüllung des Versailler Vertrags.[32]

Mit Betroffenheit verließ Rathenau nach Helfferichs Angriff den Reichstag. Danach besuchte er ein Essen in der Residenz des Botschafters Houghton. Auch Stinnes war eingeladen, um seinen Vorschlag zu diskutieren, die deutsche Industrie an den Reparationen zu beteiligen: Im Sinne des fehlgeschlagenen Wiesbadener Abkommens sollte die Industrie Kohle direkt an die französischen Wiederaufbaubehörden liefern. Trotz seiner Abneigung gegenüber Stinnes hielt Rathenau den Vorschlag für sinnvoll, und nach dem Essen begleitete er Stinnes in dessen Hotel, um weiter darüber zu sprechen. Erst in den frühen Morgenstunden erreichte Rathenau seine Villa in Grunewald.[33] Sechs Stunden später wurde er auf der Fahrt in sein Büro von zwei früheren Mitgliedern der berüchtigten Ehrhardt-Brigade niedergeschossen; einer der beiden warf zusätzlich eine Handgranate in Rathenaus offenen Wagen. Drei Wochen später wurden die jungen Attentäter in einer Burg bei Kösin gestellt. Dabei wurde einer erschossen, und der andere beging Selbstmord. Möglicherweise waren die Attentate auf Rathenau und Erzberger das Werk derselben terroristischen Gruppen, doch im nachfolgenden Prozeß gelang es nicht, diese Verbindung zu beweisen.[34]

10. Der Vernunftrepublikaner

Der Mord an Rathenau verschärfte noch die Auseinandersetzungen über die Erfüllungspolitik, den Kommunismus, Rapallo und den Antisemitismus in der deutschen Gesellschaft – und im Reichstag. Die Brutalität nahm zu. Innerhalb des nächsten Jahres kam es zu einem Attentat auf Scheidemann; Stresemann und andere wurden bedroht, und ein politischer Journalist wurde in Bayern ermordet. Den Mördern stand Geld zur Verfügung, das eindeutig nicht von ihnen selbst stammte. Fast jeder vermutete eine Verschwörung der Rechten, doch Indizien dafür tauchten nie auf. Einige Jahre später errichteten die Nazis ein Denkmal zu Ehren der von Helfferich aufgehetzten Attentäter.

Helfferich, dem man vorwarf, beide Morde provoziert zu haben, wurde noch am selben Nachmittag gezwungen, den Reichstag zu verlassen. Überall in Berlin kam es zu spontanen Massendemonstrationen, die von einem vierundzwanzigstündigen Streik begleitet wurden. Die Mark verfiel rapide, und es kam zu einer Hyperinflation, die sich – von wenigen kurzen Unterbrechungen abgesehen – die nächsten 18 Monate fortsetzte. Die Regierung Wirth und ihr Erfüllungsprogramm wurden praktisch unter dieser Lawine begraben. Die Konsequenzen waren vollständiger Vertrauensverlust in die politische Entwicklung und ein immer größerer Fatalismus. Kessler beschreibt den Nachmittag des 24. Juni in seinem Tagebuch:

> Helfferich ist der Mörder, der wirkliche, verantwortliche ... Um drei im Reichstag ... unten großer, verworrener Lärm und Aufruhr ... Dann stand Wirth am Regierungstisch auf, neben dem leeren, umflorten Stuhl von Rathenau, vor dem auf dem Tisch ein Strauß weißer Rosen lag ... Einmal erhob sich das halbe Haus und rief donnernd dreimal: »Es lebe die Republik!« ... Das allgemeine Gefühl ist, daß die Ermordung Rathenaus tiefer wirken und schwerere Folgen haben wird als die Ermordung Erzbergers ... Das Rachegefühl erhebt sich wieder so stark oder noch stärker wie nach der Ermordung des Erzherzogs Franz Ferdinand. Ein neuer Abschnitt der deutschen Geschichte beginnt mit dieser Mordtat oder sollte doch mit ihr beginnen.[35]

Zwei Tage später, am 26. Juni 1922, erließ Präsident Ebert entsprechend dem berühmten Diktatur-Artikel 48 der Verfassung eine Verordnung, die den Landesregierungen das Recht gab, nach eigenem Ermessen öffentliche Versammlungen zu verbieten. Darüber hinaus wurde mit dieser Instruktion ein besonderes Gericht in Leipzig eingerichtet, das mit dem Reichsgericht verbunden und das für Zuwiderhandlungen zuständig war. Bei dieser Gelegenheit hielt Kanzler Wirth eine flammende Rede zu Ehren seines Freundes und Kollegen Rathenau, in der er seinen tragischen Tod beklagte und auf die extremistischen Rechten deutete, die eine »Atmosphäre des Mordes, des Zornes, der Vergiftung« geschaffen hatten. Seine Botschaft war unmißverständlich: »Da steht der Feind, wo Mephisto sein Gift in die Wunde eines Volkes träufelt, da steht der Feind, und darüber ist kein Zweifel: dieser Feind steht rechts.«[36] Er konnte sich zu diesem Zeitpunkt nicht vorstellen, daß Artikel 48 eines nicht allzu fernen Tages dazu benutzt werden sollte, die Existenz der Republik zu unterminieren.

Stresemann war über den Mord und die verheerenden gesellschaftlichen Auswirkungen entsetzt. Obwohl er Rathenau eigentlich nicht gemocht hatte, prangerte er seine Ermordung an und beklagte den Ausbruch anitsemitischer Hetze, deren Ziel er selbst ebenfalls schon häufig gewesen war. Durch dieses Ereignis fühlte er sich persönlich und politisch ernstlich bedroht. Ohne das geringste Zögern eilte er der Regierung Wirth zu Hilfe und griff die Gewalt an, die jetzt die Nation bedrohte. In der am 2. Juli 1922 erschienenen Ausgabe der *Deutschen Stimmen* zollte er Rathenau feierlich Tribut und verurteilte die Umstände seines Todes.

Am 5. Juli legte das Kabinett Wirth einen Gesetzesentwurf vor, um die Notverordnung des Reichspräsidenten nach Artikel 48 in ein Gesetz »zum Schutz der Republik« umzuwandeln, das für die folgenden fünf Jahre gültig sein sollte. Dazu mußte die Verfassung geändert werden, was nur mit einer Zweidrittelmehrheit des Reichstags möglich war. Die nachfolgende Debatte machte die fundamentalen Meinungsverschiedenheiten hinsichtlich der Staatsform deut-

10. Der Vernunftrepublikaner

lich, mit der auch Stresemann und so viele seiner bürgerlichen Kollegen, die die Republik nach wie vor nur als Provisorium akzeptierten, ihre Schwierigkeiten gehabt hatten. Noch am selben Tag hielt Stresemann eine ausführliche Rede, in der er zusicherte, das Gesetz zu unterstützen, denn es sei eine entscheidende Maßnahme, den Staat, die Institutionen der Republik und sogar die Nationalflagge zu schützen:

> Wir anerkennen die Berechtigung und die Pflicht des Staates, Maßnahmen zum Schutz der Verfassung zu treffen, und wir anerkennen ebenso sein Recht und seine Pflicht, die verfassungsmäßigen Embleme gegen Verächtlichmachung zu schützen ... Die Person des Reichspräsidenten sollte über den Parteien stehen ... der als der oberste Repräsentant des Volkes geehrt wird.[37]

Er beschwor seine Zuhörer, den Streit über die Vergangenheit und die persönlichen Angriffe auf Mitglieder der Regierung zu beenden, denn diese seien mitverantwortlich für »die Not und das Elend, in dem sich das deutsche Volk befindet«, eine Situation, »die uns schließlich der Persönlichkeiten berauben wird, die allein in der Lage sind, uns mitzuhelfen, aus dem Elend herauszukommen«. Er schloß: »Gegenüber der Frage, Monarchie und Republik, ist doch entscheidend das Bewußtsein, ob man gewillt ist, an diesem Staat und mit diesem Staat mitzuarbeiten. Wir wissen, daß auf vorläufig unabsehbare Zeit der Wiederaufbau Deutschlands nur möglich ist auf dem Boden der heutigen republikanischen Verfassung.« Mit diesem Aufruf bestätigte Stresemann, daß er die Republik akzeptierte.

Nach einer ausführlichen Debatte und unter heftiger Opposition der extremen Rechten und Linken wurde das Gesetz am 18. Juli 1922 vom Reichstag erlassen. Damit jedoch eine Zweidrittelmehrheit zustande kommen konnte, wurde der Name des Gesetzes entsprechend Stresemanns Formulierung in »Schutz der verfassungsmäßigen republikanischen Staatsgewalt« geändert. In einer seltsamen Allianz stimmten die DNVP, ihr bayerisches Gegenstück und die KPD mit Nein. 23 Abgeordnete des rechten Flügels von Stresemanns eigener Partei, unter ihnen Quaatz und Vögler, pflichteten dieser Opposition bei, indem sie sich enthielten oder dagegen stimmten. Die bayrische Regierung erklärte das Gesetz für ungültig; zwar bekannte auch sie sich zur Verfassung des Staats, ersetzte das Gesetz jedoch durch eine eigene verwässerte Verordnung unter der Losung »Für demokratische Freiheiten gegen die Reichsregierung«. Ein erstes Anzeichen dessen, was in nächster Zukunft noch kommen sollte. Unglücklicherweise erwies sich das Gesetz zum Schutz der Republik als wirkungslos, als im Krisenjahr 1923 ein Bürgerkrieg auszubrechen drohte, so daß man auf die zuvor ratifizierte, fünf Jahre gültige Verordnung des Präsidenten nach Artikel 48 setzen mußte.

Am 9. Juli traf sich Stresemann mit den Abgeordneten der DVP, um deren Unterstützung für das Gesetz zu gewinnen; dabei argumentierte er wie so oft mit der unbedingten Notwendigkeit der nationalen Einheit und wies darauf hin, daß eine Ablehnung des Gesetzes zu Neuwahlen führen würde, von denen nur die SPD profitieren konnte. Seinen echauffierten Kollegen vom rechten Parteiflügel machte er klar, daß er die Monarchie nicht aufgegeben hatte; er hatte nur erkannt, daß eine Wiedereinsetzung der Monarchie gegenwärtig nicht zur Debatte stand und zu diesem Zeitpunkt offensichtlich reine Theorie war.[38]

Die Ermordung Rathenaus hatte Stresemann zufolge die Macht der Kommunisten und ihrer Verbündeten in der USPD gestärkt, so daß möglicherweise ein von den Sowjets herbeigeführter Aufstand drohte, »um der Demokratie einen Schlag zu versetzen, der sie praktisch zur Diktatur des Proletariats bringt ... Ich fürchte Schlimmes«.[39] In einem Brief beklagte er sich:

Die politische Arbeit erscheint mir oft als eine Sisyphusarbeit. Immer, wenn man den Stein so weit heraufgerollt hat, daß man an eine Beruhigung und Befriedung der allgemeinen Verhältnisse glauben kann, dann stürzt uns irgendein

10. Der Vernunftrepublikaner

Fanatiker in ein neues Unglück. Hätten wir seit langem die große Koalition, dann würde wenigstens die Linksentwicklung zu den Unabhängigen jetzt nicht als Damoklesschwert über uns schweben ... Ich hoffe, daß die Erkenntnis der Notwendigkeit einer selbständigen Politik unserer Partei, selbständig und entschieden auch gegenüber den Deutschnationalen, sich allmählich durchsetzen und uns feste und klare Richtlinien und Ziele geben wird.[40]

Sogar Hugo Stinnes nahm den Mord an Rathenau als Zäsur wahr und registrierte Stresemanns Gesinnungswandel: »Ich halte es für politisch unbedingt nötig, daß wir uns ohne Reservation auf den Standpunkt der Republik stellen. Die Rathenau-Mörder haben ... die Monarchie erschossen. Stresemann ... teilt diese Auffassung.«[41]

Stresemanns Haltung hatte sich langsam und schrittweise entwickelt: Er war vielleicht kein begeisterter Republikaner geworden, doch zweifellos akzeptierte und verteidigte er jetzt den verfassungsmäßigen Status quo zum Schutz der Nation. Aus Kesslers Notizen zu einem Treffen der »Mittwochsgesellschaft« am 28. Juni 1922, bei der Stresemann eine Gedenkrede zu Ehren Rathenaus hielt, wird Stresemanns Position sehr deutlich:

Stresemann hielt die Gedächtnisrede, sehr warm, trotz aller klar ausgesprochenen Kritik im einzelnen. Auffallend war der Nachdruck, mit dem Stresemann die Pflicht eines jeden betonte, dem *gegenwärtigen* Staat (also der Republik) seine Dienste zu leihen, nicht in einer »bequemen Opposition« zu verharren.[42]

Wolfgang Stresemann beschreibt das Engagement seines Vaters in seiner Biographie folgendermaßen: »Die Zustimmung zum Gesetz zum Schutz der Republik war daher für meinen Vater eine Selbstverständlichkeit. Übrigens auch für seine Partei, die diesmal willig mitging ... Bekennt man sich zu einer Verfassung, so muß sie auch bei Gefahr hinreichend geschützt werden.«[43] Und Stresemann selbst begründet seine neue Einstellung so: »Wir halten aber zur Zeit den Kampf um eine monarchische Staatsform für eine schwere Gefährdung der Reichseinheit, da wir diesen Kampf nicht brauchen können, solange der Feind im Lande steht und wirtschaftliche und soziale Erschütterungen uns derartig bedrücken wie gegenwärtig.«[44]

Im Januar 1923 überredete ihn ein Freund, an der Feier zum 75. Jahrestag des Parlaments der Paulskirche von 1848 teilzunehmen. Stresemann stimmte zu, obwohl sein früherer Gegenspieler Alfred Weber die Festrede hielt. Arnold Brecht, ein Kollege und langjähriger Freund, schreibt dazu in seinen Memoiren:

> Als er zögerte, weil er natürlich sofort sah, daß eine solche Feier die schwarz-rot-goldenen Farben in den Mittelpunkt bringen würde, erinnerten wir ihn daran, daß er als Student einst bei einer Feier für die Märzgefallenen des Jahres 1848 die schwarz-rot-goldene Fahne selbst vorangetragen habe... Er stimmte uns dann lachend und herzlich zu, offenbar selbst mitgerissen von dem Plan und besonders angetan von der historischen Unterstützung, die er ihm für seine Politik der aktiven Zusammenarbeit mit den Mehrheitsparteien versprach. Dort und damals wurde Stresemann für die Weimarer Republik innerlich gewonnen. Die letzten beiden Jahre mit ihrem Sturz der sozialdemokratischen Vorherrschaft einerseits und den Ministermorden und Diktaturgelüsten andererseits hatten ihn zum »Vernunftrepublikaner« gemacht... Der Stresemann der Wilhelminischen Expansionspolitik... lag lange schon im Sterben. Stresemann der zweite war geboren...[45]

In Stresemanns Tagebuch findet sich folgender Eintrag über diese Veranstaltung: »Denn ich bin der Meinung, daß die Nationalliberale Partei alle Veranlassung habe, im Volke das Gedächtnis der Männer, die einst in der Paulskirche wirkten, nicht verwischen zu lassen.«[46]

Schon lange zuvor hatte sein enger Kollege Wilhelm Kahl den Ausdruck »Vernunftrepublikaner« geprägt. Während

10. Der Vernunftrepublikaner 265

des Wahlkampfs im Frühjahr 1924 benutzte Stresemann dann selbst diesen Ausdruck in einem Artikel in der *Kölnischen Zeitung*.
Stresemanns Biographen haben viel über den Wandel des einstigen Monarchisten und Extremisten der Kriegszeit geschrieben.[47] Zweifellos sehnte er sich nach einer konstitutionellen Monarchie in einem nostalgischen Sinne, doch die stürmischen Jahre 1922 und 1923 haben ihn zu einem Realisten gemacht, der begriffen hate, daß der Erhalt des Staats vom Erhalt der Republik abhing.
Im Rückblick, als Stresemann Anerkennung als Friedensnobelpreisträger und Staatsmann von internationalem Rang gefunden hatte, meinte sein alter Freund Rochus Freiherr von Rheinbaben, »daß seine ganze politische Entwicklung eine gradlinige sei, während er doch gerade Wert darauf lege, aus den Ereignissen gelernt und daraus seine Folgerungen gezogen zu haben«.[48] Sein früherer Gegner Theodor Wolff schrieb im August 1923 in seinem *Berliner Tageblatt* anläßlich seiner Unterstützung von Stresemanns Kanzlerkandidatur, daß nur wenige deutsche Politiker aus vergangenen Ereignissen so viel gelernt hätten wie er.[49]
Wie stark Stresemann sich auch weiterhin der Familie der Hohenzollern emotional verbunden fühlte, wird besonders deutlich angesichts des Respekts und Wohlwollens, die er dem exilierten Kronprinzen entgegenbrachte, mit dem er über viele Jahre hinweg eine sporadische Korrespondenz unterhielt. Der Kronprinz drängte Stresemann, den nationalistischen Rechten mehr entgegenzukommen. Stresemann antwortete, daß eine solche Annäherung sich politisch nicht mit seinen eigenen Bemühungen vereinbaren ließe, die gemäßigten Linken für sich zu gewinnen und auf diese Weise die Kommunisten zu isolieren. 1925 schrieb Stresemann einen ausführlichen Brief, in dem er versuchte, sein Eintreten für den Locarno-Vertrag und den geplanten Beitritt Deutschlands zum Völkerbund dem Kronprinzen gegenüber zu rechtfertigen; er versicherte ihm, daß er sich für eine Revision des Versailler Vertrags, einen endgültigen Beschluß bei den Reparationslasten, die Wiedergewinnung Danzigs

und des polnischen Korridors und die »Korrektur« der oberschlesischen Grenze einsetze – und sogar für eine Wiedergewinnung von Elsaß-Lothringen. Und dann benutzte er einen Ausdruck, der ursprünglich von Metternich geprägt worden war: Wegen der schwachen deutschen Position müsse seine eigene Politik notwendigerweise darin bestehen, zu »finassieren«[50] (verhandeln). Aktuell bestand seine Verpflichtung in der Verteidigung der Republik und ihrer Verfassung, und das sollte bis zu seinem Tod im Jahr 1929 auch so bleiben.

Kapitel 11
Zuschauer beim Zusammenbruch

Nach den Ereignissen von Juni und Juli 1922 beschleunigte sich die Inflation, denn die Handelsbilanz geriet immer mehr aus dem Gleichgewicht und die Wirtschaftskrise verschärfte sich. Ende Juli hatte sich der Wert der Mark gegenüber dem Stand vom 24. Juni fast halbiert. Im ganzen Land machte sich Verbitterung breit, und es kam zu heftigen Kontroversen. Die Arbeiter suchten die Hilfe der Gewerkschaften, der ungeschützte Mittelstand und die Selbständigen standen kurz davor zu verarmen, und die Nationalisten und die Kommunisten drohten mit Diktatur. Die Reichsbank, die nicht gewillt war, sich von ihren schmalen Reserven an Gold und Devisen zu trennen, reagierte auf das Handels- und Finanzdefizit, indem sie »Wechsel« ausgab, die die Inflation weiter anheizten.[1]

In dieser Lage mußten Wirths Bemühungen, die Wirtschaft zu stabilisieren und die Ansprüche der Alliierten zu erfüllen, unweigerlich scheitern. Stresemann und die DVP wollten der Koalition zwar nicht beitreten, doch sie setzten ihre Politik der passiven Unterstützung fort. Gleichzeitig versammelte Stresemann die bürgerlichen Fraktionen im Reichstag (Zentrumspartei, DDP, DVP) in einer »Arbeitsgemeinschaft der Mitte«, die angesichts eines ähnlichen Bündnisses zwischen SPD und USPD und den Gewaltdrohungen von Rechtsextremisten der DNVP zusammenarbeiten und gemeinsam beraten sollten.

Anfang August berief Lloyd George in London eine weitere Konferenz ein, die sich mit der Forderung der Deutschen nach einem Zahlungsaufschub bei den Reparationen befassen sollte. Poincaré, der so gut wie alle deutschen Wirtschaftswerte als »produktive Pfänder« forderte, gab dem Unternehmen keine Chance. Lloyd George weigerte sich ebenfalls, auf diese Bedingung einzugehen, die Konferenz löste sich ergebnislos auf und der Wechselkurs der Mark schnellte um weitere 50 Prozent in die Höhe. Zum ersten, aber nicht zum letzten Mal drohte Bayern, sich von der Republik abzuspalten, und der Streit um die Zahlungen wurde an die handlungsunfähige Reparationskommission zurückverwiesen.

Von Stresemann unterstützt, verhandelte Stinnes erneut mit den Franzosen über private Kohlelieferungen, die auf die Reparationsleistungen angerechnet werden sollten, was im September tatsächlich zum sogenannten Stinnes-Lubersac-Abkommen führte. Angesichts der festgefahrenen Situation im Sommer 1922 begrüßten die Briten diesen Schritt zu einer Annäherung gegenüber den Franzosen als bedeutendes Ereignis – die Deutschen allerdings nicht. Breitscheid meinte, Stinnes habe sich dadurch ein Monopol gesichert, und Wirth, der sich bitter darüber beklagte, daß man ihn nicht zu Rate gezogen hatte, bekräftigte energisch sein Motto: »Erst Brot, dann Reparationen.«[2] In einem Interview in der *Saturday Evening Post* äußerte sich Stinnes unverblümt über die deutsche Situation:

> Die Leute glauben, daß ich für die Inflation bin, aber das stimmt nicht. Die Inflation ist nur eine Waffe, derer sich Deutschland gezwungenermaßen bedienen muß. Im Krieg mußten wir gegen die ganze Welt kämpfen. Im Frieden oder so genannten Frieden müssen wir dasselbe tun. Heute bekämpfen wir ... jede denkbare Beschränkung unseres Handels und unserer Wirtschaft. Beseitigen Sie diese Hindernisse, und Deutschland wird sofort normal werden.[3]

Die Deutschen wußten nicht, daß der amerikanische Außenminister Hughes im Sommer 1922 seine Behörde verspätet gebeten hatte, die Reparationssituation im Hinblick auf die Schuldenrückzahlungen der Alliierten und die allgemeine internationale Prosperität zu überprüfen. Das Ergebnis wurde im sogenannten Boyden-Memorandum vorgestellt. Es kam zum Schluß, daß die Reparationsansprüche die weltwirtschaftliche Erholung übermäßig belasteten und der Realität angepaßt werden mußten. Boyden und sein Komitee schlugen vor, daß eine Kommission aus deutschen, alliierten und neutralen Wirtschaftsexperten zusammengestellt werden sollte, um das Ausmaß der deutschen Zahlungsfähigkeit zu bestimmen; er gab ihr den Titel »Oberster Gerichtshof zur Beurteilung geschäftlicher Angelegenheiten«.[4]

Ermutigt von Botschafter Houghton und den Bitten der Deutschen, hielt Außenminister Hughes schließlich am 29. Dezember 1922 bei einem Treffen der American Historical Association in New Haven, Connecticut, eine Rede. Zum ersten Mal stellte er ein Engagement der USA im Reparationsdilemma in Aussicht und betonte, wie außerordentlich bedeutend für Amerika eine allgemeine wirtschaftliche Erholung Europas sei: »Wir können diese Probleme nicht als europäische Probleme abtun, denn sie sind Probleme der ganzen Welt ... Solange Deutschland sich nicht erholt, wird es keine wirtschaftliche Erholung in Europa geben.«[5] Er schlug vor, daß die Frage der Reparationen »aus der Politik herausgenommen« werden sollte, und er unterstützte Boydens Vorschlag, eine Expertenkommission zu bilden, die sich allein damit beschäftigen sollte. Am wichtigsten war, daß amerikanische Vertreter daran teilnehmen sollten. Dieser erste Auftakt wurde in Deutschland natürlich mit Begeisterung aufgenommen und fand in den USA überraschend positive Reaktionen. Er war das Samenkorn, aus dem schließlich der Dawes-Plan wuchs. Doch Poincarés Frankreich wollte nichts davon wissen, und so kam es, daß dieses Angebot mehr als ein Jahr lang auf Eis lag, denn England und Amerika wollten es zu keiner Konfrontation mit ihrem früheren Verbündeten kommen lassen. Doch zweifellos hatten sich die Amerikaner in Bewegung gesetzt.

Im September stimmte die USPD dafür, sich mit der Mehrheit der SPD wiederzuvereinen. Zwar liefen daraufhin radikale linke Abgeordnete der USPD zur Kommunistischen Partei über, doch die Position der Sozialdemokraten wurde dadurch nachhaltig gestärkt. Sie nutzten diese Gelegenheit, um Präsidentschaftswahlen zu fordern, die seit Juni 1920 aufgeschoben worden waren, denn sie waren sicher, daß Ebert für weitere sieben Jahre im Amt bestätigt werden würde. Stresemann und die »Arbeitsgemeinschaft der Mitte« besaßen keinen geeigneten Kandidaten; sie wußten, wie populär Ebert war, und wollten die Wahl unbedingt vermeiden. Deshalb brachten sie im Reichstag einen Antrag auf Verfassungsänderung ein, durch den die Amtszeit des Präsidenten um weitere drei Jahre verlängert werden sollte. Durch diesen Schachzug gelang es Stresemann im Oktober mit einer überwältigenden Mehrheit von 80 Prozent, daß die Amtszeit des Präsidenten bis zum 30. Juni 1925 dauern sollte. Ebert fühlte sich durch Stresemanns Initiative persönlich verletzt; dadurch nämlich hatte er keine Gelegenheit mehr, durch eine allgemeine Wahl, die, wie er glaubte, sicher zu seinen Gunsten ausgegangen wäre, sich im Amt bestätigen und für eine neue Periode wählen zu lassen. Stresemann gestand gegenüber einem Freund ein, daß dies ein Hindernis auf dem Weg zu einem guten Verhältnis mit dem Präsidenten blieb: »Bei Herrn Ebert ist noch heute Mißstimmung darüber vorhanden, daß seine Wiederwahl durch die Politik der Arbeitsgemeinschaft unter meiner Führung nicht zustande kam.«[6]

Mit Mühe und Not setzte die Regierung Wirth ihren Kurs bis in den Herbst fort. Einerseits sprach sie sich für die Erfüllung der alliierten Bedingungen aus, andererseits verweigerte sie jedoch die Reparationszahlungen und kritisierte sogar die begrenzten Kohlelieferungen, die Stinnes und Lubersac ausgehandelt hatten. Nichts änderte sich an dem Patt zwischen seinen schwindenden Anhängern und den Rechten, die immer dringlicher Maßnahmen zur Deflation verlangten, die ihnen zur Stabilisierung der Wirtschaft unumgänglich schienen. Stresemann, von Raumer und ihre gemäßigteren Kollegen erwiderten mit Nachdruck, der Zustand des Landes sei so prekär, daß es die Disziplin nicht aufbringen könne, die für sinnvolle Stabilisierungsmaßnahmen notwendig wäre. Die Möglichkeit einer Unterstützung durch Lloyd George,

11. Zuschauer beim Zusammenbruch

die zugesagt, aber bisher nicht verwirklicht worden war, zerschlug sich völlig, als es Ende Oktober zum Sturz seines Kabinetts kam. Sein Nachfolger war Bonar Law, ein gegenüber den Deutschen äußerst distanzierter Konservativer.

Im November befand sich die deutsche Gesellschaft kurz vor der Auflösung. Der Dollar stand bei einer astronomischen Höhe von 9000 Mark. Graf Kessler schrieb metaphorisch: »Wie die Fiebertemperatur eines Schwerkranken zeigt der Dollarstand täglich den Fortschritt unseres Verfalls an.«[7] Vor allem von den Kommunisten organisiert, verbreiteten sich die Unruhen landesweit; es kam zu Streiks, bewaffneten Auseinandersetzungen und Androhungen politischer Gewalt. Durch Konflikte an der polnischen Grenze nahm die Brisanz noch zu.

Ermutigt von Kanzler Wirth ergriff Stresemann eine letzte Initiative, seine Partei an der Regierung zu beteiligen, um ein Stabilisierungsprogramm in die Wege zu leiten und zu versuchen, die von der Reparationskommission geforderten Zahlungen zu leisten. Die SPD, deren Unterstützung notwendig gewesen wäre, lehnte sein Angebot umgehend ab. So kam es am 14. November zum Sturz der Regierung Wirth. Stresemann hoffte, daß Ebert ihn jetzt mit der Bildung einer neuen Regierung beauftragen würde, doch der mißtrauische Präsident wandte sich an einen anderen. Er entschied sich für Dr. Wilhelm Cuno, der als Nachfolger Ballins im Direktorium der HAPAG auf der politischen Bühne Berlins ein Außenseiter war. Resigniert gestand Stresemann seinem Sohn Wolfgang: »Die Sache scheint an mir vorüberzugehen.«

Cuno hatte ursprünglich die DVP unterstützt, sich jedoch während des Kapp-Putsches enttäuscht der DDP zugewandt. Im Gegensatz zu seinen Freunden aus der Industrie war er damals fast der einzige, der unmißverständlich für die Republik eintrat. In den folgenden Jahren verschaffte er sich als Direktor und geschickter Verhandlungspartner, der durch seine Erfahrungen bei der HAPAG weitreichende englische und amerikanische Verbindungen besaß, viel Respekt. Durch diese Qualitäten war Ebert auf ihn aufmerksam geworden, doch verstand Cuno kaum etwas von den politischen Verhältnissen. Während des Kriegs hatte Cuno zusammen mit Helfferich im Reichsschatzamt gearbeitet. Später war er Direktor des Reichsernährungsbüros geworden und nach Erzbergers Ermordung einer der Kandidaten für den Posten des Finanzministers. Stresemann hatte ihn als Wirtschaftsminister vorgesehen, wäre er aufgefordert worden, die Regierung zu bilden.[8]

Widerwillig bot Stresemann ihm seine Mitarbeit an, doch er bezweifelte, daß Cuno seinen Aufgaben gerecht werden könne und warnte die Kollegen: »Er macht mir viel Sorgen. Er ist nicht der starke Mann, als der er gilt. Wir dürfen uns daher mit seiner Person nicht zu sehr identifizieren.«[9] Geßler drückte sich weniger freundlich aus: »Cuno war ein Blender – objektiv, ganz bestimmt nicht subjektiv. Er erwies sich schließlich als der schwächste Kanzler, den die Republik hatte … Er war nicht geschaffen für das politische Geschäft, nicht hart genug.«[10] D'Abernon meinte gar: »Er ist kein Politiker – er taucht plötzlich wie Lohengrin mitten im politischen Betrieb auf.«[11] Graf Kessler, der in diesem Chor der Kritiker nicht zurückstand, schrieb: »Man scheint sich nämlich mit Cuno, der für unfähig gehalten wird, wie mit einem unabwendbaren Schicksal abgefunden zu haben«, und er zitierte Rathenaus abschätzige Bemerkung, »Cuno sei eine dicke Zigarre, man werde sie wegen ihrer schönen Bauchbinde doch einmal rauchen müssen«. Wohlweislich schloß Kessler mit den Worten, »man könne in diesem Augenblick kein Experiment riskieren«.[12] Das durfte man tatsächlich nicht.

Von Anfang an mußte sich Cuno mit politischen Schwierigkeiten auseinandersetzen, auf die er schlecht vorbereitet war. Zunächst versuchte er, die bisher nie zustandegekommene große Koalition aller Parteien von der SPD bis zur DVP zu bilden, indem er kompetente »unpolitische« Fachleute in sein Kabinett aufnehmen wollte. Beide Seiten lehnten diese Vorstellung unverzüglich ab. Die SPD wollte nicht mit der DVP zusammen regieren, und alle anderen Parteien verlangten, ebenfalls in der Regierung vertreten zu sein.

11. Zuschauer beim Zusammenbruch

Nach einer Woche enttäuschender Verhandlungen war Cuno gezwungen, eine Minderheitsregierung zu bilden, die sich nur zum Teil aus den »Fachministern« rekrutierte, die er vorgesehen hatte. Mit diesem schwachen Konstrukt mußte er sich schließlich den ungeduldigen Forderungen der Alliierten, den immer weiter divergierenden Einzelinteressen und der Gefahr einer Diktatur stellen.[13]

In einem Artikel in den *Deutschen Stimmen* vom 5. Dezember 1922 stellte Stresemann seine Besorgnis dar, indem er auf die Wahl Mussolinis, die Kundgebungen Hitlers in München und die Agitation der Kommunisten in Berlin verwies. Wieder verteidigte er die junge Republik und den frei gewählten Reichstag als einzig gangbaren Weg zur Rettung Deutschlands und lehnte jede Form einer Diktatur ab, ob nun von rechts oder von links.

Cuno trat am 21. November 1922 sein Amt an. Zu seinem Kabinett gehörten Johannes Becker und Heinze von der DVP, der zuverlässige Geßler als Reichswehrminister, sowie Groener, Hans Luther und der allgemein respektierte Gelehrte Frederic Hans von Rosenberg als Außenminister. Diese Gruppe war zwar hochqualifiziert, allein, es fehlten ihr ein einheitliches Ziel und die zuverlässige Unterstützung der SPD im Reichstag. Die DNVP und die KPD bildeten jeweils eine starke Opposition.

Cuno suchte, die Politik Wirths fortzusetzen. Er appellierte an England und Amerika, einer moderaten Vereinbarung über die Reparationen zuzustimmen, und bemühte sich wie Wirth um einen Zahlungsaufschub. Darüber hinaus unternahm er weitere Schritte, die Lage im Land durch eine Steigerung der wirtschaftlichen Produktivität, den wirksameren Einzug von Steuern und einen ausgeglichenen Haushalt zu stabilisieren. Um den Mittelstand zu beschwichtigen, verlangte er eine Kontrolle der Kartelle, und zu Gunsten der Arbeiter sprach er sich für eine Koppelung der Löhne an die Inflation aus. Nichts davon sollte ihm gelingen.

Stresemann stand hinter Cunos Kabinett und seinem Programm und drängte in einer Reichstagsrede auf restriktivere Stabilisierungsmaßnahmen und auf ein selbstbewußteres Auftreten gegenüber den Alliierten und betonte, daß Paris jetzt der Schlüssel sei. Stresemann faßte seine Ausführungen folgendermaßen zusammen:

> Es gibt meiner Meinung nach weder Ost- noch Westpolitik, auch keine francophile oder anglophile Politik, in die sich ein Deutscher einstellen könnte. Es gibt nur eine Politik, die der Wahrung der deutschen Interessen durch eine Einsetzung des einzigen, was uns geblieben ist, nämlich der deutschen Wirtschaftskraft in ihrer Beziehung zu den anderen Nationen, dem, was sie leisten kann, wenn als Gegenleistung dagegen politische Konzessionen für das deutsche Volk stehen.[14]

Rosenberg stellt in seinen Memoiren die Behauptung auf: »Stresemann war der erste deutsche Staatsmann seit Bismarck, der einen wirklichen, umfassenden Plan der Außenpolitik hatte.«[15] Vor allem war es die Wirtschaftspolitik, die Stresemann bis an sein Lebensende dazu verwenden wollte.

Unter dem Druck Frankreichs und gegen das Votum der britischen Delegierten kam die Reparationskommission am 26. Dezember 1922 zu dem Ergebnis, daß Deutschland zu wenig Kohle, Holz und Telegrafenmasten geliefert habe. Die Franzosen beriefen sich auf den Versailler Vertrag, der als Sanktionen zusätzliche Maßnahmen vorsah, sollten diese »notwendig« sein. Eilig einberufene Konferenzen in London und Paris folgten, bei denen die Briten bemüht waren, die Feststellung einer absichtlichen Verfehlung Deutschlands zurückzuweisen. Dies lehnten die Franzosen hingegen rundweg ab. Bereits in den Monaten zuvor hatten sie Pläne zur Ruhrbesetzung verfolgt.[16] So überquerten schließlich am 11. Januar 1923 französische und belgische Soldaten den Rhein, wodurch die schon länger drohende Ruhrkrise Realität wurde. Weil Bonar Law die Entente erhalten wollte, duldete er den Einmarsch, weigerte sich jedoch, daran teilzunehmen, denn er meinte, die Okkupation habe gravierende, ja katastrophale Auswirkungen auf ganz Europa. Wie nicht anders zu erwarten, reagierte Deutschland heftigst. Vor dem Hintergrund des französischen Einmarsches fand die Nation zu einer Einheit zurück. Und anders als 1914 überbrückte jetzt diese gemeinsame Front die scheinbar unvereinbaren Gegensätze zwischen Rechts und Links.

Am 13. Januar 1923 stimmte der Reichstag einer Politik des »passiven Widerstands« zu, der in der Bevölkerung der Ruhr bereits spontan praktiziert worden war. Die Deutschen sollten sich gewaltfrei allen Maßnahmen widersetzen, mit denen die Franzosen versuchten, die Industrieproduktion zu kontrollieren und das besetzte Gebiet zu regieren. Sämtliche Reparationsleistungen, zuvorderst die Lieferung von Kohle und Koks, wurden eingestellt. Beschäftigten im öffentlichen Dienst und Bahnbeamten wurde untersagt, von den Besatzern Anordnungen entgegenzunehmen. Der Bahnbetrieb wurde größtenteils ausgesetzt, wodurch keine Kohle mehr transportiert werden konnte; Kohleberge türmten sich in der Folge vor den Bergwerken. Das Kohlesyndikat, das für den Betrieb der Bergwerke zuständig war, verlegte seinen Sitz nach Hamburg und nahm alle Unterlagen mit. Schließlich übernahmen die Franzosen den Bahnbetrieb und organisierten ihn neu, wodurch es möglich wurde, die Transporte nach Frankreich teilweise wiederaufzunehmen. Es standen jedoch keine Mittel zur Verfügung, um die Löhne der Arbeiter zu bezahlen, so daß die Staatskasse des Reichs dafür aufkommen mußte. Im August 1923 waren die Franzosen gezwungen, selbst einige Bergwerke zu übernehmen und zu betreiben; im Oktober waren es fast alle. Unter diesen Umständen wurde jedoch maximal die Hälfte der von der Reparationskommission vorgesehenen Kohlelieferungen erzielt.

Die Franzosen reagierten auf den passiven Widerstand mit der Verhängung des Kriegsrechts, Festnahmen von Minenbetreibern, Konfiszierungen und der Entlassung von Beschäftigten des öffentlichen Dienstes, die sich ihnen widersetzten. Sie errichteten eine Zollgrenze, die das besetzte Gebiet vom Rest Deutschlands trennte, wodurch der Handel hier völlig zum Erliegen kam. Eine Pattsituation entstand.

Stresemann meinte, daß es keine Alternative zum Widerstand gab. Am 13. Januar wandte er sich im Namen aller bürgerlichen Parteien an den Reichstag, bot Cuno und dessen Regierung seine volle Unterstützung an und verurteilte die französische Invasion als »einen brutalen Versuch der Ausführung lang gehegter französischer Ziele. Frankreich will das Rheinland von Deutschland losreißen und die Wirtschaft des Ruhrgebietes rauben ... Keine Bedrohung gibt Frankreich einen Entschuldigungsgrund für diesen Überfall und diesen Raubzug im deutschen Land.«[17]

In einem Artikel, der kurz darauf in den *Deutschen Stimmen* erschien, resümierte Stresemann: »Es kommt auf eine Nervenprobe an. Letzten Endes handelt es sich darum, wer zuerst stürzt, Poincaré oder Cuno ... Das Regierungsschiff muß hindurchfahren zwischen der Scylla des Faschismus und der Charybdis des Kommunismus. Beider Gewalt in den Volksversammlungen beruht darauf.« Stresemann war sowohl über Hitlers antisemitische Nazi-Bewegung als auch über die sowjetische Komintern in Deutschland besorgt. Welche Gefahr er mehr fürchtete, ist schwer zu sagen.

Im Februar 1923 fuhr Stesemann an die Ruhr, um die Zustände im besetzten Gebiet mit eigenen Augen zu sehen, und nach einem Rede-Auftritt in Dortmund konnte er nur mit Hilfe eines falschen Passes nach Berlin zurückkehren. Während dieser Krise entwickelte Stresemann sich zum führenden Repräsentanten der Parteien der bürgerlichen Mitte und sprach häufig mit den Botschaftern D'Abernon und Houghton. Er griff Frankreich scharf an, doch als es auch nach Monaten keine Anzeichen auf Besserung gab, begann er Cunos hartnäckige Weigerung, mit den Franzosen ohne die vorherige Räumung des Ruhrgebiets zu verhandeln, in Frage zu stellen.

Im April begann Stresemann, nachdrücklich eine Wiederaufnahme der internationalen Reparationsverhandlungen zu fordern. In einer Rede vor dem Reichstag erklärte er, die »heroische« Periode des passiven Widerstandes sei vorüber; mittlerweile drohe der durch die Inflation verschärfte Klassenantagonismus die Nation zu zerreißen. Und widerstrebend mußte er zugeben, daß es keine andere Möglichkeit gab, als sich mit Frankreich zu einigen. Sogar Stinnes, dessen Ruhrbesitz jetzt bedroht war, war der Ansicht, daß die Zeit für den Gegner arbeite und Cuno den tragischen Fehler beging, den passiven Widerstand als Selbstzweck zu betrachten.[18]

Am 2. Mai erklärte sich Cuno schließlich den Franzosen gegenüber zu Reparationszahlungen in einer Gesamthöhe von 30 Milliarden Goldmark bereit; damit griff er auf einen früheren Vorschlag zurück. Ohne zu zögern, wies Poincaré dieses Angebot zurück. Die sofortige Ablehnung und Cunos Weigerung, nachzuverhandeln, führten beinahe zum Zusammenbruch seiner Regierung. Stresemann wurde gebeten, ein neues Kabinett zu bilden. Er war durchaus nicht gewillt, Cuno fallenzulassen und sich für eine seiner Meinung nach hoffnungslose Sache einzusetzen, doch er ließ die Tür einen Spalt weit offen. So schrieb er am 14. Mai in einem Brief an den Prinzen zu Isenburg: »Falls tatsächlich eine Regierungskrise eintreten sollte und meine Persönlichkeit für die Bildung eines neuen Kabinetts in Betracht gezogen würde, stehe ich vor sehr schweren Entscheidungen.«[19]

In den Sommermonaten kam die deutsche Wirtschaft fast vollständig zum Erliegen. Die Industrie arbeitete größtenteils auf Tauschbasis und im allgemeinen unabhängig von der Papiermark, die immer weniger wert war.

Ende Juli schloß sich der britische Außenminister Lord Curzon angesichts der verzweifelten Situation dem Vorschlag der Amerikaner an, die Fähigkeit Deutschlands, den Reparationsforderungen nachzukommen, von einem unabhängigen Sachverständigengremium prüfen zu lassen. Seine Demarche wurde von den Franzosen jedoch abgelehnt, die sich kategorisch weigerten, an irgendwelchen Diskussionen teilzunehmen, solange die Deutschen ihren passiven Widerstand nicht bedingungslos aufgegeben hatten. Trotz der Bedenken der SPD und einiger seiner gemäßigteren Berater wies Cuno diese Forderung aufs schärfste zurück. In einem Brief an seinen Freund von Raumer vom 23. Juli meinte Stresemann, er sei nicht der einzige, der denke, daß Cuno und sein Kabinett eine bankrotte Innenpolitik verfolgten. Er habe erlebt, daß sowohl Kapitalisten als auch Sozialisten seine Enttäuschung teilten.[20]

Der sozialdemokratische Wirtschaftsfachmann Hilferding vertrat bei einem Treffen von Wirtschafts- und Finanzexperten im Juli eine ähnliche Auffassung wie Stresemann, als er meinte, Deutschland habe überhaupt keine Regierung, sondern eine politische Vereinigung, die nur debattiere. Es gäbe keine wirkliche Führung, keine Einigkeit, keine Beziehung zwischen dem Kabinett und der Reichsbank. Und das, so Hilferding, sei der Grund für alle Übel.[21]

Etwa zur gleichen Zeit war ein britischer Handelsattaché im besetzten Ruhrgebiet unterwegs und beobachtete eine schreckliche industrielle Stagnation: Die Kanäle und die Häfen waren blockiert, Post und Telegrafie funktionierten nicht mehr, es fuhren keine Züge, die Kohleproduktion betrug nur noch ein Bruchteil der früheren Höhe, die Versorgung mit Benzin und Nahrungsmitteln funktionierte nur unregelmäßig. Der britische Vizekonsul äußerte sich in seinem Bericht schockiert darüber, daß seine Regierung nicht eingegriffen hatte.[22]

Stresemann beschwor Cuno aus Angst vor einer Radikalisierung in der Bevölkerung erneut, mit seinem Kabinett, das in den neun Monaten seiner Amtszeit keine greifbaren innen- und außenpolitischen Ergebnisse vorweisen konnte, eine dezidierte Führungsrolle zu übernehmen.[23] Nach zahlreichen öffentlichen Angriffen, die beinahe aus dem gesamten politischen Spektrum kamen, raffte sich Cuno tatsächlich zu einem letzten Vorstoß auf. Er schlug vor, der Reichstag solle ein umfassendes Stabilisierungsprogramm erlassen, das deutliche Steuererhöhungen, eine »Goldanleihe«, eine weitere Koppelung der Löhne an die Inflation und eine drastische Einschränkung der öffentlichen Ausgaben umfassen sollte – und eine Subvention, um Unruhen wegen einer möglichen Lebensmittelknappheit zuvorzukommen. Das Parlament, das einen Bürgerkrieg befürchtete, sollte Cuno zurücktreten, stimmte widerwillig zu.

In einer Reichstagsrede vom 9. August 1923 warnte Stre-

11. Zuschauer beim Zusammenbruch

semann eindringlich vor Revolution und Diktatur und forderte die Nation auf, die Verfassung gemeinsam zu verteidigen. Zwischen November 1918 und August 1919, so Stresemann, hätten die Deutschen bereits einen entscheidenden Kampf ausgefochten, der so leicht vergessen werde: Damals war es um die Wahl zwischen einer Diktatur des Proletariats und der Rückkehr zu einer verfassungsmäßigen Regierung gegangen. Durch den Sieg der Idee der Verfassung wurde die Basis für eine mögliche Konsolidierung der Lage in Deutschland geschaffen. Ohne die politischen Morde und die Verschwörungen wäre die Republik auf diesem Weg der politischen Konsolidierung längst weiter vorangeschritten. Wer heute den existierenden Staat angreife, werfe die Deutschen zurück in eine Situation, in der es noch kein verfassungsmäßiges Fundament gegeben hatte.[25]

Am Ende der Debatte vom 10. August brachte der Vorsitzende der KPD-Fraktion, Wilhelm Koenen, einen Mißtrauensantrag ein, der die allgemein verbreitete, unterschwellige Unzufriedenheit des Reichstags mit der Regierung Cuno schlagartig deutlich machte. Drei Tage heftiger innerparteilicher Auseinandersetzungen folgten. Die Gefahr bestand, daß die SPD der Regierung ihre Unterstützung entzog und die Zentrumspartei sich aus dem stark angefeindeten Kabinett zurückzog. In diesem kritischen Augenblick erwirkte Stresemann die wenn auch widerstrebende Zusage der DVP-Fraktion, weiterhin loyal zu Cuno und seinem Kabinett zu stehen: »Ein Führer muß selbst wissen, ob er sich die Courage zutrauen darf; sie kann ihm nicht von außen zugeführt werden.« Er schlug den Abgeordneten der DVP vor, daß die Partei bei einem möglichen Sturz der Regierung die Bildung einer großen Koalition unter Beteiligung der SPD unterstützen solle. Die DVP sollte im Bündnis die Führung übernehmen.[26]

Am 11. August erhielt Deutschland die deprimierende Nachricht, daß es den Briten weder gelungen war, die Franzosen zu einem Zahlungsaufschub zu bewegen, noch dazu, Curzons Initiative in der Reparationsfrage zu unterstützen. Zwar verurteilte London die Ruhrbesetzung auch weiterhin als illegal, doch es bestand kaum Hoffnung auf konkrete britische Hilfe. Cuno erkannte die Perspektivlosigkeit seiner Politik und trat am Morgen des 12. August zurück. »So ging er, wie er gekommen war, kühl, vornehm, unnahbar, abwehrend, im Grunde schon ein Sohn der Vergangenheit... [Und] der passive Widerstand war am Zusammenbruch der Währung gescheitert.«[27] Für Stresemann war die Chance gekommen – ähnlich Churchill 1940. Als eine bedrängte Nation nach Führung rief, war Stresemann zur Stelle.

Kapitel 12
Reichskanzler Stresemann

Am Abend des 12. August 1923, einem Sonntag, verließ Wilhelm Cuno die Reichskanzlei. Geßler beschreibt seine Niedergeschlagenheit:

> Einige Tage vorher kam er zu mir in die Bendlerstraße und sagte: »Lassen Sie mich hier ein paar Stunden still sitzen, ich habe das Gefühl, über mir stürzte das Haus ein.« Er, wie übrigens sein Vorgänger Dr. Wirth, war beim Abgang völlig zermürbt.[1]

In seinen letzten Tagen als Kanzler war es Cuno dennoch geglückt, einige längst überfällige Finanzgesetze durchzubringen, die Steuererhöhungen, Devisenkontrollen und eine inländische Goldanleihe betrafen. Dies genügte jedoch nicht, um die verlorene Unterstützung der SPD und der Zentrumspartei wiederzugewinnen. Die desolate Lage einte beide Parteien; sie drängten Ebert, Stresemann anzubieten, die große Koalition zu führen, für die er so lange eingetreten war. Stresemanns dynamische Führung der »Arbeitsgemeinschaft der Mitte« und seine nunmehr uneingeschränkte Verteidigung der Republik, die jetzt vor allem von einem Staatsstreich von rechts bedroht war, hatten die linke Opposition gegen ihn und die DVP überwunden. Ebert unterdrückte seine Abneigung gegenüber Stresemann und folgte ihrer Bitte, in der Hoffnung auf Stabilisierung.

Stresemann erholte sich Anfang August in einem Sanatorium in Bad Homburg. Er hatte Cuno bis zum Schluß unterstützt – aus Sorge über einen politischen Kollaps. An seinen Freund Leidig schrieb er, »das Ganze klang in einem Schrei nach dem Diktator aus«.² Wenige Tage zuvor hatte er Walther Jänicke geschrieben und auf das Problem der »alten deutschen Zerrissenheit, der Parteienzersplitterung und des Parteienstreits« hingewiesen. »Jeder denkt nur an das Nächstliegende, und wenige an die Zukunft, die noch wirklich grau in grau vor uns liegt. Cuno selbst hängt nicht nur nicht an seinem Posten, sondern sucht jede Gelegenheit, das Reichskanzleramt niederlegen zu können.«

Wer auch immer sein Nachfolger werden würde, mußte die Unterstützung der Sozialdemokraten gewinnen; am besten wäre es, sie beteiligten sich an einer großen Koalition, die alle Parteien von der SPD bis zur DVP umfassen sollte.³ Doch selbst in diesem Fall hatte Stresemann Bedenken, über die er in der letzten Ausgabe der *Deutschen Stimmen* schrieb, die unter seiner Leitung erschien:

»Gegenwärtig liegen die Verhältnisse so, daß es wirklich kaum jemanden in irgendeiner Partei geben wird, der ein Interesse daran hätte, das Amt eines Kanzlers oder eines Ministers zu erstreben.«[4]

Am Abend des 12. August, nur wenige Stunden nach der Abdankung Cunos, rief Ebert Stresemann ins Palais des Reichspräsidenten und bat ihn, ein neues Kabinett zu bilden. Mit diesem aus der Not geborenen Akt überwand Ebert vorerst sein Mißtrauen gegenüber Stresemanns Opportunismus und den monarchistischen Neigungen, die er nach wie vor bei ihm vermutete. Da er sich der Unterstützung der SPD, der Zentrumspartei, der DDP und der meisten Mitglieder seiner eigenen Partei sicher war, nahm Stresemann die Herausforderung an. Die Ermutigung seines Parteikollegen Stinnes fiel jedoch bescheiden aus: »Versuchen Sie zu retten, was noch zu retten ist«, mahnte er und fügte noch hinzu, man könne es »in der Tat als politischen Selbstmord bezeichnen«.[5]

Es ist durchaus wahrscheinlich, daß zu diesem Zeitpunkt kein anderer wichtiger Politiker darauf vorbereitet war, die zerrissene Nation zu führen. Als Stresemann gegen Mitternacht zu seiner besorgten Frau nach Hause zurückkehrte, war die Antwort klar. Durch seinen anscheinend unerschütterlichen Optimismus und sein Selbstvertrauen wurde dieser Tag für ihn zu einem schicksalhaften Datum. Am 13. August gab er gegenüber der Presse eine kurze Erklärung ab, in der er seine Haltung knapp zusammenfaßte: »Es gilt jetzt nicht, über die Vergangenheit zu reden. Wir wollen den Blick vorwärts richten und sofort an die Arbeit gehen.«[6]

Innerhalb von 24 Stunden stellte Stresemann ein Kabinett zusammen, das zur ersten großen Koalition in der Geschichte der Republik wurde. Damit waren der Traum Naumanns und das Ideal einer Front von Bebel bis Bassermann Wirklichkeit geworden, denn wenigstens für den Augenblick war die politische Einheit des Bürgertums und der Sozialdemokratie erreicht, was zuvor in Friedenszeiten noch nie gelungen war. Die Kabinettsbildung erfolgte rascher als jemals zuvor. Wichtiger waren jedoch Stresemanns lange Erfahrung im Reichstag und die persönlichen Beziehungen, die er trotz seiner oft unverblümten Rhetorik zwischen den ständig zerstrittenen Fraktionen geschaffen hatte. Im Gegensatz zu Cuno wählte er führende Mitglieder verschiedener Reichstagsfraktionen, mit denen er glaubte, am effizientesten zusammenarbeiten zu können. Von der SPD lud er ins Kabinett:

Robert Schmidt, Vizekanzler und Wiederaufbauminister. Schmidt war ein erfahrener Parteiführer. Er genoß das Vertrauen der Gewerkschaften und hatte nach dem Krieg mehreren Regierungen angehört. Luther charakterisierte ihn später als »kreuzbraven Mann«, und für Geßler war er »ein menschlich anspruchsloser und wohltuend schweigsamer, streng sachlicher Mann, kein Dogmatiker«.[7]

Gustav Radbruch, Reichsjustizminister. Radbruch gehörte zu den nachdenklicheren und angeseheneren Mitgliedern des Reichstags. Eine Zeitlang war er der einzige Jurist in der SPD-Fraktion. Während der schwierigen Tage nach Rathenaus Ermordung war er Justizminister und einer der führenden Befürworter des sogenannten Gesetzes zum Schutz der Republik gewesen; damals hatte er sich gegen heftige persönliche Angriffe der extremen Rechten behauptet. Zwischen ihm und Stresemann, den er zuvor nur mit annexionistischen

Visionen und dem Kapp-Putsch in Verbindung gebracht hatte, entwickelte sich in kurzer Zeit ein Vertrauensverhältnis; sie wurden sogar Freunde. Jetzt zählte er darauf, daß Stresemann die Republik erhalten würde.[8]

Wilhelm Sollmann, Innenminister. Sollmann war Führer der rheinischen SPD und Herausgeber der *Rheinischen Zeitung*, hatte jedoch keine Erfahrung als Minister. Er war ein eloquenter, überzeugter Parlamentarier, ein unbedingter Gegner der französichen Okkupation und, wie Luther später in seinen Memoiren schrieb, »ein kluger Kopf, aber mit einem Zug von Fanatismus«.[9] Eigentlich wollte er dem Kabinett gar nicht beitreten; er übernahm das Amt jedoch auf Drängen von Präsident Ebert, dem es wichtig war, daß das Innenministerium von einem zuverlässigen Sozialdemokraten geführt wurde, der den Franzosen resolut gegenübertrat. Obwohl er sein Mißtrauen gegenüber Stresemann nie ganz ablegen konnte, erwies er sich als einer der zuverlässigsten Männer in der Regierung, der seinen Kanzler im allgemeinen unterstützte; er galt als Architekt des »Ermächtigungsgesetzes«, das während der gefährlichen Tage Anfang Oktober verabschiedet werden sollte.[10]

Rudolf Hilferding, Finanzminister. Der vierte und umstrittenste SPD-Minister Stresemanns hatte an der Universtiät Wien in Medizin promoviert, bevor er in Politik und Finanzwesen Karriere machte. Erst 1907, im Alter von 30 Jahren, wurde er als leitender politischer Redakteur des *Vorwärts* zum SPD-Aktivisten; später war er Herausgeber der *Freiheit*, der in Leipzig erscheinenden Tageszeitung des linken Flügels der SPD. Er war einer der wenigen, die sich 1914 gegen Kriegskredite wandten. Als überzeugter Antikommunist spielte er eine entscheidende Rolle bei der Wiedervereinigung des rechten Flügels der USPD mit der SPD im Jahr 1922. Nach und nach war er zum prominentesten Finanzexperten seiner Partei geworden. Sein wichtigstes Werk ist die marxistische Abhandlung *Das Finanzkapital* (1910). »Maßvoll in seiner Haltung« war er tatsächlich »die umstrittenste Figur« im Kabinett und ein entschiedener Gegner Helfferichs und des rechten Flügels der DNVP. Radbruch und viele andere kritisierten seine Währungspolitik als bei weitem zu theoretisch, und sein Parteikollege Otto Braun schloß sich in seinen Memoiren dieser Kritik an und meinte, Hilferding sei zum Berater besser geeignet als zum Minister: »Er kommt ja über Erwägungen nicht hinaus, inzwischen gehen wir unter.«[11] Trotz persönlicher Bedenken entschied sich Stresemann für ihn, denn von Raumer sprach sich nachdrücklich für Hilferding aus; darüber hinaus wollte Stresemann ein glaubwürdiges Gegengewicht zu Helfferich in seinem Kabinett haben. Ausgerechnet auf dem Höhepunkt der Finanzkrise von 1923 zeigte sich jedoch Hilferdings Unfähigkeit.

Daß Stresemann in der Lage war, nach so vielen Jahren der Ablehnung die Sozialdemokraten als Koalitionäre zu gewinnen, ist ein Zeichen für die engen Verbindungen, die sein Freund von Raumer aufgebaut hatte. Ebenso wichtig war, daß immer größere Kreise der SPD Stresemanns politische Entwicklung seit den schrecklichen Tagen des Kapp-Putsches respektierten. Auf dem SPD-Parteitag in Görlitz 1921 sagte Eduard Bernstein:

Die Deutsche Volkspartei hat eine soziale Macht, sie ist eigentlich die Partei der deutschen Finanz, der deutschen Großindustrie und der Intelligenz in Deutschland. Wir müssen versuchen, diese Partei vor den Wagen der Republik zu spannen.[12]

Über einige Enttäuschungen hinweg hatte Stresemann sich zu guter Letzt durchgesetzt. Das war eine bemerkenswerte Leistung; ohne die feste Unterstützung gemäßigter Männer der SPD wie Otto Braun, Carl Severing und Gustav Radbruch wäre sie allerdings unerreichbar geblieben.

Abgesehen von den Einwänden seiner eigenen Partei, hatte Stresemann keine Probleme, für das Gleichgewicht in seinem Kabinett zu sorgen. Der Zentrumspolitiker Heinrich Braun wurde erneut Arbeitsminister; ruhig und loyal hatte er seit Mai 1921 auf diesem Posten gewirkt. Als der möglicherweise einflußreichste Weimarer Staatsmann in sozialen

Fragen sollte er bis 1928 auch allen weiteren Kabinetten angehören. Johannes Fuchs, der frühere Oberpräsident im Rheinland, übernahm den neu geschaffenen Posten des Ministers für die besetzten Gebiete. Aufgrund seiner geringen Erfahrung war er zwar für diese komplexe Aufgabe kaum geeignet, doch zusammen mit seinen rheinländischen Kollegen Braun, Sollmann und Luther sorgte er für die notwendige politische Vertretung dieses Sachgebiets. Stresemann entschied sich für Anton Höfle als Reichspostminister. Höfle war ein gläubiger Katholik und Vorsteher des Gesamtverbands der deutschen Staatsbeamten; er sorgte im Kabinett für eine enge Verbindung zum kämpferischen Mittelstand, dem sich Stresemann zu Beginn seiner Karriere vor allem gewidmet hatte.

Die DDP war durch Rudolf Oeser als Reichsverkehrsminister vertreten. Oeser, langjähriger Verleger der *Frankfurter Zeitung* und Innenminister in der Regierung Cuno, stand im Schatten seines Kollegen Geßler, der als Reichswehrminister dem neuen Kabinett angehörte; als Nachfolger Noskes nach dem Kapp-Putsch hatte er dieses Amt bereits seit Juni 1920 inne. Zwar rühmte Ebert Geßler als Bollwerk gegen die wachsende soziale Instabilität, doch das war zugleich der Grund, warum ihm viele in der SPD mißtrauten, was besonders auf Parteimitglieder in den linksgerichteten Ländern Sachsen und Thüringen zutraf. Tatsächlich wurde Geßler von ihnen erst akzeptiert, als Stresemann zustimmte, Fuchs zum Minister für die besetzten Gebiete zu machen. Geßlers Verhältnis zu Stresemann war sachlich und nur gelegentlich angespannt. Er wurde im übrigen als möglicherweise einziges Kabinettsmitglied geschätzt, das mit den Ambitionen General von Seeckts zu Rande kam.

Die auffälligste Entscheidung bei der Kabinettsbildung war die Berufung von Hans Luther zum Reichsernährungsminister; diesen Posten hatte Luther schon in der Regierung Cuno innegehabt. Luther war gebürtiger Berliner und Jurist. Am Anfang der französischen Besatzung war er unnachgiebiger Bürgermeister von Essen gewesen. Luther war die vielleicht eindrucksvollste Persönlichkeit des ganzen Kabinetts,

12. Reichskanzler Stresemann

und seine Beharrlichkeit verschaffte ihm schnell den Respekt seiner Kollegen, obgleich er keiner Partei angehörte. In Stresemanns zweitem Kabinett, das Anfang Oktober 1923 gebildet wurde, sollte er den schwachen Hilferding als Finanzminister ersetzen. Obwohl Luther der DVP am nächsten stand, trat er nicht in die Partei ein, und er war keineswegs ein Vertrauter Stresemanns. Durch seine außerordentliche Energie und die Klarheit seines Urteils erwarb er sich jedoch die Anerkennung des Kanzlers.

Wichtig war nicht zuletzt die Ernennung von Hans von Raumer zum Wirtschaftsminister. Wie bereits erwähnt, war er der führende Verbandspolitiker in der elektrotechnischen Industrie und hatte Stresemann in der zerstrittenen DVP konsequent Rückendeckung gegeben. Beharrlich setzte er sich für eine große Koalition mit den Sozialdemokraten ein, denn darin sah er die einzige Möglichkeit, das Land zu einen und ihm Richtung zu geben. Unter seinen Freunden aus der Industrie war er fast der einzige, der die »Zentrale Arbeitsgemeinschaft« unterstützte, die sich für ein stabiles Verhältnis zu den Arbeitern, die Anerkennung der Gewerkschaften und Kompromisse bei den Steuern einsetzte. Zwar stand von Raumer außerhalb der politischen Hauptströmung der DVP, doch wegen seiner Integrität und seines finanzpolitischen Scharfsinns wurde er allgemein geschätzt.

Stresemann hatte ihn dazu bestimmt, die DVP in Spa, in Genua und bei vielen der nachfolgenden Verhandlungen der Reparationskommission zu vertreten. Man kann wohl kaum behaupten, daß Stresemann und von Raumer eng befreundet gewesen wären – dafür war dieser zu aristokratisch und zu »bissig« –, doch beide teilten gemeinsame ideologische Positionen, und ihre Verbindung war durch gegenseitige Achtung gekennzeichnet. Trotz seines Verständnisses für die Arbeiter sollte von Raumer schon bald von den Sozialdemokraten angegriffen werden, da er sich für Maßnahmen zur Steigerung der Arbeitsproduktivität einsetzte – womit die Abschaffung des Achtstundentags gemeint war. Angewidert verließ er im Oktober das Kabinett, wobei er sich beklagte, Stresemann habe zu wenig unternommen, um ihn zu verteidigen. Von da an war ihr Verhältnis nie wieder so wie früher.[13]

Stresemann nahm keine zusätzlichen Mitglieder der DVP in sein Kabinett auf. Für sich selbst beanspruchte er den Posten des Außenministers, nach dem er – trotz fehlender außenpolitischer Erfahrung – schon so viele Jahre gestrebt hatte. Zunächst hatte er darüber nachgedacht, für dieses Amt Botschafter Wiedfeldt aus Washington zurückzuholen, doch wegen dessen extremer Rechtstendenzen und wohl auch aufgrund seiner eigenen Ambitionen verwarf er diese Überlegungen. Daß er in so einer kritischen Zeit beide Ämter übernahm, sollte Stresemann sowohl zeitlich als auch gesundheitlich außerordentlich belasten.

Stresemann war nur für die kurze Spanne von 101 Tagen Kanzler; Außenminister blieb er jedoch ohne Unterbrechung bis zu seinem Tod im Jahr 1929. In der ersten Phase verließ er sich außenpolitisch größtenteils auf seinen eher unzuverlässigen Staatssekretär von Maltzan und danach auf seinen verläßlicheren Kollegen von Schubert; gleichwohl blieb Stresemanns Arbeitsbelastung enorm. Das langsame Tempo, mit dem die Reformen des Außenministeriums vorankamen, trug überdies nicht zur Verringerung dieser Last bei; noch immer befanden sich die meisten leitenden Positionen dieses Amts in den Händen von aristokratischen Karrierediplomaten. Nur wenige dieser Herren verstanden die treibenden ökonomischen Kräfte, und die konservative Kultur, der sie entstammten, förderte kaum Neugierde und Eigeninitiative.[14] Dieses Corps von Berufsdiplomaten akzeptierte Stresemann bloß mit größtem Widerwillen, und nur weil er in der Lage war, dieses konservative Instrument nach seinen eigenen Vorstellungen zu formen, gelangen ihm Jahre später seine aufsehenerregenden diplomatischen Siege.

Zum Staatssekretär in der Reichskanzlei machte Stresemann seinen alten Freund, den früheren Diplomaten Werner von Rheinbaben, der trotz seiner Loyalität und seines bedingungslosen Einsatzes durch rechtsextreme Sympathien belastet war. Bald darauf wurde er durch den flexibleren Adolf Kempkes ersetzt.

12. Reichskanzler Stresemann

Ministerialdirektor Wilhelm Kalle war für die Beziehungen zur Presse verantwortlich. Er unterstützte seinen Kanzler, der als Journalist und Parlamentarier allerdings kaum Hilfe in Fragen der Öffentlichkeitsarbeit brauchte, auf bewundernswerte Art.

Zu seinem Legationssekretär ernannte Stresemann seinen alten Freund Henry Bernhard. Sie kannten sich noch aus den Tagen des sächsischen Verbands. Als sein »erprobter Privatsekretär« war Bernhard besonders wichtig, wenn es darum ging, das gespannte Verhältnis zum Personal des Auswärtigen Amts zu verbessern, das den bürgerlichen Politiker nur unter größten Vorbehalten als Außenminister akzeptiert hatte.

Im Hintergrund stand General von Seeckt, der etwas undurchsichtige Chef der Reichswehr, auf den der Kanzler noch würde zurückgreifen müssen und der in den folgenden Monaten eine entscheidende Rolle spielen sollte.

Stresemanns Minister bildeten eine heterogene Gruppe, deren Vorstellungen und Ziele sich deutlich voneinander unterschieden. Aufgrund ihrer Temperamente neigten sie zu heftigen Kontroversen und stimmten nur selten ohne weiteres einer Entscheidung zu. Werner Rheinbaben, der Stresemann geholfen hatte, diese höchst individualistischen »Köpfe« zusammenzustellen, sagte mit erschreckender Genauigkeit voraus, daß das Kabinett bestenfalls vier Wochen bestehen würde. Es hielt gerade zwei Wochen.[15] Doch während dieser kurzen Zeit bildete die Regierung Stresemann den Geist aus, der die junge Republik in Augenblicken ihrer größten Krise zusammenhielt.

Nach seiner Ernennung zum Kanzler mußte Stresemann den Fraktionsvorsitz der DVP aufgeben. Er machte Ernst Scholz zu seinem Nachfolger, eine Entscheidung, die er noch oft bereuen sollte. Scholz war ein langjähriges Parteimitglied und hatte zusammen mit Heinze und von Raumer dem Kabinett Fehrenbach angehört. Er hatte nie ein enges Verhältnis zu Stresemann gepflegt. Politisch stand er entschieden rechts, und seine Fähigkeiten als Parteiführer waren so bescheiden wie seine Leistungen als Parlamentarier und

Redner. Ein Kollege meinte: »Selbst stark nach rechts ausgerichtet, vermochte er nicht, die Fraktion zusammenzuhalten.«[16] Seine schwache Führung verstärkte die Spannungen innerhalb der Partei und sorgte dafür, daß Stresemanns politische Tagesordnung unnötigerweise noch kompliziert wurde.

Eine weitere Folge von Stresemanns Ernennung zum Kanzler bestand darin, daß er seine Position als Vorsitzender des »Deutsch-Amerikanischen Wirtschaftsverbandes« aufgeben mußte, was ihm sehr schwer fiel. Dabei handelte es sich um den letzten der zahlreichen Industrieverbände, die Stresemanns frühe Karriere ermöglicht und die ihm jenes Verständnis von Handel und Industrie vermittelt hatten, das für die Orientierung seiner Außenpolitik so entscheidend werden sollte. Durch diese Verbindung verstand er, wie außerordentlich wichtig die USA als möglicher Partner Deutschlands sein konnten, und sie stärkte seine Überzeugung, daß die Wirtschaftspolitik den einzig aussichtsreichen Weg für die deutsche Diplomatie darstelle.

Zur gleichen Zeit legte er auch mehrere Aufsichtsratsposten nieder, und von da an griff er ausschließlich auf das Amtsgehalt und die Privilegien zurück, die ihm als Kanzler und Außenminister zur Verfügung standen. Trotz seiner Erfahrungen und seiner Kontakte zur Industrie zeigte Stresemann kein besonderes Interesse daran, sich um seine eigenen Finanzen zu kümmern. Die privaten Ausgaben wurden von seiner Frau verwaltet, und trotz seiner Verbindungen zu Stinnes, von Raumer und anderen Industriellen beteiligte er sich nur selten an Investitionen oder geschäftlichen Unternehmungen. Abgesehen von einer bescheidenen Pension hinterließ er seiner Frau und seinen beiden Söhnen ein relativ geringes Erbe.

Stresemanns Doppelbelastung in einer nationalen Krisenzeit hätte auch den robustesten Menschen erschöpft. Er jedoch litt überdies an chronischen Krankheiten, die an seinen Kräften zehrten und sein Leben in Gefahr brachten. Anläßlich seiner Ernennung zum Kanzler mahnte ihn sein Arzt zur Vorsicht. Vor allem seine Schilddrüsenerkrankung

beeinträchtigte seine kurze Amtszeit und zwang ihn, in kritischen Augenblicken immer wieder Pausen einzulegen.
Am Morgen des 14. August, weniger als 36 Stunden nach der Aufforderung des Reichspräsidenten, die Regierung zu bilden, berief Stresemann seine erste Kabinettssitzung ein. Noch am selben Nachmittag stellte er in einer kurzen Rede, in der er auf programmatische Rezepte verzichtete, sein Kabinett dem Reichstag vor. Von lärmenden Zwischenrufen der Kommunisten unterbrochen, bat er um ein Vertrauensvotum und betonte:

> Die drängende Not dieser Tage verlangt sofortige Arbeit. Deshalb hat die Reichsregierung davon abgesehen, in der Erklärung des Reichskanzlers etwa eine Programmrede geben zu wollen. Programme helfen uns nicht weiter, wenn nicht schnellstens Maßnahmen zur Heilung getroffen werden. Wir brauchen zu unserer Arbeit Ihr Vertrauen ... Verloren ist nur, wer sich selbst aufgibt. Wir haben das Recht, an Deutschlands Zukunft zu glauben, und wir haben die Aufgabe, sie zu sichern.[17]

Dies war vielleicht der dramatischste Augenblick seiner politischen Karriere. Während Stresemanns Minister hinter ihm standen und die aufgewühlten Mitglieder der einzelnen Fraktionen nach Parteizugehörigkeit angeordnet vor ihm saßen und er sich mit seiner hohen Stakkato-Stimme an die überfüllte Empore wandte, dürfte ihn nach so vielen mühevollen Jahren für einen Augenblick ein Gefühl des persönlichen Triumphes übermannt haben.

Die folgende Abstimmung jedoch war ein Fiasko. Von den 342 anwesenden Abgeordneten erhielt sein Kabinett nur 239 Stimmen, was angesichts der insgesamt 459 Reichstagsmitglieder nur eine knappe Mehrheit bedeutete. Die DNVP, die KPD und andere antirepublikanische Extremisten brachten zusammen 76 Gegenstimmen auf. Obendrein enthielten sich 27 Abgeordnete, darunter die gesamte Fraktion der Bayrischen Volkspartei. Ein noch größeres Problem für Stresemann bildeten jedoch die abwesenden Abgeordneten; zu ihnen gehörten immerhin 19 Kollegen seiner eigenen Partei, die die Sitzung verlassen hatten, um ihre Ablehnung seines Bündnisses mit den Sozialdemokraten zu demonstrieren. Zu diesen Abweichlern innerhalb der DVP gehörten erwartungsgemäß Quaatz, Vögler und deren Parteigänger aus der Großindustrie – allerdings mit Ausnahme von Stinnes, der, unberechenbar wie immer, diesmal loyal zu Stresemann stand.

Insgesamt hatte sich ein Drittel der Abgeordneten der DVP und der SPD der Stimme enthalten oder war vorzeitig gegangen. So hatte Stresemann zwar die Bildung einer großen Koalition erreicht, doch seine Mehrheit war hauchdünn, und die dürftige Unterstützung durch seine eigene Partei nahm hier bereits die unerfreulichen innerparteilichen Konflikte der nächsten Tage vorweg.[18] Laut Lord D'Abernon jedoch überwog Stresemanns Zuversicht, als er Bismarck zitierte: »»Wenn man eine Hürde zu nehmen hat, muß man zuerst sein Herz hinüberwerfen.‹ Ich habe mein Herz hinübergeworfen, und ich hoffe, daß auch Pferd und Reiter wohlbehalten auf der anderen Seite ankommen werden.«[19]

Abgesehen von den Schmähungen der extremen Rechten und Linken waren die Reaktionen auf seinen Erfolg erfreulich. Besonders nachdrücklich unterstützte Theodor Wolff in seinem *Berliner Tageblatt* den Mann, den er noch drei Jahre zuvor entschieden abgelehnt hatte.

Gustav Radbruch, das vielleicht am meisten respektierte SPD-Mitglied in Stresemanns Kabinett, spricht in seinen Erinnerungen darüber, wie allgemein erleichtert liberale Deutsche waren, daß der Stresemann, der jetzt die Regierung übernahm, sich verändert hatte:

> In den beiden Kabinetten, denen Stresemann als Kanzler vorstand, vollzog sich sein Aufstieg vom Parteiführer zum Staatsmann. Er hat als Kanzler und Außenminister unter einem anderen Namen die Erfüllungspolitik fortgesetzt, die Wirth eingeleitet hatte. Es war seine große politische Kunst, das Rechte immer auch zur rechten Zeit zu tun, sich unbekümmert um seine frühere Haltung durch die Situation

12. Reichskanzler Stresemann

immer neu belehren zu lassen und, je mehr er mit seinen Zwecken wuchs, um so unbekümmerter um Widerstände auch in der eigenen Partei durchzusetzen, was er als recht erkannt hatte. Stresemann ist vielleicht der einzige Staatsmann in Deutschland gewesen, der sich ein solches Maß von Autorität erarbeitet hatte, daß man nicht schlechter deutscher Gewohnheit gemäß ihm seine früheren, im Gegensatz zu seiner neuerlichen Haltung stehenden Äußerungen immer wieder hämisch vorhielt. Dabei war seiner taktischen Geschicklichkeit so viel menschliche Wärme beigemischt, daß er auch persönlich für sich gewann. So war das Verhältnis der sozialdemokratischen Minister seines Kabinetts zu ihm das denkbar beste.[20]

Friedrich Meinecke, ein Historiker, der sich während des Kriegs den annexionistischen Bestrebungen Stresemanns widersetzt hatte, begrüßte voller Hoffnung die neue Regierung: »Die neue, auf der endlich zustande gekommenen großen Koalition beruhende Regierung Stresemann [hat] die breiteste Ordnungs- und Wirtschaftsfront, die wir seit Novembertagen je hatten, hergestellt.« Trotz der Not, die erst noch überwunden werden mußte, sah Meinecke »ein fernes Morgengrauen« voraus.[21]

Einen Tag später, am 15. August 1923, versammelte Stresemann sein Kabinett, um über die Krise zu beraten, die den Staat bedrohte. Da der Reichstag erst wieder am 27. September zusammentreten würde, stand der Regierung eine kurze Periode parlamentarischer Ruhe zur Verfügung.

An jeder anderen Front jedoch lauerten Konflikte. Der Dollar stand bei drei Millionen Mark, und einem weiteren Verfall der Währung schienen keine Grenzen gesetzt. Das Ruhrgebiet war noch immer besetzt, und im August entsprachen die Kosten des passiven Widerstandes einer Summe von mehr als 40 Millionen Goldmark pro Tag. Diese gewaltigen Ausgaben und die negative Handelsbilanz, die, hochgerechnet auf ein Jahr, über 2,6 Milliarden Goldmark betrug, brachten die Staatsfinanzen an den Rand des Bankrotts. Die Franzosen blieben unerbittlich, und die Briten zeigten sich nicht gewillt einzugreifen, obwohl sie die Okkupation als »illegal« verurteilten.[22] Die Amerikaner hatten zwar vage eine internationale Konferenz vorgeschlagen, um die deutsche Zahlungsfähigkeit festzustellen, doch auch von ihnen war keine konkrete Hilfe zu erwarten. Es gab kaum Indizien dafür, daß die Ruhrkrise anders als durch eine bedingungslose Kapitulation gelöst werden konnte, und bereits dieser Gedanke allein drohte Deutschland auseinanderzureißen. Nach acht entbehrungsreichen Monaten begann die nationale Entschlossenheit in der Okkupationszone zu schwinden, und Minister Fuchs mußte »alarmierende Nachrichten aus besetztem Gebiet« zur Kenntnis nehmen. Die Stadt Essen wollte eigenständig mit dem französischen General Dégouette verhandeln.

Die negative Handelsbilanz, das unaufhörlich steigende Haushaltsdefizit, die fast unkontrollierte Kapitalflucht und die mageren Gold- und Devisenreserven ließen jeden Gedanken an eine ausländische Anleihe und eine Wiederaufnahme der Reparationszahlungen absurd erscheinen. Es blieben nur noch die Notenpressen, und selbst deren Einsatz war vom Wohlwollen der Druckergewerkschaft abhängig, die erst zwei Tage zuvor zu streiken begonnen hatte.

Rudolf Havenstein, der seit 1908 Reichsbankpräsident war und dessen unberechenbare Geld- und Devisenpolitik zur finanziellen Anarchie beigetragen hatte, weigerte sich hartnäckig, auf Stresemanns wiederholtes Drängen hin zurückzutreten, und blieb bis zu seinem Tod am 20. November 1923 im Amt. Im August 1923 hatte er dem Reichsrat stolz verkündet, daß seine Bank inzwischen in der Lage sei, täglich 46 Milliarden Mark auszugeben. Nur wenige betrauerten seinen Tod. Laut Erich Eyck war Havenstein zwar ein integrer Beamter der alten Schule; er stand jedoch völlig hilflos vor den Problemen der Inflation in Deutschland und der sich zuspitzenden Wirtschaftskrise.[23]

Schon viele haben die damalige Inflation mit ihren katastrophalen Auswirkungen zu beschreiben versucht. Sie wirkte auf weite Teile des Mittelstands verheerend – auf all die Rentner, Pensionäre, Freiberufler, Einzelhändler und kleinen, selbständigen Kaufleute, die das Rückgrat einer Gesellschaft bilden. Sie machte jegliche Sparsamkeit zunichte, zerstörte moralische und intellektuelle Werte und vergiftete die Gesellschaft durch die rasch um sich greifende Spekulation. Gewinner waren die ohnehin reichen Großgrundbesitzer, autarke Bauern und vorneweg die Großindustriellen mit ihren Einnahmen aus dem Export, die durch das Fehlen einer angemessenen Devisenkontrolle ihre Verdienste im Ausland anlegen oder Produktionsmittel und Sachwerte in Deutschland erwerben konnten, deren Wert dramatisch gefallen war. Es zahlte sich aus, wenn man gewaltige Papiermark-Schulden hatte, denn die unerbittlich fortschreitende Inflation tilgte diese Schulden fast vollständig – genauso, wie sie die Kriegsanleihen verschlang, die sich im Besitz patriotischer deutscher Sparer befanden. Dieser Exzeß setzte sich unvermindert fort, bis die Mark im November 1923 einen astronomischen Wechselkurs von mehr als vier Trillionen gegenüber dem Dollar erreicht hatte.[24]

Es gab so viele Anekdoten wie Elend. Angestellte wurden am Mittag bezahlt und erhielten eine Stunde frei, in der sie ihre Lebensmitteleinkäufe erledigen konnten, um so den sofortigen Kaufkraftverlust ihres Lohns zu umgehen. Das Geld wurde buchstäblich mit Schubkärren transportiert. Händler weigerten sich, ihre Waren zu verkaufen, denn die Kosten, sie zu ersetzen, lagen über dem augenblicklichen Verkaufspreis. In seinem Roman *Der schwarze Obelisk* stellt Erich Maria Remarque diese surreal bedrückende Atmosphäre dar:

> Wer dabei kaputtgeht, sind die Leute, die nicht auf Wechsel kaufen können, Leute, die etwas Besitz haben und ihn verkaufen müssen, kleine Ladenbesitzer, Arbeiter, Rentner, die ihre Sparkasseneinlagen und ihre Bankguthaben dahinschmelzen sehen, und Angestellte und Beamte, die ihr Leben von Gehältern fristen müssen, die ihnen nicht mehr erlauben, sich auch nur ein Paar neue Schuhe zu kaufen. Wer verdient, sind ... die großen Unternehmer, Fabrikanten und Börsenspekulanten, die ihre Aktien und ihren Besitz ins ungemessene vergrößern.[25]

Hjalmar Schacht, der nach Havenstein im Dezember 1923 Reichsbankpräsident wurde und der später für eine schmerzhafte Stabilisierung der Währung sorgte, beschrieb dieses nationale Trauma so: »›Inflationszeit‹, das ist für alle, die sich noch erinnern: Hungerblockade, Ablieferung von Sachwerten an fremde Mächte, politische Rechtlosigkeit, Umschichtung der Bevölkerung, Aufstieg dunkler Gestalten zu plötzlichem Reichtum, Substanzverlust der bisher vermögenden Klassen, Verarmung der groß-, mittel- und kleinbürgerlichen Schichten, Korruption in Regierungs- und Beamtenkreisen, politische Geschäftemacherei zwischen den Parteien, der Wehrmacht und den Ministerien. Wachsende Kindersterblichkeit, rachitische Verkrüppelung der Jungen, früher Tod der Alten. Dies alles und vieles andere enthält das Wort ›Inflationszeit‹.«[26]

Tatsächlich war die Inflation der bestimmende Faktor in der traurigen Chronik der Weimarer Republik. Ihre Folgen reichten weit über die unmittelbare Situation hinaus, denn sie unterminierte dauerhaft das Vertrauen in eine demokratische Regierung, verschärfte die bereits bestehenden verhängnisvollen Konflikte zwischen wirtschaftlichen und politischen Interessengruppen und radikalisierte den Mittelstand wie auch die Angestellten. Verbittert und um ihr Eigentum gebracht, wandten sich diese politisch immer mehr »Interessensparteien« zu, von denen jede um ein kleines Segment der Wählerstimmen kämpfte. Die DVP und die DDP sollten sich nie wieder von den Auswirkungen der Inflation und den nachfolgenden deflationären Maßnahmen des Jahres 1924 erholen; letztere waren zwar zur Stabilisierung der Wirtschaft getroffen worden, doch vorerst wirkten sie sich katastrophal auf die Mittelklasse aus. Die Arbeitslosigkeit unter den Angestellten blieb hoch, und es gab so viele Konkurse wie nie zuvor, während die Maßnahmen zur »Revalorisation« – der Neufestsetzung der Schulden- und Rentenwerte, die die Inflation verschlungen hatte –, erst viel zu spät ein gewisses Gegengewicht bildeten. Diese Ereignisse zerstörten letztlich das Vertrauen der Bevölkerung in die liberalen Parteien. Bei den Wahlen von 1928 erreichten die DVP und die DDP zusammen nicht einmal mehr 14 % der Stimmen; sogar die Interessens- und regionalen Parteien erhielten einen größeren Stimmenanteil.[27]

Als Stresemann sich die bedrückenden Vorhersagen seines eben erst zusammengestellten Kabinetts anhörte und über die wirtschaftliche Tragödie nachdachte, hing die Existenz der Republik an einem seidenen Faden: Angesichts der Offerten der Franzosen erwog das Rheinland, eine eigene Währung anzunehmen und die staatlichen Verbindungen zum Reich zu lockern, wenn nicht ganz zu kappen. Ähnliche Anreize, so berichtete Minister Fuchs, führten dazu, daß der Widerstand im Ruhrgebiet schwand. In Bayern, das sich Bismarcks Reich unfreiwillig angeschlossen hatte, herrschte eine Regierung der extremen Rechten, die sich nach wie vor weigerte, die Autorität der Republik anzuerkennen; paramilitärische Gruppen drohten mit einem Marsch auf Berlin. In Sachsen, Stresemanns politische Heimat und dem Ort seiner ersten Wahl, herrschten radikale Sozialisten und Kommunisten, die die Legitimität der Reichsbefugnisse ebenfalls in Frage stellten. Und im Osten sahen sich deutsche Militärverbände ständig mit polnischen Übergriffen konfrontiert. Hamburg, das von aufständischen Kommunisten belagert wurde, glich einem Kriegsschauplatz, auf dem Kugeln durch die Luft flogen und Lebensmittelgeschäfte geplündert wurden, so daß Max Warburg seinem Freund Stresemann riet, das Kriegsrecht zu verhängen.[28] Vor der Unterbrechung der Sitzungen am 15. August war der Reichstag selbst durch das Eindringen von Abordnungen aufgebrachter Arbeiter bedroht worden. Auf General von Seeckt war kein Verlaß, also auch nicht, ob die Reichswehr die Ordnung aufrechterhalten würde. Die Ansammlung radikalisierter Gegner der Republik ließ bereits die zukünftigen Schwierigkeiten erahnen.

Nicht nur die Franzosen, Kommunisten, Nationalisten und Faschisten waren ein Problem für Stresemann; hinzu kam die heftige Ablehnung durch den rechten Flügel seiner eigenen Partei in Gestalt von Männern wie Quaatz, Maretsky, Vögler und deren Freunden aus der Großindustrie, sowie, gelegentlich, Stinnes. Sie alle verfolgten Stresemanns

Bereitschaft, sich mit den Sozialdemokraten zu einigen, mit Argwohn. Bei gemäßigten SPD-Politikern wie Radbruch, Sollmann, Otto Braun, Severing und selbst Präsident Ebert fand er in diesen bitteren Tagen mehr Verständnis und Fürsprache als bei seiner eigenen Partei. Es war also keineswegs überraschend, daß viele innerhalb der DVP sich dem vernichtenden Urteil des rechtsextremen Alfred Hugenberg anschlossen, das dieser in einem Brief an Stinnes unmittelbar vor der Ernennung von Stresemann zum Kanzler zum Ausdruck gebracht hatte. Stresemann, so Hugenberg, besitze weder einen gefestigten Charakter noch politische Instinkte; nie gelinge es ihm, im entscheidenden Augenblick das Richtige zu tun, was zum Beispiel an seiner Haltung gegenüber dem Londoner Ultimatum sichtbar werde. Er verkörpere das schwache, politisch fruchtlose Bürgertum. Sollte Stresemann Kanzler werden, wäre dies ein Verhängnis für das deutsche Bürgertum.[29]

Hugenberg, ein früherer Krupp-Direktor, begann damals, den mächtigsten Pressekonzern Deutschlands aufzubauen. Nach Helfferich und Graf Westarp wurde er 1928 Parteivorsitzender der DNVP und neben der NSDAP zur aggressivsten politischen Kraft der Rechten in Deutschland. Er war ein unermüdlicher, geradezu fanatischer Gegner Stresemanns. Seine Definition der Rolle des Bürgertums war Stresemanns Einsatz für den Freihandel und den Mittelstand diametral entgegengesetzt, und auch Stresemanns Überzeugung, daß die Republik gegen die Ambitionen eines Diktators verteidigt werden müsse, teilte er nicht. Dementsprechend bevorzugte er Vögler als Kanzlerkandidaten der DVP.

In der kurzen, stürmischen Geschichte der Republik war keine Regierung in einer so desaströsen Lage angetreten. Ihr Überleben hing wesentlich von Stresemann ab – und von seinen begrenzten Energiereserven. Jede Nacht ging er vollkommen erschöpft nach Hause und betete, daß die Sonne noch einmal über dem Land aufgehen möge.[30] Er übernahm einen bürokratischen Apparat, zu dem etwa 30 Ministerialdirektoren und 400 höhere Verwaltungsbeamte gehörten, von denen etwa 260 die reputierliche Stellung eines Ministerialrats innehatten. Die meisten von ihnen stammten noch aus der Wilhelminischen Ära; sie waren nostalgische Monarchisten, die der Republik und deren bürgerlichen Regierungen bis jetzt distanziert gegenüberstanden. Entsprechend Artikel 129 der Weimarer Verfassung waren sie auf Lebenszeit angestellt. Im allgemeinen waren sie sich einig, wenn es darum ging, gegen Veränderungen Widerstand zu leisten, und jedes Anzeichen einer Innovation betrachteten sie überaus mißgünstig. Man sollte keinesfalls die Beschränkungen unterschätzen, die sie einer Regierung auferlegten, die sich Tag für Tag mit politischen Unruhen konfrontiert sah.[31] In *Der schwarze Obelisk* klagt Remarques Held: »Wir haben eine Republik; aber wir haben die Richter, die Beamten und die Offiziere der alten Zeit intakt übernommen. Was ist da zu erwarten?«[32]

Obwohl die Kanzler der Weimarer Kabinette weniger Autorität besaßen als noch zur Kaiserzeit, verfolgte Stresemann einen Führungsstil, der zumindest ansatzweise zu einer Zusammenarbeit anregen sollte. Um trotz der Stimmen, die ein baldiges Scheitern seiner Regierung vorhersagten, seine Entschlossenheit zu demonstrieren, im Amt zu bleiben, zog er in die Residenz der Reichskanzlei, wo er mit seiner Familie während der nächsten drei Monate praktisch unter Belagerung lebte. Stresemanns Fähigkeit, persönliche Beziehungen zu gemäßigten Sozialdemokraten zu knüpfen und Kompromisse auszuhandeln, kam ihm gerade jetzt sehr zugute, da er nicht genügend Zeit hatte, an den endlosen Kabinettssitzungen teilzunehmen. Seine Sturheit der Kriegsjahre war verschwunden. Er hatte seine Lektion gelernt. Sein lakonischster Kollege, Hans Luther, urteilte, Stresemanns Führung sei »sachkundig und zielbewußt«, und das Kabinett funktioniere trotz seiner Heterogenität.[33] Carl Severing war besonders von dem Mut und der Ausdauer beeindruckt, mit denen Stresemann die Regierung durch den gefährlichen Spätsommer 1923 führte:

[Er] bediente sich nie der bequemen Methode, mit dem Strom zu schwimmen, sondern ging gerade dann eigene Wege, wenn es für ihn persönlich vielleicht gefährlich, für Volk und Vaterland aber nützlich war. Seine größte geschichtliche Leistung war die Übernahme der Kanzlerschaft ... Nur wenige Staatsmänner der deutschen Geschichte haben bei ihrem Amtsantritt vor so vielen scheinbar unlöslichen Aufgaben gestanden wie Stresemann im August 1923.[34]

Es dürfte schwierig sein, den genauen Zeitpunkt zu bestimmen, an dem Stresemann evident wurde, daß es sinnlos war, den passiven Widerstand im Ruhrgebiet fortzusetzen. Er hatte die Note Curzons an Poincaré vom 11. August zwar als »eines der stärksten und klarsten Staatsdokumente ... das je geschrieben worden ist«, gerühmt[35], doch die unnachgiebige Reaktion der Franzosen vom 20. August machte jede Wirkung zunichte. Diese bestanden unverändert darauf, daß das Ruhrgebiet als eigenständiges territoriales Pfand besetzt bleiben sollte und daß daran so lange nicht gerüttelt würde, solange die Deutschen passiven Widerstand übten. Stresemanns Sohn Wolfgang erinnerte sich, daß sein Vater von diesem Augenblick an nicht mehr glaubte, diese Haltung könne gewahrt bleiben, und daß er sogar von einem weiteren verlorenen Krieg sprach.[36] Angesichts eines Dollarstands von vier Millionen Mark, einem hoffnungslosen Haushaltsdefizit und der internationalen Isolierung, machte sich Stresemann an die schwierige Aufgabe, mit einer unwilligen Gegenpartei die »Kapitulationsbedingungen« auszuhandeln, während er gleichzeitig den Ausbruch reaktionärer Gewalt im eigenen Land verhindern mußte. In rascher Folge traf er sich mit den Vertretern Englands und Amerikas in Berlin und versuchte, die Kontakte zu dem französischen Botschafter de Margerie zu erneuern, die Cuno im Januar abgebrochen hatte. Stresemann gab sich keinen Illusionen mehr hin, daß Deutschland von den Alliierten Erleichterungen erhielte; für ihn war die Wiederherstellung der wirtschaftlichen Stabilität das einzige Mittel zur Glaubwürdigkeit im Ausland und zur Sicherung der Ordnung im Inneren. Es war von entscheidender Bedeutung, die separatistischen Tendenzen im Rheinland und an der Ruhr einzudämmen, die durch den nahenden Winter und die Hilfsangebote des französischen Kommandanten General Dégoutte noch gefördert worden waren. Wie Otto Wolff, ein mit Stresemann befreundeter Industrieller aus Köln, berichtete, drohten in den besetzten Gebieten anarchische Zustände, die nur zu einem Ruf nach Unabhängigkeit führen konnten.[37]

Stresemann mußte die deutsche Öffentlichkeit auf die Aufgabe des passiven Widerstands vorbereiten – gleichgültig, welche Bedingungen auch immer mit den unnachgiebigen Franzosen ausgehandelt werden konnten. Deshalb führte er Ende August und Anfang September eine anscheinend endlose Folge von Gesprächen mit seinem Kabinett, Berliner Diplomaten, diversen Parteiführern und der Fraktion der DVP; darüber hinaus hielt er öffentliche Reden und gab Presseinterviews.[38] Trotz allem fand er noch die Zeit, sich mit dem bayerischen Ministerpräsidenten Eugen von Knilling zu treffen, der bei der Begegnung mit Stresemann im Münchner Hauptbahnhof deutlich machte, daß sich das Reich nicht länger auf seine bedingungslose Treue verlassen könne. Kurz darauf kam es in Berlin zur Konfrontation mit dem sächsischen Ministerpräsidenten Erich Zeigner und einer SPD-Delegation aus Dresden, die androhten, sich von der ihrer Meinung nach rechtstendenziösen Berliner Regierung loszusagen.

Den Schlüssel zur Lösung dieser bedrückenden Probleme bildete zweifellos die Ruhr. Die am 1. September mit Botschafter de Margerie wiederaufgenommenen Gespräche brachten das übliche Ergebnis: Verhandlungen ohne die bedingungslose Aufgabe des passiven Widerstands gegenüber den französischen Behörden würde es nicht geben. Einmal versuchte Stresemann, Cunos älteren Vorschlag eines »Rheinpakts« wiederaufzugreifen, um den Franzosen die gewünschten Sicherheitsgarantien zu geben. Die Franzosen wiesen jedoch jegliche Verhandlungen in dieser Frage zurück und meinten, die im Versailler Vertrag vorgesehenen

Sicherheitsvorkehrungen böten genügend Schutz. Bei einem Treffen mit dem französischen Botschafter am 3. September versuchte Stresemann deutlich zu machen, daß keine deutsche Regierung die Aufgabe des passiven Widerstands überleben würde, sollte nicht gleichzeitig das Problem der Ruhrbesetzung und der damit verbundenen Reparationsansprüche so gelöst werden, daß die Deutschen dabei nicht ihr Gesicht verlören. In einer Rede vom 9. September reagierte Poincaré gewohnt unnachgiebig: »Wir ziehen sichere Pfänder vor und werden unsere Position nicht um der allgemeinen Pfänder willen aufgeben, die man uns anbietet ... Wir wollen Tatsachen und werden uns nicht zurückziehen, solange wir nicht bezahlt worden sind.«

Bei einem Essen, das am 6. September von ausländischen Pressevertretern zu seinen Ehren gegeben wurde, erläuterte Stresemann seine Haltung gegenüber den Franzosen, die auf einer bedingungslosen Kapitulation bestanden:

> »Nachgiebigkeit bei großem Willen.« Dieses Wort hat Goethe in seinem Werk, das er einst in einem großen Kriege geschrieben hat, *Des Epimenides Erwachen*, geprägt. Ich möchte es hinstellen als das Sinnbild der Politik, die ich zu führen habe ... Wenn Deutschland die Grenzen behält, auf die wir ein Recht haben, die Souveränität, die uns verbürgt ist, dann wird es auch bereit sein, dasjenige zu leisten, was man billigerweise von ihm erwarten kann.[39]

Bei einer Fraktionssitzung der DVP kurz darauf war die Stimmung äußerst angespannt. Als Jarres meinte, man könne sich nicht darauf verlassen, daß die Ruhr über den 30. September hinaus durchhalten würde, antworteten Quaatz und Vögler, daß eine Kapitulation nicht in Frage käme. Stinnes beklagte sich darüber, daß Hilferding nicht in der Lage war, ein Stabilisierungsprogramm zu entwickeln, und prophezeite, daß es innerhalb der nächsten zwei Wochen zum Bürgerkrieg kommen würde. Brünninghaus klagte darüber, daß Sachsen bald von den Kommunisten übernommen werden würde. Da er gewalttätige Unruhen befürchtete, bestand

12. Reichskanzler Stresemann

Stresemann nachdrücklich darauf, daß der zuverlässige Geßler auch weiterhin Reichswehrminister blieb trotz heftiger Proteste der SPD, die glaubte, er mache gemeinsame Sache mit dem Heer.

Am 15. September traf sich das Kabinett mit den Vertretern Preußens, Bayerns und der besetzten Gebiete. Stresemann klammerte sich an einen Strohhalm, als er versuchte, in der vagen Hoffnung auf eine englische Intervention in letzter Minute eine Entscheidung über die Ruhr aufzuschieben. Während der preußische Ministerpräsident auf sofortige Kapitulation drang, erklärte von Knilling, der Vertreter Bayerns, die Kapitulation an der Ruhr liefe auf ein »zweites Versailles« hinaus und würde zur Auflösung des Reichs führen.

Neuigkeiten aus Paris schlugen am 19. September wie ein Blitz ein. Nach einem Gespräch hatten Poincaré und der kürzlich ernannte britische Premierminister Stanley Baldwin ein gemeinsames Kommuniqué herausgegeben, aus dem hervorging, daß beide Nationen sich »völlig einig« seien in allen Fragen, die ihre Zusammenarbeit gefährden könnten und von denen der Weltfriede abhinge. Im Mai 1923 hatte sich Baldwin gegenüber Lord Curzon als konservativer Nachfolger des erkrankten Bonar Law durchgesetzt. Zwar sollte er seinerseits bereits im November bei einer Mißtrauensabstimmung unterliegen, doch jetzt hatte er bei einem Urlaub in Aix-les-Baines die Gelegenheit genutzt, mit Poincaré zu sprechen und öffentlich Curzons Bemühungen zurückzuweisen, die das aggressive Auftreten Frankreichs zügeln sollten. Dadurch machte er in dieser kurzen Zeit die letzten Hoffnungen Stresemanns auf eine »Rettung« zunichte.

Wie Wolfgang Stresemann berichtet, war sein Vater zutiefst deprimiert über die Endgültigkeit dieser Nachricht aus Paris.[40] Für Stresemann war das vielleicht der düsterste Tag. Jetzt mußte er die deutsche Bevölkerung auf die Kapitulation vorbereiten, die er so lange schon befürchtet hatte. Unverzüglich schickte er Sollmann nach Köln, der sich dort mit einigen führenden Politikern treffen sollte, und zugleich entsandte er einen Kollegen aus seiner eigenen Partei nach

München, um dem dortigen Kardinal Faulhaber die Nachricht zu überbringen, denn er hoffte, dieser werde seine Bemühungen, die aufrührerischen Tendenzen in Bayern einzudämmen, mittragen. Die Antwort Faulhabers machte Stresemann Mut. Seine Hoffnungen wurden noch verstärkt durch die unerwartete Reaktion von Feldmarschall von Hindenburg, der während eines Urlaubs erklärte: »Bayern darf sich auf keinen Fall, auch nicht vorübergehend, vom Reiche trennen. Bayern darf nicht vergessen, daß Preußen auch ihm an schlimmen Tagen geholfen hat. Stets gelte der Grundsatz: ›Treue um Treue‹.«[41]

Am 24. September 1923 berief Stresemann eine Sitzung des Kabinetts ein, das sich mit Vertretern verschiedener politischer Parteien aus dem Ruhrgebiet treffen sollte. Er erklärte, daß es keine weiteren Verhandlungsmöglichkeiten mehr gäbe; die Vertreter der Ruhrparteien stimmten zu, über die »undenkbare« Kapitulation zu beraten. Ein ähnliches Treffen mit Großindustriellen aus dem Ruhrgebiet, unter ihnen Hugo Stinnes, folgte. Stinnes blieb selbstredend ein Gegner der Kapitulation; dennoch sah er ein, daß es notwendig war, sich zu fügen. In dieser Frage übernahm Stresemann die volle Verantwortung für eine Entscheidung, die, wie er wußte, zu heftigen öffentlichen Reaktionen führen sollte. Am Tag darauf traf er sich mit den Ministerpräsidenten der Länder und den Fraktionsvorsitzenden im Reichstag. Die meisten schienen die Unausweichlichkeit dieser Entscheidung einzusehen, die jetzt getroffen werden mußte. Nur Helfferich von der DNVP verlangte im Gegenteil einen noch entschiedeneren Widerstand, den offenen Bruch mit Frankreich und die Nichtanerkennung des Versailler Vertrags. Einige Mitglieder der DVP schlossen sich seiner Position daraufhin an. Von Knilling schwieg, und das Rheinland weigerte sich hartnäckig. Das Kabinett Stresemann wollte keine weitere Verzögerung riskieren und teilte der deutschen Öffentlichkeit am 26. September 1923 die Entscheidung mit:

> Um das Leben von Volk und Staat zu erhalten, stehen wir heute vor der bitteren Notwendigkeit, den Kampf abzubre-

chen. Wir wissen, daß wir damit von den Bewohnern der besetzten Gebiete noch größere seelische Opfer als bisher verlangen. Heroisch war ihr Kampf, beispiellos ihre Selbstbeherrschung. Wir werden niemals vergessen, was diejenigen erlitten, die im besetzten Gebiete duldeten. Wir werden niemals vergessen, was diejenigen aufgaben, die lieber die Heimat verlieren, als dem Vaterlande die Treue zu brechen. Dafür zu sorgen, daß die Gefangenen freigegeben werden, daß die Verstoßenen zurückkehren, bleibt die vornehmste Aufgabe der Reichsregierung. Vor allen wirtschaftlichen und materiellen Sorgen steht der Kampf für diese elementaren Menschenrechte.[42]

Danach suchte Stresemann die Botschafter der Alliierten auf, um ihnen die Nachricht selbst zu überbringen. Besonders schmerzhaft war das Gespräch mit Lord D'Abernon. Erst eine Woche zuvor hatte der Botschafter – zum ersten Mal seit Stresemanns Ernennung zum Reichskanzler – mit der Familie in deren Residenz in der Reichskanzlei diniert. In seinen Erinnerungen berichtet er von der angenehmen, ohne großen Aufwand organisierten Zusammenkunft und der Attraktivität und der zurückhaltenden Eleganz der Kanzlergattin. Auch Ebert hatte daran teilgenommen, und während eines Gesprächs sagte er warnend, »die Franzosen dürften nicht vergessen, daß wir keine unbeschränkte Reserve von Stresemanns haben. Wenn diese Regierung gestürzt werden sollte, kommen nicht viele Nachfolger, die eine politische Stabilität gewährleisten würden, in Frage.«[43]

Bei seiner Zusammenkunft mit D'Abernon am 27. September beklagte Stresemann sich darüber, daß die Hoffnung, die Curzons Note vom 11. August geweckt hatte, enttäuscht worden war. Er kritisierte, daß England laut Presseberichten kein besonderes Interesse an der Einheit Deutschlands habe, und machte unmißverständlich klar, daß er entschlossen gegen jeden Versuch der Franzosen, einen selbständigen Rheinstaat zu gründen, ankämpfen werde und nicht bereit sei, trotz der französischen Besatzung auch nur einen Fußbreit deutscher Erde aufzugeben. Ihr Gespräch wurde von einem Anruf des bayerischen Ministerpräsidenten von Knilling unterbrochen, den Stresemann in einem Nebenzimmer entgegennahm. Aus der Presse hatte er am Tag zuvor erfahren, daß die bayerische Regierung eigenmächtig den Notstand ausgerufen und den rechtsgerichteten Monarchisten Gustav von Kahr zum Generalstaatskommissar mit umfassender Exekutivgewalt ernannt hatte. Auf Stresemanns Rat hin hatte Reichspräsident Ebert danach unverzüglich unter Berufung auf Artikel 48 der Reichsverfassung Geßler die vollziehende Gewalt übertragen, Ordnung und Sicherheit im ganzen Reich zu gewährleisten. Damit waren in Bayern die Würfel gefallen. Von Knillings Anruf hatte offensichtlich die Aufgabe, Stresemann davon zu überzeugen, »daß das Vorgehen der bayerischen Regierung ein durchaus loyales sei und sich nicht gegen das Reich richte, daß man vielmehr mit dem Reich zusammen die rechtsradikale Bewegung niederschlagen wolle« – und zwar trotz der Ernennung von Kahrs. Diese Nachricht war kein großer Trost. In seinem Tagebuch notierte Stresemann an diesem schicksalhaften Tag, daß der Dollar bei 142 Millionen Mark stand.[44]

Die Kapitulation in der Ruhrfrage bildete gleichsam den Rahmen für alle weiteren Ereignisse in Stresemanns verbleibender Amtszeit, in der er sich ununterbrochen den Angriffen Hugenbergs, Helfferichs und vieler Kollegen aus seiner eigenen Partei ausgesetzt sah. Die Beendigung des passiven Widerstands bestätigte für Stresemann die Unzuverlässigkeit Englands und die Entschlossenheit der Franzosen. Jetzt stand außer Frage, daß sich Deutschland ausschließlich auf seine eigenen Ressourcen und seine eigene Willenskraft verlassen mußte. Nur durch Maßnahmen zur Stabilisierung der Währung und durch die Wiederherstellung des öffentlichen Vertrauens in die Berliner Regierung würde es möglich sein, die Reparationsfrage zu lösen und die Unruhen im Land in den Griff zu bekommen. Tatsächlich war die Beendigung des passiven Widerstands ein entscheidendes Moment, um die notwendigen Wirtschafts- und Finanzreformen zu ermöglichen, die zuvor angesichts der astronomischen Kosten für die Ruhr ausgeschlossen gewesen waren.

Helfferich, der sich 1915/1916 geweigert hatte, die Steuern zu erhöhen und so überhaupt erst dazu beigetragen hatte, die Inflation auszulösen, entwickelte erstmals Teile eines Plans zur Währungsreform in einem Memorandum, das Cuno in den letzten Tagen seiner Regierung vorgelegt wurde. Der erschöpfte Kanzler, der erst kurz zuvor die Zustimmung des Reichstags zu Steuererhöhungen und einer begrenzten Finanzreform erhalten hatte, unterstützte Helfferichs Vorschlag, wurde jedoch zum Rücktritt gezwungen, bevor dieser in den Reichstag eingebracht werden konnte. Zu Helfferichs Programm gehörte die Schaffung einer neuen Privatbank parallel zur Reichsbank, die bevollmächtigt werden sollte, Pfandbriefe auf Deutschlands landwirtschaftliche, industrielle und den Handel betreffende Sachwerte auszugeben. Die Bank sollte von geachteten Vertretern der Privatwirtschaft geleitet werden und weder der Reichsbank noch der Reichsregierung verpflichtet sein. Die Ausgabe der Währung sollte auf den Wert der zugrundeliegenden Sicherheit beschränkt werden; der Nennwert sollte zu einem festgelegten Umtauschkurs in Roggen konvertierbar sein, wobei 200 »Roggenmark« einer Tonne Roggen entsprechen sollten. Entscheidend für diesen Plan war eine grundlegende Reform der Finanzpolitik, zu der weitere Steuererhöhungen, die Reduzierung von Subventionen, eine Neufestlegung der Kohlepreise sowie ein Programm zur Erhöhung der Arbeitsproduktivität gehörten, die durch die Abschaffung des Achtstundentags erreicht werden sollte, der den Arbeitern, Angestellten und den Gewerkschaften heilig war. Kurzum, Helfferich schlug vor, die Wirtschaft und die Währung dadurch zu retten, daß man die Organisation von Wirtschaft und Finanzen dem privaten Sektor übertrug. Für ihn wie auch für Stresemann waren Havenstein und die Reichsbank hauptverantwortlich für die Krise. Da Havenstein sich weigerte zurückzutreten, bestand die einzige Alternative darin, ihn zu ignorieren und seine schlecht geführte und diskreditierte Institution zu umgehen.

Als Stresemann Anfang August über mögliche Kandidaten für sein Kabinett nachdachte, hatte ihn Helfferich vor der

Ernennung Hilferdings zum Finanzminister gewarnt: Dieser überzeugte Sozialdemokrat würde als Finanzminister jeden Versuch des Staats, finanzielle Glaubwürdigkeit wiederzuerlangen, heillos untergraben.[45] Für Helfferich war die Steuer- und Haushaltspolitik der Regierung eine einzige Katastrophe. Er und seine Kollegen von der Rechten waren überzeugt, daß die Wirtschaft für diese Angelegenheit zuständig sei; dazu waren jedoch Vollmachten nötig, die weit über das hinausgingen, was die Sozialdemokraten der Industrie bisher zugestanden hatten. Stresemann teilte Helfferichs Meinung über Hilferding, doch aufgrund politischer Erwägungen war es nicht möglich, eine andere Entscheidung zu treffen, was er später bereuen sollte. So war Stresemann in den ersten Wochen seiner Regierungszeit mit Männern einer bankrotten Vergangenheit belastet – mit Havenstein und Hilferding.

Am 18. August, nur vier Tage nach der Kabinettsbildung, wurde der Regierung mit Stresemanns Zustimmung das Roggenmark-Programm vorgelegt. Wie zu erwarten war, sprach sich Hilferding dagegen aus und bestand darauf, daß die neue Währung durch Gold gedeckt sein müsse. Da die Goldreserven dazu nicht ausreichten, schlug er vor, die Reichsbank zu teilen; ein Teil der Bank sollte weiterhin Papiermark ausgeben, während der andere mit der neuen, goldgestützten Währung handeln sollte. Dadurch aber gelang es ihm nicht, das Problem der ungenügenden Goldreserven zu lösen, und er bot auch keine Perspektiven zur Rehabilitierung der Reichsbank. Helfferich ermahnte das Kabinett, daß eine Fortführung der Politik Hilferdings womöglich zum betrügerischen Staatsbankrott führen würde. Tatsächlich belief sich das Haushaltsdefizit während der folgenden vier Wochen auf eine Gesamtsumme von 236 Billionen Mark, wobei die Kosten für den passiven Widerstand an der Ruhr den größten Anteil bildeten.

Stresemann war sich über die katastrophale Dimension des Problems vollkommen im klaren. So hatte er in seiner Antrittsrede am 14. August 1923 den Reichstag davor gewarnt, daß das Vertrauen auf englische Hilfe nicht in »politischer Lethargie« münden dürfe; die beste Außenpolitik konnte nur darin bestehen, die Verhältnisse innerhalb Deutschland in Ordnung zu bringen.⁴⁶ Der Streit zwischen seinem Finanzminister und seinem unermüdlichen Gegner Helfferich lähmte jedoch das Kabinett, das sich ohnehin ganz auf die Ruhrkrise konzentrieren mußte. Die Lage wurde ein wenig übersichtlicher, als die Reichsbank am 14. September ihre Weigerung zum Ausdruck brachte, Hilferdings Plan zu akzeptieren, mit Verweis darauf, daß die Öffentlichkeit die Papiermark gänzlich ablehnen würde, sollte gleichzeitig die Goldmark eingeführt werden. Inmitten dieser Diskussion erkannte der parteilose Reichsernährungsminister Hans Luther, daß der Roggenmark-Plan Elemente enthielt, die in neuer Kombination ein funktionsfähiges Stabilisierungsprogramm bilden konnten.

Nach Beendigung des passiven Widerstands gab es Ende September die Möglichkeit einer glaubwürdigen Währungsreform, wenn es gelang, den Haushalt unter Kontrolle zu bringen. Die Gelegenheit war umso günstiger, als die beängstigende Flut Milliarden wertloser Papiermark die zerstrittenen Parteien davon überzeugte, daß sofort gehandelt werden mußte. Die Flucht in andere Währungen hatte besonders an den Grenzen Deutschlands in Schlesien, Schleswig, Sachsen, dem Rheinland und Hamburg geradezu epidemische Ausmaße angenommen, wodurch die Furcht vor einer vollständigen Abtrennung dieser Gebiete vom Reich heraufbeschworen wurde. Am 26. September 1923 appellierte Ernst von Richter, der engagierte preußische Finanzminister der DVP, an Hilferding und das Kabinett, endlich zu handeln. Das Währungsproblem, so von Richter, drohe das Reich zu spalten und wirtschaftlich und politisch aufzulösen. Der Verlust der einheitlichen Währung sei gleichbedeutend mit dem Verlust der Einheit des Reichs.⁴⁷

Was Reichsfinanzen und Bankwesen betraf, hatte Stresemann nur geringe Erfahrung und bescheidene Fachkenntnisse, doch er war überzeugt davon, daß eine Lösung des Problems – gleichgültig, wie sie im einzelnen aussehen mochte – sehr bald auf den Weg gebracht werden mußte; sie mußte darüber hinaus unabhängig von der diskreditierten

Reichsbank sein und die volle Unterstützung der Privatwirtschaft besitzen. Luther, von Haus aus ebenfalls kein Wirtschaftsfachmann, war sich wie Stresemann der gebotenen Eile bewußt. In seiner typisch pragmatischen Art schlug er eine Überarbeitung von Helfferichs Roggenmark-Plan vor.

So wurde nach sechswöchiger Regierungsdebatte die »Rentenmark« geboren und einem verzweifelten Kabinett und dem Reichstag zur Entscheidung vorgelegt. Wie die Roggenmark sollte sie von einem neu zu errichtenden privaten Notenbankinstitut ausgegeben werden. Als Sicherheit sollte jedoch nicht die unberechenbare Roggenernte dienen, vielmehr sollte sie durch eine Sicherungshypothek auf alle deutschen industriellen und landwirtschaftlichen Sachwerte gedeckt sein. Die neue Rentenmark wurde an den Goldpreis gebunden, was auch für die Hypothekarschuldverschreibungen galt, so daß eine Rentenmark theoretisch der Goldmark gleich sein sollte und ein bestimmter Betrag von Rentenmark jederzeit in den gleichen Betrag von Hypothekarschuldverschreibungen umgetauscht werden konnte. Durch eine staatliche Verordnung sollte die Ausgabe der neuen Währung limitiert werden, und sie sollte wie im Fall der Roggenmark nur in begrenzten Mengen verfügbar sein, um das Defizit des Reichs zu finanzieren. Dies bedeutete, daß das Haushaltsdefizit drastisch verringert, wenn nicht ganz beseitigt werden mußte, und ebenso drastisch mußte das Handelsdefizit reduziert werden. Die Unabhängigkeit der neuen Bank gegenüber der Reichsbank sollte durch die Ernennung einer respektierten Persönlichkeit zum Reichswährungskommissar gestärkt werden. Dieses Amt wurde in der Folge Hjalmar Schacht übertragen. Der Wechselkurs gegenüber dem Dollar wurde auf 4,20 Mark festgelegt, also auf den Wert des Jahres 1914 vor Ausbruch des Kriegs. Dieses Programm konnte letztlich nur Erfolg haben, wenn entscheidende Maßnahmen zur Konsolidierung des Haushalts getroffen wurden. Dazu gehörten Steuererhöhungen, der Abbau von Subventionen, die Einschränkung staatlicher Eingriffe in die Wirtschaft und die Steigerung der privatwirtschaftlichen Produktivität – wozu die Abschaffung des Achtstundentags gehörte.

12. Reichskanzler Stresemann

Während Luther sein Programm formulierte, traf in Berlin die Nachricht über einen Putschversuch der Rechten in Küstrin ein. Offensichtlich ermutigt durch die Aufwiegelung in München war eine Gruppe ehemaliger Offiziere und Soldaten der Reichswehr unter der Führung des pensionierten Majors Buchrucker in die Stadt eingerückt und hatte die dortige Reichswehrgarnison angegriffen; ihr Ziel war es, enttäuschte Reichswehrtruppen aus der Gegend zu einem Angriff auf Berlin zu versammeln. Der Putsch Buchruckers und seiner »Schwarzen Reichswehr« konnte rasch durch die örtliche Polizei und loyale Reichswehreinheiten unterdrückt werden. Buchrucker wurde später des Hochverrats angeklagt und zu zehn Jahren Haft verurteilt; er wurde allerdings schon nach zwei Jahren durch Hindenburg begnadigt. Der Putschversuch war schlecht organisiert und scheiterte kläglich, doch erschütterte er die Hauptstadt wie ein beängstigendes Omen der Dinge, die noch kommen sollten.

In dieser düsteren Atmosphäre berieten Stresemann und sein Kabinett über Luthers Rentenmarkplan. Gewiß, ohne die gewaltigen Ausgaben für den passiven Widerstand konnte das Haushaltsdefizit möglicherweise behoben werden. Doch Stresemann sah richtig voraus, daß die Sozialdemokraten gegen die Abschaffung des Achtstundentags und weitere Maßnahmen zur Produktivitätssteigerung, die die Großindustrie verlangt hatte, Widerstand leisten würden. Nach einer hitzigen Diskussion von Maßnahmen zur Neuorganisation der Ruhr, mit denen die Kohlelieferungen ermöglicht werden sollten, die die Franzosen erneut gefordert hatten, und angesichts der erschreckenden Zustände in Bayern, drängte Stresemann das Kabinett am 1. Oktober, im Reichstag ein sogenanntes »Ermächtigungsgesetz« vorzulegen, mit dessen Hilfe das Kabinett die Rentenmark einzuführen und die Wirtschaft zu stabilisieren vermochte. Die SPD lehnte dieses Vorhaben unverzüglich ab, die Reichstagssitzung wurde ohne Entscheidung unterbrochen, und es griff die Befürchtung um sich, daß die Koalition auf dem Spiel stand. Die Kontroverse spitzte sich zu, als der rechte Flügel der

DVP am Tag darauf ein noch strikteres Ermächtigungsgesetz forderte und dazu aufrief, um jeden Preis eine Entscheidung zu vermeiden, die eine Provokation gegenüber Bayern bedeuten könne. Die SPD-Fraktion, die zu einer unabhängigen Besprechung zusammengekommen war, bestand ihrerseits darauf, daß das Ermächtigungsgesetz nur für finanzielle Fragen – also auch die Einführung der neuen Währung – gelten sollte, nicht jedoch in bezug auf Maßnahmen zur Produktivitätssteigerung. Zusätzlich verlangten die Abgeordneten eine sofortige Unterwerfung der rechten Diktatur in Bayern.

Am 3. Oktober trat das Kabinett erneut zusammen, um die mittlerweile verhärteten gegnerischen Positionen in Einklang zu bringen. Die DVP und ihre Verbündeten insistierten weiterhin auf der gesetzlichen Vollmacht, Maßnahmen zur Produktivitätssteigerung einzuleiten, während sich die SPD nach wie vor weigerte, eine solche Vorlage anzunehmen. Im Verlauf der Diskussion griff Scholz von der DVP Hilferding als vollkommen inkompetent an und meinte, sein Einfluß wirke kontraproduktiv. Der Sozialdemokrat Hermann Müller antwortete mit einem ähnlichen Vorwurf gegen Hans von Raumer. Beide verließen daraufhin das Kabinett. An dieser Stelle griff Geßler ein und betonte, wie notwendig eine starke Führung sei, der außerordentliche Befugnisse zur Verfügung stehen müßten, sollte die Nation nicht auseinanderfallen. Breitscheid, ein Sozialdemokrat vom linken Flügel, lehnte diese Einstellung prompt ab. Stresemann, der spürte, daß weitere Diskussionen sinnlos waren, verließ die Sitzung und traf sich kurz vor Mittag mit Präsident Ebert, um ihm seinen Rücktritt anzubieten; in seinem Tagebuch vermerkte er »tiefste Depression«. Ebert beschwor ihn durchzuhalten.

Zwei Tage endloser Parteisitzungen folgten, die größtenteils von dem erschöpften Kanzler selbst geleitet wurden. Schließlich einigten sich die Parteiführer am 6. Oktober um vier Uhr morgens, nur wenige Stunden vor einer neuen Reichstagssitzung, auf eine modifizierte Verlängerung der Arbeitszeit, an die weitreichende Sicherungsklauseln geknüpft waren. Luther ersetzte Hilferding als Finanzminister, und Josef Koeth – ein parteiloser, bereitwilliger Freund – folgte auf von Raumer. Bei dieser Gelegenheit bat Stresemann auch Adolf Kempkes, seinen streitlustigen Freund Rheinbaben als Kanzleramtstaatssekretär zu ersetzen. Stresemann hatte zunächst die Absicht, Schacht zum Finanzminister zu ernennen, der zu dieser Zeit noch Leiter der Darmstädter Nationalbank war. Dieses Vorhaben scheiterte jedoch aufgrund »unehrenhafter« Aktivitäten, die sich Schacht während des Kriegs in Brüssel angeblich hatte zuschulden kommen lassen; später wurde er von diesen Vorwürfen vollständig entlastet. Jetzt erhielt Schacht die sehr wichtige Stelle des Reichswährungskommissars. Im Dezember 1923 wurde er dann nach Havenstein Reichsbankpräsident, und in dieser Position trug er dazu bei, der neuen Währung zu einem überraschend erfolgreichen Start zu verhelfen.[48]

Nur wenige Stunden später, am Nachmittag des 6. Oktober, stellte Stresemann sein neu gebildetes Kabinett dem Reichstag vor und drang auf Zustimmung zu dem modifizierten Ermächtigungsgesetz. Er schloß seine Ausführungen mit einer leidenschaftlichen Beschwörung: »Wir haben keine Zeit zu verlieren, wenn wir die Ernährung des Volkes und den Bestand des Reiches sicherstellen wollen.«[49] Der Reichstag bestätigte das neue Kabinett, verschob jedoch die Entscheidung über das Ermächtigungsgesetz auf den 8. Oktober. Die folgende Sitzung zog sich über zwölf Stunden hin und endete nach Mitternacht mit einem Patt. Graf Westarp von der DNVP nutzte die Gelegenheit zu einer scharfen Attacke gegen Stresemann, der unter dem Druck der Sozialdemokraten angeblich auf eine eigenständige Politik verzichtet habe, und erklärte, die große Koalition sei auf der ganzen Linie gescheitert. Stresemann verteidigte seine Position Punkt für Punkt, doch es gelang ihm nicht, eine Abstimmung über diese Streitfrage herbeizuführen.

Auch bei den Verhandlungen zwischen den einzelnen Parteien während der folgenden Tage wurde die Zweidrittelmehrheit nicht zustandegebracht, die notwendig war, um das

Ermächtigungsgesetz zu verabschieden. Erst nach Präsident Eberts Drohung, den Reichstag aufzulösen und Neuwahlen auszuschreiben, fand das Gesetz am 13. Oktober widerwillige Zustimmung – und dies auch nur nach der dritten Lesung mit kaum mehr als den erforderlichen 306 Stimmen. Die Bayerische Volkspartei stimmte dagegen, die Abgeordneten der DNVP und der KPD blieben der Sitzung fern, und sieben Abgeordnete der DVP, unter ihnen Vögler und Stinnes, enthielten sich der Stimme. Beide hatten in der Zwischenzeit vertrauliche Gespräche mit dem französischen General Dégoutte aufgenommen, um – unabhängig vom Reichstag und vom Kabinett – seine Zustimmung zu einer Arbeitszeitverlängerung in den Bergwerken der Ruhr zu erwirken. Zuvor hatte Stinnes Stresemann mitgeteilt, daß er nicht mehr daran glaube, die Regierung sei in der Lage, diejenigen Arbeitsgesetze zu erlassen, die er als Unternehmer für eine Steigerung der Produktivität und einen Ausgleich der Handelsbilanz für notwendig hielt. Er behauptete, seine Verhandlungen mit den Franzosen beschränkten sich ausschließlich auf die Wirtschaft und berührten keinesfalls die heikle Frage der deutschen Souveränität über die besetzten Gebiete. Es besteht jedoch kein Zweifel, daß er durch das Umgehen der Regierung und seiner eigenen Partei die Position der Franzosen stärkte. Stresemann konnte Stinnes, der ihm seit seiner umstrittenen Aufnahme durch die Partei im Jahr 1920 immer wieder in Schwierigkeiten gebracht hatte, diesen Verrat nie verzeihen, wenngleich er Stinnes' Bemühungen, den Achtstundentag abzuschaffen, die staatliche Regulierung der Industrie zu lockern und die Produktivität der Arbeiter zu erhöhen, teilte und die eingeschränkten Möglichkeiten, die ihm das Ermächtigungsgesetz schließlich zur Verfügung stellte, nutzte, um die Wettbewerbsfähigkeit der deutschen Industrie schrittweise zu verbessern. Was auch immer noch von ihrer Beziehung übrig sein mochte, endete mit Stinnes' plötzlichem Tod sechs Monate später.

Am 15. Oktober wurde schließlich die Verordnung zur Einrichtung der Rentenbank erlassen, die genau einen Monat später mit der Ausgabe der neuen Währung begann, wobei in einem ersten Wechselkurs eine Milliarde Papiermark einer Rentenmark entsprachen.[50] Trotz der Vorbehalte Schachts, der Luthers »Improvisation« zunächst abgelehnt und behauptet hatte, jedes Währungssystem, das nicht fest in Gold verankert sei, müsse scheitern, wurde die neue Ersatzwährung unverzüglich allgemein akzeptiert. Ende November war die inzwischen aufgegebene Papiermark zusammengebrochen und hatte dem US-Dollar gegenüber den phantastischen Umtauschkurs von mehr als vier Trillionen zu eins erreicht. Die Hyperinflation hatte alle Ersparnisse vollständig vernichtet und dadurch zu schrecklichen Folgen für den Einzelnen und die Gesellschaft geführt – einerseits; sie hatte andererseits den erwünschten fiskalischen Effekt, daß sie die gigantischen inländischen Staatsschulden auslöschte – wenngleich auch hier die Ersparnisse der Besitzer entsprechender Papiere ebenfalls getilgt wurden. Das Ende des passiven Widerstands an der Ruhr, die neuen Finanz- und Arbeitsreformen, die durch das Ermächtigungsgesetz möglich geworden waren, und die Einführung einer funktionsfähigen neuen Währung verschafften der bedrängten Wirtschaft eine hoffnungsvolle Atempause. Doch der Preis dafür war hoch.

Stresemann und sein umgebildetes Kabinett mußten sich jetzt mit den unerbittlichen Franzosen und den zögerlichen Briten auseinandersetzen und dabei versuchen, die Auflösung des Reichs zu verhindern, die durch die Kapitulation im Ruhrgebiet und durch separatistische Bewegungen in Bayern, Sachsen und Thüringen ständig drohte. Diese wachsenden ideologischen und regionalen Gegensätze überschatteten Stresemanns mutige Leistungen während seiner ersten beiden Monate im Amt. Es gab jedoch einige Personen, die seine zielstrebige Beharrlichkeit erkannten. Zu ihnen gehörte das ehemalige Mitglied der NLP und der jetzige DDP-Anhänger Schacht, auch wenn er Stresemann gelegentlich kritisierte:

Das politische Verdienst Stresemanns in diesem Spätsommer 1923 kann gar nicht hoch genug veranschlagt werden. Mit der Auswahl theoretischer Stabilisierungsvorschläge hielt er sich nicht lange auf. Ihm lag daran, die innenpolitische Konstellation zu schaffen, die eine ausreichende Majorität für eine Stabilisierung ermöglichen würde. Darüber hinaus gelang es ihm, die Alliierten für eine Mitwirkung an der Ordnung der finanziellen und wirtschaftlichen Verhältnisse in Deutschland zu interessieren.[51]

Ausgerüstet mit dem Ermächtigungsgesetz, das bis März 1924 in Kraft bleiben sollte, ermutigt durch die Rentenmark und die Vollmachten, die Eberts Rückgriff auf Artikel 48 geschaffen hatte, schien das erneuerte Kabinett unter Stresemanns Führung jetzt in der Lage, die gewaltigen Probleme der Nation in Angriff zu nehmen, wie Hans Luther in seinen Erinnerungen schreibt.[52]

Auch Geßler, der als Reichswehrminister verantwortlich dafür war, die bedrohlichen politischen Unruhen im Land im Zaum zu halten, anerkannte Stresemanns Führungsqualität im Kabinett, das sich Poincaré, der Besetzung von Rhein und Ruhr und den rasch um sich greifenden separatistischen Bewegungen stellen mußte:

> Ich sah, wie schlecht es um seine Gesundheit stand, wie mühsam er sich aufrecht hielt. Manchmal schien er zusammenzubrechen während der Verhandlungen ... Aber er nahm irgendein Stimulans und richtete sich immer wieder auf ... Seine gesamte Amtszeit war ein Wettlauf zwischen dem großen Ziel der Befreiung des Rheinlandes von der Fremdherrschaft und der Erschöpfung seiner eigenen Lebensgeister ... Das ist seine große historische Leistung.[53]

Kapitel 13

Das Reich am Abgrund

Der Inflation ausgeliefert und international isoliert, stand Deutschland im Oktober 1923 kurz vor dem Zusammenbruch. Auch nach mehr als einem halben Jahrhundert der Zugehörigkeit zum Reich waren die Beziehungen des Nordens, Südens und Westens zum preußischen Berlin angespannt. Diese geographischen und politischen Verwerfungslinien nutzten die extremen Rechten wie Linken für ihre jeweilige Politik aus. Die Zentralregierung, die aus konfligierenden Politikern und Parteien bestand, war anscheinend mehr daran interessiert, ihre eigene Weiterexistenz zu sichern, als die Nation zu führen. Sachsen und Thüringen hatten SPD-Regierungen mit kommunistischer Beteiligung. Das instabile Bündnis von Monarchisten und Rechtsextremisten, das in München herrschte, brach mit Berlin und drohte, nach Norden zu marschieren. Das Rheinland und die Ruhr spielten mit verschiedenen Möglichkeiten eines unabhängigen Bündnisses mit Frankreich. Kommunisten belagerten Hamburg, Teile Schleswigs trauerten der verlorenen Verbindung mit Dänemark nach, und die polnische Grenze blieb auch weiterhin eine politische Krisenregion. Angesichts der Braunhemden in München, der Marxisten in Dresden, der französischen Separatisten im Rheinland, den in kurzer Zeit steinreich gewordenen Großindustriellen an der Ruhr und einer Reichswehr, die eine Art Eigenstaatlichkeit für sich beanspruchte, sah es jetzt so aus, als gäbe es mehrere Deutschlands und als stünde ein zweiter Dreißigjähriger Krieg vor der Tür.

Während all dieser Erschütterungen erlebte Berlin eine kulturelle Revolution; die Hauptstadt Preußens mit ihrem

Sinn für Ordnung wurde, wie Christopher Isherwood das nannte, von einem »Anfall von Hysterie« überwältigt. Anarchistische und emanzipatorische Verhältnisse durchdrangen fast alle Winkel der Gesellschaft und stellten die Werte der Vergangenheit in Frage. Gemeinsam hatten die unterschiedlichen Bewegungen und Initiativen nur ihre Rebellion gegen die Konventionen und den verzweifelten Versuch, die am Boden liegende Gesellschaft zu erneuern. Bei einem Besuch in Berlin konstatierte Walter Gropius, hier ginge es nicht allein um einen verlorenen Krieg; vielmehr sei diese Welt an ihr Ende gelangt. Für alle Probleme müsse eine radikale Lösung gesucht werden.[1] Der Historiker Friedrich Meinekke beobachtete eine tiefe Sehnsucht nach innerer Einheit, die besonders gut im Pessimismus des ersten Bandes von Oswald Spenglers Werk *Der Untergang des Abendlandes* sichtbar wurde.[2]

Tatsächlich war Berlin für Stresemann zu einer fremden Stadt geworden; beinahe alle Werte der Mittelklasse aus seinen frühen Jahren galten nicht mehr. Er reagierte darauf mit einer unermüdlichen Verteidigung der klassischen Literatur und der deutschen Vorbilder seiner Jugend und brachte seine im besten Sinne reaktionären Ansichten in Briefen und gelegentlich sogar in Gedichten zum Ausdruck. In einem Brief an einen jungen Freund meinte er – in einer Anspielung auf die leuchtenden Beispiele, die die Humboldts, Goethe und Schiller gesetzt hatten – niedergeschlagen: »Der Mensch hatte nicht die Qualität des heutigen Wissens und der heutigen Kenntnisse, aber das wenige, was er kannte, drang tiefer in sein Herz und seine Sinne ein.«[3]

Sein Artikel »Goethe und Napoleon«, der 1922 in den *Deutschen Stimmen* gedruckt wurde, liefert reiche Belege dafür, wie sehr Stresemann sich den deutschen Größen der Vergangenheit verbunden fühlte. Diese Haltung wird auch daran deutlich, daß er sich für einen anderen Autor einsetzte und darauf drang, daß dessen Artikel »Freiherr von Stein und Bismarck« in den *Deutschen Stimmen* veröffentlicht wurde.[4] Stresemanns Verehrung für Goethe und Napoleon überstand unbeschadet den Krieg, die Revolution und die

13. Das Reich am Abgrund

folgenden kulturellen Umwälzungen. An seine Frau schrieb er bekümmert, daß er im Herzen immer noch in der alten Zeit lebe. Es schmerzte ihn, zu sehen, wie sehr sich alles verändert hatte.[5]

Es war eine Gesellschaft ohne Kanon, ohne einheitliches Weltbild; Modernisten, Anarchisten, Marxisten, Monarchisten, rechtsextreme Eiferer und eine Handvoll politischer Führer, die nach einer Mitte suchten, existierten allesamt nebeneinander. Noch immer standen diesen mächtigen Strömungen eine unreformierte Bürokratie und engstirnige Universitäten entgegen, sowie, im Hintergrund, die hochdisziplinierte, jedoch unberechenbare Reichswehr. In seiner Autobiographie faßt George Grosz diese beängstigende und zugleich faszinierende Atmosphäre folgendermaßen zusammen: »Es war eine völlig negative Welt, mit buntem Schaum obenauf, den viele für das wahre, das glückliche Deutschland vor dem Ausbruch der neuen Barbarei hielten. Fremde, die uns damals besuchten, ließen sich nur zu leicht durch das scheinbar sorglose, lustige, wirbelnde Leben an der Oberfläche täuschen, durch die Nachtlokale und die sogenannte Freiheit und Kunstblüte. Aber das war eben doch nur bunter Schaum, nichts weiter. Dicht unter dieser lebendigen Oberfläche, die so schön wie ein Sumpf schillerte und ganz kurzweilig war, lagen der Bruderhaß und die Zerrissenheit, und die Regimenter formierten sich für die endgültige Auseinandersetzung.«[6]

Die strikten Moralvorstellungen, der Wilhelminischen Gesellschaft hatten ihre Gültigkeit verloren, nicht zuletzt aufgrund von Armut: »Harte Arbeit schien jetzt nichts mehr zu bedeuten; nur durch Kriminalität, den Schwarzmarkt oder Prostitution konnte man vorwärts kommen ... Während die örtliche Bevölkerung sich um weggeworfene Zigarettenstummel und eine Mahlzeit aus Ratten und Vögeln stritt, wurde Neuankömmlingen aus dem Ausland in den Berliner Nobelhotels jeder Wunsch erfüllt, und für nur 100 Dollar konnte man elegante Reihenhäuser kaufen oder für eine Nacht die Berliner Philharmoniker mieten.«[7] Die alten bürgerlichen Tugenden und die bürgerlichen Kräfte waren ebenso zusammengebrochen wie die Mittelklasse selbst.

Weit beunruhigender als die satirischen Gedichte Walter Mehrings, die expressionistischen Stücke Arnolt Bronnens oder die proletarischen Dramen Ernst Tollers und Bertold Brechts war die anscheinend nicht enden wollende Reihe politischer Attentate, die mit der Ermordung Liebknechts und Luxemburgs begonnen hat und denen danach Erzberger und Rathenau und viele Juden, Kommunisten und Republikaner aus allen gesellschaftlichen Schichten zum Opfer fielen. In den ersten vier Jahren der Weimarer Republik gab es mehr als 400 politisch motivierte Morde, die fast alle von Rechtsextremisten begangen worden sind; viele wurden nie aufgeklärt, die meisten blieben ungesühnt.[8] Die leichten Strafen, zu denen die Mörder verurteilt wurden, enthielten laut Kurt Tucholsky die eindeutige Aufforderung: »Weitermachen.« Man hatte sich so sehr an diese mörderische Atmosphäre gewöhnt, daß er vorschlug, eine Broschüre für politische Mörder in spe herauszugeben.[9] Scheidemann trug einen Revolver bei sich, und Stresemanns Leben war mehr als einmal bedroht. Zwar wurden diese Morde damals auf keine bestimmte Gruppe zurückgeführt; später jedoch wurde eine Münchner Organisation ehemaliger Freikorps-Offiziere als Hauptverantwortliche identifiziert. München ist in diesen Jahren zu einer Brutstätte rechtsextremer Aufstände geworden.

Das umgebildete Kabinett Stresemann wurde in einer Vertrauensabstimmung am 8. Oktober bestätigt, und das Ermächtigungsgesetz wurde nach heftiger Opposition der DNVP fünf Tage später mit großer Mehrheit angenommen. Die finanzielle Belastung durch den passiven Widerstand fiel nunmehr weg, doch die Franzosen hielten die Ruhr auch weiterhin besetzt. Da es keine Vereinbarung gab, die die Kohleförderung und deren Transport nach Frankreich regelte, wurde in den Bergwerken nicht gearbeitet. Der Reichstag hatte die Rentenbank zwar zur Durchführung der Währungsreform bevollmächtigt, doch diese mußte erst noch vollzogen werden. Durch das Ermächtigungsgesetz hatten sich allerdings die Befugnisse des Kabinetts erweitert, und

13. Das Reich am Abgrund 321

trotz einiger Einschränkungen durch den Widerstand der SPD waren in einem gewissen Rahmen Fiskal- und Arbeitsreformen möglich geworden.

Durch die präsidiale Notverordnung nach Artikel 48 war Reichswehrminister Geßler, befugt, alle notwendigen Maßnahmen zur Unterdrückung von Aufständen und extremistischer Aufwiegelung durchzuführen – natürlich unter der Voraussetzung, daß die Reichswehr, deren Gehorsam noch nie auf die Probe gestellt worden war, ihm darin folgte. Alles in allem mußte sich das Kabinett einigen großen Herausforderungen stellen. Ganz oben auf der Tagesordnung stand die Ruhr. Dort mußte die Wiederaufnahme von Arbeit und Produktion gewährleistet werden, während das Rheinland gegen die von Frankreich geförderten schwelenden separatistischen Bewegungen immunisiert werden mußte. Die Schwierigkeiten in beiden Regionen waren mit dem nach wie vor ungelösten Problem der Reparationen verbunden.

Ebert und Stresemann hatten gehofft, daß die bedingungslose Kapitulation an der Ruhr Poincaré an den Verhandlungstisch zurückführen würde. Doch der französische Ministerpräsident blieb unnachgiebig, er ignorierte die Appelle aus Berlin und konzentrierte sich nach eigener Aussage darauf, daß die »Reparationsgarantien« erfüllt wurden.[10] Für ihn stellte die Ruhrbesetzung eine Art Trumpf dar, mit dem er sich bei einer Einigung über die Reparationen sowohl gegenüber den Deutschen wie auch gegenüber den Alliierten einen Vorsprung sichern wollte. Noch wichtiger war, daß durch die Besetzung des Rheinlands die Aussicht auf die Bildung eines unabhängigen Rheinland-Staats an der strategisch bedeutenden Rheingrenze bestand. Diese beiden politischen Ziele waren insofern untrennbar miteinander verbunden, als die Not und die Entfremdung gegenüber dem Reich an der Ruhr den separatistischen Bestrebungen der Franzosen im Rheinland zugute kamen.

Um diese Ziele zu erreichen, ordnete Poincaré an, daß die französischen Besatzungsbehörden direkt mit den Ruhr-Industriellen über Produktions- und Reparationsleistungen verhandeln sollten, während er die dringlichen Bitten um eine staatliche Einigung aus Berlin ignorierte. Wie bereits erwähnt, hatten Stinnes und eine Gruppe führender Industrieller der Ruhr einige Wochen lang informelle Gespräche mit General Dégoutte, dem Oberbefehlshaber der französichen Okkupationstruppen, geführt in der Hoffnung, die Produktion wiederaufnehmen zu können und von den Franzosen die Genehmigung zu einer willkürlichen Verlängerung der Arbeitszeit zu erhalten, die die Regierung Stresemann ihnen nicht zugestehen wollte. Otto Wolff von den Rheinstahl- und Phönix-Werken, der im Namen dieser Gruppe auftrat, akzeptierte am 8. Oktober vorläufig die Bedingungen, die Dégoutte und die von Frankreich kontrollierte MICUM (Mission Interallié de Controle des Usines et Mines) gestellt hatten, wodurch die Wiederaufnahme eingeschränkter Kohlelieferungen nach Frankreich möglich wurde; dabei waren jedoch strikte Auflagen zu erfüllen, etwa Steuerzahlungen an die Alliierten. Stresemann, dem es nicht gelungen war, das Interesse französischer Politiker an solchen Gesprächen zu wecken, fühlte sich durch diese eigenmächtige Demarche von Wolff und Stinnes persönlich hintergangen und meinte, sie unterminiere die Autorität seiner Regierung. Am 12. Oktober äußerte er sich öffentlich in der *Kölnischen Zeitung* über seine Enttäuschung und sagte: »Ich muß den Abschluß derartiger Verhandlungen ohne Kenntnisgabe an die Reichsregierung bedauern...«[11]

Am 23. November 1923 wurde schließlich mit Zustimmung des Kabinetts eine offizielle MICUM-Vereinbarung getroffen: Die Ruhr bliebe auch weiterhin besetzt, und 30 Prozent der Kohleproduktion der Region sollten als Reparationsleistung an die Besatzungsbehörden geliefert werden. Durch dieses Arrangement erhielt Poincaré die »Produktionsgarantien«, und es verschaffte den Bergleuten die dringend benötigten Arbeitsplätze.[12] Gleichzeitig verstärkten die Franzosen jedoch ihre Unterstützung separatistischer Bestrebungen im Rheinland.

Die Rheinland-Kommission der Alliierten war im Mai 1919 geschaffen worden, um die in Versailles beschlossene, auf 15 Jahre angelegte Okkupation zu überwachen und gleichermaßen deutsches Wohlverhalten und die Sicherheit der alliierten Besatzer zu gewährleisten. Im Oktober 1923 war diese Kommission zu einem Instrument französischer und belgischer Unterdrückung geworden. Die Amerikaner hatten sich fast vollständig aus den Verhandlungen zurückgezogen, was ihre Politik des »interessierten Desinteresses« widerspiegelte, während sich die Briten als frustrierte und weitgehend passive Beobachter weiter daran beteiligten.[13] Die örtlichen deutschen Separatisten, deren miteinander konkurrierende Anführer unterschiedliche politische Ansichten vertraten, organisierten in Erwartung größerer französischer Unterstützung eine Reihe von Einzeldemonstrationen; diese fanden zunächst Ende September in Düsseldorf statt, danach kam es im Oktober noch zu einigen Aufständen in Aachen, Wiesbaden, Trier, Mainz und einigen kleineren Städten, die schließlich zur Ausrufung einer eigenständigen »Rheinischen Republik« führten. Anfangs schien diese »Vereinigte Rheinische Bewegung« eine gewaltige Bedrohung darzustellen. Doch wegen des diffusen Verhaltens der örtlichen Anführer und des deutschen Widerwillens gegen das arrogante Auftreten der Franzosen verlor sie in der Bevölkerung rasch an Rückhalt. So konnte man in der ersten Novemberwoche des Jahres 1923 zwar in fast allen Städten der französischen und belgischen Zone die rheinische Trikolore über den Rathäusern wehen sehen, doch die Begeisterung der Bürger hielt sich in Grenzen.[14]

Keiner der separatistischen Opportunisten besaß auch nur annähernd die Autorität, die Führungsqualitäten und das Format Konrad Adenauers. Er war 1917 zum Kölner Oberbürgermeister gewählt worden und blieb ohne Unterbrechung bis zu seiner Absetzung durch Hitler 1933 im Amt. Der katholische Zentrumspolitiker war 1923 die einflußreichste Persönlichkeit im Rheinland. Adenauer verfolgte zwar ähnliche Ziele wie die dubiosen Führer der rheinischen Separatisten, doch er wahrte klugerweise Distanz zu diesen. Als Konkurrent Stresemanns war Adenauer 1921 kurzzeitig als Nachfolger Fehrenbachs im Gespräch gewesen; jetzt war er die entscheidende Figur innerhalb der »Dreiecksbeziehung« zwischen den Franzosen, den Rheinländern und der Regierung in Berlin.[15] Die meisten damaligen Beobachter stimmen darin überein, daß sie einander absolut nicht ausstehen konnten.[16] Stresemann und Adenauer standen sich keineswegs nahe. Stresemann betrachtete Adenauer mit einer Art instinktiven Mißtrauen. Im *Nachlaß* äußert sich Stresemann zu seinem rheinländischen Gegenspieler durchweg kritisch. Während der stürmischen Nachkriegsmonate schloß sich Stresemann den weitverbreiteten Vorwürfen an, Adenauer versuche, das Rheinland von Preußen und sogar vom Reich zu lösen, und zöge es vor, direkt mit den Franzosen zu verhandeln, um so die heftige Kritik durch Versailles zu vermeiden. Dieselben Vorwürfe wurden 1923 erneut erhoben. Die Wege der beiden Politiker kreuzten sich selten, doch bei jeder Begegnung gab es heftige Kontroversen.

Für General Dégoutte war die Entfremdung des Rheinlands vom Rest Deutschlands der Hebel, mit dem er Bayern, Sachsen und die anderen unschlüssigen Länder aus dem Reich herauslösen wollte. Deshalb setzte er sich für eine verlängerte Okkupation, direkte Verhandlungen mit den deutschen Industriellen und eine nur symbolische Ermutigung der aufständischen Separatisten ein, denn er hoffte, dadurch käme es eines Tages zu einer Annexion durch Frankreich.[17] Der französische Hochkommissar Paul Tirard hingegen pflegte äußerst enge Verbindungen zur separatistischen Bewegung, denn er verfolgte die unrealistische Hoffnung, die Separatisten seien in der Lage, einen unabhängigen Staat zu schaffen, der sich den französischen Interessen gegenüber aufgeschlossen zeige. Er hatte große Erfahrungen in der Militärverwaltung gesammelt, war in Frankreich höchst angesehen und betrachtete es als seine Aufgabe, das Rheinland von Deutschland abzutrennen und den neuen, unabhängigen Staat wirtschaftlich und politisch in Westeuropa zu integrieren.[18]

Die unterschiedlichen Ansichten Dégouttes und Tirards wiesen deutliche Parallelen zur Haltung von Stinnes und sei-

13. Das Reich am Abgrund

ner Freunde aus der Industrie auf, denn diese hatten kaum noch Vertrauen zur Politik Berlins; wirtschaftliche Vorteile waren ihnen ohnehin wichtiger als die Loyalität gegenüber der Nation oder dem Kanzler. Sie rechneten sich durch eine Annäherung an Frankreich Vorteile aus. Seinen Parteikollegen aus der DVP schien Stinnes' rastlose Energie »nicht national gehemmt, nicht an Landesfarben, Landesgrenzen gebunden«, sondern vielmehr ausschließlich von nacktem Eigeninteresse geleitet, das sich als Einsatz für die Weltwirtschaft tarnte. Trotz seines kritischen Artikels in der *Kölnischen Zeitung* vom 12. Oktober bekannte Stresemann gegenüber Stinnes in einem Brief, daß das Reich als Teil des Stabilisierungsprogramms der Rentenbank bald gezwungen sein werde, die finanzielle Unterstützung der besetzten Gebiete einzustellen. Unfreiwillig gab er dadurch Stinnes freie Hand, direkt mit den Franzosen zu verhandeln. Geradezu resigniert meinte er: »Wir kämpfen jetzt um die nackte Existenz des deutschen Volkes und müssen diesem Gesichtspunkte alles andere unterordnen.« Er wiederholte jedoch, daß Stinnes und seine Gruppe keineswegs autorisiert seien, über Angelegenheiten zu verhandeln, »die staatliche Rechte, insbesondere Hoheitsrechte« berührten; auch dürften sie die heikle Arbeitszeitfrage nicht anschneiden.[19]

Unmittelbar nach Stresemanns Brief an Stinnes beschloß das Kabinett die Einrichtung der Rentenbank und die Ausgabe der neuen Währung zum 15. November. Gleichzeitig erfuhr Stresemann von den Plänen Frankreichs, eine eigene durch Gold gedeckte Währung im Rheinland einzuführen – ein Schritt, der offenkundig Ablösung vom Reich beschleunigen sollte. An jenem Tag fiel die Papiermark gegenüber dem Dollar auf einen Kurs von 3,8 Milliarden und wurde damit als Währung vollkommen irrelevant. Es begann das Rennen um die Einführung der neuen Währung und die Maßnahmen zur wirtschaftlichen Stabilisierung, die so überzeugend ausfallen mußten, daß sie den Angriffen der Spekulanten und den französischen Avancen im Rheinland Widerstand leisten konnten. Da die finanziellen Reserven des Reichs so gut wie erschöpft waren und die finanzielle

Unterstützung der Ruhr mit der Einführung der neuen Währung am 15. November enden würde, zweifelte Poincaré nicht nur daran, daß sich Stresemanns Programm einer Wirtschaftsreform durchführen ließe; er war auch immer mehr davon überzeugt, daß es nur noch eine Frage von Monaten sei, bis die Bindung des Rheinlands an das Reich vollständig zerstört sein würde – und daß Bayern und Sachsen diesem Beispiel in Kürze folgen würden. Er war auch deswegen davon überzeugt, daß es zu einer raschen Entscheidung kommen mußte, weil die übrigen Alliierten die ihrer Meinung nach habgierige Politik Frankreichs mit wachsender Unruhe betrachteten.

Genau dieser Umstand war es auch, der Stresemanns vage Hoffnung nährte, daß die Briten und Amerikaner in Kürze dazu gebracht werden konnten, sich wieder an den Reparationsverhandlungen zu beteiligen. Am 24. Oktober erklärte er gegenüber dem Kabinett, wie wichtig es war, der Welt die bedrohliche Lage des deutschen Staats klarzumachen.[20] Der Reparationskommission teilte er mit, daß Deutschland keine weiteren Zahlungen mehr leisten könne und berief sich auf Artikel 234 des Versailler Vertrags, der eine unabhängige Prüfung der Frage vorsah, in welchem Ausmaß Deutschland den Reparationsverpflichtungen nachkommen könne.

Trotz der bevorstehenden Währungsreform und der Aussicht auf eine wirtschaftliche Stabilisierung blieb die Lage im Inland chaotisch. In Hamburg schlugen örtliche Einheiten der Polizei und der Reichswehr am 23. und 24. Oktober einen von den Kommunisten organisierten Aufstand nieder. Gerüchte gingen um, daß eine ähnliche Revolte in Sachsen geplant sei. Auch in Bayern hatten die Spannungen zugenommen. Noch prekärer war die Lage in den besetzten Gebieten, in denen man sich große Sorgen über die Einstellung der finanziellen Unterstützung durch das Reich machte und es immer häufiger zu Unruhen kam. Adenauer und ein Ad-hoc-Komitee aus Vertretern der verschiedenen örtlichen Parteien drangen auf eine Vollmacht, direkt mit den Franzosen zu verhandeln.

Am 25. Oktober fuhr Stresemann, begleitet von den

13. Das Reich am Abgrund

Ministern Fuchs (Zentrum) und Sollmann (SPD) sowie dem preußischen Ministerpräsidenten Braun nach Hagen in Westfalen, um sich mit der Gruppe um Adenauer zu treffen und eine Schlichtung zu schlichten zu versuchen. Karl Jarres, der DVP-Oberbürgermeister von Duisburg, hatte an diesem Tag den Vorsitz bei den Verhandlungen. Etwa 250 örtliche politische Führer aus allen größeren Parteien nahmen an den Gesprächen teil. Ihr gemeinsames Ziel bestand darin, vom Reich die Anerkennung eines kleinen Direktoriums zu erhalten, das befugt sein sollte, direkt mit den französischen Behörden zu verhandeln, um so den Separatisten zuvorzukommen. Wie Adenauer sagte, waren sie davon überzeugt, »daß das Reich und die Länder trotz des besten Willens uns nicht helfen können.«[21] Sie schlugen Adenauer als Vorsitzenden dieses neuen Ausschusses vor, der mit den Franzosen ausschließlich über regionale wirtschaftliche Fragen sprechen und Berlin bei allgemeineren politischen Themen beraten sollte. Stresemann vertrat nachdrücklich seine Position, daß »nach wie vor ... jeder Gedanke einer Losreißung der besetzten Gebiete vom Reich und den Ländern (Preußen) selbstverständlich ausgeschlossen sei«.[22] Er sicherte den Rheinländern zwar begrenzte finanzielle Hilfen zu, allen Beteiligten war jedoch klar, daß mit Regierungssubventionen praktisch nicht mehr zu rechnen war.

Der Bildung des vorgeschlagenen Ausschusses stimmte Stresemann zu, solange dieser sich nicht in hoheitsrechtliche Fragen einmischte, für die ausschließlich Berlin zuständig war. Er versuchte dem um sich greifenden Pessimismus entgegenzuarbeiten, indem er darauf verwies, daß es in jüngster Zeit Anzeichen für das lange ersehnte Engagement der Briten und Amerikaner gegeben habe. Doch nach stundenlangen Diskussionen war evident, daß er nichts weiter anbieten konnte. Ohne eine internationale Intervention war es folglich gut möglich, daß sich die besetzten Gebiete vom Reich lösten.

Am selben Abend noch hielt Stresemann in der überfüllten neuen Stadthalle in Hagen eine Rede. Er versicherte erneut, daß das Reich entschlossen war, der illegalen und ungerechten französischen Okkupation Widerstand zu leisten, und verlangte, daß die Franzosen die Bedingungen wiederherstellten, die vor der Besatzung geherrscht hatten. Die Reparationszahlungen konnten und würden nicht wiederaufgenommen werden, solange Deutschland nicht über seine produktivste Region verfüge und die Franzosen die Bestimmungen des Versailler Vertrags verletzten – eine Argumentation, die die Verhältnisse umkehrte. Er berichtete über eine Erklärung, die er kurz zuvor der Reparationskommission mitgeteilt hatte, die »Poincaré nicht einfach ignorieren konnte«. Auf die Hoffnung einer britisch-amerikanischen Intervention anspielend, warnte er jedoch: »Wir stehen allein auf der Welt. Vergessen wir das eine nicht: Jeder Wiederaufstieg Deutschlands muß und wird ausgehen von der sittlichen Empfindung des deutschen Volkes.« Er beendete seine Rede, indem er die Notwendigkeit betonte, die Produktivität zu erhöhen und die Arbeitszeit zu verlängern, mit Pathos:

> Nie war wohl die Gefahr um die Ehre und die Zukunft unseres Volkes größer als gegenwärtig. Aus tiefer Not schreie ich zu dir. Gott aber hilft nur denen, die sich selber helfen. Im Vertrauen auf die Zukunft müssen wir die Gegenwart ertragen...[23]

Ein Gefühl der Hilflosigkeit bedrückte Stresemann, als er nach Berlin zurückkehrte. Als er zu Hause ankam, mußte er sich der Realität des nationalen Zusammenbruchs stellen. Die Aufstände in Bayern und Sachsen zeigten, daß die einzige Person, die imstande war, die Ordnung wiederherzustellen, offensichtlich den Gehorsam verweigerte. Am 24. Oktober, unmittelbar vor seiner Abreise nach Hagen, hatte General von Seeckt Stresemann gedrängt, zurückzutreten. Laut von Seeckt überstiegen die Probleme Stresemanns Fähigkeiten; wobei er, von Seeckt, in der Lage sei, solche Maßnahmen zu ergreifen, die zur Wiederherstellung der nationalen Einheit notwendig seien. Stresemann hatte dieses Ansinnen umgehend abgelehnt und den Schluß gezogen, daß

13. Das Reich am Abgrund

er sich definitiv nicht auf die Reichswehr verlassen konnte, wenn es darum ging, die Revolte in Bayern einzudämmen.[24] In Sachsen jedoch lagen die Dinge anders, und gegen die Kommunisten in Dresden vorzugehen, bot vielleicht die Möglichkeit, Aktionen der Bayern zu konterkarieren. So bestand angesichts der schwelenden Krise im Süden Stresemanns erste Aufgabe darin, sich um die Region zu kümmern, in der sein politischer Aufstieg begonnen hatte.

Wegen seiner zahlreichen kleinen, finanzschwachen Textilbetriebe und dem mächtigen Einfluß der gut organisierten Gewerkschaften galt Sachsen als Hochburg der SPD und wurde von vielen nach den Crimmitschau-Streiks von 1903/04 als »das rote Sachsen« bezeichnet. Erich Zeigner, der kurz zuvor gewählte Ministerpräsident, war im November 1918 in die USPD eingetreten. Während der folgenden Jahre erwies er sich als einer ihrer radikaleren Vertreter. Er besaß ein aufwieglerisches Talent und galt bei vielen – selbst innerhalb seiner Partei – als schnell reizbarer Psychopath. Sollmann, der ihn gut kannte, hielt ihn gar für eine »ganz schwache Persönlichkeit«. Radbruch betrachtete ihn ebenfalls als »ganz schwach [und zwar] durch betonte Rücksichtslosigkeit, ja Brutalität«.[25]

Weil Zeigner im Landtag nur eine knappe Mehrheit besaß, wurde er schon bald von der Unterstützung durch die Kommunisten abhängig. Am 12. Oktober hatte er zwei Mitgliedern der KPD die Regierungsbeteiligung angeboten. Erstmals brachte er seine neue Macht durch einen extrem heftigen Angriff gegen Geßler, die Reichswehr und die Freiwilligenverbände der »Schwarzen Reichswehr« in Bayern zum Ausdruck, die seiner Ansicht nach seine angeschlagene Regierung zu unterminieren beabsichtigten. Als Antwort auf diese Bedrohung förderte er die Bildung einer örtlichen »proletarischen Armee« (die »proletarischen Hundertschaften«) und eröffnete ein propagandistisches Sperrfeuer gegen die Regierungen in Berlin und Bayern, die für ihn Werkzeuge der Unterdrückung waren.

Am Tag darauf hatte Zeigners Finanzminister Böttcher zu einer proletarischen Revolution aufgerufen und die Bildung von Arbeiterräten vorgeschlagen. Diese Kampagne wurde von der kommunistischen Zeitung *Rote Fahne* unterstützt; ein Artikel war von keinem Geringeren als Josef Stalin unterschrieben.

Reichswehrminister Geßler drängte auf eine sofortige Strafaktion. General von Seeckt, der an fast jeder Kabinettssitzung teilnahm, reagierte jedoch ausweichend und wollte wie schon in der Vergangenheit verhindern, daß sich seine Armee an einem politischen Abenteuer im eigenen Land beteiligte. Das Patt zwischen den beiden führte zu einer vorübergehenden Lähmung.[26] Wie schon Ebert und Noske vor ihm, mußte auch Stresemann erkennen, daß die zu diesem Zeitpunkt unzuverlässige Reichswehr das einzige Element darstellte, das den Extremismus kontrollieren und die Einheit der Nation garantieren konnte:

> Um das Reich überhaupt zusammenzuhalten, es dem Ausland gegenüber verhandlungsfähig zu halten, blieb der Regierung nur der Einsatz des einzigen Machtmittels übrig, das in der Hand des Reiches selbst lag, der Reichswehr. Der militärische Ausnahmezustand war so unabweisbare Notwendigkeit geworden.[27]

Unabhängig von General von Seeckt hatte General Müller, der Reichswehrkommandant in Sachsen, die Angelegenheit selbst in die Hand genommen und den Rücktritt von Zeigner und Böttcher verlangt. Da diese sich weigerten, entsandte Müller seine württembergische Einheit nach Sachsen. Es kam zu blutigen Auseinandersetzungen, gefolgt von vereinzelten Streiks und Demonstrationen der Arbeiter, aber der schlecht organisierte kommunistische Griff nach der Macht scheiterte. Doch selbst unter diesen Umständen weigerte sich Zeigner hartnäckig, sein Amt niederzulegen, und warf der Reichswehr vor, sie sei illegal in sein Land eingedrungen, um eine rechtsgerichtete bayerische Verschwörung zu unterstützen, die das Ziel habe, seine Regierung zu stürzen. Vertreter der SPD versuchten erfolglos, in dieser verfahrenen Situation zu vermitteln, die das nationale Ansehen der Partei

13. Das Reich am Abgrund

bedrohte und die aggressive Haltung der radikalen Rechten in Bayern weiter anheizte.

Vor diesem Hintergrund verlangte Stresemann in einer Kabinettssitzung am 27. Oktober, daß das Kabinett ein Ultimatum aussprach, das die Auflösung der Regierung Zeigner und die Bildung eines neuen sächsischen Kabinetts ohne kommunistische Beteiligung vorsah. Sollte sich die sächsische Regierung weigern, dieser Forderung nachzukommen, würde er sich nachdrücklich für die Ernennung eines Reichskommissars einsetzen, der bis zur Bildung einer akzeptablen Landesregierung mit sämtlichen Exekutivvollmachten ausgestattet werden sollte. Justizminister Radbruch äußerte Vorbehalte, und auch andere Kabinettsmitglieder der SPD hatten Bedenken. Stresemann bestand jedoch darauf, daß sofort gehandelt werden müsse, um den Kommunisten in Sachsen und dem Rechtsradikalismus in Bayern Einhalt zu gebieten. Trotz juristischer Komplikationen sei es notwendig, so vorzugehen, nicht zuletzt um die Entschlossenheit der Reichsregierung zu demonstrieren, sich den Kommunisten zu widersetzen; dies galt besonders angesichts der eskalierenden Situation in Bayern. Schließlich stimmten die Regierungsmitglieder der SPD der Übermittlung eines Kommuniqués an Zeigner zu, das gleichzeitig in der Presse veröffentlicht werden sollte und in dem festgelegt war, er solle innerhalb von 24 Stunden den Forderungen nachkommen. Die SPD-Minister, die nur widerstrebend eingewilligt hatten, baten um eine Unterbrechung der Kabinettssitzung, damit sie mit ihren Fraktionskollegen diese »schwere Belastungsprobe« besprechen konnten.[28]

Zeigners Antwort bestand darin, daß er erklärte, Berlin sei nicht befugt, sich in die inneren Angelegenheiten Sachsens einzumischen. Ohne sein Kabinett zu Rate zu ziehen, entsandte Stresemann Rudolf Heinze als zivilen Reichskommissar nach Dresden mit der Vollmacht, Zeigner abzusetzen und eine neue Regierung zu bilden. Sollte dies nicht gelingen, hatte Heinze die Anweisung, persönlich die Exekutivverantwortung zu übernehmen. Am Tag darauf brachten die SPD-Minister in einer Kabinettssitzung ihre Empörung über diese

Willküraktion zum Ausdruck, doch Stresemann verteidigte sich: Sie sei nichts weiter als die Umsetzung des gemeinsamen Beschlusses und notwendig, um einen Putsch von rechts zu verhindern. Wilhelm Sollmann, der SPD-Innenminister, widersprach dieser Vorgehensweise entschieden, forderte nachdrücklich Verhandlungen und stellte dezidiert klar, daß die Reichswehr und Heinze sich nicht mehr in die Angelegenheiten Sachsens einmischen sollten.

Heinze war eine unglückliche Wahl für diese Aufgabe. Als ehemaliger königlicher Staatsminister für Sachsen war er ein führendes Mitglied der DVP und stand noch weiter rechts als Stresemann, mit dem er um die Parteiführung konkurrierte. Er besaß keinerlei diplomatisches Geschick oder politisches Gespür. Laut Berichten aus Dresden, die Sollmann weiterleitete, besetzte er gewaltsam in Begleitung von Reichswehreinheiten General Müllers die örtlichen Regierungsbüros und ließ Zeigner und seinen kommunistischen Finanzminister Böttcher unter den dröhnenden Klängen einer Militärkapelle in den Hof abführen. Stresemann suchte diese Darstellung zwar zu korrigieren, doch es war kaum zu bezweifeln, daß Heinze seine Mission in »provokatorischer Weise« ausgeführt hatte, was die SPD endgültig aufbrachte. Nur wenige Tage zuvor hatte Sollmann in Hagen Stresemann ausdrücklich unterstützt. Angesichts der Umstände in Sachsen war er jedoch jetzt der Meinung, daß er und seine Parteikollegen über einen Austritt aus dem Kabinett nachdenken mußten. Für ihn stand die Behandlung der Sozialdemokraten in Sachsen in scharfem und ungerechtem Gegensatz zur fortgesetzten Nachgiebigkeit gegenüber den Monarchisten und Faschisten, die mittlerweile lärmend durch München marschierten.[29] Von Seeckt schwieg während der ganzen Episode.

Am 31. Oktober wählte der neu zusammengetretene Landtag Handelsminister Fellisch zum Nachfolger Zeigners unter der Bedingung, daß der zuvor verhängte Notstand aufgehoben würde und die Reichsregierung die erforderlichen, durch die Verfassung gebotenen Maßnahmen gegen Bayern treffen würde. Fellisch war nichts weiter als ein »schwaches

13. Das Reich am Abgrund

Echo seines Vorgängers« und für Müller wie für Heinze inakzeptabel.[30] Stresemann und Geßler waren sich einig darin, daß eine militärische Kontrolle auch weiterhin nötig war, und sie hofften, daß eine Machtdemonstration in Dresden die bedrohlichen Aktionen der Rechten im benachbarten Bayern zügeln könne. Daher ignorierten sie die Forderungen des sächsischen Landtags. Heinze, General Müller und seine Truppen blieben, wo sie waren und regierten das Land. Auf ähnliche Weise – wenn auch weniger offensichtlich – wurde in Thüringen verfahren.

Trotz Stresemanns Protesten ließen sich Sollmann und die übrigen Kabinettsminister der SPD nicht beschwichtigen. Am Abend des 1. November informierten sie Stresemann, daß sie sein Vorgehen in Dresden und die anhaltende militärische Besetzung Sachsens und Thüringens nicht tolerieren konnten. Stresemann beharrte auf seiner Position und erklärte seinerseits, daß die ständigen »Angriffe des ›Vorwärts‹ auf die Reichswehr« nicht hinzunehmen seien, denn »derartige Angriffe seien nur geignet, diejenigen Kreise zu fördern, die auf eine Rechtsdiktatur hinarbeiten. Eine solche Diktatur wäre ein großes Unglück und würde in erster Linie die ganze Außenpolitik vernichten.«[31] Tatsächlich erklärten am 2. November Sollmann, Schmidt und zu Stresemanns großer Enttäuschung auch der gemäßigte Radbruch ihren Rücktritt. Damit endete die große Koalition, die er so lange und so energisch angestrebt hatte, nach etwas mehr als zwei Monaten. Er und sein Minderheitenkabinett mußten sich jetzt dem neu zusammengetretenen Reichstag zur Wahl stellen und laut Verfassung von einer einfachen Mehrheit bestätigt werden. Das politische Überleben hing eindeutig von der passiven Unterstützung durch die SPD-Fraktion ab, die sich von ihm distanziert hatte. In dieser Situation machten Stresemann körperliche Schwächeanfälle enorm zu schaffen.

Eine gewisse Erleichterung bot Stresemann jedoch die Tatsache, daß Zeigner und dessen Genossen von der politischen Bühne verschwunden waren und kommunistische Bestrebungen, an anderen Orten im Reich eine bolschewistische Revolution zu organisieren, gescheitert waren. Zwar hatte die Reichswehr als ganze keine eindeutige Position bezogen, doch General Müller hatte sowohl in Sachsen als auch in Thüringen ebenso gute Arbeit geleistet, und Stresemann konnte sich – wie Lord D'Abernon – sagen: »Nach allem, was man aus Sachsen und Thüringen hört, hat die Reichswehr dort ohne überflüssige Härten und doch wirksam mit den kommunistischen Elementen aufgeräumt.«[32]

Von Anfang an war das Schicksal Weimars untrennbar mit der Reichswehr und dem Chef der Heeresleitung General Hans von Seeckt verknüpft. Beginnend mit dem »Pakt« zwischen Präsident Ebert und General Groener im November 1918, waren die folgenden Regierungen immer wieder gezwungen gewesen, sich auf die Reichswehr zu verlassen, um die öffentliche Ordnung aufrechtzuerhalten – zuerst bei der Niederschlagung linker Aufstände in Berlin und an der Ruhr, dann während des Kapp-Putsches 1920 und dem Putsch in Küstrin 1923 und schließlich bei der Bekämpfung der Kommunisten in Hamburg, Thüringen und Sachsen. Das neu aufgebaute und von General von Seeckt disziplinierte Offizierskorps hegte zwar noch immer stark monarchistische Neigungen, hatte die Republik jedoch als notwendiges Provisorium akzeptiert, da diese für das Weiterbestehen des Staats entscheidend war.

Daher waren die Ambitionen der Reichswehr nach dem Kapp-Putsch mit der Verteidigung der Republik gegen Extremisten auf der Rechten wie auf der Linken zusammengefallen. Dieses gemeinsame Ziel bestand im allgemeinen bis September 1923, als der aufständische bayerische Generalstaatskommissar Gustav Kahr den örtlichen Reichswehrkommandeur General Otto von Lossow, den größten Teil von dessen Heereseinheiten und die örtliche Polizei auf seine Seite brachte. Bis zu diesem Zeitpunkt hatte es von Seeckt immer wieder vermeiden können, gegen die Republik Position beziehen zu müssen. Sogar beim Kapp-Putsch, bei der seine zwiespältige Haltung offensichtlich wurde, konnte er durch das resolute Handeln des ihm unterstellten Regionalkommandeurs General Reinhardt eine Entscheidung ver-

13. Das Reich am Abgrund

meiden. Im Oktober 1923 jedoch, als Bayern eindeutig die Autorität der Berliner Regierung herausforderte und die volle Unterstützung der örtlichen Reichswehreinheiten besaß, stand von Seeckt plötzlich im Zentrum der politischen Bühne. Ebert, das Kabinett und die Sozialdemokratische Partei verlangten Strafmaßnahmen, während sein Generalstab und seine monarchistischen Freunde sich stur widersetzten und viele von ihnen darüber nachdachten, die Gelegenheit zu nutzen, um die Kontrolle des Reichs zu übernehmen.

Seit der Niederschlagung der Münchner Räterepublik 1919 war Bayern zu einer Art Magnet geworden, der die verschiedensten rechtsradikalen Dissidenten anzog, die die Republik immer wieder bedroht hatten. Sie bestanden aus einer Reihe nationalistisch-rassistischer Gruppierungen, zu denen auch paramilitärische Verbände wie der »Wikingbund«, die »Reichsflagge« und der »Bund Oberland« gehörten, die allesamt von ehemaligen Freikorpsoffizieren und Söldnern angeführt wurden. Dazu gehörte auch die Nationalsozialistische Deutsche Arbeiterpartei (NSDAP) und ihr bis dato kaum bekannter Führer Adolf Hitler. Im Sommer 1923 hatten sich diese mehr schlecht als recht organisierten Gruppen zu einem »Kampfbund« vereint. Im Oktober äußerten sie lautstark ihre Unterstützung Kahrs, griffen die Berliner Regierung an, die KPD in den benachbarten Ländern Thüringen und Sachsen zu dulden sowie die Kapitulation gegenüber Frankreich im Rheinland und den wachsenden Einfluß der SPD in Berlin. Ihr Ziel war es, den bayerischen Ministerpräsidenten von Knilling aus der Politik zu verdrängen, die Kommunisten in Sachsen zu beseitigen und auf Berlin zu marschieren, wo sie zu Recht erwarten konnten, Unterstützung zu finden.[33]

Die Nationalisten in Berlin hatten, inspiriert von Friedrich Minoux, ganz ähnliche Gedanken. Neben Kahr gehörten zu dieser Clique der deutsche Botschafter in Washington, Otto Wiedfeldt, und General von Seeckt, dessen politische Ambitionen und dessen persönliche Abneigung gegenüber Stresemann jetzt endlich in einem Plan, diesen durch ein dreiköpfiges Direktorium zu ersetzen, zu kongruieren schienen.[34] So wurde Ebert am 4. November gedrängt festzustellen, ob Wiedfeldt gewillt sei, eine neue Regierung zu führen. Aufgrund des Austritts der SPD-Minister aus dem Kabinett und der Intrigen innerhalb seiner eigenen Partei war Stresemanns Position außerordentlich gefährdet durch die Machenschaften von Seeckts und Kahrs.

Von Seeckt war ein brillanter Stabsoffizier, der mit ungewöhnlicher Zielstrebigkeit in den Jahren 1918 und 1919 die demoralisierte Armee wiederaufgebaut hatte. Angesichts von Versailles und der Überwachung durch die militärische Kontrollkommission der Alliierten war die Reichswehr bis 1923 zu einer strikt disziplinierten Maschinerie geworden, die Mitglieder der Freikorps und anderer Freiwilligenverbände aufgenommen hatte, während sich unkontrollierbare Militärs nach Bayern zurückgezogen hatten. Der Friedensvertrag begrenzte die Truppenstärke auf 100 000 Mann, doch die Tatsache, daß es alleine 46 000 Unteroffiziere gab, zeigt, daß die Reichswehr auf eine rasche Expansion hin organisiert worden war. Von Seeckt, ein kluger Kopf, der gesellschaftlich versiert auftrat, vertraute seine Ambitionen nur einigen wenigen Mitarbeitern an. Im übrigen wahrte er die Fassade ironischen Schweigens, die ihm den Spitznamen »die Sphinx« eingebracht hatte. Die neue Reichswehr, so betonte er immer wieder, diene dem Staat und stehe über den Parteien.[35] Solange dieser Staat eine Republik war, würde er ihm dienen, doch er hoffte darauf, daß dieser Staat sich bald auf sein monarchistisches Erbe besinnen würde.

Obwohl beide das immer wieder dementierten, war die Beziehung zwischen Stresemann und von Seeckt von gegenseitigem Mißtrauen geprägt. Für den General war der Kanzler nichts weiter als ein opportunistischer bürgerlicher Politiker. Er konnte weder vor Stresemanns Erfüllungspolitik, noch vor dem Bündnis mit den Sozialdemokraten, das dieser einging, als es ihm günstig erschien, geschweige vor seiner indifferenten Haltung in der Kapp-Affäre Achtung haben. Als Stresemann im August 1923 Kanzler wurde, schrieb von Seeckt an seine Schwester: »Er ist sicherlich ein

»Das kleine Haus, in dem ich einst geboren.« Stesemanns Geburtshaus in der Köpenicker Straße 66 im Berliner Südosten.

Stresemanns Vater Ernst (1833–1905).

Stresemanns Mutter Mathilde (1843–1895).

Stresemann als Junge.

Der Burschenschaftler am Ende seiner Studentenzeit 1900/01. »Seiner lieben Schwabenkneipe«.

Ein glückliches Paar: Gustav und Käte Stresemann, 1903.

Benjamin im Reichstag: Stresemann nach seiner Wahl, 1907.

Gustav und Käte Stresemann mit ihren beiden Söhnen Wolfgang (links) und Joachim.

Stresemann mit seinen Söhnen Wolfgang und Joachim (1908–99).

Silberhochzeit Stresemanns in Wiesbaden am 20. Oktober 1928.

Kaiser Wilhelm II.

Friedrich Ebert

Walter Rathenau

Joseph Wirth

Stresemann als Landstreicher, der Mitglieder für Parteien rekrutiert.

Stresemann als Schutzengel, der Deutschland sicher über einen Abgrund geleitet.

Stresemann spielt den Löwen aus »Ein Mittsommernachtstraum«. Das Bild spielt auf Stresemanns Bemühungen an, die DVP in der Regierung zu halten und gleichzeitig das Ultimatum der Alliierten auf Entschädigungszahlungen zurückzuweisen.

Stresemann, der Akrobat der Einheit, versucht eine Koalition auf der Grundlage von DVP, DDP, Zentrum, SPD, DNVP und USPD zu bilden.

Kladderadatsch

Nr. 34. — 82. Jahrg.
Berlin, 25. August 1929.

Preis 60 Pfg.

Gustav Delorges

„... Der Leu mit Gebrüll
Richtet sich auf, da wird's still!
Und der Ritter im schnellen Lauf,
Steigt hinab in den furchtbaren Zwinger."

Fr. Schiller „Handschuh"

Wie Ritter Delorges aus Schillers Ballade »Der Handschuh« betritt Stresemann eine Arena, in der ein Kampf zwischen einem britischen Löwen und einem französischen Tiger kurz bevorsteht. Das Bild ist ein Hinweis auf Stresemanns erfolgreiche Vermittlung zwischen England und Frankreich während der Haager Konferenz in Bezug auf die Höhe der Entschädigung, die die beiden Staaten im Zuge des Young-Plans erhalten sollten.

13. Das Reich am Abgrund

sehr gewandter und guter Politiker. Nähere Beziehungen zu ihm habe ich nicht, und ich werde sie nicht suchen.«[36]
Von Seeckt betrachtete Stresemanns neuen »Republikanismus« als Verrat seiner Prinzipien und hielt seine Unterwerfung Zeigners und der Kommunisten wiederum für politischen Opportunismus. Stresemanns hingegen zollte der preußischen Militärtradition tiefen Respekt, aufgrund dessen es ihm besonders schwerfiel, mit von Seeckt umzugehen. Überdies waren er, Ebert und Geßler wenigstens im Augenblick vollkommen abhängig von der zweifelhaften Loyalität der Reichswehr. Deshalb verschwieg Stresemann seine Vorbehalte trotz wiederholter Beleidigungen.

Als Stresemann sein Amt antrat, versuchte er das Mißtrauen der Reichswehr zu zerstreuen, und am 7. September 1923 stattete er dem Truppenübungsplatz Döberitz einen Höflichkeitsbesuch ab. Dort rühmte er in Begleitung von Geßler das Engagement der Reichswehr und hob deren existentielle Bedeutung für das Reich hervor. An jenem Abend sprach er in der Offiziersmesse von Seeckt in der korrekten alten Form mit »Eure Exzellenz« an, woraufhin dieser nur entgegnete: »Herr Reichskanzler, die Reichswehr wird mit Ihnen gehen, wenn Sie den deutschen Weg gehen.«[37] Der Besuch verfehlte seinen Zweck. Von Seeckt und die Reichswehr blieben völlig unbeeindruckt. Stresemann reiste mit dem Gefühl nach Berlin zurück, vor den versammelten Offizieren wie ein schwänzender Schuljunge behandelt worden zu sein.

Nach dem Rücktritt der sozialdemokratischen Minister aus dem Kabinett und der unverblümten Weigerung von General von Lossow in Bayern, Geßlers Anweisung zu folgen und auf jede politische Aktivität zu verzichten, wurde von Seeckt am 5. November zu einem privaten Treffen mit Reichspräsident Ebert gebeten. Auf die Frage, wozu er raten würde, antwortete er ohne zu zögern: »Verständigung mit der Rechten, weil sonst die Truppe zwischen zwei Feuer kommt.« Ebert, so wird berichtet, habe augenblicklich geantwortet:

Verständigung mit der Rechten bedeutet, daß ich mich den Bedingungen unterwerfen muß, die mir die Rechte stellt. Das lehne ich ab. Wenn Sie der Auffassung sind, daß die Reichswehr nicht imstande ist, verfassungsmäßige Zustände im Reich zu schützen, daß sie das nicht kann oder nicht will, müssen Sie das jetzt erklären. Dann werde ich dieses Haus verlassen.

Sofort machte von Seeckt einen Rückzieher und wiederholte seine Erklärung vom 24. Oktober, daß er mit Stresemann nicht zusammenarbeiten könne, denn er habe kein Vertrauen zu ihm. Ebert fragte: »Wollen Sie das dem Herrn Reichskanzler selbst sagen«, was von Seeckt bejahte. Daraufhin wies er von Seeckt an, sich mit Stresemann und Geßler zu treffen und sich zu erklären.

Von Seeckt wandte sich also an Stresemann: »Herr Reichskanzler, mit Ihnen ist der Kampf nicht zu führen. Sie haben das Vertrauen der Truppe nicht.« Stresemann fragte nach: »Sie kündigen mir damit den Gehorsam der Reichswehr?« Laut seinen Memoiren trat hier Reichswehrminister Geßler dazwischen und sagte: »Herr Reichskanzler, das kann nur ich.« Ohne einen weiteren Kommentar zog sich von Seeckt zurück und überließ es einem sprachlosen Kanzler und seinem Reichswehrminister, über das Schicksal der Republik nachzudenken.[38]

Diese Ereignisse in Berlin waren untrennbar mit der bedrohlichen Entwicklung in Bayern verknüpft, wo die sogenannten Kampfverbände immer stärkeren Druck auf von Lossow und Kahr ausübten, den »Einmarsch nach Berlin und die Ausrufung der Errichtung der nationalen Diktatur«[39] in die Wege zu leiten. Kahr seinerseits sandte Oberst von Seisser nach Berlin, um von Seeckt zu überreden, sich der Verschwörung anzuschließen. Von Seeckt äußerte zwar Verständnis für den Plan der Bayern, doch er war beunruhigt über die zunehmend ambivalente Situation seiner Reichswehr. Nach der Ausschaltung der Kommunisten in Sachsen und Thüringen, der Niederschlagung des Hamburger Aufstands und dem Austritt der Sozialdemokraten aus der

13. Das Reich am Abgrund

Reichsregierung gab es plötzlich keine Bedrohung durch die Linke mehr. Vielmehr stellten jetzt die Aktionen der »Kampfbund«-Extremisten in Bayern eine neue Bedrohung der Einheit der Reichswehr dar.

Unter diesen Umständen hielt es von Seeckt für klug, eine militärische Konfrontation zu vermeiden, die mit großer Wahrscheinlichkeit seine Befehlshoheit zerstört hätte. Er erklärte:

»Die Reichswehr darf nicht in die Lage gebracht werden, sich gegen Gesinnungsgenossen für eine ihr wesensfremde Regierung einzusetzen. Andererseits kann sie nicht dulden, daß von unverantwortlicher und unberufener Seite mit Gewalt eine Änderung herbeizuführen unternommen wird. Sie wird zerbrechen in diesem Kampf, wenn sie nach zwei Seiten die Staatsautorität verteidigen muß.«[40] Damit wiederholte er sein zögerliches Verhalten, das er schon während des Kapp-Putsches an den Tag gelegt hatte, »in dem die Reichswehr gezwungen werden könnte, auf ihre Kameraden zu schießen«. Wie ein Intellektueller der Rechten bissig anmerkte, war von Seeckt »ein Mann, der tapfer zum Rubikon marschierte und sich, dort angekommen, entschloß, angeln zu gehen«.[41] Diese Unentschlossenheit, mit der er seinen untergebenen General von Lossow weder zum Gehorsam aufforderte noch unterstützte, führte dazu, daß Kahr zögerte, besonders, da ihm inzwischen Bedenken gegen ein Bündnis mit Hitler und den »Kampfbünden« gekommen waren. Weil sie sich die vermeintliche Gunst der Stunde nicht entgehen lassen wollten, nutzten Hitler und seine ungeduldigen Nazitruppen am Abend des 8. November die Gelegenheit, um Kahr zum Handeln zu drängen. In einer stürmischen Versammlung im Münchner Bürgerbräukeller, die sie selbst organisiert hatten, wurden von Lossow, Kahr und Seisser beiseite gedrängt und gezwungen, die Übernahme ihrer sorgfältig geplanten Kampagne durch eine radikalisierte Masse hinzunehmen, die von Hitlers eindringlicher Rhetorik und dem Auftritt General Ludendorffs an dessen Seite angefeuert wurde. Am nächsten Morgen zogen Hitler, Ludendorff und ihre Truppe durch die Residenzstraße.

Lautstark das Ende der Republik verkündend, marschierten sie an der Feldherrnhalle vorbei zum Odeonsplatz. Plötzlich fielen Schüsse. Chaos brach aus. Einige Tote und Verletzte lagen auf der Straße. Hitler floh, und der »Marsch auf Berlin« brach zusammen.[42]

Der Putsch endete damit in einem Fiasko so schnell, wie er begonnen hatte. Hitler wurde später festgenommen und inhaftiert, und das Ansehen des einst so verehrten Ludendorff wurde schwer beschädigt. Mit diesem niedergeschlagenen Aufruhr war die Bedrohung aus Bayern gebannt. Am Jahresende trat von Lossow in den Ruhestand, und die aufständische Münchner Kadettenanstalt wurde unter neuer Führung nach Dresden verlegt. Doch die Ereignisse versetzten die Nation wie auch die Regierungen der Alliierten in erhebliche Aufregung. Durch seine kalkulierte Weigerung, sich in die unsichere Lage in Bayern hineinziehen zu lassen, war es Stresemann ein weiteres Mal gelungen, die Republik zu schützen und die Einheit des Reichs zu bewahren. Später waren es ironischerweise einige der politischen Freibeuter aus Bayern, die im Januar 1924 durch eine gewaltsame Intervention dafür sorgten, daß die Separatistenbewegung im Rheinland und der Pfalz zusammenbrach.

Während der Ereignisse in München mußte Stresemann einen bitteren Kampf um sein politisches Überleben ausfechten, denn es war zu befürchten, daß der Reichstag ihm in einer Abstimmung das Vertrauen entziehen würde. Das Treffen mit von Seeckt und Geßler war nur ein erster Vorgeschmack auf die zunehmende Feindseligkeit innerhalb seines Rumpfkabinetts. Dabei stand von Seeckt, »die Sphinx«, im Mittelpunkt. Am 5. November, als München noch immer durch den Aufstand bedroht war, berief Ernst Scholz, der die rechten Sympathien innerhalb der Reichstagsfraktion der DVP erkannt hatte, eine Versammlung ein, um eine Koalition mit der DNVP zu besprechen. Wie so oft verhinderte die Beanspruchung durch Regierungsaufgaben Stresemanns Teilnahme. Scholz teilte seinen Fraktionskollegen mit, daß die Parteiführer der DNVP, Hergt und Graf Westarp, nur dann ein Bündnis in Erwägung ziehen würden, wenn Strese-

13. Das Reich am Abgrund

mann auf eine Position ohne Exekutivgewalt abgeschoben und als Kanzler durch Botschafter Wiedfeldt abgelöst würde. Als die Diskussionen schon weit fortgeschritten waren, platzte Stresemann in den Saal, wies das Ansinnen natürlich zurück und verlangte, daß die Partei zu seinem Kabinett stehen solle. Mit Verbitterung bemerkte er:

> Bürgerkrieg bedeutet Verlust von Rhein und Ruhr... Dann vielleicht deutschnationale Diktatur. Ich bin das Hundeleben satt – Intrigen aus der D. V. P. – Stellung des pommerschen Landbundes – Vaterlandsverrat... Wenn die Banden in Berlin eindringen sollten – ich gehe nicht nach Stuttgart (wie bei der Kapp-Episode), dann sollen sie mich niederschießen an dem Platze, an dem ich sitze.[43]

Er erinnerte die Fraktionsmitglieder an seine Unabhängigkeit gegenüber den Sozialdemokraten, die sein Kabinett verlassen hatten, und versprach eine Lösung für Bayern – »nicht aber mit Kahr und den Vaterländischen Verbänden«. Mit diesem Auftritt brachte er die gegnerischen Stimmen vorerst zum Schweigen. Die einzige Ausnahme blieb Stinnes, der bitter beklagte, Stresemann sei es nicht gelungen, die Probleme der Produktion im Ruhrgebiet und im Rheinland zu meistern; überdies habe er weder den Aufstand in Bayern in den Griff bekommen, noch mache er erkennbare Fortschritte bei den Verhandlungen mit den Alliierten.

In Bayern herrschten nach wie vor chaotische Verhältnisse, als die Reichstagsfraktion der DVP am 6. November erneut – und wiederum ohne Stresemann – zusammentrat. Der wieder auflebende rechte Flügel, geführt von Alfred Gildemeister und Julius Curtius, argumentierte, Scholz müsse sich mit den Führern der DNVP treffen und, falls diese darauf bestünden, bereit sein, Stresemann zu opfern. Den gemäßigten Fraktionsmitgliedern gelang es, eine Entscheidung bis zum Nachmittag aufzuschieben – einem Zeitpunkt, zu dem Stresemann teilnehmen konnte. Als die Gespräche an jenem Nachmittag wiederaufgenommen wurden, forderten die langjährigen Gegner des Kanzlers, Quaatz und

Maretzky, Verhandlungen mit der DNVP. Sie erklärten, daß von Seeckt, den sie an diesem Tag getroffen hatten, ein Bündnis mit der DNVP als ersten Schritt zu einer Rechtsdiktatur unterstütze, wobei er anbot, eine führende Rolle darin zu übernehmen. Maretzky resümierte: »Die Basis des Kabinetts Stresemann ist zu schmal ... Die großen Kräfte außerhalb des Parlaments wenden sich sämtlich gegen ihn. Der Landbund ist feindselig. Die Kräfte der Wirtschaft und der Industrie gehören Stresemann nicht mehr. In der eigenen Partei Massenabfall.«[44] Maretzky schloß mit der Enthüllung, von Seeckt habe sich bereit erklärt, sich an einem sogenannten »Direktorium« zu beteiligen.

Stresemann war sprachlos. Nicht nur von Seeckt war jetzt in diese Sache verwickelt, sondern sogar einige seiner treuen Anhänger in der DVP stellten sein Amt in Frage. Nachdem er sich mit einigen knappen Bemerkungen verteidigt hatte, verließ Stresemann abrupt die Versammlung. In seiner Abwesenheit beauftragten seine Fraktionskollegen Scholz, Curtius und Cremer (einen Freund und Anhänger Stresemanns), Stresemann erneut um seine Einwilligung zu einem Gespräch mit der DNVP zu bitten. Jetzt stimmte er widerwillig zu. Offensichtlich war ihm nicht klar, daß seine Fraktionskollegen entschlossen waren, dem Verlangen der DNVP nach seiner Absetzung und der Bildung einer überparlamentarischen Regierung nachzukommen.

Als sich die drei Abgesandten am 9. November wieder mit ihrer Fraktion trafen, überschatteten die Berichte über Hitlers Putsch in München ihre Initiative. In Abwesenheit eines Drittels der Abgeordneten stimmte die Reichstagsfraktion der DVP, die nichts von Hitlers Niederlage wußte und ein Abdriften des ganzen Landes in Richtung der Faschisten zu spüren glaubte, für ein Zusammengehen mit der DNVP. Gildemeister veröffentlichte unverzüglich eine Presseerklärung mit dem Inhalt, daß die DVP den Kanzler ablehne und bereit sei, die Deutschnationalen an der Regierung zu beteiligen. Scholz, der bis zu diesem Zeitpunkt mit seinen unzufriedenen Fraktionskollegen sympathisiert hatte, war schockiert über die nichtautorisierte Verlautbarung und ließ am nächsten Tag eine Rücknahme dieser Erklärung verbreiten und Stresemann volle Unterstützung zusichern. Sein rasches Handeln und die gleichzeitig eintreffenden Berichte über Hitlers klägliche Niederlage beendeten die Revolte innerhalb der DVP. Doch selbst unter diesen Umständen erklärte ein desillusionierter Teilnehmer bei der folgenden Fraktionssitzung am 10. November, daß die Einheit der DVP unwiderruflich verloren sei.[45] Jeder, der mit der Situation vertraut war, wußte, daß dies der Wahrheit entsprach.

Wegen der Krise in München war Stresemann zwischen dem 8. und 10. November nicht in der Lage, an den meisten Auseinandersetzungen innerhalb der DVP teilzunehmen. Am Abend des 8. November hatte er eine außerordentliche Sitzung des Kabinetts unter Vorsitz von Reichspräsident Ebert einberufen, das unverzüglich eine Erklärung gegen den Münchner Putsch veröffentlichte und dessen Niederschlagung verlangte. Geßler spürte die ambivalente Haltung des Chefs der Reichswehr, weshalb er klugerweise vorschlug, von Seeckt solle die in Artikel 48 vorgesehenen Vollmachten übernehmen, die Geßler als Reichswehrminister durch eine Verordnung des Präsidenten am 27. September verliehen worden waren.

Von Seeckt akzeptierte und war dadurch an die Verteidigung der Republik gebunden. Durch diese Entscheidung verpflichtete er sich zum Verzicht auf eigene politische Ambitionen. So wurde durch Hitlers unzureichend organisierten Putsch ein Aufstand in Bayern nicht nur verzögert, sondern ebenso ein improvisierter Staatsstreich der DNVP in Berlin verhindert. Stresemann hatte die gefährlichste Krise seiner politischen Laufbahn überstanden. Schwierig blieben jedoch auch weiterhin die unsichere Einführung der Rentenmark, die zum 15. November geplant war, die einschneidenden fiskalischen Stabilisierungsmaßnahmen, die Luther vorantrieb, die Unruhe an der Ruhr und im Rheinland, sowie – trotz Eberts Hinhaltetaktik – die Vertrauensabstimmung im neu zusammengetretenen Reichstag.

Beim Parteitag der DVP am 11. November im Hallenser Wahlkreis seines Freundes und Anhängers Carl Cremer rühmte Stresemann vor begeisterten Zuhörern die Leistungen der vergangenen Wochen und mahnte: »Die Form der Diktatur allein bringt uns absolut nicht weiter.« Er unterstrich die Gleichbehandlung der Aufstände in Sachsen und Bayern durch die Regierung und versprach, die »Wünsche der Länder nach größerer Selbständigkeit« zu erfüllen. Da er jedoch voraussah, daß die Rechte seine Zusammenarbeit mit den Sozialdemokraten auch in Zukunft mißbilligen würde, versicherte er seinen Zuhörern:

> Wann hat das Kabinett, das meinen Namen trägt, in seinen Maßnahmen sich von »marxistischem« Geist leiten lassen? Die militärische Besetzung einzelner Länder (Sachsens und Thüringens), der Abbau des Demobilmachungsgesetzes, die Einführung eines Arbeitszeitgesetzes, waren das Maßnahmen eines Kabinetts, die von marxistischem Geiste eingegeben gewesen sind?[46]

Wolfgang Stresemann berichtete später: »Mein Vater kam aus Halle gestärkt zurück... Er hatte neuen Mut gefaßt, sein Gefühl, ganz allein zu stehen, kein Echo für seine Politik in Deutschland zu finden, war überzeugend widerlegt. ›Stärkste seelische Stärkung‹, verzeichnete er in seinem Tagebuch ... Denn nach dem kläglichen Geschehen in München, dem von meinem Vater erhofften und vermuteten Auseinanderbrechen der ›nationalen Front‹, war trotz aller Gefahr an Rhein und Ruhr das Schlimmste abgewandt, waren das Reich und seine Einheit gerettet.« Und am Abend forderte Stresemann seine beiden Söhne zu einer Partie Billard heraus.[47]

Einen Tag später, am 12. November, trat das Kabinett zusammen, um die folgende Reichstagssitzung und die notwendige Vertrauensabstimmung vorzubereiten, die die Fraktionen der Sozialdemokraten und Deutschnationalen in einer merkwürdigen Allianz gefordert hatten. Sie sollte bereits acht Tage später stattfinden und das Schicksal von Stresemanns Kanzlerschaft besiegeln.[48] Die Minister richteten ihre Aufmerksamkeit hauptsächlich auf die geplante Ein-

13. Das Reich am Abgrund

führung der Rentenmark und deren Folgen für die besetzten Gebiete. Als Teil des umfangreichen Sparprogramms zur Konsolidierung des Haushalts und der Wirtschaft forderte Jarres, der neu ernannte Innenminister der DVP, wie Luther die Einstellung der Arbeitslosenunterstützung zum 15. November. Stresemann erkannte, daß die Streichung der Gelder das Rheinland möglicherweise in die Arme der Franzosen treiben würde, und es gelang ihm, die Entscheidung aufzuschieben.[49] Diese Verzögerungspolitik war ein Zeichen seiner Hoffnung, daß die MICUM-Vereinbarung, Poincarés wachsende Probleme im eigenen Land, die Schwächung des Franc und neuerliche Reparationsverhandlungen die örtlichen Spannungen eindämmen könnten.

Am 13. November, zwei Tage vor der Einführung der neuen Währung, trafen Adenauer und sein »Fünfzehnerkommittee« in Berlin ein, um sich mit dem Kabinett zu treffen. Die leidenschaftlich geführten Gespräche nahmen den ganzen Tag in Anspruch und dauerten bis in die Nacht an. Der Gruppe wurde mitgeteilt, daß das Reich seine finanzielle Hilfe nur noch zwei Wochen lang aufrechterhalten könne. Adenauer weigerte sich, die Entscheidung des Kabinetts zu akzeptieren und machte Luther Vorwürfe, wobei er behauptete, die finanzielle Lage des Reichs sei falsch interpretiert worden: »Mag selbst die Rentenmark dadurch ebenso wie die Papiermark in den Abgrund getrieben werden, daß das Reich umfangreiche Zahlungen an das besetzte Gebiet leistet, das Rheinland muß mehr wert sein als ein oder zwei oder selbst drei neue Währungen.«[50] Er verlangte, daß das Rheinland die administrativen und wirtschaftspolitischen Freiheiten erhielt, selbst die zum Überleben notwendigen Maßnahmen zu treffen, sollte es vom Reich im Stich gelassen werden. Stresemann bot ihm in dieser Frage keine Unterstützung an. Die Sitzung endete um drei Uhr nachts, und die Delegation kehrte unzufrieden nach Hause zurück.

Wenige Tage später kam die Separatistenbewegung im Rheinland tatsächlich zum Erliegen. In Bonn und an anderen Orten gab es zwar weitere Aufstände, jedoch scheiterten sie allesamt; trotz andauernder Bemühungen der Franzosen hatte die Bewegung ihren Schwung verloren. Und aufgrund der abschließenden Formulierung der MICUM-Vereinbarung wurde drei Tage später die Produktion in den Bergwerken wiederaufgenommen.

Am 18. November speiste Stresemann *à deux* mit Botschafter D'Abernon. Dieser schreibt in seinen Memoiren: »Er war todmüde... Er erzählte mir, daß die Aussichten auf die Erhaltung seines Kabinetts sich in den letzten 48 Stunden beträchtlich gebessert haben. Er sei des Zentrums und der Demokraten ziemlich sicher. Zweifelhaft sei es ihm, ob die Sozialisten sämtlich mit Nein stimmen würden. Zweifelhaft sei auch die einmütige Zustimmung seiner Fraktion, in der es auch gegenteilige Strömungen gäbe... Er scheint auch auf die Loyalität von Seeckt zu vertrauen, von dem man allgemein glaubt, daß er die Diktatur anstrebe... Alles in allem genommen machte er an diesem Abend auf mich den Eindruck eines zwar müden, aber doch immer ganz zuversichtlichen Menschen.«[51] Inzwischen war die Rentenmark eingeführt worden; sie wurde allgemein akzeptiert, was für Schacht und Luther ermutigend war.

Ein Zusammentreffen Stresemanns mit dem Zentralvorstand der DVP am selben Tag einige Stunden zuvor war ebenfalls zufriedenstellend verlaufen. Die Besprechung endete mit einer Vertrauensabstimmung zugunsten des Kanzlers mit 206 zu 11 Stimmen. Darüber hinaus wies der Vorstand den Fraktionsvorsitzenden Scholz an, dafür zu sorgen, daß sich kein Mitglied der widerspenstigen Reichstagsfraktion in Zukunft an irgendwelchen Gesprächen mit welcher Partei auch immer beteiligen sollte, die die Position des Kanzlers gefährden könnten. Zu Hause notierte Stresemann später über die Diskussion: »Sie endet mit einem Sieg Stresemanns über die Parteiopposition.«[52] Doch auch in Zukunft sollten ihm Enttäuschungen und Verrat durch die eigene Partei nicht erspart bleiben. Obwohl später viele Mitglieder des extremen rechten Flügels die Partei verließen, sollten ihm innerparteiliche Auseinandersetzungen bis ans Ende seiner Laufbahn das Leben schwermachen.

Inzwischen hatte Luther während der schwierigen Tage

13. Das Reich am Abgrund

Anfang November sein heftig umstrittenes Stabilisierungsprogramm auf den Weg gebracht, wobei er sich in großem Umfang des Ermächtigungsgesetzes bediente, das vom letzten Reichstag verabschiedet worden war. Die dazugehörigen Maßnahmen beeinflußten praktisch jeden Aspekt der Wirtschaft, wobei an erster Stelle die Beendigung der finanziellen Hilfe für die besetzten Gebiete stand. Andere Elemente waren:

- Steuererhöhungen, wobei für die meisten der inflationsunabhängige Goldwert zugrundegelegt wurde.
- Weitreichende Preis- und Kartellkontrollen.
- Schlichtung bei Auseinandersetzungen mit den Gewerkschaften.
- Lockerung der Arbeitsgesetze, die 1918/19 verabschiedet worden waren, besonders die teilweise Abschaffung des Achtstundentags.
- Eine einschneidende Reduzierung der Ausgaben des Reichs, einschließlich einer schrittweisen Reduzierung der Bürokratie um bis zu 25 Prozent.

Diese deflationären Maßnahmen griffen zwar nicht sofort, schufen jedoch innerhalb der folgenden Monate einen relativ ausgeglichenen Haushalt und eine sichere Währung. Dadurch kehrte Deutschland Ende 1924 zum Goldstandard zurück und erhielt Zugang zu ausländischen Krediten, die für eine vorläufige Einigung bei den Reparationszahlungen wesentlich waren. Die am 15. November ausgegebene Rentenmark hielt sich gegenüber dem Dollar rasch auf dem Vorkriegswert von 4,2 zu 1 – die Deutschen erhielten also für etwa vier Milliarden Papiermark eine neue Rentenmark. Dadurch endete die verheerendste Hyperinflation, die die westliche Welt bisher erfaßt hatte. Doch parallel zu diesen Maßnahmen führte die politische Entwicklung zu einer verhängnisvollen Entfremdung gegenüber den Sozialdemokraten und dem deutschen Mittelstand.[53]

Die Sozialdemokraten konnten Stresemann nicht verzeihen, daß er sich gegenüber den Aufständischen in Sachsen anders verhalten hatte als denen in Bayern gegenüber; überdies hatte er sie durch Luthers geplante Deflationspolitik gegen sich aufgebracht. Die Konsequenz war, daß die beiden Parteien im neu zusammengetretenen Reichstag am 23. November Stresemanns Rumpfkabinett ihr Mißtrauen aussprachen. Damit endeten die stürmischen 101 Tage von Gustav Stresemanns Kanzlerschaft.

Am Abend vor der Vertrauensabstimmung hielt Stresemann im Reichstag eine Rede mit Furor. Trotz häufiger Unterbrechungen von rechts wie links verteidigte er die Leistungen seiner Regierung und sprach engagiert über bisherige und zukünftige Probleme. Am Ende seiner Rede schien er nichts von seiner grundsätzlichen Zuversicht verloren zu haben:

> Als der Herr Reichskanzler Dr. Cuno sich am 13. August von mir verabschiedet hat, sagte er zu mir: »Ich verlasse dieses Haus gern, in dem ich keine glückliche Stunde meines Lebens verlebt habe.« Was uns veranlaßt hat, die Geschäfte zu führen, das war die Verantwortung vor dem Lande ... und wir haben die Überzeugung, daß wir gewissenhaft unsere Pflicht gegenüber Volk und Reich getan haben.[54]

Leider blieb seine Rhetorik ohne Wirkung. Als er an jenem bitteren Novemberabend den Reichstag verließ, waren seine Leistungen nicht anerkannt worden, und sein Führungsanspruch wurde von allen Seiten in Frage gestellt. Doch die Zeit sollte die Voraussicht seiner Politik und die Zurückhaltung, mit der er sie in die Tat umsetzte, rechtfertigen. In der Tat würden die Umstände Poincaré zwingen, sich mit seinen ungeduldigen Verbündeten zu einigen. Die Rentenmark und das nachfolgende wirtschaftliche Stabilisierungsprogramm sollten in Kürze die Auflage einer internationalen Anleihe erleichtern. Die wirtschaftliche Notlage an der Ruhr und im Rheinland war zwar noch nicht überwunden, doch da inzwischen die Produktion wiederaufgenommen worden war, sollte es schon bald zu einer schrittweisen Erholung kommen. Die Lage in Sachsen, Thüringen, Bayern und Hamburg

13. Das Reich am Abgrund

hatte sich auf vor kurzem noch unvorstellbare Weise entspannt. Und obwohl seiner eigenen Partei und dem Reich – national wie international – noch mühevolle Aufgaben bevorstanden, hatte Stresemann für Deutschland einen gewaltigen Fortschritt erzielt.

Seine Geduld und Hinhaltetaktik wurden von der Überzeugung genährt, daß die Alliierten am Ende unweigerlich die entscheidende Bedeutung der deutschen Wirtschaft einsehen würden. Für eine gesunde Weltwirtschaft war ein gesundes Deutschland unverzichtbar, so Stresemann. Würde dies nicht erreicht, wäre eine nachhaltige Erholung Frankreichs oder Englands unmöglich. Sogar die Amerikaner, die auf dem internationalen Handels- und Finanzparkett vergleichsweise Neulinge waren, sollten sich Stresemanns Einschätzung der wirtschaftlichen Realitäten anschließen. Stresemann hatte kaum Trümpfe in der Hand, doch er war klug genug, auf Zeit zu spielen. Obwohl er durch Krankheiten geschwächt war, bewies er genügend Durchhaltevermögen, um sich gegen den Widerstand Adenauers, die Arroganz von Seeckts und Kahrs und die Unverschämtheiten eines Stinnes durchzusetzen. Gegen die Forderungen von Luther und Jarres hatte er die Einstellung der Hilfen für die besetzten Gebiete so lange hinausgezögert, bis die Vereinbarungen mit der MICUM und den Franzosen die schlimmste Verzweiflung abwenden konnten. Weil er spürte, daß von Seeckt nicht gewillt war, die Reichswehr gegen Lossow einzusetzen, verwarf er Geßlers Appelle, in Bayern einzumarschieren, wodurch er eine Konfrontation vermied, in der er garantiert unterlegen wäre.[55] Weil er sich des Ausgangs in Dresden sicherer war, hatte er Heinze von der Leine gelassen. Er besaß den Mut, Helfferich ebenso gegen sich aufzubringen wie die meisten Sozialdemokraten, indem er Luthers Rentenmark und die deflationären fiskalpolitischen Maßnahmen unterstützte. Und gerade noch rechtzeitig gelang es ihm, das Interesse der Briten und der Amerikaner an den Reparationsverhandlungen wieder zu wecken, die zwischen Deutschland und Frankreich in eine Sackgasse geraten waren.

Als er Stresemanns Rücktrittsgesuch entgegennahm, bemerkte Reichspräsident Ebert mit Niedergeschlagenheit und Prophetie zur sozialdemokratischen Fraktionsführung: »Was euch veranlaßt, den Kanzler zu stürzen, ist in sechs Wochen vergessen, aber die Folgen eurer Dummheit werdet ihr noch zehn Jahre lang spüren.«[56]

Kapitel 14

Der Weg aus der Sackgasse

Am 30. November 1923, sieben Tage nach der Auflösung der Regierung Stresemann, wurde Wilhelm Marx Kanzler. Sein Kabinett hatte sich gegenüber dem seines Vorgängers kaum verändert; wiederum handelte es sich um eine Minderheitskoalition aus Zentrumspartei, DVP und DDP, samt einer zusätzlichen symbolischen Beteiligung der Bayerischen Volkspartei. Botschafter D'Abernon kommentierte: »Die Verwirrung in den hiesigen politischen Kreisen läßt sich kaum beschreiben – es gibt nicht nur fünf oder sechs Parteien mit vollkommen widersprechenden Ansichten, sondern es gibt auch in jeder Partei mindestens drei Gruppen, die in scharfem Gegensatz zueinander stehen.«[1] Nur wenige konnten wirklich erklären, warum Stresemann gestürzt worden war. Einer seiner Kollegen meinte, er »soll die Presse fragen, weshalb er gestürzt sei, das Parlament weiß es nicht«.[2] So begann der Weg aus der Sackgasse durch ein bloßes »Stühlerücken«. Trotz des fortgesetzten Widerstands der DNVP bat Marx den erschöpften Stresemann, der an einer Grippe erkrankt war und unter einer schweren Depression litt, in Zukunft das Amt des Außenministers zu übernehmen.

Marx, der seit 1921 Partei- und Fraktionsvorsitzender des Zentrums gewesen war, war ein unauffälliger, wortkarger Rechtsanwalt. Er hatte sich allseits Respekt erworben als Senatspräsident am Berliner Kammergericht und als ein Reichstagsabgeordneter, dessen ruhige Führungsqualität von rheinischem Humor und römisch-katholischer Frömmigkeit geprägt war. Sein Freund und Bewunderer Geßler meinte: »Er war, mit einem Wort, sicher. Als Treuhänder der

Mitte schwankte er nicht haltlos zwischen links und rechts.« Zwischen November 1923 und Juni 1928 hatte er den Vorsitz in vier verschiedenen Kabinetten, und 1925 wurde er zu einem ernstzunehmenden Bewerber um das Amt des Reichspräsidenten.

Trotz der fortgesetzten innenpolitischen Unruhen und wüster Angriffe der Rechten bot Marx von Anfang an Stresemann all die Fürsprache, die zur Verfolgung eines kohärenten außenpolitischen Kurses notwendig war. Stresemann seinerseits bewies ihm gegenüber Respekt und Loyalität und äußerte bei der Ernennung zum Außenminister gegenüber seinem Sohn Wolfgang: »Der [Marx] ist ein anständiger Mann; mit dem kann ich zusammenarbeiten.«[3] Geßler bestätigte diese Einschätzung in seinen Memoiren und bemerkte: »Die Beziehungen zu Marx waren loyal – korrekt.«[4]

Im Dezember zog die Familie Stresemann aus der Reichskanzlei aus, wo sie sich eigentlich nie wohlgefühlt hatte. Jetzt wohnten sie in der einzeln stehenden Villa des Außenministers hinter dem Ministeriumsgebäude, die inmitten eines abgeschiedenen Parks hinter der Budapester Straße lag. Zwar behielt Stresemann seine geliebte Wohnung in der Tauentzienstraße, doch er kehrte nie dorthin zurück. Er genoß sein neues Heim und die umliegenden Gärten von ganzem Herzen; sie boten ihm Frieden und Stille und zugleich einen privaten Zugang zu seinem Ministerium und, wann immer dies nötig war, zur benachbarten Residenz des Reichspräsidenten. Auch seinem Sohn Wolfgang, der inzwischen als sein Privatsekretär arbeitete, gefielen die prachtvollen Gärten mit ihren »riesigen Platanen, Eichen und Kastanienbäumen ... die mehrere Jahrhunderte alt waren« und unter denen seine Eltern häufig beim Tee informelle Gespräche mit offiziellen Gästen und Freunden führten. Für Stresemann bildete sein neues Zuhause eine Insel der Ruhe, auf die er sich bequem zu einem gelegentlichen Mittag- oder Abendessen *en familie* zurückziehen konnte.[5] Diese kurzen Ruhepausen zu Hause, die mittlerweile durch regelmäßige Ferien am Meer auf der Insel Norderney ergänzt wurden, boten ihm die Möglichkeit, sich zu entspannen, was angesichts seiner ständig

14. Der Weg aus der Sackgasse

gefährdeten Gesundheit unbedingt nötig war. Und jetzt hatte er auch wieder mehr Zeit, sich seiner Theater- und Opernpassion zu widmen, die er in seinen Dresdner Tagen entwickelt hatte.

So bedeutete der Umzug in die Wilhelmstraße 76 in mehrfacher Hinsicht einen Wendepunkt in Stresemanns Leben. Jetzt besaß er als Außenminister die Freiheit, seine Energien ganz auf die überaus schwierigen außenpolitischen Probleme Deutschlands zu konzentrieren und dabei die innenpolitischen Themen so weit als möglich zu meiden, die in den vergangenen Monaten einen Großteil der Kabinetts- und Reichstagsdebatten beherrscht hatten. Für Otto Braun, den sozialdemokratischen Ministerpräsidenten Preußens, einem treuen Bewunderer Stresemanns, bedeutete seine Niederlage als Kanzler zugleich eine hoffnungsvolle Entwicklung für Deutschland. Braun schrieb: »In der Beschränkung auf dieses Amt [als Außenminister] war es ihm erst möglich, seine staatsmännischen Fähigkeiten voll zu entfalten.«[6]

Stresemann konnte es jedoch nicht vermeiden, Verantwortung für die Führung seiner zerstrittenen Partei zu übernehmen, deren Überleben für seine eigene politische Basis und die Erfüllung seiner außenpolitischen Ziele unumgänglich war. Und er konnte sich den mitunter zerfleischenden parlamentarischen Auseinandersetzungen über die Außenpolitik natürlich nicht entziehen, die noch folgen sollten. Als er versuchte, eine Lockerung der Bestimmungen des Versailler Vertrags auszuhandeln, war er gezwungen, an drei Fronten gleichzeitig zu kämpfen: im Ausland gegen die Alliierten und im eigenen Land gegen einen widerspenstigen Reichstag und seine eigene in zwei Lager gespaltene Partei.

Stresemann formulierte seine außenpolitischen Zielsetzungen in den Nachkriegsjahren mit bemerkenswerter Beharrlichkeit. Zu ihnen gehörte die friedliche Revision des Versailler Vertrags, die Wiedererlangung deutscher Territorien und deutscher Souveränität und die Wiedergewinnung der internationalen Position des Reichs als Finanz- und Wirtschaftsmacht. Seine unmittelbaren Ziele waren:

- Die Verminderung und die Festlegung der Reparationslast, die durch das Londoner Ultimatum verhängt worden war
- Die Stabilisierung der Währung und der Wirtschaft, um eine internationale Anleihe zu erleichtern, die für eine Lösung der Reparationsfrage entscheidend war
- Die Räumung der Ruhr und des Rheinlands und schließlich die Wiedergewinnung des Saarlands
- Die Streichung des sogenannten »Kriegsschuldartikels« 231
- Eine Einigung mit Frankreich, vorzugsweise durch einen Vertrag, wodurch eine zukünftige militärische Besetzung ausgeschlossen werden sollte, falls nötig sogar um den Preis der Anerkennung der französischen Souveränität über Elsaß-Lothringen
- Die Aufrechterhaltung der Beziehungen zu Rußland.
- Die Mitgliedschaft im ständigen Rat des Völkerbunds, wodurch die britisch-französische Entente in ein »europäisches Konzert« umgewandelt werden sollte
- Entwicklung der außerordentlich wichtigen Beziehung zu den Vereinigten Staaten

Wie seine französischen, britischen und belgischen Gegenspieler verfolgte Stresemann eine Politik, die von u. a. nationalem Interesse geleitet wurde. Sein politisches Handeln war pragmatisch, er machte sich keine Illusionen über die Großzügigkeit seiner Gegner. Die einzige Ausnahme blieb seine oft enttäuschte Hoffnung auf Verständnis der Engländer.

Gelegentlich äußerte er sich privat über langfristigere und weitaus umstrittenere Ziele, so sei er z. B. entschlossen, über eine Revision der Ostgrenze zu verhandeln und den polnischen Korridor zurückzugewinnen, der Ostpreußen vom übrigen Reich trennte. Er erwähnte auch den »Anschluß« Österreichs, den Schutz der deutschen Minderheit in Polen, der Tschechoslowakei und Elsaß-Lothringens und sogar die Wiedergewinnung der früheren deutschen Kolonien. Zweifellos meinte Stresemann es ernst damit, doch es ist ebenso offensichtlich, daß diese Äußerungen damals, kurz vor

14. Der Weg aus der Sackgasse

den Verhandlungen in Locarno, dazu dienen sollten, die Deutschnationalen zu beschwichtigen. Im Gegensatz zu diesen jedoch schwor er jeder militärischen Gewalt konsequent ab und betonte nachdrücklich, es sei durchaus möglich, daß diese Pläne – wie auch die Wiedererrichtung einer konstitutionellen Monarchie – zu seinen Lebzeiten nicht mehr zu verwirklichen seien.

Obwohl nach Rapallo die Versuchung bestand, den Osten gegen den Westen auszuspielen, richtete Stresemann seinen Blick unbeirrbar nach Westen; er war überzeugt, daß die Revision des Versailler Vertrags mit friedlichen Mitteln erreicht und auf der Versöhnung Deutschlands mit England und Frankreich gründen mußte. Da Deutschland nicht die militärische Macht besaß, Verhandlungen zu erzwingen, erkannte er, daß wirtschaftliche Überlegungen als der wichtigste Hebel dienen mußten, um die Unterstützung der Briten und Amerikaner zu gewinnen, die für das gesamte Programm entscheidend war. Immer wieder betonte er, die Wirtschaftspolitik müsse zum Schlüssel einer Außenpolitik werden, die »keine kriegerischen Mittel« besaß und die deshalb ausschließlich von diplomatischem Geschick und der großen Bedeutung Deutschlands als internationaler Handelspartner Englands und Amerikas abhängig war. Die wirtschaftlichen Realitäten blieben daher die entscheidende Komponente der Politik und führten schließlich auch zum Erfolg.

Stresemann war einer der ersten Staatsmänner, der die Vorstellungen einer »Realpolitik« im Sinne Bismarcks, Clausewitz', Moltkes, Tirpitz' und sogar Bülows hinter sich ließ, die allesamt kaum ökonomisches Verständnis besessen und die ihre Politik fast ausschließlich auf militärisch-machtpolitische Überlegungen gegründet hatten. Für Stresemann würde es nur wenige große Siege geben, und im Verlauf des mühsamen Einigungsprozesses sollte er auf den nie nachlassenden Widerstand der Rechten stoßen, der sowohl von der DNVP wie auch aus seiner eigenen Partei kam, so daß er sich zu einem ständigen Taktieren gezwungen sah. Zu jedem Zeitpunkt waren innen- und außenpolitische Überlegungen eng miteinander verknüpft.[7]

Botschafter D'Abernon hielt Stresemann nach dem Sturz seines Kabinetts im November 1923 für den mit Abstand klügsten Politiker im Vergleich zu seinen drei Vorgängern, und er schrieb: »Sein einziger Fehler ist, daß er glaubt, es ließe sich alles durch ein Hin- und Hermanövrieren in den Wandelgängen des Reichstags und eine zündende Rede einrenken. Er ist seiner eigenen Macht so sicher, daß er nichts für unmöglich hält.«[8] Hätte er dieses Selbstbewußtsein jedoch nicht besessen, wäre es ihm wohl kaum gelungen, den Widerstand der Deutschnationalen zu überwinden, die jeden seiner Kompromisse als Verrat ansahen; und es wäre ihm wohl ebenso wenig gelungen, sich auch weiterhin immer dann, wenn es nötig war, die zumindest laue Unterstützung der SPD zu sichern.

Nie wurden die gemäßigten bürgerlichen Parteien so mächtig, daß sie ohne diese zumindest passive Mitwirkung der SPD oder der DNVP regieren konnten – erstere war vor allem wichtig in außenpolitischen Fragen und letztere bei den allgemein unpopulären Maßnahmen, die die Steuern, Zölle und Währungsstabilisierung betrafen, sowie andere rigorose Einschnitte, die für die wirtschaftliche Erholung der Nation unumgänglich schienen. Wie Lord D'Abernon beobachtete, brachte Stresemann, der bis zu seinem Tod im Oktober 1929 acht Kabinetten angehörte, ein fast beispielloses Maß an politischer Flexibilität auf, als er sich für die Einigung mit dem Ausland und gleichzeitig für die Reformen im Inland einsetzte. Letztlich hatten diese Ansprüche, die im Gegensatz zueinander standen, zu seiner Niederlage im November 1923 geführt. Die Schaffung einer stabilen, akzeptablen Koalitionsregierung, die im Reichstag die Mehrheit hatte, war ein Ziel, das zu erreichen Stresemann immer wieder mißlang.

Am 8. Dezember erhielt Marx vom Reichstag die Zustimmung zu einem neuen Ermächtigungsgesetz, das Finanzminister Luther in den folgenden acht Wochen erlaubte, die meisten Finanz- und Arbeitsmarktreformen zu vervollständigen, die er bereits in Stresemanns Kabinett auf den Weg gebracht hatte, wozu auch die hart umkämpfte Abschaffung

14. Der Weg aus der Sackgasse 357

des Achtstundentags gehörte. Alles in allem erließ das Kabinett Marx etwa 66 Verordnungen. In überraschend kurzer Zeit stabilisierten diese Maßnahmen die neue Währung und versprachen eine Haushaltskonsolidierung und eine Verbesserung der Handelsbilanz. Gefördert wurde diese Entwicklung durch die Ernennung von Hjalmar Schacht zum Reichsbankpräsidenten am 22. Dezember, der Anfang Januar vom Gouverneur der Bank of England Montagu Norman die Zustimmung zur Bildung einer deutschen Golddiskontbank erhielt, die durch einen englischen Kredit ermöglicht wurde.

Nach Ablauf des Ermächtigungsgesetzes am 15. Februar 1924 hielt sich das Kabinett Marx nur noch knapp drei Wochen. In dieser Zeit genoß Stresemann nicht nur das Vertrauen des Kanzlers, sondern konnte sich auch auf Luther, Geßler und Schacht verlassen. Weniger Glück hatte er allerdings, als er sich für Ernst Scholz als Fraktionsvorsitzenden der DVP im Reichstag entschied. Obwohl Stresemann Parteivorsitzender und Vorsitzender des Zentralvorstands der Partei blieb, war sein Einfluß auf die Fraktion durch seine häufige Abwesenheit und Scholz' Unzuverlässigkeit begrenzt. Dies hatte zur Folge, daß die Industriellen des rechten Parteiflügels immer stärker die Themen der Partei im Reichstag beherrschten. Geßler schreibt dazu: »Keine Fraktion war so heterogen wie diese, in der namhafte Industrieführer mit dem massiven Gewicht ihrer wirtschaftlichen Macht Sonderinteressen verfochten; Stresemanns schwindende Lebenskraft war bis zum letzten Tag durch kontinuierliche Auseinandersetzungen innerhalb der Fraktion beansprucht. Meines Wissens hat Scholz dabei vorwiegend die Rolle des ›ehrlichen Maklers‹ gespielt und sich schließlich an der hoffnungslosen Aufgabe verbraucht.«[9]

Überdies war Stresemann auf ein Auswärtiges Amt angewiesen, das größtenteils aus unkündbaren konservativen wilhelminischen Berufsdiplomaten bestand, von denen, wie bereits gesagt, viele seine bürgerliche Herkunft und seinen politischen Kurs ablehnten. Die wichtigste Person innerhalb dieser Hinterlassenschaft war Baron Ago von Maltzan. Der

»Architekt« des Rapallo-Vertrags blieb zusammen mit von Seeckt und dem Grafen von Brockdorff-Rantzau ein einflußreicher Befürworter der sogenannten Ostorientierung, die in deutlichem Widerspruch zu Stresemanns Einigungsbemühungen gegenüber dem Westen stand. Ende 1924 gelang es Stresemann, von Maltzan nach Washington zu versetzen, wo er Nachfolger seines früheren Gegenspielers vom rechten Parteiflügel, Botschafter Otto Wiedfeldt, wurde. Brockdorff-Rantzau war von 1922 bis zu seinem Tod 1927 Botschafter in Moskau. Während dieser Zeit umging er das Außenministerium und lieferte seine Berichte direkt an den Reichspräsidenten. Er und von Seeckt spielten eine bedeutende Rolle in dem nur stockend vorankommenden Programm, deutsche Truppen in der UdSSR auszubilden und auszurüsten. Stresemann kannte diese Bestrebungen, aber er unterstützte sie nicht.

Unter den Diplomaten fand Stresemann einige kompetente und loyale Anhänger; zu ihnen gehörten von Hoesch in Paris und Sthamer in London. Beide Botschafter standen in kritischen Zeiten hinter ihm. Der fähigste von allen war jedoch Carl von Schubert, den Stresemann Ende 1924 zum Nachfolger von Staatssekretär von Maltzan machte und der mit ihm als Partner bis zum Ende von Stresemanns Karriere das Auswärtige Amt führte. Schubert hatte ein scharfsinniges Gespür für politische Realitäten und unterstützte konsequent Stresemanns Politik des Kompromisses und der Einigung gegenüber England und Frankreich. D'Abernon, dem Schubert besonders nahestand, meinte: »Er hat... die politische Weisheit eines alten Römers.«[10]

Während seiner mehr als sechs Jahre als Außenminister wandten Stresemann und Schubert beträchtliche Mühen auf, um das verkrustete Ministerium neu zu organisieren und zu modernisieren, wobei sie nach und nach die Wilhelminische Erblast verringerten und durch die Einstellung energischer junger Männer ersetzten, die sie von den Universitäten holten und deren Standesherkunft keine Rolle spielte. Frau Stresemann setzte sich besonders für diese Generation zukünftiger Diplomaten ein, die schon bald in den deutschen

14. Der Weg aus der Sackgasse

Botschaften auf der ganzen Welt arbeiten und die Auslandsbeziehungen Deutschlands mit Geschick gestalten sollten. Während Stresemanns Tagen als Kanzler hatte es zum ersten Mal seit Versailles deutliche, vielversprechende Anzeichen aus dem Ausland gegeben, besonders aus den USA. Im März 1921 machte man sich im amerikanischen Außenministerium bereits Sorgen über die nachteiligen wirtschaftlichen Folgen der alliierten Reparationsansprüche. Damals hatte ein hellsichtiger Brief von Unterstaatsekretär Norman Davies diese Sorgen beschrieben:

> Die wirtschaftliche Wiedereingliederung und die Prosperität Europas sind im höchsten Maße von derjenigen Deutschlands abhänig. Solange Deutschland nicht arbeitet und zu Wohlstand kommt, solange wird das auch Frankreich nicht gelingen, und der Wohlstand der ganzen Welt hängt von der Fähigkeit der Industrie Europas ab, zu produzieren und Handel zu treiben... Solange es keine Stabilität und kein Vertrauen gibt, und solange die deutschen Reparationen nicht konstruktiv festgelegt sind, werden die notwendigen Kredite für die Wiederherstellung der normalen Bedingungen nicht zur Verfügung gestellt werden.[11]

Öffentlich äußerte Außenminister Hughes diese Ansicht erstmals in einer Rede in New Haven Ende 1922. Zehn Monate später, im Oktober, wurde sie erneut von dem kurz zuvor gewählten Präsidenten Coolidge in einer Pressekonferenz vorgetragen, in der er zum ersten Mal andeutete, daß die Vereinigten Staaten gewillt seien, über ein Engagement in der Frage der Reparationen nachzudenken. Lord Curzon drängte seine britischen Kollegen, diese unerwartete amerikanische Geste zu nutzen und auch die Regierungen von Frankreich, Belgien und Italien einzuladen, sich den Amerikanern bei einer neuen Prüfung der komplexen Situation bei den Reparationen anzuschließen. Stresemann reagierte augenblicklich und sandte am 24. Oktober der Reparationskommission (Repko) eine Nachricht, in der er Deutschlands Verpflichtung anerkannte, Reparationszahlungen zu leisten.

Diese Verpflichtung verband er jedoch mit der Forderung nach einer Prüfung von Deutschlands Zahlungsfähigkeit durch eine unparteiische und unabhängige Einrichtung. Angesichts einer stagnierenden Wirtschaft, der Einsicht in das Scheitern seiner Politik an der Ruhr und im Rheinland, der zunehmenden Unruhe innerhalb der Nationalversammlung und der mittlerweile wahrscheinlich gewordenen Beteiligung der Amerikaner, die ihm gegenüber kein Mitgefühl aufbringen würden, entschloß sich Poincaré, dem neuerlichen britischen Druck keinen Widerstand mehr zu leisten. Einen Tag später, am 25. Oktober 1923, sagte er widerwillig seine Teilnahme an den vorgeschlagenen Verhandlungen zu, sofern diese auf die Reparationskommission beschränkt blieben und eine Teilnahme der Deutschen ausgeschlossen war. Indem er auf diesen und später noch auf weiteren Bedingungen bestand, hoffte er die Initiative zu verzögern, wenn nicht ganz zum Erliegen zu bringen.

Nach einem Monat mühsamer Verhandlungen, bei denen Stresemann nur besorgt hatte zusehen können, wurde der französische Widerstand am 1. Dezember überwunden. An diesem Tag richtete die Repko zwei unabhängige beratende Gremien ein: Das eine sollte die deutsche Zahlungsfähigkeit untersuchen, das andere sollte das deutsche Auslandsvermögen feststellen und katalogisieren. Dieses zweite Gremium war eine Alibikonzession an die Franzosen, die die deutsche Kapitalflucht erfassen wollten – ein hehres Ziel, das bald aufgegeben wurde.

Nachdem die Franzosen sich zu diesen Lösungen bereitgefunden hatten, sandte die Repko postwendend eine Botschaft an Außenminister Hughes, die die Amerikaner zur Teilnahme einlud. Hughes akzeptierte am 11. Dezember und ernannte Charles G. Dawes zu seinem Vertreter. Dawes, ein prominenter Bankier aus Chicago und früherer Offizier im Stab General Pershings, verfügte innerhalb der republikanischen Regierung über beträchtlichen Einfluß. Er galt allgemein als außerordentlich kluge Wahl, was auch für seinen jüngeren Partner Owen D. Young zutraf, den Leiter der General Electric Company, der den Ruf eines angesehenen

14. Der Weg aus der Sackgasse

und überaus tüchtigen Geschäftsmannes besaß. Darüber hinaus benannten die Regierungen der führenden Alliierten jeweils zwei Vertreter für das Gremium, die ohne zu zögern Dawes zu ihrem Vorsitzenden wählten. Interessanterweise hatte Botschafter Wiedfeldt, der einst als Stresemanns Nachfolger im Kanzleramt im Gespräch gewesen war, mehrere Tage vor der amerikanischen Entscheidung Hughes gegenüber deutlich gemacht, wie wichtig die Teilnahme der USA war, und nach seiner Rückkehr nach Deutschland nahm er für sich das Verdienst in Anspruch, die gewandelte Haltung der amerikanischen Regierung erwirkt zu haben.[12]

In Wahrheit jedoch war das Abweichen der Amerikaner von einer rigiden Nichteinmischungspolitik in europäische Angelegenheiten das Ergebnis einer Wirtschaftskrise. Das hatte Stresemann längst vorhergesehen:

> [Der Tag wird kommen,] an dem die Vereinigten Staaten aus ihrer zögernden beobachtenden Haltung gegenüber dem europäischen Problem schon um der Rücksicht auf ihre eigenen wirtschaftlichen Interessen willen heraustreten müßten.[13]

Am 26. September 1923, also genau an dem Tag, an dem Stresemann die Beendigung des passiven Widerstands an der Ruhr verkündet hatte, hatte die mächtige American Bankers Association die Streichung eines Teils der alliierten Schulden und ein aktiveres Engagement in Europa gefordert. Mehrere wirtschaftliche, auch landwirtschaftliche Verbände, die von der National Association of Manufacturers bis zum American Farm Bureau reichten, hatten ähnliche Appelle geäußert; selbst das Federal Council of Churches gehörte dazu. Die Republikanische Partei erkannte schon bald den Umschwung der öffentlichen Meinung, die Rache mit eigenen – ökonomischen – Interessen verwechselte, und ihr wurde klar, daß sie bei den Wahlen 1924 Stimmen verlieren würde, sollte es ihr nicht gelingen, eine progressivere Politik hinsichtlich der internationalen Wirtschaftsentwicklung zu betreiben.[14]

Es mußte wie eine glückliche Fügung wirken, als bei den Wahlen in England am 15. Dezember zum allerersten Mal eine Labour-Regierung an die Macht kam, in der Ramsay MacDonald den Posten des Premier- und des Außenministers übernahm. Stresemann begrüßte den Sieg Labours in der *Zeit*: »Ohne in leichtfertigen Optimismus zu verfallen, wird man doch dieses Ergebnis der englischen Wahlen als eine gewisse Entspannung auch der internationalen Lage Deutschlands bezeichnen können.«[15] MacDonald war schon lange ein Gegner der französischen Ruhrpolitik, und mit großem Verhandlungsgeschick und ruhiger Entschlossenheit nahm er Curzons Initiative vom Oktober wieder auf, die Premierminister Stanley Baldwin zuvor nur halbherzig unterstützt hatte. Vom 24. Januar 1924, dem Tag seiner Kabinettsbildung, bis zur Rückkehr der Konservativen zehn Monate später, arbeitete MacDonald mit den Amerikanern zusammen, um international eine neue Atmosphäre des Vertrauens zu schaffen, während er Poincaré gegenüber darauf drang, wie notwendig es sei, Flexibilität zu zeigen.

Stresemann, der sich von einem Grippeanfall gerade wieder erholte, verbrachte die Weihnachtsfeiertage in Lugano. Gegenüber D'Abernon meinte er: »Es ist um diese Zeit dort so kalt, daß man mich in Frieden lassen wird und ich mich wirklich zehn Tage ausruhen werde.« Und es war kein Scherz, sondern durchaus ernst gemeint, als er ausführte:

> Ich kann nicht nach Bayern gehen, weil man mich dort gegen die Hitlerleute und die Kommunisten zu schützen haben wird. Ich kann nicht nach Dresden oder Thüringen gehen, weil man mich dort vor den Kommunisten in Schutz nehmen müßte. Ich kann nicht in einen Ort in der Nähe von Berlin gehen, weil ich dort von Berliner Bekannten belästigt wäre, die mich die ganze Zeit unter allen möglichen Vorwänden aufsuchen würden, nur um von mir zu erfahren, ob ich glaube, daß die Rentenmark halten wird. Deshalb haben wir uns entschlossen, nach Lugano zu gehen.[16]

14. Der Weg aus der Sackgasse

Nach Stresemanns Rückkehr nach Berlin erfuhr er von seinem französischen Botschafter von Hoesch, daß Poincaré unter dem Druck der britischen Wahl und einem an Wert verlierenden Franc inzwischen eine versöhnlichere Haltung erkennen ließ. Mit Genugtuung hörte er von Sthamer in London, daß Schacht ein außerordentlich vielversprechendes Gespräch mit Montagu Norman, dem mächtigen Gouverneur der Bank of England geführt hatte. In seiner enthusiastischen Mitteilung zitierte Sthamer Normans Botschaft: »Unsere Länder sind aufeinander angewiesen ... Deutschland und Großbritannien müssen zusammen danach trachten, ihr Haus in Ordnung zu bringen, und soweit das Finanzielle in Frage kommt, glaube ich bestimmt, daß Dr. Schacht und ich zufriedenstellend kooperieren werden.«[17]

Am 14. Januar trat das Dawes-Komitee zusammen, dessen Vorsitzender eine Eröffnungsansprache hielt, die positiv aufgenommen wurde. Fast gleichzeitig gelang es Stresemann, die letzten Bemühungen von Adenauer und Stinnes zunichte zu machen, mit den Franzosen eine unabhängige Reparationsvereinbarung zu treffen und einen eigenständigen Rheinland-Staat innerhalb des Deutschen Reichs zu gründen. Unter dem Druck Frankreichs sollte sich das neue Kommitee ausschließlich mit der finanziellen Lage Deutschlands und der Möglichkeit von Reparationszahlungen befassen. Trotzdem hoffte Stresemann auch weiterhin, daß die Gespräche darüber hinaus zum Abzug aus dem Ruhrgebiet führen und die Grundlage für eine internationale Anleihe schaffen würden. Begünstigt durch die gemeinsamen Ziele der englischen und amerikanischen Teilnehmer, schloß das Komitee unter der effizienten Leitung von Dawes seine Untersuchung ab und legte der Repko am 9. April 1924 seinen Bericht vor. Zuvor waren Stresemann, Luther, Schacht, Marx und Warburg sowie Helfferich und Stinnes als Zeugen gehört worden.

Das Ergebnis wurde am 9. April verkündet. Einstimmig empfahl das Kommitee für den Zeitraum von 1924 bis 1925 die jährlichen Zahlungsverpflichtungen auf eine Milliarde Goldmark zu senken; danach sollten die Zahlungen stufenweise bis auf eine Höhe von zweieinhalb Milliarden für den

Zeitraum von 1928 bis 1929 steigen, und schließlich an die Inflationsrate gekoppelt werden, um der wirtschaftlichen Entwicklung in Deutschland Rechnung zu tragen. Die Rentenbank sollte durch eine neu einzurichtende Golddiskontbank ersetzt werden, die mit der Ausgabe der Währung beauftragt war; zusammen mit einem Vorstand, der zur Hälfte aus Vertretern der Alliierten bestand, sollte Schacht die Bank leiten. Ein unabhängiges Transferkomitee unter Vorsitz von Parker Gilbert wurde bevollmächtigt, die Höhe der Zahlungen zu überwachen und, falls nötig, zu verringern. Gilbert war damals zwar erst 32 Jahre alt, doch er hatte bereits unter Wilson im Finanzministerium gearbeitet. Als Protegé Andrew Mellons arbeitete er danach für die Regierung Coolidge. Die Regierung Marx befürchtete, daß es der deutschen Öffentlichkeit schwerfallen würde, einen so jungen Mann zu akzeptieren, der so viel zu sagen hatte, was die deutschen Angelegenheiten betraf. Doch er erledigte seine Aufgabe fünf Jahre lang ausgezeichnet und mit großem Einsatz, was von entscheidender Bedeutung für die erfolgreiche Umsetzung des Dawes-Plans war.[18]

Der Plan verlangte von Deutschland, die Zahlungen an eine neue internationale Bank zu überweisen, die diese dann an die jeweiligen Alliierten weiterleiten würde. Weiterhin empfahl das Kommitee die Auflage einer internationalen Anleihe im Wert von 800 Millionen Goldmark, um die Reserven der neuen Golddiskontbank zu erhöhen und die Reparationszahlungen während der ersten Jahre zu erleichtern. Bedingung für all dies war, daß die Deutschen für einen ausgeglichenen Haushalt sorgten. Die Anleihe sollte durch eine Sicherungshypothek auf die deutsche Eisenbahn ermöglicht werden. Bezeichnenderweise überschritt das Komitee seine Kompetenz, indem es andeutete, die militärische Räumung des Ruhrgebiets könne sicher zur Erfüllung dieser Verpflichtungen beitragen. Man vermied zunächst die Festlegung einer endgültigen Summe. Dennoch bedeutete die empfohlene Formel eindeutig eine immense Verringerung der 132 Milliarden Goldmark, die durch das Londoner Ultimatum von 1921 gefordert worden waren.[19]

14. Der Weg aus der Sackgasse

Die Reparationskommission billigte die Empfehlungen des Dawes-Komitees und leitete den Bericht an die deutsche Regierung und die Regierungen der Alliierten weiter. Eine Woche später übermittelte das deutsche Kabinett der britischen Botschaft in Berlin eine »vorbehaltliche« Zustimmung, und Stresemann begann eine energische Kampagne zugunsten der Ratifizierung. Auf Empfehlung von Finanzminister Mellon und von Morgan stimmten die Amerikaner sogar noch schneller zu, zumal sie selbst keinerlei Verpflichtungen eingingen. MacDonald und seine britischen Kollegen übten derweil weiter Druck auf Poincaré aus, dessen Widerstand zusehends schwächer wurde.

In den Monaten vor der Veröffentlichung des Berichts hatte sich die Haltung der DNVP gegenüber dem Kabinett Marx verhärtet, was neuerlich zu Uneinigkeit innerhalb der DVP führte. In einer Fraktionssitzung der DVP Mitte Januar griff der wieder von Gildemeister und Quaatz geführte rechte Parteiflügel die auf Versöhnung ausgerichtete Außenpolitik Stresemanns, seine moderate Haltung gegenüber den Sozialdemokraten und seine Pläne, zusammen mit der SPD eine zweite große Koalition zu bilden, heftig an. Statt dessen verlangten sie, daß die DNVP an der gegenwärtigen Regierung beteiligt werde.[20]

Stresemann selbst war etwas mißmutig angesichts des gestiegenen Einflusses des linken Flügels der SPD, der sein Minderheitskabinett im November zuvor zu Fall gebracht hatte. Doch er hatte keineswegs die Absicht, den Deutschnationalen und ihrem lautstarken Widerstand Zugeständnisse hinsichtlich einer Außenpolitik zu machen, die insgesamt Aussicht auf Erfolg hatte und die von den gemäßigten Sozialdemokraten mitgetragen wurde. Nach einer langen Debatte innerhalb der DVP-Fraktion stimmte Stresemann zu, jeden Gedanken an eine Koalition mit der SPD aufzugeben, solange diese nicht die rigorosen inländischen Stabilisierungsmaßnahmen akzeptierte, die das Kabinett Marx eingeleitet hatte. Dafür verlangte er jedoch, daß ein Bündnis mit der DNVP solange ausgeschlossen bliebe, bis die Deutschnationalen die Verfassung der Republik anerkannten und eine wohlwollendere Haltung gegenüber den bevorstehenden Verhandlungen mit den Alliierten einnahmen. Es war eine heikle Gratwanderung, die durch eine strikte Haltung im Inland und eine versöhnliche Außenpolitik gekennzeichnet war.

Trotz der Auseinandersetzungen innerhalb seiner Partei hielt Stresemann am 17. Februar in der Industriestadt Eberfeld eine mitreißende Rede. Er rühmte den Erfolg der Rentenmark und verteidigte nachdrücklich seine Politik der Verhandlungen und des Kompromisses als die einzige Möglichkeit, die einem »wehrlosen Volk« zur Verfügung stand. In bezug auf die Reparationsberatungen des Dawes-Komitees wolle er sich, wie er sagte, »dem anschließen, was ein deutscher Wirtschaftler, der seit Jahren diese Sisyphusarbeit mitgemacht hat und der die Ergebnislosigkeit dieser Bemühungen sah, geäußert hat: er sehe zum erstenmal einen Silberstreifen an dem sonst düsteren Horizont.«[21]

Am 20. Februar trat der Reichstag erneut zusammen, um das Ermächtigungsgesetz aufzuheben und die Debatte über die wirtschaftlichen Stabilisierungsmaßnahmen fortzusetzen, die am 8. Dezember unterbrochen worden war. Wie Max Stockhausen von der Reichskanzlei aus bemerkte: »Wie schön war doch die reichstagslose Zeit.«[22] Die Sozialdemokraten, die mit den deflationären Reformen, die vom Kabinett mit Hilfe des Ermächtigungsgesetzes verabschiedet worden waren, absolut nicht einverstanden waren, entzogen dem Kabinett Marx drei Wochen später ihre Unterstützung. Wie zuvor beim Zusammenbruch des Kabinetts Stresemann schlossen sie sich in einer Mißtrauensabstimmung den Deutschnationalen an, was zur Auflösung der Regierung und zur Ausschreibung von Neuwahlen führte, die auf den 4. Mai angesetzt wurden.

Der Wahlkampf, in dem die Deutschnationalen Stresemann wegen angeblicher Sympathien für die SPD und seines angeblichen Verrats im In- und Ausland angriffen, dämpfte den Optimismus, der in der Rede in Eberfeld noch spürbar gewesen war. Sozialdemokraten und die Kommunisten forderten die Aufhebung der Verordnungen zur Stabilisierung

14. Der Weg aus der Sackgasse

der Wirtschaft und die bedingungslose und flächendeckende Wiedereinführung des Achtstundentags. Niedergeschlagen notierte Max Stockhausen in seinem Tagebuch: »Lügen ist erlaubt, Schimpfen ist notwendig und Verleumdung ist Ehrensache«, und Stresemann, der öffentlich für den Dawes-Plan eintrat, »mußte unpopulär und unverständlich sein«.[23]

Am 12. März verwandelte sich die lange schwelende Unzufriedenheit innerhalb der DVP in eine offene Rebellion, als Gildemeister, Quaatz, Vögler und eine Reihe enttäuschter Parteimitglieder die »Nationalliberale Vereinigung« bildeten, um Stresemanns persönlicher Führung der Partei entschiedenen Widerstand entgegenzubringen. Sie lehnten Stresemanns Kurs der Mitte definitiv ab und verlangten ein Bündnis mit der DNVP als Grundlage einer rechtsgerichteten Regierung.[24]

Einige Tage später, am 29. März, reagierte Stresemann, indem er vor dem Zentralvorstand der Partei und den Delegierten des Parteitags in Hannover eine eindringliche Rede hielt. Er wiederholte seine Überzeugung, daß die DVP eine Partei der Mitte bleiben müsse, und griff die von Eigeninteresse geleiteten Mitglieder des rechten Flügels der Fraktion an, deren launisches Verhalten drohte, nicht nur die Einheit der Partei zu zerstören, die Aussichten bei den bevorstehenden Wahlen zu verschlechtern, sondern auch den Verhandlungen mit den Alliierten zu schaden.[25] Er konnte sich durchsetzen, und sein Kurs wurde von der Parteibasis klar bestätigt, wodurch der neuen Gruppe der Boden entzogen war. Die »Nationalliberale Vereinigung«, die gleich wieder deutlich an Stärke verloren hatte, trat bei der Wahl im Mai in sechs Wahlkreisen mit nur drei früheren DVP-Mitgliedern an, die allesamt aus der Partei ausgeschlossen worden waren. Drei weitere ehemalige Mitglieder, darunter Quaatz, wanderten zur DNVP ab, wo sie unter dem Banner der neuen Partei wieder auf ihre »sicheren Sitze« gewählt wurden. Die übrigen Rebellen, die fürchteten, ihren Sitz im Reichstag zu verlieren, gaben das wenig aussichtsreiche Projekt auf und schlossen sich Stresemanns Kurs innerhalb der Partei an. Im Augenblick war dadurch zwar Stresemanns Führungsposition gesichert, doch er mußte sich mit einer geschwächten, zerstrittenen und schlecht finanzierten Partei zur Wahl stellen, während die öffentliche Meinung sich der extremen Rechten und Linken zuzuneigen begann.

Die folgenden Wochen brachten kurzfristige Erleichterungen, vor allem die Bekanntgabe des Berichts des Dawes-Komitees am 9. April. Stresemann akzeptierte zwar grundsätzlich das Ergebnis des Berichts, hatte jedoch eine Reihe von Vorbehalten, die er Sthamer in London mitteilte. Seine größten Sorgen betrafen die Zusicherung der Räumung des Ruhrgebiets, die Freilassung von Gefangenen durch die Franzosen und die Wiedererrichtung der Wirtschafts- und Steuerhoheit des Reichs. Der britische Premierminister antwortete entgegenkommend, mahnte jedoch zur Zurückhaltung bis zur Konferenz der Alliierten, die für Mitte Juli angesetzt war.

Unterdessen hatte die Karriere von Kahr und General von Lossow in München ein abruptes und klägliches Ende gefunden. Freiwillig hatte von Seeckt seine Machtbefugnisse nach Artikel 48 wieder der zivilen Autorität unterstellt, und der Prozeß gegen Hitler und Ludendorff schuf wenigstens im Augenblick die Illusion geordneter Zustände in Bayern – selbst wenn der Ausgang des Prozesses eine Farce war. In einem Gespräch mit Botschafter D'Abernon in jenen Tagen stand Stresemann »noch ganz unter dem Eindruck der Enthüllungen im Hitler-Ludendorff-Prozeß in München. Bei den Verhandlungen trat klar zutage, daß die Gefahr im November vorigen Jahres unendlich viel größer war, als es der breiten Öffentlichkeit bewußt geworden ist.«[26]

Am 10. April erhielt Stresemann die Nachricht vom Tod Hugo Stinnes'. Zwar ehrte er seinen Parteikollegen mit einem wohlwollenden Artikel in der *Zeit*, doch ihr Verhältnis hatte ihn von Anfang an immer wieder schwer belastet.[27] Stinnes war in Deutschland zweifellos der bedeutendste Großindustrielle seiner Zeit, doch als Kapitalist hatte er seine eigenen Interessen über diejenigen seines Landes und seiner Partei gestellt. Er zeigte selten Skrupel, wenn es darum ging, gegen Stresemann und sogar gegen die DVP zu intrigie-

14. Der Weg aus der Sackgasse 369

ren, solange es nur seinen eigenen Zwecken diente; so sprach er sich zum Beispiel noch kurz vor seinem Tod für das Programm der »Nationalliberalen Vereinigung« aus.[28] Was Stinnes von Stresemann hielt, ließ er sogar Botschafter Houghton wissen: »Stresemann ist ein schwacher Mann.«[29] Stinnes' Industrieimperium war laut Stockhausen »ein Turmbau zu Babel, der den Keim des Untergangs in sich trug, vor allem unter der neuen Stabilisierung der Wirtschaft«.[30] Tatsächlich brach dieses Imperium innerhalb weniger Jahre zusammen und endete im Konkurs.

Zwei Wochen nach Stinnes' Tod, am 23. April, starb Stresemanns langjähriger Gegner Karl Helfferich bei einem Zugunglück in der Schweiz. Helfferich war die mit Abstand unnachgiebigste und wortgewandteste Führungspersönlichkeit innerhalb der DNVP; den Wahlkampf zu den Maiwahlen hatte er mit einem wüsten Angriff auf Stresemann im Reichstag eröffnet. Ganz im Stil seiner früheren, katastrophalen Tiraden gegen Erzberger und Rathenau warf Helfferich Stresemann vor, er bringe das deutsche Volk an den Rand des Untergangs. In zusätzlichen Artikeln in der nationalistischen *Kreuzzeitung* führte er seinen Kampf von der Schweiz aus gegen Stresemann und den Dawes-Plan fort.[31] Stresemann dürfte wohl unweigerlich erleichtert darüber gewesen sein, daß er sich nicht mehr gegen die Angriffe seines unerbittlichsten politischen Widersachers zur Wehr setzen mußte. Unglücklicherweise jedoch standen ihm als Helfferichs Nachfolger innerhalb der DNVP zwei Männer mit weniger Talent, aber umso größerem Starrsinn gegenüber: Oskar Hergt und Kuno Graf von Westarp.

Die SPD konzentrierte sich im Wahlkampf besonders auf die grassierende Arbeitslosigkeit und die Ungerechtigkeit, die die einschneidenden deflationären Maßnahmen der Regierung Marx mit sich brachten. Stresemann verteidigte zwar diese Politik, richtete als Außenminister seinen Wahlkampf allerdings besonders darauf aus, die Öffentlichkeit für den Dawes-Plan zu gewinnen, während die Deutschnationalen in wüsten Beschimpfungen unterstellten, der vorgesehene Zahlungsplan bei den Reparationen führe zu einer »Versklavung« des deutschen Volks. Doch Stresemann bewahrte die Position der DVP als einer »Mittelpartei«, verteidigte die Republik und widersetzte sich den Kommunisten, Sozialdemokraten und Deutschnationalen.

Stresemann führte seinen Wahlkampf mit Hilfe mehrerer Reden und Artikel in der *Zeit*, wobei er sich einmal auf Naumanns vage monarchistischen Ausdruck »Volkskaisertum« berief, was zu einem kritischen Kommentar in der *New York Times* unter dem Titel »Stresemann joins the Junkers« führte. Stresemann antwortete: »Meine Partei steht unbedingt auf dem Boden der deutschen Reichsverfassung und hat wiederholt erklärt, daß sie diese Verfassung gegen jeden Angriff von innen verteidigen würde.«[32] Jegliche Verfassungsänderung sei nur mit den in der Verfassung selbst vorgesehenen Mitteln vorzunehmen. Diese Botschaft wiederholte er am 6. April in einer Rede in Kiel, und nachdrücklich machte er gegenüber den Deutschen, besonders aber auch gegenüber dem Ausland, klar, daß Deutschland das Recht erworben habe, als verläßliches Mitglied innerhalb der Gemeinschaft Europas anerkannt zu werden.[33] Gegen Ende des Wahlkampfs betonte er mit wachsendem Pathos seine Überzeugung, daß es zu einer Räumung der Ruhr und eines Tages auch des Rheinlands kommen müsse: »Weil ich die Politik heute vor die finanziellen Fragen stelle, sage ich: ›Es wäre eine erbärmliche Regierung, die nicht auch das letzte täte, um Rhein und Ruhr wiederzugewinnen.‹«[34]

Sein Einsatz fand zwar einige Aufmerksamkeit, genügte jedoch nicht, den katastrophalen Ausgang der Wahl vom 4. Mai 1924 zu verhindern. Das Wahlergebnis fiel für die DVP noch verheerender aus, als zu erwarten gewesen war: Sie verlor etwa eine Million Stimmen, und die Reichstagsfraktion schrumpfte von 65 auf 45 Sitze. Die DDP, die keine starke Führung mehr besaß und von vielen als »Judenpartei« denunziert wurde, erlitt eine ähnliche Niederlage und konnte nur noch 28 Sitze halten. Die vereinte SPD/USPD fiel von 171 Sitzen im Juni auf nur noch 100 Sitze; ein großer Teil der Verluste der Sozialdemokraten kam der KPD zugute, die immerhin 62 Sitze errang. Eindeutige Sieger waren die

14. Der Weg aus der Sackgasse

Rechtsparteien. Die DNVP gewann zusätzlich 24 Sitze und kam damit auf insgesamt 95 Sitze. Zusätzlich zog ein »völkischer rassistischer Block«, zu dem auch Mitglieder der verbotenen NSDAP gehörten, zum ersten Mal mit 32 Abgeordneten in den Reichstag ein. Maretzky, der die DVP verlassen hatte, errang den einzigen Sitz für die »Nationalliberale Vereinigung« und schloß sich sofort der DNVP an. Der Zentrumspartei und der mit ihr verbundenen BVP gelang es, ihren Stimmenanteil zu halten, was die Treue ihrer katholischen Wählerschaft widerspiegelt. Bezeichnenderweise erlangten diverse Splitterparteien 25 Sitze. Sie vertraten eine ganze Reihe zumeist radikaler Einzelinteressen und waren ein Beleg für die Unzufriedenheit der Wähler mit den etablierten Reichstagsparteien.[35]

Die Wahl machte die massive Abwanderung aus dem Lager der bürgerlichen Parteien und der mit ihnen zusammenarbeitenden gemäßigten Sozialdemokraten deutlich. Die Ablehnung einer deflatorischen Innenpolitik und die Verärgerung über den Reichstag und dessen Versagen, die Demütigung durch den Versailler Vertrag rückgängig zu machen, sorgten dafür, daß der Extremismus an Boden gewann. Stresemanns Mittelweg lag eindeutig unter Beschuß. Das Wahlergebnis machte jeden Gedanken an eine weitere große Koalition zunichte. Vor dem Hintergrund der geschrumpften und zerstrittenen eigenen Partei und der Gefährdung der Ratifizierung des Dawes-Plans durch die nationalistische Opposition war Stresemann isoliert. Dies wußte auch Lord D'Abernon: »Die meisten politischen Führer würden ihn gern aus dem Sattel heben.«[36] Das ungeliebte »persönliche Regiment«, mit dem Stresemann die Partei führte, sein Ruf als politischer Opportunist und jetzt auch noch die Niederlage bei der Wahl waren verantwortlich dafür, daß er nur noch wenige Freunde hatte und kaum Fürsprache fand.

Kurz nach der Wahl schlug Erich Koch-Weser, der frühere Kasseler Oberbürgermeister und neue Vorsitzende der DDP, Stresemann vor, über eine mögliche Vereinigung beider Parteien nachzudenken. Selbst für seinen Kollegen und

Freund Geßler war Koch-Weser ein umstrittener, gleichwohl »ausgesprochen politischer Kopf«.[37] Er glaubte, die DDP duch eine Vereinigung mit der DVP retten zu können, die jetzt ohne ihren extremen rechten Flügel republikanisch genug erschien. Obwohl Stresemanns Alternativen nicht gerade vielversprechend waren, lehnte er den Vorschlag rundweg ab. Dabei spielten vermutlich die persönlichen Angriffe eine Rolle, denen er in jener düsteren Dezemberwoche 1918 durch die Gründer der DDP ausgesetzt gewesen war.

Darüber hinaus zweifelte Stresemann an der Stabilität der DDP, die sich offensichtlich von ihrer intellektuellen Basis losgelöst hatte und die ihren Zusammenhalt verloren zu haben schien. Diese Bedenken wurden durch das fortgesetzte Abdriften seiner eigenen Partei nach rechts verstärkt; das Wahlergebnis hatte bei vielen erneut den Wunsch nach einer Koalition mit der DNVP geweckt. Im nachhinein muß man Stresemanns strikte Weigerung, einen Modus vivendi mit der DDP zu suchen, als entscheidenden Fehler betrachten. Trotz aller Komplikationen hätte eine Vereinigung der beiden Parteien der bürgerlichen Mitte neue Energie zuführen und eine breitere Unterstützung für Stresemanns Außenpolitk mobilisieren können. Man kann nur bedauern, daß Stresemann diese Gelegenheit nicht nutzte.[38] In den Folgejahren – besonders 1929 – boten sich ähnliche Möglichkeiten, doch da war es zu spät.

Die nachfolgenden Verhandlungen zwischen Präsident Ebert und Marx über die Bildung eines neuen Kabinetts nahmen beinahe einen Monat in Anspruch. Die Sozialdemokraten verweigerten ihre Teilnahme, solange die Stabilisierungsmaßnahmen nicht rückgängig gemacht wurden; dieser Schritt hätte jedoch mit größter Wahrscheinlichkeit die Verhandlungen über eine internationale Anleihe zunichte gemacht. Auf der anderen Seite forderten die Deutschnationalen, ermutigt durch ihren Wahlerfolg, einen kompletten Richtungswechsel bei der Außenpolitik und eine Umbildung des Kabinetts. Sie lehnten Stresemann und den Dawes-Plan ohne Wenn und Aber ab. Sie verstiegen sich zu der For-

14. Der Weg aus der Sackgasse

derung, daß Admiral Tirpitz Marx als Kanzler ablösen sollte. Bei einem Gespräch mit Botschafter Houghton am 19. Mai 1924 äußerte sich Stresemann besorgt über das Schicksal des Dawes-Berichts und wies darauf hin, daß die DNVP als Gegner dieses Plans etwa sechs Millionen Wähler hinter sich wußte.[39]

Zwar akzeptierte die DNVP Marx nunmehr als Kanzler, doch sie widersetzte sich nach wie vor der Berufung Stresemanns zum Außenminister. Daraufhin beschloß die DVP-Fraktion in einer überraschenden Abstimmung, die die DNVP besänftigen sollte, ihren Vorsitzenden zu opfern, den viele für die Stimmenverluste verantwortlich machten. Am 2. Juni reichte Stresemann verbittert seinen Rücktritt als Außenminister ein und bemerkte gegenüber Botschafter D'Abernon: »Angesichts von Vorgängen, wie sie sich gegenwärtig abspielen, versteht man nur zu gut, was Bismarck meinte, wenn er sagte: ›Ich habe die ganze Nacht gehaßt.‹«[40] Als er die Rücktrittsnachricht erhalten hatte, reagierte Ebert mit großem Bedauern: »Es ist eine Tragik, wie ein Mann wie Stresemann von seiner eigenen Partei behandelt wird.«[41]

Unterdessen hatte Kanzler Marx die aussichtslosen Verhandlungen mit der Führung der DNVP beendet. Da er sich der vorläufigen passiven Unterstützung durch die SPD versichert hatte, entschloß er sich, im Reichstag das alte Minderheitskabinett einschließlich Stresemann bestätigen zu lassen, das die SPD erst drei Monate zuvor abgelehnt hatte.

So fand das politische Vakuum ein Ende. Am 8. Juni brach Stresemann zu einer Blitzreise in den Harz auf, um sich drei Tage lang zu erholen, was er dringend nötig hatte. Auf die vergangenen Wochen konnte er nur mit Verwunderung zurückblicken: »So erließen es die Sozialdemokraten der Mitte von vornherein, die Entscheidung zwischen rechts und links als klare Alternative treffen zu müssen, die auch für die zukünftige Innenpolitik verbindlich blieb.«[42] Trotz der politischen Unruhe, die folgen sollte, war dies das letzte Mal, daß Stresemanns Amt als Außenminister in Frage gestellt wurde, denn alle größeren Parteien erkannten nach und nach, daß er als Garant stabiler Beziehungen zum Westen unverzichtbar war. Zwar wurde er im Innland mit Mißtrauen beäugt, doch Lord D'Abernon bekräftigte, daß er inzwischen im Ausland als ehrlicher und verläßlicher Vertreter der Interessen seines Landes geschätzt wurde.[43]

Während dieser unruhigen Tage in Deutschland traf am 13. Mai 1924 die Nachricht ein, daß die Regierung Poincaré gestürzt worden war. Sie wurde durch eine Koalitionsregierung unter Vorsitz von Edouard Herriot abgelöst. Nach übereinstimmender Darstellung war der neue französische Ministerpräsident und Außenminister ein Mann, der wie nur wenige über Integrität, Idealismus und gesunden Menschenverstand gleichermaßen verfügte; er war ein entschlossener Verteidiger der Demokratie und, was besonders wichtig ist, ein Befürworter einer Versöhnungspolitik gegenüber Deutschland. Für Stresemann, der sich Sorgen um die Umsetzung des Dawes-Plans machte, stellte dieser Regierungswechsel in Frankreich eine außerordentliche Erleichterung dar.

Nach Poincarés Sturz notierte Stockhausen: »Von den Fußtritten dieses brutalen und eitlen Advokaten sind wir jetzt befreit.«[44] Unverzüglich lud Ramsey MacDonald den neuen Partner Herriot nach Chequers, den Landsitz des Premierministers, ein, wo die beiden während eines Wochenendes informeller Diskussionen übereinkamen, zum 16. Juli eine Konferenz der Alliierten einzuberufen, um eine letzte Formulierung und die Bestätigung des Dawes-Plans zu erzielen. Paris reagierte empört. Der französische Senat wies Herriot an, daß bei einer solchen Konferenz – sollte sie denn stattfinden – ausschließlich über die Empfehlungen des Dawes-Komitees gesprochen werden könne. Eine Revision des Versailler Vertrags käme nicht in Frage, und es war keineswegs klar, ob die Deutschen daran teilnehmen dürften. Am 8. Juli kam MacDonald nach Paris, um Herriot zu ermutigen und erhielt, wenn auch zu französischen Bedingungen, die Zustimmung zur vorgeschlagenen Konferenz, die in der folgenden Woche in London tagen sollte.

Nach der Rückkehr von seinem Erholungsurlaub im Harz drängte Stresemann das Kabinett, seine Partei und den

14. Der Weg aus der Sackgasse

Reichstag, den Bericht des Dawes-Komitees zu akzeptieren. Er konnte nicht sicher sein, daß die bevorstehende Konferenz zu einer Räumung der Ruhr führen, ja nicht einmal, ob er überhaupt eingeladen werden würde, doch er kämpfte für seine Position, als sei beides bereits sicher. Dabei ging es ihm vor allem um die Aussicht einer beträchtlichen internationalen Anleihe und die Wiederherstellung der deutschen Kreditwürdigkeit im Ausland. Sein Unternehmen wurde dadurch erschwert, daß für eine Verfassungsänderung zur Privatisierung der Bahn und zur Aufnahme einer Sicherungshypothek, die die neu festgelegten Reparationszahlungen und die internationale Anleihe ermöglichen sollte, eine Zweidrittelmehrheit im Reichstag nötig war. Deshalb mußte er nicht nur die Unterstützung der Sozialdemokraten gewinnen, sondern darüber hinaus wenigstens einige Stimmen der DNVP-Fraktion. Trotz dieser Schwierigkeiten beharrte Stresemann darauf, daß die Vorschläge des Dawes-Komitees den einzig gangbaren Weg darstellten, um die in Versailles verhängten Einschränkungen zu überwinden.

Am 30. Juli notierte Stockhausen in seinem Tagebuch, daß Stresemann und Luther vor den versammelten Regierungschefs der Länder »glänzende Reden« gehalten und so deren Widerstand wenigstens für den Augenblick zum Verstummen gebracht hätten.[45] Vier Tage später bekannte er in einem Brief an seine Frau: »Der politische Horizont hat sich verfinstert. Man will das Ruhrgebiet nicht räumen. Herriot ist sehr schwach – die Lage unserer Regierung sehr prekär, wenn wir nicht Besserung schaffen.«[46] Ohne eine Vereinbarung über die Räumung der Ruhr war Stresemann skeptisch, ob er die Zustimmung seiner eigenen Partei erhalten würde, von den Deutschnationalen ganz zu schweigen. Selbst am 25. Juli, nachdem die Londoner Konferenz schon längst begonnen hatte, gab es immer noch kein Anzeichen dafür, daß man die Deutschen einladen würde. Sein Einsatz und seine Glaubwürdigkeit lagen unter Beschuß, als Stresemann an seine Frau in die Schweiz schrieb: »Nervosität und politische Unruhe ... Wir haben noch keine Einladung nach London, und es steht überhaupt nicht fest, ob die Konferenz zu einem guten Ergebnis führt oder aufflieg.«[47]

Unter dem Druck der Amerikaner stimmten die Franzosen am 2. August schließlich zu, eine deutsche Delegation einzuladen. Mit diesem Schachzug fand die deutsche Isolation ein Ende. In Zukunft sollten die Deutschen bei keiner einzigen wichtigen Konferenz der Alliierten mehr ausgeschlossen werden. Dies allein war bereits ein Erfolg von Stresemanns fortwährenden Bemühungen um eine Teilnahme der USA. Das amerikanische Engagement wurde am 8. August durch den Berlin-Besuch von Außenminister Hughes unterstrichen, der von der amerikanischen Botschaft zu einem Essen eingeladen wurde und zu dessen Ehren es danach einen Tee-Empfang im Garten der Villa des Auswärtigen Amts gab, bei dem Frau Stresemann als Gastgeberin auftrat. Lord D'Abernon, der Hughes nie zuvor begegnet war, bemerkte anschließend: »Hughes machte auf mich den Eindruck eines Mannes, dessen hervorragendste Eigenschaft Vernunft und Besonnenheit ist.«[48]

Marx, Luther und Stresemann trafen zusammen mit ihrer Delegation am 4. August in London ein, wo sie von einem siegesgewissen General Dawes, seinem hervorragenden Mitarbeiter Owen Young, dem verständnisvollen Vorsitzenden Ramsey MacDonald und – zum ersten Mal – Edouard Herriot begrüßt wurden. Für Stresemann, Marx und Herriot war die Teilnahme an einer internationalen Konferenz eine Premiere, während die meisten anderen Teilnehmer damit längst vertraut waren.

Unglücklicherweise erwähnte Marx in seiner Eröffnungsrede die Notwendigkeit der militärischen Räumung der Ruhr, wodurch er sogleich den Unwillen der Franzosen auf sich zog. Obwohl dies vom deutschen Standpunkt aus eine drängende Frage war, hatten die Franzosen das Thema bereits lange zuvor von der Tagesordnung gestrichen. Unter dem beruhigenden Einfluß MacDonalds konnte die Ordnung wiederhergestellt werden. Nach heftigem Druck der Amerikaner, die die Verantwortung für die Aufnahme der Anleihe trugen und deshalb entschlossen waren, die politi-

14. Der Weg aus der Sackgasse 377

sche Stabilität in Deutschland sicherzustellen, wurden einige Zugeständnisse hinsichtlich der Sanktionen und eine Generalamnestie beschlossen.

Erst gegen Ende der Konferenz tauchte das Problem der Ruhr wieder auf – eine Frage, die auch für die öffentliche Meinung in Frankreich ebenso wie in Deutschland eminent wichtig war. Herriot hatte seinem Parlament versprochen, daß es kein Entgegenkommen geben würde, während Stresemann seinerseits genau das Gegenteil zugesagt hatte. MacDonald konnte die Krise im letzten Augenblick beilegen, indem er Herriot überredete, sich allein mit Stresemann zu treffen. Nach zwei Stunden hitziger Diskussion konnte Stresemann Herriot dazu bringen, einer Zusatzvereinbarung zuzustimmen, die den Rückzug aller französischen Truppen aus dem Ruhrgebiet innerhalb eines Jahres vorsah; darüber hinaus erhielt Stresemann die Zusage zur sofortigen Räumung Dortmunds. Mit diesem Ergebnis ging die Londoner Konferenz zuende. Aufgrund des amerikanischen Engagements war sie ein Erfolg, nachdem etwa zwölf vergleichbare Tagungen gescheitert waren.

Stresemann jedenfalls kehrte in Jubelstimmung nach Hause zurück, doch er prallte förmlich gegen eine Mauer nationalistischen Widerstands, der die vielleicht wichtigste außenpolitische Debatte in der kurzen Geschichte der Republik auslöste. Wie konnte Deutschland sich zu immer noch beträchtlichen Reparationszahlungen bereiterklären, solange die Kriegsschuldklausel nicht gestrichen war und es keine Garantie für das Versprechen Frankreichs gab, die Ruhr definitiv zu räumen? Bedrängt und verärgert notierte Stresemann: »London war beschwerlich, Berlin ist scheußlich. Jeden Tag ... Sitzungen und Besprechungen von morgens bis in die Nacht.«[49] Von Marx und Luther quasi flankiert, setzte er seine Arbeit fort, indem er Punkt für Punkt die Probleme ansprach, auf denen der Widerstand der DNVP beruhte. Um sich Gehör zu verschaffen, schlug er vor, daß sich die Deutschnationalen möglicherweise an der nächsten Regierung beteiligen könnten und stellte in Aussicht, daß die versprochene Anleihe sowie zusätzliche amerikanische Kredite in Kürze zur Verfügung stünden.[50] Letzteres sicherte ihm zumindest die Unterstützung eines großen Teils der deutschen Industriellen und Bankiers, einschließlich des mächtigen »Reichsverbands der deutschen Industrie«.

Ende August war eine einfache Mehrheit gesichert, doch die geschlossene Front der DNVP-Fraktion verhinderte noch immer eine Zweidrittelmehrheit, die für die Ratifizierung aller Bestimmungen des Dawes-Plans Voraussetzung war. In dieser Situation drohte Ebert mit der Auflösung des Reichstags und der Ausschreibung von Neuwahlen, sollte es nicht zu einer Verabschiedung des Gesetzes kommen.[51] Am selben Tag, dem 27. August, kam das entscheidende Eisenbahngesetz zur Abstimmung, das eine Verfassungsänderung notwendig machte; es scheiterte am geschlossenen Widerstand der DNVP. Daraufhin griff Stresemann widerwillig auf einen früheren Vorschlag von Curtius zurück und ließ der Fraktion der DNVP durch von Maltzan eine Erklärung überbringen, in der er versprach, die Beteiligung ihrer Partei an der nächsten Regierung zu befürworten. Überdies sagte er zu, daß die Regierung nach Annahme des Dawes-Plans und des damit verbundenen Eisenbahngesetzes sich unverzüglich um die Aufhebung der Kriegsschuldklausel bemühen würde. Trotz des unverminderten Widerstands des DNVP-Parteiführers Hergt waren diese Überlegungen so gewichtig, daß 48 Fraktionsmitglieder der Deutschnationalen von der Parteilinie abwichen und dadurch am 29. August die Verabschiedung des Gesetzes ermöglichten. Unglücklicherweise war die Auseinandersetzung um den Dawes-Plan nicht die einzige Gelegenheit, bei der der Parteichef Stresemann den Außenminister Stresemann retten mußte.[52]

Trotz seines Erfolgs vom 29. August warnte Stresemann: »Ich sehe in den Londoner Abmachungen nichts als einen wirtschaftlichen Waffenstillstand von einigen Jahren. Das wirtschaftlich blutleere Deutschland braucht aber diesen Waffenstillstand...« An einen anderen Briefpartner schrieb er, »daß diese Politik, die natürlich als Politik eines waffenlosen Volkes keinen äußerlich blendenden Erfolg haben konnte, vielleicht die Grundsteinlegung für eine bessere deutsche

14. Der Weg aus der Sackgasse

Zukunft ist«.⁵³ Doch selbst angesichts dieser Einschränkungen war sie ein gewaltiger Schritt auf dem Weg zur Anerkennung Deutschlands als eines respektierten Mitglieds der internationalen Staatengemeinschaft. Ludendorff, der in dieser Angelegenheit bloßer Beobachter war, beklagte sich: »Es ist eine Schande für Deutschland: Ich habe vor zehn Jahren Tannenberg gewonnen. Sie haben heute hier das jüdische Tannenberg gemacht.«⁵⁴ Eine weitere Folge der Ratifizierung des Gesetzes durch die Deutschen war die wiedergewonnene Kreditwürdigkeit. Im Oktober wurde die Dawes-Anleihe durch ein Konsortium unter US-Führung aufgelegt, wobei es zu einer fünffachen Überzeichnung kam. In den folgenden Jahren stürzte geradezu eine Lawine ausländischer, zumeist amerikanischer Kredite auf Deutschland nieder, die dem Reich zu einer kurzen Erholungsphase und Stabilisierung nach der Wirtschaftskrise von 1925/26 verhalfen. Die Schleusentore des amerikanischen Kapitals hatten sich geöffnet, und die Bedingungen von Versailles wurden teilweise erleichtert.⁵⁵ Amerika wurde der wichtigste Partner der deutschen Außenpolitik. Am Abend nach der letzten Abstimmung im Reichstag bestieg Stresemann den Nachtzug nach Norddeich und von dort das Schiff nach Norderney, wo er sich in Ruhe von der politischen Schlacht erholen wollte, in der er beinahe untergegangen wäre. Der Urlaub war jedoch nur kurz, und die geplante Therapie seines anhaltenden Nierenleidens in Bad Wildungen mußte verschoben werden. Zwar sollte der Reichstag erst am 21. Oktober wieder zusammentreten, doch die politischen Komplikationen durch die Auseinandersetzung um die Ratifizierung des Dawes-Plans rissen nicht ab. Anfang September mußte das Versprechen einer Kabinettsbeteiligung, die den Deutschnationalen am 28. August gegeben worden war, plötzlich erfüllt werden. Damals hatte Stresemann nicht ernsthaft mit ihrem Interesse an einer Zusammenarbeit gerechnet. Jetzt aber waren sie unerwartet entschlossen zu regieren, nachdem die Partei ihre durch die Dawes-Abstimmung verlorene Einheit wiedergefunden hatte.

Stresemann frappierte diese Entwicklung zwar, doch

nach und nach war er zur Überzeugung gelangt, daß eine Beteiligung der DNVP am Kabinett sich günstig auf die außenpolitischen Möglichkeiten auswirken könnte, die sich durch die Unterstützung der Amerikaner und die offensichtliche Annäherung an England und Frankreich ergeben hatten. Angesichts dieser neuen Situation konnte er natürlich auf die Begeisterung des rechten Flügels seiner eigenen Partei zählen. Folglich besprach Stresemann diese Frage mit Kanzler Marx. Marx hatte zwar nichts gegen ein Angebot an die DNVP, meinte jedoch, daß auch den Sozialdemokraten ein solches gemacht werden müsse. Natürlich war das für beide Parteien inakzeptabel. Daraufhin erneuerte Stresemann seine Empfehlung, daß den Deutschnationalen eine Regierungsbeteiligung angeboten werden solle.

Wie Stresemann erwartet hatte, befürwortete seine Fraktion zwar mit Freude diesen Rechtsruck, sorgte jedoch zugleich für neue Komplikationen, indem sie verlangte, die DVP müsse die Koalition verlassen, sofern es nicht tatsächlich zu einer Beteiligung der DNVP käme. Die anderen Koalitionspartner widersetzten sich entschieden Stresemanns jetziger Haltung gegenüber den Deutschnationalen. Besonders die DDP war über seinen »Verrat« schockiert; sie gab alle früheren Neigungen, sich mit der DVP zu vereinigen, auf und lehnte Stresemanns Vorschlag einer neuen großen Koalition, in der die Deutschnationalen an die Stelle der SPD treten sollten, rundweg ab. Angesichts dieses Dilemmas entschloß sich Stresemann, die Beteiligung seiner Partei an der Minderheitskoalition zurückzunehmen und im zweiten Schritt die Regierung Marx zu Fall zu bringen. Daher ordnete Reichspräsident Ebert am 20. Oktober, dem letzten Tag der Reichstagsferien, auf Empfehlung von Marx die Auflösung des Reichstags an und setzte die Neuwahlen für den 7. Dezember fest. Im nachhinein, so scheint es, wäre es für Deutschland wohl besser gewesen, hätte sich all dies bereits im August ereignet; damals hätte der Dawes-Plan bei einer Wahl vermutlich Unterstützung gefunden.[56]

Drastische Rhetorik und extreme Forderungen kennzeichneten den nun folgenden Wahlkampf. Eine gründliche

14. Der Weg aus der Sackgasse

Inspektion durch die militärische Kontrollbehörde der Alliierten, die durch die Franzosen angeregt worden war, ergab im Oktober, daß Deutschland seine Abrüstungsverpflichtungen nicht in ausreichendem Maß erfüllt hatte. Dies führte dazu, daß die Alliierten sich entschlossen, die für den 1. Januar geplante militärische Räumung Kölns zu verschieben. Die Stimmung verdüsterte sich noch mehr, weil die Deutschnationalen darauf bestanden, daß die Kriegsschuldklausel abgeschafft werden müsse, was ihnen von Stresemann quasi als Gegenleistung für die Ratifizierung der Dawes-Vereinbarungen angekündigt worden war.

Zwei Wahlen in nur fünf Monaten! Für Stresemann war es ein sehr anstrengendes Unternehmen. Er hielt etwa dreißig Reden, wobei er alleine am letzten Tag des Wahlkampfs nacheinander in Stettin, Berlin und Frankfurt am Main auftrat. Er kam nach Mitternacht »sehr müde und abgespannt« nach Hause.[57]

Ende August hatte Stresemann versucht, sein Versprechen gegenüber den Deutschnationalen zu erfüllen, indem er in einer inoffiziellen Presseerklärung die Kriegsschuld zurückwies. In einem Privatbrief hatte MacDonald diesen Äußerungen sogar zugestimmt: »Ich hoffe, ich brauche Ihnen nicht zu versichern, daß ich Ihre Ansicht teile, die durch gewaltige Propagandabemühungen verbreitete Einstellung, Deutschland sei alleine für den Krieg verantwortlich gewesen, stelle eine Schlußfolgerung dar, die durch die Tatsachen keineswegs gerechtfertigt werde.«[58] Offiziell sollten die Alliierten diese Klausel des Versailler Vertrags jedoch nie zurücknehmen.

Im Rahmen des Wahlkampfes erläuterte Stresemann auf dem Parteitag in Dortmund am 11. November seinen Vorschlag, eine Regierungsbeteiligung der DNVP zu unterstützen. Er griff auf den in Elberfeld benutzten Ausdruck vom »Silberstreifen« zurück und klagte: »Alles, was links von der Deutschen Volkspartei steht, lobt die deutsche Außenpolitik, aber bekämpft den Außenminister, der Träger dieser Außenpolitik war«, während alle, die rechts von der Partei standen, sich der Vereinbarung selbst hartnäckig widersetzten. Das konnte man nicht anders als eine »tragikomische« Situation nennen. Er drängte die Partei, sich die »Parole der nationalen Realpolitik« zu eigen zu machen, und schloß: »Der Weg, der von der Aufgabe des passiven Widerstandes zu den Londoner Vereinbarungen geführt hat ... hat sich trotz heftigster Anfeindungen als der richtige erwiesen. Er muß folgerichtig weiter zur Erfüllung des vertragsmäßigen Besatzungsablaufs führen und die Grundlage für ... den Wiederaufbau in Deutschland liefern.«[59]

Da er eine heftige Reaktion der Deutschnationalen fürchtete, vermied Stresemann im Wahlkampf jede Diskussion über eine mögliche Mitgliedschaft im Völkerbund, die MacDonald und Herriot informell vorgeschlagen hatten. Die Sozialdemokraten befürworteten den Völkerbund sehr. Sie verlangten überdies eine Aufwertung der Schulden, da die Kriegsanleihen durch die Hyperinflation wertlos geworden waren, und griffen die Deflationspolitik an, die zu einer Steigerung der Arbeitslosigkeit geführt hatte. Was den Völkerbund betraf, reagierte Stresemann ausweichend. In der Frage der Aufwertung verwies er auf die bedrohliche Lage der Nation Mitte 1923 und den beachtlichen Erfolg der anschließenden Stabilisierung. Zwar erkannte er an, daß die deflationären Maßnahmen der Regierung zu noch mehr Not und Elend geführt hatten, und er hatte Verständnis für all diejenigen, die unter den Folgen dieser Politik litten, doch er beklagte sich bitter darüber, daß die DVP keine »utopischen« Hoffnungen erfüllen und keinen Sonderinteressen nachkommen könne.[60]

Obwohl sich Stresemann im Wahlkampf völlig verausgabt hatte, konnte die DVP nur einen bescheidenen Zuwachs von sechs Sitzen verzeichnen. Die SPD gewann 31 der zuvor verlorenen Sitze zurück, wodurch sie wieder zur stärksten Partei im Reichstag wurde. Auch die Deutschnationalen gingen aus der Wahl gestärkt hervor: Sie waren jetzt mit insgesamt 102 Abgeordneten vertreten, was Stresemanns Hoffnung zunichte machte, durch eine Niederlage könnten die gemäßigten Vertreter innerhalb der DNVP, die für den Dawes-Plan gestimmt hatte, an Einfluß gewinnen. Das ein-

14. Der Weg aus der Sackgasse

zig wirklich ermutigende Ergebnis war der dramatische Stimmenverlust der beiden extremistischen Parteien, die zusammen von 94 auf 59 Sitze zurückfielen.[61]

Abgesehen von einer minimalen Stärkung der Mitte hatte sich durch die Wahl kein eindeutiges Mandat ergeben; an der Zusammensetzung des gesamten Reichstags hatte sich nur wenig geändert, und das Dilemma ständig bedrohter Koalitionsregierungen bestand auch weiterhin. Trotz seiner unverminderten Bedenken gegenüber den schwer zu kontrollierenden Deutschnationalen, die üblicherweise eine reine Obstruktionspolitik verfolgten, sah Stresemann jetzt keine andere Alternative, als sein Versprechen zu erfüllen und sie an der Regierung zu beteiligen, selbst wenn er dadurch die Beteiligung der DDP verlieren würde. Obwohl er sich auch weiterhin dabei unbehaglich fühlen sollte, wandte sich Stresemann an die DNVP in der Hoffnung, daß die Partei mit der Zeit zu einer verantwortungsvollen Außenpolitik finden und eines Tages die Verfassung bejahen würde.

Am 10. Dezember verkündete Stresemann seine Entscheidung, daß seine Partei sich zusammen mit der DNVP an einer neuen großen Koalition beteiligen wolle. Doch nicht nur die DDP lehnte umgehend eine Zusammenarbeit mit der DNVP ab, sondern auch die Zentrumspartei. Von Ebert unterstützt bat Kanzler Marx am 19. Dezember darum, die Entscheidung über die Kabinettsbildung bis ins nächste Jahr zu verschieben. Nach zwei rasch aufeinander folgenden Wahlen und trotz absehbarer Fortschritte im Ausland war es immer noch unmöglich, eine stabile Mehrheitsregierung zu bilden.

Kurz vor Ende der deprimierenden Sitzung am 19. Dezember einigten sich Marx, Ebert, Stresemann, Geßler und Jarres darauf, daß es keine andere Möglichkeit gab, als wie schon zur Zeit Cunos ein Kabinett zu bilden, das aus »geeigneten Persönlichkeiten« unabhängig von deren Parteizugehörigkeit bestehen sollte. Allen Teilnehmern war klar, daß das System versagt hatte. Geßler schrieb:

»Diese Krisis sei keine Regierungskrisis, sondern ... eine Verfassungskrisis.« Angesichts von 15 engstirnigen Parteien und einem gewählten Reichspräsidenten, der so gut wie keine Autorität besaß, konnte eine Regierung einfach nicht funktionieren. »So geht die Sache auf die Dauer nicht weiter, wenn wir den Staat zusammenhalten wollen.« Stresemann stimmte ihm darin zu, daß der Bankrott »des parlamentarisch-demokratischen Systems« eine Reform unumgänglich machte. Auch Jarres meinte, »durch die daraus gefolgerte Unfähigkeit des ... Systems zur Lösung der großen Aufgaben unserer Nation gewännen die rechtsradikalen Putschpläne wieder neuen Boden«.[62]

Diese Prognose traf zu, doch die Beteiligten erkannten nicht, daß es die Insuffizienz der Verfassung selbst war, die eine Reform unmöglich machte. Tatsächlich nahm Anfang Januar ein neues Kabinett sogenannter Persönlichkeiten unter der Führung Luthers seine Arbeit auf mit dem Mandat, die Ordnung im Land wiederherzustellen. Aber weder ihm noch seinen Nachfolgern sollte es jemals gelingen, den nationalen Willen oder die nationale Einheit zu schaffen, die zu mehr als nur einer vorübergehenden Stabilität hätten führen können. Die Mängel der Verfassung und der fehlende Wählerwille, für ein Funktionieren dieser Verfassung zu sorgen, dauerten bis zum Ende der Republik an.

Kapitel 15
Locarno

Weder Stresemann noch Marx gelang es über die Weihnachtsfeiertage 1924, eine Koalitionsregierung unter Beteiligung der DNVP und der Parteien der Mitte zusammenzustellen. Da interne Auseinandersetzungen und die doktrinären Vorstellungen des linken Parteiflügels die Sozialdemokraten lähmten und sich DDP und Zentrum den Deutschnationalen nach wie vor widersetzten, schien es keine andere Alternative zu geben, als erneut eine Minderheitsregierung zu bilden. Zur Führung dieses Kabinetts wandte sich Reichspräsident Ebert an Hans Luther, den früheren Finanzminister, der für die Umsetzung des wirtschaftlichen Stabilisierungsprogramms in den Kabinetten Stresemann und Marx verantwortlich gewesen war und der die nachfolgenden Dawes-Verhandlungen in entscheidendem Maße befördert hatte.

Obwohl Luther der Rechten zuneigte und durch seine rigide deflationäre Wirtschaftspolitik die Ablehnung der SPD provoziert hatte, war seine Parteilosigkeit von Vorteil. Seine Integrität, sein administratives Geschick und der Mut, den er als Essener Bürgermeister vor und während der Ruhrbesetzung bewiesen hatte, hatten ihm überdies in weiten Kreisen Respekt verschafft. Lord D'Abernon urteilte: »Luther hat eine unschätzbare Fähigkeit, die Stresemann fehlt. Er erweckt Vertrauen, hauptsächlich bei stumpfen, dummen Menschen. Da die Mehrheit aus solchen Menschen besteht, verfügt Luther über mehr Anhang als Stresemann.« Und: »Luther hat nichts leicht Einnehmendes und Gewinnendes an sich... Aber an Zähigkeit und Entscheidungskraft mag sich Luther als der Überlegenere erweisen.«[1] Natürlich gab es auch solche, die ihn als kalt, ungeduldig und autoritär beschrieben.[2] An Reichstagssitzungen nahm er nur selten teil, an die Presse wandte er sich kaum, und er tendierte dazu, in Fragen politischer Führung seinem ungestümeren Außenminister den Vortritt zu lassen. Doch fast alle Gruppierungen zollten ihm als dem »Architekten« des Stabilisierungsprogramms und der neuen Währung durchaus Respekt.

Am 19. Januar 1924 stellte Luther sein Kabinett im Reichstag zur Bestätigung vor. Es bestand aus je einem Vertreter der DNVP, der DVP, dem Zentrum und der Bayerischen Volkspartei. Die übrigen Minister waren sogenannte Sachverständige, die zwar den einzelnen Parteien angehörten, jedoch nicht im Reichstag saßen. Keiner dieser Minister war seiner Partei gegenüber verantwortlich, doch da die Deutschnationalen gleich vier Vertreter benannt hatten, trugen sie zum ersten Mal indirekt Regierungsverantwortung, was nach Stresemanns Meinung für den Erfolg seiner außenpolitischen Ziele wesentlich war. Angeführt wurden sie von Martin Schiele, der sich dadurch profiliert hatte, daß er bei der entscheidenden Abstimmung zur Ratifizierung des Dawes-Plans mit der Parteidisziplin gebrochen hatte. Er übernahm das Amt des Innenministers, während einer seiner DNVP-Kollegen Finanzminister wurde. Bemerkenswerterweise akzeptierten alle Minister der Deutschnationalen die Forderung des Zentrums, persönlich der Republik die Treue zu schwören und sich zur Unterstützung ihrer Außenpolitik zu verpflichten.[3]

Stresemann fühlte sich durch das nach so vielen Mühen nunmehr zustande gekommene Kabinett ermutigt. Er hatte Luther vorgeschlagen, weil dieser ihm als der geeignetste Kandidat erschienen war, der die sogenannte Weihnachtskrise beenden würde, und hatte dabei – wie Lord D'Abernon sich ausdrückte – die Rolle eines »Politikers hinter dem Thron« gespielt. Nachdem seine eigene Position als Außenminister gesichert war, ließ die neue Partnerschaft mit der DNVP auf einen umgänglicheren Reichstag hoffen. Und obwohl die DDP auch weiterhin jede Zusammenarbeit mit den Deutschnationalen ablehnte, stimmte Geßler zu, als

»sachverständiger« Reichswehrminister in der Regierung zu bleiben. Trotz des Fehlens eines sicheren politischen Fundaments bestand das Kabinett Luther genau ein Jahr lang, und es leistete Beachtliches. Doch die Mängel der Verfassung wurden nicht behoben.

Wie zu erwarten, griff die sozialdemokratische Presse die neue Regierung als »ein ausgesprochenes bürgerliches Kampfkabinett« an. Die Einschätzung in Wolffs *Berliner Tageblatt* fiel skeptisch aus: »Er glaubt anscheinend, ein Kanzlerdiktator zu sein, und hat mit behender Geste das gesamte Ministerium bei der politischen Aussprache zur Seite geschoben.«[4] Doch trotz Luthers autoritären Neigungen gelang es Stresemann, zu ihm eine korrekte, fast schon enge Beziehung aufzubauen.

Nach der vielversprechenden Londoner Konferenz schwand die herzliche internationale Atmosphäre. Im folgenden November lösten die Konservativen, wiederum unter der Führung Stanley Baldwins, die Regierung MacDonald in London plötzlich ab, und Austin Chamberlain wurde als Nachfolger Curzons Außenminister. Weder ihm noch Baldwin konnte man ein ausgeprägtes Verständnis für Deutschland nachsagen. Im Gegenteil betrachtete Chamberlain nicht zuletzt aufgrund seiner frankophilen Tendenzen Deutschland besonders mißtrauisch, wenn nicht gar feindselig. Deshalb schloß sich England rasch der französischen Weigerung an, die Kölner Zone wie geplant zum 5. Januar zu räumen und berief sich dabei auf die Tatsache, daß die Deutschen ihren im Versailler Vertrag festgelegten Abrüstungsverpflichtungen immer noch nicht nachgekommen seien.

Die veränderte Haltung der Londoner Regierung ließ Gerüchte aufkommen über ein mögliches Sicherheitsabkommen zwischen England und Frankreich als einer Alternative zu einem vorgeschlagenen gegenseitigen Garantieabkommen des Völkerbunds, gegen das Berlin im Februar 1925 sein Veto einlegen sollte. Berlin betrachtete die Möglichkeit einer wiederbelebten Entente mit Besorgnis, um nicht zu sagen: Entsetzen. Um dieser Entwicklung zuvorzukommen und die Kontroverse über die Abrüstung zu entschärfen, erkannte Stresemann sehr schnell, daß eine glaubwürdige Sicherheitsgarantie gegenüber Frankreich entscheidend war, wenn es darum ging, eine neuerliche deutsche Isolation zu verhindern und mit der Zeit eine Lockerung der französischen Herrschaft über das Rheinland herbeizuführen. Stresemann war sich auch darüber im klaren, daß eine Annäherung Deutschlands und Frankreichs im Westen möglicherweise dazu dienen konnte, einen Keil zwischen die Alliierten und Polen zu treiben, um dadurch die Frage einer Grenzrevision im Osten wiederaufzunehmen.

Von D'Abernon angeregt, beschäftigte er sich auch wieder mit der Frage eines Deutschland betreffenden Sicherheitsabkommens der Alliierten. Auf D'Abernons Vorschlag hin erwogen Stresemann und Schubert erneut einen von Cuno im Dezember 1922 vorgebrachten Vorschlag. Dieser Plan sah einen Nichtangriffspakt zwischen Deutschland, Frankreich und Belgien vor, der durch eine unbeteiligte Macht garantiert werden sollte – womit damals vermutlich die Vereinigten Staaten gemeint waren.[5] Anfang Januar bereiteten Stresemann, Schubert und der britische Botschafter in einer Reihe von Gesprächen ein Memorandum vor, das auf dem früheren Modell basierte und Whitehall inoffiziell vorgelegt werden sollte; fände es dort Zustimmung, sollte es den Franzosen präsentiert werden.

Angesichts französischer Empfindlichkeiten und der deutschen Empörung über die Weigerung der Alliierten, Köln zu räumen, war das ein heikles Unternehmen, das zusätzlich dadurch erschwert wurde, daß der neugewählte Reichstag das Kabinett Luther formell noch nicht bestätigt hatte. Der Entwurf dessen, was später zu den Locarno-Verträgen werden sollte, wurde daher in völliger Geheimhaltung erarbeitet. Am 22. Januar 1925, nur einen Tag nach Luthers Amtsantritt, wurde das Memorandum Chamberlain zur inoffiziellen Prüfung nach London übermittelt.[6] Luther hatte das Dokument zwar Anfang Januar begutachtet, doch es war keinem anderen Kabinettsmitglied zur Kenntnis gebracht worden. Chamberlain, der zu einem deutschen »Junker« als Außenminister ohnehin kein Vertrauen hatte, reagierte zunächst ablehnend auf dieses irreguläre Verfahren, das er als Versuch verstand, Mißtrauen zwischen England und Frankreich zu säen. Seine Vorbehalte verstärkten sich noch dadurch, daß das Memorandum von der Empfehlung begleitet wurde, die Angelegenheit nicht ohne Zustimmung Berlins mit den Franzosen zu besprechen. Laut D'Abernon wurde der Vorschlag zunächst so despektierlich aufgenommen, daß er beinahe keinen Erfolg gehabt hätte.

Schließlich signalisierten die Briten aber ihre grundsätzliche Zustimmung, die sie allerdings von der Bereitschaft der Deutschen abhängig machten, dem Völkerbund beizutreten. In der Folge übermittelte Stresemann am 9. Februar den Vorschlag den Franzosen, die er bat, die Angelegenheit vertraulich zu behandeln. Aus Paris kam indes keinerlei Reaktion. Stresemann hatte sich eine sofortige und zustimmende Antwort auf seine kühne Initiative erhofft. Er befürchtete, daß die Verzögerung zu einer vorzeitigen Bekanntgabe führen könnte, was Angriffe durch die DNVP provozieren würde, bevor er noch in der Lage wäre, ein überzeugendes Argument zugunsten des Vorschlags vorzubringen.[7] Tatsächlich erreichten Gerüchte über diesen Alleingang im März Berlin, wo sie üble Reaktionen der Rechten entfesselten. Die Rechtsextremen schlossen sich den Deutschnationalen an und kritisierten eine nichtautorisierte Demarche, die u. a. den Verzicht auf Elsaß-Lothringen und den Verzicht auf die deutschen Ansprüche einer Revision der Ostgrenze vorsah. Diese Behauptungen wurden zunächst von Stresemann und dem französischen Botschafter abgestritten, den Herriot nicht informiert hatte und der daran zweifelte, daß Deutschland ein solches Memorandum übersandt hatte.

In einer ausführlichen Pressekonferenz am 7. März hatte Stresemann mögliche Gespräche angedeutet. Drei Tage später fühlte er sich schließlich verpflichtet, die Fraktion über seine privaten Verhandlungen zu informieren, sowie, am Tag darauf, den Auswärtigen Ausschuß des Reichstags. Am 13. März veröffentlichte er einen umfangreichen Artikel in der *Kölnischen Zeitung*. Darin erläuterte er detailliert die Bedingungen des vorgeschlagenen Abkommens, den möglichen Beitritt zum Völkerbund und die ungelöste Frage der Ostgrenze. Er erwähnte, daß die Franzosen trotz der kaum verhüllten Skepsis Chamberlains vorsichtiges Verständnis geäußert hatten.[8]

In den folgenden Tagen traf sich Stresemann mit den Führern der wichtigsten Reichstagsfraktionen. Er argumentierte, daß das Abkommen eine Wiederbelebung der britisch-französischen Entente verhindern, eine Ruhrbesetzung durch die Franzosen in Zukunft ausschließen, sowie durch die Sicherheitsgarantie gegenüber Frankreich möglicherweise den französischen Rückzug aus dem Rheinland beschleunigen würde. Die Sozialdemokraten begrüßten Stresemanns Vorschlag geradezu begeistert. Überraschenderweise wurden Stresemann und Luther auch bei ihrer Zusammenkunft mit Schiele von der DNVP ermutigt, der sein Verständnis für diese Vorstellungen zum Ausdruck brachte, jedoch aus Sorge vor einer vorzeitigen Debatte, die die Haltung der Opposition verhärten und eine Zustimmung Frankreichs gefährden konnte, riet, langsamer vorzugehen.[9] Bedauerlicherweise verkehrte die DNVP-Fraktion Schieles Ermutigung ins Gegenteil, indem sie gegen die Initiative opponierte und eine sofortige Räumung des Rheinlands, die Revision der Grenze zu Polen und die offizielle Rücknahme der Kriegsschuldklausel zur Bedingung machte, wenn über diesen Vorschlag nachgedacht werden sollte. Stresemann versuchte Zeit zu gewinnen und wartete, wie Schiele es empfohlen hatte, auf einen günstigeren Augenblick. Unterdessen bekannte er in einem Brief an von Bülow in Rom: »Gehemmt werde ich weniger durch die außenpolitischen Probleme, von denen ich hoffe, daß die Deutschland entgegenstehenden Schwierigkeiten zu überwinden sind, als durch die deutsche Innenpolitik, die geradezu katastrophal ist...«[10]

Die Situation war noch völlig ungeklärt, als der vierundfünfzigjährige Reichspräsident Ebert am 28. Februar plötzlich an den Folgen einer verschleppten Blinddarmentzündung starb. Eberts Amtszeit wäre ohnehin am 30. Juni zuende gegangen, und er hatte bereits seine Absicht geäußert, sich zur Ruhe zu setzen. Sein Tod verwickelte Stresemann – der von Eberts Unterstützung in außenpolitischen Fragen immer abhängiger geworden war – von neuem in diffizile innenpolitische Auseinandersetzungen, denen er erst drei Monate zuvor glaubte entkommen zu sein – und das zu einer Zeit der »großen außenpolitischen Entscheidungen«, wie er selbst schrieb. Am folgenden Tag widmete Stresemann fast die gesamte Ausgabe der *Zeit* dem Ruhm eines Mannes, der wie kein zweiter dafür gekämpft hatte, die Republik zu erhalten, und dessen ruhige Hand von nun an so schmerzlich vermißt werden sollte.[11]

Tatsächlich hatte der Kampf um das Amt des Reichspräsidenten längst begonnen. Am 12. Februar 1925 war ein Komitee aus Vertretern der DVP, der DNVP, des Landbunds und des Reichsverbands der deutschen Industrie zusammengetreten, um sich auf einen Kandidaten aus dem bürgerlichen Lager zu einigen. Aus Respekt vor dem Reichspräsidenten hatte Stresemann nicht teilgenommen. Da er jedoch spürte, welche außenpolitischen Implikationen diese Gespräche haben konnten, verfolgte er gewissenhaft die Beratungen des Ausschusses. Bemerkenswert ist, daß dem Komitee keine Vertreter der DDP, des Zentrums und der SPD angehörten. Die Beteiligung der DVP hingegen war ein Indiz für den Rechtsruck der Partei. Als Ebert starb, hatte sich dieser sogenannte Loebell-Ausschuß auf drei mögliche Kandidaten geeinigt: General von Seeckt, Otto Geßler und Karl Jarres.[12]

Als ehemaliger Duisburger Bürgermeister, der sich der französischen Besatzung entgegengestellt hatte, genoß Jarres in ganz Deutschland hohes Ansehen. Als überzeugter Nationalist und konservatives DVP-Mitglied war er in Stresemanns Kabinett Innenminister gewesen, und er sprach sich für die Zusammenarbeit der Partei mit der DNVP aus. Schwerwiegende Bedenken Frankreichs, übermittelt durch Botschafter Hoesch, und eine starke persönliche Abneigung veranlaßten Stresemann, sich gegen die Wahl von Seeckts und Geßlers zu wenden, die beide für ihn kaum zu akzeptieren waren, u. a. weil sie zu wenig Distanz zur Reichswehr besaßen.[13] Ohne eine Gegenstimme verständigte sich die Mehrheit des Loebell-Ausschusses schließlich darauf, die Kandidatur von Jarres zu unterstützen.

In der Zwischenzeit hatten sich die DDP und die Zentrumspartei Anfang März für Geßler ausgesprochen. Daraufhin verwarf die DVP-Fraktion die Empfehlung des Ausschusses und schloß sich der Entscheidung für Geßler als dem »bürgerlichen Sammelkandidaten« an. Stresemann war nicht bereit, diese willkürliche Entscheidung seiner Fraktionskollegen hinzunehmen. Unverzüglich berief er eine Sitzung des größeren Reichsausschusses der DVP ein, der nach einer hitzigen Debatte Jarres Geßler vorzog. Das Zentrum und die DDP weigerten sich ihrerseits, Stresemanns Diktat zu folgen. Indem sie weiter auf Geßler bestanden, zerstörten sie den zaghaften Versuch, vor dem bevorstehenden Präsidentschaftswahlkampf zu einer überparteilichen Einheit zu finden. Trotzdem sprach Stresemann in seinem Tagebuch unter dem Eintrag »12. März: Großkampftag« von einem »Sieg«.[14] Die Presse war von der Verwirrung, die der Außenminister so leichthin angerichtet hatte, keineswegs begeistert. Eine Zeitung schäumte: »Eine Kandidatur, die von allen Parteien, von den Demokraten bis zu den Deutschnationalen, unterstützt würde, müßte für die deutsche Außenpolitik noch am ehesten tragbar sein... So hätte ein deutscher Außenminister sprechen können. So hat Herr Stresemann bekanntlich nicht gesprochen.«[15]

Als Folge von Stresemanns Intervention wurde Jarres allein von der DVP und der DNVP unterstützt, als er am 29. März im ersten Wahlgang antrat. Unter den fünf wichtigsten Kandidaten, zu denen neben ihm Otto Braun (SPD), Wilhelm Marx (Zentrum), Willy Helpach (DDP) und Ernst Thälmann (KPD) gehörten, errang Jarres die meisten Stimmen. Laut Verfassung war jedoch die Stimmenmehrheit erforderlich, wodurch ein zweiter Wahlgang notwendig wurde, der am 26. April stattfinden sollte. In den Wochen vor diesem Termin kam es zu intensiven Verhandlungen zwischen den verschiedenen Parteien, bei denen Stresemann wiederum eine wichtige Rolle spielte. Zwar schlugen sich die

15. Locarno

Sozialdemokraten und die DDP jetzt auf die Seite des Zentrums und beschlossen, Marx zu unterstützen, doch die Deutschnationalen stellten inzwischen die Kandidatur Jarres' in Frage und drangen auf General von Hindenburg als Alternative. Stresemann widersetzte sich strikt dem Vorschlag der DNVP und beschwor seine Partei, an Jarres festzuhalten. Fünf Jahre zuvor hatte sich Stresemann für die Wahl Hindenburgs engagiert, doch die Welt hatte sich ebenso verändert wie Stresemann selbst. Er war zutiefst beunruhigt darüber, daß der Mann, der im Krieg der bedeutendste General des Reichs gewesen war, möglicherweise noch entschiedeneren internationalen Widerspruch auslösen würde als von Seeckt oder Geßler und daß Hindenburg die Rheinpakt-Initiative erschweren oder sich ihr gar aktiv entgegenstellen würde, was noch schlimmer wäre. Stresemann klammerte sich an die Hoffnung, daß Hindenburg das Angebot der Deutschnationalen ausschlagen würde.

Angewidert von den Machenschaften hinter seinem Rücken zog Jarres seine Kandidatur zurück; obwohl sich Stresemann verzweifelt darum bemühte, ließ er sich nicht davon abbringen. Jetzt hatte die DVP keinen Kandidaten mehr. Unter dem Druck der DNVP und des neu zusammengestellten Loebell-Ausschusses einigte sich die Partei vorläufig darauf, Hindenburgs Kandidatur zu unterstützen. Stresemann mußte erkennen, daß es jetzt zu spät und für ihn persönlich zu heikel war, sich öffentlich dagegen auszusprechen. In einem Brief an Stresemann versuchte Jarres seinen Rückzug zu erklären:

> Ich weiß, daß der Ausgang des unerquicklichen Kampfes hinter den Kulissen Sie ebenso enttäuscht und verdrossen hat wie die Mehrzahl unserer Freunde und wie offengestanden auch mich. Aber was geschehen ist, ist geschehen... Ich konnte das unwürdige Schauspiel nicht länger ansehen... Ich würdige durchaus, daß das für Sie persönlich nicht leicht sein wird. Es wird Ihnen, weiß Gott, schwer gemacht, solche große Politik, auf welche Sie sich mit der Volkspartei seit Jahr und Tag festgelegt haben, fortzusetzen. Und doch

muß es sein. Das Mißtrauen, welches von den Herrschaften auf der Rechten gegen uns und Sie noch immer besteht, muß durch überzeugungsvolle Konsequenz der politischen Führung überwunden werden.[16]

Auf Hindenburgs Nominierung reagierte das Ausland mit größten Vorbehalten. Angesichts der Tatsache, daß Paris den Sicherheitspakt hinauszögerte und Deutschlands wiedererlangte internationale Kreditwürdigkeit gefährdet war, versuchte Stresemann weiter, Hindenburgs Wahl zu verhindern, indem er als sogenannte Einheitskandidaten entweder Luther oder Walther Simons vorschlug, der in jenen Tagen als Interimspräsident der Republik sehr angesehen war.[17] Beide Männer mochten zwar für ein breites Wählerspektrum von der DVP bis zu den Sozialdemokraten tolerabel sein, doch es war einfach zu spät, um die notwendige Unterstützung für einen von ihnen zu gewinnen.

Am 19. April, nur eine Woche vor der Wahl, beschrieb Graf Kessler die deprimierte Stimmung Stresemanns bei einem Essen in dessen Dienstvilla: »Er ist über die Kandidatur Hindenburgs unverhohlen und ehrlich verzweifelt ... Zwei Jahre Lebensarbeit würden ihm zerstört. Einen Vortrag über außenpolitische Fragen bei Hindenburg, wenn er Reichspräsident werde, könne er sich noch nicht recht vorstellen ... Die ganze Sache sei eine gegen ihn, Stresemann, gerichtete Intrige. Man habe nicht einen Reichspräsidenten gewollt, mit dem er sich gut stünde. Man habe gegen Jarres vorgebracht, er sei ›ein Freund Stresemanns‹. Je länger wir sprachen, um so düsterer wurde er.«[18]

Noch am gleichen Tag äußerte sich Stresemann erstmals öffentlich zugunsten Hindenburgs in einem auffällig zurückhaltenden Artikel in der *Zeit*, in dem er vorsichtig sein Vertrauen zum Ausdruck brachte, daß sich der Feldmarschall zur Verfassung der Republik bekennen werde. In seinem Tagebuch gestand er jedoch am selben Tag, daß ihm trotz des Artikels die Position Hindenburgs zur Verfassung und zur Außenpolitik nicht klar sei, und er wiederholte die Hoffnung, die er auch schon Kessler gegenüber geäußert hatte. »Hindenburg werde nicht gewählt werden. Damit tröstete er sich«, schreibt Kessler.[19]

Am 26. April wurde der achtundsiebzigjährige Hindenburg jedoch tatsächlich im zweiten Wahlgang zum Reichspräsidenten gewählt, obwohl er im ersten gar nicht angetreten war und er nur die jetzt noch erforderliche einfache Mehrheit erhielt. Der alte Feldmarschall erreichte nur einen bescheidenen Vorsprung von etwa 900 000 Stimmen gegenüber Wilhelm Marx. Hätten die Kommunisten die ohnehin aussichtslose Kandidatur Ernst Thälmanns zurückgezogen, der 1,9 Millionen Stimmen erhielt, hätte Marx sich zweifellos durchgesetzt.[20] In einem beschwichtigenden Brief an Botschafter Houghton stellte Stresemann seine Bedenken zurück und erklärte, er sei mit dem Ergebnis zufrieden; trotz des fragwürdigen Ausganges der Wahl meinte er, daß sich Hindenburg als »Reichsrepublikaner« zur Verfassung bekennen werde.[21] Doch aufgrund der Belastung durch eine Wahl, bei der er letzten Endes keinen Einfluß mehr ausüben konnte, erlitt er einen ersten Angina-pectoris-Anfall; diese Herzkrankheit sollte ihm auch in Zukunft noch zu schaffen machen.

In der Tat bekannte sich der neue Reichspräsident zur Republik. Es gelang ihm sogar, viele, die zuvor auf der Rechten gestanden hatten, auf die Seite dieser Republik zu ziehen. Doch angesichts der Umstände, die alsbald zum Untergang der Weimarer Republik führen sollten, muß man Stresemanns Fehleinschätzung der Kandidatur Geßlers und seine Weigerung, sich öffentlich gegen Hindenburg auszusprechen, als tragischen Fehler bewerten – was ebenso für seine Weigerung aus dem Jahr zuvor gilt, einen Zusammenschluß mit der DDP anzustreben. Diese hatte zur Folge, daß die Wirtschaftskrise von 1929 über eine Nation mit einem labilen Reichspräsidenten hereinbrach, deren Widerstand gegenüber extremistischen Lösungen bereits beträchtlich geschwächt war. Hindenburg war eindeutig der falsche Mann am falschen Ort zur falschen Zeit, und die schwachen Institutionen der Republik reichten nicht aus, um den verhängnisvollen Fehler zu kompensieren, der zu seiner Wahl geführt hatte.

Stresemanns Verhältnis zu Hindenburg war zwar distanziert und gelegentlich schwierig, doch es kam nur selten zu größeren Reibungen. Bei ihren anfänglichen Gesprächen – das erste fand am 19. Mai statt – zeigte sich Hindenburg einer Fortsetzung der Verhandlungen über den Sicherheitspakt zugänglich und schien sogar die bevorstehende Anerkennung des Verlusts Elsaß-Lothringens zu akzeptieren. Er äußerte jedoch starke Vorbehalte gegenüber einem Beitritt zum Völkerbund und verlangte dezidiert die Rücknahme der Kriegsschuldklausel. Stresemann war nicht überrascht, daß er sich darüber hinaus eine engere Verbindung zu Rußland wünschte, wo deutsche Truppen ausgebildet wurden. Alles in allem fühlte sich Stresemann durch seine Haltung ermutigt, doch er meinte auch, Hindenburg sei »in einzelnen Dingen sehr kühl und realpolitisch eingestellt«. In weiser Voraussicht schloß er: »Die Hauptsache ist, daß nicht unkontrollierbare Leute Einfluß auf ihn gewinnen.« Noch verhaltener reagierte Stresemann bei einem zweiten Treffen am 9. Juni: »Es ist doch außerordentlich schwer, mit dem Reichspräsidenten über das verwickelte Gebiet der Außenpolitik zu diskutieren, da er in bestimmten, natürlich einseitigen Anschauungen befangen ist ... Es scheint, als wenn sehr geschäftige Hände sich bemühen, den Reichspräsidenten speziell auf das außenpolitische Gebiet zu lenken.«[22]

Geßler meinte zum Verhältnis Stresemann-Hindenburg: »Schwierig war dauernd das Verhältnis zu Stresemann ... Der oft gesteigerte Optimismus Stresemanns riß Hindenburg nicht mit, sondern verstärkte nur seine Skepsis.«[23] Der Reichspräsident zog ihm seine alten Freunde aus den Kreisen der Junker und des Militärs vor, die ungehinderten Zugang zu ihm besaßen und mit denen er offen über alle anstehenden Probleme sprach. Bei der Amtseinführung Hindenburgs am 12. Mai stellte Stresemann seine Bedenken zurück und notierte mit dem für ihn typischen Optimismus in seinem Tagebuch: »Ich habe vorläufig nicht die Empfindung, daß Hindenburg unter dem Einfluß irgendeiner politischen Kamarilla stehen wird ...«[24] Eine Zeitlang traf diese Einschätzung zu.

15. Locarno

Während Deutschland von den Präsidentschaftswahlen in Anspruch genommen wurde, lag der vorgeschlagene Rheinpakt in einem zögerlichen französischen Kabinett auf Eis. Die Franzosen waren insbesondere darüber besorgt, daß der geplante Vertrag für Frankreichs polnische und tschechische Verbündete im Osten keine Sicherheitsgarantien vorsah. Sie befürchteten, daß die Sicherung der Rheingrenze deutsche Ambitionen ermutigen könnte, Oberschlesien, Danzig und den polnischen Korridor zurückzugewinnen. Am 28. März stellte Chamberlain das deutsche Memorandum schließlich im Unterhaus vor, wobei er sämtliche einzelnen Bestandteile darlegte. Sein Ton war überraschend positiv. Er beschrieb den Vorschlag als »ehrliches und ehrenwertes« Bemühen der deutschen Regierung und versprach eine sorgfältige Prüfung. Um die französischen Ängste zu zerstreuen, versicherte er, Deutschland sei gänzlich bereit, jede Vorstellung aufzugeben, im Osten auf kriegerische Mittel zurückzugreifen.[25] Obwohl der deutsche Botschafter umgehend protestierte, hielt Chamberlain in den nachfolgenden schwierigen Verhandlungen an seiner Position unverrückbar fest.

Dann erhielt Stresemann am 10. April 1925 die Nachricht, daß die Regierung Herriot gestürzt worden war und Paul Painlevé Ministerpräsident und Aristide Briand Außenminster werden sollte – ein Posten, den dieser ohne Unterbrechung in 14 aufeinander folgenden Kabinetten innehaben sollte. Briand war ein überzeugter Sozialist und Pazifist und ein Befürworter des Völkerbunds. Er hatte zugleich großes Verständnis für Deutschland, was sich zum ersten Mal 1922 bei der Konferenz in Cannes gezeigt hatte.

Zwar benötigte er einige Zeit, um den ungünstigen Eindruck zu verarbeiten, den die Wahl Hindenburgs hinterlassen hatte, doch am 16. Juni antwortete Briand auf die lange ignorierte Note der Deutschen vom Februar des Vorjahrs. Er akzeptierte das vorgeschlagene Rheinprotokoll unter der Bedingung, daß es zu einer verbindlichen, international garantierten Schlichtung aller Streitpunkte bezüglich der Ostgrenze käme, und gewährte Deutschland den Beitritt zum Völkerbund.²⁶ Obwohl diese Vorbehalte in Deutschland zu Protesten führten und Köln immer noch besetzt blieb, griff Stresemann Briands Geste als eine Möglichkeit auf, diese Pläne weiterzuverfolgen. Nach einer kontroversen Debatte, in der vier DNVP-Minister und General von Seeckt entschlossen verkündet hatten, den Pakt zu blockieren, bevollmächtigte das Kabinett Stresemann am 24. und 25. Juni, die Verhandlungen fortzuführen und eine Pressemitteilung herauszugeben, die die vorgeschlagene Einigung darstellen und befürworten sollte. Die Reaktion der Öffentlichkeit war weniger ermutigend. Im Hinblick auf den energischen Widerstand der DNVP notierte Stresemann damals in seinem Tagebuch: »So hatten wir eine ganz miserable Presse.«²⁷

Am 1. Juli trat der Auswärtige Ausschuß des Reichstags zusammen, um über den Vertragsentwurf zu beraten. Stresemann wurde von den Ausschußmitgliedern der DNVP angegriffen, die das Dokument selbst und Stresemanns Versäumnis kritisierten, das Kabinett oder den Ausschuß vorab zu informieren. Er antwortete, er habe sich verfassungskonform verhalten und zuvor Luther verständigt. Der Kanzler erinnerte sich an ein Gespräch über die Note, doch da er offensichtlich besorgt war, die DNVP könne sein Kabinett verlassen, behauptete er, er habe den Text erst Ende Februar zu Gesicht bekommen und könne daher keine Verantwortung dafür übernehmen. Stresemann war empört und drohte, zurückzutreten und Luthers Behauptung vor dem Reichstag zu widerlegen. Auf diese Herausforderung hin erklärte Luther, sich wieder erinnern zu können, und er übernahm die volle Verantwortung für Stresemanns Handlungen. Die Ausschußmitglieder der DNVP, die ein für sie nachteiliges Scheitern der Regierung fürchteten, machten daraufhin einen Rückzieher. Das Verhältnis zwischen dem Kanzler und seinem Außenminister sollte sich nie wieder vollständig erholen.²⁸ Am 20. Juli übermittelte Stresemann seine Antwort auf die Note aus Paris, in der er sorgfältig diplomatische und innenpolitische Überlegungen gegeneinander abwog und unter gewissen Bedingungen den Beitritt zum Völkerbund akzeptierte; dabei vermied er jede Erwähnung der heiklen Frage der deutschen Ostgrenze.²⁹

Doch in Deutschland hatte der Widerstand gegen den Pakt eben erst begonnen. In aller Stille von Hindenburg ermutigt, äußerten die Deutschnationalen erbost ihre Kritik, der sich Brockdorff-Rantzau, von Maltzan und die sogenannten Ostpolitiker anschlossen und die auch von General von Seeckt und seinen Kollegen aus der Reichswehr unterstützt wurde. Später schrieb von Seeckt verärgert an einen Freund, »daß die Suppe, die Stresemann mit Locarno eingebrockt habe, jetzt auch gegessen werden müsse«.³⁰ Am 22. Juli trat Stresemann im Reichstag seinen Gegnern mit einer ausführlichen und leidenschaftlichen Verteidigung seiner Initiative entgegen: »Der Friede zwischen Frankreich und Deutschland ist nicht nur eine französisch-deutsche, sondern er ist auch eine europäische Angelegenheit ... Wir haben auf der Londoner Konferenz den Versuch zur Lösung der Reparationsfrage gemacht. Die Sicherheitspakt-Idee ist der Versuch der Lösung der politischen Friedensfrage in Europa.«³¹

Prompt sprach sich der amerikanische Botschafter Schurman dafür aus, diese Rede gutzuheißen, und im Namen seiner Regierung ermutigte er nachdrücklich Stresemanns umstrittene Bemühungen. Zwar überstand die Regierungskoalition die Vertrauensabstimmung im Reichstag mit einer deutlichen Stimmenmehrheit, doch Stresemann machte sich über den hartnäckigen Widerstand der DNVP gegen den Pakt und über die persönliche Abneigung des rechten Flügels gegenüber ihm persönlich kaum Illusionen. Tatsächlich wußte er über dessen damalige Machenschaften, ihn eines Amtsvergehens anzuklagen, Bescheid.³² Trotz allem blieben die Deutschnationalen im Kabinett. Sie fürchteten Neuwahlen und hofften, die Verhandlungen zu verzögern, um so Stresemanns Friedensinitiative von innen her auszuhöhlen. In einem Brief an seine Frau, die sich in jenen Tagen auf Norderney aufhielt, mutmaßte Stresemann: »Ich fasse das Ganze nur als Waffenstillstand auf, im Herbst geht der Kampf los.«³³

Stresemann führte diesen Kreuzzug praktisch alleine;

zwar unterstützten ihn die Amerikaner zaghaft aus der Ferne, doch er konnte sich der Hilfe der Alliierten immer noch nicht sicher sein. Im eigenen Land sah er sich mit einem unzuverlässigen Reichspräsidenten und einem ebenso unzuverlässigen Kanzler, der zweifelhaften Loyalität seiner eigenen Partei und den brutalen Angriffen seiner deutschnationalen Gegner konfrontiert, die durch die aggressiven Artikel der Hugenberg-Presse aufgehetzt wurden. Botschafter D'Abernon schrieb damals: »Der Kampf zwischen Stresemann und seinen Gegnern verschärft sich von Tag zu Tag. Er wird von Luther unterstützt ... aber er wird von dem Rechtsflügel der deutschnationalen Partei heftig bekämpft. In diesem Kampf um den Pakt zwingt einem Stresemanns Mut und Geschick volle Bewunderung ab.«[34]

Wie bei ähnlichen Gelegenheiten zuvor übernahm Stresemann selbst die Pressearbeit, indem er im August und September in zwei längeren Artikeln die Vorteile des geplanten Pakts erläuterte, mit dem es möglich sei, die englisch-französische Entente zu demontieren und im Osten neue Möglichkeiten zu eröffnen.[35] In dieser Zeit schrieb er auch den schon erwähnten umstrittenen und häufig zitierten Brief, in dem er versuchte, das Verständnis und die Fürsprache des Kronprinzen zu gewinnen. Seine Bemühungen wurden ergänzt durch ausführliche Diskussionen mit Schiele und den gemäßigteren Mitgliedern der DNVP, denn er hoffte, bei ihnen trotz des Widerstands der deutschnationalen Parteiführung Unterstützung zu finden. Dabei betonte er die Möglichkeit von Grenzrevisionen im Osten, des Anschlusses Österreichs und sogar der Wiedergewinnung der deutschen Kolonien.

Ende August bot sich eine erste Hoffnung. Die Franzosen beendeten ihren Rückzug aus dem Ruhrgebiet bereits vor dem von ihnen festgesetzten Datum und räumten darüber hinaus die sogenannten Sanktionshäfen am Rhein in Düsseldorf, Duisburg und Ruhrort. Am 24. August wurde eine gemeinsame britisch-französische Note übermittelt, die zu unverzüglichen Verhandlungen über den von Stresemann vorgeschlagenen Rheinpakt einlud. Einige Wochen später folgte ein Kommuniqué, das den 5. Oktober als

Datum für eine internationale Konferenz bestimmte, die in dem Schweizer Kurort Locarno am Lago Maggiore stattfinden sollte. Plötzlich löste sich die düstere Stimmung, wie in Stresemanns Brief an seine Familie auf Norderney deutlich wird: »Gestern war ich bei Hindenburg. Er war sehr freundlich und beglückwünschte mich zu den außenpolitischen Erfolgen.«[36] Wie schon im Streit über die Dawes-Vereinbarungen führte diese Nachricht dazu, daß die gemäßigteren Vertreter der DNVP – wiederum unter der Führung von Schiele – sich um eine Annäherung bemühten.

Bei einer Sitzung am 23. September überzeugte Schiele die Fraktion der Deutschnationalen, die Einladung der Alliierten anzunehmen und Stresemann zu erlauben, an der Konferenz teilzunehmen – wenn auch unter strengen Auflagen. Es war offensichtlich, daß die Deutschnationalen Stresemanns Unternehmen nur zustimmten, um »den Außenminister mit so vielen Forderungen zu bepacken, daß er voraussichtlich in der Konferenz zum Scheitern kommt, und dann ihn in die Wüste zu schicken, aber das Kabinett Luther ohne den Außenminister zu erhalten«.[37] Stresemann hatte geplant, nur mit seinem Stab aus dem Außenministerium teilzunehmen. Die DNVP-Minister bestanden jedoch darauf, daß sich Luther der Delegation anschloß, und sie gaben strikte Anweisung, daß keine offiziellen Verpflichtungen eingegangen werden durften.

Am 30. September, nur zwei Tage vor Stresemanns Abreise, traf der russische Außenminister Tschitscherin in Berlin ein und verkündete Moskaus Widerstand gegen die Konferenz und den geplanten Beitritt Deutschlands zum Völkerbund. Er erinnerte an den »Geist von Rapallo« und drang vor allem hinsichtlich der außerordentlich wichtigen polnischen Frage auf eine engere deutsch-russische Verbindung. Stresemann versuchte, Zeit zu gewinnen, doch ihm war klar, daß er die brennende Frage der Ostpolitik nicht allzu lange mehr würde aufschieben können. Als der Zug am Abend des 2. Oktober den Anhalter Bahnhof verließ, standen der päpstliche Nuntius sowie der französische, britische und belgische Botschafter auf dem Bahnsteig, um ihm ihre Hoffnungen und besten Wünsche zu übermitteln. Aber kein einziges Mitglied des zögerlichen und gespaltenen Kabinetts war in dieser Stunde anwesend.

Die Konferenz von Locarno begann am 5. Oktober 1925, wobei Chamberlain den Vorsitz führte. Aus Respekt für Briand hielt er seine Eröffnungsrede auf Französisch, der klassischen Sprache der Diplomatie, in der auch die Protokolle und schließlich die Vertragsentwürfe verfaßt wurden. Stresemann sprach kein Französisch und Briand kein Deutsch. Luther, der Französisch verstand, spürte Chamberlains Antipathie gegenüber Stresemann und wich dem britischen Außenminister nicht von der Seite. Gegen Ende der Konferenz mußte Chamberlain totz seiner Vorbehalte gegenüber Stresemann und seinen mangelnden Sprachkenntnissen eingestehen, daß der deutsche Außenminister die »Hauptlast« trug – nach und nach sollte er Stresemann schätzen und bewundern lernen.[38] Wegen der gründlichen Vorbereitung, der verständnisvollen Haltung der Briten und Franzosen und möglicherweise auch des angenehmen und abgeschiedenen Orts endete die Konferenz – einschließlich einer Geburtstagsfeier, die Chamberlain für seine bezaubernde Frau auf einem Dampfschiff gab – schon nach elf Tagen. Die drei Außenminister erarbeiteten ein Abschlußprotokoll, das später als die »Locarno-Verträge« gefeiert werden sollte und die folgenden Elemente umfaßte:[39]

– Ein gegenseitiger Nichtangriffspakt zwischen Belgien, Frankreich und Deutschland, wobei jede Nation unter Garantie Englands und Italiens zusicherte, auf eine gewaltsame Grenzveränderung zu verzichten
– Vereinbarungen zwischen Deutschland und Polen, resp. der Tschechoslowakei, die sicherstellten, daß Streitigkeiten nur mit friedlichen Mitteln und unter der Regelung durch ein freiwilliges Schiedsgericht ausgetragen werden dürften
– Die Absicht der Deutschen, dem Völkerbund beizutreten, vorbehaltlich einer Änderung der Entmilitarisierungsverpflichtung, um eine Gleichberechtigung bei der

15. Locarno

Abrüstung sicherzustellen, sowie die Streichung von Artikel 16 der Völkerbundssatzung, da Deutschland ansonsten unter gewissen Bedingungen gezwungen sein könnte, Sanktionen gegen Rußland anzuwenden und den Streitkräften des Völkerbunds zur Durchsetzung dieser Maßnahmen gestatten müßte, durch Deutschland zu marschieren

Das Problem der Ostgrenze wurde nur notdürftig durch einzelne Garantieverträge zwischen Frankreich und Polen resp. der Tschechoslowakei übertüncht, die zwar im Abschlußprotokoll bestätigt wurden, doch weit hinter den Sicherheitsbedürfnissen der östlichen Verbündeten Frankreichs zurückblieben, so daß der Anspruch der Deutschen auf Grenzrevisionen im Osten weiterhin ungeklärt blieb.

Am letzten Verhandlungstag, nachdem man sich bereits über viele Punkte geeinigt hatte, trug Stresemann pflichtbewußt die zusätzlichen Forderungen der DNVP vor; hierzu gehörten die sofortige Räumung Kölns, eine Verkürzung der Besetzung des Rheinlands, die eigentlich bis 1935 fortbestehen sollte, eine Volksabstimmung im Saarland, die Streichung der Kriegsschuldklausel im Versailler Vertrag und die Lockerung der militärischen Kontrolle der Reichswehr. Stresemann berichtete damals: »Briand wäre beinahe vom Sofa gefallen, als er meine Ausführungen gehört hatte.«[40] Auf Drängen Luthers und Chamberlains versuchte Briand, die Zustimmung der Nationalversammlung zur Räumung Kölns zu erhalten; später wurde sie zum 26. Februar 1926 vereinbart. Keine Einigung erreichte man bei den anderen sogenannten rückwirkenden Ansprüchen der DNVP. Sowohl Stresemann als auch Briand verwiesen auf den Druck aus ihren eigenen Ländern und einigten sich darauf, die Gespräche über diese Probleme auf ein späteres Datum zu verlegen. Obwohl diese Fragen auch weiterhin ungelöst und politisch umstritten blieben, stellte die Einigung mit Frankreich und die Tatsache, daß das polnische Grenzproblem von dieser Vereinbarung getrennt betrachtet wurde, eine gewaltige politische und diplomatische Leistung dar.

Luther und Stresemann wurden durch die Ergebnisse und die Atmosphäre der Konferenz so sehr ermutigt, daß sie entgegen ihren Anweisungen am 16. Oktober den Vertragsentwurf anregten und sich dadurch zur Ratifizierung verpflichteten.[41] In seiner Abschlußrede fügte sich Luther Stresemann, dessen auf Aussöhnung bedachte Einstellung sich als so fruchtbar erwiesen und die Chamberlains ursprüngliches Mißtrauen in Respekt verwandelt hatte. Am selben Tag feierte der britische Außenminister seinen 66. Geburtstag. Er schrieb später eine emphatische Mitteilung an seinen Kollegen Sir William Tyrrell: »Die wunderbare Woche ist vorüber. Ich habe Tage erlebt und einen Geburtstag gefeiert, wie es keinem Menschen ein zweites Mal gegeben ist. Vor allem bin ich erfüllt von einem Gefühl tiefer Dankbarkeit für den erreichten Erfolg und den Weg, auf dem er erreicht wurde, und ich bin zutiefst dankbar dafür, daß es mir gegeben war, daran teilzuhaben.«[42]

Briand nannte das Ergebnis »eine neue Ära des Vertrauens«. Luther, der mit den Resultaten zufrieden war, doch die Reaktion der DNVP fürchtete, schmollte in Locarno und hing laut Briand »wie eine schwarze Fahne über dem Lago Maggiore«. Wegen des zu erwartenden Empfangs kehrte der Kanzler eher frustriert nach Berlin zurück. Und doch weckte diese Konferenz mehr als jede andere nach dem Krieg in ganz Europa den Geist des Friedens. Rückblickend beschrieb Churchill sie als die »Hochwassermarke zwischen den Kriegen«, und tatsächlich bildete sie auch den Zenit von Stresemanns Karriere. Am letzten Tag kam es in Locarno zu rauschenden Feiern. Ein deutscher Reporter berichtete: »Seit mittags war der ganze Ort auf den Beinen, denn bereits am Tage vorher war die endgültige Einigung bekanntgeworden. Und die kleine Stadt hatte zur Feier dieses Ereignisses ihren schönsten Festschmuck angelegt. Die Fahnen der beteiligten Länder prangten an vielen Häusern ... an Transparenten war allenthalben das Wort »Pace« zu lesen ... das wie ein großes Losungswort in diesen Schlußtagen über der Konferenz und über Europa zu stehen schien. Im selben Augenblick begannen die Glocken von Madonna del Sasso zu läuten, und am

15. Locarno

Ufer des Sees stiegen die ersten Raketen eines großartigen Friedensfeuerwerks auf. Stürmisch verlangte die Menge, die Delegierten zu sehen. Luther, Stresemann, Briand und Chamberlain traten auf den schmalen Balkon... Als wir mit Stresemann und Luther die wenigen Stufen der kleinen Freitreppe hinaufstiegen, brauste der Beifall der Menge erneut auf. Dann wurde es plötzlich ganz still. Alle Männer nahmen den Hut ab und bildeten ein schweigendes, ergriffenes Spalier.«[43] Die Londoner *Times* reagierte mit der einfachen Überschrift »Peace at Last«. Die *New York Times* und die *Chicago Review* brachten ganz ähnliche Schlagzeilen.

Deutschland und Frankreich hatten aus freiem Willen Frieden geschlossen. Die Kölner Zone würde tatsächlich bald geräumt werden; die Spannungen im Rheinland sollten nachlassen und eine frühe Räumung war jetzt vorstellbar; Deutschland gab seinen Anspruch auf Elsaß-Lothringen auf; der Völkerbund sollte durch den Beitritt Deutschlands gestärkt werden; und es bestand die Chance einer friedlichen Veränderung der Ostgrenze. So stellte Locarno einen Meilenstein auf dem Weg zur friedlichen Revision des Versailler Vertrags dar, worum sich Stresemann jahrelang bemüht hatte. Doch wie Stresemann am 11. November 1925, dem Jahrestag des Waffenstillstands, in einer Rede in Duisburg betonte, gab es noch viel zu tun:

> Zielsetzung der deutschen Außenpolitik ... ist die Zurückgewinnung der deutschen Souveränität auf deutschem Boden und innerhalb der deutschen Reichsgrenzen. Das mag zunächst sicher klein und eng erscheinen. Wir sprechem vom Wiederaufbau der Wirtschaft, wir sprechen von der Wiedergewinnung deutscher wirtschaftlicher Bedeutung. Wie soll das wiedergewonnen werden, wenn wir die deutsche Souveränität nicht zurückerlangen.[44]

Militärisch machtlos, besiegt und fast völlig vernichtet, mußte sich Deutschland auf seine stabile Wirtschaft als den entscheidenden Hebel verlassen, um auch in Zukunft die Mäßigung der Alliierten zu bewerkstelligen. Stresemanns frühere Vorhersagen waren eingetroffen. Zwar waren die USA nicht bei der Konferenz von Locarno vertreten, doch die Außenminister der Alliierten waren sich des Interesses der Amerikaner an der Stabilität und der wirtschaftlichen Erholung Deutschlands, für die sie bereits umfangreiche Kredite gewährt hatten, deutlich bewußt. Der Weltkrieg war zuende, und die Vereinigten Staaten beteiligten sich nunmehr aktiv am politischen und wirtschaftlichen Aufbau Europas.

Am 18. Oktober erreichten Stresemann und Luther Berlin. Trotz Stresemanns detailliertem Votum in einer Kabinettssitzung am darauffolgenden Tag regte sich unter den Deutschnationalen rasch Widerstand gegen die offensichtliche Hinnahme des Status quo im Elsaß und in Polen. Die DNVP setzte sich über die Einsprüche Schieles hinweg, und am 25. Oktober stimmte ihre Fraktion mit überwältigender Mehrheit dafür, das Kabinett zu verlassen und die Ratifizierung der Locarno-Verträge offen zu bekämpfen.[45] Unter Tränen trat Schiele unverzüglich zurück. Überraschenderweise schrieb Hindenburg an Stresemann, um ihm seine Unterstützung mitzuteilen: »Es tut mir leid um die Deutschnationalen. Sie werden sich sehr schaden.«[46] Graf Westarp, der Fraktionsvorsitzende der DNVP, widersetzte sich bis zum Januar 1927 dem Vertrag; erst dann brachte er die DNVP dazu, ein Protokoll zu unterzeichnen, das die Rechtsgültigkeit Locarnos attestierte, denn dies war die Voraussetzung dafür, daß seine Partei dem vierten Kabinett Marx beitreten konnte. In den Monaten zuvor jedoch schlossen sich die Presse Hugenbergs und der Deutschnationalen Westarps Angriff an, und Stresemanns Leben wurde mehrfach bedroht. Jetzt war das Minderheitskabinett uneingeschränkt von der DDP und der SPD abhängig, sollte der Locarno-Vertrag ratifiziert werden – wobei sich die SPD von Luther infolge seines nationalen Stabilisierungsprogramms entfremdet hatte. Luther hatte diese Reaktion schon lange befürchtet und kündigte an, von seinem Amt zurückzutreten, sobald die Verträge unter Dach und Fach waren.

Der 1. Dezember war zwar als Datum der Unterzeichnungszeremonie in London festgesetzt worden, doch die

15. Locarno

deutsche Kontroverse schockierte die Briten und bestätigte die Befürchtungen Briands, der zur Ermutigung Stresemanns die Räumung der Kölner Zone vorverlegte. Nur halbherzig von seinem Kabinett bestätigt, versprach er, daß die Restriktionen in den beiden noch bestehenden Besatzungszonen umgehend erleichtert werden sollten und daß Umfang und Mandat der militärischen Kontrollkommission der Alliierten reduziert werden sollten.[47] Diese Gesten, Stresemanns sogenannte rückwirkende Forderungen in Locarno zu erfüllen, trugen zwar dazu bei, Schieles Position und seiner gemäßigteren Parteifreunde innerhalb der DNVP zu stärken, doch sie genügten nicht, die Opposition der DNVP-Fraktion zu überwinden.

Stresemann war empört über die Vehemenz der Angriffe der Deutschnationalen, und auch Luther, der sich stets bemüht hatte, den Wünschen der DNVP entgegenzukommen, war wütend. Er ignorierte nun die DNVP und drang im Reichstag auf eine Mehrheitsabstimmung zugunsten der Ratifizierung, und trotz des fortgesetzten Widerstands der Sozialdemokraten gegen seine Wirtschaftspolitik gelang es ihm, bei den Verträgen ihre Zustimmung zu gewinnen. Dementsprechend wurden am 27. November die Verträge von Locarno in vollem Umfang vom Reichstag mit 292 zu 174 Stimmen gebilligt. Der Widerstand war jedoch so fanatisch, daß Lord D'Abernon um das Leben seines Freundes fürchtete: »Die Rechte haßt ihn, den Rechtsradikalen ist er ein Greuel, die Sozialisten haben kein großes Vertrauen zu ihm, und selbst seine eigene Partei unterwirft sich seiner Führung eher aus Vernunftgründen als aus wirklicher Liebe.«[48] Die Erfahrung hinterließ ihre Narben, und Stresemann schwor, eine Regierungsbeteiligung der DNVP so lange zu verhindern, bis sie öffentlich ihren Widerstand gegen die Verträge aufgegeben hätte. Während der ganzen Zeit stand Luther Stresemann entschlossen zur Seite, wehrte Westarp ab und konnte von sich behaupten, Hindenburg »bei der Stange gehalten zu haben«.[49]

Die beiden umstrittenen Parteiführer, die ein gemeinsames Ziel einte, brachen am 29. November nach London auf, wo sie am darauffolgenden Tag in einer feierlichen Zeremonie die Vereinbarungen von Locarno unterzeichneten. Lord D'Abernon meinte: »Im Jahr 1925 änderte sich im Laufe von wenigen Wochen das europäische Barometer von Sturm auf schön Wetter.«[50] Im Rückblick schrieb Stresemann: »Als wir nach Berlin zurückkamen, kam Lord D'Abernon am Bahnhof auf uns zu und sagte: ›Ich habe Sie im Auftrag des englischen Außenministers zu begrüßen‹.« Woraufhin er Chamberlains Telegramm vorlas: »Die Welt wird niemals vergessen, daß Deutschland es war, das die Initiative zum Frieden in Europa ergriffen hat.«[51]

Einige Tage später brach Luther eine weitere Krise vom Zaun, indem er am 5. Dezember seinen Entschluß zum Rücktritt verkündete. Endlose Verhandlungen zwischen den einzelnen Parteien folgten. Erst Ende Januar fand Luther sich bereit, erneut dasselbe Rumpfkabinett zu bilden, das er im Dezember verlassen hatte. Wie zuvor bestand es aus Vertretern der DVP, des Zentrums, der DDP und der Bayerischen Volkspartei. Die Sozialdemokraten hatten ihm die passive Unterstützung im Reichstag zugesichert. Sie waren zwar immer noch nicht gewillt, einem bürgerlichen Kabinett beizutreten, doch sie erkannten mittlerweile, daß es keine wirkliche Alternative gab. Dadurch war Stresemann in der Lage, sich wieder einem Unternehmen zu widmen, das er exakt ein Jahr zuvor auf den Weg gebracht hatte: die Verhandlungen über den Beitritt Deutschlands zum Völkerbund.

Fast seit der Gründung des Völkerbunds war in Deutschland über einen Beitritt diskutiert worden. In den ersten Jahren hatte sich Stresemann durchgängig gegen die neue und unerprobte Institution ausgesprochen, da er sie für ein Mittel der Entente hielt, die deutschen Ansprüche zu unterdrücken. Bereits 1919 hatte er in einer Rede vor der Nationalversammlung behauptet, Deutschland werde durch einen Beitritt »noch fester an die Siegerstaaten gekettet«. Ein Jahr später sprach er vom »Bund der Sieger zur Sicherung der wirtschaftlichen Vorteile des Sieges«. Und 1922, nach Rapallo, wies er die Frage Lloyd Georges nach einem möglichen Beitritt umgehend zurück. Erst im Zusammenhang mit den

Dawes-Verhandlungen deutete Stresemann ein vages Interesse an, was allerdings nur als Erwiderung einer freundlichen Bemerkung von Premierminister MacDonald zu verstehen war.[52] Mitte 1924 dann wandelte sich seine Haltung langsam, als er erkannte, daß die deutsche Mitgliedschaft dazu dienen könnte, die Verbindung zwischen England und Frankreich zu schwächen, die Deutschland zuvor gefesselt hatte. In einem Gespräch mit Marx und von Maltzan zeigte er gesteigertes Interesse am Völkerbund als einem Mittel, die Räumung der Saar voranzutreiben, die deutschen Minderheiten in Polen und der Tschechoslowakei zu schützen und einige der unangenehmeren Forderungen des Versailler Vertrags zu revidieren.[53]

In Locarno bestanden Briand und Chamberlain auf der deutschen Mitgliedschaft als einem wesentlichen Bestandteil des Abschlußprotokolls, und zum ersten Mal signalisierte Stresemann Bereitschaft zur Einwilligung, auch wenn noch über mehrere Bedingungen nachgedacht werden mußte. Die wichtigste dieser Bedingungen war die ständige Mitgliedschaft im Völkerbundsrat, die damals auf England, Frankreich, Italien und Japan beschränkt war. Darüber hinaus ging es Stresemann um die ständige Verstimmung über die Kriegsschuldklausel. Und schließlich wandte er sich gegen die gegenseitigen Verteidigungsbestimmungen nach Artikel 16, die Sanktionen des Völkerbunds und einen freien Durchzug von Truppen zur Verteidigung eines angegriffenen Mitglieds verlangten. Er war darüber besorgt, daß eines Tages in Übereinstimmung mit diesem Artikel französische Truppen das Recht haben sollten, ein entwaffnetes Deutschland zu durchqueren, um Polen gegen einen russischen Angriff zu verteidigen. Sollte diese Vertragsbestimmung nicht geändert werden, so fürchtete Stresemann, würde die ohnehin fragile Beziehung zu Rußland noch weiter gefährdet, was die Befürworter der sogenannte »Ostblock«-Politik in Deutschland aufbringen würde. Außer in der Frage der Kriegsschuld akzeptierten die Alliierten sämtliche Bedingungen Stresemanns, und so war die Grundlage für die offizielle Einladung zum Beitritt bereitet, die 1926 während der

Frühjahrssitzung des Völkerbunds ausgesprochen werden sollte. Nachdem der Vertrag von Locarno unterzeichnet, die Streitpunkte im Zusammenhang mit dem Völkerbund geklärt und die Räumung Kölns abgeschlossen waren, nahm Stresemann die Einladung zu einem Treffen mit Briand und Chamberlain an, das unmittelbar vor der Zusammenkunft des Völkerbunds am 8. März stattfinden sollte – vor jener Versammlung also, in der Deutschlands Beitritt als ständiges Ratsmitglied bestätigt werden sollte. Unterdessen erhoben jedoch Polen, Spanien, Brasilien und andere Staaten ebenfalls Ansprüche auf einen ständigen Sitz im Rat, und da jedes Mitglied der Vollversammlung ein Veto gegen eine Erweiterung des Rats einlegen konnte, mußte über diese Forderungen beraten werden.

Mit Schrecken erfuhr Stresemann bei seiner Ankunft in Genf, daß der polnische Anspruch von den Franzosen unterstützt wurde, die sich hektisch bemühten, den Verdacht zu zerstreuen, sie hätten Polen in Locarno verraten, da sie dort die polnische Sicherheit nicht durch eine internationale Garantie der polnisch-deutschen Grenze verteidigt hatten. Stresemann widersetzte sich energisch dem französisch-polnischen Ultimatum.

Dieser Streit führte zur sogenannte Ratskrise von 1926, die die enttäuschten Deutschen dazu brachte, im letzten Augenblick die Einladung zur Mitgliedschaft im Völkerbund abzulehnen. Die Frage wurde an einen Unterausschuß des Völkerbunds delegiert; die Lösung sollte auf der Vollversammlung im September vorgestellt werden. In dieser Zeit riefen die Deutschnationalen zur Rücknahme des deutschen Antrags auf Mitgliedschaft auf. Stresemann antwortete resolut: »Ich werde nicht zurücktreten. Ich werde mich dem Reichstag zu offener Feldschlacht stellen ... Deutschland muß endlich aufhören, trügerische Lorbeeren zu suchen.« Es folgten eine bittere Reichstagsdebatte und ein Antrag auf eine Mißtrauensabstimmung, der jedoch mit 200 zu 141 Stimmen abgelehnt wurde.[54]

Das Debakel in Genf lieferte den Russen und den deutschen Politikern, die sie unterstützten, die Möglichkeit, die in Rapallo getroffenen Vereinbarungen zu bestätigen und zu erweitern. Stresemann stimmte augenblicklich einem neuen Fünfjahresvertrag zu, der beide Staaten im Falle eines Angriffs durch eine dritte Partei zur Neutralität verpflichtete, und ebenso zum Verzicht auf die Beteiligung an einem Finanz- oder Wirtschaftsboykott, sollte sich ein solcher gegen einen von beiden richten. Eine Zusatzvereinbarung bestimmte die Ausweitung der wirtschaftlichen und militärischen Zusammenarbeit. Der am 1. Dezember 1925 in London unterschriebene Vertrag wurde am 10. Juni 1926 vom Reichstag ratifiziert. Es gab kaum Widerstand, im Gegenteil. So hatte Stresemann bis auf weiteres die russischen Befürchtungen zerstreut, während er kontinuierlich Druck auf Polen ausübte und den Alliierten ein weiteres Mal die deutsche »Ostoption« deutlich machte. Diese neue Annäherung an Rußland beruhigte natürlich die Deutschnationalen.

In dieser Zeit arrangierte Stresemann ein Interview mit der Londoner *Times* und eine darauffolgende Radioansprache, in der er seine besorgten Partner aus Locarno zu beschwichtigen versuchte und den Mißmut aus der Welt schaffen wollte, den seine Wiederaufnahme der Rapallo-Vereinbarungen womöglich ausgelöst hatte, indem er erklärte: »Man muß sich daran gewöhnen, daß Deutschland die Gestaltung des deutschen Geschickes selbst in die Hand nimmt und nicht unter Vormundschaft irgendwelcher Mächte oder Mächtegruppierungen, sei es im Osten oder im Westen, steht.«[55] Chamberlain protestierte nur schwach, als er den Vertragstext gelesen hatte: »Die Sprache ist ... um das Mindeste zu sagen, außerordentlich schlecht gewählt, wenn sie das Vertrauen der britischen und das anderer Regierungen gewinnen will.«[56] Tatsächlich hatte Stresemann bereits ein Jahr zuvor in einem Artikel im *Hamburger Fremdenblatt* die russische Initiative vorhergesagt:

> Die These, daß es für die deutsche Außenpolitik nur eine westliche oder östliche Orientierung gäbe, ist falsch. Zwei Völker und zwei Ländergebiete wie Deutschland und Ruß-

land werden immer auf gute und enge Beziehungen angewiesen sein.

Doch selbst unter diesen Umständen blieb es für die meisten Beobachter offensichtlich, daß Stresemann Richtung Westen – und zwar besonders nach Amerika – blickte, wenn es um die Zukunft Deutschlands, speziell der Wirtschaft, ging. Brockdorff-Rantzau meinte knapp, Stresemann zweifle am Wert einer Beziehung zu Rußland und behandle diese »nur wie ein rohes Ei«.[57]

Anfang Mai 1926 scheiterte das angeschlagene Kabinett Luther an den Protesten der Sozialdemokraten gegen eine Anordnung des Reichspräsidenten, nach der diplomatische Missionen nicht nur unter der Fahne der Republik, sondern ebenso unter der schwarz-weiß-roten Handelsflagge des Reichs stattzufinden hätten. Der Streit um Haushaltspolitik, Arbeitszeiten, Arbeitslosigkeit, Neubewertung der Schulden und jetzt auch noch um die Flagge schuf einen unüberbrückbaren Abgrund zwischen der SPD und den bürgerlichen Parteien, die erst drei Jahre als Regierungspartner zusammengearbeitet hatten. Zur Bildung der neuen Regierung wandte sich Reichspräsident Hindenburg zunächst an Geßler und danach an Adenauer. Beide versuchten, eine große Koalition unter Beteiligung der SPD zu bilden, was jedoch keinem gelang, denn die DVP weigerte sich, mit den Sozialdemokraten zusammenzuarbeiten. Verständlicherweise war Stresemann nach seinen Erfahrungen in den Ruhrverhandlungen von Adenauers Kandidatur wenig begeistert. Es blieb ihm jedoch erspart, seine Meinung öffentlich zu äußern, da andere Streitpunkte innerhalb der Partei diese Frage erledigten.[58] Seinem Sohn vertraute er jedoch an, daß er entschlossen sei, nicht in einem Kabinett Adenauer mitzuarbeiten, und in seinem Tagebuch erläuterte er: »Persönlich ist Adenauer für Köln unzweifelhaft glänzend, ob immer im Reichsinteresse handelnd, wohl zu bezweifeln...«[59]

Adenauers Einschätzung Stresemanns war ebenso kritisch: »Stresemann habe schon mit Herrn Dr. Luther heftige

Auftritte gehabt, und er fürchte, daß ich noch stärker als Luther sei... Auch seien nach meiner Kenntnis die Verhandlungen in Locarno von unserer Seite recht unglücklich geführt worden.«[60]

Am 16. Mai stellte Marx ein weiteres Minderheitskabinett zusammen, an dem dieselben Parteien wie zuvor beteiligt waren, und er sicherte den Sozialdemokraten zu, daß er ihnen noch im gleichen Jahr zu einem geeigneten Zeitpunkt die Regierungsbeteiligung anbieten würde. Nachdem die Deutschnationalen nicht auf seine Gesten reagiert hatten und sich stur weigerten, den Locarno-Vertrag anzuerkennen, akzeptierte der desillusionierte Stresemann dieses Arrangement. Karl Jarres und die Mehrheit der DVP-Fraktion lehnten dies jedoch ab, da sie wiederum einer Koalition mit der DNVP den Vorzug gaben. Stresemann widersprach aufs heftigste, und angesichts ihres unbeugsamen Parteivorsitzenden machten die Abweichler vom rechten Flügel abermals einen Rückzieher. Doch die DVP blieb auch weiterhin gespalten, und da Stresemann vollauf damit beschäftigt war, seine außenpolitischen Ziele weiterzuverfolgen, hatte er immer weniger Zeit, sich um die internen Angelegenheiten seiner Partei zu kümmern und ihre Position als eine Partei der Mitte zu wahren. Am Ende verlor er schlicht das Interesse und resignierte.[61]

Luther verließ verbittert die Regierung. Trotz ständiger Gerüchte über eine Rivalität zwischen den beiden, die dadurch verstärkt wurden, daß Stresemann es versäumt hatte, Luther im entscheidenden Augenblick im Reichstag zu verteidigen, standen beide Politiker zumindest phasenweise zusammen, was u.a. bei der Verabschiedung der Locarno-Verträge zum Ausdruck kam.[62] In seinen Memoiren bringt Luther dieses Verhältnis auf den Punkt: »In den großen Linien der Außenpolitik waren wir uns doch eigentlich immer einig. Die Differenzen, die wir hatten, waren doch keine Differenzen in der Sache, sondern lagen in unserem ganz verschiedenen Temperament.«[63]

Glücklicherweise war ihr Zuständigkeitsbereich genau geregelt. Als Kanzler hatte Stresemann Luthers Finanz- und

Wirtschaftsprogramm voll unterstützt, während Luther als Kanzler seinerseits Stresemann in Fragen der Außenpolitik freie Hand gelassen hatte. Die Probleme kamen, als Luther entschlossen war, die Deutschnationalen auch weiterhin an der Regierung zu beteiligen, obwohl sie sich Stresemann und dessen Locarno-Politik nachhaltig widersetzten.

Ungeachtet des Rückschlags im März in Genf war Stresemann entschlossen, dem Beitritt Deutschlands zum Völkerbund weiter zuzuarbeiten. In einer nachfolgenden Kabinettssitzung betonte er: »Die Völkerbundsversammlung sei eine moralische Genugtuung für Deutschland gewesen.« Im Gegensatz zu Luther, der im März den Beitritt noch mit Skepsis betrachtet hatte, hatte Stresemann einen begeisterten Empfang erwartet, als er von Berlin nach Genf fuhr. Aufgebrochen war er damals laut Lord D'Abernon »sehr vergnügt, sich auf einen langen Schlaf im Zug freuend, mit einer Flasche guten Weines unter dem Arm«.[64] Um so größer war die Enttäuschung bei der Ankunft. Rasch überwand er jedoch die peinliche Tatsache, daß er von der Eröffnungssitzung ausgeschlossen war, und bemühte sich, die wichtigste Streitfrage zu klären – den polnischen Anspruch auf Mitgliedschaft im Ständigen Rat.

Das ungelöste Problem im Osten, das in Locarno sorgfältig umgangen worden war, war in neuer Form wieder aufgetaucht. Angesichts der leidenschaftlichen Auseinandersetzungen im Reich um den polnischen Korridor, der willkürlich festgelegten Grenze in Oberschlesien und der deutschen Minderheiten in Polen konnten die Deutschen schwerlich akzeptieren, daß eine polnische Delegation ständiger Ratsmitglieder neben ihnen am selben Tisch saß. Eine Lösung des Problems wurde zusätzlich dadurch erschwert, daß die Franzosen nachdrücklich für die Sache Polens eintraten und die Amerikaner voller Verständnis für eine Nation waren, die unter Woodrow Wilsons Einfluß in Versailles wiederauferstanden war. Während der Verhandlungen in Locarno und auch danach hatte Stresemann seinem drängenden Kabinett immer wieder versichert, daß Deutschland bald auf diese ungeklärten polnischen Fragen eine Antwort finden könne. Nachdem jedoch der

Staatsstreich Pilsudskis im Mai 1926 das polnische Nationalgefühl gestärkt hatte, verschärften sich die Spannungen noch. Deshalb fiel es Stresemann keineswegs leicht, einen Kompromiß auszuhandeln, durch den Deutschland einen ständigen Sitz im Rat erhielt und damit gegenüber den Alliierten politisch gleichberechtigt wurde. Polen und den anderen Bewerbern wurde eine zeitweilige Vertretung angeboten, was Polen akzeptierte, aber dazu führte, daß Spanien und Brasilien ganz auf eine Mitgliedschaft im Völkerbund verzichteten. Zweifellos hatte der Vertrag, den die Deutschen rechtzeitig mit Rußland schlossen, die Haltung der Alliierten beeinflußt. Später sollte Stresemann bei einer Sitzung des Völkerbunds dem polnischen Außenminister buchstäblich Prügel androhen, als über die Rechtssituation der deutschen Minderheit diskutiert wurde. Nur mühsam gelang es Briand, den vor Wut rot angelaufenen, die Fäuste schwingenden deutschen Außenminister zu beruhigen.[65]

Am 28. September 1926 trat Deutschland offiziell dem Völkerbund bei. Sechs Tage später telegraphierte Stresemann in überschäumender Stimmung dankbar an Lord D'Abernon: »Die Locarnoverträge werden heute im Sekretariat des Völkerbundes hinterlegt werden. Dies bedeutet den Höhepunkt einer Politik, die sich heute bereits durchgesetzt hat und die für alle Zeiten mit Ihrem Namen verknüpft sein wird. In Anerkennung dieser Tatsache viele Grüße in Freundschaft und Verehrung.«[66] Bei der Ankunft in Genf war die deutsche Delegation im Bahnhof von einer jubelnden Menge empfangen worden, und im Tagungssaal erhielt sie viel Applaus. Am 30. September hielt Stresemann nach der Eröffnungszeremonie eine seiner unvergeßlichen Reden. Wie nicht anders zu erwarten, legte er besonderes Gewicht auf sein favorisiertes Thema, die wirtschaftliche Unabhängigkeit:

> Wir sehen, wie die Wirtschaft die alten Grenzen der Länder sprengt und neue Formen internationaler Zusammenarbeit erstrebt. Die alte Weltwirtschaft hatte für ihre Zusammenarbeit keine Satzungen und Programme, aber sie beruhte auf

dem ungeschriebenen Gesetz des traditionellen Güteraustausches zwischen den Erdteilen. Ihn wiederherzustellen, ist unsere Aufgabe. Wollen wir eine ungestörte weltwirtschaftliche Entwicklung, dann wird das nicht geschehen durch Abschließung der Gebiete voneinander, sondern durch Überbrückung dessen, was bisher die Wirtschaft der Völker trennte.[67]

Und nachdem er nachdrücklich für eine internationale Abrüstung geworben hatte, die derjenigen vergleichbar sein sollte, zu der Deutschland nach dem Krieg gezwungen worden war, sicherte er die Unterstützung seines Landes für eine friedliche Lösung aller Streitfragen zu.

Mit bewegenden Worten erwies Briand Stresemann seine Hochachtung: »Ich habe Vertrauen gehabt, er hat Vertrauen gehabt. Ich beklage es nicht, und ich hoffe, er wird keinen Anlaß haben, es zu beklagen ... Solange ich die Ehre habe, mein Land in dieser Versammlung zu vertreten, können die deutschen Vertreter ganz auf meine Loyalität rechnen.«[68]

Der Beitritt zum Völkerbund bildete den Schlußstein von Stresemanns Karriere. Zusammen mit den Verträgen von Locarno leitete er eine neue europäische Ordnung ein, die durch das, was man allgemein als »Geist von Locarno« bezeichnete, und durch die Entschlossenheit, die am Boden liegende Wirtschaft Europas wiederaufzubauen, unterstützt wurde.

Die drei Außenminister Chamberlain, Briand und Stresemann blieben bis zu Stresemanns Tod im Oktober 1929 im Amt, und die enge Beziehung, die sie in Locarno aufgebaut hatten, entwickelte sich zu einer Zusammenarbeit, die dem europäischen Konzert nach dem Wiener Kongreß ähnelte. Ihre Teegesellschaften von Locarno, bei denen sie vor und während jeder Sitzung des Völkerbunds umstrittene Probleme zu lösen versuchten, wurden legendär.[69]

Im September 1926 hatte Briand den deutschen Außenminister am Vorabend des offiziellen Beitritts Deutschlands zum Völkerbund zu einem Gespräch in das kleine französische Dorf Thoiry jenseits der Grenze unweit von Genf eingeladen. Wie zuvor vereinbart, trafen sich die beiden Außenminister am 17. September privat, und während eines geruhsamen Mittagessens besprachen sie Maßnahmen, die geeignet sein konnten, die in Locarno begonnene Zusammenarbeit zu festigen. Briand befragte Stresemann über den bedrohlich wachsenden Einfluß des »Stahlhelm«, einer paramilitärischen Organisation in Deutschland; seine Hauptsorge galt jedoch dem rasanten Verfall der französischen Währung, die unter dem Druck der Kriegsschulden und der Kosten für den Wiederaufbau fast auf ein Zehntel seines Vorkriegswerts gefallen war.

Klugerweise schlug er eine finanzielle Vereinbarung vor, bei der ein Teil der Eisenbahnobligationen, die zur Sicherung der deutschen Reparationszahlungen ausgegeben worden waren, rekapitalisiert und als Vorauszahlung der Reparationsschulden gegenüber Frankreich neu auf den Markt gebracht werden sollten, was zur Wiedererlangung der französischen Kreditwürdigkeit führen und den Franc entlasten würde. Im Gegenzug bot er eine ganze Reihe von Maßnahmen an; zu diesen gehörten die vorzeitige Räumung des Rheinlands, die Beendigung der noch bestehenden Militärkontrollen, ein sofortiger Volksentscheid im Saargebiet und die französische Unterstützung des deutschen Anspruches auf Eupen und Malmedy. Stresemann war von den Ausführungen Briands begeistert. In einem gemeinsamen Kommuniqué versprachen die Außenminister nach dem Treffen »eine Gesamtlösung der Fragen in Einklang, wobei sich jeder von ihnen vorbehielt, seiner Regierung darüber Bericht zu erstatten«.[70]

In den Wochen nach ihrer Rückkehr aus Genf sahen sich beide Männer vernichtender Kritik ausgesetzt. In einem neu zusammengestellten Kabinett war Poincaré im Juli als Ministerpräsident und Finanzminister wiedergewählt worden. Er war davon überzeugt, daß seine rigide Wirtschaftspolitik den Franc auch ohne deutsche Unterstützung stabilisieren würde; unverzüglich zwang er Briand, der weiterhin Außenminister blieb, öffentlich alle Konzessionen zu widerrufen, die er mit Stresemann in Thoiry diskutiert hatte. Sthamer berichtete aus England, daß Chamberlain verärgert darüber war, an den Gesprächen in Thoiry nicht beteiligt worden zu sein, und daß in seinen Augen »eine Bevorzugung Frankreichs für England und andere Mächte unannehmbar« sei.[71] Damit standen die Deutschen wieder vor dem Problem, wie sie mit Frankreich verhandeln konnten, ohne die Briten zu brüskieren. Die Vereinigten Staaten gaben ihrerseits zu bedenken, sie könnten einen Wirtschaftsblock unter deutscher Führung ebensowenig akzeptieren wie unter französischer. Die unerwartet lautstarke öffentliche Kritik zerstörte jede Hoffnung, die Stresemann möglicherweise hinsichtlich einer verständnisvollen Reaktion in Deutschland auf die Thoiry-Episode gehabt haben mochte. Selbst Lord D'Abernon äußerte sich kritisch: »Es unterliegt keinem Zweifel, daß in der Herzlichkeit des geselligen Zusammenseins sowohl Briand wie Stresemann einander vieles versprachen, was schwer durchzuführen sein wird, und sich über Finanzfragen verbreiteten, in denen ihre Kenntnisse mehr phantasiereich als zutreffend sind.«[72]

Obwohl Stresemann auch weiterhin öffentlich den »Geist von Locarno« beschwor, sollte das Jahr 1926 den Höhepunkt seiner Bestrebungen darstellen, Deutschlands Souveränität zurückzugewinnen. Alle späteren Bemühungen einer Revision des Versailler Vertrags hatten nur in mühevollen kleinen Schritten Erfolg, und der Streit um die Reparationen, das Rheinland, die Saar und den Osten setzte sich bis zum Ende seiner Karriere unvermindert fort. Was auch immer die drei Außenminister gehofft haben mochten, die schmerzlichen Erinnerungen und die Spannungen in ihren jeweiligen Ländern standen ihren Anstrengungen im Wege und machten nur wenige Jahre später ihre Leistungen zunichte. Im Oktober 1926 versuchte Stresemann auf dem Parteitag in Köln die bescheidene Unterstützung des Völkerbunds durch seine Partei zu verstärken, und als Erwiderung auf die öffentlichen Angriffe Poincarés sprach er über sein Engagement für die großen Ziele dieser neuen Institution:

15. Locarno

> Für mich ist der Völkerbund nicht etwa nur ein aus opportunistischen Erwägungen ergriffenes Hilfsmittel für die Förderung augenblicklicher Einzelaufgaben unserer Außenpolitik, und ich kann nur wünschen, daß in Deutschland immer mehr die Erkenntnis Raum gewinnt, daß sich in dem Völkerbunde derjenige Gedanke verkörpert, von dessen Verwirklichung die politische Zukunft Europas abhängt. Das ist der Gedanke der Politik vernünftiger Verständigung.[73]

Die ganz pragmatischen strategischen Vorteile, die er ein Jahr zuvor in seinem Brief an den Kronprinzen dargelegt hatte, erwähnte er wohlweislich nicht. In Anbetracht all seiner Reden und Tagebucheinträge kann jedoch kaum Zweifel daran bestehen, daß er wirklich davon überzeugt war, daß mit einem entschiedenen Engagement für den Völkerbund Deutschlands Interessen am besten gedient sei. Diese Überzeugung sollte ihm in den schwierigen Tagen helfen, die ihm noch bevorstanden.

Es wirkt wie ein Omen, daß Lord D'Abernon, Stresemanns größte diplomatische Stütze, sein Amt am 10. Oktober 1926 niederlegte und Berlin verließ. Seine Memoiren schloß er mit der schlichten Bemerkung: »Ich habe bei den deutschen Staatsmännern Zuverlässigkeit und Willenskraft gefunden. Welch höheres Lob läßt sich überhaupt einem Staatsmann spenden?«[74] Als Stresemann im Oktober 1929 starb, fügte D'Abernon hinzu: »Als einer, der ihn [Stresemann] in den schwierigsten Zeiten seines Lebens kannte, der seinen Triumph über die großen Widerstände im Inlande und Auslande miterlebte, kann ich mit vollem Recht behaupten, daß Deutschland nie einen klügeren und mutigeren Ratgeber besessen hat.«[75]

Die Dawes- und Locarno-Vereinbarungen stellten eine Großtat dar, die im Dezember 1926 internationale Anerkennung fand, als bekanntgegeben wurde, daß der Friedensnobelpreis jenes Jahres gemeinsam an Stresemann und Briand verliehen werden sollte und gleichzeitig Chamberlain und General Dawes den Preis rückwirkend für 1925 erhalten würden. Die Zeremonie fand am 29. Juni 1927 im Auditorium maximum der Osloer Universität statt. Stresemann bezog sich vor allem auf den Weg, der ihn nach Locarno und in den Völkerbund geführt hatte:

> Wer diese Stunden erlebt hat, der wird sie in seinem Leben nicht vergessen ... Ich sehe auch Locarno nicht lediglich unter dem Gesichtspunkt der Auswirkung für Deutschland allein. Für mich ist Locarno viel mehr. Es ist einmal der Zustand des dauerhaften Friedens am Rhein ... das ist der Gottesfriede, der dort herrschen soll, wo seit Jahrhunderten immer wieder die Völker blutige Kriege geführt haben ... Für diesen Gedanken steht heute die überwältigende Mehrheit des deutschen Volkes ein.[76]

Stresemann war der erste Deutsche, der den Friedensnobelpreis erhielt. Golo Mann faßte Stresemanns persönliche Wandlung folgendermaßen zusammen: »Ein Mensch ist vieles auf einmal, aber das, wozu er sich entwickelt und erhebt, wiegt mehr als das, was er von Anfang an war und nie ganz preisgeben konnte ... Der deutsche Industriebürger und Imperialist war zum Weltfreund geworden und immer der Deutscheste unter den Deutschen geblieben.«[77]

Kapitel 16

Die letzten Jahre

Nach den diplomatischen Erfolgen, die mit dem Dawes-Plan und den nachfolgenden Verträgen von Locarno erzielt worden waren, war Deutschland zum ersten Mal seit dem Krieg wieder in der Lage, sich an den Weltfinanzmärkten zu beteiligen. Eine Flut ausländischer Kredite – größtenteils in Form US-amerikanischer Anleihen – beendete 1927 die Wirtschaftskrise, die durch die strikte Stabilisierungspolitik ausgelöst worden war, und führte zumindest oberflächlich zu einer Erholung in den »goldenen Jahren« der Weimarer Republik. Die Arbeitslosigkeit in der Industrie fiel von 17 Prozent im Sommer 1926 auf nurmehr ca. 7 Prozent Mitte 1927.[1] Mit Nachdruck forderten Investoren den Zutritt zur boomenden Berliner Börse, und amerikanische Investmentbanker strömten auf der Suche nach Aktien und Obligationsausgaben ins Land.

Stresemanns ganze Hoffnung bestand darin, daß der besiegten, entwaffneten und politisch isolierten Nation der Nachweis gelang, daß die wirtschaftliche Erholung Deutschlands für den Welthandel entscheidend war. Vor allem die Amerikaner sollten zu dieser Einsicht gelangen. Bereits im Dezember 1921 hatte Stresemann davon gesprochen, der Tag würde kommen, »an dem die Vereinigten Staaten aus ihrer zögernden, ›beobachtenden‹ Haltung gegenüber den europäischen Problemen schon um der Rücksicht auf ihre eigenen wirtschaftlichen Interessen willen heraustreten müßten«.[2] Hughes' Rede vom Dezember 1922 und die nachfolgende Debatte innerhalb der Regierung Coolidge sprachen für die Richtigkeit dieser Vorhersage; schließlich wurde sie bestätigt durch Washingtons Leitung der Dawes-Kommission, die nachfolgende internationale Anleihe und die Ernennung des jungen Amerikaners Parker Gilbert zum Reparationsagenten, der die Durchführung der Beschlüsse überwachen sollte. Hierzu bemerkt der Historiker Werner Link: »Die Verbindung von Tarif- bzw. Handelspolitik und der amerikanischen Beteiligung an der Regelung der Reparationsfrage war mehr als ein deutscher Wunschtraum, sie war den eigentlichen Vätern der neuen Handelspolitik von Anfang an bewußt gewesen.« Ab einem gewissen Zeitpunkt war Gilbert wohl tatsächlich der in Finanzangelegenheiten wichtigste Mann in Deutschland. In einer Kabinettssitzung vom 15. Juli 1924, unmittelbar vor der Konferenz in London, sprach Stresemann erneut über die seiner Überzeugung nach so wichtigen deutsch-amerikanischen Wirtschaftsbeziehungen, als er betonte, »daß bei der allgemeinen Verwirrung eine Lösung nur noch durch das Eingreifen Amerikas herbeigeführt werden könne. Amerika muß als Finanzier Europas auftreten und könne vielleicht so den erforderlichen Druck ausüben«.[3] Er vertraute darauf, daß ein Engagement der USA seinen außenpolitischen Handlungsspielraum beträchtlich erweitern würde.

Viele Deutsche betrachteten die Flut ausländischen Kapitals mit gemischten Gefühlen. Zwar ersetzte diese die durch die Inflation vernichteten Sparguthaben, doch ein Großteil der gewaltigen Kapitalströme in den Jahren 1926 bis 1928 floß in staatliche und kommunale Projekte, die damals als besonders kreditwürdig erschienen, obwohl deren Produktivitätswert überaus zweifelhaft war. Als Reaktion auf diese Finanzspritzen kam es zu einer allgemeinen Vernachlässigung der Haushaltsdisziplin, die für die wirtschaftliche Stabilisierung notwendig war und die von entscheidender Bedeutung bei den Verhandlungen über die Dawes-Anleihe gewesen war. Der Anspruch auf eine höhere Arbeitslosenunterstützung, finanzielle Hilfen für die Länder und Kommunen, Kredite für die Landwirtschaft, Steuersenkungen und eine Erhöhung der Löhne und Gehälter im öffentlichen Dienst vergrößerten das Haushaltsdefizit, das durch den Zufluß ausländischen Kapitals verschleiert wurde. Kurz, der

16. Die letzten Jahre

Jubel und die Spekulation, die die wirtschaftliche Erholung begleiteten, täuschten, und als der Kapitalfluß deutlich zurückging, waren Not und Elend nur noch schlimmer.

Im Verlauf des Jahres 1927 wurden Stresemann, Schacht, Müller und andere Mitglieder des Kabinetts mehrfach von Gilbert zu Gesprächen aufgefordert, der nachdrücklich betonte, daß das wachsende Haushalts- und Handelsdefizit Deutschlands Fähigkeit gefährde, den Reparationsverpflichtungen nachzukommen, die der Dawes-Plan vorsah. Zu Beginn waren die Zahlungen auf eine Höhe von etwa einer Milliarde Mark pro Jahr festgelegt worden, doch sie sollten für den Abrechnungszeitraum 1928/29 auf über zweieinhalb Milliarden Mark steigen. Im Oktober 1927 übermittelte Gilbert Finanzminister Heinrich Köhler ein Memorandum, in dem der amerikanische Reparationsagent betonte, daß eine Fortführung der nachlässigen Haushaltspolitik eine deutlich spürbare Rezession und letztlich eine Wirtschaftskrise zur Folge hätte und den Eindruck verstärke, daß sich Deutschland nicht in ausreichendem Maße um die Reparationsverpflichtungen kümmere.[4] Als der Bericht in der Presse veröffentlich wurde, reagierte die deutsche Öffentlichkeit mit Empörung über die ausländische Einmischung in die inneren Angelegenheiten Deutschlands, der natürlich ein vollkommenes Mißverständnis der zu leistenden Reparationszahlungen zugrunde lag. Und obwohl Köhler seine nachlässige Steuer- und Finanzpolitik entschieden verteidigte und auf die dringende Notwendigkeit öffentlicher Ausgaben verwies, war Gilberts Analyse absolut zutreffend. Auch Stresemann und Schacht teilten – in unterschiedlichem Ausmaß – diese Einschätzung, und wünschten, an allen weiteren Gesprächen zwischen Gilbert und Köhler beteiligt zu werden.

Stresemann wandte sich besonders gegen die exzessiven und oft unverantwortlichen kommunalen Arbeitsbeschaffungsprogramme, die mit Hilfe ausländischer Anleihen finanziert wurden. So erwähnte er den Neubau des Deutschen Opernhauses in Berlin, der etwa 20 Millionen Mark verschlang, und meinte, er »bringt die ganze Welt zur Auffassung, daß wir offenbar im Geldüberfluß leben«. Ähnliche Monumentalbauten wurden in Dresden, Köln, Hamburg und anderswo errichtet.[5] Als er diese exorbitanten öffentlichen Ausgaben erwähnte, konnte er es sich nicht verkneifen, die Exzesse in Adenauers Köln zu erwähnen: »Kein Siegerstaat hat sich etwas derartiges geleistet. Daß Herr Adenauer ein wunderbares Messehaus baut und sich rühmt, die größte Orgel der Welt eingebaut zu haben, hat denselben Effekt.« Seinen Duisburger Freund Jarres mahnte er, »daß alle diese Dinge den Eindruck machen, als wenn Deutschland den Krieg nicht verloren, sondern den Krieg gewonnen hat«.[6] Mehrere Versuche deutscher und amerikanischer Behörden, die Kontrolle über diese unverantwortlichen Projekte zu übernehmen, scheiterten.

Da Gilbert voraussah, daß es zu Devisenproblemen kommen und es immer wahrscheinlicher werden würde, daß Deutschland den steigenden Reparationsraten nicht mehr nachkommen würde, entwarf er Ende 1927 einen Plan zur Revision der Dawes-Vereinbarungen. Weil eine solche Neufestlegung unweigerlich auf den Widerstand der Alliierten stoßen würde und möglicherweise auch dazu führen konnte, daß die Amerikaner auf eine Rückzahlung der Schulden ihrer Alliierten bestehen würden, sprachen sich die Amerikaner unter der Führung Owen Youngs und des Zentralbankmitglieds Benjamin Strong dafür aus, die Angelegenheit bis nach den amerikanischen Kongreßwahlen im November 1928 zu verschieben.

Stresemann teilte vorbehaltlos ihre Sicht. Er nahm zurecht an, daß dieses umstrittene Thema seine Pläne bezüglich einer frühen Räumung des Rheinlands gefährden würde. Er sollte jedoch den Widerstand der Franzosen unterschätzen, die sogar in Thoiry darauf bestanden hatten, daß zwischen den Reparationen und der Rheinlandbesatzung eine untrennbare Verbindung bestand, und die in beiderlei Hinsicht jedwede Änderung konsequent ablehnten. So wurde erst nach den Wahlen in den USA Ende 1928 wieder ernsthaft über diese Probleme gesprochen. Stresemann glaubte fest daran, daß die Amerikaner dann bereit wären, eine wahr-

16. Die letzten Jahre

haft hilfreiche Rolle zu übernehmen. Seine damalige Zuversicht wird in einer Presseerklärung vom November 1928 deutlich:

> Für die Leistungsfähigkeit Deutschlands wird weit weniger das deutsche Urteil in Betracht kommen als vielmehr das amerikanische. Darin sehe ich die Hauptbeteiligung des amerikanischen Beobachters, die sich aus der starken Anlage amerikanischer Werte in Deutschland erklärt. Hierüber liegen auch sehr interessante Äußerungen aus Amerika vor, aus denen hervorzugehen scheint, daß Amerika daran interessiert ist, daß Deutschland keine Verpflichtungen aufgezwungen bekommt, die über seine Leistungsfähigkeit hinausgehen, weil sonst die amerikanischen Anleihen entwertet werden würden. Auch soll er darauf hinweisen, daß Amerika eine Mobilisierung dann ablehnen würde, weil sonst seine in Deutschland investierten Kapitalien verlorengehen würden.[7]

Tatsächlich sollte das Eigeninteresse der Amerikaner in den Jahren 1929/30 schließlich zu Verhandlungen über einen großzügigeren Reparationsplan führen. Und obwohl sich Stresemann standhaft weigerte, eine Verbindung der beiden Streitpunkte zu akzeptieren, sollte die revidierte Reparationsvereinbarung nach seinem Tod 1930 die lange ersehnte Räumung des Rheinlands und die Beendigung aller ausländischen Kontrollen der deutschen Wirtschaft ermöglichen.

Tatsächlich hatte die wirtschaftliche Stabilisierungspolitik der Jahre 1924 und 1925 die deutsche Inflation auf atemberaubende Weise beendet, und an die Stelle der manischen Hektik der Inflationsjahre war eine schmerzhafte Rezession getreten, die zu einer neuen gesellschaftlichen Nüchternheit führte. Schnell ersetzten die sogenannte »Neue Sachlichkeit«, die Suche nach der Wirklichkeit und der Kampf um Objektivität, der die deutsche Kultur seit Goethe geprägt hatte, die Anarchie des Krieges, der Revolution und der Inflation.[8] Über Nacht legte sich ein Schleier der Ruhe über die Stimmung in Deutschland, und die Temperatur sank.

Wie der Historiker Peter Gay schreibt, war es in dem nur allzu kurzen Intervall von 1925 bis 1928 das höchste Ziel für Komponisten, Journalisten und Schauspieler, nach Berlin zu kommen. Persönlichkeiten wie Thomas Mann, Martin Heidegger, Wilhelm Furtwängler und Bruno Walter beherrschten jetzt die kulturelle und intellektuelle Bühne, und die Berliner Theater brachten wieder Stücke von Shakespeare, Goethe, Schiller, Molière und Hofmannsthal.

Während die Arbeitslosigkeit vorübergehend sank und die Inflation keine allumfassende Bedrohung mehr darstellte, schwand der politische Extremismus, und Stresemanns »Geist von Locarno« versprach eine Ära internationalen Ansehens und internationaler Aussöhnung.

Jetzt, da er von der Last der Kanzlerschaft befreit war, hatte Stresemann wieder Zeit, in Berlin Theaterstücke, Sinfonien und Opern zu besuchen und die in seiner Jugend angestrebte humanistische Bildung weiterzuverfolgen. Die Freimaurer traten nun für ihn an die Stelle der evangelischen Kirche, die er schon immer als dogmatisch und fern der deutschen Realitäten empfunden hatte; 1923 hatte er sich ihnen angeschlossen. Als Ehrenmitglied des »Deutschen Bühnenklubs« rühmte er bei der internationalen Schauspielerzusammenkunft im Sommer 1926 leidenschaftlich die universellen Werte der Kunst:

> Ich glaube, daß ... kaum ein Gebiet so frei sein sollte von einer Absperrung durch Grenzen wie das der Geisteskultur. Wir haben ja so oft nachgedacht und eine Formel zu finden gesucht für den Begriff Nation und Menschheit, und der Kampf geht da um die Begriffe des Nationalen und Internationalen; und man sieht in beiden Begriffen gern Gegensätze ... Ich möchte sagen, daß die Gedankensprache dessen, der mit seinen eigenen Blutströmen und seinen eigenen seelischen Empfindungen mit seinem Volke verwachsen ist und der, was ihm hier an Talent und Genie zufließt, so ins allgemeine Menschliche zu erheben vermag, in der ganzen Welt verstanden wird.[9]

16. Die letzten Jahre

Neben seiner Vorliebe für das Theater besaß Stresemann, wie wir wissen, ein lebhaftes Verhältnis zur Presse. Da er selbst journalistische Ambitionen hatte, fühlte er sich, wie er erklärte, mit den – auch – ausländischen Redakteuren und Korrespondenten vielfach verbunden. Die Teegesellschaften, die er regelmäßig freitags für die Presse gab, wurden zu einem Ritual, wann immer er in Berlin war; seine Ausführungen waren dabei stets informativ und nicht ohne Unterhaltungswert. Populär war er natürlich auch bei den Karikaturisten. Joseph Reiner, ein führender Korrespondent des *Acht-Uhr-Abendblattes*, das zu den deutschen Zeitungen gehörte, die Stresemann am meisten schätzte, meinte damals: »Wie herzlich konnte er lachen, wenn ihm ... eine Karikatur von ihm zu Gesicht kam ... er ist nicht böse, er ist nicht beleidigt; im Gegenteil, er freut sich und kann nicht genug Karikaturen von sich haben.«[10]

Obwohl das Jahr 1927 mit einer regen Wirtschaft und einem wieder zum Leben erwachten nationalen Selbstvertrauen begann, schwand das »Gelübde« von Locarno zur friedlichen internationalen Zusammenarbeit bei allen beteiligten Nationen nach und nach unter dem innenpolitischen Druck. Folglich wurde 1927 zu einem Jahr unerfüllter diplomatischer Erwartungen. Nach Deutschlands erfolgreichem Beitritt zum Völkerbund war Stresemann im Oktober 1926 nach Berlin zurückgekehrt, wo ihm die Empörung der Deutschnationalen über seine angeblichen Konzessionen in Thoiry entgegenschlug. Dieser Aufruhr verstärkte sich noch, als Geßler abrupt General von Seeckt entließ, weil dieser den Kronprinzen Wilhelm eingeladen hatte, die Sommermanöver der Reichswehr zu beobachten. Während die Londoner *Times* von Seeckts Entlassung als »erfolgreiche Rehabilitation der Autorität der zivilen Macht« pries[11], klagten die Deutschnationalen diesen – wie sie meinten – republikanischen Verrat an. Bei der Entscheidung über von Seeckt spielte Stresemann keinerlei Rolle, doch der Großteil der wüsten Drohungen galt im Grunde ihm, und sein Leben war am stärksten in Gefahr. Es kam zu einer tumultuösen Reichstagsdebatte, in der er wegen der Verhandlungsergebnisse in Locarno und Thoiry angegriffen wurde.

Die politische Atmosphäre verschlechterte sich zusätzlich durch einen Artikel des *Manchester Guardian* vom 3. Dezember, in dem über eine geheime Verbindung zwischen der Reichswehr und Rußland berichtet wurde. Der sozialdemokratische *Vorwärts* publizierte die Nachricht in Berlin zu einem Zeitpunkt, da Stresemann in Genf über die heikle Frage der Beendigung der Arbeit der militärischen Kontrollkommission der Alliierten verhandelte. Enttäuscht und verärgert kam er am 14. Dezember zurück und erfuhr, daß die DVP in seiner Abwesenheit ihr Versprechen gegenüber Marx, die SPD an der Regierung zu beteiligen, zurückgenommen hatte. Unter dem Einfluß seiner Kollegen von der Rechten, die über die »Perfidie« der SPD empört waren, schlug Scholz erneut eine Koalition mit der DNVP vor. Die Sozialdemokraten reagierten auf diese Entwicklung, indem sie den Rücktritt der Regierung Marx verlangten. Am 16. Dezember heizte der SPD-Parteiführer Philipp Scheidemann die Spannungen noch an mit einer Rede, in der er die Zusammenarbeit der Reichswehr mit den Russen bei der Wiederaufrüstung verurteilte; diese hatte, wie er ausführte, bereits unter Kanzler Wirth begonnen und sich seither fortgesetzt. Der preußische Innenminister Severing meinte später: »Die Rede war zwar eine scharfe Anklage, aber was sie enthielt über diese Mitwirkung Rußlands bei der deutschen Aufrüstung, war nichts Neues.«[12] Stresemann war sich der militärischen Zusammenarbeit mit Rußland bewußt, hatte jedoch in keiner Weise daran Anteil und schien es hinzunehmen, daß Brockdorff-Rantzau, sein Botschafter in der Sowjetunion, dem Kanzler und dem Reichspräsidenten in dieser Frage direkt Bericht erstattete. Die militärische Verbindung zu Rußland sollte sich schließlich als enttäuschend und allseits unbefriedigend erweisen. Die öffentliche Enthüllung war jedoch eine äußerst peinliche Angelegenheit, die besonders Marx zu schaffen machte, sein Kabinett zu Fall brachte und dem Reichstag die dritte »Weihnachtskrise« bescherte.

Als die deutschen Parteien im Dezember 1926 wieder einmal um ihre Posten rangelten, hielt Stresemann eine Rede, in

16. Die letzten Jahre 429

der er seinen ehemaligen Partnern von der SPD wegen ihrer unverantwortlichen Bemerkungen über die Reichswehr, die gegenüber dem Ausland als Bloßstellung wirken mußten, Vorwürfe machte. Er rühmte die Armee als untadelige, patriotische Institution, die keine politischen Ziele verfolge und nicht zum Wohle einer Partei, sondern zum Schutz des Vaterlands geschaffen worden sei. Dann erklärte er, daß die DVP nicht länger gewillt sei, mit der SPD in einer Regierungskoalition zusammenzuarbeiten. Dies ermutigte Scholz und seine Freunde von der Rechten, die DNVP als möglichen Koalitionspartner zu unterstützen.[13] Ende Januar 1927 bildete Marx sein viertes Kabinett unter Beteiligung der DNVP, des Zentrums, der DVP und der Bayerischen Volkspartei und schuf damit die erste Mehrheitskoalition seit Januar 1925.

Als notwendige Bedingung für eine Regierungsbeteiligung akzeptierten die Deutschnationalen Stresemanns Forderung, sein außenpolitisches Programm nicht zu behindern und darüber hinaus ihre Angriffe auf die republikanische Staatsform zu unterlassen. Zur Überraschung vieler bemühte sich die DNVP aufgrund eines neuen Verantwortungsgefühls gegenüber der Regierung überzeugend um eine Zusammenarbeit mit Marx und ihren Kollegen in der Koalition. Dies führte zu einer der stabilsten Regierungen in der Geschichte Weimars. Sie hatte ohne größere Krisen mehr als ein Jahr Bestand, und in dieser Zeit gelang es ihr, die wirtschaftliche Erholung zu fördern und die internationalen Beziehungen zu festigen und sogar auszubauen.

Neben Stresemann und seinem Parteikollegen Julius Curtius bestand das Kabinett aus vier Mitgliedern der DNVP unter der Führung von Oskar Hergt, dem stellvertretenden Parteivorsitzenden und Justizminister. Die DDP weigerte sich, einer Koalition mit den Deutschnationalen beizutreten. Deswegen wurde der gemäßigte Peter Reinhold von der DDP als Finanzminister durch Heinrich Köhler ersetzt, der ein Haushaltsdefizit zustandekommen ließ, das Gilbert, Schacht und Stresemann noch sehr beunruhigen sollte.

Daß die Deutschnationalen in lange umstrittenen Fragen

der Außenpolitik stillhielten, ist ein Zeichen für die bemerkenswerte Zäsur, zu der es bei den diplomatischen Aktivitäten gekommen war. In bezug auf die heftige Reaktion Frankreichs auf die Gespräche in Thoiry schrieb Stresemann an Marx: »Eine Erschwerung der Außenpolitik ist sicher zu erwarten. Hinzu kommt, daß die Erschwerung in eine Zeit fällt, in der die Position von Herrn Briand durch die vielleicht von unserer Seite zu forcierte Erörterung der Rheinlandräumung erschwert worden ist.«[14] Bei einem späteren Gespräch äußerte sich Briand niedergeschlagen über seine isolierte Stellung im rechtsgerichteten Kabinett Poincaré gegenüber Stresemann: Er sei »mit Dornen nach Hause zurückgekehrt«.[15]

Die Alliierten stimmten zwar zu, die umstrittene militärische Kontrollkommission zurückzuziehen, doch abgesehen davon gab es kaum Fortschritte. Von seinem Rivalen Poincaré in Schach gehalten, war Briand nicht gewillt, auch nur über die Möglichkeit einer vorgezogenen Räumung des Rheinlands zu diskutieren. Chamberlain drängte Stresemann, Briands Lage zu verstehen, und am Ende gab Stresemann stillschweigend nach. In einer Rede anläßlich der Konferenz der Reichszentrale für Heimatdienst gestand er, daß nur durch Geduld und Durchhaltevermögen ein Fortschritt erzielt werden konnte: »Unsere ganze Politik wird noch auf Jahre nichts anderes zum Ziele haben können als die weitere Lockerung dieser Fesseln.«[16] Obwohl also die drei Außenminister von Locarno auch weiterhin regelmäßig während der vierteljährlichen Sitzungen des Völkerbundsrats zusammenkamen, gab es 1927 keine bedeutenden diplomatischen Entwicklungen. Alles hing jetzt vom Ergebnis der französischen Wahlen im April 1928 ab.

Trotz des allgemeinen Waffenstillstands zwischen den Parteien bereiteten die gelegentlichen Ausbrüche der Deutschnationalen Stresemann im eigenen Land auch weiterhin Sorgen. Eine aggressive anti-polnische Rede Oskar Hergts sorgte dafür, daß Stresemann den Versuch, mit Polen über ein Handelsabkommen zu verhandeln, vorübergehend abbrechen mußte. Inmitten der heiklen Diskussionen über Zollsenkun-

16. Die letzten Jahre

gen äußerte Schiele, Stresemanns früherer Verbündeter bei der DNVP und mittlerweile Landwirtschaftsminister, öffentlich Einwände. Im April erklärte Heinrich Köhler, der dem Kabinett von der Zentrumspartei quasi aufgedrängt worden war, in aller Öffentlichkeit, daß Deutschland wohl nicht in der Lage sei, in Zukunft den durch den Dawes-Plan festgelegten Zahlungen nachzukommen. Und die deutschnationalen Extremisten unter Führung Alfred Hugenbergs griffen Stresemann und seine angeblich unterwürfige Außenpolitik immer häufiger an, die ihrer Meinung nach nicht angemessen auf den französischen Revanchismus reagiere. Die Räumung des Rheinlands war deshalb so ein grundlegendes Problem, weil die Franzosen davon überzeugt waren, daß diese Region ohne eine unerbittliche Durchsetzung der deutschen Abrüstung auch weiterhin eine Pufferzone zum Schutz Frankreichs gegen wiederauflebende militärische Ambitionen Deutschlands bilden mußte. Die französische Einstellung änderte sich natürlich nicht, als Reichspräsident Hindenburg im August 1927 am Nationaldenkmal von Tannenberg eine Rede hielt, in der er an den großartigen Sieg von 1914 erinnerte und erklärte, Deutschland trüge keinerlei Schuld am Krieg.[17]

Immerhin führten die vierteljährlichen Treffen in Genf zu einer schrittweisen Reduktion der französischen Besatzungstruppen von 70 000 auf 60 000 Mann. Und im August 1927 brachten Frankreich und Deutschland sogar ein Handelsabkommen zum Abschluß, über das seit etwa drei Jahren beraten worden war. Im September debattierte der Völkerbund über Stresemanns Abrüstungsvorschläge, die auf der sogenannten »Gleichberechtigung« basierten und darauf abzielten, die Rüstung der einzelnen Länder auf das deutsche Niveau zu senken. Dies hatte keinen Erfolg, doch dessenungeachtet erklärte Stresemann, daß Deutschland prinzipiell bereit sei, das vorgeschlagene Haager Schiedsgericht zu akzeptieren. Weitere Fortschritte wurden allerdings nicht gemacht. Hoesch berichtete aus Paris, daß Poincaré entschlossen war, die Rheinlandbesetzung wie im Versailler Vertrag vorgesehen bis 1935 fortzusetzen, und daß er unverändert auf einer Verbindung zwischen der Räumung und der Erfüllung aller Reparationsverpflichtungen beharrte. Am 5. September notierte Stresemann wehmütig in seinem Tagebuch: »Gewiß wird es kein neues Thoiry geben.«

Während dieses in diplomatischer Hinsicht wenig ereignisreichen Jahres versuchte Stresemann, das Engagement seiner Partei für die Republik zu verstärken. Im März 1927 bekräftigte er anläßlich der Feierlichkeiten zum 60. Jahrestag der Gründung der Nationalliberalen Partei sein Eintreten für die Republik, wobei er von »unserem Staat, unserem republikanischen Deutschland« sprach.[18]

Danach drohten er und Curtius mit Rücktritt aus dem Kabinett Marx, sollte seine Partei unter dem Druck der DNVP Verrat an den liberalen Prinzipien begehen. Im August bestand er zum ersten Mal darauf, daß die DVP an den Feiern zum Verfassungstag teilnahm, und er motivierte seinen liberalen Parteikollegen Siegfried von Kardorff, als einer der Hauptredner aufzutreten.[19] Im September schrieb er einen Brief an einen Kollegen aus der DVP in Berlin, in dem er darauf bestand, daß die Partei unter der Fahne der Republik auftreten solle (falls nötig, dann eben zusätzlich zur Verwendung der alten schwarz-weiß-roten Reichsflagge). Er betonte: »Es ist unmöglich, daß wir die Reichsfarben weiterhin vollkommen ignorieren.«[20] Doch selbst diese harmlose symbolische Geste führte zu barscher Kritik seiner Fraktionskollegen auf der Rechten, unter denen die Loyalität gegenüber der Monarchie immer noch stark verbreitet war.

Nach den Sitzungen des Völkerbunds im September 1927, einem unproduktiven Treffen mit dem neuen polnischen Staatsoberhaupt Pilsudski und einer kurzen Exkursion nach Königsberg, um gegen die polnische Diskriminierung der deutschen Minderheit im Danziger Korridor aufzutreten und seine Entschlossenheit zu bekräftigen, Ostpreußen zu verteidigen, kehrte Stresemann nach Berlin zurück. Dort mußte er erleben, wie die katholische Zentrumspartei und die DNVP gemeinsam die Regierung Marx bedrängten, das staatliche allgemeine Schulsystem zugunsten örtlich frei wählbarer Schulen zu ändern, was zur Konsequenz hätte, daß die Regierung konfessionell gebundene Schulen unterstützen würde. Die Debatte eskalierte, wobei Stresemann und die DVP unerschütterlich das traditionelle Engagement der NLP fortführten, das für das mittlerweile existierende landesweite überkonfessionelle Schulsystem eintrat. Während einer Reichstagsdebatte über dieses Thema erlitt Stresemann einen heftigen Anfall einer Bronchialgrippe, die ihn über die Weihnachtsfeiertage und bis in den Januar hinein zwang, das Bett zu hüten.

Stresemanns Gesundheit war seit jeher labil: 1914 war er wehruntüchtig gewesen, nach seinem leidenschaftlich geführten Wahlkampf brach er im Sommer 1919 beinahe zusammen, und in den Folgejahren mußte er sich mehrfach zur Erholung und zur Behandlung seines Nierenleidens in Kurorte oder Sanatorien zurückziehen. Seine chronischen Leiden verschlimmerten sich natürlich durch seinen Drang, seine Führungsposition behaupten, durch die Arbeitsbelastung und den Erfolgsdruck, speziell während der endlosen Verhandlungen mit den Alliierten und im Reichstag. Während des Winters 1926/27 war sogar eine dreimonatige Ruhepause nötig gewesen. In San Remo gewann er dank der italienischen Sonne und des milden Seeklimas Schritt für Schritt seine Ausdauer und seinen Elan zurück. An seine Frau schrieb er im Februar 1927: »In den zwei Jahren, die seitdem verflossen sind, haben sich die Dinge doch sehr geändert. Wie anders steht Deutschland heute da als damals. Diese Entwicklung wird mit meinem Namen verbunden bleiben und ist aus der Geschichte nicht mehr hinwegzuradieren.«[21] Doch selbst im folgenden Sommer hatte er sich noch nicht ganz erholt. Im Juli 1927 meinte Stockhausen: »Seine Gesundheit macht uns allen seit langem schon Sorgen. Wer soll ihn ersetzen, wenn er einmal völlig zusammenbricht?«[22]

Nach der Bronchialgrippe im Dezember 1927 bemühte sich Stresemann für kurze Zeit, das Kabinett Marx zusammenzuhalten – allerdings ohne Erfolg. Die Koalition, die mehr als ein Jahr lang in einem Zustand friedlicher Koexistenz bestanden hatte, fiel erschöpft vom Streit über die Schulfrage und voller Ungeduld angesichts des ausbleibenden Fortschrittes bei der friedlichen Revision des Versailler Vertrags auseinander. Stresemann hatte noch Anfang März seinen Erholungsurlaub unterbrochen, um an den Gesprächen in Genf teilzunehmen; sie verliefen jedoch fruchtlos. Briand, der unter großem Druck stand, hatte sich bei dieser Gelegenheit Poincaré angeschlossen und darauf beharrt, daß eine Räumung des Rheinlands nicht in Frage käme, solange es keine zufriedenstellende Einigung bei den Reparationen gäbe. Oder, wie Poincaré sich ausdrückte: »Wir werden bezahlt werden, wie wir nach 1871 bezahlten.«[23]

Der Reichstag wurde schließlich am 31. März 1928 aufgelöst, und der 20. Mai wurde als Datum für Neuwahlen bestimmt. Stresemann war gar nicht unzufrieden mit der Aussicht auf die Wahl. Trotz des vergleichsweise wohlwollenden Verhaltens der DNVP in der Regierung Marx mißtraute er auch weiterhin der grundsätzlich monarchistischen und rechtskonservativen Ausrichtung der Partei und war entschlossen, das Bündnis der DVP und des Zentrums mit der DNVP zu beenden. Ende Februar schrieb er aus St. Martin einen enthusiastischen Brief an einen Freund, in dem er über die Aussicht seines erneuerten politischen Engagements sprach: »Ich werde nach meiner Rückkehr mir bald die Gelegenheit schaffen, eine programmatische Rede zu halten, in der ich auf das Zusammengehen der Mitte als den Kern jeder künftigen Regierungsbildung hinweisen werde.«[24]

In einer Reichstagsrede griff er Ende März Graf Westarp und die Deutschnationalen an, die sich trotz ihrer Regierungsbeteiligung anmaßten, seine Außenpolitik als »Fiasko« zu beschimpfen. Am selben Abend vertraute Stresemann seinem Tagebuch an: »Man versteht Frankreich nicht mehr. Die Vereinigten Staaten verstehen diese Besetzung nicht mehr; sie wird bei den endgültigen Verhandlungen, die noch bevorstehen, noch eine Rolle spielen. Und deshalb können wir nicht schweigen.«[25] Wieder einmal mußte er auf Beistand von jenseits des Atlantiks hoffen.

16. Die letzten Jahre

Im folgenden Wahlkampf besaß Stresemann einen sicheren Platz auf der nationalen Liste der DVP in Berlin, doch trotz seiner angeschlagenen Gesundheit entschied er sich dafür, als führender Kandidat der DVP in Oberbayern-Schwaben anzutreten. Dieser Wahlkreis war einer der reaktionärsten in ganz Deutschland, und die Partei hatte nie eine Chance gehabt, dort einen Sitz zu erringen. Außerdem mußte Stresemann in diesem Wahlkampf in etlichen anderen Orten Reden halten. An seinen Freund Jänecke in Hannover, der ihn drängte weiterzumachen, schrieb er: »Ich kann nicht wie beim vorjährigen Wahlkampf zwei Reden an einem Tage halten ... Ich bitte Sie aber zu verstehen, daß ich angesichts der dringenden Wünsche der Ärzte mich in meinen Reden zurückhalten und dem Körper nicht zu viel zumuten darf.«[26] Nach seinen Auftritten in Kassel und Leipzig sprach er zuletzt am Abend des 25. April auf einer sogenannten »öffentlichen Versammlung« im Münchner Bürgerbräukeller, der durch Hitler berühmt-berüchtigt geworden war. Es war eine Katastrophe. Nach 90 Minuten lautstarkem Grölen des »Hitlerliedes« und Demonstrationen der Nationalsozialisten brach Stresemann das sinnlose Unterfangen ab, und die Bayerische Landespolizei räumte den Saal. Am Morgen danach kritisierte der *Bayerische Kurier*, die Zeitung der konservativen Bayerischen Volkspartei, das Chaos: »Wie lange soll der Unfug der Hitlerleute noch fortdauern ... [Wir sind] der Meinung, daß es möglich sein müßte, andere Staatsbürger vor dem Terrorismus einer Gewaltgruppe zu schützen.«[27]

Stresemann hielt weitere Reden in Köln und Elberfeld. Dann unterbrach er seinen Wahlkampf am 5. Mai 1928, um die festliche Zeremonie der Universität Heidelberg zu besuchen, bei der ihm und seinem Freund, dem amerikanischen Botschafter Jacob Schurman, die Ehrendoktorwürde verliehen wurde. Stresemann war tief bewegt von der Anerkennung durch eine Universität, die ihm als »klassische Stätte akademischer Freiheit« galt. In seiner Dankesrede betonte er die Aussicht auf einen »neuen Weg der Verständigung« in den internationalen Beziehungen. Mit Verweis auf seinen amerikanischen Freund, rühmte er die Rolle der Vereinigten Staaten bei der Entpolitisierung der Reparationsfrage mit Hilfe des Dawes-Plans und der Unterstützung des mittlerweile vorgeschlagenen Kellogg-Briand-Pakts zum Verbot internationaler militärischer Aggression. Er schloß mit der Hoffnung, daß durch diese neue Verständnispolitik und die fortgesetzte Ermutigung durch die USA ein freies, souveränes und international verantwortungsbewußtes Deutschland entstehen würde.»Die Erhaltung des Friedens und die darauf gerichteten Bestrebungen sind nicht Schwäche, sie sind realpolitisch unsere eigenen nationalen Interessen.«[28]

Welch einen Weg hatte Stresemann hinter sich: Wie der überaus respektierte amerikanische Botschafter war auch er jetzt mit der Ehrendoktorwürde einer der angesehensten deutschen Universitäten ausgezeichnet worden, und als Befürworter der friedlichen Integration Deutschlands in die internationale Staatengemeinschaft war er zum allgemein geachteten Staatsmann geworden.

Zwei Tage später, am 7. Mai 1928, fuhr Stresemann nach Mainz, und dort ließ ihn nach einer langen Rede sein Körper im Stich. Geplagt von Kopfschmerzen, Fieber und einer Infektion der Nieren und des Magens, mußte er den Wahlkampf unterbrechen und zur dringend notwendigen medizinischen Behandlung nach Berlin zurückkehren. Sein Arzt meinte voller Sorge: »Die neueste und bei weitem schwerste Attacke könnte plötzlich das Ende bringen.«[29] Mit Betroffenheit veröffentlichte die Partei eine Stellungnahme: »Unser hochverehrter Parteiführer ... ist erkrankt. Fünf Jahre, von 1923 bis heute, hat er die Außenpolitik des Deutschen Reichs geleitet. In diesen fünf Jahren hat sich die Stellung Deutschlands in der Welt von Grund auf gewandelt, wie ja der Rückblick auf das Jahr des Ruhrkampfes 1923 zeigt. Durch fünf Jahre hat aber auch Dr. Stresemann Tag und Nacht ununterbrochen im Dienste des Vaterlandes gestanden, ohne sich Ruhe und Schonung zu gönnen.«[30] Das *Acht-Uhr-Abendblatt* brachte am 9. Mai eine Sonderausgabe, für die Fürst von Bülow zu seinen Ehren einen Leitartikel verfaßt hatte.[31] Unter strenger Aufsicht seiner Ärzte hütete er

16. Die letzten Jahre

zu Hause das Bett. Sein chronisches Nierenleiden wurde noch durch Herzschwäche und beginnende Arteriosklerose verschlimmert. Am 20. Mai 1928, dem Tag der Wahl, feierte er bettlägerig im Kreis seiner Familie depremiert seinen 50. Geburtstag. Sämtliche Berliner Zeitungen veröffentlichten Geburtstagsgrüße. Frau Stresemann empfing Hunderte von Menschen, die ihm alles Gute wünschten und die erst langsam begriffen, wie ernst es um ihn stand.

Die Wahl von 1928 und die fortschreitende Krankheit bildeten die Zäsur in Stresemanns Karriere. Er sollte sich nie wieder ganz erholen. Zwar brachte die Wahl einen beträchtlichen Zugewinn für die SPD, während die DNVP und andere Parteien, die gegen seine Außenpolitk opponiert hatten, vom Wähler abgestraft wurden, doch auch die DVP verlor an Einfluß und fiel zurück auf die 45 Reichstagsmandate, die die Partei im Mai 1924 besessen hatte. Die Partei litt zweifellos unter der Absenz des Parteiführers. Noch entmutigender war der scharfe Rechtsruck derjenigen DVP-Kandidaten, die einen Sitz errungen hatten. Dies führte dazu, daß die Großindustriellen vom rechten Parteiflügel fast die Hälfte der Reichstagsfraktion der DVP bildeten, deren Vorsitz nach wie vor der nationalistisch gesinnte Ernst Scholz innehatte. Verbittert über die wachsende Entfremdung von der Partei, die er im Alleingang geschaffen hatte, investierte Stresemann seine – schwindenden – Kräfte in der ihm freundlicher gesonnenen Umgebung des Völkerbunds, wo er sich vor allem um die Rückgewinnung des Rheinlands bemühte.

Nach der Wahl unterstützte er allerdings energisch den sozialdemokratischen Parteiführer Hermann Müller beim Versuch, eine von der SPD geführte große Koalition unter Beteiligung der DVP, der Zentrumspartei und der DDP zu bilden. Scholz, der Fraktionsvorsitzende der DVP, schreckte jedoch vor dem Gedanken an eine Koalition mit der SPD zurück und war ebenso irritiert über die Zentrumspartei, die die freie Schulwahl befürwortete.

Ende Juli – die DVP war noch immer gespalten und noch war keine Regierung gebildet worden – zwang der sich verschlechternde Gesundheitszustand Stresemann dazu, Berlin zu verlassen und das Sanatorium Bühlerhöhe in der Nähe von Baden-Baden aufzusuchen. Dort empfing ihn sein Arzt Dr. Gerhard Stroomann.[32] Am Vorabend seiner Abreise wurde er vom britischen Botschafter Ronald Lindsey besucht, der von seiner Erscheinung schockiert war und später schrieb: »Ein mitleiderregender Anblick, sehr schwach und absolut nicht in der Lage, zu arbeiten. Er ist sehr viel dünner geworden und sieht wie ein Ballon aus, der einen Teil seiner Luft verloren hat, mit fast durchsichtigen Händen ... Nach einer Viertelstunde sah ich, wie er sich den Schweiß von der Stirn wischte, erschöpft von bloßen Sitzen auf einem Stuhl, während er sich mit mir über nichts Bestimmtes unterhielt.«[33]

Von kurzen Unterbrechungen abgesehen blieb Stresemann vier Monate lang in Bühlerhöhe und anderen Kurorten in der Nähe; erst im November 1928 konnte er nach Berlin zurückkehren. Anfang Juli gelang es ihm in Abwesenheit, Scholz und die DVP zum Beitritt zu Müllers großer Koalition zu bewegen. Seine drastische öffentliche Fürsprache nahm ihm Scholz jedoch bitter übel, und sie verschärfte die Spannungen innerhalb der Partei.

Mitte August erlitt Stresemann einen leichten Schlaganfall, der vorübergehend zu Sprachstörungen führte. Noch immer stark geschwächt und gegen die Proteste seiner Ärzte, bestand er jedoch darauf, nach Paris zu fahren, wo er sich am 27. August den Vertretern der führenden Mächte bei der Unterzeichnung des Briand-Kellogg-Pakts anschloß; die Unterzeichner erklärten darin ihren Verzicht auf den Krieg als Mittel internationaler Politik. Die Zeremonie besaß immense Bedeutung für Stresemann; zum ersten Mal seit etwa 60 Jahren war ein deutscher Außenminister wieder nach Paris gekommen. Darüber hinaus sollte die Reise eine persönliche Geste gegenüber den Amerikanern sein, durch die er die Anerkennung ihrer Unterstützung des Kellogg-Pakts zum Ausdruck brachte, der, wie er hoffte, der Forderung nach internationaler Abrüstung starke Impulse verleihen und die Amerikaner auch in Zukunft zu einem Engagement in Europa ermutigen würde.[34] Unter der stren-

16. Die letzten Jahre

gen Aufsicht seines Arztes sprach Stresemann dann zunächst mit Briand und später mit Poincaré. Angesichts des Sieges der Regierung Poincaré bei den Wahlen im April 1928 reagierte Briand auf eine für ihn untypische kühle und ausweichende Art. Er erklärte sich zwar zu einer völligen Neubewertung des Rheinlandproblems bereit, überließ die Last einer Lösung aber den Deutschen, von denen er Kompensationsleistungen und Sicherheitsgarantien verlangte. Der »Geist von Locarno« schien nicht mehr zu existieren. Briand konnte nur eingestehen: »Wir haben zwei kostbare Jahre verloren.«[35] Das Treffen mit Poincaré verlief zwar freundlich, bot aber ebenfalls keine Perspektive. Die Rheinland-Besetzung würde einzig als Teil einer umfassenden Einigung bei den Reparationen und im Falle einer Schuldenerleichterung der Alliierten beendet werden. Später erklärte Poincaré, daß letzteres von den USA abhing, denen die Franzosen generell mißtrauten und die seiner Ansicht nach keineswegs bereit wären, das Thema vor den amerikanischen Wahlen im November anzusprechen – wahrscheinlich sogar erst Anfang 1929. Stresemann protestierte und reklamierte, daß die Räumung des Rheinlands moralisch und sogar juristisch geboten war. An dieser Stelle beendete Dr. Zondek, der darauf bestanden hatte, seinen geschwächten Patienten zu diesem Gespräch zu begleiten, abrupt die Diskussion. Restlos erschöpft und deprimiert fuhr Stresemann nach Baden-Baden zurück. Kanzler Müller vertrat ihn bei den folgenden Versammlungen des Völkerbunds in Genf, wo Briand wiederum zurückhaltend reagierte. Trotz der persönlichen Spannungen zwischen Müller und Briand einigte man sich vorläufig darauf, einen weiteren Sachverständigenausschuß zu bilden, der die Reparationslast neu festlegen sollte, sowie auf die Wiederaufnahme von Gesprächen zur Räumung des Rheinlands.

Während Stresemanns andauernder Abwesenheit von Berlin entstanden Gerüchte, daß er sich nie wieder so weit erholen würde, um in Zukunft seinen Pflichten als Außenminister nachkommen zu können. Den Großteil seiner Zeit, die er in Bühlerhöhe verbrachte, war er vollkommen arbeitsunfähig. Er war nicht in der Lage zu lesen, auf offizielle Dokumente und Depeschen zu reagieren oder bei der Formulierung politischer Ziele mitzuwirken.[36] Im September 1928 brachte das Naziblatt *Der Angriff* einen Leitartikel mit der Überschrift »Stresemanns Tage sind gezählt.«[37] Und Stresemann selbst schrieb in jenem Herbst an seinen Freund Henry Bernhard:

> Oft bin ich überhaupt sehr pessimistisch, ob meine Kräfte überhaupt ausreichen werden, und habe auch oft über den Abschied vom Leben nachgedacht, an den sowieso die vielen traurigen Fälle der letzten Zeit gemahnen ... Am 10. Oktober ist der Todestag meiner Mutter. Lassen Sie bitte den Hügel durch das Blumengeschäft Schäfer gegenüber dem Luisenstädtischen Friedhof schmücken.[38]

Nur etwas mehr als ein Jahr darauf sollte er neben ihr seine letzte Ruhe finden. Während dieses Jahres verlor er die Kontrolle über die DVP, die immer weiter nach rechts abdriftete und die sich immer mehr auf die Seite der DNVP schlug. Nur durch ein Eingreifen in letzter Minute konnte Stresemann seine widerspenstige Partei in der Regierung Müller halten. Dadurch war Müller trotz des Schwankens der DVP in der Lage, den Bestand seiner Koalitionsregierung fast zwei Jahre lang bis zur Ratifizierung des Young-Plans im März 1930 zu sichern. Danach jedoch brachte die DVP, die nicht mehr die Disziplin besaß, für die Stresemann lange Jahre gesorgt hatte, Müllers bemerkenswert widerstandsfähige große Koalitionsregierung zu Fall.

Die mühevolle Arbeit in Deutschland wurde im Oktober 1928 zusätzlich dadurch erschwert, daß Hugenberg Graf Westarp als Parteivorsitzenden der DNVP ersetzte. Die Deutschnationalen waren über ihre Verluste bei den Maiwahlen nachhaltig verstimmt und fragten sich, ob es für eine monarchistische Partei überhaupt klug gewesen war, in einem Kabinett der Republik Regierungsverantwortung übernommen zu haben. Hugenberg vertrat im Reichstag seine extrem nationalistische Einstellung, doch besaß er als

16. Die letzten Jahre

Redner, Autor und parlamentarische Führungspersönlichkeit nur wenig Talent. Wie der Historiker Erich Eyck bemerkt, machte er als Person kaum irgendwelchen Eindruck und wirkte eher wie ein verstimmter, unscheinbarer Bürokrat denn wie ein Industriemagnat, der er in Wirklichkeit war.[39] Doch mit Hilfe seiner einflußreichen Zeitungen und seiner mächtigen Freunde aus der Wirtschaft entwickelte er eine völlig neuartige Form extremistischer Hetze innerhalb der politischen Auseinandersetzung der Weimarer Zeit. Stresemann haßte er ganz besonders; er zählte ihn zum »Typus der Halben«, und für ihn symbolisierte Stresemann alles, was an der Weimarer Republik und ihrer seiner Meinung nach unterwürfigen, ineffektiven Außenpolitik falsch war. Noch gefährlicher war Hugenbergs enges Verhältnis zu Franz Seldte und dem paramilitärischen »Stahlhelm«. Stresemann erkannte in Hugenberg eine tödliche Bedrohung der jungen Republik. Wie er an einen Parteikollegen am 23. Oktober 1928 schrieb, war er entsetzt über die immer stärker in Erscheinung tretenden extremistischen Vertreter innerhalb der Deutschnationalen Partei, deren Aktivitäten möglicherweise noch zum Bürgerkrieg führen würden.[40] Die Dezemberkonferenz des Völkerbunds fand in Lugano statt, um Stresemann die Teilnahme zu erleichtern. Die Gespräche zwischen den drei Außenministern verliefen recht herzlich, brachten aber kaum greifbare Fortschritte.

Trotz der Perspektiven, die die Versammlungen des Völkerbunds boten, begann das Jahr 1929 frustrierend und enttäuschend. Unter dem Druck Gilberts und der Amerikaner hatte der Völkerbundsrat in den letzten Dezembertagen tatsächlich einen Sachverständigenausschuß benannt, der sich aufs neue mit dem Problem der Reparationen beschäftigen sollte, doch dessen Arbeit verlief quälend langsam. Die deutsche Wirtschaft erlebte inzwischen eine Rezession. Die Arbeitslosigkeit stieg wieder. Das Haushaltsdefizit geriet außer Kontrolle, und die ausländischen Investitionen, die letztlich in voller Höhe für die Reparationszahlungen aufgewendet worden waren, versiegten. Kurzum, alle Befürchtungen, die Gilbert im Oktober 1927 vorgetragen hatte, bestätigten sich jetzt. Die Lage verschlimmerte sich durch den Streit zwischen den einzelnen Parteien, indem er die Regierungsarbeit lähmte. Die Auseinandersetzung über den Verbleib in der Regierung Müller spaltete die DVP zusehends. Stresemann war im November für kurze Zeit in der Lage gewesen, seine Amtsgeschäfte in Berlin wiederaufzunehmen, und er erkannte, daß der Zusammenhalt einer von der SPD geführten Regierungskoalition vollständig von Erfolgen im Ausland abhängig war, doch in dieser Hinsicht verhinderten sein schwindender Einfluß und seine schwache Gesundheit einen Erfolg.

Immerhin brachte der 6. Februar 1929 einen Hoffnungsschimmer, als trotz des Widerstandes der Deutschnationalen der Kellogg-Briand-Pakt vom Reichstag gebilligt wurde. Fünf Tage darauf trat der neue internationale Sachverständigenausschuß unter dem Vorsitz des mittlerweile beträchtlich erfahreneren Owen Young in Paris zusammen. Die Regierung Müller hatte als deutsche Vertreter Hjalmar Schacht und Albert Vögler benannt. Angesichts dieser heiklen Mission war das eine unglückliche Entscheidung. Schacht hatte die liberalen Überzeugungen seiner Jugend längst begraben. Als Reichsbankpräsident hatte er Sympathien für die Rechte entwickelt, und er argumentierte mit einer Arroganz, die zur Entfremdung gegenüber fast allen seinen früheren Kollegen einschließlich Stresemanns geführt hatte. Vögler, der nie ein Freund Stresemanns gewesen und jetzt zu einem führenden Politiker innerhalb der DVP geworden war, fühlte sich auch weiterhin den Interessen seiner Kollegen von der Ruhr verpflichtet. Stresemann war zwar nicht direkt beteiligt, doch er verfolgte die Verhandlungen aufmerksam. Im Februar versuchte er bei einer Sitzung des Parteivorstands der DVP mit einer emphatischen Rede die beinahe verlorene Einheit seiner Partei wiederherzustellen, doch der Zauber seiner Rhetorik zeigte keine Wirkung mehr. Vorübergehend widersetzte sich der rechte Flügel zwar nicht, doch er hatte eindeutig die Oberhand übernommen und drohte, augenblicklich die Regierung Müller zu verlassen und sich der Opposition der DNVP anzuschließen.

16. Die letzten Jahre

Während eines abermaligen Aufenthalts in San Remo richtete Stresemann am 11. März 1929 einen Brief an seinen langjährigen Freund und Kollegen Adolph Kempkes, in dem er ankündigte, seine Partei wegen »der künftigen Kapitulation vor dem ›Stahlhelm‹ und vor Hugenberg« unter Beschuß nehmen zu wollen.[41] Die DVP war keine Partei mehr, die er guten Gewissens unterstützten konnte. In der Tat erwog er seinen Rücktritt, sobald es seine außenpolitischen Verpflichtungen zulassen würden. Kurz darauf beklagte er sich gegenüber seinem Fraktionskollegen Wilhelm Kahl, daß der Flügel der Industriellen die Partei unter sein Diktat gebracht habe. Er versprach jedoch, wenigstens im Augenblick noch durchzuhalten: »Es kommt hinzu, daß wir keine Partei der Weltanschauung mehr sind. Ich bin überzeugt, daß wir auf die Dauer dadurch die Deutschnationale Partei zermürben würden, die eine dauernde Opposition nicht ertragen kann ... Ich würde mir wie ein Deserteur vorkommen, wenn ich eine Angelegenheit, die ich vor den Nationen begonnen habe, jetzt im Stiche lassen oder meinem Nachfolger übergeben würde.« Er schloß mit der wehmütigen Bemerkung: »Ich wollte die Brücke sein zwischen dem alten und dem neuen Deutschland.« Trotz tiefer Enttäuschungen und schwindender Kräfte war er entschlossen, noch einmal den Kampf für eine »Versöhnung der alten und der neuen Zeit« aufzunehmen.[42]

Mitte April beendete Stresemann seinen Genesungsaufenthalt in San Remo. Seine Abwesenheit, seine Unkonzentriertheit und die Tatsache, daß seine Partei bei den Maiwahlen nach rechts abgedriftet war, hatten seinen Einfluß innerhalb der Fraktion unwiderruflich untergraben. Um weiteren Substanzverlust zu vermeiden, beteiligte er sich jetzt an Gesprächen der übriggebliebenen Fraktionsmitglieder auf der Linken, die sich für eine radikale Neuorganisation der Partei einsetzten.

Gleichzeitig begann er, bei Mitgliedern der DNVP und der DDP, die von der Parteilinie abwichen, für seine Sache zu werben. In diesem Zusammenhang prüfte er die Möglichkeit einer Vereinigung mit der DDP. Gegen Ende Mai äußerte

Stresemann sogar die Idee, eine neue Partei der Mitte zu gründen, die aus Mitgliedern des gesamten bürgerlichen Spektrums bestehen sollte. Doch es war zu spät. Sollte diese Möglichkeit jemals bestanden haben, gab es sie jetzt nicht mehr. Am Ende konnte er weder den eigenen nachlassenden Kräften etwas entgegensetzen, noch konnte er für die Einheit der bürgerlichen Wähler sorgen, denen er im Grunde seine gesamte politische Arbeit gewidmet hatte.[43] Unglücklicherweise sollte es keine krisenfeste Mittelpartei geben, die die Republik gegen die Angriffe einerseits der faschistischen, andererseits der kommunistischen Kräfte verteidigte, die sie Ende der zwanziger Jahre zu zerstören versuchten.

Am 7. Juni 1929 unterzeichnete der Sachverständigenausschuß nach viermonatiger Beratung in Paris jene Vereinbarungen, die als »Young-Plan« in die Geschichte eingehen sollten. Unter dem entschiedenen Einfluß der Amerikaner verlangte der Plan Reparationszahlungen für die Dauer von 59 Jahren, wobei die jährlichen Raten schrittweise auf 2,4 Milliarden Mark steigen und die durchschnittliche Höhe im Gesamtzeitraum jählich etwa zwei Milliarden Mark betragen sollte. Zum ersten Mal wurde eine Endsumme benannt. Für den 6. August wurde eine Sitzung des Außenministerrates in Den Haag anberaumt, die den Plan und andere damit verbundene Themen prüfen sollte. Der neue Vorschlag war gegenüber dem Dawes-Plan eine deutliche Verbesserung. Er sah ein gewisses Maß an Flexibilität bei der Bezahlung vor und beendete die Arbeit des Reparationskomitees und des Reparationsagenten sowie alle übrigen Eingriffe in die finanziellen Angelegenheiten Deutschlands. Trotzdem war der Young-Plan für die Deutschen eine eindeutige Enttäuschung. Vögler demonstrierte seine Ablehnung, indem er die Kommission verließ. Schacht unterzeichnete das Dokument, machte seine Zustimmung jedoch von der Bestätigung durch das Kabinett Müller abhängig.

Die Regierung Müller stimmte in einer Sitzung am 21. Juni hadernd zu, denn angesichts der Wirtschaftskrise fürchtete sie ein eskalierendes Haushaltsdefizit und ausländische Kapitalflucht. William McNeil meinte, bei diesem

16. Die letzten Jahre

notwendigen Schritt habe jeder Amtsinhaber versucht, sich vor der Verantwortung zu drücken, auch wenn es keine andere Wahl gab. Wie schon im Jahr 1924 bei der Dawes-Vereinbarung hielten die meisten Beteiligten den Plan für nichts weiter als ein provisorisches Arrangement. Die geforderten Zahlungen waren unrealistisch hoch, und die Ereignisse sollten schon bald eine weitere Reduktion erzwingen. Das Kabinett knüpfte seine Zustimmung zum Plan an die Bedingung einer vorzeitigen Räumung des Rheinlands. Trotz seiner schwachen Gesundheit wurde Stresemann zum Führer der deutschen Delegation bei der internationalen Konferenz benannt, die Anfang August in Den Haag stattfinden sollte.[44] Schon im voraus verteidigte er die Kabinettsentscheidung im Reichstag und in der Presse, wobei er Hugenberg, die DNVP und ihre extremistischen Verbündeten angriff, da sie seiner Meinung nach die krisenanfällige deutsche Wirtschaft in Gefahr brachten und die Beziehungen zum Ausland vergifteten.

Tatsächlich bildeten die Verhandlungen über den Young-Plan den Schlußpunkt der internationalen Aussöhnung, die so vielversprechend mit dem Dawes-Plan und Locarno begonnen hatte. In Deutschland formierte sich Widerstand. Am 9. Juli brachte Hugenberg seine Wut dadurch zum Ausdruck, daß er einen Reichsausschuß organisierte, der die DVP, den »Stahlhelm«, den Alldeutschen Verband von Heinrich Class und Hitlers NSDAP in einem gemeinsamen Angriff auf den Plan vereinte. Diesen begleitete er mit bösartigen persönlichen Attacken gegen Stresemann und seine angeblich unterwürfige Außenpolitik. Mit dieser konzertierten Aktion begann er eine Attacke, welche die Republik und ihr Engagement für die internationale Aussöhnung zerstören sollte.

Nach ermüdenden Gesprächen im Völkerbundsrat in Madrid zog sich Stresemann abermals zurück und begab sich in die Pflege Dr. Stroomanns in Bühlerhöhe, um sich auf das folgende Außenministertreffen vorzubereiten. Die Anstrengungen, erneut die Führung seiner Partei zu übernehmen und danach im Juni die deutschen Interessen in Madrid zu verteidigen, hatten ihn all seiner Energie beraubt. Als er in dem Kurort ankam, war sein Arzt schockiert über die dramatische Verschlechterung von Stresemanns Gesundheitszustand. Durch seine massiv beeinträchtigten Nieren, eine chronische Entzündung des Rachens und ein geschwächtes Herz sowie durch einen weiteren Angina-pectoris-Anfall verschlimmerte sich Stresemanns Konstitution weiter. Praktisch bestand keine Hoffnung mehr auf Besserung. Doch Stresemann ließ sich nicht entmutigen. Bei Gelegenheit erklärte er: »Solange noch ein fremder Soldat auf deutschem Boden steht, kann man keine innere Politik treiben. Erst wenn die Räumung vollzogen ist und die Feier in Mainz stattgefunden hat, dann will ich mich für ein Jahr meiner Gesundheit widmen, auch nach Ägypten gehen und danach auf die Innenpolitik konzentrieren.«[45] Zwei Tage später erhielt er Besuch von einem Mitarbeiter Briands. Stresemann machte ihm die umfassende Bedeutung der Rheinlandfrage und der instabilen politischen Verhältnisse in Deutschland klar. Er sprach über die Angriffe Hugenbergs, des »Stahlhelms« und der verbündeten extremistischen Gruppen und machte den französischen Unterhändler auf den wachsenden Einfluß Adolf Hitlers aufmerksam.[46] Nur die Entscheidung über die baldige Räumung des Rheinlands könne den drohenden politischen Flächenbrand verhindern.

Nach einer Kabinettssitzung in Berlin reiste Stresemann nach Den Haag weiter, wo er wie geplant am 6. August eintraf. Die deutsche Delegation war in einem komfortablen Hotel am Meer im nahegelegenen Scheveningen untergebracht. Eine strahlende Augustsonne und eine willkommene Brise Salzluft erwarteten sie. Wie üblich vertrat Briand Frankreich, doch ihm waren durch Poincaré und die konservativen Kabinettsmitglieder die Hände gebunden. Chamberlain, der dritte der drei Außenminister von Locarno, nahm nicht teil. An seine Stelle trat Arthur Henderson, der Außenminister der neuen Labour-Regierung unter MacDonald. Wie bei früheren Begegnungen zeigten die britischen Labour-Führer weit mehr Verständnis gegenüber den deutschen Empfindlichkeiten, als das bei Chamberlain und Baldwin der Fall gewesen war.

16. Die letzten Jahre

Von Beginn an beherrschten die Auseinandersetzungen der einzelnen Gläubiger Deutschlands die Konferenz, die konkurrierende Ansprüche auf die vorgeschlagenen Reparationszahlungen vorbrachten. Bei dieser Debatte blieben die Deutschen passive Zuschauer, doch sie waren besorgt, daß – sollte es den Briten und Franzosen nicht gelingen, aus der Sackgasse herauszufinden – das gesamte Programm gefährdet wäre, wodurch nicht nur eine Reduktion der Gesamtsumme der Reparationen unmöglich würde, sondern sich auch Überlegungen zur Räumung des Rheinlands verzögern könnten.

Ihre Sorge bestätigte sich, als Briand darauf bestand, daß die Rheinlandfrage nur gelöst werden könne, nachdem man sich auf eine Vereinbarung über akzeptable Reparationszahlungen geeinigt hätte, deren Umsetzung realistisch sein und unverzüglich stattfinden müsse. Am 9. August machte Stresemann Henderson gegenüber klar, daß er und das Kabinett Müller gezwungen wären zurückzutreten, sollte die Konferenz ohne Maßnahmen bezüglich der Reparationen enden. Erst gegen Schluß der Konferenz, am 29. August, gab Briand dem gemeinsamen Druck der Briten und Deutschen nach und akzeptierte einen Kompromiß hinsichtlich der Reparationszahlungen. Daraufhin sagten die Briten zu, die Räumung ihrer Zone im Rheinland sofort in die Wege zu leiten, und widerwillig legte sich Briand auf den 30. Juni 1930 als Datum des vollständigen Abzugs der französischen Besatzungstruppen fest. Zwar akzeptierten die Außenminister der Alliierten den französischen Anspruch, daß das Rheinland eine entmilitarisierte Zone bleiben sollte, doch es gelang ihnen nicht, sich über ein wirksames Verfahren zu einigen, mit dem dies überprüft werden konnte. Die Konferenz in Den Haag war das Ende der engen Zusammenarbeit zwischen den Briten und den Franzosen, für die einst der Ausdruck »Entente« gestanden hatte.[47] Unter diesen Bedingungen konnte Hitler 1936 ungehindert mit seiner Wehrmacht die Grenze des entmilitarisierten Rheinlands überschreiten.

Obwohl er während der Konferenz mehrere Tage das

Bett hüten mußte, glänzte Stresemann bei der Verhandlung durch großes Geschick. Zwar blieb die Frage der Saar auch weiterhin ungeklärt, doch es gelang ihm, die deutsche Souveränität über das lange umstrittene Rheinland wiederzugewinnen, und er konnte sich von zukünftigen Eingriffen in die finanziellen und wirtschaftlichen Angelegenheiten Deutschlands freimachen. Bei seiner Rückkehr nach Berlin wurde er von seiner widerspenstigen Partei dafür gefeiert, daß er den so lange versprochenen Erfolg endlich erreicht hatte. Sein früherer Kritiker Theodor Wolff meinte anerkennend: »Im Ganzen ist Deutschlands Belastung durch den Young-Plan vermindert worden. Alle Möglichkeiten für die Zukunft bleiben gewahrt. Die Überwachung unserer Wirtschaft und unserer Finanzen verschwindet. Wir sind wieder Herr im eigenen Haus. In einigen Monaten wird das Rheinland frei sein, es bleibt auch keine Kontrolle zurück.«[48] Doch Hugenberg und seine Verbündeten opponierten heftig gegen die Reparationsbedingungen, die der Young-Plan vorsah, und verlangten ein Plebiszit über die sogenannte »Versklavung« des deutschen Volkes.

Inmitten dieses Aufruhrs und einer erneuten Kabinettskrise, die durch das drängende Problem der Arbeitslosenversicherung entstanden war, zog sich Stresemann erneut aus der grausamen Realität Berlins zurück nach Genf zur jährlichen Vollversammlung des Völkerbunds. Briand eröffnete die erste Sitzung des Völkerbunds mit dem sensationellen Plädoyer für eine größere Einheit der Völker Europas und schlug sogar die »Etats-Unis d'Europe« vor. Stresemann hatte geplant, am nächsten Tag mit der Unterstützung dieses großartigen Vorschlags seines ihm fremd gewordenen Freundes zu antworten, doch nach zwei Herzattacken war er dazu nicht in der Lage. Am 9. September hatte er sich so weit erholt, daß er vor den versammelten Delegierten wieder auftreten konnte. Er legte sein vorbereitetes Manuskript beiseite und begrüßte freudig Briands Vorstellung einer wahren europäischen Staatengemeinschaft und betonte, daß ohne eine internationale wirtschaftliche und politische Integration keine dauerhafte Erholung von der Deflation möglich sei,

16. Die letzten Jahre

die jetzt den Kontinent bedrohte: »Jede Rationalisierung der wirtschaftlichen Verhältnisse würde nicht nur europäischen Konkurrenten, sondern auch den Lieferanten anderer Erdteile nützen.« Am Ende seiner Rede sprach er sich mit Pathos für eine Erneuerung des internationalen Verständnisses und der Versöhnung aus:

> Wir in unserem Kreise, wir haben die nüchterne Aufgabe, die Völker einander näherzubringen, ihre Gegensätze zu überbrücken. Zweifeln wir nicht daran: sie sind einander nicht so nahe, wie es zu wünschen wäre. Zweifeln wir nicht daran: es gibt Gegensätze. Es handelt sich um harte Arbeit ... Diese Arbeit wird nicht durch Elan und Hurra allein sich lösen lassen, sondern sie wird zu der Tätigkeit gehören, von der ein deutscher Dichter einmal gesagt hat:
> »Daß sie zum Bau der Ewigkeiten
> Zwar Sandkorn nur um Sandkorn reicht,
> Doch von der großen Schuld der Zeiten
> Minuten, Tage, Jahre streicht.«[49]

Seine Zuhörer waren emotional überwältigt, aber gleichzeitig entsetzt über Stresemanns gebrechliche und fast geisterhafte Erscheinung. Einer der Teilnehmer war der englische Historiker George Gooch, der diesen Auftritt Stresemanns später so beschrieb: »Wir wußten, daß er krank war, aber es war ein Schock, seine zusammengefallene Gestalt und sein aschgraues Gesicht zu sehen ... er war ein vom Tod Gezeichneter ... Ich hatte seinen Schwanengesang gehört.«[50]

Stresemann blieb lange genug in Genf, um noch an dem Frühstück teilzunehmen, zu dem vom Ratspräsidenten eingeladen wurde, doch unmittelbar darauf reiste er ab, um sich in Vitzau am Vierwaldstättersee in der Schweiz zu erholen. Dort erhielt er Besuch von Koch-Weser, der ihn in einem letzten Versuch beschwor, die DVP und die DDP zu einer funktionsfähigen bürgerlichen Partei der Mitte zu vereinen. Beide Männer waren sich einig darin, diese schon lange debattierte Idee voranzutreiben, doch jetzt war es längst zu spät. Schon nach einer einwöchigen Ruhepause kehrte Stresemann nach Berlin zurück, um erstens den Young-Plan zu verteidigen, den die Rechte als Verrat diskreditierte, und zweitens sicherzustellen, daß seine zerstrittene Partei die Regierung Müller auch weiterhin unterstützte, die sich dem neu zusammengetretenen Reichstag stellen mußte.

Am 27. September fühlte er sich erholt genug, um die traditionelle freitägliche Teegesellschaft für die Auslandspresse auszurichten. Bei dieser Gelegenheit erneuerte er in seinem letzten Interview die Botschaft, mit der er in Dresden seine Karriere begonnen hatte. Zölle, Kartelle und andere Hindernisse des freien Handels müßten überwunden werden, sollte es eine nachhaltige, weltweite wirtschaftliche Erholung geben. Er schloß: »Man brauche nur den Willen zur gemeinsamen Steigerung der Wohlfahrt aller.«[51]

Danach folgten zwei Fraktionssitzungen der DVP. Bei der ersten am 30. September erhielt Stresemann von seinen Kollegen die eingeschränkte Zustimmung zum Young-Plan und die Anerkennung seiner Leistungen bei den Gesprächen in Den Haag. Die zweite Sitzung war am Morgen des 2. Oktober einberufen worden, um über Müllers vorgeschlagene Erneuerung der Arbeitslosenversicherung zu debattieren; im Widerstand gegen dieses Programm hatte sich der rechte Flügel seiner Partei der DNVP angeschlossen. Trotz einer schweren Erkältung, die seine Gesamtverfassung erheblich verschlechterte, nahm Stresemann an der Sitzung teil, denn er fürchtete, daß eine Weigerung der Partei, der Gesetzesvorlage zuzustimmen, noch vor der Ratifizierung des Young-Plans zum Sturz der Regierung Müller führen könnte. Nach mehreren Stunden hitziger Diskussionen wurde die Sitzung unterbrochen, ohne daß man eine Entscheidung getroffen hatte. Stresemann war so krank, daß er zu Hause bleiben mußte und nicht an der Fortsetzung der Gespräche am Nachmittag teilnehmen konnte. Man einigte sich auf eine Unterstützung des Gesetzes, doch die Mehrheit fiel so knapp aus, daß man sich entschloß, sich bei der Wahl zu enthalten. In einer letzten Begegnung mit der Partei verlangte Stresemann, diesen Kompromiß rückgängig zu machen. Es gelang ihm nicht, das vereinte Engagement seiner

16. Die letzten Jahre

Kollegen zu gewinnen. Trotzdem überstand das Kabinett Müller die Reichstagsdebatte am Tag darauf. Mit Hilfe der fortgesetzten, wenn auch unzuverlässigen Unterstützung durch die DVP konnte die Regierung im Amt bleiben, bis der Young-Plan schließlich im März 1930 ratifiziert wurde.[52]

Bevor Stresemann sich am Abend des 2. Oktober schlafen legte, erhielt er Besuch von seinem Kollegen Julius Curtius, mit dem er über die Debatte im Reichstag sprechen wollte, die auf den folgenden Tag angesetzt war. Wie Curtius sich später erinnerte, unterhielten sie sich über die widerwillig getroffene Entscheidung der Partei, den Young-Plan mitzutragen. »Ich fand Stresemann heiter in seinem Bett liegen. Er war glücklich darüber, daß es wieder einmal gelungen war, die Partei geschlossen hinter sich zu bringen.« Stresemann äußerte die Hoffnung, daß er nach der Räumung des Rheinlands endlich die Freiheit hätte, die lange versprochene Reise nach Ägypten zu unternehmen. Seine letzten Worte waren: »Grüßen Sie den Ministerpräsidenten von mir.«[53]

In derselben Nach erlitt Stresemann einen schweren Schlaganfall. Er starb in den frühen Morgenstunden des 3. Oktober 1929. Die Ära Stresemann fand ihr plötzliches Ende, während äußerst bedrohliche nationale wie internationale Gefahren am Horizont aufzogen.

Das Begräbnis am 6. Oktober besaß wahrhaft europäische Dimensionen. Hunderttausende Freunde wie auch frühere Gegner aus dem In- und Ausland nahmen daran teil und beobachteten den feierlichen Leichenzug, der vom Reichstag aus durch das Brandenburger Tor und die Wilhelmstraße führte, einen Augenblick vor dem Auswärtigen Amt innehielt und dann beim Luisenstädtischen Friedhof endete, wo Stresemann – wie er es gewünscht hatte – an der Seite seiner geliebten Mutter beerdigt wurde. Die Prozession begleiteten Präsident Hindenburg und Kanzler Müller, der zuvor in der Trauerfeier im Reichstag seinem verstorbenen Freund und loyalen Mitstreiter die letzte Ehre erwiesen hatte:

> Gustav Stresemann fürchtete nicht die Unpopularität. Er gehörte zu den wirklichen Führernaturen, nach denen so

oft gerufen wird, denen die Parteien aber, wenn sie wirklich führen wollen, oft nur mit Widerstreben folgen und denen der schuldige Dank oft erst erstattet wird, wenn sie ihr Lebensmark verzehrt haben.[54]

Ein alter Freund aus Dresdner Tagen sprach am Grab einige letzte Worte, und danach wurde der Sarg zu den Klängen des Deutschlandlieds in die Erde hinabgelassen.

Stresemanns Tod erfüllte nicht nur die Liberalen in Deutschland mit Trauer; er wurde auf der ganzen Welt als schmerzlicher Verlust empfunden. Briand und Chamberlain gedachten der magischen Augenblicke, die zur Geburt des »Geists von Locarno« geführt hatten, und eine Tagebuchnotiz Graf Kesslers spiegelt die Gedanken eines großen Teils der zerrissenen Nation: »Die Legende beginnt; Stresemann ist durch seinen Tod eine fast mythische Figur geworden. Keiner von den großen Staatsmännern des neunzehnten Jahrhunderts ... hat eine so einstimmige Weltgeltung und Apotheose erreicht. Er ist der erste, der als wirklich europäischer Staatsmann in Walhalla eingeht. Die *Times* schreibt in ihrem Leitartikel: ›Stresemann did inestimable service to the German Republic; his work for Europe as a whole was almost as great.‹«[55]

Eugen Schiffer, der Stresemann oft kritisiert hatte und häufig sein Gegenspieler gewesen war, zollte ihm ausführlich und voller Sorge um die nahe Zukunft Tribut:

War Gustav Stresemann nur »der Vertreter einer Übergangszeit zu einer Untergangszeit«? Die Antwort auf diese Fragen kann nur die Zukunft geben. Sie wird auch die Antwort auf die Fragen nach der geschichtlichen Bedeutung des Menschen und des Staatsmanns, die jetzt noch hart umstritten ist, geben. Wie sie aber auch ausfallen möge – an seinem redlichen Wollen und seinem reichen Können wird sie keinen Zweifel lassen.[56]

Lord D'Abernon eröffnete den dritten Band seiner Memoiren mit einem bewegenden Porträt Stresemanns.[57] Doch

16. Die letzten Jahre

auch er war sich der finsteren Perspektiven bewußt, als er im Frühling 1929 an einen Freund schrieb: »Ich würde mich freuen, wenn die Staatsmänner Europas diesen Vertrag schlössen. Aber es scheint mir, daß es, wenn das nicht durch ein Wunder bald geschieht, zu spät sein wird... Heute muß ich Ihnen ebenso offen sagen, daß diejenigen, die für die Locarno-Politik eingetreten sind, nur die Trümmer ihrer Hoffnungen sehen.«[58]

Tatsächlich sollten Stresemanns couragierte Bemühungen, die Souveränität der deutschen Nation im Kreis einer friedlichen Staatengemeinschaft wiederherzustellen, von einem Extremismus beiseite gefegt werden, der in der Weltwirtschaftskrise mächtig wurde. Ernst Reuter gedachte noch 1953 Stresemanns: »Wenn Stresemann am Leben geblieben wäre, würde vielleicht auch diesen tapferen, aufrechten und kämpferischen Mann die grauenhafte Flut verschlungen haben, die 1933 uns alle vorübergehend in den Abgrund hineinriß. Aber er hätte gekämpft und seine ganze Existenz in die Waagschale geworfen... Wir können nur hoffen, daß auch in Zukunft unserem Volk wieder solche Männer beschert sein werden.«[59]

Nachwort

Nachdem er von Stresemanns Tod erfahren hatte, notierte Goebbels triumphierend in seinem Tagebuch: »Er hat sich dem kommenden Strafgericht entzogen.«[1] Doch die Erinnerung an ihn konnte so rasch nicht ausradiert werden. Daß die Königgrätzerstraße nach 1930 in »Stresemannstraße« umbenannt worden war, wurde von den Nazionalsozialisten in den ersten Jahren ihrer Herrschaft nicht angetastet. 1937 beseitigten sie jedoch diese Reminiszenz an eine freie Gesellschaft und änderten den Namen der Straße erneut – diesmal in »Saarlandstraße«, um an die Wiedergewinnung des Saargebiets durch Deutschland zu erinnern.

Unglücklicherweise gehörte Stresemann nicht zu denen, die die endgültige Räumung des Rheinlands durch die Franzosen feiern konnten. Doch als sich im Juni 1930 die französischen Soldaten aus Koblenz und Mainz zurückzogen, wurden an seinem Grab in Berlin Kränze niedergelegt, und in Mainz wurde im Gedenken an seinen letzten großen diplomatischen Triumph ein Ehrenmal errichtet. 1937 wurde es ebenfalls von den Nazis demontiert. Die letzten Spuren von Stresemanns umstrittener Karriere sollten aus dem öffentlichen Bewußtsein gelöscht werden.

Nach dem Tod des Parteigründers driftete die DVP kontinuierlich nach rechts. Bei den Juniwahlen 1930 errang sie nur 30 Sitze im Reichstag. Danach füllten sich die dezimierten Reihen der Partei durch die Anwerbung mehrerer unabhängiger Rechter – unter ihnen Hans von Seeckt –, und kurz darauf wurden Stresemanns gemäßigte Kollegen aus der Fraktion ausgeschlossen. Am 30. Januar 1933 ernannte Reichspräsident Hindenburg Hitler zum Reichskanzler.

Zwei Monate später, am 23. März 1933 beseitigte das Ermächtigungsgesetz das 1919 geschaffene parlamentarisch-demokratische System. Die demokratischen Parteien Weimars wurden verboten, oder lösten sich selbst auf. In der Auflösungserklärung der DVP vom 4. Juli 1933 hieß es resignierend, daß »mit dem Wesen des jetzigen nationalsozialistischen Staates Parteien im alten Sinne nicht vereinbar« seien. Stresemanns Werk war zerstört.

Stresemann hatte seine Ziele mit Hilfe einer ungewöhnlich raschen Auffassungsgabe und einem besonderen rednerischen und journalistischen Geschick verfolgt; ihm wurde häufig reiner Opportunismus vorgeworfen. Seine Schulbildung war bescheiden und seine Ehrendoktorwürde ein Gegenstand des Spotts; seine Fremdsprachenkenntnisse beschränkten sich auf holpriges Englisch, und sein Verständnis der europäischen Kultur und Geschichte war durchaus begrenzt. Bis zu seinem Tod fühlte er sich unwohl in den Kreisen des Establishments und zog Bierhallen diplomatischen Empfängen vor. Seine äußere Erscheinung war keineswegs gewinnend. Doch trotz all dieser Defizite und seiner einfachen Herkunft gelang es ihm, Schritt für Schritt Achtung innerhalb der starren wilhelminischen Gesellschaft zu erringen. Wie von Bülow anmerkte, war er besessen davon, sich »durch Wesen und Manieren der Aristokratie des Landes zu assimilieren«.[2]

Der isolierte und politisch einflußlose Dresdener Mittelstand und die Fertigwarenindustrie boten ihm früh eine Aufstiegsmöglichkeit. Und doch führte sein entschiedenes Eintreten für den Freihandel und den Wirtschaftsliberalismus, wodurch er in Sachsen Anerkennung gewonnen hatte, zu Auseinandersetzungen mit dem großindustriellen Establishment an der Ruhr und später zur Entfremdung gegenüber Personen, die ihn im Wahlkampf und darüber hinaus finanziell hätten unterstützen können. Eben diese wirtschaftsliberalen Überzeugungen machten ihn zu einem entschiedenen Gegner des britischen Imperialismus, welcher seiner Argumentation nach Deutschlands legitimen Anspruch auf einen »Platz an der Sonne« unterdrückte. Tatsächlich war sein Leben von unversöhnlichen Widersprüchen geprägt, die wie in einem Brennglas die Dissonanzen und Konflikte spiegelten, welche die deutsche Gesellschaft, in der er lebte, kennzeichneten.

Seiner Herkunft nach war er Monarchist, und über viele Jahre hinweg hing er an der Einheit, die die Hohenzollern der Nation gebracht hatten. Doch derselbe Wirklichkeitssinn, der ihn veranlaßt hatte, sich 1903 von Friedrich Naumann zu lösen, führte ihn auch dazu, die Republik als eine Realität zu akzeptieren. Trotz seines Widerwillens gegen die imperialistische Politik der Briten war Macauley einer seiner Helden, und der Krieg verringerte seine Bewunderung für den britischen Parlamentarismus nicht, den er als den besten Garanten einer freien und geordneten Gesellschaft betrachtete. In den Jahren 1922 und 1923 hatte er sich zwar in den Augen vieler »bequemerweise« in einen »Vernunftrepublikaner« verwandelt, doch trotz seines pragmatischen Wandels hegte er untergründig auch weiterhin die Hoffnung, daß Deutschland eines Tages zu etwas finden würde, das dem britischen Modell ähnelte.

Stresemann gelang es nicht, ein dauerhaftes politisches Erbe zu hinterlassen, aber seine Leistungen in seiner kurzen Zeit als Kanzler waren so beachtlich wie die nur irgendeines vergleichbaren Politikers in der jüngeren deutschen Geschichte. Daß er nur sieben Wochen nach Amtsantritt den Widerstand an der Ruhr aufgab, war zweifellos die mutigste Leistung seiner Karriere. Sie führte zu einer ganzen Reihe von ökonomischen und politischen Entscheidungen, die innerhalb weniger Monate die Inflation beendeten, die Währung stabilisierten und den Dawes-Plan auf den Weg brachten. Seine Entscheidung, den Separatismus im Rheinland einzudämmen, dem Kommunismus in Sachsen und Thüringen Einhalt zu gebieten und die Revolution der Rechten in Bayern zu stoppen, führten letztlich zum Sturz seiner Regierung, doch sie bewahrten die Einheit der Nation. Eine kurze Periode nationaler Stabilität und wirtschaftlicher Erholung folgte. Auch Sebastian Haffner bestätigt in seinen Erinnerungen das wachsende öffentliche Vertrauen gegenüber diesem »unschönen, unpopulären Mann mit dem Stiernacken und den vorquellenden Augen«, von dem unendlich viel abzuhängen schien.³

Gustav Stresemann wurde nicht wieder Kanzler. Doch als deutscher Außenminister konnte er in den letzten sechs Jahren seines Lebens einen Großteil der deutschen Souveränität zurückgewinnen, und er sicherte seinem Land erneut einen Platz in der internationalen Staatengemeinschaft. Er erkannte, daß es für das entwaffnete Deutschland, dessen Grenzen völlig ungeschützt waren, nur den einzigen gangbaren Weg gab: den der Versöhnung und der Geduld. Viele Jahre lang haben Historiker über Stresemanns Haltung gegenüber Polen und dem Osten spekuliert und tun es immer noch. Stresemann teilte das Begehren fast aller Deutschen, Oberschlesien, Danzig und den polnischen Korridor zurückzugewinnen, die seiner Ansicht nach in Versailles zu Unrecht vom Reich abgetrennt worden waren. Doch er unterschied sich von seinen nationalistischen Gegnern durch die Überzeugung, daß diese Revision nur im Laufe der Zeit durch Verhandlungen vorgenommen werden könne. Er mißtraute den Russen und fürchtete die Bolschewisierung Deutschlands. Andererseits hinderte er seine Kollegen im Auswärtigen Amt nicht bei dem Versuch, eine Beziehung zur Sowjetunion aufzubauen, die ihm seiner Ansicht nach dazu nützen konnte, diplomatischen Druck gegenüber den Alliierten im Westen auszuüben. Er war sich völlig über die früheren Bedingungen im klaren, auf Grund derer Deutschland und Rußland gemeinsam die polnischen Ambitionen unterdrückt hatten. Ebenso klar war ihm jedoch, daß Deutschland, das entwaffnet, isoliert und von Frankreich und seinen Verbündeten buchstäblich eingekreist war, unter keinen Umständen auf die Politik der Vergangenheit zurückgreifen und mit Waffengewalt eine Lösung erreichen konnte.

Stresemann half das unerschütterliche Vertrauen, daß die Amerikaner und die Alliierten schon bald gezwungen sein würden, die fundamentale Bedeutung des Welthandels und der wirtschaftlichen Erholung der Industrienation Deutschland zu erkennen. Im Gegensatz zu seinen Vorgängern erkannte er als erster deutscher Staatsmann die Macht der Wirtschaft als treibende Kraft der Politik, und er gehörte zu den wenigen politischen Führern im Westen, die die Vereinigten Staaten als den wahren Gewinner des Kriegs in ihre Überlegungen einbezogen. Überall in seinen Reden, Artikeln und persönlichen Aufzeichnungen findet man dieses Gespür für die ökonomischen Realitäten. Beharrlich widersetzte er sich den deutschen Nationalisten, die seine Versöhnungspolitik angriffen und unilaterale Lösungen verlangten, die auf dem Einsatz militärischer Macht basieren sollten, die gar nicht existierte. Am 13. November 1925 brachte er in einer Rede in Dortmund seine Haltung auf den Punkt: »Das Ziel der deutschen Außenpolitik kann nur sein, in loyaler und sachlicher Zusammenarbeit mit dem Ausland überall für die wirtschaftlichen und nationalen Bedürfnisse unseres Volkes Verständnis zu schaffen.«[4] Ähnlich äußerte er sich in einer Rede vor dem Zentralvorstand der DVP am 22. November 1925: »Ich glaube, die Benutzung wirtschaftlicher Zusammenhänge, um mit dem Einzigen, womit wir noch Großmacht sind, unserer Wirtschaftspolitik, Außenpolitik zu machen, ist die Aufgabe, die heute jeder Außenminister zu lösen hatte.«[5]

Dabei stand für ihn eindeutig Amerika im Mittelpunkt. Mit Erleichterung begrüßte er die Rede von Charles Evans Hughes vom Dezember 1922, und er pflegte ein enges Verhältnis zu Botschafter Houghton und später zu dessen Nachfolger Jacob Schurman. Wie die Historiker Marshall Lee und Wolfgang Michalka ausführen: »In seinem außenpolitischen Konzept ging Gustav Stresemann von der wesentlichen Erkenntnis aus, daß die Wirtschaft die treibende Kraft der deutschen Außenpolitik war. Angesichts dieser Betonung wirtschaftlicher Aspekte war eine Nation zwangsläufig für die deutschen Überlegungen entscheidend: die Vereinigten Staaten. Unter Stresemann erreichte die deutsche Außenpolitik etwas, das zuvor unmöglich erschienen war: die Vereinigten Staaten von ihrem ursprünglichen Mediationskurs abzubringen, so daß schließlich die amerikanische Stabilisierungspolitik und die revisionistische deutsche Politik beinahe parallel liefen.«[6]

Nach Ansicht des Diplomatiehistorikers Peter Krüger schuf Stresemann eine neue internationale Sicherheits- und Friedenskonzeption.[7] Unglücklicherweise sollten seine Bestrebungen schon bald von einem unversöhnlichen Nationalismus, der sich verschärfenden Weltwirtschaftskrise und Stresemanns tragisch frühen Tod zunichte gemacht werden. Fast zwei Jahrzehnte lang sollte Deutschland die moderate Außenpolitik aufgeben, durch die Stresemann mit friedlichen Mitteln sein Land wieder in den Kreis der internationalen Staatenfamilie geführt hatte.

Die Bedeutung Stresemanns überragt seine Ära und die grauenhaften Ereignisse, die folgen sollten. Man kann sein politisches Testament bei denjenigen Politikern wiederfinden, die nach dem Zusammenbruch von 1945 im Westen eine führende Rolle spielten. So beschreibt etwa Timothy Garton Ash Stresemanns Politik als »ein Modell, das Kohl wie Genscher freudig bestätigen sollten«. Ash führt aus: »Wie bei Stresemann gab es auch jetzt den Versuch, nationale und revisionistische Ziele durch die geduldige, aber aktive Rehabilitation Deutschlands innerhalb der internationalen Gemeinschaft zu erreichen, durch friedliche Verhandlungen, harmonisierendes Europaengagement und allseitige Aussöhnung... Wie bei Stresemann gab es auch jetzt eine schwer zu analysierende Mischung aus echtem Europaengagenemt und genuinem Nationalismus... Das Jahr 1990 erlebte den Triumph eines friedlichen, moderaten deutschen Revisionismus, von dem Stresemann nur träumen konnte.«[8]

Dieser Gedanke findet sich auch in dem von Außenminister Joschka Fischer am 8. Februar 2000 in der *Zeit* veröffentlichten Tribut. Dort zitiert Fischer zustimmend den Historiker Arthur Rosenberg, der davon sprach, Stresemann sei »der erste deutsche Staatsmann seit Bismarck, der einen wirklich umfassenden Plan der Außenpolitik hatte und im wesentlichen konsequent durchführte«. Fischer verweist weiterhin auf Stresemanns unbeirrbare diplomatische Konzentration »auf eine starke Wirtschaft als Basis für inneres und äußeres Wiedererstarken Deutschlands«. »Sie eröffnete zugleich neue Formen internationaler Zusammenarbeit und bildete die Voraussetzung einer Revisionspolitik mit friedlichen Mitteln. Es ging ihm darum, die Handlungsfähigkeit und Souveränität Deutschlands schrittweise wiederzugewinnen mit dem Ziel, Deutschland als gleichberechtigte Großmacht in ein mitteleuropäisches Gleichgewichtssystem zu integrieren, ohne zwischen West und Ost wählen zu müssen. Stresemann tat mit seiner Verständigungspolitik lediglich den ersten Schritt; den zweiten Schritt, die Integration Europas, und zwar ganz Europas, zielbewußt in Angriff zu nehmen, hat er niemals gedacht, geschweige denn praktisch in Angriff genommen. Gustav Stresemann ist mitsamt der Weimarer Republik Geschichte geworden. Lebendige Tradition aber findet die Außenpolitik der Bundesrepublik Deutschland in ihren großen Gründerfiguren – in Konrad Adenauer und Willy Brandt – und in deren europäischer Integrations- und Versöhnungspolitik.«[9]

Nur selten würdigt die Geschichte Führer gescheiterter Nationen. Doch Stresemanns Leistungen angesichts der dramatischen politischen und wirtschaftlichen Herausforderungen der Weimarer Republik sind von bleibender Bedeutung. Und die Symbole kehren wieder: Berlin hat wieder eine Stresemannstraße, sein Denkmal in Mainz ist wiedererrichtet worden, und das deutsche Auswärtige Amt besitzt einen Stresemannsaal.

Anmerkungen

Kapitel 1: Köpenicker Straße

1. Johannesson, Fritz, »Aus Stresemanns Schulzeit«, S. 122.
2. Hirsch, Felix, *Stresemann. Ein Lebensbild*, S. 16.
3. Ibid., S. 17.
4. Koszyk, Kurt, *Gustav Stresemann*, S. 55.
5. Holborn, Hajo, *A History of Modern Germany*, S. 86.
6. Craig, Gordon, *Deutsche Geschichte 1866–1945*, S. 43. (Zitiert nach Karl Heinrich Höfele, *Geist und Gesellschaft der Bismarckzeit 1870–1890*. Göttingen, 1952.)
7. Koszyk, S. 63.
8. Chernow, Ronald, *The Warburgs*, S. 36.
9. Koszyk, S. 37.
10. Masur, Gerald, *Imperial Berlin*, S. 87.
11. Jarausch, Konrad, *Students, Society, and Politics in Imperial Germany*, S. 36.
12. Ibid., S. 120.
13. Johannesson, S. 124.
14. Stresemann, »Der Lebenslauf des Abiturienten«, 1897, *Schriften*, S. 6.
15. Johannesson, S. 127.
16. Stresemann, *Schriften*, S. 11.
17. Die »Berliner Briefe« wurden Stresemann erstmals von seinem Sohn Wolfgang in dessen Biographie *Mein Vater* (S. 31–32) zugeschrieben und gehen zurück auf einen Brief Kurt Himmers an ihn. Der Inhalt wird in Koszyks Biographie zusammengefaßt, S. 56–67.
18. Stresemann, *Nachlaß*, Band 316, Brief Stresemanns an Johannesson vom 22. März 1922.

19. Ibid., Band 316, Brief Stresemanns an Johannesson vom 15. April 1922.
20. Baeske, *Der Gymnasiast Stresemann – Eine Erinnerung*.
21. Jarausch, Konrad, *Students, Society and Politics in Imperial Germaby*, S. 179.
22. Mann, Golo, *Erinnerungen und Gedanken*, S. 209.
23. Craig, *Deutsche Geschichte 1866–1945*, S. 187.
24. Ibid., S. 187.
25. Jarausch, *Students*, S. 247.
26. Ibid., S. 7.
27. Craig, *Deutsche Geschichte 1866–1945*, S. 189.
28. Jarausch, *Students*, S. 389.
29. Rheinbaben, Rochus von, *Stresemann, der Mensch und der Staatsmann*, S. 22–23.
30. Koszyk, S. 72.
31. Jarausch, *Students*, S. 363.
32. Stresemann, *Frei ist der Bursch*.
33. Stresemann, *Vermächtnis*, Band I, S. 5.
34. Schiffer, Eugen, *Ein Leben für den Liberalismus*, S. 303.
35. Jarausch, *Students*, S. 182.
36. Rheinbaben, Rochus von, S. 26–27.
37. Berg, Manfred, *Gustav Stresemann. Eine politische Karriere*, S. 18.

Kapitel 2: Lobbyist und Politiker

1. Warren, Donald J., *The Red Kingdom of Saxony*, S. 31–32. Die Saga der Zuckerraffinerie wird in einer Rede Stresemanns erzählt, die in der *Festschrift zur Feier des zehnjährigen Bestehens der Sächsischen Industriellen* abgedruckt wurde (Dresden 1912, S. 46).
2. Ibid., S. 8.
3. Ibid., S. 9.
4. Hauenstein, Fritz, *Der Weg zum Industriellen Spitzenverband*, S. 49.
5. Stresemann, Wolfgang, S. 48.
6. Koszyk, S. 84.

Anmerkungen 463

7. Warren, S. 82.
8. Berichtet von Georg Schwidetzky, *Kölnische Zeitung*, 8./9. Oktober 1929.
9. Kardorff-Oheimb, Katharina von, *Politik und Lebensberichte*, S. 75–76.
10. Stresemann, Wolfgang. Er ist der Autor von *Mein Vater, Gustav Stresemann*, sowie der Autobiographie *Zeiten und Klänge*, die 1994 erschienen ist.
11. Naumann, Friedrich, *Demokratie und Kaisertum*, S. 178.
12. Stresemann, *Reden und Schriften*, S. 244.
13. Stresemann, *Nachlaß*, Band 316, Brief an Pastor Folmy vom 12. April 1922.
14. Craig, *Deutsche Geschichte 1866–1945*, S. 21. Craig zitiert Otto Pflanze, *Bismarck*, S. 330.
15. Warren, S. 57.
16. Hirsch, *Lebensbild*, S. 36. Siehe: *Protokoll des neunten allgemeinen Vertretertages der NLP*, S. 6.–7. Oktober 1906. (Zentralbüro der NLP, 1906.)
17. Warren, S. 79.
18. Ibid., S. 53.
19. Heuss, *Erinnerungen*.

Kapitel 3: Im Reichstag

1. Schiffer, *Ein Leben*, S. 7–10. Eugen Schiffer wurde 1904 in den preußischen Landtag gewählt, 1912 wurde er Reichstagsabgeordneter. Er war ursprünglich ein nationalliberaler »Monarchist« mit ausgeprägt konservativen Neigungen. In den Jahren 1918/1919 akzeptierte er jedoch die Republik und wandte sich gegen seinen früheren Kollegen Stresemann. Er war einer der Mitgestalter der Deutschen Demokratischen Partei, die seiner Meinung nach – angesichts von Stresemanns »extremistischem« Ruf während des Krieges – für diesen keine geeignete Plattform bilden konnte. Er war ein ehrgeiziger Opportunist, der schließlich zum Vizekanzler der Republik aufstieg. Den französischen Staatsmann Thiers zitierend meinte er später: »Ich bin zu klug, um Republikaner zu sein,

und nicht dumm genug, um ein Monarchist zu sein.« (Ibid., S. 211)
2. *The Democratic Tradition: Four German Constitutions.* New York, 1987. Eine Interpretation der Verfassung von 1871 findet sich ebenfalls bei Gordon Craig, *Deutsche Geschichte 1866–1945*, S. 49 ff.
3. Es gibt zahlreiche Beschreibungen von Stresemanns Äußerem aus erster Hand. Die besten finden sich in den Erinnerungen seines Bewunderers, des Lords und späteren Viscounts Edgar D'Abernon, *Botschafter der Zeitenwende*, Band III, S. 19–32; und in der einfühlsamen Biographie von Antonia Vallentin, *Gustav Stresemann 1878–1978*, S. 110.
4. von Bülow, Prinz Bernhard, *Denkwürdigkeiten*, S. 194.
5. Wheeler-Bennett, John, *The Nemesis of Power*, S. 276.
6. Richter, Ludwig, »Gestaltungskraft des Politischen«, *Festschrift für Eberhard Kolb*.
7. Eschenburg, Theodor, *Das Kaiserreich am Scheideweg*, S. 10–16. Eschenburg schließt seine Beschreibung Bassermanns mit der Bemerkung, daß man ihn wohl als den wichtigsten Parlamentarier zur Zeit Wilhelms II. betrachten könne.
8. Ibid., S. 125–127.
9. Hirsch, *Lebensbild*, S. 46.
10. Koszyk, S. 104.
11. Stresemann, *Reichstagsreden*, S. 1–20.
12. Miethke, Franz, *Dr. Gustav Stresemann, der Wirtschaftspolitiker*, S. 15. Ähnliches Lob kam von einer Reihe anderer Zeitungen, unter ihnen die »Tägliche Rundschau«, die »ebenso den Höhepunkt wie den Mittelpunkt der Reichstagsverhandlungen« betonte.
13. Severing, Carl, *Mein Lebensweg*, Band I, S. 156.
14. Schorske, Carl, *German Social Democracy 1905–1917*, S. 36.
15. Ibid., S. 31.
16. Eschenburg, Theodor, *Kaiserreich am Scheideweg*, S. 51.
17. Schorske, S. 156, Zitat der *Reichstagsdebatten* CCXXXVI, S. 7842.
18. Berghahn, *Germany and the Approach of War in 1914*, S. 28.
19. Stresemann, *Reden und Schriften*, Band I, S. 61–71.
20. Masur, S. 91.

21. Eschenburg, *Kaiserreich*, S. 278.
22. Jarausch, *Enigmatic Chancellor*, S. 59.
23. Eschenburg, *Kaiserreich*, S. 139.
24. Ibid., S. 155.
25. Craig, *Deutsche Geschichte 1866–1945*, S. 251.
26. Severing, Band I, S. 172.
27. Heckart, Beverly, *From Bassermann to Bebel*, S. 84.
28. Jarausch, *Enigmatic Chancellor*, S. 53.
29. Ibid., S. 149. Kurt Riezler beobachtete als Diplomat und enger Ratgeber Bethmann Hollwegs die gesamte Ära vom Kaiserreich bis zum Aufstieg Hitlers. Nach dem Kapp-Putsch beendete er seine Karriere als Journalist und Professor. Heuss bewunderte ihn, und Bethmann Hollweg vertraute ihm, doch für viele war er ein intriganter Opportunist. Kessler hat ihn heftig kritisiert: »Daß Bethmann dieses Gaukelspiel jahrelang ertragen hat, beweist auch seine mangelnde Begabung. Bismarck oder Napoleon hätten Riezler nach dem ersten Vortrag zum Teufel gejagt.« (Siehe Kessler, S. 165.)
30. Chernow, Ronald, *The Warburg*, S. 152.
31. Jarausch, *Enigmatie cancellor*, S. 3.
32. Ibid., S. 74.
33. Ibid., S. 86.
34. Stresemann, *Nachlaß*, Band 137, mit Datum vom 7. September 1908.
35. Ibid., mit Datum vom 16. September 1909.
36. Ibid. Sowohl Heinze als auch Fuhrmann waren als Vertreter des rechten Parteiflügels heftige Konkurrenten um die Führung der NLP. Weber, ein langjähriger Freund Bassermanns, sympathisierte mit der Linken und bemühte sich um eine Zusammenarbeit mit der SPD.
37. Eschenburg, *Kaiserreich*, S. 268.
38. Hirsch, *Lebensbild*, S. 43.
39. Eschenburg, *Kaiserreich*, S. 268. Die Kieler Woche fand jährlich statt; im Mittelpunkt stand die Parade der wachsenden Hochseeflotte des Kaisers.
40. *Quellen zur Geschichte des Parlamentarismus und der politischen Parteien*, Band 5, S. 93.
41. *Berliner Tageblatt* vom 25. März 1912. Danach berichteten die

Hamburger Nachrichten am 13. Mai, daß nach Stresemanns Ablehnung im Zentralvorstand der NLP in ihm »eine wesentliche Veränderung und eine starke Rechtsentwicklung vorgegangen zu sein« scheint.
42. Heckart, S. 227. Brief vom 17. Mai 1912 an Edmund Rebmann, den Delegationsleiter der NLP in Baden, der sich für eine Zusammenarbeit mit der Fortschrittspartei und den Sozialisten aussprach.
43. Stresemann, *Nachlaß*, Band 118.
44. Ibid., Band 131.
45. Eschenburg, *Kaiserreich*, S. 114–117.
46. Stresemann, *Reichstagsreden*, S. 20–43. In ihrer neueren Untersuchung *Stresemann und England* bemerkt C. Baumgart zurecht: »Dieser Satz wurde Stresemanns Maxime, an der er bis zu seinem Tod seine Politik orientierte.«
47. Stresemann, *Wirtschaftliche Zeitfragen*, S. 215.
48. Ibid., S. 193–213.
49. Stresemann, Wolfgang, *Mein Vater Gustav Stresemann*, S. 77–79. Otto Friedrich zitiert in seinen Erinnerungen Rabbi Joachim Prinz, der meinte, das Romanische Café sei das Zentrum schlechthin gewesen.
50. Wright, Jonathan, *Gustav Stresemann*, S. 44.

Kapitel 4: Politisches Exil

1. Ullmann, *Der Bund der Industriellen*.
2. Stresemann, *Nachlaß*, Band 316. Undatierter Privatbrief von Franz Miethke.
3. Stresemann, Wolfgang, *Mein Vater*, S. 83.
4. Hirsch, *Lebensbild*, S. 56.
5. Berg, Manfred, *Gustav Stresemann und die Vereinigten Staaten von Amerika*, S. 25–33. Die Zitate stammen aus Artikeln in *Sächsische Industrie* (Band 9, S. 1912–1913).
6. Ibid. Zitat aus »Wilsons neue Wege«, in: *Hansa-Bund 3* (1913).
7. Hierbei ist wichtig, daß es in den Vereinigten Staaten etwa 8,3 Millionen Einwohner deutscher Herkunft gab, von denen

sogar mehr als ein Viertel noch in Deutschland geboren worden waren. Der Deutsch-Amerikanische »Bund« hatte etwa zwei Millionen Mitglieder.
8. Wie von Stresemann ausgeführt in einem Artikel, der unter dem Titel »Von Deutschen in Amerika« am 22. November 1912 in den *Leipziger Neuesten Nachrichten* erschien. Zitiert bei Hirsch, *Ein Lebensbild*, S. 57; und bei Berg, *Gustav Stresemann und die Vereinigten Staaten von Amerika*, S. 32–33.
9. Koszyk, S. 121.
10. Craig, *Deutsche Geschichte*, S. 261.
11. *Quellen zur Geschichte des Parlamentarismus und der politischen Parteien*, Band 5.
12. Jarausch, *Enigmatic Chancellor*, S. 96 und 99.
13. Massie, *Dreadnaughts*, S. 172.
14. Stresemann, *Nachlaß*, Band 303. Rede beim Bismarck-Kommers in Jena am 1. April 1912. Die Anspielung auf Algerien bezieht sich auf die erste Marokko-Krise von 1906, als Deutschland eine peinliche Niederlage erlitt, wie auch in Agadir 1911.
15. Nach dem Scheitern der Haldane-Mission im März und dann auch im April 1911 schlug Churchill, der damals Erster Lord der Admiralität war, einen »Marinefeiertag« vor, was Deutschland rundweg ablehnte.
16. Baumgart, S. 42.
17. Stresemann, *Nachlaß*, Band 128.
18. In einem Brief vom 16. September 1914 an Carl Vebelin, der nach Ballin Verbandsvorsitzender werden sollte, deutete Stresemann an, daß er ein Gehalt von 15 000 Mark fordern würde, sollte er diese neue Position akzeptieren. Weiterhin schrieb er, er werde bald als Beirat des Hansa-Bundes zurücktreten, wodurch er auf ein Jahreshonorar von 10 000 Mark verzichten würde.
19. Cecil, S. 95. Wie Cecil in seiner Biographie Ballins anmerkt, war die wichtigste »Fracht«, die nach Amerika transportiert wurde, die nachdrängende Gruppe der Einwanderer aus Deutschland, Polen und anderen Gebieten im Osten – also genau jene Gruppe, die Stresemann bei seinem kurzen Besuch so begeistert empfangen hatte.

20. Ibid., S. 123. Zitat eines Briefes an Harden vom 22. März 1914.
21. Hirsch, *Lebensbild*, S. 59. Zitat aus *Deutschen Industrie*, Band 16, 20. März 1914.
22. Ibid., S. 69.
23. Stresemann, *Schriften*, S. 30. Ebenfalls in *Von der Revolution bis zum Frieden von Versailles*, S. 43–46.
24. Bethmann widersetzte sich der deutschen Unschuldsbeteuerung. Im August 1914 verteidigte er die deutsche Verletzung der belgischen Neutralität, die nichts als ein Stück Papier gewesen sei. Sein außerordentliches Ehrgefühl brachte ihn später in Versailles dazu, Clemenceau gegenüber zu versichern, er trüge die volle Verantwortung für die politischen Aktionen des Reichs während seiner Amtszeit. Er versicherte, er allein wolle dafür verantwortlich gemacht werden. Der damalige Kanzler Scheidemann widersprach dieser Aussage ohne Erfolg, denn ihm war klar, daß sie ein deutsches Schuldeingeständnis implizierte. Die Alliierten weigerten sich jedoch, dieses Eingeständnis zu akzeptieren und bestanden darauf, daß die Verantwortung beim Kaiser, dem Militär und der gesamten deutschen Führung lag.
25. Jarausch, *Enigmatic Chancellor*, S. 176–177.
26. Ibid., S. 177.
27. Hirsch, *Lebensbild*, S. 61.
28. Stresemann, *Nachlaß*, Band 119. Briefe an Theodor Sutro vom 22. Juli 1914 und 5. Dezember 1914.
29. Hirsch, *Lebensbild*, S. 61–62. Eugen Schiffer sollte später in seiner biographischen Skizze bemerken, daß Stresemanns fahles Gesicht, seine zusammengekniffenen Augen, seine Kurzatmigkeit und der Schweiß, der ihm über Gesicht und Hals strömte, wenn er sich an ein offizielles Publikum wandte, seine Gebrechlichkeit deutlich machten. Siehe Schiffer, Eugen, »Deutsches Biographisches Jahrbuch«, Band XI (1929).
30. Severing, I, S. 198.
31. Jarausch, *Enigmatic Chancellor*, S. 179.
32. Schiffer, *Ein Leben*, S. 40.

Anmerkungen 469

Kapitel 5: Der Weltkrieg

1. Hirsch, *Lebensbild*, S. 62.
2. Stresemann, »Deutsches Ringen, deutsches Hoffen«. Eine der häufig nachgedruckten Reden Stresemanns, die schließlich in einer Sammlung von Stresemanns Reden aus Kriegszeiten unter dem Titel *Michel horch, der Seewind pfeift*, Berlin, S. 1916, veröffentlicht wurden, S. 7–20.
3. Edwards, Marvin, *Stresemann and the Greater Germany*, S. 42. Diese umfassende Darstellung bringt viele Zitate, die die extrem chauvinistischen Ansichten Stresemanns zur Annexionspolitik und zur U-Boot-Kriegführung belegen. Edwards schreibt auf Seite 69: »Es wäre schwierig, viele Deutsche zu finden, die aktiv die Kriegszielpolitik klarer und umfassender unterstützten.«
4. Stresemann, *Nachlaß*, Band 139.
5. Stresemann, »Englands Wirtschaftskrieg gegen Deutschland« wurde ursprünglich im März 1915 veröffentlicht und ist enthalten in der zuvor erwähnten Sammlung *Michel horch, der Seewind pfeift*, S. 21–52.
6. Craig, *Deutsche Geschichte*, S. 317.
7. Stresemann, *Nachlaß*, Band 135. Die umfangreiche Korrespondenz zwischen Bassermann und Stresemann während des Krieges findet sich in den Bänden 131–135.
8. Ibid.
9. Stresemann, *Reden und Schriften*.
10. Rheinbaben, Rochus von, Einführung zu Stresemann, *Reden und Schriften*, S. 7. Rheinbaben ist übrigens der Autor der ersten publizierten Biographie Stresemanns. Er hatte zahlreiche Reden Stresemanns gehört und bewunderte dessen rhetorische Fähigkeiten außerordentlich.
11. Morsey, *Der Reichstag*, S. 75–84. Siehe ebenfalls Schiffers, Richard, *Der Hauptausschuß des deutschen Reichstags 1915–1918*. Beide bieten eine hervorragende Darstellung des Wandels der parlamentarischen Autorität in den Jahren von 1915 bis 1918.
12. *Quellen zur Geschichte des Parlamentarismus und der politischen Parteien*, Band 5. Von Bassermann zu Stresemann. Die Sitzungen des Nationalliberalen Zentralvorstandes 1912–1917.

13. Edwards, S. 66.
14. Stresemann, »Weltkrieg und öffentliche Meinung«, in *Reden und Schriften*, S. 81–104; und in *Michel horch, der Seewind pfeift*, S. 52–67.
15. Craig, *Deutsche Geschichte*, S. 323.
16. Stresemann, *Nachlaß*, Band 152.
17. Edwards, S. 85–86.
18. Stresemann, *Nachlaß*, Band 152.
19. Berg, *Gustav Stresemann und die Vereinigten Staaten von Amerika*, S. 56–57. Berg referiert mehrere solcher Briefe von Stresemanns amerikanischen Briefpartnern, von denen einige einen radikal anti-britischen Standpunkt vertraten. Es dürften kaum Zweifel daran bestehen, daß diese einen großen Einfluß auf Stresemanns Einschätzung der vorgeblichen amerikanischen Drohung hatten.
20. Edwards, S. 90. In einer Anmerkung auf Seite 201 bemerkt Edwards, daß Stresemanns Bewunderung für Tirpitz auch weiterhin bestehen blieb. Sein Verhältnis zu Tirpitz und seine energische Unterstützung des U-Boot-Kriegs sollten später von großem Nachteil sein, als Stresemann 1918/1919 die Deutsche Volkspartei zu organisieren versuchte.
21. Edwards, S. 95.
22. Hirsch, *Lebensbild*, S. 67; Zitat eines Auszugs aus dem *Kriegstagebuch* von Eduard David, S. 178.
23. Eine ausführliche Darstellung dieser entscheidenden Vorstandsdebatte findet sich in den *Quellen*, S. 235 ff.
24. Nach Kriegseintritt der Amerikaner versuchte Stresemann die Schuld der deutschen Diplomatie während des Krieges zuzuschieben, die er für völlig inkompetent hielt. (Siehe *Quellen*, S. 278.)
25. Craig, *Deutsche Geschichte*, S. 326. Zitat Janssen, *Der Kanzler und der General*, S. 215.
26. Riezler, Kurt, *Tagebücher*, S. 77.
27. Craig, *Deutsche Geschichte*, S. 332.
28. Stresemann, *Nachlaß*, Band 191.
29. Hirsch, *Lebensbild*, S. 70–71.
30. Stresemann, *Nachlaß*, Band 309. Die Ergebnisse der ersten Monate des U-Boot-Kriegs waren in der Tat ermutigend, doch

im Juli brachte der Einsatz von Geleitzügen den Briten beträchtliche Erleichterungen, was durch eine gewaltige Steigerung der amerikanischen Lieferungen noch verstärkt wurde.
31. Baumgart, S. 67; Zitat einer Ansprache vor Industriellen.
32. Stresemann, *Nachlaß*, Band 193.
33. Stresemann, *Macht und Freiheit*, S. 38–59. Die Kritik am deutschen Auswärtigen Amt entzündete sich an dem ungeschickten Versuch, eine Allianz mit Mexiko zu schaffen. Der britische Geheimdienst fing die entsprechenden Nachrichten ab und veröffentlichte sie am 28. Februar 1917 in Form des berühmten »Zimmermann-Telegramms«.
34. Williamson, S. 207.
35. Stresemann, *Nachlaß*, Band 133. In seinem wortreichen Werben um Unterstützung beklagte Stresemann die Unzugänglichkeit des Kaisers und führte aus, daß »der deutsche Kaiser es bis heute noch nicht für nötig gehalten habe, in mehr als fünfundzwanzigjähriger Regierung einmal mit dem Führer der Nationalliberalen Partei über innere Politik zu sprechen.
36. Stresemann, *Nachlaß*, Band 131.
37. Epstein, Klaus, *Matthias Erzberger and the Dilemma of Germany*. Diese Biographie zeichnet das Bild eines Mannes, der trotz all seiner Fehler beim Friedensprozeß in Europa eine im allgemeinen konstruktive Rolle spielte. Wegen seines Engagements bei den Waffenstillstandsverhandlungen fiel er am 26. August 1921 einem Attentat zum Opfer.
38. Goodspeed, D., *Ludendorff*, Band II, S. 45.
39. Stresemann, *Macht und Freiheit*, S. 130–155.
40. Stresemann, *Nachlaß*, Band 133. In einem Brief an Stresemann vom 23. September 1916 beklagte sich Bassermann darüber, daß es ihm nicht möglich gewesen sei, ein Treffen mit Ludendorff zu arrangieren, dem er »eingehend und dringlich« geschrieben habe, da er »ohne Einladung« nicht fahre. In der unerfüllten Hoffnung auf ein solches Engagement hatte er drei Tage zuvor einen siebzehnseitigen Brief geschrieben, in dem er seine Ansichten darlegte und die Unterstützung der OHL ermutigte. *Nachlaß*, Band 134.
41. Scheidemann, Band II, S. 36.

42. Stresemann, *Nachlaß*, Band 133. Hirsch-Essen war einer der wichtigsten Parteiführer des rechten Flügels der NLP und ein Schwiegersohn Buecks.
43. Stresemann, *Reden und Schriften*, S. 140–163.
44. Eine detaillierte Darstellung der Vorstandssitzung im September 1917 findet sich in den *Quellen*, S. 309–351.
45. Kühlmann, *Erinnerungen*, S. 577. Siehe ebenfalls Hirsch, *Lebensbild*, S. 86.
46. Stresemann, *Nachlaß*, Band 176.
47. Ibid., Band 177.
48. Hirsch, *Ein Lebensbild*, S. 88.
49. Goodspeed, S. 211.
50. Berghahn, *Modern Germany*, S. 59.
51. von Baden, Band II, S. 11.
52. Ibid., S. 12.
53. Schiffer, S. 204.
54. von Baden, Prinz Marron, *Erinnerungen und Dokumente*, Band II, S. 73.
55. Bredt, Johann Victor, *Erinnerungen und Dokumente*, S. 139–140.
56. Wheeler-Bennett, *The Nemesis of Power*, Anmerkung auf Seite 23. Wheeler-Bennett schreibt, es habe vor seiner Abreise am 7. November »einen Augenblick schrecklicher Ungewißheit« gegeben aufgrund der Befürchtung, daß Erzberger sich in letzter Minute weigern könnte; »doch mit Tränen in den Augen ergriff Hindenburg Erzbergers Hand und beschwor ihn, diese schreckliche Aufgabe für die heilige Sache seines Landes zu übernehmen.«
57. Rheinbaben, Rochus von, S. 125.
58. Schiffer, S. 78.
59. Severing, S. 228.
60. Hester, James, *America and the Weimar Republic*, S. 55–56.

Kapitel 6: Niederlage und Revolution

1. Stresemann, *Schriften*, S. 180.
2. Zitiert nach Stresemanns letzter Rede vor dem Reichstag am

Anmerkungen 473

22. Oktober 1918. Siehe Wolfgang Stresemann, S. 120–122, und von Baden, *Erinnerungen*, S. 458. Der vollständige Text wurde am 27. Oktober 1918 in den »Deutschen Stimmen« abgedruckt.
3. Lloyd George errang durch die erfolgreiche und kühne Reorganisation der darniederliegenden Rüstungsindustrie 1915 sogar in Deutschland Ansehen.
4. Stresemann, *Nachlaß*, Band 180.
5. Zitiert bei Wolfgang Stresemann, S. 121.
6. Stresemann, *Nachlaß*, Band 180. Brief an Robert Friedberg vom 26. Oktober 1918.
7. Stresemann, »Waffenstillstand und Wilson-Programm«, *Von der Revolution bis zum Frieden von Versailles*, S. 20–33.
8. Stresemann, *Schriften*, S. 184. Brief an Paul Behm vom 30. Oktober 1918.
9. Stresemann, *Von der Revolution bis zum Frieden von Versailles*, S. 28–29.
10. Ibid., S. 42.
11. Turner, Henry Ashby Jr., *Stresemann and the Politics of the Weimar Republic*, S. 13. Siehe auch *Reden und Schriften*, Band I, S. 205.
12. Die oft widersprüchlichen Berichte über die Ereignisse des 9. November und der folgenden Tage finden sich in: Stresemann, *Von der Revolution*, S. 186–187; Schiffer, S. 74; Rheinbaben, S. 127–128; Scheidemann, Phillip, *Memoiren eines Sozialdemokraten*, Band II, S. 261–272; Schacht, Hjalmar, *76 Jahre meines Lebens*, S. 137–138; Kessler, S. 21–28.
13. Stresemann in *Deutsche Stimmen* vom 17. November 1918, S. 755. Erweitert wieder abgedruckt in *Von der Revolution bis zum Frieden von Versailles*, S. 43–45.
14. Schiffer, S. 77.
15. Kessler, S. 21–28.
16. Rheinbaben, Rochus von, S. 128.
17. Craig, *Deutsche Geschichte*, S. 352.
18. Riezler, Kurt, *Tagebücher, Aufsätze, Dokumente*, S. 487. Eintrag vom 12. November 1918.
19. Richie, Alexandra, *Faust's Metropolis. A History of Berlin*, S. 302.

20. Stresemann, »Der Umsturz«, in *Von der Revolution*, S. 40–41.
21. Carsten, F. L., *Reichswehr und Politik*, S. 20–21.
22. Besson, Waldemar, *Friedrich Ebert*, S. 69.
23. Rabenau, Friedrich von, *Hans von Seeckt*, S. 145. Auch Carsten, S. 32.
24. Stresemanns Empörung und Protest kommen bei seiner Ansprache anläßlich der letzten Sitzung des Zentralvorstands der Nationalliberalen Partei deutlich zum Ausdruck; die Ansprache wurde später abgedruckt in *Von der Revolution*, S. 64–66. Auf »annexionistische Kriegsziele« eingehend, rief er aus: »Wer ist denn dann nicht belastet?« und nannte all diejenigen, die einst auf seiner Seite gestanden und dann diese Ziele abrupt aufgegeben hatten, was zum Zusammenbruch der Heimatfront geführt habe, wodurch die Genannten »einen ehrenvollen Frieden« unmöglich gemacht hätten. Dieses Thema wird in einer Rede in Osnabrück am 19. Dezember wiederholt; später ebenfalls abgedruckt in *Von der Revolution*, S. 68–89.
25. Hartenstein, Wolfgang, *Die Anfänge der deutschen Volkspartei*, S. 9. Dieses Werk und die entsprechenden Abschnitte bei Henry Turner in *Stresemann and the Politics of the Weimar Republic* bieten eine Darstellung von Stresemanns Aktivitäten, die zur Bildung der DVP führten.
26. Ibid., S. 11.
27. Stresemann, *Vermächtnis*, Band I, S. 14. Das Zitat stammt aus einem Brief an Otto Hugo vom 18. November 1918. Siehe ebenfalls Hartenstein, S. 42.
28. Jones, Larry, *German Liberalism and the Dissrention of the Weimar System*, S. 17.
29. Naumann schrieb später über das plötzliche Auftauchen der DDP: »Man hat uns bolschewisiert.« (Siehe Hartenstein, S. 15.)
30. Ibid., S. 19.
31. Ibid., S. 20.
32. Ibid., S. 22.
33. Turner, *Stresemann*, S. 20.
34. Stresemann, *Nachlaß*, Band 183. Brief vom 25. November 1918 an Generalsekretär Brües.

Anmerkungen 475

35. Ibid., Band 183. Austausch der Korrespondenz mit Dr. Schacht vom 26.–27. November 1918.
36. Hartenstein, S. 27.
37. Stresemann, *Nachlaß*, Band 201. Siehe auch Hartenstein, S. 27.
38. Stresemann, *Nachlaß*, Band 183. Brief vom 1. Dezember 1918 an Robert Friedberg.
39. Turner, *Stresemann*, S. 21. Zitat eines Briefs vom 2. Dezember 1918 an Vogel. (Siehe *Nachlaß*, Band 180.)
40. Ibid., S. 23–24.
41. Hartenstein, S. 31.
42. Hirsch, *Lebensbild*, S. 99.
43. Ibid., S. 97.
44. Turner, *Stresemann*, S. 27.
45. Stresemann, *Von der Revolution*, S. 89. Rede in Osnabrück am 19. Dezember 1918.
46. Stresemann, *Nachlaß*, Band 182. Brief an Dr. Paul Behm vom 6. Januar 1919.
47. Hartenstein, S. 49. Brief vom 14. Februar 1919.
48. Stresemann, *Von der Revolution*, S. 87–88.
49. Hartenstein, Anmerkung Seite 51, Zitat eines Artikels aus der *Kölnischen Zeitung* (die der NLP nahestand) vom 28. November 1918.

Kapitel 7: Die Nationalversammlung

1. Kessler, Harry Graf, *Tagebücher 1918–1937*, S. 137–138.
2. Severing, Band I, S. 238.
3. Eyck, Erich, *A History of the Weimar Republic*, Band I, S. 65.
4. Scheidemann, Band I, S. 619.
5. Zu der genauen Größe der DVP-Fraktion gibt es widersprüchliche Quellenangaben; einige nennen 19, andere 22 Mitglieder. Dies liegt wohl an den sog. »unabhängigen« Mitgliedern, die der DVP zugerechnet wurden.
6. Hartenstein, S. 74.
7. Craig, *Deutsche Geschichte 1866–1945*, S. 442.
8. Stresemann, *Nachlaß*, Band 202. Brief an Wyneken vom 5. Februar 1919.

9. Gessler, Otto, *Reichswehrpolitik in der Weimarer Zeit,* S. 150.
10. Hirsch, *Lebensbild,* S. 108. Heinze an von Kardorff, Januar 1927.
11. Ibid., S. 109.
12. Siehe Stresemann, *Nachlaß,* Band 207 und 220. Dort finden sich die Briefe, in denen Stresemann Oberst Bauer (22. September 1919) und Ludendorff (7. Januar 1920) anbietet, für die DVP zu kandidieren.
13. Hugo Stinnes galt allgemein als der aggressivste Großindustrielle der Weimarer Zeit. Nach Kriegsende erweiterte er sein Bergbau-Imperium durch eine Reihe von Zukäufen und Fusionen zu einem Mammutkonzern, der fast die gesamte Ruhrindustrie beherrschte. Als Reichstagsmitglied der DVP war er außerordentlich einflußreich, auch wenn er nie ein öffentliches Amt bekleidete. Siehe *Hugo Stinnes* von Gert von Klaas, sowie *Hugo Stinnes. Biographie eines Industriellen* von Gerald Feldman.
14. Rheinbaben, Werner Freiherr von, *Viermal Deutschland,* S. 42.
15. Stresemann, *Nachlaß,* Band 217 und 27. Dort finden sich eine Darstellung der Fraktionssitzung der DVP vom 4. August 1919 und der Ausschußsitzung vom 24. August, bei denen mögliche Kandidaten für die Wahl ausführlich diskutiert wurden.
16. Stresemann, *Vermächtnis,* Band II, S. 152.
17. Eschenburg, Theodor, *Die improvisierte Demokratie,* S. 45.
18. Stresemann, *Nachlaß,* Band 202. Parteibrief mit Datum vom 14. Februar 1919.
19. Ibid., Brief vom 3. Februar 1919 an Dr. A. Gunther.
20. Stresemann, *Nachlaß,* Band 208.
21. Stresemann, *Reden und Schriften.* Siehe auch die Rede auf dem Jenaer Parteitag im April 1919, S. 251–293. Auch in Stresemanns Pamphlet *Von der Revolution bis zum Frieden von Versailles,* S. 132–165. Ebenso »Die Politische Lage«, in *Deutsche Stimmen* vom 4. Mai 1919.
22. Nicholson, Harold, *Peacemaking 1919,* S. 39–41. Nicholson nahm als englischer Delegierter an der Konferenz teil. Der Autor eines klassischen Werks über den Wiener Kongreß war

entsetzt über das Vorgehen in Versailles. In seinem Werk warf er der Konferenz vor, sie habe einen imperialistischen Frieden unter dem Deckmantel des Wilsonismus geschlossen, bei dem wie nur selten in der Geschichte der Menschheit Rachsucht hinter salbungsvoller Sophisterei versteckt wurde.
23. Melchior war mit Ballin eng befreundet gewesen und spielte als Seniorpartner des Bankhauses M. M. Warburg eine einflußreiche Rolle bei fast allen folgenden Reparationsverhandlungen. Keynes beobachtete in Versailles, daß er alle seine deutschen Kollegen an Klugheit und Redegeschwindigkeit zu übertreffen schien.
24. Schiffer, Eugen, *Ein Leben für den Liberalismus*, S. 222.
25. Heckscher, *Woodrow Wilson*, S. 567–568.
26. Eyck, Band I, S. 97.
27. Hester, S. 145.
28. Siehe Scheidemann, Band II, S. 307; sowie Stresemann, *Nachlaß*, Band 203, »Zum Geleit« vom 25. März 1919.
29. Die sog. »Dolchstoßlegende« sollte nie verstummen. Ihr genauer Ursprung ist nicht zu ermitteln, doch die Rechte, das Militär und Stresemann selbst nahmen sie voller Überzeugung bei zahlreichen Gelegenheiten wieder auf. Auch Hindenburg bekräftigte sie in seinen Erinnerungen und bei einer Sitzung der Nationalversammlung im November 1919. In *The Wooden Titan* schreibt Wheeler-Bennett, Hindenburg habe bei jener Gelegenheit betont, Deutschland hätte trotz der Überlegenheit des Feindes einen günstigen Ausgang des Kriegs erreichen können, hätte zwischen dem Heer und den Menschen im Reich Einigkeit bestanden. Da diese jedoch nicht existierte, sei der Sieg unterminiert worden. Hindenburg meinte, er habe Entschlossenheit und Zusammenarbeit gesucht und nichts als Feigheit und Schwäche gefunden. Dadurch sei der Zusammenbruch unvermeidbar geworden; die Revolution war nichts weiter als der letzte Tropfen, der das Faß zum Überlaufen brachte.
30. Stresemann, *Von der Revolution*, »Zum Jahrestag der Revolution«, S. 193.
31. Stresemann, *Nachlaß*, Band 204.
32. Kessler, *Tagebücher*, S. 206.
33. Stresemann, *Nachlaß*, S. 330.

34. Ball, George W., *The Past Has Another Pattern*, S. 262.
35. Eschenburg, *Improvisierte Demokratie*, S. 45.
36. Hirsch, *Lebensbild*, S. 115.
37. Stresemann, »Weimar und die Politik«, in *Von der Revolution*, S. 110–115. In seinem Werk *Demokratie und Kaisertum* hatte sich Naumann für die Monarchie als ideale Staatsform ausgesprochen. Später, kurz vor Kriegsende, bekräftigte er seine Haltung noch einmal in *Der Kaiser im Volksstaat*.
38. Turner, *Stresemann*, S. 42.
39. Stresemann, *Nachlaß*, Band 220. Brief an Graefe vom 23. Januar 1920. Das gleiche Thema findet sich in einer Reihe von Briefen und Artikeln in *Deutsche Stimmen* bis zu den vorgezogenen Wahlen 1920.
40. Stresemann, »Zum Tode Friedrich Naumanns«, in *Von der Revolution*, S. 212–218.
41. Stresemann, *Nachlaß*, Band 114. Brief von Stresemann adressiert an den Bund der Industriellen vom 31. März 1919.
42. Ibid., Brief an Stresemann vom Verband Sächsischer Industrieller.
43. Stresemann, *Schriften*, S. 133–137. Brief an Generaldirektor Hoffmann vom 26. November 1919.
44. Hartenstein, S. 278.
45. Stresemann, *Schriften*, S. 215. Brief an Rudolf Krüger vom 4. Februar 1920.
46. Die Ereignisse, die zum sog. »Kapp-Putsch« führten, sowie der Putsch selbst werden ausführlich dargestellt in Turner, S. 47–67, Eyck, S., 149–160, und Craig, S. 379–385, und natürlich bei Stresemann aus dessen Sicht in *Reden und Schriften*, S. 317–328. Siehe in diesem Zusammenhang ebenfalls Stresemann, »Die März-Ereignisse und die Deutsche Volkspartei«, Berlin 1920, S. 4 f.
47. Noske, Gustav, *Von Kiel bis Kapp*, S. 118–119.
48. Rabenau, *Seeckt*, S. 219.
49. Stresemann, *Nachlaß*, Band 217. Protokoll der Berliner Parteileitung der DVP 13. März 1920, Samstagmorgen.
50. Ibid., Protokoll der Parteileitung der DVP vom 13. März 1920, Samstagnachmittag.
51. Ibid., Protokoll der Parteileitung der DVP vom 14. März 1920.

Anmerkungen 479

52. Ibid., Protokoll der Parteileitung der DVP vom 15. März 1920.
53. Ibid., Memorandum für die Wahlkreisvorsitzenden und Parteisekretäre, 18. März 1920.
54. Turner, *Stresemann*, S. 66.
55. Stresemann, *Nachlaß*, Band 212 und 282.
56. Siehe *Verfassungsgründe und Hochverrat*, Protokolle des sog. von Jagow »Prozesses«, die unmittelbar darauf Anfang 1922 veröffentlicht wurden.
61. Eyck, Band I, S. 153–160. Das Zitat stammt aus Severing, Band I, S. 269.

Kapitel 8: Politischer Wiederaufstieg

1. Hirsch, *Lebensbild*, S. 124.
2. Stresemann, *Nachlaß*, Band 212. In einem Brief vom 4. Mai 1920 wies J. Flathmann als Geschäftsführer der »Industriellen Wahlfonds« Stresemann an sicherzustellen, daß Stinnes und Quaatz »absolut sichere Plätze auf der Reichsliste« erhielten.
3. Stresemann, Wolfgang, S. 191–192.
4. Ibid., S. 194.
5. *Deutsche Stimmen*, 20. Juni 1920.
6. Kessler, *Tagebücher*, S. 232. Werner von Rheinbaben gehörte zu denjenigen, die Stresemann innerhalb der Partei am nächsten standen. Er war Diplomat und über viele Jahre hinweg in Fragen der Außenpolitik die führende Stimme der Partei; eine Zeitlang war er Staatssekretär in der Reichskanzlei.
7. Turner, *Stresemann*, S. 77.
8. Gessler, S. 377.
9. Ibid., S. 166.
10. Meier-Welcher, Hans, *Seeckt*, S. 546–548.
11. Ibid., S. 547. Brief von General Stulphagel an H. J. Gordon vom 9. November 1959.
12. Zu den schärfsten Kritikern Gesslers gehört die Historikerin Antonia Vallentin, die in ihrer Biographie Stresemanns über die »bewußte Laschheit der Gesslerschen Manieren« und seine »gemütliche Formlosigkeit« spricht, die der »ganzen Steifheit des Preußentums« entgegengestanden habe (Seite 122).

13. Sendtner, Kurt, *Otto Gessler*, S. 472.
14. Stresemann, *Nachlaß*, Band 215.
15. Geßler, S. 150.
16. Siehe *Botschafter der Zeitenwende*, die Memoiren Lord D'Abernons.
17. Stresemann, *Nachlaß*, Band 215.
18. Kessler, *Tagebücher*, S. 228. Die »Mittwochsgesellschaft« wurde von Albert Ballin und seinem Berliner Vertreter Holtzendorff Anfang 1915 organisiert. Sie sollte einigen der führenden deutschen Persönlichkeiten ein Forum zum privaten Informations- und Meinungsaustausch bieten. Zu den regelmäßigen Teilnehmern der Treffen im Hotel Continental gehörten so bekannte Personen wie Rathenau, Helfferich, Graf Westarp, Stinnes, Erzberger, Wolff, Naumann und sogar Eduard Bernstein von der SPD. Stresemann wurde Sekretär der Gesellschaft. Während des Kriegs und während mehrerer Jahre der Weimarer Republik diente diese Institution als wichtiges informelles Forum.
19. Heckscher, *Woodrow Wilson*, S. 550.
20. Geßler, S. 159–162.
21. Feldman, Gerald, *Hugo Stinnes*.
22. Eyck, Band I, S. 167.
23. Geßler, S. 163.
24. Severing, Band I, S. 297.
25. Chernow, S. 225. Carl Melchior, einer der Seniorpartner des jüdischen Bankhauses von M. M. Warburg in Hamburg, war Berater der deutschen Delegation in Versailles. Er war ein enger Freund Albert Ballins und wurde zu einem verläßlichen Unterstützer Stresemanns. Er und Rathenau, der spätere Außenminister, wurden zu bevorzugten Zielen der antisemitischen Angriffe extremer Nationalisten innerhalb der deutschen Gesellschaft.
26. Siehe die Protokolle des Geschäftsführenden Ausschusses der Reichstagsfraktion der DVP in: Stresemann, *Nachlaß*, Band 219.
27. Stresemann, *Reichstagsreden*, »Nach der Konferenz von Spa«, S. 81–114.
28. Stresemann, *Nachlaß*, Band 214. »Abschrift über die Vorgänge in der Sitzung der Fraktion der Deutschen Volkspartei am 4. August 1920.«

Anmerkungen 481

29. Stresemann, »Rede auf dem 3. Parteitag der Deutschen Volkspartei am 3. Dezember 1920«. Ebenso: »Zum Parteitag in Nürnberg«, in *Deutsche Stimmen*, 14. Dezember 1920.

Kapitel 9: Bemühungen um ein Mandat

1. Am 5. August 1920 schrieb Lloyd George an Präsident Wilson, Frankreich sei nicht gewillt, dem britischen Vorschlag zur Festlegung einer endgültigen Reparationssumme im Rahmen der deutschen Zahlungsfähigkeit zuzustimmen, sofern die französischen Schulden gegenüber den Amerikanern nicht in gleicher Weise behandelt würden. Wilson antwortete, daß hierüber der Kongreß entscheide; er könne sich jedoch nicht vorstellen, daß dieser einer Streichung oder einer Reduktion der Schulden irgendeiner alliierten Regierung zustimmen werde.
2. Nicholson, Harold, Curzon: *The Last Phase*, S. 220. Siehe auch Hester, S. 486.
3. Siehe Keynes, John Maynard, *The Economic Consequences of the Peace*. London, 1971.
4. Stresemann, *Nachlaß*, Band 226.
5. Trotz der damaligen deutschen Proteste betrugen die tatsächlichen Reparationen an Gütern, Gold und Zahlungen zwischen 1920 und 1931, als das Hoover-Moratorium inkraft trat, weniger als geschätzte 20 Milliarden Goldmark, also weniger als zehn Prozent der Summe, die in der Konferenz von Paris gefordert wurde. Beginnend mit dem Dawes-Plan 1924 bis einschließlich 1929 erhielten die deutschen Städte und die deutsche Industrie alleine von den Amerikanern beinahe den doppelten Betrag an Krediten, wobei sie später fast die gesamte Summe schuldig blieben. Man schätzt, daß der reale Wert des gesamten deutschen Steueraufkommens in diesem Zeitraum weniger als ein Viertel des britischen und etwa die Hälfte des französischen betrug. Daß die im Vertrag festgelegten Forderungen nie in vollem Umfang erhoben wurden, änderte nichts an der deutschen Haltung gegenüber diesem »Kathargo«-Frieden, den ihnen die Alliierten aufzwingen wollten und dessen Ansprüche damals einen gewaltigen Umfang zu besit-

zen schienen. Siehe Ferguson, S. 411 ff. Siehe ebenfalls *American Reparations* von Stephen Schuker.
6. Stresemann, *Reden und Schriften*, Band I, S. 329.
7. Stresemann, *Nachlaß*, Band 216. Siehe ebenso Baum, S. 92–97.
8. »Deutsche Stimmen«, 27. März 1921.
9. Hester, S. 278.
10. Turner, *Stresemann*, S. 85–86.
11. Eine ausführliche Erläuterung des Vorschlags Stresemanns gegenüber Lord Kilmarnock vom 9. Mai 1921 gibt Lord D'Abernon, Band I, S. 187–91. Eine Zusammenfassung bietet Turner, S. 88.
12. D'Abernon, Band I, S. 192.
13. Stresemann, Wolfgang, S. 203.
14. Stresemann, *Vermächtnis*, Band I, S. 20–21.
15. Stresemann, *Nachlaß*, Band 238.
16. Geßler, S. 337.
17. »Deutsche Stimmen«, 5. Juni 1921.
18. D'Abernon, Band I, S. 99 und 205.
19. Ibid., Band I, S. 205.
20. Ibid., Band I, S. 209–10.
21. Feldman, Gerald, *The Great Disorder*, S. 166.
22. Hirsch, *Lebensbild*, S. 128. Erst nach Monaten intensiver Verhandlungen trat die DVP der preußischen Koalition im Herbst 1921 bei, in der Otto Braun von der SPD den Vorsitz hatte. Der Widerstand rechtsgerichteter DVP-Abgeordneter hielt jedoch auch weiterhin an; diese träumten von einem »Rechtsblock« oder »Bürgerblock« unter Beteiligung der DNVP.
23. Stresemann, *Nachlaß*, Band 238. Brief an Ernst Posse.
24. Hirsch, *Lebensbild,* S. 133. »Katinka« Oheimb war ein engagiertes Mitglied der DVP-Fraktion und berühmt für ihre politischen Salons und ihren parlamentarischen Stil. Stresemann schätzte sie, und sie unterstützte ihn loyal. Später heiratete sie ihren Fraktionskollegen Siegfried von Kardorff.
25. Stresemann, *Nachlaß*, Band 232. Brief vom 24. Juli 1921.
26. Feldman, *The Great Disorder*, S. 161.
27. D'Abernon, Band II, S. 174.
28. Kessler, *Tagebücher*, S. 186.

Anmerkungen 483

29. In einer kritischen Eloge, die am 4. September 1921 in den *Deutschen Stimmen* veröffentlicht wurde, versuchte Stresemann Erzbergers Laufbahn in ein angemessenes Licht zu rücken, indem er gleichermaßen auf dessen Leistungen wie auf die katastrophalen Schwächen Erzbergers einging, und er schloß, »daß er es [das Reich] in vielen Fällen durch die Art seines vorher geschilderten Wesens geschädigt hat, steht wohl außer Zweifel«.
30. Stresemann, *Nachlaß*, Band 231. Aide Memoire mit Datum vom 31. August 1921.
31. *Deutsche Stimmen*, 18. September 1921.
32. Ibid., 2. Oktober 1921.
33. D'Abernon, Band I, S. 232.
34. Die beiden ausführlichsten Werke Stresemanns über Goethe, das »Weimarer Tagebuch« und »Goethe und Napoleon« sind enthalten in *Reden und Schriften*, Band II, S. 350-379.
35. Kurth, Lieselotte, *Die literarischen Interessen, Kenntnisse und Leistungen Gustav Stresemanns*, 1962. Eine Zusammenfassung findet sich im »Jahrbuch des Freien Deutschen Hochstifts. Sonderdruck« von 1975.
36. Vallentin, S. 209.
37. Stresemanns Haltung und Politik gegenüber der Sowjetunion sind bis heute umstritten. Dabei geht es besonders um die Frage, wieviel er über das geheime Wiederaufrüstungsprogramm der Deutschen in Rußland wußte, das unter der Leitung von Seeckts kurz nach dem Treffen in Rapallo aufgenommen wurde. Hat er es möglicherweise sogar unterstützt?
38. Gasiorowski, Zygmunt, »Stresemann and Poland before Locarno«, S. 26-27.
39. Stresemann, *Nachlaß*, Band 225. Brief an Präsident Ebert vom 25. Oktober 1921.
40. Eyck, Band I, S. 193.
41. D'Abernon, Band I, S. 240.
42. Severing, Band I, S. 262.
43. Stresemann, *Schriften*, S. 220-222. Brief an Pippert vom 9. November 1921.
44. Stresemann, Wolfgang, S. 207. Der vollständige Text von Stresemanns Rede in Stuttgart findet sich in Stresemann, *Schriften*, S. 222-231.

45. Stresemann, *Schriften*, S. 232. Brief vom 18. Dezember 1921 an Finanzminister Dr. Johannes Becker.

Kapitel 10: Der Vernunftrepublikaner

1. Bretton, *Stresemann and the Revision of Versailles*, S. 42 ff. beschreibt, wie Stresemann die Presse wirkungsvoll nutzte, um die öffentliche Meinung zu mobilisieren.
2. Turner, *Stresemann*, S. 97, beschreibt das Abenteuer mit der *Zeit*.
3. Stresemann, *Nachlaß*, Band 229. Brief von Raumers an Stresemann vom 14. Dezember 1921.
4. Feldman, *Hugo Stinnes*, S. 633. Zitat Arndt von Holtzendorff, Hapag-Archiv, Juni 1920.
5. Orde, Anne, *British Policy and European Reconstruction after the First World War*, S. 161–182.
6. Feldman, *The Great Disorder*, S. 429. Brief von Raumers an Stresemann vom 2. Februar 1922.
7. Stockhausen, Max von, *Sechs Jahre Reichskanzlei*, S. 21–22.
8. *Kabinette Wirth*, Band I, S. 566.
9. Craig, Gordon/Gilbert, Felix, *The Diplomats*, S. 56.
10. Eyck, Band I, S. 199. Siehe ebenfalls Orde, S. 183–186.
11. D'Abernon, Band I, S. 199–200.
12. Chernow, *Warburg*, S. 227.
13. Radbruch, Gustav, *Der innere Weg. Aufriß meines Lebens*, S. 159.
14. Craig/Gilbert, *The Diplomats*, S. 161–163.
15. Stresemann, Wolfgang, S. 211.
16. Kessler, *Tagebücher*, S. 560.
17. Turner, *Stresemann*, S. 96.
18. Feldman, *The Great Disorder*, S. 432.
19. Zitiert in Baum, Gerhart, *Auf und Ab der Liberalen 1848 bis heute*, S. 109.
20. Kessler, *Tagebücher*, S. 288.
21. Feldman, *The Great Disorder*, S. 249.
22. Rabenau, *Seeckt*, S. 249.
23. D'Abernon, Band II, S. 58.

Anmerkungen 485

24. Stresemann, *Schriften*, S. 57–61.
25. Stresemann, *Nachlaß*, Band 243.
26. Feldman, *The Great Disorder*, S. 438.
27. Orde, S. 206.
28. Feldman, *The Great Disorder*, S. 442.
29. Stresemann, *Nachlaß*, Band 243. Brief an Amtsgerichtsrat Schön vom 10. Mai 1922, in dem die Vereinbarung von Rapallo verteidigt wird, denn sie sei entscheidend, um eine eigenständige Annäherung Rußlands an den Westen zu verhindern.
30. Unter dem Titel *Stresemann and the Rearmament of Germany* hat Hans Gatzke 1954 eine gut dokumentierte Untersuchung veröffentlicht, in der Stresemanns komplexes Verhältnis zu Rußland dargestellt wird. Nach seiner Ernennung zum Kanzler und Außenminister sollte er mit von Seeckts geheimem Wiederaufrüstungsprogramm und mit den fortwährenden sowjetischen Bemühungen zur Organisation einer kommunistischen Revolution in Deutschland konfrontiert werden. Diese vieldeutige Situation machte seine späteren Verhandlungen mit Frankreich in Locarno so kompliziert und verschlechterte zusätzlich sein bereits sehr belastetes Verhältnis zu General von Seeckt. Gatzke wurde zur führenden Autorität, was diesen Aspekt der politischen Entwicklung nach Rapallo betrifft, und hat später eine Reihe von Untersuchungen publiziert, die allgemein als maßgeblich anerkannt wurden. In *Gustav Stresemann. Eine politische Biographie zur Geschichte der Weimarer Republik* und in »Gustav Stresemann. Legende und Wirklichkeit« hat sich Annelise Thimme später erneut eingehend mit Stresemanns militärischem »Engagement« in Rußland beschäftigt. Das deutsch-russische Verhältnis behandelt außerdem F. L. Carsten, *Reichswehr und Politik*.
31. Eyck, Band I, S. 212.
32. Stresemann, *Vermächtnis*, Band I, S. 340. Aufgrund der knappen Währungsreserven widersetzte sich Helfferich den Reparationszahlungen. Die ganze Welt, so Helfferich, sei mit einer goldenen Kette gefesselt. Das eine Ende sei um den Hals des deutschen Volks geschlungen, das andere läge in den Händen der Amerikaner. Diese Kette müsse gelockert werden und

Deutschland wieder gesunden. Anfang 1923/24 hatte Helfferich in der Tat eine Währungsreform vorgeschlagen, die dem erfolgreichen Rentenmarkprogramm ähnelte, das später Luther und Stresemann einführen sollten.
33. Stinnes' Programm, durch direkte Verhandlungen und Lieferungen der Industrie einen Teil der Reparationslasten zu »privatisieren«, sollte später Bestandteil der sog. Stinnes-Lubersac-Vereinbarung werden. Dadurch wurde Stinnes, der Erzgegner der Erfüllungspolitik, zu ihrem Befürworter. Der Grund war allerdings, daß er dadurch versuchte, sich am nationalen Elend zu bereichern, wie ein damaliger Beobachter meinte.
34. Eyck, Band I, S. 213. Siehe auch Williamson, John G., *Karl Helffenich, 1872–1924. Economist, Financier, Politiciar*, S. 372.
35. Kessler, *Tagebücher*, S. 322–323.
36. Eyck, Band I, S. 217.
37. Stresemann, *Reden und Schriften*, S. 7–22.
38. Turner, *Stresemann and Politics of Weimar Republic*, S. 99. Wenn Stresemann über die Wiedererrichtung der Monarchie sprach, hatte er durchgängig eine konstitutionelle Monarchie nach dem Muster von Badens vom Oktober 1918 im Sinn. In dieser Hinsicht unterschied er sich eindeutig von den Nationalisten auf der Rechten, die eine absolute Monarchie oder sogar eine Diktatur anstrebten.
39. Stresemann, *Nachlaß*, Band 247. Brief vom 3. Juli 1922 an Regierungspräsident Dr. von Campe.
40. Ibid., Band 248. Brief vom 10. Juli 1922 an Landgerichtspräsident Becker.
41. Feldman, *Hugo Stinnes*, S. 768.
42. Kessler, *Tagebücher*, S. 327–28.
43. Stresemann, Wolfgang, S. 214.
44. Stresemann, *Nachlaß*, Band 248. Brief vom 21. Juli 1922 an Frau Margarete Schrott-Matern.
45. Brecht, Arnold, *Aus nächster Nähe. Lebenserinnerungen 1884–1927*, S. 399–400. Brecht arbeitete von 1918 bis 1923 im Sekretariat der Reichskanzlei und danach im Innenministerium. Er war überzeugter Republikaner und mit Stresemann

befreundet. 1933 emigrierte er in die USA und arbeitete als Professor für Politikwissenschaften an der New School of New York.
46. Stresemann, *Nachlaß*, Band 250.
47. Eine kluge Analyse der politischen Entwicklung Stresemanns in den Jahren 1920-1923 bietet Henry Turner, *Stresemann and the Politics of the Weimar Republic*, S. 68-113.
48. Zitiert von Hans Gatzke in »Stresemann und Litwin«, in *Vierteljahreshefte für Zeitgeschichte*, Sonderdruck, Januar 1957. Man beachte, daß Gatzke und Annelise Thimme auch weiterhin Stresemanns vermeintlicher Bekehrung skeptisch gegenüberstanden.
49. Turner, *Stresemann*, S. 113.
50. Stresemann, *Nachlaß*, Band 29. Brief von Stresemann an den Kronprinzen von 7. September 1925. Hans Gatzke äußert sich in *Stresemann and the Rearmament of Germany* ausführlich und kritisch über die offenkundige Doppelzüngigkeit, die hier sichtbar wird.

Kapitel 11: Zuschauer beim Zusammenbruch

1. Der Wert ausstehender Wechsel stieg um mehr als das Sechsfache von etwa einer Milliarde Mark im Jahr 1921 auf sieben Milliarden Mark am 23. Juli 1922. Siehe Feldman, *The Great Disorder*, S. 451.
2. Ibid., S. 464 ff.
3. Hester, S. 330.
4. Ibid., S. 321.
5. Ibid., S. 357-358.
6. Hirsch, *Lebensbild*, S. 138.
7. Kessler, *Tagebücher*, S. 344.
8. Stresemann, *Nachlaß*, Band 253. In einem Brief an Dingeldey vom 4. Dezember 1922 sprach Stresemann über seine geschwundene Hoffnung, ein Kabinett unter der Führung der DVP zusammenzustellen, und erklärte, Cuno sei damals bereit gewesen, den Posten des Wirtschaftsministers zu übernehmen.
9. Stresemann, *Vermächtnis*, Band I, S. 22-23.

10. Geßler, S. 380.
11. D'Abernon, Band II, S. 161.
12. Kessler, *Tagebücher*, S. 346.
13. Turner, *Stresemann*, S. 103. Die deutsche Rechte war besonders vom erfolgreichen Staatsstreich Mussolinis vom Oktober 1922 beeinflußt.
14. Stresemann, *Reden und Schriften*, Band II, S. 23–43. Reichstagsrede vom 25. November 1922.
15. Baum, S. 111.
16. General Foch hatte die Pläne für die Mobilmachung der französischen Armee, die auf eine Besetzung der Ruhr im Oktober 1922 abzielten, bereits fertiggestellt.
17. Stresemann, Reichstagsrede vom 13. Januar 1923.
18. Stresemann, *Vermächtnis*, Band I, S. 42–44.
19. Stresemann, *Nachlaß*, Band 258.
20. Ibid., Band 260. Brief Stresemanns an von Raumer vom 23. Juli 1923.
21. Feldman, *The Great Disorder*, S. 693. Rede von Dr. Rudolf Hilferding am 11. Juli 1923.
22. Carsten, *Britain and the Weimar Republic*, S. 132–133.
23. Stresemann, *Nachlaß*, Band 260.
24. Reichstagsrede vom 9. August 1923, zitiert bei Turner, S. 108.
25. Stresemann, *Vermächtnis*, Band I, S. 78.
26. Stockhausen, S. 72.
27. Ibid., S. 72.

Kapitel 12: Reichskanzler Stresemann

1. Gessler, S. 250.
2. Stresemann, *Nachlaß*, Band 260. Brief vom 3. August 1923 an Dr. Leidig.
3. Ibid. Brief vom 1. August 1923 an Dr. Walther Jänicke.
4. »Deutsche Stimmen« vom 5. August 1923, »Politische Umschau«.
5. Stresemann, Wolfgang, S. 226.
6. Stresemann, *Vermächtnis*, Band I, S. 88.
7. Gessler, S. 387.

Anmerkungen 489

8. Radbruch, S. 268.
9. Luther, Hans, *Politiker ohne Partei*, S. 110.
10. Hirsch, *Lebensbild*, S. 145.
11. Ibid., S. 146.
   Siehe ebenfalls: *Akten der Reichskanzlei – Kabinette Stresemann*, Band I, XXVIII, und Otto Braun, *Von Weimar bis Hitler*, S. 52.
12. *Akten der Reichskanzlei – Kabinette Stresemann*, Band I, XXIII.
13. Die beste Darstellung des Kabinetts Stresemann findet sich in der Einleitung zu: *Akten der Reichskanzlei – Kabinette Stresemann*, Band I, XXVII–XXX.
14. Doss, Kurt, *The History of the German Foreign Office*, S. 240.
15. Rheinbaben, Werner von, *Viermal Deutschland*, S. 191.
16. Hirsch, *Lebensbild*, S. 149.
17. Ibid., S. 91.
18. Stresemann, *Nachlaß*, Band 317, enthält die genaue Stimmenauszählung der in der Reichstagssitzung am 14. August 1923 anwesenden Abgeordneten.
19. D'Abernon, Band II, S. 270–277.
20. Radbruch, S. 268.
21. *Kabinette Stresemann*, Einleitung, XXVII.
22. In einer Note vom 11. August hatte Curzon seine Ablehnung der Ruhrbesetzung durch die Franzosen eindeutig zum Ausdruck gebracht; ebenso deutlich betonte er aber, wie wichtig es war, die Allianz aufrechtzuerhalten.
23. Eyck, Band I, S. 257.
24. Feldman, *The Great Disorder*, S. 5.
25. Remarque, Erich Maria, *Der Schwarze Obelisk*, S. 45–46. Eine Novelle, die diese katastrophale Periode deutscher Geschichte eindringlich beschreibt, ist *Die unsichtbare Sammlung* von Stefan Zweig.
26. Schacht, Hjalmar, *76 Jahre meines Lebens*, S. 206.
27. Eine aufschlußreiche Analyse der nachhaltigen Folgen der deutschen Inflation bieten die Artikel von Michael Hughes, »Economic Interest, Social Attitudes and Credit Ideology« und Thomas Childers, »Inflation, Stabilization and Political Realignment in Germany 1924 to 1928«, beide in: Gerald Feldman (Edit.), *Die deutsche Inflation*, S. 385–431.

28. Chernow, S. 232.
29. Feldman, *The Great Disorder*, S. 697. Brief vom 11. August 1923 von Hugenberg an Stinnes.
30. Rheinbaben, Werner von, S. 184–186.
31. Bredt, S. 223.
32. Remarque, S. 112.
33. Luther, S. 120.
34. Severing, Band II, S. 219.
35. D'Abernon, Band II, S. 276.
36. Wolfgang Stresemann, S. 222–223.
37. Stresemann, *Vermächtnis*, Band I, S. 94.
38. Die wichtigsten Quellen zu den Ereignissen, die zum Zusammenbruch des ersten Kabinetts Stresemann am 3. Oktober 1923 führten, finden sich in *Vermächtnis*, Band I, S. 87–144 und *Die Kabinette Stresemann*, Band I, S. 13. August bis 6. Oktober 1923.
39. Stresemann, *Vermächtnis*, Band I, S. 107.
40. Stresemann, Wolfgang, S. 225.
41. Stresemann, *Vermächtnis*, Band I, S. 129.
42. Ibid., S. 135.
43. D'Abernon, Band II, S. 300.
44. Stresemann, *Vermächtnis*, Band I, S. 136.
45. Feldman, *The Great Disorder*, S. 709.
46. Ibid., S. 711.
47. Ibid., S. 733.
48. Diese Darstellung der entscheidenden Sitzungen der Partei, des Kabinetts und des Reichstags zwischen dem 2. und 13. Oktober 1923, die zur Neubildung der Regierung und der Verabschiedung des Ermächtigungsgesetzes sowie zur Entscheidung über die Währungsreform führten, basiert auf Material aus folgenden Quellen: Stresemann, *Vermächtnis*, Band I, und *Die Kabinette Stresemann*, Band I. Darüber hinaus wurden zu Rate gezogen: Luther, S. 118–123; sowie Feldmann, *The Great Disorder*, S. 736–753.
49. Hirsch, *Lebensbild*, S. 155.
50. Die Rentenmark sollte im gleichen Verhältnis zum Dollar stehen wie die Goldmark vor dem Krieg, also 4,2 : 1. Die aufgegebene Papiermark verfiel rasch bis zur völligen Wertlosigkeit.

Anmerkungen   491

51. Schacht, *76 Jahre meines Lebens*, S. 225.
52. Luther, S. 123.
53. Geßler, S. 250.

Kapitel 13: Das Reich am Abgrund

1. Gay, Peter, *Weimar Culture. The Outsider as Insider*, S. 9. Unter vielen ähnlichen Beispielen ist Gays klare Darstellung der Weimarer Kultur möglicherweise die umfassendste. Andere Quellen sind: *Weimar Chronicle* von Alex de Jonge, *A Dance Between the Flames* von Anton Gill, *Weimar Studies* von Henry Practer und *Die Weimarer Jahre* von John Willett.
2. Ibid., S. 111–115.
3. Stresemann, *Nachlaß*, Band 316. Brief an Fräulein Inge Brass vom 17. März 1922.
4. Ibid., Brief an Hans Elster vom 5. Dezember 1922.
5. Stresemann, *Nachlaß*, Band 309.
6. Grosz, George, *Ein kleines Ja und ein großes Nein. Sein Leben von ihm selbst erzählt*, S. 143.
7. Hanser, Richard, *Putsch*, S. 237.
8. Ibid., S. 262.
9. Ibid., S. 271.
10. McDougall, Walter, *France's Rhineland Diplomacy*, S. 293. McDougall bietet eine erhellende Darstellung der oft widersprüchlichen Ziele, die typisch für Poincarés Politik im Rheinland und an der Ruhr waren und die Deutschland in so große Bedrängnis brachten, während sie die Alliierten verwirrten und verärgerten.
11. Stresemann, *Vermächtnis*, Band I, S. 162. Die MICUM war das offizielle Instrument der Alliierten zur Regelung der Kohle- und Stahlproduktion in den besetzten Gebieten; zu allen deutschen Industriellen vor Ort, die der MICUM gegenüber verantwortlich waren, bestanden enge, wenn auch angespannte Beziehungen.
12. Eyck, Band I, S. 279–280. Die MICUM-Vereinbarung vom 23. November 1923 blieb mit einigen Änderungen bis zum Inkrafttreten des Dawes-Planes im Dezember 1924 gültig. Sie

lieferte einen bedeutenden Beitrag zur wirtschaftlichen Erholung an der Ruhr und trug dadurch zur Stützung der neuen Währung bei, die nur wenige Tage zuvor eingeführt worden war.
13. Hester, S. 300.
14. Eyck, Band I, S. 278.
15. Epstein, Klaus, »Adenauer and the Rhenish Separatism«, in »Review of Politics«, 29:4 (1967), S. 541. Siehe ebenfalls: Erdmann, Karl Dietrich, »Stresemann und Adenauer – zwei Wege deutscher Politik«, in *Vom Sinn der Geschichte*, S. 228–244.
16. Turner, S. 222. Siehe ebenfalls Köhler, Henning, *Adenauer und die rheinische Republik*.
17. McDougall, S. 258–261.
18. Ibid., S. 43.
19. Stresemann, *Vermächtnis*, Band I, S. 163. Brief an Stinnes vom 12. Oktober 1923.
20. *Akten der Reichskanzlei – Kabinette Stresemann*, Band II, Mitschrift vom 24. Oktober 1923.
21. Stresemann, *Vermächtnis*, Band I, S. 182.
22. Siehe *Akten der Reichskanzlei – Kabinette Stresemann*, Band II, S. 761–831, die das Treffen in Hagen vom 25. Oktober 1923 ausführlich darstellen. Einige Tage später notierte einer der Teilnehmer in seinem Tagebuch, er habe erwartet »eine Charade zu hören. Wie freudig überrascht war ich, als der Reichskanzler seine Ausführungen mit der nachdrücklichen Erklärung eröffnete, daß niemand in diesem Saale in Gegenwart des deutschen Reichskanzlers eine Trennung der besetzten Gebiete von Deutschland vorzuschlagen wagen dürfe. Damit war die Klärung gegeben, um die ich gebangt hatte.«
23. Stresemann, *Schriften*, S. 287–295. Rede in Hagen am 25. Oktober 1923.
24. Wright, Jonathan, *Gustav Stresemann*, S. 238–239.
25. Radbruch, S. 269.
26. Gordon, Harold, »Die Reichswehr und Sachsen«, in *Wissenschaftliche Rundschau*, Dezember 1961, S. 681. In einem Brief vom 15. September 1923 äußerte von Seeckt gegenüber seiner Frau in dieser Angelegenheit größten Widerwillen: »Ich bin mehr als je in der Politik, wirklich nicht zu meiner Freude.«

Anmerkungen 493

27. Ibid., S. 681.
28. *Akten der Reichskanzlei – Kabinette Stresemann*, Band II, S. 854–856.
29. Stresemann, *Vermächtnis*, Band I, S. 187–189.
30. Gordon, S. 687.
31. Stresemann, *Vermächtnis*, Band I, S. 192.
32. D'Abernon, Band II, S. 321.
33. Craig, *Deutsche Geschichte*, S. 404.
34. Ibid. Siehe ebenfalls Turner, *Stresemann*, S. 130.
35. Wheeler-Bennett, *The Nemesis of Power*, S. 184.
36. Carsten, *Reichswehr und Politik*, S. 184.
37. Ibid., S. 185. Ein anderer teilnehmender Offizier überliefert in seinem Tagebuch eine unverblümtere Variante: »Die Reichswehr steht hinter Ihnen, wenn der deutsche Kanzler deutsche Wege geht.«
38. Geßler, S. 299, und Carsten, S. 190–191, beschreiben detailliert die Gespräche zwischen Ebert, Seeckt, Stresemann und Geßler am 5. November 1923.
39. Carsten, *Reichswehr und Politik*, S. 197.
40. Ibid., S. 201.
41. Craig, *Deutsche Geschichte*, S. 405.
42. In großen Ausmaß haben sich seriöse und nicht ganz so seriöse Bücher und Artikel mit dem auf so absurde Weise gescheiterten Hitlerputsch beschäftigt. Zu ersteren gehören *Hitler* von Joachim Fest und *The Beer Hall Putsch* von Harold Gordon; diese beiden Darstellungen sind am ausführlichsten. Eine unterhaltsame Beschreibung liefert *Putsch* von Richard Hanser.
43. Stresemann, *Vermächtnis*, Band I, S. 196. Siehe ebenfalls Turner, S. 134–153, der die Ereignisse in Berlin vom 4. November bis zum endgültigen Scheitern des Kabinetts Stresemann am 23. November 1923 detailliert darstellt.
44. Stresemann, *Vermächtnis*, Band I, S. 198–199.
45. Turner, *Stresemann*, S. 141.
46. Stresemann, *Schriften*, S. 297–301.
47. Stresemann, Wolfgang, S. 277–278.
48. Laut Verfassung konnte ein Drittel der Reichstagsdelegierten bei einer größeren Kabinettsumbildung vom Präsidenten ein

neues Zusammentreten des Reichstages verlangen. Dies geschah tatsächlich, als am 16. November der Ältestenrat des Reichstags eine neue Reichstagssitzung für den 20. November ansetzte.
49. *Akten der Reichskanzlei – Kabinette Stresemann*, Band II, S. 1031–1038.
50. Ibid., S. 1059.
51. D'Abernon, Band II, 316. Trotz des Widerstands, der Unentschlossenheit und der Intrigen von Seeckts blieb Stresemanns Haltung gegenüber diesem Mann merkwürdig neutral.
52. Stresemann, *Vermächtnis*, Band I, S. 226–232.
53. Erdmann, Karl Dietrich, Einführung zu *Akten der Reichskanzlei – Die Kabinette Stresemann*, Band I, LXX–LXXVII.
54. Stresemann, Reichstagsrede am Abend des 22. November 1923. (In Stenog. Ber. Bd. 163, S. 12180–12196.)
55. Laut Lord D'Abernon war das Verhältnis zwischen von Seeckt und Lossow durch ihre unterschiedliche Einstellung schon seit langer Zeit angespannt. D'Abernon schreibt: »Von Seeckt ist Vertreter der fortschrittlichen Elemente des Heeres, von Lossow der Exponent der alten Schule.« (Siehe D'Abernon, Band II, 310.) Offensichtlich stellte die Insubordination der Bayern für die Mehrheit der Reichswehr einen gravierenden Verstoß gegen die Disziplin dar. Doch selbst unter diesen Umständen darf man bezweifeln, daß man – in von Seeckts Worten – der Reichswehr mit Erfolg hätte befehlen können, auf Reichswehr zu schießen.
56. Stresemann, *Vermächtnis*, Band I, S. 245.

Kapitel 14: Der Weg aus der Sackgasse

1. D'Abernon, Band II, S. 320.
2. Stresemann, *Vermächtnis*, Band I, S. 245.
3. Stresemann, Wolfgang, S. 287.
4. Gessler, S. 329.
5. Stresemann, Wolfgang, S. 288–291.
6. Braun, Otto, *Von Weimar zu Hitler*, S. 139.

Anmerkungen 495

7. Siehe Bretton, S. 38–42. Krüger, Peter, *Die Außenpolitik der Republik von Weimar*, S. 214 ff.
8. D'Abernon, Band II, S. 326.
9. Geßler, S. 388–398.
10. D'Abernon, Band III, S. 38.
11. Link, Werner, *Die amerikanische Stabilisierungspolitik in Deutschland 1921–1932*, S. 56. Persönlicher Brief von Unterstaatssekretär Norman Davis an Außenminister Hughes. Auch den Deutschen war die außerordentliche Bedeutung der Vereinigten Staaten bewußt, was in einem Memorandum des Reichswirtschaftsministeriums vom 20. August 1919 zum Ausdruck kommt, das ebenfalls bei Link, S. 75, zitiert wird: »Deutschland müsse sich an die Vereinigten Staaten anlehnen, da es für seine Zukunft von großem Nutzen sein werde, wenn es ... unter dem Schutz des amerikanischen Kapitals stünde.«
12. Hester, S. 400. Memorandum von Wiedfeldt an Präsident Ebert.
13. Stresemann, *Nachlaß*, Band 5.
14. Link, S. 199. Siehe ebenfalls Rupieper, Hermann-Joseph, *Politics and Economics: The Cuno Gouverments, 1922–1923*, S. 240–260.
15. Stresemann, *Nachlaß*, Band 5. Artikel in der *Zeit* vom 8. Dezember 1923.
16. D'Abernon, Band II, S. 333.
17. Baum, S. 155. Bericht von Botschafter Sthamer an das Auswärtige Amt vom 6. Januar 1924, voller Begeisterung über die britische Unterstützung einer deutschen Golddiskontbank und eine in Aussicht gestellte britische Anleihe.
18. McNeil, *American Money and the Weimar Republic*, S. 29.
19. Hester, S. 429 ff. Siehe ebenfalls Orde, S. 245 ff.
20. Turner, *Stresemann*, S. 155. Siehe auch Stresemann, *Nachlaß*, Band 267. Dort findet sich die bittere Kritik Stresemanns an Quaatz nach dessen unaufhörlichen persönlichen Angriffen, die dieser »ohne Rücksicht auf die Meinung der Fraktion« immer wieder äußerte, wobei er »den Kanzler und den Führer der Partei auf eigene Faust zu stürzen [versucht], wenn er seinem Willen nicht gefügig ist.«
21. Stresemann, *Vermächtnis*, Band I, S. 300. Der oft zitierte Aus-

druck »Silberstreifen« wurde offensichtlich erstmals von Carl Bergmann geprägt, der die deutsche Regierung gegenüber dem Dawes-Komitee vertrat. Er beschreibt jedoch auch Stresemanns Hoffnungen und Erwartungen zu jener Zeit.
22. Stockhausen, S. 107. Stockhausens Darstellung der Jahre 1922 bis 1927 geht zurück auf seine Position als Regierungsrat und Protokollführer bei Kabinettssitzungen und ab 1924 als persönlicher Referent des Reichskanzlers.
23. Ibid., S. 116.
24. Turner, *Stresemann*, S. 157–161 bringt eine Beschreibung der Ereignisse, die zur Bildung der Nationalliberalen Vereinigung führten, sowie später zu deren Ende. Siehe auch Michael Stürmers Analyse der destruktiven Kräfte innerhalb der Partei aufgrund der festgefahrenen ideologischen Gegensätze in *Koalition und Opposition in der Weimarer Republik 1924–1928*, S. 36–49.
25. Der Text von Stresemanns Rede in Hannover findet sich in *Vermächtnis*, Band I, S. 372 ff.
26. D'Abernon, Band III, S. 71. Hitler wurde zu fünf Jahren recht komfortabler Haft in Landsberg verurteilt, wo er einen großen Teil von *Mein Kampf* schrieb; Ludendorff wurde freigesprochen und im Dezember 1924 als Abgeordneter der DNVP in den Reichstag gewählt.
27. Stresemann, *Reden und Schriften*, Band 2, S. 193–198. Artikel in der *Zeit* vom 4. April 1924.
28. Turner, *Stresemann*, S. 161. Der *Nachlaß* Stresemanns enthält zahlreiche Beispiele für das hinterhältige Verhalten von Stinnes.
29. Feldman, *Hugo Stinnes*, S. 845.
30. Stockhausen, S. 115.
31. Williamson, S. 395.
32. Stresemann, *Vermächtnis*, Band I, S. 377–378. Interview mit der *New York Times* vom 4. April 1924.
33. Ibid., S. 381–384.
34. Ibid., S. 396–398. Wahlkampfrede in Magdeburg vom 29. April 1924.
35. Turner, *Stresemann*, S. 165–166; sowie Craig, S. 436–447.
36. D'Abernon, Band III, S. 82.

Anmerkungen 497

37. Gessler, S. 388.
38. Turner, *Stresemann*, S. 167. In diesem Zusammenhang steht auch ein an Stresemann gerichteter Brief vom 13. Mai 1924, in dem er ermutigt wird, einen »Block der Mitte« zu bilden. Siehe ebenfalls *Nachlaß*, Band 90.
39. Stresemann, *Vermächtnis*, Band I, S. 409–410.
40. D'Abernon, Band III, S. 86.
41. Stresemann, Wolfgang, S. 302.
42. Stürmer, S. 38–49. Die SPD gehörte eindeutig zu den Befürwortern des Dawes-Plans, doch sie war nicht gewillt, den Preis dafür zu bezahlen, der in einer deflationären Haushaltspolitik bestand.
43. D'Abernon, Band III, S. 84.
44. Stockhausen, S. 118.
45. Ibid.
46. Stresemann, Wolfgang, S. 309–310.
47. Ibid.
48. D'Abernon, Band III, S. 103.
49. Stresemann, Wolfgang, S. 316.
50. Stresemann, *Nachlaß*, Band 268. Memorandum vom 27. September 1924.
51. Stresemann hätte höchstwahrscheinlich eine Wahl als Referendum zum Dawes-Plans bevorzugt; er glaubte, daß er siegreich daraus hervorgehen würde, wodurch es zu einer Neuordnung der politischen Landschaft Deutschlands gekommen wäre.
52. Turner, *Stresemann*, S. 172–174, beschreibt die Ereignisse, die schließlich zur Annahme des Dawes-Plans durch den Reichstag führten. Siehe ebenfalls *Vermächtnis*, Band I, S. 561. Dort findet sich der Text des Telegramms Stresemanns, in dem von Maltzan gedrängt wird, der DNVP zu versichern, daß eine öffentliche Zurücknahme der Kriegsschuldklausel erreicht werden würde. Offiziell kam es jedoch nie dazu.
53. Stresemann, *Nachlaß*, Band 15.
54. Sternburg, Wilhelm, *Gustav Stresemann*, S. 25.
55. McNeil, S. 282 (Anhang). In den vier Jahren von 1925 bis 1928 stiegen die öffentlichen und privaten ausländischen Kredite auf über 4,5 Milliarden Reichsmark; dagegen erscheinen die 800 Millionen Reichsmark der ursprünglichen Dawes-Anlei-

he geradezu lächerlich klein. Weder Parker Gilbert, der Reparationsagent, noch die Deutschen selbst waren in der Lage, diesen entfesselten Zustrom ausländischen Kapitals wirksam zu kontrollieren. Dies führte 1932 zum vollständigen Zahlungsausfall sowohl der Anleihen wie auch der Reparationen.
56. Turner, *Stresemann*, S. 176 –180.
57. Stresemann, Wolfgang, S. 321–322.
58. Stresemann, *Nachlaß*, Band 15.
59. Ibid., Band 91. Notizen für die Rede vor dem Parteitag am 11. November 1924.
60. Childers, S. 422. Nach einem Bericht in der *Neuen Täglichen Rundschau* vom 1. Dezember 1924.
61. Stresemann, *Nachlaß*, Band 92. In einem Brief vom 20. Dezember an Schowalter versuchte Stresemann, die Gründe für den ausgebliebenen Stimmenzuwachs für die DVP zu analysieren und meinte niedergeschlagen: »Es ist bedauerlich, daß der Begriff des Liberalismus ebenso wie der der sozialen Idee im Bürgertum so sehr zurücktritt ... Ich glaube trotzdem, daß ich in den Jahren, die hinter uns liegen, meine parteigeschichtliche Aufgabe richtig erfaßt habe.«
62. Aktennotiz über eine Ministerbesprechung am 19. Dezember 1924 im Hause des Reichsarbeitsministers Dr. Braun.

Kapitel 15: Locarno

1. D'Abernon, Band III, S. 151–52; III, S. 244.
2. Gessler, S. 382–383. Geßler bemerkt überdies, daß er am Ende das einzige Kabinettsmitglied war, dessen Beziehung zu Luther ohne Konflikte blieb.
3. Eyck, Band I, S. 322.
4. Luther, S. 323.
5. Bretton, S. 88–89.
6. D'Abernon, Band III, S. 145. Laut Lord D'Abernon wurde der Pakt als gemeinsames Erzeugnis betrachtet und aus Sicherheitsgründen als »das Kind« bezeichnet.
7. Turner, S. 188.
8. Stresemann, *Vermächtnis*, Band II, S. 73–81.

Anmerkungen 499

9. Stresemann, *Nachlaß*, Band 277. Am 17. März führten Stresemann und Luther mit Martin Schiele, dem Fraktionsvorsitzenden der DNVP, ein ausführliches Gespräch über alle Fragen, die den vorgeschlagenen Pakt betrafen, so auch über die Themen Völkerbund, Elsaß-Lothringen und die Ostgrenze. Schiele, der den Widerstand innerhalb seiner Partei erkannte, drängte darauf, die Abstimmung im Reichstag zu verschieben.
10. Stresemann, *Nachlaß*, Band 22.
11. Stresemann, *Vermächtnis*, Band II, S. 37–41.
12. Turner, S. 192 ff. Friedrich von Loebell war der Vorsitzende des Reichsbürgerrates, einer konservativen politischen Interessensgruppe.
13. Stresemann, *Vermächtnis*, Band II, S. 44–46. In einem Brief an Gessler vom 11. März 1925 machte Stresemann unmißverständlich klar, daß »eine Kandidatur des Reichswehrministers außenpolitisch nicht ohne Bedenken sei«. Denn: »Man habe in Frankreich die Vorstellung, daß der Chef der Heeresleitung der eigentliche Diktator in Deutschland sei ... und daß der Reichswehrminister vollkommen mit ihm konform sei.«
14. Ibid.
15. Ibid. Kommentar in den *Leipziger Neuesten Nachrichten*.
16. Stresemann, *Nachlaß*, Band 23. Brief vom 15. April von Jarres an Stresemann.
17. Stresemann, *Nachlaß*, Band 272. Memorandum vom 15. April 1925, das die Bedenken von Hoesch und von Maltzan hinsichtlich der Reaktionen der Franzosen und Amerikaner im einzelnen aufführt und die Hoffnung zum Ausdruck bringt, daß Marx und Hindenburg ihre Kandidatur »zugunsten eines bürgerlichen Kandidaten« zurückziehen werden.
18. Kessler, *Tagebücher*, S. 435–436.
19. Ibid., S. 436. Siehe ebenfalls Turner, S. 190–200.
20. Eyck, Band I, S. 336.
21. Stresemann, *Nachlaß*, Band 276. Brief an Botschafter Houghton vom 4. Juni 1925.
22. Stresemann, *Nachlaß*, Band 272. Treffen mit Hindenburg am 19. Mai und am 9. Juni.
23. Gessler, S. 349.

24. Stresemann, *Vermächtnis*, Band II, S. 59.
25. Eyck, Band II, S. 6–8.
26. Stresemann, *Vermächtnis*, Band II, S. 103–106.
27. Ibid., S. 109.
28. Stresemann, *Vermächtnis*, Band II, S. 126–143. Tatsächlich gesteht Luther in seinen Memoiren ein, über Stresemanns Demarche vom 19. Januar voll informiert gewesen zu sein. (Luther, S. 356 ff.)
29. Stresemann, *Vermächtnis*, Band II, S. 155.
30. Stresemann, Wolfgang, S. 353.
31. Stresemann, *Vermächtnis*, Band II, S. 156–161.
32. Turner, S. 209.
33. Stresemann, Wolfgang, S. 362. Brief vom 22. Juli an Frau Stresemann.
34. D'Abernon, Band III, S. 206.
35. Stresemann, *Vermächtnis*, Band II, S. 170–175. Siehe ebenfalls Turner, *Stresemann*, S. 210. In einem kritischen Artikel im *Hamburger Fremdenblatt* vom 14. September 1925 drängte er darauf, »die französische Politik zu bekämpfen ... Deutschlands Integrität ... und Gleichberechtigung sicherzustellen ... Das Ziel deutscher Außenpolitik muß weiter sein das Hinstreben auf die Revision der Ostgrenze ... und wieder Kolonialbesitz zu erhalten«.
36. Stresemann, Wolfgang, S. 364.
37. Stresemann, *Vermächtnis*, Band II, S. 180. Siehe auch Luther, S. 365.
38. Luther, S. 378 ff.
39. Turner, *Stresemann*. S. 212. Siehe ebenfalls *Vermächtnis*, Band II, S. 203–204.
40. Stresemann, *Vermächtnis*, Band II, S. 194.
41. Turner, *Stresemann*, S. 213.
42. Hirsch, *Lebensbild*, S. 210.
43. Baumgart, Constanze, *Stresemann und England*, S. 209.
44. Ibid., S. 212.
45. Stresemann, *Nachlaß*, Band 272. Tagebucheintrag vom 27. Oktober 1925.
46. Luther, S. 386.
47. *Vermächtnis*, Band II, S. 227 ff. und 269 ff.

Anmerkungen

48. D'Abernon, Band III, S. 244.
49. Stresemann, *Vermächtnis*, Band II, S. 248.
50. D'Abernon, Band III, S. 29.
51. Baumgart, S. 310.
52. Baum, S. 220 ff.
53. Baumgart, S. 226.
54. Eyck, Band II, S. 57–59.
55. Stresemann, *Vermächtnis*, Band II, S. 258. Rede im Rundfunk vom 1. Mai 1926.
56. Baum, S. 248–250.
57. Gessler, S. 418.
58. Turner, *Stresemann*, S. 222. Die Beziehungen innerhalb der SPD wurden noch komplizierter, als sich die Sozialdemokraten im Frühjahr 1926 der Forderung der KPD nach einem Volksentscheid über die Enteignung von Immobilien anschlossen, die sich zuvor im Besitz der Krone befunden hatten.
59. Stresemann, *Vermächtnis*, Band II, S. 299–300.
60. Hirsch, *Lebensbild*, S. 193.
61. Stresemann, *Nachlaß*, Band 95, Brief an Jarres vom 7. Juli 1926.
62. Theodor Heuss erwähnt in seinen *Erinnerungen* die »historische Rivalität« der beiden Männer und kritisiert, daß Stresemann Luther bei der Reichstagsabstimmung nicht unterstützte, was zum Scheitern von dessen Kabinett führte.
63. Luther, S. 359.
64. D'Abernon, Band III, S. 265.
65. Hirsch, *Lebensbild*, S. 202.
66. D'Abernon, Band III, S. 304.
67. Stresemann, *Vermächtnis*, Band II, S. 591–595.
68. Hirsch, *Lebensbild*, S. 224.
69. Baum, S. 252.
70. Das Gespräch zwischen Stresemann und Briand in Thoiry fand beträchtliche Aufmerksamkeit. Alle Quellen scheinen in den wesentlichen Einzelheiten übereinzustimmen. Siehe Stresemann, *Vermächtnis*, Band III, S. 15–24; Baumgart S. 252; Jacobson, S. 84–90; und Berg, S. 287–291.
71. Baum, S. 253–257. Am 6. Oktober 1926 wurde Stresemann eine Note übergeben, die Chamberlain an seinen Botschafter

Lord D'Abernon gerichtet hatte und in der die britischen Vorbehalte gegen die Gespräche in Thoiry betont wurden. »Sir Austin würde jede entstehende Komplikation mit Sorge betrachten, sollten die deutsche und die französische Regierung damit beginnen, Projekte zu diskutieren, die die übrigen Locarno-Mächte in der Folge als nicht annehmbar betrachten müßten.« (Siehe Baumgart, S. 256.)
72. D'Abernon, Band III, S. 311.
73. Stresemann, *Nachlaß*, Band 44.
74. D'Abernon, Band III, S. 313.
75. Vollständiger Text in Stresemann, *Schriften*, S. 397–403.
76. Stresemann, *Schriften*, S. 373–383.
77. Mann, Golo, *Deutsche Geschichte des 19. und 20. Jahrhunderts*, S. 753.

Kapitel 16: Die letzten Jahre

1. McNeil, S. 136.
2. Link, Werner, S. 198–199. In einer Anmerkung auf Seite 15 erwähnt Link eine Beobachtung aus Franz Neumanns Untersuchung von 1957, nach der die Wirtschaft ebenso ein Instrument der Politik ist wie die Politik ein Werkzeug der Wirtschaft. Zweifellos war Stresemann schon lange zuvor dieser Ansicht.
3. Ibid., S. 281.
4. Eyck, Band II, S. 137–138.
5. Ein Beispiel für die amerikanischen Bankiers, die mit Nachdruck in Deutschland aktiv waren, war Ferdinand Eberstadt von Dillon, Read & Co., dessen Bemühungen um exklusive Vertragsabschlüsse in Deutschland von Stresemann ermutigt wurden. Bei einem Besuch in Wildungen am 16. Juli 1926 meinte Stresemann: »Er glaubte in der Lage zu sein, durch sein Bankhaus in den nächsten drei bis vier Jahren eine Milliarde Dollar von diesen Obligationen unterzubringen. (Siehe *Vermächtnis*, Band II, S. 451–452.)
6. Stresemann, *Vermächtnis*, Band III, S. 262–263. Brief an Jarres vom 17. November 1927.

Anmerkungen 503

7. Ibid., S. 385. Stresemann vor der Presse am 14. November 1928 am Vorabend der Verhandlungen über den Young-Plan.
8. Gay, S. 122.
9. Ibid., S. 348–349. Rede vor dem Deutschen Bühnenklub, Sommer 1926.
10. Hirsch, S. 234.
11. Eyck, Band II, S. 86–91.
12. Severing, Band II, S. 104.
13. Turner, *Stresemann*, S. 228.
14. Stresemann, Wolfgang, S. 459.
15. Stresemann, *Vermächtnis*, Band III, S. 108. Notizen über ein Gespräch mit Briand, März 1927.
16. Ibid., S. 461.
17. Eyck, Band II, S. 129.
18. Turner, *Stresemann*, S. 234. Siehe auch den Artikel in *Die Zeit* vom 19. April 1925, enthalten im *Vermächtnis*, Band II, S. 51. Stresemann erklärte, er lehne es ab, »in dem Kampf um die Präsidentschaft in Deutschland den Austrag der Gegensätze zwischen Monarchie und Republik zu sehen. Wir mißbilligen die Zerreißung des deutschen Volkes in zwei Lager ... In diesem Sinne werden wir die republikanische Staatsform nicht nur gegen verfassungswidrige Bestrebungen zur Änderung der Staatsform verteidigen ... In diesem Sinne werden wir die republikanische Staatsform ... gegen all diejenigen verteidigen, die etwa glauben, die Frage der Staatsform überhaupt in die Debatte dieser Gegenwart hineintragen zu müssen.«
19. Ibid., S. 234.
20. Stresemann, *Vermächtnis*, Band III, S. 277.
21. Stresemann, Wolfgang, S. 463.
22. Stockhausen, S. 250.
23. Nach der Niederlage Frankreichs 1871 besetzten die Deutschen Paris fast so lange, bis die Reparationen bezahlt waren.
24. Stresemann, *Vermächtnis*, Band III, S. 276. Brief an Pünder vom 20. Februar 1928.
25. Ibid., S. 343.
26. Ibid., S. 292–293.
27. Ibid., S. 295.
28. Hirsch, *Lebensbild*, S. 244.

29. Ibid., S. 245.
30. Stresemann, *Vermächtnis*, Band III, S. 295.
31. Hirsch, Lebensbild, S. 245.
32. Stresemanns körperlicher Verfall, der 1927 begann und sich unvermindert bis zu seinem Tod im Oktober 1929 fortsetzte, wurde später in den Erinnerungen seiner Ärzte beschrieben. Siehe Zondek, Hermann, *Auf festem Fuße*, und Stroomann, Gerhard, *Aus meinem roten Notizbuch*.
33. Jacobson, Fußnote auf Seite 176.
34. Ibid., S. 192. Bedauerlicherweise sollte Stresemann später entdecken, daß sich das Interesse der Amerikaner hauptsächlich auf wirtschaftliche und finanzielle Angelegenheiten beschränkte; dabei ging es vor allem um die Schulden der Alliierten gegenüber den USA, ein Problem, das in engem Zusammenhang mit den Reparationen stand.
35. Stresemann, *Vermächtnis*, Band III, S. 354–357.
36. Jacobson, S. 176. Siehe ebenfalls Stroomann, *Aus meinem roten Notizbuch*, S. 134–135.
37. Eyck, Band II, S. 171.
38. Stresemann, *Vermächtnis*, Band III, S. 520.
39. Eyck, Band II, S. 166.
40. Turner, *Stresemann*, S. 245. Brief an Zapf vom 23. Oktober 1928.
41. Stresemann, *Vermächtnis*, Band III, S. 435. Brief an Kempkes vom 11. März 1929.
42. Ibid., S. 437–439. Brief an Geheimrat Kahl vom 13. März 1929.
43. Siehe Turner, *Stresemann*, S. 253–256, der Stresemanns letzte Versuche darstellt, seine Partei wieder auf die Beine zu bringen.
44. McNeil, S. 232–235. Ebenso Jacobson, S. 258–276, der detailliert die Umstände darstellt, die zur ersten Haager Konferenz führten.
45. Hirsch, *Lebensbild*, S. 258.
46. Ibid.
47. Jacobson, S. 309–349.
48. Stresemann, *Vermächtnis*, Band III, S. 565–566.
49. Ibid., S. 571–580. Stresemanns letzte Rede vor der Völkerbundversammlung.
50. Hirsch, *Lebensbild*, S. 261.

51. Ibid., S. 263.
52. Turner, *Stresemann*, S. 257–262, der die Debatten innerhalb der DVP in den letzten September- und ersten Oktobertagen 1929 ausführlich diskutiert.
53. Curtius, Julius. Enthalten im Anhang bei Hirsch, S. 285.
54. Hirsch, *Lebensbild*, S. 266.
55. Kessler, *Tagebücher*, S. 595–596.
56. Schiffer, Eugen, »Deutsches Biographisches Jahrbuch«, Band XI, 1929, S. 314.
57. D'Abernon, Band III, S. 19–32.
58. Baumgart, S. 299.
59. Stresemann, *Schriften*, S. 404.

Nachwort

1. Berg, *Gustav Stresemann*, S. 133.
2. Zitiert von Eugen Schiffer, »Deutsches Biographisches Jahrbuch«, Band XI, 1929, S. 301.
3. Haffner, Sebastian. *Geschichte eines Deutschen. Die Erinnerungen 1914–1933*, S. 84.
4. Stresemann, *Nachlaß*, Band 18.
5. »Vierteljahreshefte für Zeitgeschichte«, 15 (1967), S. 434.
6. Michalka, Wolfgang und Lee, Marshall, *The German Foreign Policy 1917–1933*, S. 108–109.
7. Krüger, Peter, »Friedensversicherung und deutsche Revisionspolitik«, in »Vierteljahreshefte für Zeitgeschichte«, 22 (1974), S. 227–257.
8. Garton Ash, Timothy, *Im Namen Europas. Deutschland und der geteilte Kontinent*, S. 523–24.
9. Fischer, Joschka, »Außenpolitik im Widerspruch«, in *Die Zeit* Nr. 6/2000.

Bibliographie

Primärquellen

Dokumente

Akten zum deutschen Auswärtigen Amt – »Nachlaß des Reichsaußenministers Dr. Gustav Stresemann«. Mikrofilm: Sterling Library, Yale University, Butler Library, Columbia University. (Eine Hilfe bei der Nutzung dieser umfangreichen Quelle bietet: Hans Gatzke, »The Stresemann papers«, *Journal of Modern History* XXVI, No. 1 (1954). Siehe auch: Martin Walsdorff, *Bibliographie Gustav Stresemann*, Düsseldorf, 1972.)

Akten der Reichskanzlei
Die Kabinette Wirth I und II. Hg. v. Ingrid Schulze-Bidlingmaier, 1973.
Das Kabinett Cuno. Hg. v. Karl-Heinz Harbeck.
Die Kabinette Stresemann I und II. Hg. v. Karl Dietrich Erdmann und Martin Vogt, 1978.
Die Kabinette Marx I und II. Hg. v. Günter Abromowski, 1973.
Die Kabinette Luther I und II. Hg. v. Karl Heinz Minuth, 1977.
Das Kabinett Müller II. Hg. v. Harald Boldt, 1970.

Der Interfraktionelle Ausschuß 1917–18. Hg. v. Erich Matthias und Rudolf Morsey, in *Quellen zu Geschichte des Parlamentarismus und der Politischen Parteien*, Düsseldorf, 1959. Band I.

Der Hauptausschuß des deutschen Reiches, 1915–1918. 4 Bände. Hg. v. Richard Schiffers, Düsseldorf, 1981.
Beiträge zur Geschichte des neuen Deutschlands: Verfassungsgrundlagen und Hochverrat. Hg. v. Karl Bremer, Berlin, 1922.
Verhandlungen des Reichstags. Stenographische Berichte und Anlagen. Berlin, Band 344, S. 543 ff. und Band 361, S. 12141–12242.

Papiere und Publikationen Stresemanns

Bismarck und wir. Rede zum Bismarck-Kommers, 1. April 1916.
Das deutsche Wirtschaftsleben im Kriege. Leipzig, 1915.
Das Werk von Locarno. Berlin, 1925.
Der Wille zur Verständigung. Rede vor dem Deutschen Industrie- und Handelstag am 24. August 1923. Berlin, 1923.
Deutsch-amerikanische Handelsbeziehungen in »Badische Landeszeitung«, Nummern 66.68.69. Februar 1910.
Deutsche Gegenwart und Zukunft. Stuttgart, November, 1917.
Deutsche Stimmen. Wochenzeitung im Besitz und herausgegeben von Gustav Stresemann, 1918–1923. Von ihm selbst verfaßte Artikel tragen als Signatur in der Regel ein Dreieck.
Deutsche Volkspartei und Regierungspolitik. Rede auf dem dritten Parteitag der DVP, 3. Dezember 1920. Berlin, 1921.
Deutsches Ringen und deutsches Hoffen. Berlin, 1914.
Die Entstehung der Deutschen Volkspartei. Berlin, 1920.
Die Entwicklung des Berliner Flaschenbiergeschäfts. Berlin, 1901.
Die März-Ereignisse und die Deutsche Volkspartei. Berlin, 1920.
Englands Wirtschaftskrieg gegen Deutschland. Stuttgart, 1915.
Frei ist der Bursch. Leipzig, 1901.
Goethe und Napoleon, »Weimarer Tagebuch«, Berlin, 1921.
Gustav Stresemann Schriften. Mit einer Einführung von Willy Brandt. Hg. v. Arnold Hartung, Berlin, 1976.
Gustav Stresemann Vermächtnis: Der Nachlaß in drei Bänden. Hg. v. Henry Bernhard, Berlin, 1932–33.

Hansa-Bund Aufgaben, »Wirtschaftliche Zeitfragen«, S. 192–213. Dresden, 1911.
Macht und Freiheit. Halle, 1918.

Michel horch, der Seewind pfeift. Berlin, 1916.
Nationale Realpolitik. Rede auf dem sechsten Parteitag der DVP. Berlin, 1924.
Napoleon und wir. Berlin, 1917.
Neue Wege zur Völkerverständigung. Rede zur Verleihung der Ehrendoktorwürde. Heidelberg, 1928.
Politische Gedanken zum Bismarck-Gedenktage. Berlin, 1925.
Reden und Schriften. Politik, Geschichte, Literatur 1897–1926. 2 Bände, Dresden, 1926.
Reichstagsreden. Hg. v. Dr. Gerhard Zwoch, Bonn, 1972.
Schutz der Verfassung. Berlin, 1922.
The Way of the New Germany. Rede an der Universität Oslo auf Einladung des Nobelkomitees am 29. Juni 1927. Berlin, 1927.
Von der Revolution bis zum Frieden von Versailles. Berlin, 1919.
Wer ist Schuldig? Berlin, 1921.
Wirtschaftspolitische Zeitfragen. Dresden, 1911.

Andere Primärquellen: Memoiren und Tagebücher

Baden, Prinz Max von. *Erinnerungen und Dokumente.* Stuttgart, 1927.
Braun, Otto. *Von Weimar zu Hitler.* New York, 1940.
Bethmann Hollweg, Theobald von. *Betrachtungen zum Weltkrieg.* 2 Bände, Berlin, 1919–1921.
Bredt, Johann Victor. *Erinnerungen und Dokumente.* Hg. v. Karl Bracher und Martin Schumacher, Düsseldorf, 1970.
Brecht, Arnold. *Aus nächster Nahe. Lebenserinnerungen 1884–1927.* Stuttgart, 1966.
Brüning, Heinrich. *Memoiren 1918–1934.* Stuttgart, 1970.
Bülow, Fürst Bernard von. *Denkwürdigkeiten.* 4 Bände. Oldenburg, 1930–1931.
Chamberlain, Austen. *Down the Years.* Edinburgh, 1935. (Dt.: *Englische Politik. Erinnerungen aus fünfzig Jahren.* Essen, 1938.)
Curtius, Julius. *Sechs Jahre Minister der deutschen Republik.* Heidelberg, 1948.

Bibliographie

D'Abernon, Edgar Lord. *Botschafter der Zeitenwende. Memoiren.* 3 Bände. Leipzig o. J.
Ebert, Friedrich. *Schriften, Aufzeichnungen, Reden.* 2 Bände, Dresden, 1926.
Erzberger, Matthias. *Erlebnisse im Weltkrieg.* Stuttgart, 1920.
Gessler, Otto. *Reichswehrpolitik in der Weimarer Zeit.* Stuttgart, 1958.
Groener, Wilhelm. *Lebenserinnerungen.* Göttingen, 1957.
Haffner, Sebastian. *Geschichte eines Deutschen. Die Erinnerungen 1914–1933.* Stuttgart, 2000.
Heuss, Theodor. *Erinnerungen 1905–1933.* Tübingen, 1963.
Kardorff-Oheimb, Katharina von. *Politik und Lebensberichte.* Tübingen, 1962.
Kessler, Harry Graf. *Tagebücher 1918–1937.* Herausgegeben von Wolfgang Pfeiffer-Belli. Frankfurt/Main, 1961.
Ders. *Gesichter und Zeiten.* Berlin, 1935.
Ders. *Walther Rathenau. Sein Leben und Sein Werk.* Berlin, 1929.
Köhler, Heinrich. *Lebenserinnerungen des Politikers und Staatsmannes, 1878–1949.* Stuttgart, 1964.
Kuhlmann, Richard von. *Erinnerungen.* Heidelberg, 1948.
Luther, Hans. *Politiker ohne Partei.* Stuttgart, 1960.
Ders. »Erinnerungen an Gustav Stresemann«, in *Schweizer Monatshefte* XXXIV, Oktober, 1954.
Mann, Golo. *Erinnerungen und Gedanken.* Frankfurt, 1986.
Marx, Wilhelm. *Der Nachlaß des Reichskanzlers Wilhelm Marx. Mitteilungen aus dem Stadtarchiv von Köln.* 4 Bände. Hg. v. Hugo Stehkämper. Köln, 1968.
Noske, Gustav. *Von Kiel bis Kapp.* Berlin, 1920.
Ders. *Erlebtes aus Aufstieg und Niedergang einer Demokratie.* Offenbach, 1947.
Payer, Friedrich von. *Von Bethmann Hollweg bis Ebert.* Frankfurt/Main, 1923.
Radbruch, Gustav. *Der Innere Weg. Aufriß meines Lebens.* Stuttgart, 1951.
Rheinbaben, Werner Freiherr von. *Viermal Deutschland, 1895–1954.* Berlin, 1954.
Riezler, Kurt. *Tagebücher, Aufsätze, Dokumente.* Hg. v. Karl Dietrich Erdmann. Göttingen, 1972.

Schacht, Hjalmar. *76 Jahre meines Lebens*. Bad Wörishofen, 1953.
Ders. *Das Ende der Reparationen*. Oldenburg, 1931.
Scheidemann, Philipp. *Memoiren eines Sozialdemokraten*. 2 Bände. Dresden, 1928.
Schiffer, Eugen. *Ein Leben für den Liberalismus*. Berlin, 1951.
Ders. »Gustav Stresemann«, in *Deutsches Biographisches Jahrbuch*. Band XI, 1929.
Severing, Carl. *Mein Lebensweg*. 2 Bände. Köln, 1950.
Stockhausen, Max von. *Sechs Jahre Reichslanzlei. Von Rapallo bis Locarno – Erinnerungen und Tagebuchnotizen. 1922–1927*. Bonn, 1954.
Stresemann, Wolfgang. *Mein Vater Gustav Stresemann*. Frankfurt/Main, 1985.
Strooman, Gerhard. *Aus meinen roten Notizbuch. Ein Leben*. Frankfurt/Main, 1960.
Wolff, Theodor. *Der Marsch durch zwei Jahrzehnte*. Amsterdam, 1937.
Zondek, Hermann. *Auf festem Fuße*. Stuttgart, 1973.

Sekundärquellen

Biographien und Einzeluntersuchungen zu Stresemann

Arnold, Georg. *Gustav Stresemann und die Problematik der deutschen Ostgrenzen*. Frankfurt, 2000.
Baechler, Christian. *Gustav Stresemann (1878–1929): De l'imperialisme à la sécurité collective*. Strasbourg, 1996.
Baeske, Dr. »Der Gymnasiast Stresemann – Eine Erinnerung«. *Deutsche Allgemeine Zeitung*. 25. Dezember 1929.
Bauer, Heinrich. *Stresemann, ein deutscher Staatsmann*. Berlin, 1930.
Baumgart, Constanze. *Stresemann und England*. Köln, 1996.
Berg, Manfred. *Gustav Stresemann. Eine politische Karriere zwischen Reich und Republik*. Göttingen, 1992.
Ders. *Gustav Stresemann und die Vereinigten Staaten von Amerika*. Baden-Baden, 1990.
Bretton, Henry L. *Stresemann and the Revision of Versailles*. Stanford, 1953.

Edwards, Marvin. *Stresemann and the Greater Germany, 1914–1918.* New York, 1963.

Enssle, Manfred. *Stresemann's Territorial Revisionism: Germany, Belgium and the Eupen-Malmedy Question. 1919–1929.* Wiesbaden, 1980.

Epstein, Klaus. »Adenauer and Rhenisch Separatism«. *Review of Politics,* Vol. 29, 1967. S. 536–545.

Erdmann, Karl Dietrich. *Gustav Stresemann: The Revision of Versailles and the Weimar Parliamentary System.* London, 1980.

Eschenburg, Theodor. *Gustav Stresemann: Eine Bibliographie.* Stuttgart, 1978.

Fest, Joachim. *Hitler.* Frankfurt/Main, 1973.

Gasiorowski, Zygmunt. *Stresemann and Poland befor Locarno.* Journal of Central European Affairs. April 1958.

Gatzke, Hans W. *Stresemann and the Rearmament of Germany.* Baltimore, 1954.

Ders. »Von Rapallo nach Berlin. Stresemann und die deutsche Russlandpolitik«. *Vierteljahrshefte für Zeitgeschichte,* 4 (1956), S. 1–29.

Ders. »Stresemann und Litwin«. *Vierteljahrshefte für Zeitgeschichte.* Sonderdruck, Januar, 1957.

Ders. »Gustav Stresemann. A bibliographical Article«. *The Journal of Modern History.* Band 36, 1 (März 1964), S. 1–14.

Göhring, Martin. *Stresemann, Mensch, Staatsmann, Europäer.* Mainz, 1956.

Görlitz, Walter. *Stresemann.* Heidelberg, 1947.

Gratwohl, Robert P. *Stresemann and the DNVP, 1924–1928.* Lawrence, Kansas, 1980.

Ders. »Stresemann Revisited«. *European Studies Review.* Band 7, 3 (1977), S. 341–352.

Hertzman, Lewis. »Gustav Stresemann: The problem of Political Leadership in the Weimar Republic«. *International Review of Social History.* Band 5, 3 (1960). S. 361–77.

Hirsch, Felix. *Stresemann. Ein Lebensbild.* Frankfurt/Main, 1978.

Ders. »Stresemann, Ballin und die Vereinigten Staaten«. *Vierteljahrshefte für Zeitgeschichte.* Band 3, 1 (1955). S. 20–35.

Ders. »Stresemann and Adenauer: Two Great Leaders of German Democracy in Times of Crisis«. *Studies in Diplomatic History in Honor of G. P. Gooch.* A. Sarkissian (Edit.). London, 1961. S. 269 ff.

Johannesson, Dr. Fritz. »Aus Stresemanns Schulzeit«. *Mitteilungen des Vereins für die Geschichte Berlins,* 47 (1930), Band 4, S. 121–132.

Jones, Larry E. »Gustav Stresemann and the Crisis of German Liberalism«. *European Studies Review,* 4 (1974) S. 141–163.

Koszyk, Kurt. *Gustav Stresemann.* Köln, 1989.

Kurth, Liesolotte. *Die literarischen Interessen, Kenntnisse und Leistungen Gustav Stresemanns.* Unveröffentlichte Magisterarbeit. Johns Hopkins University, 1960.

Loewenstein, Prinz Hubertus. *Stresemann. Das deutsche Schicksal im Spiegel seines Lebens.* Frankfurt/Main, 1952.

Michalka, Wolfgang und Lee, Marshall (Hg. v.). *Gustav Stresemann.* Darmstadt, 1982.

Miethke, Franz. *Dr. Gustav Stresemann, der Wirtschaftspolitiker. Eine Skizze.* Dresden, 1919.

Moss, Ronald. *Gustav Stresemann and the Development of Anglo-German Relations.* Michigan, 1974.

Olden, Rudolf. *Stresemann.* Berlin, 1929.

Pohl, Karl Heinrich. »Sachsen, Stresemann und die Nationalliberale Partei«. *Jahrbuch für Liberalismusforschung,* 4 (1992). S. 197–212.

Pohl, Karl Heinrich (Hg. v.). *Politiker und Bürger. Gustav Stresemann und seine Zeit.* Göttingen, 2002.

Rheinbaben, Freiherr Rochus von. *Stresemann, der Mensch und der Staatsmann.* Dresden, 1928.

Ruge, Wolfgang. *Stresemann. Ein Lebensbild.* Berlin, 1965.

Schneider, Rudolf. »Aus Stresemanns Anfängen«. *Nord und Süd.* 52. Jahrgang, November 1929. S. 973 ff.

Schwidetzky, Georg. »Kreise um den jungen Stresemann«. *Kölnische Zeitung,* 8. Oktober 1929.

Ders. »Stresemann und die Jungliberalen«. *Kölnische Zeitung.* 5. Oktober 1929.

Scheidel, Joseph. (Hg. v.). *Gustav Stresemann. Festschrift zur Wiedererrichtung des Stresemann Ehrenmals in Mainz, 16 Oktober, 1960.* Mainz, 1960.

Sternburg, Wilhelm. *Gustav Stresemann.* Frankfurt/Main, 1990.

Thimme, Annelise. *Gustav Stresemann. Eine politische Biographie zur Geschichte der Weimarer Republik.* Hannover, 1957.

Dies. »Gustav Stresemann, Legende und Wirklichkeit«. *Historische Zeitschrift*. Band 181 (1956). S. 287–338.

Dies. »Stresemann als Reichskanzler«. *Die Welt als Geschichte*. Band 17 (1957). S. 9–25.

Thimme, Roland. *Stresemann und die Deutsche Volkspartei. 1923 bis 1925*. Lübeck, 1961.

Turner, Henry Ashby Jr. *Stresemann and the Politics of the Weimar Republic*. Princeton, 1963. (Dt.: Stresemann – Republikaner aus Vernunft. Berlin/Frankfurt/M., 1968.)

Ders. »Stresemann und das Problem der Kontinuität in der deutschen Aussenpolitik«. *Grundfragen der deutschen Aussenpolitik seit 1871*. Hg. v. G. Ziebura. Darmstadt, 1975. S. 284–304.

Ders. »Eine Rede Stresemanns über seine Locarno-Politik«. *Vierteljahrshefte für Zeitgeschichte*, NZG 15 (1967). S. 412–436.

Vallentin, Antonina. *Stresemann. Vom Werden einer Staatsidee*. Leipzig, 1930.

Walsdorff, Martin G. *Westorientierung und Ostpolitik – Stresemanns Rußlandpolitik in der Locarno-Ära*. Bremen, 1971.

Ders. *Bibliographie Gustav Stresemann*. Düsseldorf, 1972.

Warren, Donald J. *The Red Kingdom of Saxony, Lobbying Grounds for Gustav Stresemann 1901–1901*. Den Haag, 1964.

Weidenfeld, Werner. *Die Englandpolitik Gustav Stresemanns*, Mainz, 1972.

Ders. »Gustav Stresemann: Der Mythos vom engagierten Europäer«. *Geschichte in Wissenschaft und Unterricht*, 24 (1973) S. 740–750.

Wright, Jonathan. »Gustav Stresemann: Liberal or Realist« in *Personalities, War and Diplomacy*, Hg. v. T. G. Otte/Constantine A. Pegadas. London, 1997.

Ders. »Stresemann and Weimar«, in *History Today*. Band 39 (1989). S. 35–41.

Ders. *Gustav Stresemann. Weimar's Geatest Statesman*. Oxford, 2002.

Weitere Sekundärquellen in Auswahl

Albertin, Lothar. *Liberalismus und Demokratie am Anfang der Weimarer Republik*. Düsseldorf, 1972.

Ball, Georg W. *The Past Has Another Pattern.* New York, 1982.
Baum, Gerhart. *Auf und Ab der Liberalen 1848 bis heute.* Gerlingen, 1983.
Berghahn, Volker. *Modern Germany: Society, Economy and Politics in the Twentieth Century.* Cambridge, 1982.
Ders. *Germany and the Approach of War in 1914.* New York, 1993.
Ders. *Imperial Germany. 1871–1914.* Providence, R. I., 1994.
Bergmann, Carl. *The History of Reparations.* New York, 1927.
Bernhard, Henry. *Finis Germaniae.* Stuttgart, 1947.
Besson, Waldemar. *Friedrich Ebert.* Göttingen, 1963.
Bias-Engels, Ingrid. *Zwischen Wandervogel und Wissenschaft. Zur Geschichte von Jugendbewegung und Studentenschaft, 1896–1920.* Köln, 1988.
Bracher, Karl Dietrich. *Die Weimarer Republik 1918–1933.* Düsseldorf, 1987.
Ders. *Die Auflösung der Weimarer Republik.* Düsseldorf, 1957.
Booms, H. »Die Deutsche Volkspartei«, in *Das Ende der Parteien. 1933.* Hg. v. E. Matthias. Düsseldorf, 1960.
Carr, E. H. *International Relations between the two World Wars. (1919–1939).* London, 1965.
Carsten, F. L. *Reichswehr und Politik.* Köln, 1964.
Ders. *Revolution in Central Europe (1918–1919).* London, 1972. (Dt.: Revolution in Mitteleuropa 1918–1919. Köln, 1973.)
Ders. *Britian and the Weimar Republic.* London, 1984.
Cecil, Lamar. *Albert Ballin. Business and Politics in Imperial Germany.* Princeton, 1967. (Dt.: Albert Ballin. Wirtschaft ubd Politik im deutschen Kaiserreich 1888–1918. Hamburg, 1969.)
Chernow, Ronald. *The Warburgs.* New York, 1993. (Dt.: Die Warburgs. Odyssee einer Familie. Berlin, 1994).
Craig, Gordon A. *Deutsche Geschichte 1866–1945.* München, 1980.
Craig, Gordon A./Gilbert, F (Edit.). *The Diplomats, 1919–1939.* Princeton, 1958.
Dohn, Lothar. *Politik und Interessen – Die Interessenstruktur der Deutschen Volkspartei.* Meisenheim am Glan, 1970.
Dorpalen, Andreas. *Hindenburg and the Weimar Republic.* Princeton, 1964.
Doss, Kurt. *The History of the Foreign Office.* (Dt.: Das deutsche

Auswärtige Amt im Übergang vom Kaiserreich zur Weimarer Republic. Düsseldorf, 1977.)
Dutton, David. *Austin Chamberlain: Gentleman in Politics.* Bolton, 1985.
Epstein, Klaus. *Matthias Erzberger and the Dilemma of German Democracy.* Princeton, 1959. (Dt.: Matthias Erzberger und das Dilemma der Demokratie. Berlin, 1962.)
Erdmann, Karl Dietrich. *Die Weimarer Republik.* München, 1980.
Ders. *Adenauer in der Rheinlandpolitik nach dem Ersten Weltkrieg.* Stuttgart, 1976.
Erger, Johannes. *Der Kapp-Lüttzitz Putsch.* Heidelberg, 1963.
Eschenburg, Theodor. *Die Kaiserreich am Scheideweg.* Berlin, 1929.
Ders. *Die improvisierte Demokratie.* München, 1963.
Eyck, Erich. *A History of the Weimar Republic.* 2 Bände. Cambridge, Mass., 1962–63. (Dt.: Geschichte der Weimarer Republik. Erlenbach/Zürich, 1954.)
Feldman, Gerald. *The Great Disorder. Politics, Economics, and Societry in the German inflation 1914–1924.* New York and Oxford, 1993.
Ders. *Hugo Stinnes. Biographie eines Industriellen.* München, 1998.
Fest, Joachim C. *Hitler. Eine Biographie.* Frankfurt/M., 1977.
Fischer, Fritz. *Griff nach der Weltmacht. Kriegzielpolitik des kaiserlichen Deutschland. 1914–1918.* Düsseldorf, 1961.
Fischer, Joschka. »Außenpolitik im Widerspruch«, *Die Zeit* Nr. 6/ 2000.
Frehse, Michael. *Ermächtigungsgesetzgebung im Deutschen Reich. 1914–1933.* Freiburg, 1985.
Friedrich, Otto. *Morgen ist Weltuntergang.* Berlin, 1998.
Frye, Bruce B. *Liberal Democrats in the Weimar Republic.* Illinois, 1985.
Garton Ash, Timothy. *Im Namen Europas. Deutschland und der geteilte Kontinent.* München, 1993.
Gay, Peter. *Weimar Culture – The Outsider as Insider.* New York, 1968. (Dt. Die Republik der Außenseiter. Geist und Kultur in der Weimarer Zeit. Frankfurt/M., 1987.)
Goodspeed, D. *Ludendorff.* London, 1966.
Gordon, Harold J. Jr. *The Reichswehr and the German Republic.*

1919–1926. Princeton, 1957. (Dt.: Die Reichswehr und die Weimarer Republik. Frankfurt/M., 1959.)

Ders. »Die Reichswehr und Sachsen, 1923«, in *Wehrwissenschaftliche Rundschau*, Dezember, 1961. S. 36–54.

Ders. *Hitler and the Beer Hall Putsch*. Princeton, 1972. (Dt.: Hitlerputsch 1923. Machtkampf in Bayern 1923–1924. Frankfurt/M., 1971.)

Gottwald, Robert. *Die Deutsch-Amerikanischen Beziehungen in der Ära Stresemann*. Berlin-Dahlem, 1965.

Grosz, George. *Ein kleines Ja und ein großes Nein. Sein Leben von ihm selbst erzählt*. Hamburg, 1955.

Hartenstein, Wolfgang. *Die Anfänge der Deutschen Volkspartei. 1918–1920*. Düsseldorf, 1962.

Hauenstein, Fritz. *Der Weg zum Industriellen Spitzenverband*. Darmstadt, 1956.

Heckart, Beverly. *From Basserman to Bebel. The Grand Bloc's Quest For Reform in the Kaiserreich*. New Haven, 1975.

Heckscher, August. *Woodrow Wilson*. New York, 1991.

Hehl, Ulrich von. *Wilhelm Marx 1863–1946. Eine politische Biographie*. Mainz, 1987.

Hertzmann, Lewis. DNVP. *Right-wing opposition in the Weimar Republic. 1918–1924*. Lincoln, 1963.

Hester, James. *America and the Weimar Republic, 1918–1925*. PhD. Dissertation, Oxford, April 1955.

Heuss, Theodor. *Friedrich Naumann. Der Mann, das Werk, die Zeit*. München, 1968.

Hildebrand, Klaus. *Das vergangene Reich. Deutsche Außenpolitik von Bismarck bis Hitler*. Stuttgart, 1995.

Hillgruber, Andreas. *Kontinuität und Diskontinuität in der deutschen Außenpolitik von Bismarck bis Hitler*. Düsseldorf, 1969.

Holborn, Hajo. *History of Modern Germany*, Band 3. New York, 1969–1971. (Dt.: Deutsche Geschichte in der Neuzeit. Frankfurt/M., 1981.)

Howard, Michael. *Lessons of History*. New Haven, 1991.

Hunt, Richard. *German Social Democracy, 1918–1933*. New Haven, 1964.

Jacobson, Jon. *Locarno Diplomacy, Germany and the West, 1925–1929*. Princeton, 1972.

Jarausch, Konrad Hugo. *The Enigmatic Chancellor: Bethmann Hollweg and the Hubris of Imperial Germany.* New Haven, 1973.

Ders. *Students, Society, and Politics in Imperial Germany.* Princeton, 1982.

Jones, Larry Eugene. *German Liberalism and the Dissolution of the Weimar Party System. 1918–1933.* Chapel Hill und London, 1988.

Ders. »The Dying Middle. Weimar Germany and the Failure of Bourgeois Unity, 1924–1930«. *Central European History,* 5 (1972). S. 23054.

Kaiser, Angela. *Lord D'Abernon und die englische Deutschlandpolitik 1920–1926.* Frankfurt/Main, 1989.

Keegan, John. *The First World War.* London, 1998.

Kershaw, Ian. *Hitler. 1889–1936: Hubris.* Harmondsworth, 1998. (Dt.: Hitler, 1889–1936. Stuttgart, 1998.)

Klaas, Gerd von. *Hugo Stinnes.* Tübingen, 1958.

Keynes, John Maynard. The Economic Consequences of the Peace. London, 1971.

Knipping, Franz. *Deutschland, Frankreich und das Ende der Locarno-Ära. 1928–1931.* München, 1987.

Köhler, Henning. *Geschichte der Weimar Republik.* Berlin, 1982.

Ders. *Adenauer und die Rheinische Republik. 1918–1924.* Opladen, 1986.

Kolb, Eberhard. *The Weimar Republic.* London, 1988. (Dt.: Die Weimarer Republik. München, 1988.)

Ders. *Friedrich Ebert als Reichspräsident.* München, 1997.

Krüger, Peter. *Die Außenpolitik der Republik von Weimar.* Darmstadt, 1985.

Ders. »Friedensversicherung und deutsche Revisionspolitik«, in *Vierteljahreshefte zur Zeitgeschichte,* 22 (1974).

Küppers, Heinrich. *Joseph Wirth. Parlamentarier, Minister und Kanzler der Weimarer Republik.* Stuttgart, 1997.

Leopold, John A. *Alfred Hugenberg. The Radical National Campaign against the Weimar Republic.* London, 1977.

Liebe, Werner. *Die Deutschnationale Volkspartei 1918–1924.* Düsseldorf, 1956.

Link, Werner. *Die Amerikanische Stabilisierungspolitik in Deutschland 1921–1932.* Düsseldorf, 1970.
Maier, Charles Steven. *Recasting Bourgeois Europe: Stabilization in France, Germany and Italy after World War I.* Princeton, 1975.
Mann, Golo. *Deutsche Geschichte des 19. und 20. Jahrhunderts.* Frankfurt/Main, 1958.
Maxelon, Michael-Olaf. *Stresemann und Frankreich 1914–1929. Deutsche Politik der Ost-West Balance.* Düsseldorf, 1972.
Masur, Gerhard. *Imperial Berlin.* New York, 1970. (Dt.: Das kaiserliche Berlin. München, 1971.)
McDougall, Walter. *France's Rhineland Diplomacy.* Princeton, 1978.
McNeil, William C. *American Money and the Weimar Republic. Economics and Politics on the Eve of the Great Depression.* New York, 1986.
Mayer, Karl. *Die Weimarer Republik und das Problem der Sicherheit in den deutsch-französischen Beziehungen. 1918–1925.* Frankfurt/Main, 1990.
Meier-Welker, Hans. *Seeckt.* Frankfurt/Main, 1967.
Michalka, Wolfgang und Lee, Marshall. *German Foreign Policy 1917–1933. Continuity of Break?* New York, 1987.
Mielke, Siegfried. *Der Hansa-Bund für Gewerbe, Handel und Industrie 1909–1914.* Göttingen, 1976.
Möllers, Heiner. *Reichswehrminister Otto Geßler.* Frankfurt/Main, 1998.
Mommsen, Hans. *Die verspielte Freiheit. Der Weg der Republik von Weimar in den Untergang. 1918–1933.* Berlin, 1989.
Naumann, Friedrich. *Demokratie und Kaisertum.* Berlin, 1905.
Nicolson, Harold G.. *Peacemaking 1919.* New York, 1993. (Dt.: Friedensmacher 1919 : Peacemaking 1919. Berlin, 1933.)
Ders. *Curzon, The Last Phase.* New York, 1939.
Niedhart, Gottfried. *Deutsche Geschichte, 1918–1933 (Politik in der Weimarer Republik und der Sieg der Rechten).* Stuttgart, 1994.
Ders. *Die Außenpolitik der Weimarer Republik.* München, 1999.
Nipperdey, Thomas. *Die Organisation der deutschen Parteien vor 1918.* Düsseldorf, 1961.
Orde, Anne. *British Policy and European Reconstruction after the First World War.* Cambridge, 1990.

Papke, Gerhard. *Der liberale Politiker Erich Koch-Weser in der Weimarer Republik.* Baden-Baden, 1989.

Paret, Peter (Edit.). *Makers of Modern Strategy.* Princeton, 1986.

Pentlin, Heinz. *Hjalmar Schacht. Leben und Wirken einer umstrittenen Persönlichkeit.* Frankfurt/Main, 1980.

Perez, Robert and Willett, Edward. *The Will to Win. A Biography of Ferdinand Eberstadt.* Westport, Conn., 1989.

Peukert, Detlev. *Die Weimarer Republik. Krisenjahre der klassischen Moderne.* Frankfurt/Main, 1987.

Pohl, Karl Heinrich. *Weimars Wirtschaft und die Außenpolitik der Republik 1924–1926.* Düsseldorf, 1979.

Post, Gaines Jr. *The Civil Military Fabric of Weimar Diplomacy.* Princeton, 1973.

Rabenau, Friedrich von. *Hans von Seeckt.* Leipzig, 1938.

Reiss, Klaus Peter. *Von Basserman zu Stresemann.* Düsseldorf, 1967.

Remarque, Erich Maria: *Der schwarze Obelisk.* Berlin, 1961.

Richie, Alexandra. *Faust's Metroplis – A History of Berlin.* New York, 1998.

Richter, Ludwig. *Gestaltungskraft des Politischen. (Festschrift für Eberhard Kolb 1998).* Historische Forschungen, Band 63.

Ders. *Die Deutsche Volkspartei 1918–1933.* Düsseldorf, 2002.

Ringer, Fritz K. (Edit.). *The German Inflation of 1923.* New York, 1969.

Rosenberg, Arthur. *Die Entstehung der deutschen Republik.* Berlin, 1928.

Rupieper, Hermann-Joseph. *Politics and Economics: The Cuno Government and Reparations. 1922–1923.* Stanford, 1974.

Ryder, Arthur John. *The German Revolution of 1918. A Study of German Socialism in War and Revolt.* Cambridge, 1967.

Schattkowsky, Ralph (Edit.). *Locarno und Osteuropa,* Marburg, 1994.

Scheidemann, Christiane. *Ulrich Graf Brockdorff-Rantzau (1869–1928).* Frankfurt/Main, 1998.

Schiffers, Reinhard. *Der Hauptausschuß des deutschen Reichstags 1915–1918. Formen und Bereiche der Kooperation zwischen Parlament und Regierung.* Düsseldorf, 1979.

Schorske, Carl. *German Social Democracy, 1905–1917. The Development of the Great Schism.* Cambridge, Mass., 1955.

Schuker, Stephen A.. *The End of the French Predominance in Europe. The Financial Crisis of 1924 and the Adoption of the Dawas Plan.* Chapel Hill, N. C., 1976.

Ders. *American Reparations to Germany, 1919–1933. Implications for the Third-World Dept Crisis.* Princetown, 1988.

Schwabe, Klaus. *Woodrow Wilson, Revolutionary Germany and Peacemaking 1918–1919.* Chapel Hill, 1985.

Schwarz, Gotthart. *Theodor Wolff und das Berliner Tageblatt.* Tübingen, 1968.

Schwarz, Hans-Peter. *Adenauer. Der Aufstieg: 1876–1952.* Stuttgart, 1986.

Sendtner, Kurt (Hg. v.). *Reichswehrpolitik in der Weimarer Zeit* (Eine Sammlung von Erinnerungen und Essays). Stuttgart, 1958.

Sheehan, James J. *German Liberalism in the nineteenth Century.* Chicago, 1978. (Dt.: Der deutsche Liberalismus. Von den Anfängen im 18. Jahrhundert bis zum Ersten Weltkrieg 1770–1914. München, 1953.)

Siebert, Ferdinand. *Aristide Briand 1862–1932.* Zürich, 1973.

Sobel, Robert. *The Life and Times of Dillon Read.* New York, 1991.

Stegmann, Dirk. »Hugenberg contra Stresemann. Die Politik der Industrieverbände am Ende des Kaiserreiches«. *Vierteljahreshefte für Zeitgeschichte.* 24 (1976), S. 329–378.

Stern, Fritz. »Adenauer and a Crisis in Weimar Democracy«. *Political Science Quarterly,* März 1958. S. 1–27.

Ders. *The Failure of Illiberalism. Essays on the Political Culture of Modern Germany.* New York, 1972. (Dt.: Das Scheitern liberaler Politiker. Studien zur politischen Kultur Deutschland im 19. und 20. Jahrhundert. Frankfurt/M., 1974.)

Ders. *The Politics of Cultural Despair.* Berkeley, 1961. (Dt.: Kulturpessimismus als politische Gefahr. Eine Analyse nationaler Ideologien in Deutschland. München, 1986.)

Stern-Rubarth. *Drei Männer suchen Europa.* München, 1948.

Stresemann, Wolfgang. *Zeiten und Klänge.* Frankfurt/Main, 1994.

Stürmer, Michael. *Koalition und Opposition in der Weimarer Republik, 1924–1928.* Düsseldorf, 1967.

Trachtenberg, Marc. *Reparations and World Politics.* New York, 1980.

Bibliographie 521

Ullman, Hans Peter. *Der Bund der Industriellen*. Göttingen, 1976.
Walworth, Arthur. *Wilson and his Peacemakers*, New York, 1986.
Weymar, Paul. *Konrad Adenauer*. München, 1955.
Wheeler-Bennett, John. *Hindenburg: The Wooden Titan*. New York, 1967. (Dt.: Der hölzerne Titan. Paul von Hindenburg. Tübingen, 1969.)
Ders. *The Nemisis of Power. The German Army in Politics, 1918–1945.* New York, 1954. (Dt.: Die Nemesis der Macht. Die deutsche Armee in der Politik 1918–1945. Düsseldorf, 1954.)
Williamson, John G. *Karl Helfferich, 1872–1924. Economist, Financier, Politician.* Princeton, 1971.
Witt, Christian. *Friedrich Ebert.* Bonn, 1987.
Zeidler, Manfred. *Reichswehr und Rote Armee, 1920–1933.* München, 1993.
Zmarzlik, Hans-Günter. *Bethmann Hollweg als Reichskanzler, 1909–1914.* Düsseldorf, 1957.
Zweig, Stefan. *Die unsichtbare Sammlung.* München, 1964.

Personenregister

Adenauer, Konrad 323 f., 326 f., 345, 363, 412, 424, 460, 492, 511, 515, 517, 520 f.
Baden, Prinz Max von 129 ff., 137, 511
Baldwin, Stanley 303, 362, 387, 446
Ballin, Albert 91 ff., 99, 110, 140, 467, 476, 480, 511, 514
Bassermann, Ernst 37, 48, 55 ff., 63, 65 f., 68 ff., 86 f., 91 f., 98, 102f, 105, 107, 111 f., 117, 119 ff., 124 f., 167, 239, 245, 464 f., 469, 471
Bauer, Oberst Max 122 f., 127 f., 169, 190 ff., 194, 196 ff., 476
Bebel, August 39, 60 ff., 68 f., 183, 245, 283, 516
Becker, Johannes 224, 273, 484, 486
Bennigsen, Rudolf von 45
Bergmann, Carl 496, 514
Bernhard, Georg 156
Bernhard, Henry 289, 440, 507, 514
Bethmann Hollweg, Theobald von 66, 68 ff., 86, 88 f., 92, 94 ff., 100 ff., 107ff , 111 f., 115, 121 ff., 127, 135, 152, 233, 465, 468, 508 f., 517, 521
Bismarck-Schönhausen, Otto Fürst von 15 ff., 20, 22, 37, 53, 116, 162, 185 , 196, 274, 292, 297, 318, 355, 373, 459, 463, 465, 507, 516
Böttcher, Hugo 329 f., 332
Brandt, Willy 460, 507
Braun, Heinrich 285 f.
Braun, Otto 285, 298, 327, 353, 392, 482, 489, 494, 508
Brecht, Arnold 264, 486, 508
Brecht, Bertold 320
Bredt, Johann Victor 472, 490, 508
Breithaupt, Paul 74
Breitscheid, Rudolf 268, 312
Brentano, Lujo 24 f., 101
Briand, Aristide 248, 397 f., 402 ff., 407, 409 f., 415 ff., 430, 434, 439, 446 ff., 452, 501 f., 520
Brockdorff-Rantzau, Graf Ulrich von 174, 177, 224, 257, 358, 399, 412, 428, 519
Bronnen, Arnolt 320
Brünninghaus, Franz W. 302
Buchrucker, Ernst 311
Bücher, Karl 32, 255
Bueck, Henry Axel 36 f., 39, 50, 70, 187, 472

Bülow, Fürst Bernhard von 47 ff., 54, 61, 65 ff., 72, 121, 123, 125, 355, 390, 436, 455, 464, 508

Capelle, Eduard von 109, 135
Chamberlain, Sir Austen 387 f., 390, 397, 402 ff., 408 ff., 416, 418 f., 430, 446, 452, 501 f., 508, 515
Churchill, Sir Winston 7, 90, 104, 236, 280, 404, 467
Claß, Heinrich 25, 445
Clemenceau, Georges 174, 468
Coolidge, Calvin 359, 364, 421
Cremer, Carl 342 f.
Cuno, Wilhelm 271 ff., 276 ff., 281 ff., 300 f., 307, 348, 383, 388, 487, 506, 519
Curtius, Julius 341 f., 378, 429, 432, 451, 505, 508
Curzon, Lord 277, 279, 300, 303, 305, 359, 362, 387, 481, 489, 518

D'Abernon, Edgar Lord 41, 207, 225 f., 228 f., 232, 234, 238, 242, 249, 254, 272, 276, 292, 305, 334, 346, 351, 356, 358, 362, 368, 371, 373 f., 376, 385 f., 388 f., 400, 407 f., 414 f., 418 f., 452, 464, 480, 482 ff., 488 ff., 493 ff., 505, 509, 517
David, Eduard 112, 470
Dawes, Charles G. 269, 360 f., 363 ff., 371 ff., 378 ff., 385 f., 401, 409, 419, 421 ff., 431, 436, 444 f., 456, 481, 491, 496 ff.
Delbrück, Hans 25, 101, 148

Ebert, Friedrich 106, 122, 129, 132 f., 138 f., 141 ff., 162 f., 166, 176, 178, 182 f., 192, 197 f., 204 ff., 223 f., 226 f., 234, 237, 240 f., 245, 248, 251, 255, 260, 270 f., 281 f., 284, 286, 298, 305 f., 312, 314, 316, 321, 330, 334 ff., 343, 350, 372 f., 378, 380, 383, 385, 390 f., 483, 493, 495, 509, 514, 517, 521
Einstein, Albert 7, 18, 101
Erzberger, Matthias 87, 106, 115, 121 ff., 125, 128, 132 f., 142, 163 f., 177 f., 228, 230 ff., 241, 244, 258 f., 272, 320, 369, 471 f., 480, 483, 509, 515
Eschenburg, Theodor 169, 464 ff., 476, 478, 511, 515
Eyck, Erich 294, 441, 475, 477 ff., 483 ff., 489, 491 f., 498 ff., 502, 504, 515

Faulhaber, Kardinal Michael von 304
Fehrenbach, Konstantin 204 ff., 210, 213 ff., 219 f., 222 ff., 228, 241, 289, 323
Fischbeck, Otto 147, 149 f., 152
Fischer, Joschka 459, 505
Flathmann, Johannes 169, 214, 479
Fontane, Theodor 18, 21
Frank, Ludwig 61
Friedberg, Robert 56, 74 f., 86, 88, 113, 117, 125 f., 136, 147, 149 ff., 157, 167, 473, 475
Fuchs, Johannes 286, 294, 297, 327
Fuhrmann, Paul 71, 120, 465

Garnich, Hugo 193
Gay, Peter 426, 491, 503, 515
Gilbert, Parker 364, 422 ff., 429, 441, 498
Gildemeister, Alfred 341 f., 365, 367
Gladstone, William 76
Goebbels, Joseph 32, 454
Goethe, Johann Wolfgang von 21, 24, 81, 162, 235 f., 302, 318, 425 f., 483, 507
Gooch, George 449, 511
Groener, General Wilhelm 119, 132 f., 142 ff., 165, 178 f., 191, 273, 334, 509
Gropius, Walter 318
Grosz, Georg 319, 491, 516

Haffner, Sebastian 456, 505, 509
Hamann, Adolf 21, 23
Harding, Warren 223
Havenstein, Rudolf 294, 296, 307 f., 313
Hegel, Georg Friedrich 18, 24
Heinze, Rudolf 71, 74 f., 86, 157, 166 f., 171, 178, 190, 192, 194 ff., 204 ff., 210, 230, 273, 289, 331 ff., 349, 465, 476
Helfferich, Karl 233, 249, 258 f., 272, 284 f., 298, 304, 306 ff., 349, 363, 369, 480, 485 f., 521
Hergt, Oskar 189, 192, 340, 369, 378, 429 f.
Herriot, Edouard 374 ff., 382, 389, 397
Hertling, Georg Graf von 126, 129
Heuss, Theodor 50, 76, 184, 463, 465, 501, 509, 516
Hilferding, Rudolf 278, 284 f., 287, 302, 308 f., 312 f., 488

Hindenburg, Paul von 97, 106, 113 ff., 122 ff., 127 ff., 136, 142, 144, 178 f., 189 f., 206, 304, 311, 393 ff., 399, 401, 406 f., 412, 431, 451, 454, 472, 477, 499, 514, 521
Hirsch, Wilhelm 125, 461, 463 ff., 472, 475 f., 478 f., 482, 487 ff., 500 ff., 511
Hitler, Adolf 273, 276, 323, 335, 339 f., 342 f., 368, 435, 445 ff., 454, 465, 489, 493 f., 496, 508, 511, 516 f.
Höfle, Anton 286
Hoesch, Leopold von 358, 363, 391, 431, 499
Hoffmann, Max 114, 188, 478
Houghton, Alanson B. 41, 242, 258, 269, 276, 369, 373, 395, 458, 499
Hugenberg, Alfred 93, 188, 298, 306, 400, 406, 431, 440 f., 443, 445 f., 448, 490, 517, 520
Hughes, Charles Evans 268 f., 359 ff., 376, 421, 458, 495
Humboldt, Wilhelm von 18, 24, 318

Isenburg, Prinz zu 277
Isherwood, Christopher 318

Jänicke, Walther 282, 488
Jarres, Karl 302, 327, 345, 349, 383 f., 391 ff., 413, 424, 499, 501 f.
Johannesson, Fritz 21 ff., 462 f., 512
Junck, Johannes 111, 150

Kahl, Wilhelm 168, 237, 264, 443, 504

# Personenregister

Kahr, Gustav von 198, 223, 234, 306, 334 ff., 338 f., 341, 349, 368
Kalle, Wilhelm 289
Kapp, Wolfgang 191 ff., 199
Kardorff, Wilhelm von 167
Kardorff, Siegfried von 432, 476, 482
Kardorff-Oheimb, Katharina von 42, 232, 463, 482, 509
Kellog, Frank 436, 438, 442
Kempkes, Adolf 193, 288, 313, 443, 504
Kessler, Graf Harry 141, 162, 180, 203, 233, 251, 253, 259, 263, 271 f., 394 f., 452, 465, 473, 475, 477, 479 f., 482, 484, 486 f., 499, 505, 509
Kleefeld, Kurt von 79, 149
Knilling, Eugen von 301, 303 f., 306, 335
Koch-Weser, Erich 371 f., 449, 519
Köhler, Heinrich 423, 429, 431, 509
Koeth, Josef 313
Kriele, Martin 30
Krüger, Peter 458, 495, 505, 517
Kühlmann, Richard von 126, 128, 472
Küster, Konrad 27 f.

Langbehn, August Julius 25
Law, Bonar 271, 274, 303
Leidig, Eugen 152, 154, 157, 281, 488
Lenau, Nicholas 21
Lenin, Wladimir Iljitsch 237
Liebknecht, Karl 27, 62, 96, 112, 133, 138, 143, 320
Link, Werner 422, 495., 502, 518
List, Friedrich 31, 148, 150

Lloyd George, David 135, 173, 180, 209, 211 ff., 220 ff., 245, 248 f., 252 f., 255 f., 267 f., 270, 408, 473, 481
Lossow, Otto von 334, 337 ff., 349, 368, 494
Ludendorff, General Erich 42, 97, 106, 113 f., 120, 122 ff., 132, 136, 142, 151, 168, 186, 191, 193, 197, 339 f., 368, 379, 471, 476, 496, 515
Lüttwitz, Walter Freiherr von 145, 191 f., 195 ff., 515
Luther, Hans 273, 283 f., 286 f., 299, 309 ff., 313, 315 f., 343, 345 f., 348 f., 356 f., 363, 375 f., 385 ff., 390, 394, 398, 400 ff., 412 ff., 486, 489 ff., 498 ff., 506, 509
Luxemburg, Rosa 62, 141, 320

Macaulay, Thomas 22
MacDonald, Ramsay 362, 365, 374, 376 f., 381 f., 387, 409, 446
Maerker, Georg 194 ff.
Maltzan, Ago Freiherr von 253 f., 257, 288, 357 f., 378, 399, 409, 497, 499
Mann, Golo 25, 420, 462, 502, 509, 518
Mann, Thomas 426
Maretzky, Oskar 168 f., 193 f., 297, 342, 371
Margerie, Pierre Jacquin de 300f.
Marx, Wilhelm 204, 228, 351 f., 356 f., 363 ff., 369, 372 f., 376 f., 380, 383, 385, 392 f., 395, 406, 409, 413, 428 ff., 432 ff., 499, 506, 509, 516

Meinecke, Friedrich 18, 293, 318
Melchior, Carl 93, 174 f., 213,
    253, 477, 480
Metternich, Clemens Fürst 266
Michaelis, Georg 125 f.
Michalka, Wolfgang 458, 505,
    512, 518
Miethke, Franz 76, 80, 464, 466,
    512
Millerand, Alexandre 210
Minoux, Friedrich 335
Moldenhauer, Paul 202
Moltke, Helmuth von 15, 20,
    87, 106, 113, 355
Mommsen, Theodor 24 f.
Morgan, J. Pierpont 256, 365
Müller, Hermann 178 f., 198,
    203 f., 312, 330, 332 ff., 423,
    437 ff., 442, 444, 447, 450 f.,
    506
Mussolini, Benito 273, 488

Napoleon Bonaparte 20, 26, 29,
    81, 84, 104, 116, 236, 318,
    465, 483, 507 f.
Naumann, Friedrich 9, 22, 28,
    43 ff., 50, 60 f., 63, 68 f., 84,
    86, 108, 116, 147, 149, 164,
    182, 186 f., 283, 370, 456, 463,
    474, 478, 480, 516
Norman, Montagu 357, 363

Oeser, Rudolf 286

Painlevé, Paul 397
Pannecke, Charlotte 40
Paul, Jean 14
Payer, Friedrich von 106, 147,
    158, 184, 509
Pilsudski, Josef 415, 432
Planck, Max 18, 101
Poincaré, Raymond 248 f.,
    251 ff., 255, 267, 269, 276 f.,
    300, 302 f., 316, 321 f., 326,
    328, 345, 348, 360, 362 f., 365,
    374, 417 f., 430 f., 434, 439 ,
    446, 491

Quaatz, Reinhold 168 f., 186,
    202, 207, 214 f., 232, 234, 239,
    244 f., 262, 292, 297, 302, 341,
    365, 367, 479, 495

Radbruch, Gustav 245, 283, 285,
    292, 298, 329, 331, 333, 484,
    489, 492, 509
Radek, Karl 165
Ranke, Leopold von 18, 24
Rathenau, Walter 93, 213, 229,
    244, 249 ff., 257 ff., 262 f.,
    272, 283, 320 , 369, 480,
    509
Raumer, Hans von 169, 224,
    243 f., 246, 251, 253, 257, 270,
    277, 285, 287, 289 f., 312 f.,
    484, 488
Reinhold, Karl 30
Reinhold, Peter 429
Remarque, Erich Maria 295,
    299, 489 f., 519
Reuter, Ernst 453
Rheinbaben, ???? 203, 209, 313,
    473
Rheinbaben, Rochus von 265,
    462, 469, 472 f., 512
Rheinbaben, Werner von 288 f.,
    476, 479, 489 f., 509
Richter, Ernst von 168, 309
Richter, Eugen 15, 22, 28, 43 f.,
    187
Richter, Ludwig 55, 464, 519
Richthofen, Hartmann Freiherr
    von 111, 116, 126, 137 f.,
    148, 150

Riesser, Jakob 79, 105, 147, 154, 157, 166, 168, 181, 194, 201
Riezler, Kurt 69 f., 89, 95, 113 f., 143, 465, 470, 473, 509
Roetger, Max 100
Roon, Elisabeth von, geb. Bassermann 58
Rosenberg, Frederic Hans von 273 f.

Schacht, Hjalmar 138 ff., 146, 149, 151 f., 296, 310, 313, 315, 346, 357, 363 f., 423, 429, 442, 444, 473, 475, 489, 491, 510, 519
Scheidemann, Philipp 106, 130, 133, 138, 141, 157, 163, 166, 176 f., 183 , 259, 320, 428, 468, 471, 473, 475, 477, 510
Schiele, Martin 386, 390, 400 f., 406 f., 431, 499
Schiffer, Eugen 52, 56, 59, 73 ff., 86, 88, 105, 111, 130, 133, 141, 163, 174, 178, 183, 189, 225, 229, 237, 452, 463, 468 f., 472 f., 477 , 505., 510
Schmidt, Robert 283, 333
Schneider, Rudolf 118, 201, 512
Schönaich-Carolath, Prinz Heinrich zu 105, 111, 113, 116 f., 125 f., 138
Scholz, Ernst 205, 289, 312, 340 ff., 346, 357, 428 f., 437 f.
Schubert, Carl von 288, 358, 388
Schurman, Jacob Gould 399, 435, 458
Schwidetzky, Georg 40, 463, 512
Seeckt, General Hans von 146, 185, 192, 197 f., 206, 210, 212 ff., 236, 254 , 257, 286, 289, 297, 328, 330, 332, 334 ff., 342 f., 346, 349, 358, 368, 391, 393, 398 f., 427, 454, 474, 478, 483 ff., 492 ff., 518
Seisser, Hans von 338 f.
Seldte, Franz 441
Severing, Carl 61, 133, 162, 183, 197, 223, 238, 245, 247, 285, 298 f., 428, 464 f., 468, 472, 475, 479, 480, 483, 489, 503, 510
Simons, Walter 205 f., 210, 212 f., 220 ff., 224, 394
Smuts, Jan 180
Solf, Wilhelm 133
Sollmann, Wilhelm 245, 284, 286, 298, 303, 327, 329, 332 f.
Sorge, Kurt 203
Spahn, Peter 105
Spengler, Oswald 318
Spielhagen, Friedrich 21
Stalin, Joseph 330
Sthamer, Friedrich 358, 363, 368, 417, 495
Stinnes, Hugo 157, 167 f., 186, 188, 202, 210, 212 f., 224, 244 f., 247, 249 f., 253, 257 f., 263, 268, 270, 277, 282, 290, 292, 298, 302, 304, 314, 322, 324 f., 341, 349, 363, 368 f., 476, 479 f., 484, 486, 490, 492, 496, 515
Stockhausen, Max von 366 f., 369, 374 f., 433, 484, 488, 496 f., 503, 510
Stoecker, Adolf 22
Stresemann, Ernst 13, 19, 33
Stresemann, Wolfgang 10, 42, 81, 203, 227, 235, 271, 300, 303, 344, 352, 462 f., 466 f., 473, 479, 482 ff., 486, 488 ff.,

493 f., 497 f., 500, 503, 510, 520
Strong, Benjamin 424
Stroomann, Gerhard 438, 445, 504, 510
Südekum, Albert 105

Tirard, Paul 324
Tirpitz, Alfred von 25, 67, 86, 89 f., 93, 107 ff., 111, 127, 156, 355, 373, 470
Toller, Ernst 320
Treitschke, Heinrich von 24, 30
Tschitscherin, Georgij 253 ff., 401
Tucholsky, Kurt 320
Tyrrell, Sir William 404

Uhland, Ludwig 21
Ullmann, Hans Peter 82, 466, 521

Vallentin, Antonia 42, 464, 479, 483, 513
Vögler, Albert 157, 167 f., 170 f., 181, 188, 190, 202, 224, 234, 237, 245, 262, 292, 297 f., 302, 314, 367, 442, 444
Vogel, Paul 155, 157, 475

Wagner, Adolph 30, 32
Warburg, Max 93, 250, 297, 363, 480, 484
Weber, Alfred 149 ff., 155 f., 264 f.
Weber, August 63, 71, 73, 75 f., 168, 188

Weber, Max 18, 81, 149
Westarp, Cuno Graf von 106, 130, 134, 298, 313, 340, 369, 406 f., 434, 440, 480
Wheeler Bennett, John 55, 464, 472, 477, 493, 521
Wiedfeldt, Otto von 256 f., 288, 335 f., 341, 358, 361, 495
Wilhelm II., Kaiser 16, 22, 52 ff., 58, 63, 65 ff., 72, 85, 88 f., 91 ff., 96, 101 ff., 106, 109 f., 112 ff., 119 ff., 128 ff., 133, 138, 140 f., 146, 159, 175, 182, 184, 210, 464 f., 468, 471
Wilhelm, Kronprinz 138, 265, 419, 427, 487
Wilson, Woodrow 84 f., 109, 111, 129 ff., 136, 140, 163, 173 ff., 179, 212, 218, 364, 414, 466, 473, 477, 480 f., 520 f.
Wirth, Joseph 205, 226 ff., 237 ff., 241, 243, 246 f., 249 ff., 256 f., 259 f., 267 f., 270 f., 273, 281, 292, 428, 484, 506, 517
Wolff, Otto 301, 322
Wolff, Theodor 76, 101, 119, 148 ff., 152, 156, 163, 187, 242, 265, 292, 387, 448, 480, 510, 520

Young, Owen D. 360, 376, 424, 442

Zeigner, Erich 301, 329 ff., 337
Zondek, Hermann 439, 504, 510